资本之道系列丛书

公司治理之道（第二版）
控制权争夺与股权激励

马永斌 著

清华大学出版社
北京

本书封面贴有清华大学出版社仿伪标签,无标签者不得销售。
版权所有,侵权必究。举报:010-62782989,beiqinquan@tup.tsinghua.edu.cn。

图书在版编目(CIP)数据

公司治理之道:控制权争夺与股权激励 / 马永斌著. — 2 版. —北京:清华大学出版社,2018(2023.3 重印)
(资本之道系列丛书)
ISBN 978-7-302-50975-2

Ⅰ.①公… Ⅱ.①马… Ⅲ.①公司—企业管理 Ⅳ.① F276.6

中国版本图书馆 CIP 数据核字(2018)第 186843 号

责任编辑:宋丹青
封面设计:谢元明
责任校对:宋玉莲
责任印制:杨 艳

出版发行:清华大学出版社
   网 址:http://www.tup.com.cn, http://www.wqbook.com
   地 址:北京清华大学学研大厦 A 座 邮 编:100084
   社 总 机:010-83470000 邮 购:010-62786544
   投稿与读者服务:010-62776969,c-service@tup.tsinghua.edu.cn
   质 量 反 馈:010-62772015,zhiliang@tup.tsinghua.edu.cn
印 刷 者:大厂回族自治县彩虹印刷有限公司
装 订 者:三河市启晨纸制品加工有限公司
经 销:全国新华书店
开 本:185mm×235mm 印 张:46.5 字 数:612 千字
版 次:2013 年 5 月第 1 版 2018 年 8 月第 2 版 印 次:2023 年 3 月第 9 次印刷
定 价:158.00 元

产品编号:080392-01

前　言

　　这是一本写给企业家、职业经理人和资本家的书。本书的重点读者群是企业做到一定规模或想接触资本运营的企业家，尤其是准备向资本家过渡的企业家。

　　公司治理是一种主要涉及三种人的游戏：企业家、职业经理人和资本家。公司治理的概念源自美国，主要着眼于股权分散的上市公司股东、董事、经理三者之间的权力分配和利益制衡关系，以解决职业经理人和董事会对股东利益侵占的问题，对经理人行为实施有效监督和制约，确保经理人行为合乎股东利益成为公司治理概念的核心内容。为解决以上问题，学者们使用了来自经济学、管理学、法学和金融学、政治学、组织理论的工具。市面上大多数关于公司治理的书，大都站在资本家的角度或学术研究的角度，诸多涉及上述各领域晦涩难懂的专业术语使得众多企业家望而生畏，很少能看到一本关于公司治理的书是写给企业家的。

　　我一直想为中国的企业家写一本能够被他们读懂的公司治理的书。在2010年的时候写过一本《公司治理与股权激励》，在这本书中，虽然我不再以学者常用的"局外人"视角进行研究，而是以纯粹的股东个体主义研究视角探讨公司治理理论在企业不同发展阶段的应用，注重企业价值的提升和可持续健康发展。但是EMBA和EDP的同学看完我的书之后告诉我："马老师，你的书还是太难了，看不懂！不如你课上讲的那样通俗易懂。"

反思同学的意见，我发觉自己在上一本书中虽然尽量不去关注公司治理制度本身，而是去挖掘公司治理制度设计背后的逻辑和方法论。但是还是没有抛弃西方公司治理的框架，在书中还是用了大量的曲线、图表和公式，同时书中也充斥着一些晦涩难懂的专业术语。

因此，我决定在上一本书的基础上，抛弃玄奥的公司治理术语，忘记大量的曲线、复杂的公式和图表，只是按照自己对公司治理的理解，站在我国企业家的角度，用通俗的语言写出一本让大家都能看懂的公司治理方面的书。

从一个企业家的角度来看，解决股东和股东之间相互"黑"的问题以及经理人"黑"老板的问题主要取决于四个方面的制度安排，即股权结构设计、公司章程设计、经理人约束机制设计和股权激励设计。逻辑思路是：首先，通过股权结构和公司章程配置股东对企业的控制权，以防止出现股东黑股东的问题。在此基础上，通过以董事会制度为核心的约束机制从基本面上保护老板的资产。其次，通过股权激励这种"贿赂"的方式将经理人的利益和老板的利益长期捆绑在一起，就可以防止经理人黑老板的现象出现。

基于这种思想，本书的主要内容全部围绕着股权结构、公司章程、经理人约束机制和股权激励机制四个方面的制度安排，目的就是找到一种适合我国企业的公司治理之道。本书分为10章，具体内容如下：

第1章公司治理常识，开篇就提出自己对公司治理本质的理解，认为公司治理是管理企业各种关系的总和，具体来说，主要是解决三种"黑"与"被黑"的关系。本章详细描述了股东黑股东以及经理人黑老板这两种主要的公司治理问题是随着企业的发展而出现的，并且指出企业的制度创新、战略执行、投融资要成功，就离不开公司治理坚实的制度保障。

第2章公司治理制度的设计原则，讲述了公司治理制度设计的本质是为自已找到一个适合的"防黑武器"。并且从管理学、经济学、金融学和人性的角度提出了寻找"防黑武器"的基本方法。

第3章股权结构与控制权争夺，揭示了一些上市公司圈钱的奥秘：一是通过金字塔股权结构、交叉持股和类别股份建立复杂的集团股权结构；二是使得控制性股东在上市公司的现金流所有权和控制权产生分离，并提出了解决这种问题的思路。

第4章章定权利与股东权利保护，讨论了股东"黑"股东的一种更普遍现象，也就是在控制权和现金流权并没有产生分离的情况下，大股东欺负了小股东，小股东该怎么办的问题。该章指出，对小股东保护的关键在于公司控制权的合理配置，其中最有效的"武器"有两个：一个是以《公司法》为代表的各种法律法规；另一个尤为重要的是以公司章程为代表的股东自治文件。

第5章经理人道德风险的五道基本防线，从公司治理体系入手，比较分析了中国治理模式的有效性，并且提出防止经理人黑老板的五道基本防线，即股东大会制度、董事会制度、信息披露制度、独立的外部审计制度和公司控制权市场，这五道防线起到的是对经理人的约束作用。其中花了较大篇幅讨论五道防线中的核心董事会制度。

第6章董事会制度的应用实践，在上一章的基础上，本章是以董事会制度为核心，讨论如何在实践中应用经理人道德风险的五道基本防线。重点介绍构建高效董事会的具体步骤和方法；给出了如何将源起上市公司的董事会制度用于非上市公司的逻辑和方法，并且指出了在不同发展阶段董事会制度的应用策略；利用平衡计分卡解决了外部董事时间有限、精力有限而难以做出有效决策的困境；指出董事会制度对于规模越大的企业越有用，并且介绍了董事会制度用于集团管控的方法。最后，介绍了一种适用于董事会制度、集团管控的控制模式。

第7章经理人道德风险的关键防线，指出了股权激励强大的约束性来源于方案本身的内在约束性和外在附加条件以及股权激励的目的；介绍了经理人报酬的发展趋势，给出了实施股权激励的原则；并且重点介绍了公司为了"一股就灵"、防止"一股就死"，必须遵循的前提条件；从实践的角度强调了在股权激励实施过程中必须做到的"六个一定"，以及特殊情况发生时如何调整或处理股权激励计划。

第8章股权激励的最优模式设计，介绍了9种股权激励的基本模式，总结出每种模式的特点、内涵和适用条件，并指出，最优的模式一定是从企业自身实际出发，利用9种模式进行组合创新而得到的。本章对如何组合创新也给出了原则、方法和思路。

第9章股权激励典型案例分析，选取了在中国20多年的股权激励实践中具有典型代表意义的7个案例进行分析，了解我国的企业是如何根据不同行业特点、发展阶段将9种模式"用活"的。对本章的内容主要关注两点：一是现实中的股权激励最优模式是如何设计出来的；二是需要用动态的眼光关注股权激励是如何推进企业做强做大的。

第10章股权激励七定法，根据作者的咨询实践总结出制定股权激励的7个步骤，并详细介绍了如何科学合理地确定股权激励的对象、适合企业的股权激励模式、股权激励的业绩标准、激励股份的数量和比例、行权价格或股份价格计算公式、激励股票的来源和购股资金来源、股权激励计划中的时间安排。

最后需要指出的是，本书唯一的写作目的就是让公司治理这门玄奥的学科能在我国企业真正落实，希望每一位企业家在读完本书之后都获得一定的帮助并产生这样的自信：公司治理其实并不复杂，凭我自己的能力照样可以游刃有余。

马永斌

2012年12月

目　录

第 1 章　公司治理常识

1.1　公司治理的三种关系 / 003

1.2　投资、融资和公司治理 / 004

1.3　战略执行、创新和公司治理 / 011

1.4　经理人黑老板问题的产生 / 017

1.5　股东黑股东问题的产生 / 024

1.6　公司治理问题的类型 / 031

第 2 章　公司治理制度的设计原则

2.1　两个故事引发的思考 / 035

2.2　人性假设与制度安排 / 041

2.3　权利分配、程序主义和相互制衡 / 046

2.4　公司治理与公司管理相融合 / 048

2.5　三个对等统一原则 / 051

2.6　"资本＋知识"的利益分配模式 / 058

2.7　制度有效性的判断原则 / 060

第 3 章　股权结构与控制权争夺

3.1　控制权私利与股东剥夺 / 065

3.2　集团股权结构与剥夺动机 / 073

3.3　剥夺的秘密与控制权配置 / 083

3.4　剥夺典型案例：众合机电的前世今生 / 105

3.5　解决"小"股东剥夺问题的基本思路 / 113

第 4 章　章定权利与股东权利保护

4.1　股东的主要法定权利 / 123

4.2　章定权利的重要性 / 132

4.3　公司章程和股东协议 / 138

4.4　章定权利的主要内容 / 143

4.5　小股东能否告赢大股东 / 160

第 5 章　经理人道德风险的五道基本防线

5.1　公司治理体系与经理人道德风险防线 / 183

5.2　第一道基本防线：股东大会制度 / 195

5.3　第二道基本防线：董事会制度 / 215

5.4　第三道基本防线：信息披露制度 / 288

5.5　第四道基本防线：独立的外部审计制度 / 314

5.6　第五道基本防线：公司控制权市场 / 325

第 6 章　董事会制度的应用实践

6.1　构建高效董事会的十个关键问题 / 351

6.2　解决外部董事受制于"时间有限、信息有限"的困境 / 374

6.3　董事会制度在非上市公司中的应用 / 386

6.4　董事会制度在集团管控中的应用 / 392

6.5　高效而合理的控制模式 / 396

第 7 章　经理人道德风险的关键防线

7.1　股权激励为什么是关键防线 / 411

7.2　"三金之术"与股权激励的目的 / 430

7.3　什么样的公司适合做股权激励 / 439

7.4　经理人报酬结构的现状和趋势 / 446

7.5　设计和实施股权激励的关键要点 / 456

7.6　特殊情况下股权激励计划的调整办法 / 481

第 8 章　股权激励的最优模式设计

8.1　股票期权 / 491

8.2　期股 / 503

8.3　业绩股票 / 511

8.4　干股 / 516

8.5　限制性股票 / 519

8.6　虚拟股票 / 522

8.7　股票增值权 / 527

8.8　延期支付 / 530

8.9　员工持股计划 / 535

8.10　最优模式设计 / 539

第 9 章　股权激励典型案例分析

9.1　慧聪的全员劳动股份制 / 563

9.2　联想干股转期权的演变 / 576

9.3　正泰的股权稀释之路 / 590

9.4　万科股权激励计划的成与败 / 602

9.5　TCL 的股权激励 / 621

9.6　广厦集团的按揭购股与反向持股计划 / 633

9.7　华为的虚拟股变革 / 637

第 10 章　股权激励七定法

10.1　定对象 / 662

10.2　定模式 / 663

10.3　定业绩 / 663

10.4　定数量 / 679

10.5　定价格 / 687

10.6　定来源 / 696

10.7　定时间 / 706

参考文献 / 715

附录：来自读者的真实评价 / 723

后记 / 729

第 1 章

公司治理常识

1.1 公司治理的三种关系

1.2 投资、融资和公司治理

1.3 战略执行、创新和公司治理

1.4 经理人黑老板问题的产生

1.5 股东黑股东问题的产生

1.6 公司治理问题的类型

公司治理是什么？"法人治理结构、股东大会制度、董事会制度、监事会制度、信息披露制度、独立的外部审计制度、公司控制权市场争夺、股权激励制度……"，这是最常见的回答。

这些常见的回答只是解释了公司治理的"形"，而并没有抓住公司治理的"神"。从本质上来说，公司治理是管理企业内各种关系的总和。具体来说，主要是解决三种"黑"与"被黑"的关系。公司治理研究"黑"的目的就是为了找到一个适合自己的"防黑武器"。

1.1 公司治理的三种关系

在我给 EMBA 和 EDP 学员上课的时候，每次一开始上课就会提出的第一个问题就是："公司治理是什么？"

学员的回答基本上是："公司治理是法人治理结构，是董事会制度、独立董事制度、监事会制度、信息披露制度、独立的外部审计制度、经理人的股权激励制度等等。"

对于学员的以上回答，我的评价是"既是对的，也是错的"。之所以是对的，是从学术的角度来说，公司治理结构就是法人治理结构。而且董事会制度、独立董事制度、监事会制度、信息披露制度、独立的外部审计制度和股权激励制度等确实是上市公司公司治理制度的具体表现形式。

但是之所以说这种答案是错的，原因是这种回答并没有解释清楚公司治理为什么会表现为这些制度形式？这些源自上市公司的制度为什么难以用到非上市公司？公司治理到底要解决企业发展中的什么问题？

其实，公司治理并不像人们想象中那么神秘，它的本质非常简单。公司治理主要涉及三种人之间的游戏：企业家、职业经理人和资本家（在我国为资本出资者，即投资人等）。公司治理的本质是管理企业内各种关系的总和，具体来说就是解决三种"黑"与"被黑"的关系问题。首先要解决的是股东之间互相黑的问题；其次是要解决经理人黑老板的问题；最后是要解决公司的实际控制人黑利益相关者的利益问题，这里主要指的是债权人保护问题。

前两类问题的解决在学术上被称为狭义的公司治理，将第三类问题加上就是广义的公司治理。由于本书的出发点是站在企业家的立场，因此只讨论狭义的公司治理，即作为一个老板，如何防止其他股东来"黑"自己，主要涉及股权结构设计、控制权争夺、公司章程制定等主要问题；同时还要防止经理人"黑"自己，主要涉及董事会制度、信息披露制度和股权激励等内容。

正确地理解公司治理是非常重要的，因为源自美国上市公司的各种各样的具体公司治理制度形式对于中国很多上市公司都是水土不服的，对于非上市公司基本上是没有用的。但是这些制度设计背后的逻辑和方法论对于所有公司都是有用的，因此，公司治理要真正落地，必须关注这些制度"为什么是这样"，而这些制度具体"是什么"并不重要。

近年来，我国企业对公司治理自发的需求较大。在前些年的 MBA 和工商管理 EDP 培训课程中，公司治理课程是可有可无的。但是近年来，所有的 EMBA 和金融投资 EDP 培训都将公司治理作为必修课程。这是为什么呢？公司治理在企业发展过程中到底发挥着什么样的作用呢？为了搞清楚这个问题，我们首先讨论一下"我国企业未来和现在最重要的事情是什么？"这一问题。

1.2　投资、融资和公司治理

我国企业未来最主要的挑战是什么？答案就是投资、融资和公司治理三件事，这是解决我国企业由"走"到"跑"的关键。在这三件事中，投资和融资无疑是关键的,但是投融资的成功必须有公司治理作为制度保障。

1.2.1 投资与公司治理

企业在发展过程中,总会发现一些新的投资机会,最简单的投资就是将企业的净利润投入再生产中,也就是有多少钱办多少事,将企业"滚雪球"式地慢慢做大。在我们将一个只有几十人规模的小企业做到几千人、上万人的大企业过程中,在我们将一个企业做成集团公司,在全国都设立分支机构的过程中,什么是关键呢?最重要的就是企业的管理要跟得上。我们经常看到很多民营企业和家族企业,由于管理跟不上,导致公司死掉的情况。而管理要"跟得上"更直接的说法就是企业家要对经理人能够实施有效的监控。

【案例1.1】为什么放弃招商引资的优惠

2006年,我应宁波一个商会之邀,给该商会的企业家上了两天课。上课期间,该商会的一个副会长全程陪同我。从他那儿获悉,当时宁波的用工成本已经很高,很多企业已经将生产基地搬迁到江西等地。副会长说他也打算将生产基本外迁,搬到成都去。成都的一个区正在搞招商引资,答应在土地和税收两个方面给以优惠。在地方政府的招商引资中,土地价格优惠直接就降低了企业的成本,而税收的优惠则直接增加了企业的净利润,这一点对于副会长是相当有吸引力的。

2008年,副会长到北京出差,顺路来看我。我问他:"成都的子公司投产了吗?"副会长告诉我:"放弃了。"我问:"为什么?是不是政府的领导换人了?"他说:"没有换人。主要是有个问题我觉得解决不了,所以我放弃了。"我继续追问:"是什么问题解决不了?"

他说:"马老师,你看我现在企业已经很大了,我已经不可能像刚创业的时候那样亲力亲为，整天盯着下面的经理人。但是我这些年一直坚持一个习惯，就是每周一定要下去转一圈。其实转这一圈我什么东西都看不见，但是给经理人的感觉是我整天在盯着他们。这样他们就不敢不努力工作。现在，我在成都设立一个子公司，总部还在宁波。我不可能每周都去成都，一个月去一次就不错了，去了之后一定忙着开会、签文件，哪有时间下去转？在这种情况下，我如何保证经理人能够玩命干？我如何保证他们不把我的资产变成他们的资产？"

听完他的话，我有两点感受。首先，我非常佩服这个副会长的理性。因为他意识到在企业不断做大过程中的一个关键问题：如何解决好对经理人的管控。他感觉自己解决不了这个问题，因此放弃了优厚的招商引资机会，避免了很多企业盲目做大而招致的失败。其次，我感觉很郁闷。其实这个问题并不难解决，公司治理解决的第二个"黑"的关系就是这个问题。我专门被他请去上了两天课还出现这个问题，要么是我没有讲明白，要么是他没有好好听课。

我想通过这个故事传递这样一个信号：企业家的投资最终要获得成功，必须解决好对经理人有效监督的问题。就是在老板不能亲力亲为监督的时候，找到防止经理人"黑"老板的一个有效武器。这是直接关系到公司能否可持续健康发展的关键所在。

1.2.2 融资与公司治理

企业在发展过程中总会缺钱，这时候就需要进行融资。融资从来源的角度主要可以分为内源性融资和外源性融资。内源性融资是指企业通过内部积累的方式实现的融资，包括原始资本投资、利润转投资和折旧。这种融资方式对于企业家的好处就是成本最小，风险也最小。但是它的缺点也很明显，光靠企业自身积累将企业做大需要非常长的时间。

因此，更多的企业家将目光转向了外源性融资。外源性融资是企业通过一定的途径或借助某种金融工具获得他人的资金，主要包括债权融资和股权融券。债权融资的典型形式就是银行贷款，股权融资就是企业家将一部分股份转让给外部投资者来获得企业的发展资金。

与股权融资相比，债权融资的特点是"钱不好拿但是好用"。企业到银行贷款，银行首先要审核贷款项目的可行性，然后要求企业有相应的资产做抵押，或者由其他公司进行担保。2008年金融海啸时，长三角地区的中小企业成片倒下的主要原因就是企业之间连环担保。2008年后，商业银行出于保护自己资产的安全，在贷款给民营企业的时候，除了正常的抵押之外，还需要和企业家个人签署一个无限责任担保合同。这就意味着，如果企业破产了，那么企业家必须用自己的资产还债，这样他们很有可能就会赔得倾家荡产。这种做法迅速被我国商业银行所采用。这加大了民营企业和家族企业老板的风险，所以银行的钱是不好拿的。但是凡事有弊就有利，银行的钱是比较好用的。比如一个企业以扩大生产购买设备为由从银行贷款5 000万元，银行将钱给企业后肯定只希望专款专用，5 000万元只能用于购买设备。虽然银行有着各种各样的手段进行监督，但是作为债权人的银行不可能对企业进行实时监控，在保证能还上钱的情况下，如果企业将5 000万元挪作他用，银行也就睁只眼闭只眼了。虽然银行的钱好用，但是由于不好拿，对于企业家来说风险太大。因此越来越多的企业家将目光盯住了股权融资。

与债权融资相比，股权融资的特点是"钱好拿但是不好用"。如一个股份公司要进行股权融资，首先要核算企业净资产，比如净资产核算为750万元，设置总股本为750万股，每股的价格就为1元。简单的股权融资操作就是以增资扩股的方式引入外部投资者，比如定向向某一投资者发行250万股股份，该投资者将相应的资金投入企业，占25%的股份，企业家占75%的股份。那么，投资者应该向企业投入多少资金呢？是250万元吗？

如果是以250万元的资金投入，占25%的股份，该企业的融资基本上是失败的。在企业的早期，一般是以溢价2~3倍投入，即公司的股价是1元1股，但是对投资者增发的股份2~3元1股，投资人要占25%的股份，需投入500万~600万元；在快速成长期，即VC重点投资阶段，一般溢价5~8倍，投资人要占25%的股份，需投入1 250万~1 500万元；在Pre-IPO阶段，即PE重点投资阶段，一般溢价10~15倍，投资人要占25%的股份，需投入2 500万~3 750万元。

以上的融资结果，想想都是激动人心的，但如何才能成功实现溢价融资呢？除了成长阶段之外，关键取决于企业家"讲故事"的水平。在投融资市场上，融资者忙着"讲故事"，投资者忙着"听故事"。融资者想要一个较高的溢价价格，必须将"故事"讲好。融资者讲的"故事"由两个部分构成：纪实文学和玄幻小说。故事的上半部分是报告文学，基本上是按照尽职调查的内容去讲，也就是要将企业如实做一次盘底：公司的历史、高管团队的组成、项目背景、盈利情况、资产情况、公司治理情况等。这一部分是企业的一个真实情况反映，千万不能作假，否则尽职调查就能使作假原形毕露。而且企业家也没有必要在这部分作假，因为没有任何一个潜在投资者会根据你的纪实文学给你投资，他们更感兴趣的是你故事的下半部分——玄幻小说。

融资的溢价倍数主要取决于故事的下半部分玄幻小说。第一，要有一个远大的理想，为投资者描述按照你设计的商业模式，企业将会快速地成长；第二，要让投资者相信：你已经规划好与商业模式相配合的资本战略和实业战略，已经拥有与企业战略实现相匹配的关键性稀缺资源，这些资源都是用钱买不到的，如人脉、政策、人才等；第三，为了实现企业战略目标，管理流程已经得到了优化；第四，为了实现这个目标，管理团队已经经过市场的检验,而且为了将团队和企业捆绑在一起,企业已经对他们实施了股权激励。

"故事"讲到这里基本上就成功了,投资者的反应往往是:企业的过去证明企业的商业模式是可行的,企业家又有明确的战略思路,而且战略实现所需要的所有关键性稀缺资源企业家都拥有了,这个时候再不进入,以后可能就没有机会了,而且越早进入,未来的投资回报率就会越大。企业家就会以一个非常高的溢价倍数实现成功的股权融资,因此我们说股权融资的钱是好拿的。

但是股权融资的钱是不好用的。投资人之所以愿意以溢价的方式入股企业,一定是被企业家所讲的"故事"吸引,对企业的未来产生了美好的憧憬。但是如果企业家的"故事"纯粹是"玄幻"的,只是以忽悠的方式将投资人的钱圈到手里,投资人将会血本无归。为了保护自己投入资金的安全,投资者在以溢价方式入股的同时,会向企业家索要与其股份比例并不相称的控制权,如董事会席位、累积投票权等。其中最常见的是一票否决权和对赌协议。

一票否决权是指投资人从保护自己利益的角度出发,要求在公司章程里事先作好约定,投资人不参与企业日常经营,但是在公司一些重大事项上具有一票否决权。所以我们经常说风险投资机构是"say NO"先生。由于每个投资人的要求不同,每个企业的具体情况不同,重大事项的约定也各有不同。约定的重大事项范围包括但不限于对公司高管人员的聘请和员工的激励机制、对外投资和担保、重大资产购置、增资扩股、股权出售限制、董事席位变化等。

对赌协议是投资人对企业家的一种非常严厉的激励约束机制。为了防止企业家的所讲的"故事"是杜撰和编造的,投资人在决定投资的时候,尤其是在溢价倍数较高的时候,会要求企业家签署对赌协议。如果企业在未来几年将"故事"中的目标都实现了,投资人将约定数目的股份或现金给企业家作为奖励;反之,如果未来几年企业的目标实现不了,企业家必须将同等数目的股份或现金给投资人作为补偿。

相对于一票否决权，对赌协议要可怕得多。一票否决权是投资人在公司重大事项上争取话语权，推动企业向规范的角度发展。而对赌协议则是让企业家只有一条路，即只能赢不能输，因为输了就真输了。对赌协议对投资人来讲是稳赚不赔的，如果输了，虽然要对企业家兑现约定数目的股份或现金奖励，但是投入资本的增值部分将远远大于其付出的奖励；如果赢了，虽然企业家"故事"里的目标没有实现，投入资本有可能贬值，但是只要情况不是太糟糕，企业家付出的补偿部分就足以弥补。

企业家是否可以不答应投资人的要求呢？当然你可以不答应，结果就是投资人也不会把钱给你！

而且投资人把钱给你之后，就会要求你的企业快速发展，以实现投资人"快速增值、快速回报、快速退出"的投资目的。为了实现这个目的，最好的方式就是在企业快速发展的前提下上市，或者将企业卖给上市公司。这样，企业就必须按照监管当局的要求建立公司治理结构，如设置股东大会制度、董事会制度、信息披露制度等。在公司治理结构建立过程中，实际上就是控制权在不同股东之间的一个再分配过程。专业的投资人对于公司治理的游戏规则是非常熟悉的，而不熟悉这些游戏规则的企业家可能就会吃大亏：以较高的溢价倍数融到了资金，从股份比例上看，自己还是绝对控股大股东，但是发觉公司自己说了不算了。

股权融资的钱是好拿的，因此众多企业家现今都将目光聚焦于此。但是，一旦投资人决定将钱投入企业，这个企业就不再是企业家一个人的了，而是大家的。因此，一定要对此有充分的心理准备，并且要在此基础上熟悉公司治理中关于控制权的游戏规则设计，这一点是融资最后成功的关键所在。成功股权融资的标志是：在不过多丧失控制权的前提下，获取尽可能大的溢价倍数。

1.3 战略执行、创新和公司治理

讨论完未来，再看看现在。我国企业现在最重要的挑战是什么？答案是战略执行、创新和公司治理。从表面上看，我国企业现在面临的主要问题是战略执行和创新的问题。但是从深层次看，战略执行要落到实处、企业创新要实现，都离不开公司治理的制度保障。

1.3.1 战略执行与公司治理

我国企业并不缺乏战略，中国人性格中有喜欢"论道"的特点，所以我国的企业家对自己的企业都会有一个短期和长期目标，知道自己企业在这个行业中所处的位置，所占的市场份额等，都会有一个简单或复杂的战略规划。我国企业缺的是战略执行，我国企业跟外国优秀企业的差异在于缺乏一个战略实施的分解、实施和控制系统。

这里讲的战略执行和一些培训班讲的个人执行力提升不是一回事。红遍中国培训界的"执行力"课程强调的是员工的个人执行能力和执行意愿的提升，尤其是强调个人执行意愿的提升，这种观点对个人来说是正确的，因为通过终身学习来不断提升自己正是当今时代的一个特点。但是，仅仅依靠个人执行能力和执行意愿的提升是解决不了我国企业的战略执行问题的。

"执行力"一类课程也许对于西方一些国家是重要的，但是对于我国企业并不是很重要，因为个人意愿实际上就是对权威的敬畏，而我们中国人对权威本身就是很敬畏的。中国传统文化中有着官本位文化的传统，表现在企业中，就是每个人都想当老板；当不了老板就通过好好干得到提拔，升迁到中层或高管。但一个企业中，老板、高管和中层毕竟是有限的，当不了怎么办？在中国，当不了一官半职，反过来就会对权威非常敬畏，这就是和官本位文化传统相对应的人的奴性。大多数中国人身上都有这种奴性，我们对于权威都是很敬畏的，因此，我国的企业其实并不缺个人执行力，只要老板把任务交代明确，经理人和员工是非常愿意保质、保量完成任务的。

那我们缺什么？我们最缺的是把整个企业通过战略的分解、实施和控制等各个环节，整合成一个整体，这是企业从"人管人"到"制度管人"转变的关键。一些企业老板为了学习国外企业的管理经验，高薪挖一个国外的职业经理人过来。结果都以失败而告终。这些国外经理人在我国遭遇滑铁卢的原因与其说是不适应中国国情，倒不如说是不适应中国企业的制度环境。

我国企业和国外公司的战略执行框架是不一样的，大多数我国企业目前还处于"人管人"的阶段，中国企业的成功70%是企业领导者个人成功的体现；而国外的大企业大多建立了"制度管人"的环境，这种制度环境很重要一个特点就是任务分解体系做得非常细致和到位，国外企业的成功更多是制度成功的体现。一个国外的经理人过去的成功说明他的能力很好地契合了本国企业的制度环境，但是他很难把成功移植到中国企业来，原因就在于战略执行的框架是不一样的。

而如果把重心放在员工的执行力上，客观上推卸了作为企业家的老板的责任。在绝大多数中国企业从"人管人"到"制度管人"的转变过程中，需要做的实际上就是把企业家的个人能力通过制度转换成企业的能力，从而将企业家的成功演变成企业的成功。具体到战略执行来讲，需要将企业看成一个整体，将企业分解成完成任务的若干环节，每一个环节的执行都是为了完成最终任务，并不需要每个环节都很强，而是需要他们协同合作。战略执行中的任务分解、实施和控制体系就是要把个体上能力可能并不是很强，但是都能完成任务的人整合在一起。这个工作靠什么来保证呢？

战略执行的分解、实施和控制体系主要由三个系统构成：绩效控制系统，也就是KPI控制系统，属于战略执行的微观层面；组织结构设计，涉及经营权力配置和流程优化等问题，属于战略执行的中观层面；公司治理结构，涉及股东、董事会和经理层的制衡机制和利益分配机制，属于战略执行的宏观层面。①

目前，我国大部分企业都有了绩效控制系统；大多数国有企业的组织结构设计也没有多大问题，但绝大多数民营企业都缺乏一个行之有效的组织结构；很多企业的公司治理都无法保障战略的顺利实施。

想要使得我国企业的战略执行真正落地，将战略规划和战略思想分解成每一年、每一季度、每一月甚至每一周的任务和预算，必须同时解决好绩效控制系统、组织结构设计和公司治理结构设计，三者缺一不可。而公司治理结构无疑又是企业家比较陌生却非常重要的话题。在战略执行的落地过程中，一个公司必须解决好股东层面、董事会层面和经理人层面的制衡和决策机制。在兼顾公平和效率的前提下，规定好经理人层面、董事会层面和股东层面各自决策的内容、顺序和权力。解决好公司治理结构问题，战略执行在企业的宏观层面就有了制度保障。

因此，公司治理结构是企业战略执行真正落地绕不过去的一道坎。

1.3.2 创新与公司治理

持续创新对于企业健康发展是非常重要的。对企业来讲，创新包括技术创新、市场创新和管理创新三个层面。在这三个层面的创新中，按常人的理解，技术创新和市场创新最重要，因为一个新专利或一个竞争对手较少的新市场都会给企业带来极大的成长空间。但事实上最重要的是管理创新或者叫作制度创新，因为它能增强一个企业的组织执行力，较大地提升组织效率和效益，

---

① 关于组织结构和公司治理结构可以这样来理解：组织结构设计解决的是公司 CEO 之下的事，公司治理结构解决的是 CEO 之上的事。

保障企业健康可持续的发展。管理创新是三者中最难实现的。

如今，企业家都不停地在各种各样的EMBA和EDP培训班中学习，寻找管理创新的方法。在这些培训班上授课的讲师，大多数都是既有西方理论功底，同时又具有丰富的中国企业实践经验。但是，又有多少企业家能将课堂的知识应用到企业中呢？答案是很少。为什么会这样？

管理创新过程中，有大创新和小创新之分。小的创新还好一点，企业稍微有个阵痛期，就会进入良性发展，中国企业成功的管理创新大部分都属于不伤筋骨的小创新。如果在管理创新过程中，做的变动大了，实际上就变成了企业变革了，这时想要获得变革成功就不容易了。因为这个时候最需要解决的不是管理创新本身的问题，而是其背后隐藏的复杂利益问题。

反思一个企业的管理创新或一个国家的改革，无论其结果是好还是坏，为什么总有人支持？有人反对？什么样的人会支持？什么样的人会反对？这些答案的根源都是利益。在创新过程中，有些人的利益遭到了损害，或者失去的利益大于得到的利益，那么他们一定会持反对意见；如果既得利益增加，那些人就会支持企业创新。因此，管理创新要成功，关键是要有一个良好的利益平衡机制。

【案例1.2】杰克的管理创新为什么成功

杰克被一家陷入成长停滞的上市公司聘为CEO。公司市值大约是140亿美元，销售收入是268亿美元。这家已经有117年历史的公司机构臃肿，等级森严，对市场反应迟钝，已经成为一个典型的官僚组织，在全球竞争中正走下坡路。

按照杰克的理念，在全球竞争激烈的市场中，只有在市场上领先对手的企业，才能立于不败之地。杰克发现，该公司的管理层级多达12层，高级经理人的管理跨度多达18人，这是导致执行效率低下的根本原因。于是杰克首先着手改革内部管理体制，减少管理层次和冗员，将原来12个层次减到7个层次，并撤换了部分高层管理人员，并且将每个高级经理人的管理跨度从18个人减到8个人。

杰克设计的方案从组织结构设计和组织行为学的角度来看是完全正确的。从组织结构设计来看，组织层级的减少就是组织结构扁平化的过程，这将使得信息在组织传递中的损耗减少，执行效率将得到较大提升。但是组织层级的减少也意味着大量的管理人员被裁掉，杰克在这次调整中共裁了两万多人，其中两千多人是高级经理人。这种裁员方式实际上是企业主动的战略性裁员，对一般员工的补偿很简单，按照法律多支付几个月的工资就可以了。但麻烦的是两千多名高级经理人的补偿，如果只是按照法律补偿几个月的工资，这些高管人员肯定心存不满，跳槽到竞争对手那里，会将自己所掌握的技术、渠道等各种机密泄露出来。那杰克的麻烦就大了！如何能够让这两千多名高级经理人"高兴地离开"，而且离开之后还盼望公司越变越好，这是杰克面临的最大挑战。

管理跨度指的是每个人直接管理的下属人数，美国组织行为学教科书的标准答案是5~7人，如果管理跨度过大，管理人员的精力将顾不上，最终导致执行效益降低。杰克将高级经理人的管理跨度从18人减到8个人，从理论上讲也是对的。但是将组织结构扁平化和管理跨度减少两件事放在一起做，本身就是矛盾的。管理层级的减少意味着留下的管理人员就需要多分担一些管理工作，但杰克不仅不让多管，而且还减少了管理跨度。这个矛盾的根源在于企业的控制权体系没有发生改变。为了让组织结构扁平化和管理跨度减少两件事获得成功，必须将企业原来的控制权体系摧毁重建。但这件事是非常难的，因为它涉及所有管理人员的既得利益，没有一个很好的利益平衡机制是不可能实现的。

我们以杰克是如何成功裁掉两千多名高级经理人来剖析其管理创新成功

的关键。要让这些高级经理人"高兴地离开",就需要一个令人心动的离职补偿方案。对于利益补偿来说,最主要的是两个问题:给多少和如何给。首先,杰克对这些高级经理人的补偿总额并不是法律所规定的几个月工资,而是针对竞争对手的报酬情况,决定给予离职高级经理人的补偿金额是近5年在公司的收入总和。高级经理人的收入每年为20万美元,5年总和就是100万美元。按照当时美国的购买力来看,100万美元可以在美国大多数地方购买一座相当不错的别墅和两辆好车,还可以剩下10万~20万美元。这个利益补偿力度是相当巨大的,足以让高级经理人"主动而且高兴地离开"。

利益补偿的第二个关键问题是如何给的问题。如果一次性补偿了100万美元,被裁掉的高级经理人确实是安静离开了。但是,如果他到了竞争对手那里,在新的利益诱惑下,很有可能依然会泄露公司的机密,结果就是杰克养了一批白眼狼。如此看来,一次性的离职补偿是不行的,那么就分期给吧。先签订一个保密协议和禁业协议,然后每年公司派人查,在没有违反协议的前提下支付每期的补偿。这种思路从逻辑上看是对的,但是实际中却是没有效果的。保密协议和禁业协议,在实践中最大的作用是威慑,主要用于打官司。从管理的角度来讲,需要查清离职的经理人是否违反协议的成本是非常大的。那么,杰克该怎么办呢?

杰克的方法是:100万美元中只有15万美元支付现金,剩余的85万美元以限制性股票的方式支付。具体做法如下:由公司将85万美元的补偿金在二级市场购买公司股票,锁定3年,在锁定期内离职的经理人享有分红权,3年之后,股票真正归经理人所有。杰克的做法是非常高明的,15万美元的现金足够美国中产阶级一个家庭体面地生活一年,满足了经理人家庭生活的需求。经理人更加看重的是限制性股票补偿,今天的限制性股票价值85万美元每年,3年之后呢?从理论上讲,可能是8.5万美元,也可能是85万美元,还有可能是850万美元,其结果取决于企业价值的增长。在此过程中,如果离职的经理人到竞争对手那里去工作，会泄露公司的机密吗？由于杰克给离职经理人的补偿比竞争对手的薪酬具有竞争力，因此是不可能有此类事件发生，因为经理人还希望 3 年之后自己今天价值 85 万美元的限制性股票升值到 850 万美元。而 3 年之后，离职经理人手里的机密也就不再是机密了。

杰克的成功关键在于将离职经理人的利益和企业未来的利益捆绑在一起，非常好地解决了利益平衡的问题。杰克的做法实际上就是公司治理中股权激励的一种做法——"金色降落伞"计划。在管理创新和企业变革过程中的利益平衡，尤其是对于高管人员的利益平衡，用传统的给钱的方法是难以奏效的，而公司治理中的股权激励机制是专门高效解决此类问题的。

1.4 经理人黑老板问题的产生

当信息不对称、监督困难、利益不一致这三个条件在老板和经理人之间同时成立时，就一定会出现经理人"黑"老板的问题。

并不是企业发展的各个阶段都存在公司治理问题，在创业阶段企业很少会出现公司治理问题。任何一个企业在其创业的最初阶段，一般不会请职业经理人，企业家既是老板又是经理人，是企业的灵魂，拥有很高的权威。员工不会太多，也就 20 来人。这时候管理对于企业家来讲，是件非常容易的事情：信息在老板和员工之间基本上是对称的，而且对员工面对面的监督也是比较容易的。老板不仅对公司的信息基本上都掌握了，而且对每个员工的能力、性格，包括谁家有什么事都弄得很清楚。比如老板会记住所有员工的生日，到员工过生日的时候会包一个红包，吃顿饭，唱唱歌……以达到凝聚人心的目的。在这个阶段，老板基本上成天和员工在一块摸爬滚打，根本不需要制度来管人，因为面对面的直接监督是比较容易的,而且成本也是最小的。因此,在此阶段很少有经理人黑老板的问题出现。而且该阶段的企业大多数情况下是由企业家直接投资的,没有外部融资,没有其他股东存在,经营上也是由企业家完全指挥,高度集权。这种情况下,也不存在大股东黑小股东的问题。

但是,随着企业规模逐渐扩大,企业授权体系建立,即使企业不引进新的投资者,也必然会出现经理人黑老板的问题。

1.4.1 规模扩大导致多层级的组织结构

随着企业的逐渐做大,就会发生如图1-1所示的组织形式变化。当企业的员工超过50人时,在管理上老板就会感到吃力,于是只能依赖助手了,这时候就会提拔一些副总、总监或助理,让他们分担一些管理的工作。当然,老板还是有时间、机会和部门主管、员工直接沟通。但是,当员工发展到100人以上的时候,老板只能盯住副总、总监和助理了,中层和基层就看不见了。于是,就形成了这样一种管理逻辑,老板需要依赖高管层,高管层再依赖中层……整个企业就形成了一个多层级的结构。

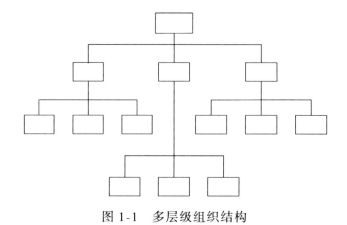

图1-1 多层级组织结构

那这批人如何找呢？当然，首先我们得找自己家的人，因此先用自己的表哥、表弟、表姐、表妹、堂兄、堂弟、堂姐、堂妹等家族成员。家族成员不够，再找发小、同学、战友等等。但家族成员和朋友都是有限的，当企业规模越来越大，公司必然要外请职业经理人，必须依赖组织，转向制度管人了。这个时候，就需要设计好企业的组织结构。组织结构设计中有两个重要参数：管理层级和管理跨度。按照美国组织行为学教科书的答案，管理跨度最佳的是一个人可以管5~7人，5~7人管25~49人。一些大公司管上万人、十几万人，怎么办？由此就导致企业的管理层级特别多，12~15层在美国大公司中是常见的。随着计算机技术的兴起，管理学家们开始利用信息技术对组织结构进行扁平化。所谓扁平化，主要思想就是减少层级，尽可能做到利用计算机的帮助，使得一个人可以直接管更多人，扩大管理跨度，但是再扩大也是有限制的，对于高管人员来说，管到10个人就已经很多了。因此，多层级的组织结构就是不可避免的。

这就意味着创业阶段人少时，可以依赖个人的直接监督。但规模扩大了，员工增加了，必须依赖组织，从"人管人"向"制度管人"转变。

1.4.2 多层级结构必然导致企业授权体系的建立

多层级的组织结构会导致企业决策效率降低，这就必须通过在公司内部由最高管理者进行授权来解决。我们试想一下在多层级的企业中，如果不授权意味着什么？意味着100%的决策都需要老板做出，高层、中层和基层的经理只有完成任务的权利。但是，如果老板要做100%的决策，就必须拥有为了完成这个决策所需要的所有信息。如果老板拥有的信息不是100%而是10%，100%的决策权都集中在老板手里的话，整个企业就面临着决策失误或者决策不科学的问题。

那么，在规模较大的企业中，老板能拥有多少信息呢？现实中，已建立ERP的中国企业中，大量的信息是收集不上来的，老板最多能得到40%的信息。这主要有三个原因：第一是一些专用信息无法脱离信息采集者而上传；第二是任何信息的传递都是有损耗的；第三是员工和经理人可能不愿意传递信息，因为对他们来说，信息的传递是要花时间和精力的，是有成本的。

由于支撑决策所需要的大量信息收集不上来，所以很多由老板集中决策然后分配任务的执行体系就常常面临着市场反应迟钝的问题。提高决策效率的唯一有效办法就是分权，老板如果只有40%的信息，就只能掌握40%的决策权，经理人有60%的信息就得给他60%的决策权，一定要使决策权和决策所需要的信息对称。

授权解决了信息不对称的问题，但是又会使得另一个问题显得更加突出。授权的主体，即经理人和老板利益不一致的问题在授权体系下会显得尤为突出。

1.4.3　授权导致经理人黑老板的问题产生

老板和经理人的利益是很难一致的。当企业规模小，决策权都掌握在老板手里的时候，由利益不一致引起的经理人黑老板的问题还容易受到遏制。但是，当企业做大之后，建立了多层级的组织结构以及相应的授权体系之后，老板和经理人利益不一致的问题就会显得尤为突出。

比如一个总部在北京的企业从竞争对手那里挖走一个职业经理人去负责上海子公司的业务，这个经理人原来的年薪是10万元，新老板给他的年薪为30万元。头两年，这个经理人非常感动，认为老板对他有知遇之恩，是自己的伯乐，会非常玩命地干。但是两年之后，这个经理人有了新的想法：老板对我是不错，但是每年我给老板创造的利润是几百万元、上千万元，才给我30

万元，我凭什么为他干！于是，这个经理人就很有可能注册一家自己的公司，将公司的客户转移到自己公司，将公司的利润变成自己的利润，将自己公司的负债变成公司的负债。

经理人黑老板问题是伴随公司规模扩大，组织出现多层级结构时，由于授权而促使老板和经理人之间利益不一致问题难以得到有效控制而产生的。换句话说，只要股东和职业经理之间存在监督困难、信息不对称和利益不一致的问题，就必然出现经理人黑老板的公司治理问题。

1.4.4　经理人黑老板问题的四种典型形式

经理人对企业家利益侵犯主要有两层含义：第一层含义是指经理人不能以股东利益为第一诉求，在决策上优先考虑的不是股东利益，而是自己的利益；第二个层含义是指经理人有意利用手中的权力为自己谋取私利。经理人为自己谋取私利，绝大多数情况下必然会侵犯股东的利益。经理人黑老板的主要形式有贪污腐败、不合理的在职消费、不作为和短期行为四种。

贪污、腐败、拿回扣即经理人直接侵占老板的资产，这是老板被经理人"黑"的最主要、最常见的形式。无论是国有企业、民营企业和外资企业中都存在这样的问题。这也是公司治理中约束机制重点解决的问题。

不合理的在职消费是经理人黑老板的一种普遍问题。最常见的不合理在职消费包括：利用公司公款来吃喝、娱乐，利用公司公款支付国内外旅游，以及各种莫名其妙的报销等。

不作为也叫作偷懒行为，是一种常见的经理人黑老板的问题。经理人和老板的利益在大多数情况下是不一致的：老板追求企业资产的保值和增值，希望能以最少的资本投入获取最大的经济利益；而作为经营者的经理人由于不具有产权，不参与企业利润分配，因而更加看重以最小的努力来追求报酬最大化、追求闲暇时间、享受人生、追求职业稳定、回避风险等。不作为比较典型的情况就是经理人对风险决策的回避态度，表面上看其是为股东规避风险，实质上是一种逃避合理追求风险收益的责任和努力。

短期行为是一种非常隐蔽的经理人黑老板的问题，这也是最难防范的一个问题。只要经理任期是有限的，一定就会存在短期行为，而短期行为黑得老板哑巴吃黄连，有苦说不出。

【案例1.3】削减研发经费的短期行为

假设一个经理人被华为聘为CEO，这个经理人和华为签了三年的合同，而且三年之后这个经理人也不打算继续在华为干。那么，这个时候这个CEO上任后会怎么做呢？每个公司对CEO都会有利润的要求，CEO最后能拿到的报酬和公司利润肯定会有直接关系。对于华为这样的大公司来说，CEO通过提升销售额、降低成本来实现净利润增加是一件非常困难的事情。一个比较简单有效的方法是把研发费用先砍下来。华为过去一年的研发费用较高是20亿元，现在砍成10亿元。砍研发费用的方案可以找这个CEO在清华大学和北京邮电大学的哥们来做，做一个技术预测，根据这个预测华为研发方向要调整，根据新的方向我们一算是10亿元，省10亿元，任期三年的肯定每年会增加10亿元的利润。但是研发费用砍掉10亿元，任期三年中会不会有负面效果呢？短期内不会有太大的负面效果，只不过研发部门裁一些人而已，但是损害的是企业长期利益。当三年之后，该CEO离职后，华为将在全球竞争中处于不利的位置，市场份额肯定会被竞争对手中兴和思科等蚕食，但是和这个CEO已经没关系了，因为他已经不干了。

实践中，类似案例中经理人的短期行为常常令老板防不胜防，产生的原因是：经理人的利益通常只与其任期内的公司业绩相关，因此，经理人的有限任期就使他们在决策时不可避免地偏重短期经营业绩。

削减研发费用的投入是经理人常用的一种短期行为，除此之外，短期行为惯常的做法还包括：

- 削减广告费和维修费的支出；
- 在财务上"巧妙"做账，在会计上的多提费用、减少利润，对会计估计和会计方法选择上的投机；
- 选择可迅速利用的人才，而不注重整体企业文化和未来人才的培养；
- 运用金融上的某些灵活操作做出当期的账面利润，或把未来的收益做到现期；
- 放弃短期内会给公司财务状况带来不利影响但却有利于公司长远发展的计划，如公司购并、资产重组以及长期投资等。

1.4.5 经理人黑老板问题的解决思路

既然经理人黑老板问题的根源在于股东和经理人之间存在信息不对称、监督困难和利益不一致，那么公司治理的解决思路就是力图使老板和经理人之间的信息尽量对称，监督尽量容易一些和利益尽量一致。

为什么是"尽量"呢？第一，在企业中要使得老板和经理人之间做到完全的信息对称是不可能的，即使在建立了 ERP 平台的企业，老板最多能掌握到 40% 的信息就不错了，大量的信息掌握在经理人手里；第二，当企业规模扩大之后，老板再想像创业初期那样面对面去监督经理人也是不可能的；第三，要使得老板和经理人利益完全一致，除非老板将股份的一半分给经理人，而且自己还具有甘为孺子牛的奉献精神，但有谁会这样做？第四，公司治理问题并不是一蹴而就的，不可能说今天解决了，明天就不会再有问题了。通常是，在解决了现有公司治理问题后，企业发展几年后，还会有新的公司治理问题出现。因此，掌握制度设计的逻辑和方法论远比制度本身重要。

关于解决经理人黑老板的问题，着重要做好管控和激励。以董事会制度为核心的约束机制就是通过控制权的配置使得信息尽量对称和监督尽量容易，从而能够解决掉公司中贪污腐败和在职消费等问题，并能局部解决经理人的不作为问题。

利益不一致是一个源头问题，这个问题的解决思路是将老板和经理人的利益捆绑起来打造利益共同体，体现在公司治理中就是用股权激励制度将经理人和老板的利益长期捆绑。股权激励能够解决经理人不作为的问题以及代理问题中最隐蔽的短期行为问题。

总结起来，解决经理人黑老板问题的思路是：先构建以董事会制度为核心的约束机制来加强对经理人的管控，然后以股权或长期激励性报酬的方式对经理人进行有效激励。

1.5 股东黑股东问题的产生

1.5.1 股权融资导致股东黑股东问题的产生

刚创业的时候，如果出资人是单一股东或全部是家族内部股东，这个时候是不可能有股东黑股东问题的。当然，也有可能一家企业的创始股东是夫妻俩，结果夫妻之间发生了利益纷争的事情，严格意义来说，这不属于公司治理的范畴，而应属于"家庭治理"的范畴。

随着企业的发展，创始人原来的投资不足以支撑企业新的战略，就需要追加投资。如果创始人采用股权融资，即不断稀释自己的股权，吸引新的股东进入公司。股权融资，尤其是溢价倍数较高的股权融资能够加速企业的发展，但同时也使得股东之间的关系变得较为复杂。由于利益诉求不同，控制权大的股东就可能会侵占控制权小的股东的利益，这就是我们通常所说的股东"黑"股东的问题。

1.5.2 股东黑股东问题的典型形式

控制权一旦集中在少数大股东手中，就会导致大股东掠夺小股东利益问题的发生。因为大股东一旦控制了公司，他们常常会利用公司的资源牟取私利，损害其他股东的利益。

【案例1.4】常见的一种股东"黑"股东的方法：不分红＋关联交易

某家钢铁厂的大股东（该股东持有51%股份）在企业取得较好的业绩之后，在股东大会上提议不分红，理由是钢材涨价幅度大，市场需求也大，扩大再生产后的资本增值部分远远大于分红所得。如果小股东同意了他的提议，有可能就被他黑了。当然，如果大股东确实将企业的利润全部用于扩大生产规模，这对所有股东来说是好事，因为大家的资本在增值。但是，如果大股东只是将一小部分利润用于扩大生产，而将大部分利润转移到自己手里，这就损害了小股东的利益。

那么，该股东如何转移利润呢？一个简单的方法就是通过关联交易。他在股东会上告诉大家，这两年钢铁厂的原材料铁矿石涨价很厉害，而且铁矿石公司都不愿意签订长期合同。但是，有一家A公司，不仅提供的矿石质量好，而且愿意和我们签订长期合同，A公司保证优先给我们供货，只不过价格要比市场高30%。他把这个问题提出之后，希望大家决策要不要和A公司签约。

如果小股东同意这个决策，实际上就被大股东"黑"了。A公司提供的铁矿石质量并没有高于市场上常见的铁矿石质量，"质量好"无非是做出来的一个数据。大股东为什么要这样做呢？因为 A 公司实际上是他控制的公司，他在 A 公司持有 90% 的股份，但是法人不是他，股东名册上也没有他。如果利润不转移走，100 元利润在钢铁厂分配，大股东只能得到 51 元，而将利润倒到 A 公司，大股东就可以得到 90 元。

大股东通过对交易价格的操纵，巧妙地将本属于小股东的利益转移走。

美国的学者把这种大股东将公司的资源和利益转移到自己占绝大多数股份企业中去的行为定义成"隧道挖掘"，即通过"隧道"将资源和利益倒腾到自己口袋里，将公司掏空。

目前普遍公认的股东黑股东问题的典型形式包括：非公平的关联交易、资产置换、金融运作（抵押担保）、转移风险以及"分红＋配股"等。

（1）非公平关联交易

【案例 1.4】就是一个典型的非公平关联交易，一般伴随不分红或少分红。非公平关联交易是指，控股股东利用对公司的控制与影响，操纵公司与其控制的其他企业所进行的交易违背公平和诚信原则，所达成的交易条件和交易价格等存在着对其他股东明显不公平的交易。在非公平的关联交易中，由于控股股东将公司的资源和利益转移至自己占绝大多数股份的关联企业中，公司因此遭受净损失，小股东和债权人的利益同时也遭受到直接的侵害。非公平的关联交易是中国上市公司控股股东黑小股东的典型方式，也是近年来我国证监会重点监控的焦点。

非公平的关联交易的形式主要有三种，包括非公平的产品交易、劳务交易和资产交易。这三种形式的关联交易在我国上市公司中普遍存在，并且大部分的关联交易都发生于上市公司与控股股东及其子公司之间，主要表现为：

- 虚构交易占用资金。这是一种直接的、赤裸裸的财务欺诈行为。也就是在上市公司与控股股东控制的关联企业之间签订并没有发生的虚假购销合同，将上市公司的资源和利润转移到关联企业中，这些虚假的交易既可能是产品交易、也有可能是劳务交易和资产交易。
- 占用资金，有钱也不还。控股股东及其控制的非上市公司长期拖欠上市公司的借款或货款，即使有钱也不给。只要法律对小股东的保护力度加强，就可以有效避免该问题。
- 价格不公允，控股股东"高买低卖"。这是关联交易中稍显复杂的做法，也是最常见的形式。经济学的基本规则是"低买高卖"，那控股股东的"高买低卖"是怎么回事呢？这里"高买低卖"的主体是上市公司，控股股东操纵上市公司以高于"公允价格"从关联企业中购买产品、劳务或资产；而以低于"公允价格"的方式将上市公司的产品、劳务或资产卖给关联企业。
- 名目繁多的劳务交易。相对于产品交易和资产交易来说，劳务交易的价格是最难评估的。因此，控股股东就会操纵上市公司向关联企业购买大量的租赁服务、维修服务、技术指导、运输服务等名目繁多的劳务交易。而这些劳务交易都为资金的占用和转移编织了理由。

以上的非公平关联交易在上市公司中大量存在，成为财务欺诈、做假账、虚假信息的始作俑者。同样，该问题也存在于非上市公司中，只不过不如上市公司中发生的频率高。

（2）资产置换

假定A、B公司都是同一个股东控制的公司，A公司是上市公司，B公司是私人公司。通常的做法是，该控制性股东就可能利用B公司的呆滞资产来置换上市公司的优质资产或现金，从而达到转移资金的目的。

直接的资产置换容易被查出来，现在一些上市公司更多采用一种更为隐蔽的资产置换的做法，即买卖自己的企业来实现套现的目的。

如图 1-2 所示就是这种更加隐蔽的资产置换做法。比如张先生是上市公司的实际控制人，而且他又通过自己的亲戚 A、B、C 间接控制了 D 公司大多数的股份。最开始上市公司有一个盈利前景非常好的项目，张先生就有可能在项目运作早期将其剥离给 D 公司，理由是该项目和上市公司的战略不匹配。由于项目刚开始运作，成交价格会比较低。通过一段时间的运作，该项目呈现出非常好的成长性，这时候上市公司开董事会时，张先生在会上检讨自己鼠目寸光，没有看准，认为当初不应该剥离这个项目，那么怎么办？那就知错就改吧，亡羊补牢，为时不晚，于是决定去收购 D 公司的股份，这样张先生就可以通过买卖公司实现套现的目的。在资本市场，这样的交易一般每笔套现都在 2 000 万~5 000 万元以上。

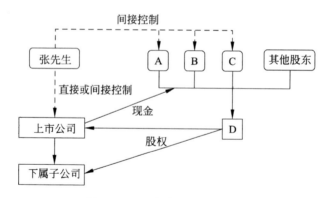

图 1-2　买卖自己企业套现

（3）金融运作

金融运作指的是上市公司控股股东通过违规违法的抵押、担保等金融运作方式对中小股民实现利益剥夺的方式，也是我国证监会近年来重点监管的对象。比如胡先生是一家上市公司的控制性股东，同时还有一家自己的地产公司。地产公司在项目运作时都需要从银行贷款，但是地产公司的盘子比较小，资产也比较少，难以满足银行抵押的要求。这时候胡先生就会命令上市公司为其控制的地产公司进行抵押担保，上市公司承担了风险，但绝大部分收益却被胡先生的地产公司所攫取。

（4）转移风险

转移风险的操作方式有很多种，如图1-3所示的是一个通过股权结构变化来转移风险的做法。比如陈先生是某上市公司A的控制性股东，同时他通过亲戚D、E控制了B公司100%的股份。

在陈先生的授意下，A和B共同投资成立一家新公司C，其中A占70%的股份，B占30%的股份。C公司从事的是高风险、高回报的行业，按照初始的股权结构，A公司承担70%的风险并享有未来70%的收益，B公司承担30%的风险并享有30%的收益。当C公司运作一段时间之后，已经能够控制风险，并且其投资回报率很高。这时候已经到了分钱的时候，已经没有什么风险了。陈先生让B公司对C公司追加投资，稀释A公司的股权，最后B公司占C公司70%的股份，A公司占30%的股份。于是风险和收益就成功转移了：A公司承担70%的风险却只享有30%的收益，而B公司承担30%的风险却最终拥有了70%的收益。

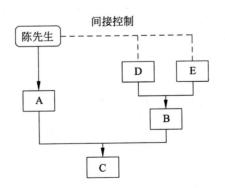

图1-3　通过股权结构变化转移风险

（5）"分红+配股"

"不分红+关联交易"是世界范围内最常见的一种大股东黑小股东的手段。但是，"不分红+配股"是我国资本市场上一种特殊的大股东黑小股东的方法。在股权分置改革之前，我国股票市场是特定的"二元"股权结构。也就是上市公司的股份分为流通股和非流通股，而一股独大的大股东手里掌握的大部分都是非流通股，小股东持有的是流通股，这就使得控股大股东和小股东在股权成本与股权利益诉求存在明显的差异。小股东主要通过低价买入、高价卖出股票的方式来获利。而大股东所持的非流通股不能在股票市场流通，无法分享股票价格上涨带来的好处，只能通过分红获利。

那么在股权分置改革完成之后，都变成全流通股份之后，这种利益上的差距是否取消了呢？股权分置改革虽然将非流通股份变成了流通股份，但是依然有很多对"大非"和"小非"解禁和减持的限制。而且对于众多上市的国有企业来说，国有大股东减持是件非常不容易的事，除了公司董事会批准之外，还需要国资委的批准。因此，大小股东在利益诉求上依然有较大的不同。为了尽快获取收益，大股东有可能不考虑投资机会，而实施高派现股利政策，也就是没有分红条件而强行分红。

强行分红之后，企业的投资和发展将面临缺乏资金的困境。这时候大股东就会退出配股政策。比如采用现有股价一半的价格"十配五"或"十配十"，即现在该公司的股价是每股4元，一个小股东持有该公司1 000股股票，如果按照"十配五"的方案，小股东就可以用1 000元购买500股该公司的新股。作为小股东，有这样的好机会显然是不会放过了，于是就掏钱买了，买了就等于被"黑"了。大多数情况下，大股东还高姿态放弃配股，这就使得配股后上市公司净资产的增长将全部来自流通股股东的配股资金，即小股东在承担上市公司几乎所有风险的同时，向非流通股大股东输送了超额资本收益，为上市公司的生存和发展提供"输血式"的资本供给。配股而来的资金怎样使用呢？大股东又会通过金融运作、侵占资源、非公平关联交易、转移风险等手段获得各种隐性收益，进一步损害小股东的利益。

1.5.3 股东黑股东问题的解决思路

股东之间的剥夺或利益掏空是一个很严重的问题，如果解决不好，企业就将会面临很大障碍，不可能再往前发展，因为股东的财富没办法保证，股东就会失去投资的积极性。

股东黑股东的问题如果发生在一个非上市公司中，可以主要通过公司章程来预防，第 4 章将重点探讨该问题。股东黑股东的问题发生在上市公司中，解决起来比较困难，基本思路是通过加强法律对中小股东的保护、股权制衡、更加独立的董事会制度、更加透明的信息披露、机构投资者的监督等，将在第 3 章详细讨论。

1.6 公司治理问题的类型

以一种动态的眼光来看，并不是所有企业都有公司治理问题。公司治理是伴随着企业的成长而出现，有的企业主要是股东黑股东的问题，有些企业主要是经理人黑老板的问题，有些企业是公司实际控制人黑利益相关者的问题，有些企业可能同时兼有两种问题，更有甚者，有些企业三种问题兼而有之。因此，公司治理问题的类型可以分为以下几种：

- 第一种情况，融资完全依靠企业内部融资，老板既是投资者又是经理人，这时候没有公司治理问题，这种情况一般发生在公司初创期。

- 第二种情况，融资完全依靠企业内部融资，经理人拥有部分权力。由于没有其他的股东或债权人，所以公司治理的问题是经理人进入企业后，在"授权"体系下，主要表现为经理人黑老板的问题。

- 第三种情况，融资采用股权融资，融资者是管理者，新进入的投资者不参与公司管理，这时候公司治理问题主要表现为股东之间互相黑。

- 第四种情况，融资采用股权融资，职业经理拥有部分权力。这时候不但会出现经理人黑老板的问题，还会出现股东间互相黑的问题。

- 第五种情况，在以上四种企业形态中，一旦融资还同时采用债权融资或企业行为损害了利益相关者的利益时，就将同时出现公司实际控制人[①]黑利益相关者的问题。

---

① 这里的实际控制人有可能是大股东，也有可能是控制公司的经理人。

第 2 章
公司治理制度的设计原则

2.1 两个故事引发的思考

2.2 人性假设与制度安排

2.3 权利分配、程序主义和相互制衡

2.4 公司治理与公司管理相融合

2.5 三个对等统一原则

2.6 "资本+知识"的利益分配模式

2.7 制度有效性的判断原则

公司治理制度设计的本质是解决三种"黑"与"被黑"的关系问题。首先，要解决的是股东之间互相"黑"的问题，主要涉及股权结构设计、控制权争夺、公司章程制定等主要问题；其次，要解决经理人"黑"老板的问题，主要涉及董事会制度、信息披露制度和股权激励等内容；最后，要解决公司的实际控制人"黑"利益相关者的利益问题，这里主要指的是债权人保护问题。前两个问题被称为狭义的公司治理，加上第三个问题就成为广义的公司治理。本章将讨论狭义的公司治理内容。

公司治理是一个企业家在资本运营和企业做大过程中必须掌握的防"黑"武器。但是本章关心的不是公司治理的具体游戏规则的制定和实证研究，而是隐藏在这些具体的制度设计背后的逻辑和方法论。因为将西方公司治理具体制度简单移植到我国，对绝大多数企业是没有用的，但其制度安排背后的逻辑和方法论对我国所有企业都是有用的。

2.1 两个故事引发的思考

以下的两个故事向企业家和经理人传递这样的观念：公司治理的核心问题是控制权和利益的分配问题，是产权明晰的所有者为了确立剩余分配规则、保护自己权利而进行不断博弈的过程。

股东之间、股东与经理人之间总存在着不同的利益诉求，每个人都希望自己的利益最大化，因此利益冲突是不断的。有冲突自然就会有博弈，能够最大限度满足每个人利益诉求的博弈自然就是共赢博弈。要达到共赢博弈的结果，股东之间、股东和经理人之间必须学会妥协。因此，公司治理就是股东和股东、股东和经理人之间"冲突→博弈→妥协→再冲突→再博弈→再妥协→……"一个周而复始的过程，在这个过程中制度在不断地演变和进化。

以上的理解是非常重要的，公司治理所包含的制度有很多种，并不是每种制度都要同时应用到每个公司。比如在企业需要调动经理人积极性的时候，需要股权激励制度，而股权激励的实施一定会推动企业快速发展；当发展到需要引进外部投资者的时候，公司章程、股东大会制度和董事会制度就需要对公司控制权进行合理配置；当企业上市之后，信息披露制度、独立的外部审计制度、公司控制权市场就会发挥很大的作用；上市一段时间之后，可能又需要用股权激励制度进一步激励经理人，用董事会制度加强对经理人的监控。

综上所述，公司治理制度没有一种是最好的，但是一定有最适合的。当适合的制度解决了企业的相应问题之后，必然会促进企业的快速发展。发展到一定阶段，一定又会出现新的问题，这时又需要用新的制度去解决企业的新问题，再次促进企业的快速发展。那么，企业家如何寻找最适合的制度呢？

【案例2.1】"人质"方案[①]

几年前，我朋友有一个不错的发明，一种城市污泥低温热解处理技术。该技术能够将污水过滤处理成污泥，并通过热处理将其分解成有用物质。传统的污泥处理办法是深埋或者焚烧，但这种办法不环保也不经济。这个技术在国际上都是领先的，是一种发展中的能量回收型污泥热化学处理技术。它通过在催化剂作用下无氧加热干燥污泥至一定温度，由干馏和热分解作用使污泥转化为油、反应水、不凝性气体和炭四种可燃产物，最大转化率取决于污泥组成和催化剂的种类，正常产率为200～300L（油）/吨（干泥），其性质与柴油相似。低温热解是能量净输出过程，成本低于直接焚烧。这个项目属于循环经济的范畴，同时也是高新技术的范畴，非常符合目前国家的产业政

[①] 本故事参考模仿宁向东教授在其《公司治理理论》中的"人质方案"改写而成。参见：宁向东.公司治理理论［M］.北京：中国发展出版社，2005：3—4.

策，建成以后，在全国各地建立分厂都可以获得政策的支持。这种项目只要做得好，在创业板或中小板上市都是很容易的事，但我这个朋友没有钱投资。这个项目的前期投资量不大，大约四五千万元就可以做到比较经济的规模。我的朋友找到我，说你经常给企业的老板上课，能不能在民营企业中帮我找一个肯投资的人，将来事情做成后，我们四六分账，我拿四，投资者拿六。我问为什么不找国企？他说国企审批太麻烦，民企老板拍板就可以了。

后来我在北京找到了一个农民企业家。该企业家对这个项目很感兴趣。在具体谈合作方案时，企业家提出一个问题："如果我真投资的话，第一次投资2 000万元，以后陆续追加到5 000万元。钱不是问题，但投资后，我的钱都变成了设备、原材料和在制的产品，这是一个高科技企业，我根本没有能力管，经营决策完全由你做主，那么我怎么知道你是在为我们两个人的利益而努力，而不是在'黑'我呢？如果你'黑'我，我该怎么办？"

这是一个很敏感但又不容回避的问题。我的朋友及时把我推了出去。他说："公司治理问题正是马教授专门研究的，请他给我们出个主意吧。"我当时并没有多少企业实践经验，对公司治理的了解也相当肤浅。吃完饭后，我花了一个多小时给他们讲股权激励、董事会、讲如何建立法人治理结构，还自告奋勇给他们当外部董事。

讲完后，这个企业家说："马教授，感谢你结合实际给我上了一堂生动的课，让我受益匪浅。但是我们没有必要搞得太复杂，我有个主意，你们看行不行？"他对我的朋友说，"刚才聊天听说你有一个9岁的女儿，我的女儿8岁，咱俩太有缘分了。要不这样，我把钱给你，你踏踏实实去做企业。为了解决你的后顾之忧，你把孩子送到我这儿，让她们俩做个伴，我负责送她们到北京最好的贵族小学去学习，你看怎么样？"

我的朋友当时傻了，说咱们走吧。

这就是一个"人质"方案。

不得不说，这个企业家是非常聪明的，因为他选择了一个最适合自己的方案。无独有偶，在企业实践中，"人盯人"的方案也是一些民营企业使用的治理方法。

【案例 2.2】"人盯人"方案

有一次我在江苏做企业调查，去了一家企业，该企业名气很大，是通过当地领导安排去的。由于这特殊的关系，企业非常热情。车还没到，董事长、总经理都在门口等我。见面后我就告诉他们此次来访的目的是做一次民营企业公司治理方面的调查，董事长安排总经理聊，配合我的工作。该总经理是一名职业经理人，能力非常强，公司产品80%外销，企业做得非常好。

我们进办公室谈的时候，董事长也跟着进来。我心里想这董事长进来干吗？我进来以后看办公室不太一样，办公室非常大，摆两张办公桌，董事长一张、总经理一张，中间是沙发区。我大概知道一点情况了！

在民营企业，一般都是董事长办公室大，总经理办公室小，董事长办公室说不定还有套间和卫生间。这两人一个屋，还真是头一次见。大家坐沙发区里聊，我跟总经理聊，董事长一声不吭，就坐在旁边听着。

后来我才知道平时就这样，两个人一个屋，董事长从来不说话。为什么呢？因为董事长觉得自己的能力已经不能应付企业的发展，就决定请一个职业经理人。但怎么控制职业经理人？找了很多专家出主意，有的人建议他成立一个董事会、有的人建议给经理人股权激励……董事长觉得这些主意虽好，但自己确实有点搞不懂。他核算后，想反正也没事干，就和经理人在一个办公室，整天盯着他，看他怎么经营管理。看5年自己也学会了，即使经理人走了，也能把企业继续做好。

该董事长非常勤奋，知道自己的能力有限，请职业经理人，然后监督。这就是一个"人盯人"方案。

"人盯人"方案我还在深圳的一家美容集团企业中见过。用"人盯人"方案的老板无疑也是聪明的,因为他们选择了自己会用的监督方案。而且对他们来讲,"人盯人"方案显然比使用传统的公司治理制度的成本要小、收益要大。

这两个故事对我理解公司治理的本质是至关重要的。我刚开始讲"公司治理"这门课程的时候,通常会告诉大家,公司治理是法人治理结构。然后解释法人和自然人的区别,讲为什么要有董事会、监事会等等。一个小时过去了,我讲得口干舌燥,同学们听得昏昏欲睡。我自己没有讲明白,同学也没有听明白,大家都不知道公司治理的本质是什么。这两个故事改变了我对公司治理问题的认识,从这两个故事开始,我理解了公司治理真正的含义。

法人治理结构、股东大会制度、董事会制度、监事会制度、"用脚投票"制度……这些具体的制度都不重要,因为他们只是公司治理的"形"。从企业家的角度看,公司治理最本质的意义就是研究企业各种"黑"与被"黑"的关系,搞清楚自己是如何被经理人和其他股东黑的,目的就是为了找到一种最适合自己的防黑武器。这种防黑武器可以是一种招、一种办法,也可以是一种制度。

老板出钱投资,但企业通常是交给职业经理人经营的。而经理人的利益和老板的利益不一致,他们之间的信息也不对称,而且老板对经理人进行全面及时的监督是困难的。于是,企业家就需要找出一个适合自己企业的防黑武器来约束和监督经理人。董事会是一种防黑武器,股权激励也是一种防黑武器。上述的"人质"方案和"人盯人"方案同样也是一种有效的防黑武器。

那么,"人质"方案和"人盯人"方案好不好呢?这要看对谁了,如果是我去做一家公司，我肯定会使用股东会、董事会和经理层的制衡机制以及股权激励制度，因为我整天琢磨这些事，对这些制度非常熟悉，使用起来成本小，收益大。而"人质"方案还得帮他照顾孩子，对我来说太费劲；"人盯人"方案得整天盯着经理人，对我来说就是浪费时间。

但是，对于上述两个老板来说，"人质"方案和"人盯人"方案可能是最好的。因为对他们来讲公司治理制度是深奥难懂的，他们不会用，想学会的话，成本是巨大的。第一个案例中的老板搞得懂的一件事情就是："你要敢把孩子放我这儿，我就敢把钱投给你，就不怕你黑我！"第二个案例中的老板相信的只有自己的眼睛："我成天盯着你，还怕出事？"因此，对这两位企业家来说，从收益和成本的比较来看，"人质"方案和"人盯人"方案更加划算。

另外，两案例还给我们这样的启示：制度没有好坏之分，只有适不适合的问题。设置董事会的方式固然规范，但是，无论从董事会成员的聘请还是董事会的运作上，这两位企业家能够掌控的东西很有限，有很多东西也无法理解，因此设置董事会之类的反而不如"人质"方案和"人盯人"方案这种独特的"招"有效。

如何选择一种适合自己的防黑武器呢？任何制度的使用目的都是为了创造收益，但是同时也需要成本的。一个简单而有效的判断原则：这种武器企业家一定要会用，也就是要与企业实际情况和企业家的掌控能力相匹配，而且使用的成本最小、净收益最大。这种武器是独特的，它一定是结合企业的实际情况设计，要取得成效则需要经过一个缓慢的成长过程。从这个角度去看，是找不到一个放之四海皆准的公司治理模式，不可能存在一个"规范"、可移植的公司治理结构，不同企业要根据自己的实际以及所处国家的社会文化和行为习惯来寻找对其最有效、成本最低的治理机制。

以上概念扩展到股东之间关系上，可以将公司治理理解成为了防止股东之间出现互相黑而加以相互约束的防黑武器。扩展到企业的利益相关者层面时，可以将公司治理理解成为利益相关者约束公司实际控制人的防黑武器。

因此，对于企业家来讲，重要的不是关注法人治理结构、股东大会制度、董事会制度、监事会制度、信息披露制度和独立的外部审计制度等公司治理制度的"形"，更重要的是学习这些制度背后的逻辑和方法论，然后结合企业实际，寻找到适合的"招""办法"或"武器"。

2.2 人性假设与制度安排

在我讲课过程中，经常有企业家问我："马老师，用经理人也好、和别人合资做企业也好，最关键的还是要看对方的人品。"对于这种观点，我非常认同。但是，一个人的人品你能看出来吗？别说刚见几面的人，就是在公司里替你工作了几年的经理人，你也是很难准确判断其人品的。因此，公司治理就是"疑人要用，用人要疑"，关键是通过制度来影响人的行为。

公司治理是一整套或者一系列的制度安排，通过这个制度来影响公司治理参与人的行为，减少不好的行为，增加好的行为，根据什么样的指导思想来建立有关公司治理的制度就变成非常现实的一个问题。制度既然是人的行为规范，公司治理相关制度就是为了影响人们的行为而制定，那它的前提就是要正确认识人性。如果对人性、对人的本质没有清晰的了解，只凭主观愿望或者凭着美好设想来安排相关的制度，就不能保证这个制度的效果。

2.2.1 正确认识人性假设的重要性

对人性的假设理论一般有三种：一是人性善；二是人性恶；三是人性私。对人性的假设需要承担风险，这些风险来自于两类错误：假设本身和假设错误的可能性。第一类错误源自于我们拒绝一个正确的假设；而第二类错误则在我们接受一个错误的假设时发生。

假设一位老板必须从人性善和人性恶两种假设中选择一个并根据它来对待经理人。人性善假定所有的经理人都是诚实的，并且尽最大所能来完成工作。在这一假设中，经理人有潜力可挖掘。人性恶则认为经理人天性就不诚实、懒惰、贪婪，不肯努力工作。按照这种假设，应注意对下属进行严密的监督和控制。

如果选择人性善假设，而且经理人的确诚实和勤奋，那么我们就可以想办法挖掘经理人的潜力，这时经理人则会利用提供给他们的机会取得成绩，做出贡献。

如果选择人性恶假设，但经理人实际上是人性善的，工作非常努力，为人诚实勤劳，这时我们就会犯第一类错误：拒绝了一个正确的假设。在这种情况下，经理人没有机会参与重要决策，因为老板们担心他们对自身利益的关注会给公司带来危害。当经理人意识到自己缺少信任时，他们会变得不愿意为企业努力工作，更有可能会出现职能失调的行为。因此，第一类错误会阻碍经理人为企业做出贡献，并可能对公司产生较大的负面影响。

与此相反，如果选择人性善假设，但经理人实际上是人性恶的，那么我们就犯了第二类错误：接受了一个错误假设。在这种情况下，我们的做法就会让经理人有机会逃避职责，挪用资产。没有必要的控制和监督措施会使经理人把自我利益放在公司目标之上，不利于公司的发展。

由上可知，对人性不正确的假设将给企业家带来潜在的成本和管理陷阱。

企业家对人性所做的假设，对于公司治理的制度安排至关重要。

2.2.2 人性是混杂的

关于人性的假设，自古以来就存在争论。儒家思想认为人性是善的，《三字经》开篇就是"人之初，性本善，性相近，习相远"。儒家思想无疑是成功的，曾经统治了中国几千年。与此相反，法家思想认为：人之初，性本恶。作为法家思想的第一个真正实践者是战国时期秦国的商鞅，他通过实行商鞅变法使秦国走向富强，最终使得秦始皇统一了中国。

西方组织行为学对人性也有著名的 X 理论和 Y 理论。Y 理论就是人性善假设，EMBA 的许多核心课程，如组织行为学、人力资源、领导力、管理沟通都是建立在这种假设基础之上。Y 理论强调任何管理都必须以人为中心，重视人的多层面需要，讲求人群关系，酿造一种良好的团队精神，如此方能充分发挥人们的积极性、主动性，提高工作效率。强调管理应加以合理引导，使个人能在达成组织目标的同时获致个人目标的满足，它强调的是人们合理行为的内心自觉性，因而无须太多的严规戒律。X 理论就是人性恶假设，西方的科学管理理论也是建立在人性恶假设基础之上的，EMBA 课程中的集团管控、财务管理都是基于这种假设。X 理论认为人性是恶的，人的本性是懒惰的，因而必须采取全过程的控制方法，强化指导和控制，强化监督和条例。

西方还有一种重要的人性假设，即人性私。西方经济学都是以"人性私"假设为立论前提的。经济学家把企业看作是一个内部市场，把理论建立在关注自我利益的员工和上级间签订的效益合同与财产所有权转移的基础上。这些经济学家认为，每个人都是理性的、关注自身利益的、会算计的、趋利避害的、能最大限度发挥效用的代理商。只有当个人利益得到满足，并且伴有监督和惩罚时，他们才会做出贡献。人性私的假设在现实中也是非常成功的，以"人性私"假设为基础的西方经济学的发展，对全世界经济发展有着巨大的推动。

那么，人性到底是怎么样的？本书的观点是：在市场竞争的背景下，人性在大多数情况下是自私的，有些时候表现出善的一面，有些时候表现出恶的一面。

首先，从人性善恶来讲，我们每个人都有善的一面，重视友情，同情弱者。所以才会有希望小学，有那么多人捐助贫困儿童上学；才会在汶川地震后，每个中国人都自发地多次捐款；才会有人落水时，一些人奋不顾身跳下去救援，甚至献出生命等。这都体现人性善的一面。

但人身上也有一半是恶的。人性恶最普遍、最轻微的表现就是妒忌。比如一个学院中有两个院长助理，张三比李四年轻三岁，提拔院长助理比李四早两年，但今年张三提拔成副院长了。李四没有得到提拔，心里想：不提拔我不要紧，但是也别提拔他呀！提拔他我心里就难受。这种难受归难受，不当回事还行，不影响别人还行。如果妒忌只是生闷气不要紧，关键有时候妒忌变成了恨，结果受不了就给人家使绊，在网络上散布谣言对人进行诽谤，写匿名信告状，等等。因为妒忌而导致的这些行为，是常见的人性恶体现。由于每个人都有人性恶的一面，因此才会发生我们给慈善机构捐助的善款被挪用；一些商家为了追求暴利，而制造假酒、假药、问题食品。

其次，在市场竞争的背景下，在大多数情况下人们表现的是人性私一面。也就是说只有满足了我的利益诉求，我才有可能满足你的利益诉求。

按照人性是混杂的假设，每个经理人身上都有善、恶、私，而且不同时间段、不同情景下都会体现出来。因此，如果不加以引导和监控，经理人就会变得只关注自身利益，而不顾及公司和企业家的目标。

2.2.3 基于人性假设的制度设计思路

公司治理的制度安排，一定要根据人性是混杂的这个特点来设计。最基本的指导思想和原则是：扬善抑恶，打造利益共同体。

扬善抑恶就是要通过制度设计来创造一种后天制度环境，在这个环境中，鼓励经理人要有好的品质。对于"善"不能压榨，只能靠激励，激发人性中"善"的部分，使经理人愿意为企业做贡献。为了能够使经理人茁壮成长，企业家必须通过精神和物质的激励来鼓励这种品质。EMBA 的一些课程，如领导力、企业文化、学习型组织、管理沟通和人力资源都是为了创造这种扬善的后天制度环境。

后天制度环境中还有一部分是抑恶的，使人性中的"恶"不容易长大，能够及时发现，及时消除。公司治理中的约束机制实际上主要就是用于抑恶的。对经理人身上不好的东西或不希望在企业中发生的行为，采取事先的约束制度，严格地约束。

比如，在处理拿回扣的采购经理时，具体做法可为：首先通过严格的制度告诉他，以后企业再发生类似的事情，一律开除。其次通过奖金或股权激励的办法，让他只要完成业绩考核，从明面上可以挣到多于暗地里拿到的。

此做法实际上就是"扬善抑恶"在制度设计中的应用：企业家要对那些导致投机取巧、挪用资产或其他与严格的行为准则背道而驰的行为进行严厉处罚；然后通过激励制度激发出经理人的人性善行为。

在市场竞争的背景下，人性在很多时候又表现为"私"的一面。那么对于那些只有满足自身利益，才会有所贡献的人怎么办？这个时候企业家就需要一种利益安排机制，即打造"利益共同体"。这样经理人的积极性和主人翁责任感将会极大地提升。

企业家不要企图能够彻底地改造经理人的人性，这基本上是不可能的。企业家应该正确认识人性，对人性善于驾驭和利用，构造一个好的制度环境，尽量能够减少人们不好的行为，以此来激发他们更好行为的发生和发展，这是公司治理制度安排的一个基本的思想和原则。

2.3 权利分配、程序主义和相互制衡

从某种意义上讲，公司治理制度就是西方政治民主制度在企业中的应用。将这两种制度对比，我们就会发现一个很有意思的现象：股东对应着选民，董事会就是企业中的议会，CEO对应着总统，监事会则是司法机构的缩影。而且，公司治理制度和政治民主制共同面临的难题是：

- 如何将众多个人的意志转换为一个集体的意志，从而使这些人能够在集体中联合行动；
- 效率和行使强制性权力而建立权威，同时又要约束其不滥用权力。

由于没有血缘关系的人之间的利益冲突要大于有血缘关系的人，前者之间的合作也要难于后者之间的合作，所以公司治理制度和政治民主制度是在互相怀疑的基础上发展出来的。从本质来看，民主制是一种互相防范的合作制度，具体应用到公司治理制度上就是"疑人要用，用人要疑"。这种包含怀疑的民主制度对于大多数人来说意味着安全有保障，就像人们经过机场安检通道时，安检人员对每个乘机人的检查实际上是把每个人视为潜在劫机犯，但是所有乘客都没有认为这种制度是对自己的侮辱，因为它保障了每个人的安全。

民主制的基本原则就是"权利界定、程序主义和相互制衡"。在公司治理

制度中，权利界定意味着公司治理最核心的关键词是控制权配置和利益分配，公司治理是一个企业家、资本家和经理人涉及权力和利益分配的合约。

程序主义本是一个法律用语，指的是在执法和司法过程，要严格遵守法律程序，不可逾越，不可滥权。比如说大家明知陈某偷东西了，即使大家都知道，但是警方取证的方式不合法，所以证据不被取用，因此法院判陈某无罪。这种情况在重视法制的西方国家很普遍，它体现了严格要求执法和司法过程，不允许警察和法官用自己的主观判断来左右案件。公司治理的一个重要学科起源于法学，因此公司治理制度设计中也特别重视程序主义，强调预先用合同的形式将企业家、经理人和资本家的关系固化下来，在执行过程中严格按照约定进行。

具体来说，公司治理制度和公司管理制度在程序主义方面就会有较大差别，前者显得"呆板"一些，很多时候都需要用法律的形式将双方在未来的责、权、利方面做详细约定。比如企业家要给经理人实施一个提成奖金计划，只需要人力资源部出台一个计划即可，无须签署合同文件。但是，如果企业家要做股权激励计划，必须签署一个尽可能完备的法律合同，对双方各自的权利、责任、利益进行详细约定。这是因为，提成奖金本质上就是发钱，今年发多了，明年将规则改一改，少发点就可以。但是，股权激励发的是股份，发出去就收不回来了，经理人就变成了股东了，因此提前的约定就显得尤为重要。

相互制衡指的是公司治理的关键在于明确、合理地配置股东、董事会和经理人之间的权利、责任和利益，从而形成有效的制衡关系。从企业家的角度来看，公司治理的目的是为了防止其他股东和经理人来黑自己。但绝对不是反过去黑对方，因为这样玩到最后大家都是死路一条。健康的公司治理理念需要的是一种相互制衡机制，让企业家、投资人和经理人谁也黑不了谁，每个人为了实现自己利益最大化，可能都要牺牲掉一些自身的利益，首先让大家的共同利益——公司利益最大化。在此基础上，最大化每一个企业参与人的利益。

2.4　公司治理与公司管理相融合

公司治理和公司管理是两个不同的体系：公司治理是企业治理制度的安排，是给企业提供一种运行的基础和责任体系框架，而公司管理主要涉及具体的运营过程，因而这两者考察企业的角度、研究企业的核心内容、在企业管理中地位和发挥的作用都不相同。但是他们之间不是完全割裂的，是存在有机联系的，因为他们有一个共同的目标：价值创造。

衡量一个企业的制度是否有效的标准，就是能否为企业创造价值，这是企业家和股东们所希望的。价值创造是一切企业的核心目标。能够创造高于资本成本的价值，是衡量经理人工作业绩的根本标准。要达到这样一个评判标准，就需要公司治理制度与公司管理制度如图 2-1 所示那样互相配合，相得益彰。

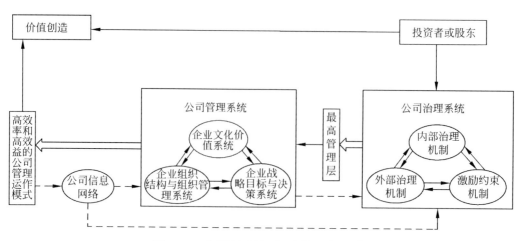

图 2-1　公司治理与公司管理的融合

价值创造是创造什么样的价值呢？是企业利益最大化？还是股东价值最大化？还是社会价值最大化？这个问题的答案其实就是回答了公司治理和公司管理价值创造以什么为目的。如果企业在创业阶段，这时候公司治理和公司管理价值创造的目的就是利益最大化，因为这个时候的企业最缺乏资金，为了生存下来必须以利益最大化为目标。过了创业阶段，进入成长期之后，公司治理和公司管理价值创造的目的就需要有两条主线结合：明线是社会价值最大化，暗线是股东价值最大化。社会价值最大化的目标可以使企业获得更多的社会资源和政府资源，股东价值最大化的目标将会使企业更具投资价值，在股权融资过程中可以获得更高的溢价倍数。

图 2-1 中的公司治理系统主要包括三个部分：第一个是基于董事会制度的内部治理机制；第二个是基于资本市场的外部治理机制；第三个是基于股权激励的约束机制。公司治理规定了整个企业运作的基本制度框架。

公司管理系统也由三个重要部分组成：第一个部分是企业战略目标与决策系统，这是企业管理体系中的关键环节，企业要想创造价值，战略分析、战略制定和战略实施是最基础的工作。第二个部分是企业的组织结构与组织管理系统，这是保障战略执行的系统。企业有了一个好的战略，还需要根据战略的需要对业务流程进行设计和规范。之后，要依照战略和业务流程的需要设计有效并能快速反应的组织结构。这包括组织结构设置和权力分配等。第三个部分是软件要素，即企业文化的价值观系统，涉及企业的价值观、工作作风、行为规范、文化传统等。它起着黏结剂的作用，将整个公司管理系统黏结成一个整体。

公司管理系统构建了整个公司的管理框架，但框架的运行还需要充实的内容，这就需要高效益和高效率的公司管理运作模式。企业高效的日常运作，包括计划、预算、激励和约束等环节。

图 2-1 表示的是公司治理和公司管理融合的作用机理：公司治理规定了整

个企业运作的基本制度框架，公司管理是在这个限定的框架下制定合适的战略、建立一个适应战略的业务流程和组织结构之后，将价值创造和长远的战略目标同各个部门、各个环节的日常工作联系起来。而且公司信息网络可以把日常管理运作中的问题反馈到公司管理系统和治理系统，及时围绕创造价值的目标进行修正。

公司治理与公司管理在制度设计上存在以下3个不同点：

- 从创造财富的角度来看，二者都是为了实现财富的有效创造，但是扮演的角色不同，公司管理是指如何创造更多财富的问题；而公司治理是研究如何分配财富，确保得到财富的人有更大的积极性继续创造财富。

- 从制度安排的层次来看，公司治理规定了整个企业运作的基本制度框架，公司管理是在这个限定的框架下规范企业趋向既定目标——价值创造。

- 从制度的具体内容来看，公司治理是股东大会、董事会、监事会、经理层的相互制衡机制、结构和联系的体系，公司管理是管理层及其下属人员确定目标以及实现目标所采取的行动，主要包括人力资源管理、财务管理、市场营销、生产管理等。

在公司治理和公司管理的融合中，要注意到它们之间存在着两个交叉点：

- 企业内部控制是公司治理和公司管理的第一个交叉点，都是为了保护股东资产不受侵害而设计。公司治理中的董事会基本职责之一就是监控经理人；公司管理的内部控制体系也是从财务管理、资产管理的角度保护股东的资产。

- 战略管理是公司治理与公司管理的第二个交叉点。董事会负责公司战略的制定、控制监督和实施效果评估，而公司管理则承担公司战略实施过程中的管理。其中，战略管理是公司治理与公司管理的外部交叉点，主要涉及企业外部各利益主体的利益调整，内部控制是公司治理与公司管理的内部交叉点，主要调整公司内部各利益主体的关系。

总之，只有公司治理和公司管理两个方面的共同努力，才能进行有效的管理工作，实现创造价值的总目标。众多事实表明，为社会和股东创造价值是良好的公司治理和公司管理工作的必然结果。相反，如果没有上述努力，即使在短时间内可以盈利，但企业价值的长远实现是没有办法得到保证的。

2.5 三个对等统一原则

公司治理研究的理论基础主要由企业家理论、委托代理理论和产权理论构成，但同时契约理论、合作预期理论、人力资本理论和团队生产理论也对公司治理做出了各自的诠释。在具体设计企业制度时，我们要对这些理论进行综合应用，做到三个对等统一。

2.5.1 剩余索取权和剩余控制权的对等统一

所谓剩余索取权，即企业总收益中扣除了税收和各种应缴费用以及合同上注明的利息、工资等应付的费用之外，剩余的那部分收益的索取权。[1] 简单地

---

[1] 张维迎.产权、激励与公司治理[M].北京：经济科学出版社,2005：84.

理解，剩余索取权就是财务管理中所说的净利润和净资产。按照法律的规定，剩余索取权归股东所有。

剩余索取权为什么归股东所有？因为它是一种典型的风险收入，是对未来不确定性承担风险而带来的可能收益。在一个企业中，股东是愿意承担风险的，他们不按照合同拿固定收入，而是按照股份比例分享利润分红和资本增值部分。利润分红和资本增值部分是未来不确定性带来的风险收入，可能很多，也可能很少。股东是愿意承担这种风险的，所以对于股东来说享有剩余索取权就像一个形象的说法"富贵险中求"，好处是未来的收益可能会很可观；坏处是风险很大，有可能挣不到钱，还把股本赔掉。

而债权人、经理人和员工是不愿意承担过多风险的，因此，银行等债权人按照贷款合同的约定获得固定的利息收入；经理人和员工按照雇用合同的约定获得年薪等固定收入。对于他们来说，固定收入的好处是旱涝保收，坏处是未来的收益是明确的，不可能大富大贵。

所谓剩余控制权，是指合同中无法事前规定的、对企业资产和经济活动的指挥权。[①]比如我们到夏威夷去旅游，与租车公司签订合同租用一辆汽车，每天50美元，共五天250美元。这五天我到底跑多少公里，合同就没法约定了。当然，合同也可以约定五天时间内不能超过750公里，否则就加钱。但是车到手后，我怎么用，租车公司也无法监督了。我可以每天跑150公里左右，五天跑了750公里；也可以头三天总共跑了150公里，后两天跑了600公里。显然，对租车公司来说，对车辆保养有利的是第一种方式，但对我来说，怎么用车就不会按照租车公司的意愿了，而是根据我的需要。这就是这就是剩余控制权！

从上面的分析得知，剩余控制权的产生是因为企业中有些权利难以用合同

---

① 张维迎.产权、激励与公司治理[M].北京：经济科学出版社,2005：84.

的形式事先完全约定清楚①，因为未来总是充满着各种各样的不确定性。那么在企业中，剩余控制权掌握在谁手里呢？谁干活谁掌握，因此企业的大部分剩余控制权掌握在各级经理人手里。

这就出现了矛盾：剩余索取权归股东所有，剩余索取权是由掌握剩余控制权的人所创造的，而公司绝大部分的剩余控制权掌握在经理人手里，经理人却享受不到剩余索取权，他们凭什么要努力地去创造剩余索取权呢？

企业所有权安排的核心问题是如何在不同的企业参与人（即股东和经理人）之间分配剩余索取权和剩余控制权。那么剩余控制权和剩余索取权是一种什么关系呢？

其实这两者应该是对等统一的关系：享有剩余索取权的股东应该拥有最终的剩余控制权；拥有剩余控制权的经理人也应该获得相应的剩余索取权。这种对等是如此的重要，以至于可以说它是理解所有公司治理制度的关键所在。②

对等的第一个含义是拥有剩余索取权的股东一定要拥有最终的剩余控制权。股东在聘用经理人之后，会和经理人签订各种各样的合同，将公司的控制权授权给经理人。很多控制权都是可以委托给别人的，甚至财务管理也可以请专门的会计师事务所提供财务管理服务。但是为了维护投资资产的安全，企业最终的控制权即选择董事会成员或企业经理人的权利是绝对不能转让的，必须由承担最终风险的人，也就是拥有剩余索取权的股东掌握。如果一个股东连选择董事会成员或经理人的权利也不愿掌握，那么建议他不要投资做企业，最好把钱存银行，因为这样最安全。否则投资企业的话，企业玩到最后一定跟他没关系。所以，所有国家的法律都规定，只有股东会才可以选择董

---

① 张维迎.产权、激励与公司治理［M］.北京：经济科学出版社,2005：84.
② 张维迎.产权、激励与公司治理［M］.北京：经济科学出版社,2005：84.

事会成员。

对等的第二个含义是一定要让拥有剩余控制权的经理人也拥有剩余索取权。如果经理人的收入是固定的，他们就不会关心公司的利润增长和净资产收益的增长。这种情况下最终吃亏的还是拿剩余收入的股东。因此为了激励拥有剩余控制权的经理人努力创造更多的剩余收入，就必须让他拥有剩余索取权，让"我的也是你的，你为我干也是为自己干，干我们家的活和干你们家的活是一回事"。这样就必然使得经理人创造剩余索取权的积极性高涨，而且还会极大地提升经理人的主人翁责任感。这就是要对经理人进行股权激励的理论基础。

2.5.2 风险和收益的对等统一

风险和收益对等原则是公司治理制度设计中的一个重要理念：在企业的利益分配中，承担多大的风险，就应享有相应的收益；同样，享有多大的收益，就应承担相应的风险。

【案例 2.3】水库底种粮食

有一个村子叫马泉村，由于在村子中间修了一个水库，村子被一分为二，水库上游的叫上泉村，水库下游的叫下泉村。20世纪70年代末，上、下泉村所在地连续三年大旱，收成很差，村民的日子过得非常苦。

第三年年底的时候，上、下泉村的村主任在一块商量怎么办？如果来年继续干旱，村民的日子就没法过。两位村主任认为别的地方都干旱没法种粮食，但是水库的库底还很潮湿，地下也有水，如果在水库底种粮食，或许还会有好收成。于是，两个村主任约定，如果两个村的村民都愿意的话，大家各种一半；如果有一个村的村民不愿意，另一个村就可以在整个水库底种粮食。

在水库底种粮食，风险是非常大的，如果第四年不干旱而下雨的话，将颗粒无收。上泉村的村主任和村民商量这件事的时候，村民提出下雨不干旱的风险由谁承担，村主任说没人承担，于是上泉村的村民都放弃了。

下泉村的村民也提出同样的问题，村主任表态说，如果来年下雨不干旱导致村民在水库底种粮食而颗粒无收，由他来承担村民的种子钱和肥料钱。但是，他同时也提出一个要求：如果来年不下雨继续干旱，村民们在水库底种粮食有了收成，每家必须要给他100斤粮食。村民看见有人承担风险，都放了心，并和村主任签了合同，开始在水库底种粮食。

第四年，马泉村继续干旱。这就意味着下泉村的村民们都丰收了，这时候每家都需要给村主任100斤粮食。但是，村民们集体反悔了，他们认为：村主任什么都没投入，只是和我们签订了个合同，凭什么给你100斤粮食？村主任一看这个情况，就急了。不理智的情况下找了几个本家兄弟，赶辆牛车，挨家挨户收粮食。村民们一看这架势，都给了。

从道德角度看，下泉村村主任的行为肯定不对，但从企业家的立场来看，该村主任的行为肯定是对的，因为体现了风险和收益对等原则。

企业在经营活动中时刻面临着各种各样的经营风险。经济学划分了三种风险态度，即风险爱好、风险中性和风险厌恶。经济学中的一个普遍假设是老板是风险中性者，而经理人是风险厌恶者。

由于老板和经理人的风险偏好不同，这就会导致他们在企业中的决策经常处于矛盾冲突之中。比如企业要做一个关于公司未来的重大决策，要考虑是否引进新项目。第一种情况是不引进新项目，企业只在原有的基础上扩大规模，在技术上不做或少做大的改进；第二种情况是引进新项目，进行技术创新，承担适当的风险从而带来更多的预期收益。从老板的角度而言，肯定愿意选择引进新项目，因为他们是风险中性的，都愿意为公司长期利益最大化而承担一定的风险。但对经理人而言，选择不引进新项目能够保证职位和薪资的稳定。这是因为，选择引进新项目，虽然有可能使企业获得更大更好的发展，但短期内经理人的收入甚至可能会减少，而且经理人还需要承担业绩下滑而出现声誉受损的风险。同时头几年的创业过程中经理人的业绩一旦出现下滑，他的职位就会受到威胁，而继位者可能不劳而获地获取本应由前任所得的利益，也就是出现"牛打江山马坐殿"的现象。因此，作为风险厌恶者，经理人一定会选择投资风险较小的第一种情况。

为了让经理人做出与股东一样的决策，就需要在制度设计中将经理人未来承担的风险和其应得到的收益对等统一起来，最佳的办法就是在传统薪酬基础上再授予经理人股权激励。在现实生活中，高风险项目往往意味着高收益的预期，经理人在决策时考虑到自身持有的股份会随着企业风险增大而增值的因素，就会在进行风险项目选择时权衡项目风险给其自身所带来的收益和成本，如果经理人预期其自身持有的股份增值将高于高风险项目所导致的风险成本，那么经理人就会与股东一样选择高风险项目。

2.5.3 激励和约束的对等统一

企业家参加 EMBA 和 EDP 课程学习的一个重要目的就是为了"管"好经理人。如何才能管好经理人呢？领导力、人力资源、公司治理、财务管理、企业文化、执行力等课程都从各自的学科角度给予大量的建议，但实际情况是，企业家学习了一大堆方法，回到企业却难以落到实处。其实"管"好经理人很简单，企业家只要掌握两种武器就可以了，即恩惠与约束。具体使用原则就是我国古代的帝王之术——恩威并施。

【案例 2.4】唐僧为什么能当师父

有些人读完《西游记》会有这样的困惑：唐僧只会念念经，但为什么却成为三个神通广大徒弟的师父呢？

唐僧之所以成为师父，是因为他掌握了作为领导者必须掌握的两大武器：恩惠与约束。首先，唐僧是三个神通广大徒弟的恩人。孙悟空大闹天宫，被如来佛压在五指山下，只有跟随唐僧西天取经，才能被放出来；猪八戒和沙僧本是天上的神仙，触犯了天条，只有跟随唐僧西天取经，才能修成正果。因此，唐僧是三个徒弟的恩人，具有天然的道德优势，三个徒弟必须听他的。但是，只有恩惠是不够的，在"三打白骨精"的时候，唐僧和孙悟空产生严重的意见分歧，孙悟空威胁要一棍子打死唐僧。后来为什么不打了呢，因为这个时候出现了紧箍咒。唐僧通过紧箍咒来约束了孙悟空，又通过孙悟空来约束了猪八戒和沙僧。

因此，唐僧在西天取经路上很轻松，每天的主要工作就是念念经。之所以如此轻松，就是唐僧把恩惠与约束这两个武器已经玩得炉火纯青了。

"恩威并施"用公司治理的术语来表达就是激励与约束的对等统一。这两类制度是针对人性是混杂的这一特点而设计的，缺一不可。

公司治理中的激励机制和约束机制不可能单独取得好的效果。约束机制强调对经理人的监控和制约，激励机制强调的是股权激励。但如果制度设计中偏重约束机制，虽然有可能消除一些经理人黑老板的问题，但是一方面却会付出较大的制度成本，另外也不利于鼓励经理人承担风险，追求企业价值最大化。但如果一味依赖激励机制如股权激励制度，而忽视对经理人的监控和制约，就有可能出现企业家激励经理人的同时，经理人也在用各种方式损害企业家的利益。如果缺乏约束的激励，可能还会出现"被激励"的经理人为获得到期的增值收益而做出侵害股东利益的行为。因此公司治理的制度设计中一定要强调约束机制和激励机制的对应统一。

2.6 "资本+知识"的利益分配模式

按照契约论的观点，企业是两类资本即人力资本和财务资本的"必要性合约"，企业就是这两类资本在双方共同自愿基础上的一个合作性交易结果。在一个企业中，老板出的是财务资本，但是仅仅有钱还不能运作，还必须需要人力资本，只有这两个资本结合起来才能办一个企业。在这两类资本中，最关键的是人力资本。

人力资本实际指的就是每一个自然人所拥有的知识，这就包括一个人的经验、技能和创造能力等，这些都属于每个人的特定知识。人力资本与财务资本相比，有着许多不同的特点，而这些特点导致了公司治理问题的产生。

第一个特点是，人力资本的价值难以做出正确评估。财务资本是很容易科学评估其准确价值，投了30万元人民币，那30万元就在公司账上；投的是厂房、设备，厂房和设备的折旧每年都能算出来；投的是土地，土地的增值也是能评估出来的。但是人力资本是一种无形的资本，看不见，摸不着，很难准确地评估出其真实的价值。

第二个特点是，人力资本和其所有者是不可分离的。财务资本和其拥有者是可以分离的，比如投资者可以人在北京，但是在深圳投资一家企业。但人力资本不一样，经理人走到哪儿就把自己的人力资本带到哪儿，不可能和它的所有者分开。

一个老板对外宣称公司拥有多少人力资本的一个前提条件就是经理人不能离开，经理人一旦离职，人力资本就会被带走。那么，如何才能把经理人的人力资本变为企业的人力资本呢？前提是一定要把经理人留住。作为股东的老板拥有财务资本，经理人拥有人力资本。为了将经理人留住，老板一定要将自己的一部分财务资本给经理人，从而将经理人的人力资本沉淀为企业的人力资本。

第三个特点是，人力资本具有很强的隐蔽性信息。经理人到底有多大的人力资本，实际上老板是不知道的，没有一个老板知道经理人的潜力到底有多大。经理人如果愿意为企业多做工作，尽心尽力把自己的才能发挥出来，可以多为企业贡献他的人力资本，贡献他的知识；但是如果他不想为企业努力工作，那就可以把他的人力资本隐藏起来，老板很难发现。正是因为人力资本具有这样一个不同于财务资本的属性，所以在公司治理问题中，最困难的就是对经理人的管控问题。换句话说，人力资本是主动性资本，一个人是否愿意贡献自己的才华取决于他的主动性，如何调动经理人的积极性就成为公司治理的关键问题。

企业最核心的不是现金和资源的问题，而是人力资本。只要公司的商业模式成长性好，从资本市场上找到钱还是一件比较容易的事。做企业最重要的是经理人的积极性，有丰富而充足的人力资本就可以把企业由小做大、由弱做强，反过来如果经理人没有积极性，投入再多的财务资本都会被耗空，终将一事无成。

因此，对于一个企业，尤其是一个非常依赖人力资本的企业，在剩余索取权的安排上，一定要让人力资本的所有者即经理人拥有剩余，即按照"财务资本＋人力资本"，也可称为"资本＋知识"的原则来构建剩余索取权的分配模式。在这种模式下，财务资本的拥有者和人力资本的拥有者被打造成为利益共同体，才有可能激励经理人愿意承担风险为股东创造价值，才有可能将经理人的人力资本转换为企业的人力资本，创造出更多的财务资本。

2.7 制度有效性的判断原则

企业家自己或者请咨询公司设计的公司治理制度是否符合自己企业，除了看这种制度是否满足使用起来成本最小、收益最大这个判断标准之外，还要看这种制度是否满足了个人理性约束和激励相容约束这两个条件。个人理性约束和激励相容约束是经济学中是否能对经理人进行有效激励的重要标准。

个人理性约束，又叫参与约束。其目的是为了使投资者愿意投资，经理人愿意成为投资者的代理人。也就是说，投资者和经营者出于自身利益的考虑，愿意结合起来组成一个企业。这就需要企业的制度设计中有个合理的利益分配机制，使得出资人愿意出钱，经理人愿意努力干。

激励相容约束，即如何使经理人积极地工作，并对自己行为负责。激励相容有两层含义。首先，在人性私的情况下，经理人的行为会按自利的规则行为行动，这时就需要公司治理制度使得经理人追求个人利益的行为，正好与企业实现集体价值最大化的目标相吻合。也就是说，在这个约束条件下，老板想要得到的结果必须符合经理人的利益，经理人是在最大化自己利益的基础上为企业家努力的，违背经理人的意愿将得不到最优的结果。

其次，制度设计一定要使得股东愿意监督经理人。这一点看起来天经地义，哪个投资人不愿意监督经理人以保护自己资金的安全？但现实生活中并不一定是这样，比如，从法律的角度来看，一个人只要买了上市公司的股票，他就是该上市公司的股东。但是有多少股民参加过公司的股东大会？有哪家上市公司会邀请它的股民参加股东大会？如果邀请了，有多少股民愿意参加？这主要是因为我国的资本市场在制度设计上存在着很大的问题，股民们没办法也没有积极性去监督企业的大股东和经理人，也不关心企业真实价值增长，只关心一些所谓的"内幕"消息，从而决定买卖自己手里的股票。我国的股票市场如果不从制度设计角度解决激励相容约束的问题，将永远只是一个投机市场。

激励相容约束对于非上市公司的制度设计也是非常重要的。比如，现在非上市公司非常热衷于给予经理人股权激励，这本身是一件好事情，但一定会取得好的效果吗？这就要看方案本身是一个分钱方案还是一个公司治理制度。经理人在得到股权激励后，其身份就变成了股东和经理人双重身份，但是如果经理人只是惦记着在锁定期后将所得股份急于套现，那么这种方案并不是一个股权激励方案，只是一个分钱方案而已。股权激励作为公司治理的一种重要手段，其方案设计一定要使得经理人得到股份之后，能够像老板一样关心企业发展，把自己当成企业的主人，这样的方案才是一个典型的公司治理制度。

因此，我们可以将是否满足个人理性约束和激励相容约束这两个条件作为判断公司治理制度是否有效的重要标准。公司治理可以理解为企业的所有利益相关者之间的一组合同安排。一个有效的公司治理制度必须满足个人理性约束和激励相容约束的条件下最大化企业的总价值，必须是一个多赢的制度安排，不可能通过对一方的损害使得另一方牟利。因为这些合同是自愿签订的，如果存在着对某一方的损害，受损害的一方可以退出。

第 3 章
股权结构与控制权争夺

3.1 控制权私利与股东剥夺

3.2 集团股权结构与剥夺动机

3.3 剥夺的秘密与控制权配置

3.4 剥夺典型案例：众合机电的前世今生

3.5 解决"小"股东剥夺问题的基本思路

股东"黑"股东的问题，主要有两种体现形式：第一种是上市公司的控制性股东通过上市公司圈钱，将钱转移到自己控制的私人公司；第二种是一般公司中大股东各种各样欺负小股东的形式。在这两种形式中，股东"黑"股东的手段都是通过股权结构的设计获得对企业的控制权，从而将企业作为牟取利益的工具。

本章重点讨论第一种问题，一般来说，上市公司股东间相互"黑"的问题被称为上市公司的控制性股东对非控制性股东利益的剥夺，或者称为控制性股东对上市公司的掏空行为。剥夺的意思是指控制性股东把本属于非控制性股东的利益进行剥削和掠夺；掏空的意思是指控制性股东将上市公司的利益和资产转移到自己手中，使得上市公司成为一个空壳。

本章中将会揭露上市公司资本大挪移的运作技巧。需要提醒的是，这些运作技巧原本是资本运作过程中四两拨千斤、以较小代价获取较大控制权的一些资本运作方法，本无道德上的善恶之分，但是被上市公司的控制性股东利用，就变成了剥夺非控制性股东的工具。这就有点像手枪，如果掌握在警察手里，它是维护正义的武器；但如果掌握在歹徒手里，它就变成了杀人的凶器。因此，阅读本章的读者注意，可以将本章讨论的内容用于未来企业的投融资中获利，但千万不要用本章讨论的内容去黑别人。

3.1 控制权私利与股东剥夺

我国资本市场建立伊始，就存在着"一股独大"的问题。这是由于我国处于特定的经济转型时期，在上市公司中存在流通股和非流通股的二元股份制所造成的。那么在现实生活中，世界范围内股权到底是分散还是集中呢？经理人"黑"老板的问题和股东"黑"股东的问题哪一个更严重一些？为什么世界范围内的企业都热衷通过股权的纽带建立不相关的多元化企业集团，热衷在资本市场上进行"造系运动"呢？

3.1.1　股权分散是特殊现象，一股独大是普遍现象

　　股东黑股东的问题在 20 世纪 90 年代之前研究较少。1997 年亚洲金融危机之后，随着东亚和东南亚国家很多公司的内部结构和运作过程被曝光，美国投资者在亚洲资本市场上损失了不少资金。学者们才意识到股东"黑"股东的问题对于上市公司来说可能比传统的经理人"黑"老板的问题更加突出，因此才逐渐被理论界和监管层所关注。

　　对全世界上市公司大股东有透彻研究的学者主要有 LLSV[①] 和郎咸平教授等。LLSV 在这方面作了开创性的研究。随后，郎咸平教授和其研究合作伙伴拓展研究了东亚、西欧、美国和加拿大的情况。他们的研究发现：上市公司中控制性股东"黑"非控制性股东的问题在全世界很多国家和地区都客观存在。

　　LLSV（1999）的研究发现，在最发达的 27 个股票市场上最大的上市公司中，超过 60% 的上市公司中总是存在一个持股比例很大的股东，并且由这个大股东加以控制；只有 30% 的公司是公众持有的。30% 的公众持有公司绝大多数是在美国和英国的资本市场上。因此，公司治理中的一个假设前提即股权分散实际上只是美国和英国上市公司的特殊现象，一股独大不是我国资本市场的特殊现象，而是世界范围内的普遍现象。

　　郎咸平和他的研究伙伴的后续研究也验证了 LLSV 的结果。郎咸平和 Claessens、Djankov（1999）的研究发现，在东亚和东南亚国家里，超过 2/3 的上市公司都存在着一个超级大股东。在这些被大股东密切把持的公司里面，大约 60% 的经理人常常是超级股东的家族成员。在一些国家，很大一部分资

---

① LLSV 指的是哈佛大学的 La Porta R.，Lopez-de-Silanes F.，Shleifer A. 和芝加哥大学的 Vishny R. 四位教授。

产控制在少数家族手中，如印度尼西亚、韩国、马来西亚，受大股东控制的上市公司的比例甚至达到了80%。郎咸平和Faccio（2002）的研究发现，西欧一些国家，如意大利和比利时等和东亚的情况一样，绝大多数上市公司中都存在着一个超级大股东，而且由家族控制的上市公司比例达到45%左右。

由此看来，在资本市场上，股权分散只是英国和美国上市公司的特殊现象，而在世界范围内，一股独大却是普遍规则。

3.1.2　一股独大的根本原因：控制权私利

分散投资是现代金融学的理论基础之一，因为"不要把所有的鸡蛋放到一个篮子里"是为了规避投资风险而应该遵守的投资理念。但是上市公司一股独大的现象却与这种理论相冲突，大股东的投资没有被分散，因此必然会承受过多的风险。那为什么大股东会把财富集中到个别公司的股票上呢？

学者们的解释是，一股独大现象的出现是复杂的，股权集中及大股东的出现，是受到政治、经济、法律和文化等多方面因素共同作用的结果。从德国、日本和中国的上市公司来看，也许以上因素对于一股独大现象的出现是非常重要的。但是更加重要的是，大股东除了持有大宗股权可以给其带来分红之外的收益，是不是还有一些特殊的、桌面之下的收益呢？

LLSV（1998）和LLS（1999）的研究验证了我们的猜测。他们的研究发现，法律对中小股东权利的保护程度是一股独大现象出现的重要原因。一个国家的公司股权结构是否集中与该国对股东权利保护的情况、法律法规和会计准则完善程度密切相关。投资者法律保护较好、信息披露制度较严格的美国、英国等资本市场发达国家，由于当大股东的成本较大，没有人愿意做大股东，因此公司股权结构相对分散；而在一些新兴市场国家，由于法律及其实施对中小股东的保障不健全，当大股东的成本小，而且还有"黑"小股东的好处，因此则比较容易出现一股独大现象。

在法律对中小股东权利的保护程度不利的情况下，控股大股东就会通过对上市公司的控制来侵害中小股东以谋求个人私利。这种通过上市公司控制权而获得的个人私利就被称为控制权私利。控制权私利有合法的和不合法、合理的和不合理之分，但大多数是不合理、不合法的，主要指只有控股股东才能够享有而其他股东不能享有的收益。

控制权私利分为金钱和非金钱两方面，非金钱方面主要是指控制性股东将上市公司变成自己个人王国，满足自己在权力和名誉上的需求，但是控制权私利主要指的还是金钱方面。在金钱方面，控制性股东获取控制权私利的主要方式就是关联交易、金融运作（抵押、担保）、资产置换、转移风险、配股和分红等，当然也包括内幕交易、秘密收购和低价定向增发新股等方式。

除美国和英国的资本市场之外，绝大多数国家的上市公司中，最主要的公司治理问题已不是经理人黑老板的问题，而是最终控制大股东剥夺外部中小股东的利益冲突问题。

3.1.3 案例分析：王先生的资本运作

综观我国上市公司中控制性股东对中小股东利益侵占的方式，一些是违法行为，更多的是利用法律制度的缺陷在资本市场上对中小股东的利益侵占。下面的案例是一个综合了收购国企、资产置换、转移风险、违规担保、房地产暴利等剥夺手段的"资本运作"，全方位反映了我国上市公司中控制性股东进行利益剥夺的常用手段。

【案例3.1】王先生四两拨千斤的资本运作①

王先生是做贸易起家的，之后采用"实业＋金融"的模式控制了两家在我国香港的上市公司，在国内和海外的业务都取得了较大的发展。20世纪90年代后期，王先生已经建立了一个包括大陆业务、香港业务、东南亚业务和美国业务的大型企业集团。他旗下的公司有上百家。不过，这些公司并不都是王先生直接注册、归属他人名下的，相当一部分公司由他在幕后进行间接控制。

在建立企业帝国的过程中，王先生通过控制上市公司、收购国有企业、介入房地产开发等方式来运作。

当我国第一次住房改革，也就是从福利分房到商品房的时候，王先生敏锐地意识到这是个千载难逢的好机会。他认为，在一个国家或地区经济发展的早期阶段，最容易快速敛财、快速致富的领域就是房地产。事实上，在我国香港和东南亚很多地区，最富的富豪往往都是经由房地产行业起家的。所以，王先生很早就开始进行调查，培养各种关系，寻找合适开发的土地和项目。

开发房地产项目有很多做法，在我国房地产行业刚起步的时候，和政府搞好关系，通过协议获得土地进行开发是一种最常规的做法。王先生提出两条腿走路的思路，也就是首先和其他房地产公司一样，通过协议拿地。另外一条，就是收购亏损的上市国有企业。亏损意味着付出少量的资金就可以获得控制权；上市资格意味着圈钱的便利；而且最早国有企业都建在郊区，而随着城市的发展，这些国有企业都处于城市的黄金地段。既然是亏损，在收购国有企业的时候就像国资委提出扭亏为盈的方案：将国有企业的一部分主营业务变成房地产开发，第一个开发项目就使用国有企业原有的土地，然后将国有企业整体搬迁到高新技术开发区。本案例重点介绍的就是王先生的第二种玩法。

王先生在沿海地区的某个城市找到了一家符合条件的上市公司，于是，他

---

① 资料来源：宁向东.公司治理理论[M].北京：中国发展出版社,2005：364—368.

开始了如下的运作过程。

　　这家亏损的国有企业的第一大股东是该市的国资局，持有上市公司46%的股份，王先生向国资局协议购买了28%的股份。为什么不多买一些呢？按照我国证监会的规定，上市公司的股份转让超过30%，收购者就要向所有股东发出全面要约收购，王先生的收购是为了获得上市公司的控制权，并不是为了退市，所以肯定不会发出全面要约收购；那么就得向证监会申请豁免要约收购，这必然会增加操作难度。28%的比例已经使王先生成为该上市公司的第一大股东，而且20%的国有股东也支持他，王先生成为上市公司的实际控制人。整个股权交易价格是1.3亿元，采用分期付款的方式，首付4 000万元，王先生就可以进入公司，以后再分两期结清余款。

　　但是，王先生现金流状况不是很好，只付了2 000万元后，当地国资局就违规操作将股份转让到他名下，为此王先生获得了该上市公司的控制权，他在事后又通过补充协议把一部分首款的支付时间推迟了几个月。王先生在整个运作过程中，只出资了2 000万元。

　　在取得了控制权之后，王先生开始着手进行资本运作，不断套取现金。在收购完成的时候，该上市公司的业务种类非常多，有相当一些业务因为管理不善，盈利状况较差。在这种情况下，王先生提出对公司业务进行整合，将公司主营业务确定为房地产开发。王先生将公司原有的一个主要业务关闭，将其厂区搬迁，原有地点作为一个房地产开发项目加以经营。这个项目和其他投资的地产项目就成为了公司的主业。

　　对于非主业的经营业务，王先生的策略是完全出售。他开始有针对性地、有选择地处置这些业务。他把一些在长期看有相当潜力的业务出售给自己的其他投资企业。由于王先生的很多控制性企业并不是由他自己出面注册的，控制关系也比较复杂和隐蔽，因此，这些出售活动在外界来看，往往看不出是关联交易。在向自己的企业出售资产时，王先生通过控制中间的评估程序和评估机构，采用非常低的价格就进行了转让，而这些资产在转让之后，如果以股权来出资，大多都可以被估价在十几倍以上。这样算起来，从出卖资产得到的收益就完全将王先生的2 000万元投资收回了，这是王先生的第一笔回报。

如图3-1所示，在开发房地产的过程中，王先生并没有交给上市公司来完成，而是以自己几个亲属的名义注册了一家投资管理公司A。在王先生的安排下，A公司和上市公司联手注册了一家以房地产业务为核心业务的子公司B。在B公司的最开始的股权结构中，上市公司出资70%，A公司出资30%。而且B公司的盘子并不是很大，目的主要是为日后方便做股权的变更。由于A公司和B公司的盘子不大，银行给B公司贷款的时候就需要担保，王先生就让上市公司进行担保。这样，风险就由上市公司来承担，而收益却由王先生独享。

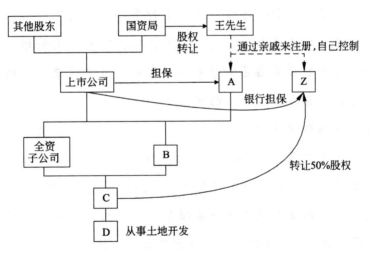

图3-1　与房地产项目有关的公司结构

那么，是否由B公司来进行土地开发呢？当然不是。B公司又再次与上市公司的全资企业以90%对10%的出资比例注册了C公司，并由C设立了全资公司D公司作为项目建设公司。整个开发项目由D公司来操作。

设计如此复杂的投资结构的关键在于：如果用B公司作项目的开发公司，由于它是上市公司的子公司，那么所有活动都要按照要求由上市公司对外进行披露，财务报表也需要合并。而由D公司进行项目开发活动，整个项目的具体进行细节就没有外部监督了，便于事后的各种运作。

不得不说王先生的眼光是独到的。由于地段的选择和房屋设计方案比较好，地基刚挖，第一期的几栋楼很快就被销售一空。但是当时预售证还没办下来，这时按规定是不能销售房屋的。如果实际上已经出售了，预售款就不能入账，因为入账就意味着公开了违反规定的情况。在这样的背景下，这笔钱就变成了账外现金。

王先生非常隐蔽地处理了这笔账外现金，绝大多数都被他通过各种手段转移到自己的各个直接控制的公司中。其中的一部分被王先生用来支付给国资局剩下的1.1亿元的购股款。还有一部分被转移到A公司，用来向B公司进行增资。

当A公司有了很多资金之后，王先生着手对B公司进行增资。在王先生的操纵下，上市公司董事会做出决议，两次接受了A公司的增资，而上市公司不再出资。由于B公司在最初注册的时候规模并不是很大，所以，A公司的增资很容易就将自己在B公司的股权从30%增加到70%，而上市公司在B公司的股份就被稀释到30%。这种股权变更的做法，实际上让上市公司承担了70%的风险，却只能享有30%的收益；而王先生承担了30%的风险却享受到了70%的收益。第一期项目的销售是20亿元，当时的房地产行业的净利润保守估计是30%，那么王先生第一期项目的利润为6亿元。按最早的股份比例，上市公司应该分得4.2亿元，但是到分红时，股份比例变成了30%，只能拿到1.8亿元，其中2.4亿元被王先生拿走了。这是王先生的第二笔收益。

由于这个项目分三期进行，在第一期项目结束之后，为了在后续的项目中再多分一杯羹，王先生又让上市公司将在C公司的股份拿出50%，卖给了自己控制的私人公司Z。这就意味着，从第二期项目开始，上市公司连30%的收益都保障不了了。

当然，这还不是王先生最终的收益。王先生还通过控制上市公司获得了另外两个比较大的收益。首先,是通过上市公司为自己的私人企业进行担保,获得了数量巨大的贷款。第二,由于"盘活"了国有资产,王先生与当地的一些官员建立了良好的"关系",这些"关系"帮助王先生储备了很多有升值潜力的土地。不过,获得这些土地的并不是上市公司,而是王先生自己控制的另外一些私人公司J公司和K公司等。

在案例中,王先生的出资额仅仅是2 000万元,但其显在和潜在的总收益保守估计应超过15亿元,这些都是从中小股民和国家手中剥夺而来。我们平时所推崇的资本市场"四两拨千斤"的运作技巧,更多的是类似的股东剥夺行为。作为投资者来讲,识别这样的行为是比较困难的,但是为了保证投资安全,对类似本案例中这些最基本的剥夺手段最起码要能辨别出来。当然,此类问题最终的解决关键在于法律对中小股东实际保护的程度。

3.2　集团股权结构与剥夺动机

如果一个上市公司的大股东没有其他的公司,那么他虽然是控制性股东,但实际上并不太会出现剥夺中小股东的情况。但是,这样的上市公司是比较少的。一般来说,上市公司只是某个多元化集团公司或控股公司下属的一个子公司,他们的实际控制人往往通过复杂的股权和债权结构控制着整个集团。上市的并不是集团整体,而只是其中一个概念较好,比较容易在资本市场上融资的子公司。

战略管理的专家对于集团公司的多元化有着明确建议,与主营业务相关的多元化是可行的,而无关的多元化会分散企业的精力,是不赞成的,这就是西方的归核化战略管理思想。这实际上就是企业是"做大做强",还是"做强做大"的问题。经过多次的培训和学习之后,企业家都是知道这个答案的,企业一定是先做强再做大,不要盲目地进行无关多元化。

但是现实中的情况却不是这样的,尤其是在新兴的资本市场,众多控制着上市公司的集团公司往往跨了若干个行业进行多元化发展,和西方的归核化战略管理思想①是相悖的,这是为什么呢?

3.2.1 典型的集团公司股权结构

从管理的角度看,新兴市场上的集团公司股权结构基本上是一盘散沙,各管各的。宁向东(2005)认为,许多存在控制性股东的集团公司都具有图3-2所示的典型结构,并且将这种集团公司的股权结构称为企业系族。他认为作为企业系族的集团公司应具有以下几个基本特征:②

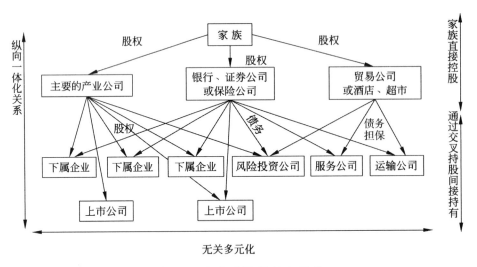

图 3-2 企业系族的基本结构

---

① 归核化战略管理思想就是指围绕主业的多元化战略。
② 以下内容参考和引用了:宁向东.公司治理理论[M].北京:中国发展出版社,2005:57—59.

第一，企业集团的实际控制人一般是一个家族控制或几个家族联合，一个家族控制的情况更为常见。

第二，家族直接控制的企业有主要的产业公司，银行、证券公司或保险公司等金融机构，以及贸易公司、酒店和超市等。

主要的产业公司是家族抓住历史机遇，靠其发家的企业。如对于民营企业家刘永好的新希望集团来说，这个主要产业公司指的就是新希望的饲料集团。

在家族企业集团的发展过程中，一定会想办法控股或参股一些金融机构，如银行、保险公司或证券公司。这是为了寻找家族企业集团金融运作的平台，并将这个平台作为家族实施控制的一个重要工具。我国的一些企业家在这方面学得比较快，从失败的案例看，早年有新疆德隆成为东方人寿的最大控制者；近年有大连实德相继参股或控股生命人寿、太平洋保险、大连市商业银行和华汇人寿等。从目前还算成功的案例来看，希望集团是民生银行的发起人和大股东，泛海集团是民生证券的大股东。

在家族直接控制的第一层企业中，通常都会有贸易公司、酒店和超市等流通性企业，这些流通性企业一般来说都是收益好，现金流比较稳定，这主要是用于解决整个集团的现金流问题。比如，屈臣氏就为李嘉诚集团解决了现金流的问题。

第三，以主要的产业公司、金融机构和流通性企业为核心，第一层的公司之间通过复杂的股权和债权关系形成第二层次的企业。第二层次的企业包括各种实业企业、股权投资企业、商业流通企业。

图 3-2 中的下属企业就是各种实业企业，在第二层次的实业企业中，家族不会单独投资，而是会采用在保证控制权的前提下和外来投资者共同投资。

家族企业集团还会在第二层次的企业中构建风险投资公司或私募投资公司，目的就是为家族构建股权投融资的平台。中国的家族企业集团往往都拥有这样的股权投融资平台，如景顺长城基金和香港高登的实际控制者是大连实德集团。

第四，还有很重要的一点，就是在企业系族当中一定要有一部分公司上市，但不能把所有的公司都变成上市公司，一定是少数企业上市。并且，企业系族要通过各种办法对上市公司施加控制。在上市公司与上市公司之间，在上市公司和非上市公司之间，往往会存在很多的关联交易。这些关联交易是由企业系族的控制人来协调的。

把以上所有因素集中在一起，就形成了一个家族控制的企业系族。在企业系族结构中，公司上市的目的就很明确了，绝对不是为了融资，而是为了圈钱。圈来的钱放在哪儿呢？可以肯定的是不会放在上市公司，而是通过复杂的关联交易等手段转移到控制性股东控制的私人公司中。当然，最终目的是转移到企业集团的最上层——家族手里，同时将家族里不好的资产搬到上市公司。

对于新兴市场的企业来说，上述的企业集团股权结构确实能起到分散投资风险、提高融资效率、降低交易成本的作用。但是有了这样的股权结构之后，在法律对中小股东保护不健全的国家，大股东通过"黑"其他股东获取巨额收益的积极性就大为增加，因为他们只要付出较小的代价就可以获得巨大的收益。这可以解释为什么在美国和英国的企业很少有上述的企业集团结构，而在其他国家和地区却大量存在。

我们选取了符合上述集团股权结构的例子，图3-3是韩国现代集团的股权关系和结构、图3-4是现代集团的内部交易状况、图3-5是"希望系"的集团结构、图3-6是李嘉诚家族的集团结构、图3-7是瑞典Nords Trom家族的集团结构。

在上述的几个例子中，有两个共同特点是需要关注的：首先是在具有集团股权结构的企业系族中存在着大量产品、劳务和资产的关联交易，以及大量的抵押担保等金融运作；其次是控制权和现金流所有权产生分离，集团股权结构最上层的家族在每一层企业的股权设计中，都使得控制权和现金流所有权产生分离，也就是通过较小的现金流所有权获得较大的控制权。

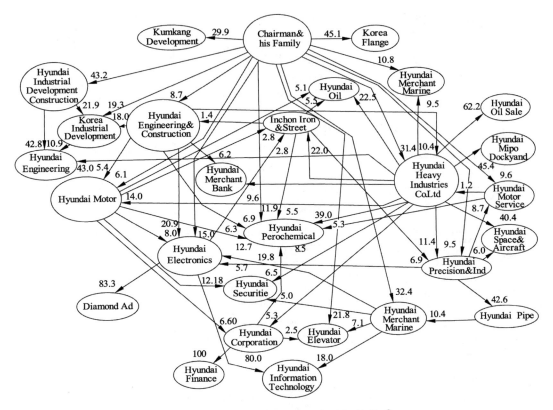

图 3-3　现代集团的股权关系与结构[①]

第一个特点说明企业集团股权结构为控股大股东通过关联交易、金融运作等手段黑其他股东提供了便利。第二个特点颠覆了我们对"一股一票"的认识，股权中的控制权和现金流所有权居然可以不对等，这恰恰是控股大股东黑其他股东的奥秘所在。

---

①　资料来源：宁向东. 公司治理理论 [M]. 北京：中国发展出版社，2005：59.

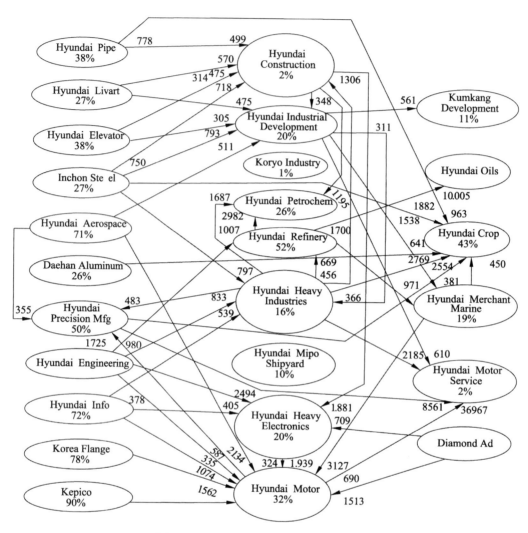

图 3-4　现代集团的内部交易状况[①]

3.2.2　集团股权结构的合理理由

存在不一定是合理的，但一定是有道理的。新兴市场上存在大量具有复杂

[①]　资料来源：宁向东. 公司治理理论 [M]. 北京：中国发展出版社，2005：60.

股权结构的企业集团，并不都为了圈钱。实际上，如果不是用于"黑"别人，从金融和资本的角度看，无关多元化在新兴市场的兴起是有一定的道理。

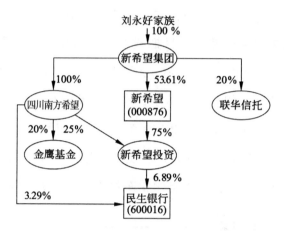

图 3-5 "希望系"金融架构的金字塔结构图 ①

李嘉诚集团也是一个典型的无关多元化集团，在股权结构上采用了现金流权和控制权分离的做法，但目前为止，没有听说李嘉诚"黑"过谁。所以我们从李嘉诚集团可以得出一个简单的结论：采用现金流权和控制权相分离的手段形成无关多元化的集团结构一定有合理的理由。

在新兴市场上，由于企业从事经营活动的外部制度环境是不成熟的，就需要多元化经营格局和集团结构的建立来弥补市场的欠缺。企业进行集团化和多元化经营是有如下 5 个优点：

---

① 资料来源：马忠.金字塔结构下终极所有权与控制权研究[M].大连：东北财经大学出版社,2007：75.
注：本图列示了"希望系"的所有权架构。该系共控制两家上市公司——新希望和民生银行。刘永好家族采用直接控制方式控股新希望，其控制权与所有权均为 53.61%。控制权与所有权没有分离。刘永好家族采用金字塔股权结构控股民生银行。刘永好家族持有新希望集团 100% 的股权，新希望集团通过新希望这一链条持有民生银行的所有权为 2.77%（53.61%×75%×6.89%），控制权为 6.89%（min [53.61%，75%，6.89%]）。新希望集团通过四川南方希望这一链条持有民生银行的所有权为 5.01%（3.29%+25%×6.89%），终极控制权为 3.29%。这样，刘永好家族持有民生银行的终极所有权为 7.78%（2.77%+5.01%），控制权为 10.18%（6.89%+3.29%），终极控制权与所有权分离的差额为 2.4%（10.18%–7.78%）。

第一，容易形成品牌优势。在新兴市场上，品牌信誉的建立非常重要的，但是成本很高。因此，一种聪明的品牌应用策略就是，集团公司集中优势在某一产品领域树立一个品牌，使其产生巨大的影响力。然后，集团公司可以利用已建立的品牌优势进入相关业务领域，并且把成本分摊到其他业务领域。如联想靠 PC 业务创下了品牌，联想控股就利用 PC 业务的品牌声誉进入了数码产品领域、投资领域、房地产领域等。如图 3-8 所示，联想控股控制的公司除了传统 PC 业务的联想集团之外，还有进行 VC 和 PE 投资的联想投资和弘毅投资，作为 IT 产品经销商和 IT 服务供货商的神州数码，以及主营地产开发的融科置地。近期，联想控股又直接投资神州租车，成为神州租车最大的国内战略投资股东。

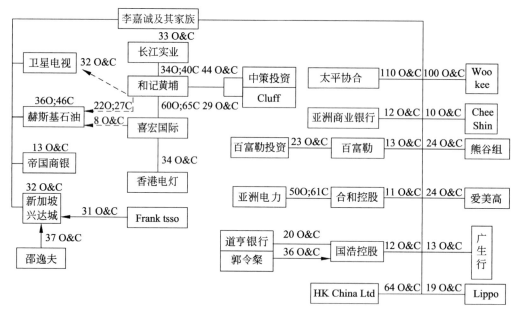

图 3-6　李嘉诚家族的集团 ①

---

① 资料来源：Classens、Djankov 和郎咸平 2000 年发表的论文《东亚公司所有权和控制权的分离》。
注：所有权股份以"O"表示，控制性股份以"C"表示。金字塔式控股用实线表示，交叉持股用虚线表示。在任何给定的分支上，如果所有权和控制权有所不同，这意味着这部分股票有超额投票权。

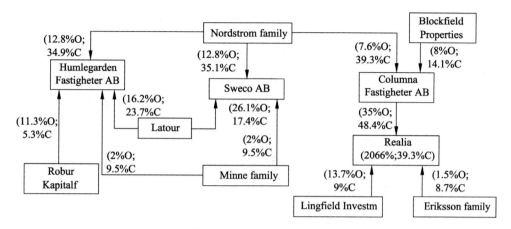

图 3-7 瑞典 Nords Trom 家族的集团结构 ①

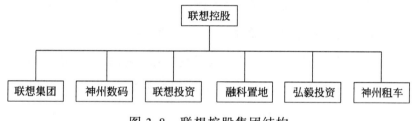

图 3-8 联想控股集团结构

第二，可以降低融资的成本。集团公司的形成，实际上就在集团内部形成一个内部融资市场。由于集团内部的资金可以统一调配使用，与外部融资相比，内部融资市场降低了交易成本。这无论对于股权融资还是债权融资，融资效率都比较低下的新兴市场上的企业来说是非常重要的。

第三，有助于分散企业的经营风险。在新兴市场上，机会是比西方成熟市场多的，但是市场风险和政府的政策风险也是要大很多的。如果企业只依赖于一个行业或者一个产品，就容易产生较大的政策风险和行业风险。这个时候，按照投资学中分散投资的理论"将鸡蛋放在不同的篮子里"就成为一种

---

① 资料来源：Foccio 和郎咸平 2002 年发表的论文《西欧公司的终极所有权》。
注：图中的"O"代表所有权，"C"代表所掌握的控制权和投票权。

降低风险的现实选择，与主业无关的多元化经营而涉足不同行业，就可以在集团内部实现一定程度的风险互补。

第四，通过"看得见的手"来替代"看不见的手"，降低产品的交易成本。新兴市场上的市场机制是不健全的，如果企业的供应商和分销商都依赖市场化，必然加大企业谈判、缔结合同的交易成本。而且对供货质量、价格等因素缺乏控制力。这时，通过集团内部的行政调控，在集团内形成一个内部市场，就可以显著地降低产品的交易成本。

第五，以较小的资金获取较大的控制权，实现高效融资。集团股权结构的形成，使得控股股东可以通过金字塔股权结构、交叉持股和类别股份等方式以较小的资金获得较大的控制权，实现资本市场上的"以小搏大"和"四两拨千斤"，从而达到高效融资的目的。如果不是用于"黑"别人，这个理由应该是新兴市场上存在众多无关多元化集团股权结构的最重要和合理的原因。

以上就是在类似我国这种新兴市场上出现无关多元化企业集团的合理原因。但是这种解释也有些牵强，因为不同行业的管理都是不同的，无关多元化必将巨大地增加集团的管理成本。管理成本之大甚至会抵消这种集团结构所带来的好处，那么，为什么还有这么多的无关多元化企业集团存在呢？是不是这种集团结构还有可能给集团的实际控制人带来额外的收益？

关于这个问题，郎咸平教授在其著作《操纵》中揭露了东亚、东南亚，包括我国香港和大陆的一些上市公司通过企业集团结构进行圈钱的真相，宁向东教授随后做了深入的研究，指出了企业集团形成的原因。

3.2.3 集团股权结构的剥夺动机

在新兴市场，尽管集团公司的形成有着正面的理由，但是，一旦建立了集团形式，实际上就存在了可以黑上市公司其他股东的结构。在家族控制的企业集团和企业系族中，控股大股东不会在乎某一个企业的利益最大化，他追求的是自己总体利益的最大化。因为某一单个公司，只是企业系族利益主体的一部分，是否上市、是否盈利，都不重要。重要的是它要服从控股大股东的安排，为实现控股大股东利益最大化而服务，因此，单个企业只是控股大股东运作的棋子而已。

一旦建立的企业系族和集团的股权结构，相对于非集团企业，集团公司的利润更多地被控股大股东操纵和转移。在独立的、不属于任何集团的企业中，业绩将完全地体现出来自行业因素变化的影响。行业情况好，业绩相应就高；行业情况差，业绩就相应差一些。但是在集团的企业中，财务数据却不会准确地反映行业情况的变化，更多的业绩以各种各样的形式在集团内部按照控股大股东的意愿进行再分配。

集团公司的控制性股东会在上市公司和非上市公司之间建立各种各样的关联交易和金融运作关系，将本属于上市公司的利润转移到非上市公司中以满足自己的控制权私利。

这也是为什么近年来我国证券市场上不断涌现打造上市公司"系"现象的原因。从早些年相继出事的民营企业系族中科系、华晨系，到近几年的德隆系、鸿仪系、格林柯尔系等，便是对此问题的最好例证。

3.3 剥夺的秘密与控制权配置

关于股东黑股东的问题，其实在两个人共同投资的公司里就存在了。但是，只有到了企业系族或集团股权结构阶段，剥夺才更加具有隐蔽性和可操作性。

剥夺的奥秘就在于：集团公司的股权结构可以导致公司的现金流权和控制

权的分离。在图3-6、图3-7和图3-8中，控制性股东在同一家公司中拥有的所有权和控制权并不相同，控制权往往大于所有权，这是为什么呢？实际上这恰恰是企业系族和集团公司的控制性股东剥夺其他股东的秘密。

我们平常并不说控制性股东和非控制性股东，而是说大股东和小股东。比如说一个人在一家公司拥有51%的股份，意味着他可以享有51%的分红，以及享有公司法规定的51%股份的控制权，这实际上就是所谓的"同股同权"。也就是说，相同的股份实际上蕴含着相同的权力。"同股同权"进一步明确就是"一股一票"法则。

"一股一票"，意味着一个股东的股份可以分解为两个权利，即"股"对应着现金流权（分红权），"票"对应着控制权（投票权）。现金流权也就是股东的分红权。控制权是股东参与企业决策的投票权，投票的目的是为影响公司的决策，行使控制的权力。

但是，在企业系族或集团公司的股权结构下，现金流权即分红权和控制权一般都产生了分离。如在一个企业中，甲可能拥有51%的控制权，但是只拥有8%的现金流权，那么甲就会有很强的动机去黑别人。这个时候，再用"大小"就无法定义股东了。拥有51%控制权的股东，现金流权只有8%，他是大股东还是小股东呢？如果从控制权上讲，他是大股东；从现金流权上讲，他是小股东。因此，对于控制权和现金流权相分离的股东，不应该用"大小"来区分，而是用"控制性"和"非控制性"来区分。在控制权上控制着一家公司，但是其现金流所有权却较小的股东称为控制性股东。

控制权和现金流权的分离使得控制性股东有非常大的积极性去黑别人。如果集团公司的股权结构中，控制性股东的现金流所有权和控制权是一一对应的，那么他就不会有太大积极性去黑其他股东，因为黑别人的49%同时也黑掉自己的51%。但是，如果他拥有51%的控制权，而只有8%的现金流分红权，也就是说，100元利润他只能分到8元。那么，这个时候，这个控制性股东一定想尽办法将这 100 元利润转移到集团内部自己现金流权较高的公司去，比如通过关联交易转移到自己全资控股的子公司。这样他黑别人 92 元的时候，才黑掉了自己的 8 元，但是他的净收益将达到 92 元。

因此，我们可以有这样一个结论：在企业系族和集团公司结构中，当现金流权和控制权产生分离的时候，控制性股东就有积极性去黑其他股东。现金流权和控制权的分离程度越大，控制性股东黑其他股东的积极性也就越大。

从世界范围来看，公司现金流权与控制权分离工具多达 30 多种。但这 30 多种工具并非在每个国家都合法，比如直接相互交叉持股在有些国家就是明令禁止的。而且有些工具适用股权结构，有些适用股东大会阶段，有些则适用董事会或监事会阶段。当然，并不是所有导致现金流权和所有权分离的方法都会成为控制性股东剥夺中小股东的工具。本章主要介绍的是用于股权结构中构建集团公司的三种典型分离现金流权和控制权的工具：金字塔股权结构、交叉持股和类别股份。

3.3.1 金字塔股权结构

金字塔股权结构是一种形象的说法，也就是指一个集团公司的股权结构像一个金字塔一样，呈现为多层级、多链条的集团控制结构。这个结构中的公司分为三种，最上面的集团是实际控制人，中间的公司是持股公司，最下面的公司是经营公司。金字塔股权结构本是一种以小搏大、四两拨千斤的高效融资方式，但是在法律对中小股东保护不力的新兴市场上却成为控制性股东剥夺其他股东的利器。

控制性股东从金字塔结构的塔尖开始，通过控制中间持股公司向下发散出一个可观的网络，控制处于链条末端的经营公司。持股公司主要用于控制权的放大，经营公司往往是上市公司，用于从资本市场圈钱。金字塔股权结构的层级越多,控制链条就越长,实际控制人的现金流权与控制权分离度就越高,"黑"其他股东的动机就越强。

图3-9是最简单的两层单链条的金字塔结构。A是实际控制人,他通过控制B公司51%的股份,然后再让B公司持有C公司51%的股份,最终实现对D公司的控制。

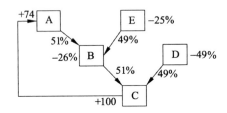

图3-9 最简单的金字塔结构

金字塔结构本是一种高效的融资工具,通过金字塔集团层层控股,可以以最少资金控制尽量多的资源。一个实际控制人通过多链条的多层级金字塔控制其他企业时,他只以有限的出资就能在每条控制链上使得控制权和现金流权分离,在集团每个决策点上都实现了控制,从而控制整个集团。这样就可以实现高效融资,以较少原始资金来控制更多的资金。比如,在图3-9中,B、C公司的注册资金都为100万元,实际控制人只出资51万元,就控制了外部投资者E和D的资金98万元(49+49)。如果金字塔层级越多,控制链条越多,放大的倍数也就越大。我国有不少企业集团通过复杂的金字塔结构,以几亿或十几亿的资金,控制着数百亿的资金。

虽然金字塔结构能够实现融资放大,但是在资本市场中,单纯利用金字塔结构进行融资的企业并不多,更多的是利用金字塔结构的控制关系,满足实际控制人的控制权私利。

如图3-9所示,由于A公司在整个控制链上的实际支配表决权都是51%,所以A公司对C公司的最终控制权是51%,是C公司的实际控制人。那A公司在 C 公司的现金流权是多少呢？按照 A—B—C 公司的关系链计算，只是 26%（51%×51%）。这样，26% 的现金流权和 51% 的控制权就出现了分离（分离度是 1.96 = 51%/26%。），这就直接导致了剥夺的可能。

如何出现剥夺呢？如果 C 公司产生利润 100 万元，A 公司如果按照正常分红只能分到 26 万元（100×51%×51%）。但是 A 公司牢牢控制着 C 公司，他当然不会这样分配，那么怎么办呢？A 公司会通过关联交易、资产置换等方式将 C 公司的利润转移到 A 公司，这样 A 公司就获得总收益 100 万元，剥夺收益也达到 74 万元（100-26）。剥夺收益是从哪来的？是从集团控制链条上各个参股的投资人 D、E 所应获得的收益中来。以上的做法是对本归属于 D、E 等外部投资者的利润进行掠夺的行为。这就是最简单的金字塔结构的剥夺方式，也是我国资本市场为什么有这么多 ST 公司的主要原因。

【案例 3.2】鸿仪系的金字塔式控股结构①

鸿仪投资依靠其在 ST 张家界上起死回生的手段一夜成名，并在国光瓷业、上海凌云、安塑股份、湘酒鬼等上市公司的股权上频频出手，转眼间已经拥有数家上市公司，构筑起一个复杂而又庞大的"鸿仪系"。

鸿仪系是一个集医药、旅游、材料、金融等行业于一体的庞大产业集团，在迅速扩张中资金需求量十分庞大，而上市公司无疑是最方便的融资途径。正是在这种资金饥渴症的驱使下，鸿仪系开始控制一家又一家的上市公司。正是由于鸿仪系是以这种比较简单的单链条金字塔结构，以较小的现金流权掌握了对上市公司的绝对控制权，加大了其获取控制权私利的动机。其买壳上市后，通过资产置换、关联交易和担保等方式将嘉瑞新材、国光瓷业和张

---

① 资料来源：(1) 张国良. 接连出手上市公司，"公司收藏者"鸿仪系揭秘. http://business.sohu.com/85/91/article/204569185.shtml. (2) 徐永斌. 中国上市公司控制权私有收益问题研究 [D]. 浙江工商大学，2007.

家界三家上市公司掏空。而且其没有取得绝对控制地位的酒鬼酒也不可避免地遭到了剥夺。

鸿仪系的手段并不高明，鄢彩宏和侯军等人用单链条的金字塔结构就建立了剥夺结构。如图3-10所示的是由控制人侯军①控制的鸿仪系金字塔式控股结构。侯军通过金字塔式控制链控制了嘉瑞新材、国光瓷业和张家界三家上市公司。其中，通过A—B—C—D—E—F控制链，用13.08%现金流权取得了嘉瑞新材（000156）29.85%的控制权，控制权是现金流权的2.28倍；通过A—G—H—I—J控制链，用11.64%现金流权取得了国光瓷业25.42%的控制权，控制权是现金流权的2.18倍；通过A—G—H—I—K—L控制链，用12.5%现金流权取得了张家界30.83%的控制权，控制权是现金流权的2.47倍。

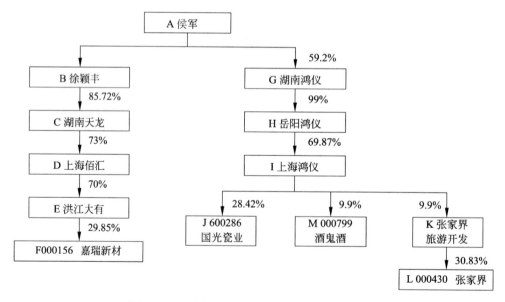

图3-10　鸿仪系金字塔式控股结构示意图

---

① 从信息披露上查到的鸿仪系的控制人是侯军，但实际上鸿仪系真正的幕后控制人是鄢彩宏。

根据控制链条的不同，金字塔股权结构可分为单链条控制结构和多链条控制结构。根据控制层级的不同，可分为双层或多层控制结构。多链条和多层级的金字塔就组成了更加隐蔽的立体金字塔控制结构。图3-9是最简单的单链条双层金字塔控制结构，图3-11是单链条三层金字塔控制结构，图3-12是最简单的多链条金字塔控制结构。随着控制链条和控制层级的增多，现金流权和控制权将进一步分离，剥夺的力度更大，剥夺的积极性也就更高。

在图3-11中，A公司对D公司的控制权是51%，是D的实际控制人。按照A—B—C—D公司的关系链计算，A公司在D公司的现金流权是3.26%（51%×51%×51%）。控制权和现金流权的分离度是4.08（51%/12.5%）。如果此时将D公司100万元的利润转移到A公司，那A公司的剥夺收益为87.5万元（100-12.5）。层级越多，现金流权与控制权的分离度越大，剥夺的积极性就越高。

如图3-12所示，有A—B—C、A—D—C两条控制链的综合结构。最终控制人的确定办法就是沿着控制链向上追溯，层层确定控股股东，直至找出最终控制者，然后加总这些控制份额以得到最终控制权。某控制者A拥有B公司25%的股份，B公司又拥有C公司20%的股份，而同一控制者A又拥有D公司30%的股份，D公司又拥有C公司20%的股份。则控制者A拥有C公司的现金流权为11%（25%×20%+30%×20%），即两条控制链中所有权份额的乘积之和，而控制权为40% = min（25%，20%）+min（30%，20%），即两条控制链中的最小值之和。分离度为3.6（40%/11%）。由此可见，多链条的控制结构增强了实际控制人对底层公司的控制。

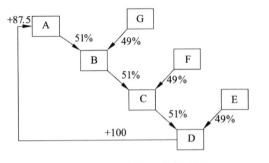
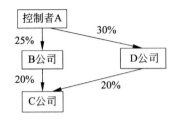

图 3-11　三层的金字塔结构　　　图 3-12　两链条的金字塔结构

另外，还可以通过三链条、四链条……n 链条构建一个立体金字塔的股权结构。而且控制链条越多，现金流权和控制权的分离度越大，剥夺的激励越强，剥夺行为也更加隐蔽。

在多层级和多链条的立体金字塔结构中，其分离现金流权和控制权的能力可以用如下公式计算：

- 在多层级金字塔结构中，控制性股东的最终控制权就是这条控制链中所持有股份的最小值，最终现金流权为其持有这条控制链上的所有股份的乘积；
- 在多链条的金字塔结构中，控制性股东的最终控制权为所有控制链中最小的投票权比例之和，最终现金流权为所有控制链的现金流权之和；
- 控制权和现金流权的分离度等于最终控制权除以最终剩余索取权。

3.3.2　交叉持股结构

交叉持股又称相互持股，是指作为法人的企业互相进行投资，你持有我的股份，我持有你的股份，最终形成一种你中有我、我中有你的股权结构。根据相互持股的具体形态可以将交叉持股分为以下 5 类基本形式：

（1）单纯型交叉持股。这是最简单的交叉持股结构，也就是说交叉持股只存在于 A、B 两家公司之间，比如说 A 公司向 B 公司投资 50 万元，B 公司同时向 A 公司投资 50 万元，A 公司和 B 公司就相互持有对方公司的股份。这种结构是交叉持股中最基本的形式，下面的四种形式都是由它演化而来的。

（2）环状型交叉持股。指的是各个企业之间相互持股，彼此间形成一个封闭的环状系统。如图 3-13 所示，对于 A、B、C、D 公司来说，AB 间、BC 间、CD 间和 DE 间都相互交叉持股，彼此成为对方的股东，形成错综复杂的股权关系。

（3）网状型交叉持股。指的是所有参与交叉持股的企业，全部都与其他企业产生交叉持股关系。如图 3-14 所示，A、B、C、D 四家企业参与网状交叉持股结构，每一家都与其他三家企业各有交叉持股关系存在。

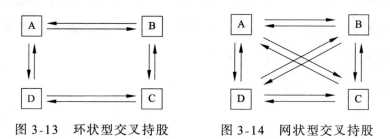

图 3-13　环状型交叉持股　　图 3-14　网状型交叉持股

（4）放射型交叉持股。是指以一家核心企业为中心，由其分别与其他企业形成交叉持股关系，但其他企业之间则无交叉持股。如图 3-15 所示，A 公司和 B、C、D 等公司相互持股，但是 B、C、D 公司之间不存在股权关系。

（5）变形的放射型交叉持股。如图 3-16 所示，整个交叉持股结构中的核心企业是 A 公司，A 公司与 B、C、D、E 等公司相互持股，与纯粹交叉持股不同的是，B、C、D、E 等公司虽然不完全相互持股，但是确实存在个别的交叉持股。

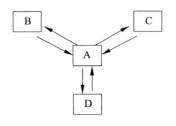
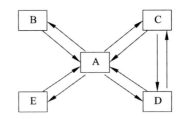

图 3-15　放射型交叉持股　　图 3-16　变形的放射型交叉持股

在上述 5 种类型中，单纯型交叉持股、环状交叉持股和网状型交叉持股不存在核心企业，他们之间不存在从属与控制的关系，因此这三种交叉持股形式又叫作横向型交叉持股；放射型交叉持股和变形的放射型交叉持股都存在核心公司 A，A 公司对于其他公司起着控制和主导的作用，这两种交叉持股形式又叫作纵向型交叉持股。纵向型交叉持股常用于集团母子公司之间相互持股。

上述 5 种类型是交叉持股的基本形式，现实生活中的交叉持股是复杂的，有可能是 5 种基本形态中的一种，也有可能是几种基本形式的组合。交叉持股的实际作用有好的一面，也有不好的一面。

交叉持股对企业的有利作用主要体现为：

- 稳定公司的股权结构，防止企业被恶意并购；
- 分散各种风险，尤其是两个公司采用换股的方式各自进行多元化经营，以减少风险；
- 加强公司间合作，在相互持股企业的资金、技术、人事、销售、创新等方面形成协同优势。
- 在市场不健全时，降低信息不对称条件下的交易成本。其中，防止恶意并购是交叉持股最大的作用。

公司间相互持有对方股份之后，实际上就形成了命运共同体的特殊联盟关系。当有一方遭遇资本市场上的恶意并购，另一方就可以扮演白衣骑士施以援手。比如，A、B两家上市公司相互持有对方各20%的股份，其中A公司的第一大股东持有25%的股份，通过这种交叉持股的方式就可以锁定恶意并购的大量筹码。当其中有一家公司如A公司沦为恶意并购的目标时，表面上看，潜在的收购者只要收购超过大股东25%的股份就可以获得A公司的相对控制权。但实际上，B公司在这时候会锁定自己持有的20%A公司的股份，拒绝潜在收购者提出的收购价格，而且B公司还会支持A公司的反收购行为，这就可以成功帮助A公司抵御资本市场上的恶意并购。因为潜在收购者要获得控制权，就必须获得45%以上的投票权，这即使在股权比较分散的英国、美国资本市场都是不太可能的。当然，如果B公司遭遇恶意并购，A公司也会采用同样的行动。

交叉持股在日本最常见，日本绝大部分企业集团都是通过采用交叉持股形式而形成的，其形成的主要原因就是为了达到防止恶意并购、降低成本、提高协同效应的目的。

凡事有利就有弊，交叉持股固然能给企业带来上述好处。但是，从控制权的角度来看，交叉持股和金字塔股权结构一样，也是一种"高效"地分离现金流权和控制权的股权结构。

【案例3.3】1元钱能控制多少外部资金

资本市场上，我们经常听说"以小搏大""四两拨千斤"的资本运作方法。那么，理论上我们用1元钱可以控制多少外部资金呢？

如图3-17所示，胡先生利用最简单的交叉持股方式注册了A和B两家公司。A和B两家公司的注册资金都是100元，胡先生作为自然人分别向两家公司投资1元，外部投资者C和D分别向B公司和A公司投资49元，那么还有50元缺口从哪儿来？

于是，胡先生让A公司和B公司相互投了50元，当然，注册时王先生可以提供所谓的"过桥"资金，也就是借50元给A，A对B投资50元，然后，B再对A投资50元，A再将50元还给胡先生。最后的结果是这50元只是账面资金有所体现，而实际上谁也没有出资。

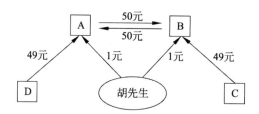

图3-17　交叉持股放大控制权的机理

那么，谁控制A和B两家公司呢？当然是胡先生。对于A公司来说，胡先生直接投资1元，又通过B公司投资50元，掌握了51%的股份，胡先生取得了对A公司的控制权。同样，胡先生对B公司也控股了51%的股份。

最后胡先生只是直接投资2元，但却控制了外部资金98元。也就是说，胡先生的1元钱控制了49元。如果A和B是两家上市公司的话，胡先生还控制了两家市值各100元的上市公司。

在上述案例中，胡先生的1元钱控制了外部资金49元。如果将A和B公司的注册资金变为100万元，用同样的方法，只要保障自己的直接持股与间接持股之和大于51%，胡先生的1元钱就可以控制外部资金49.9999万元……以此类推，胡先生可以用1元钱控制上亿或者几十亿元的资金。

当然，这种情况在大多数国家是被法律所禁止的。现实中常用的交叉持股情形有如下面的案例。

【案例 3.4】哪种投资方式更合适

A 公司计划和其他投资者共同投资成立 B 公司，它有两种方案可以选择。如图 3-18 所示，第一个投资方案是：A 公司直接对 B 公司投资 1 000 万元，其他投资者投资 2 000 万元，那么 B 公司的注册资金是 3 000 万元，A 在 B 公司的股份是 33%。

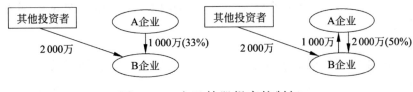

图 3-18　交叉持股提高控制权

第二个投资方案是：在外部投资者对 B 公司投资 2 000 万元不变的情况下，A 公司对 B 公司的投资变为 2 000 万元，然后 B 公司再对 A 公司投资 1 000 万元。在这种方式下，B 公司的资本金总额放大为 4 000 万元，A 公司占 B 公司的股权比例提高到 50%，但是 A 公司的实际出资和第一种方案是一样的，只有 1 000 万元，但是其却有 50% 的控制权。如果这样的投资行为循环往复，B 公司的资本金和 A 公司对 B 公司的控制权就会被不断放大，这为进一步吸取借贷资金提供了便利。当然，从债权人的角度来看，这也是对债权人权益的一种损害。

对于投资者 A 公司来说，无疑是第二种方案更合适。

通过上述案例中的两种投资方式的比较，我们发现：在投入同样资金的情况下，通过交叉持股可以放大控制权，同时削弱了其他投资者的控制权。在通过交叉持股构建的企业集团中，就可以通过这种方式实现对整个集团的绝对控制。

上面两个案例描述的其实就是交叉持股带来的两个严重问题，即虚增资本和损害股东权益的问题。首先，交叉持股将会带来虚增资本的问题。虽然，交叉持股可以使企业的融资更加高效，但同样也会使得资本空洞化。当两个企业间相互交叉持股时，实际上只有同一资金在公司间来回流动，但每一次流动都会导致两个公司同时增加资本额。就如上例中A公司和B公司相互持有的50元，账面上使得A公司和B公司的资本金都增加了50元，但实际上A公司与B公司相互退还了出资，这50元谁也没掏，两家公司的净资本一点也没有增加，虽然两家公司的注册资金是100元，实际上两家公司的资本金都只有50元。

其次，更为可怕的是，交叉持股会成为实际控制人损害其他股东权益的利器。无论是以横向交叉持股还是纵向交叉持股形成的企业集团中，实际控制人都只是以较少的资金代价获得了较大的控制权，较大程度地分离了现金流权和控制权，从而有较大的积极性去黑其他股东。具体来说，在横向的环状型或网状型的交叉持股的结构中，如上述两个案例所揭示的一样，公司的实际控制人只要出一点钱，甚至在不出钱的情况下就可以控制整个公司，而真正掏钱的股东却丧失了对公司的控制权。更可怕的是在以纵向放射型或其变形的交叉持股结构形成的企业集团中，核心企业是母公司，这时候子公司只能听命于母公司，成为公司实际控制人黑其他股东的工具。而且，集团内企业数量越多，各个企业之间相互持股份额越大，则母公司控制集团内某一企业所需的直接股份就越小。

除了上面所提到的虚增资本和损害股东权益这两个问题之外，交叉持股还会带来形成行业垄断、诱发内幕交易和关联交易、诱发经理人内部控制和铸就股市泡沫等负面效应。

交叉持股和金字塔股权结构本来都是高效的融资工具，但同时也是典型的分离现金流权和控制权的股权结构。在一个实际的企业集团结构中往往同时存在金字塔和交叉持股两种结构，其中金字塔以纵向链式的结构放大控制权，交叉持股以横向持股的方式放大控制权。交叉持股的应用更加灵活、更加隐蔽。当横向的交叉持股和纵向的金字塔股权结构结合在一起，就形成如图3-3所示的蜘蛛网股权结构。蜘蛛网这种综合结构最大程度地分离了现金流权和控制权，往往使得控制性股东以较少的资金代价获得了较大的控制权，因此为控制性股东黑其他股东提供了便利的条件。

由于诸多的负面效应，交叉持股并不是在所有国家都可以按照上述思路去设计，很多国家的公司法禁止两家公司之间双向高比例交叉持股。法国对交叉持股的限制是最严格的，其公司法规定，当一家公司持有另外一家公司10%以上的股份，后者就不能再持有前者的股份。德国、英国、日本、中国台湾等国家和地区只限制母子公司的交叉持股。以下是各个国家（地区）对母子公司之间交叉持股规定的比较：德国原则上禁止，例外允许50%持股比例，并且附加其他非持股标准无表决权；日本原则上禁止，例外允许50%持股比例无表决权；韩国原则上禁止，例外允许40%持股比例无表决权；我国台湾地区禁止，无例外规定50%持股比例和其他非持股比例标准无明文规定；美国不禁止以实质控制为标准无表决权；英国原则上禁止，例外允许50%持股比例和其他非持股标准无表决权。①

在我国，20世纪90年代的时候，一些地方性法规如《深圳市股份有限公司暂行规定》《海南经济特区股份有限公司暂行规定》和国家体改委发布的《股份有限公司规范意见》就曾经对交叉持股做出限制。但是，1993年颁布实施的旧《公司法》和2006年修订的新《公司法》对交叉持股没有任何限制，而自从1993年《公司法》生效后，前面的几个法规文件相应就失效了。因此，对于交叉持股在我国的限制基本上是空白的。只有证监会在2007年颁布实施的《证券公司设立子公司试行规定》第10条的规定限制了交叉持股："子公司不得直接或者间接持有其控股股东、受同一证券公司控股的其他子公司

---

① 蒋学跃，向静. 我国交叉持股的法律规制路径选择与制度设计[J]. 证券市场导报，2009，（3）.

的股权或股份,或者以其他方式向其控股股东、受同一证券公司控股的其他子公司投资。"

这种现状就意味着,除了证券类企业之外,我国其他行业的交叉持股是没有明确法律限制的,这就给很多企业集团用较小现金流权获得较大控制权留下了巨大的空间。

3.3.3 类别股份

类别股份指因认购股份时间、价格不同,认购者身份不同,交易场所不同等而在流通性、价格、权利及义务上有所不同的股份。持有类别股份的股东为类别股东。类别股东在国外证券市场上普遍存在着。如普通股、优先股、存托凭证、不同交易所上市的股份(如A股、H股等)、无表决权股份和特殊表决权股份(如双倍表决权)等就是不同的类别股。

当然,并不是所有的类别股份都会导致控制权和现金流权的分离。但是,一些类别股份,如优先股、无表决权股份和一股多票往往通过公司章程等手段就能够直接分离控制权和现金流权。下面就介绍几种典型的类别股份分离控制权和现金流权的方式:

(1)优先股

优先股是相对于普通股而言的,主要指在利润分红及剩余财产分配的权利方面,优先于普通股。具体来说,优先股有三个特征:首先,优先股通常为固定股利,优先股收益不受公司经营业绩的影响,而且优先股可以先于普通股获得股息,但不参与企业的分红。其次,优先股的权利范围小,优先股股东一般没有选举权和被选举权,对股份公司的重大经营无投票权。[①] 最后,在普通股股

[①] 只有在召开会议讨论与优先股股东利益有关的事项时,优先股股东才具有表决权。

东之前优先获得公司剩余财产的清偿,即一家企业在破产清算的时候,如果还有剩余财产进行分配,其分配顺序是债权人、优先股股东、普通股股东。

相对于普通股股东而言,优先股股东投资风险大为减少。但是凡事都有利有弊,优先股可以在企业亏损的情况下获得固定收益,但是付出的代价是放弃企业的控制权。而且由于优先股无权参与公司的经营管理以及重大决策,大股东可以凭借较低的持股比例而实现对公司的有效控制。

【案例 3.5】谁是大老板

有家在香港注册的 A 公司,总股本为 100 万股,其中 75 万股为普通股,25 万股为优先股。A 公司有两个股东,其中胡先生持有 60% 的股份,陈先生持有 40% 的股份。那么,谁是这家公司的控制性股东呢?从表面上看,应该是持有 60% 股份的胡先生,但是胡先生持有的 60 万股股份中,有 25 万股是优先股,只有 35 万股具有表决权的普通股,而陈先生持有的 40 万股股份全部都是具有表决权的普通股,因此这家公司的实际控制人是陈先生。

在发行优先股的公司中,股东所持有股份是否有表决权,对于公司控制权是至关重要的,对于胡先生和陈先生来讲,只要持有具有表决权的普通股股份的多数,即 375 001 股即可控股,就没有必要持有整个公司总股份的多数。可见,即使在这种最简单的股权结构中,通过优先股股份就可以直接分离控制权和现金流权。优先股分离控制权和现金流权的方式比较直接,没有隐蔽性。

(2) 无表决权股份

无表决权股份是指根据法律或公司章程的规定,对公司的经营管理不享有表决权的股票。大多数国家均可以发行没有表决权的股份,无表决权股份往往与收益权优先相联系,优先股就是无表决权股份的一种。一般来说,优先股股东以放弃控制权为代价来获得先于普通股股东的优先股利权和优先财产的清偿权在某种意义上是合理的。但是有些无表决权股份虽然也和优先股一样也享有优先股利，但却不享有财产的优先清偿权，这是一种比较过分的方式。无表决权股份和优先股一样可以直接分离控制权和现金流权。

有些国家同时存在优先股和无表决权股份，例如，美国的公司在19世纪末开始将其股份区分多种类型，除了发行是普通股和优先股之外，有些州的公司干脆明目张胆地区分有表决权股份和无表决权股份。

（3）一股多票

一股多票和优先股份的意思正好相反，优先股份是拥有股份而失去控制权，一股多票是拥有大于其拥有股份的投票权。比如，欧洲一些国家的公司可以发行多种有表决权的股份，有些股份的面值每个单位只享有1票，即所谓的一股一票，而有些股份可能每股享有10票或100票。最典型的是英国和西班牙的黄金股份。在国有企业私有化过程中，英国和西班牙为了保护国家股利益和公共利益，就发行了由国家专门享有的黄金股份，即国家只保留一股的股份，但对重要事件有一票否决权。

优先股、无表决权股份和一股多票是类别股份的三种典型方式。需要注意的是，并不是所有国家的法律都允许。比如，我国的公司法就强调"同股同权"，因此不允许发行这三种类别股份。即使是在允许发行类别股份的国家，也都会对类别股份的发行量进行限制，例如，大多数国家都会将无表决权股份或优先股被限制在股份发行总数的20%以下。了解这一点，对于希望在海外上市的我国企业家来说是重要的，因为在不同的公司法框架下，控制权争夺的游戏规则也是不同的。

在现实的资本市场中，类别股份也可以结合起来使用，使得现金流权和控制权的分离程度更大。当然，类别股份除了被企业集团的控制性股东用作剥夺他人的工具之外，也可以有许多正面、积极的用途，比如可以用作企业创始人保护的重要武器。

【案例 3.6】扎克伯格对 Facebook 的股权安排 [①]

2010 年的国美之争，使得中国的老板们都在惊呼职业经理人的背叛、投资者的无情、企业创始人保护的不力。其实，国美是在香港上市的公司，黄光裕完全可以在上市之初利用类别股份对自己家族进行完美的保护，但是由于股权结构设计的问题，黄光裕家族终于经历了 2010 年的一劫。在这方面，Google 和 Facebook 就做得很好。

上市就意味着企业创始人的股份比例将被摊薄，那么如何保护企业的控制权就成为所有创始人的心病。我国企业的做法是保留尽可能多的股份，比如 40% 或 50% 以上的股份，这种办法是可行的。但若是采用这种办法，就会限制企业从资本市场上融到的资金总量。理想的办法应该是这样：一方面，企业从资本市场上募集到尽可能多的资金；另一方面，企业创始人牢牢地掌握着企业的控制权。扎克伯格就是采用这种方法对 Facebook 进行了股权结构的设置。

为了准备上市，扎克伯格在 2009 年就对 Facebook 公司的股票作了分类设置，设置了 A 类股票和 B 类股票。其中 1 股 A 类普通股拥有 1 份投票权，1 股 B 类普通股拥有 10 份投票权，也就是说 1 股 B 类股的投票权相当于 10 股 A 类股。扎克伯格将他和合作伙伴持有的股票都转换成了 B 类股票，以保证上市后股份分散以后的控制。

2012 年 2 月 2 日，Facebook 向美国证券交易委员会提交上市申请文件，Facebook 的招股书显示，公司董事长、CEO 扎克伯格拥有 533 801 850 股 B 类普通股，占比 28.4%，拥有 28.2% 直接投票权，其又通过与股东之间协议而获得 30.6% 的投票权，共计 56.9% 的投票权。

扎克伯格获得的 30.6% 代理投票权是与 Facebook 早期投资者签订的协议，

[①] 资料来源：（1）王珊珊，赵晓悦. 解密扎克伯格护身符：二元制股权的秘密. 21 世纪经济报道，2012-05-19；（2）扎克伯格曾以 100 美元收购 Facebook 股东投票权. http://tech.hexun.com/2012-02-10/138110304.html；（3）http://finance.huanqiu.com/people/2012-05/2756069.html.

这些早期投资者包括 Facebook 首任总裁肖恩·帕克和 Facebook 的风险投资公司 Accel Partners，扎克伯格以象征性的 100 美元低价收购了他们的投票权。

扎克伯格的这种股权安排，使创始人的控制权得到了很好的保护。这就是近年来流行于硅谷上市公司的"二元"股份制，早年有纽约时报公司、维亚康姆、新闻集团采用过这种股权结构，近年有 Google、Groupon、Zynga、LinkedIn 和 Zillow 等上市公司纷纷效仿。而且，在一些非上市的私人公司中，比如 Pinterest、Square、Twitter、Dropbox 和其他创业公司都在效仿这种做法，以寻求在股份摊薄时对创始人股东的控制权保护。

这意味着，在允许发行类别股份的国家，类别股份已经成为对人力资本依附性比较强的公司保护创始人权益的一种重要制度设计。同时也说明了，金字塔结构、交叉持股和类别股份只是一种制度设计，并无道德上的好坏之分，关键看"人"是用以保护自己还是用来损害别人的利益。如果用以保护自己，它是一种很好的制度设计；如果用来损害别人，它就是一种凶器。

3.3.4 混合结构

类别股份虽然具有分离现金流权和控制权的功能，但是一般来说，如果单独使用不一定会造成股东剥夺行为。由于类别股份对现金流权和控制权的分离过于直接和明显，控制性股东非常清楚，在信息比较通畅的情况下很容易被外部所觉察，他不会以牺牲自己的名誉为代价去进行剥夺。但是类别股份如果和金字塔结构以及交叉持股结构一起使用，就会加大现金流权和控制权的分离度，而且由于其具有非常大的隐蔽性，控制性股东就会有很大的积极性去黑其他股东。

更加复杂的控制结构是通过多链条的金字塔结构、交叉持股和类别股份共同用于同一家公司来实现实际控制人对上市公司的控制。

【案例 3.7】Agnelli 家族的股权结构[1]

如图 3-19 所示为 Agnelli 家族控股图。那么，Agnelli 家族是如何通过利用金字塔结构、多元控制链条和类别股份等方式控制 Unicem 公司的？Unicem 公司受两个较大的股东——Ifi 和 Ifil 直接控制。Ifil 被 Ifi 通过类别股份直接控股（现金流权为 7.97%，控制权为 14.6%），并且 Ifi 利用其全额持有的一家非金融、非上市公司 Carfin 通过类别股份间接持股 Ifil（现金流权为 20.55%，控制权为 37.64%）。由于 Carfin 是被 Ifi 全额控股的，因此 Ifi 对 Ifil 是直接控制，而不是不完全持有。Ifi 被其唯一的大股东 Giovanni Agnelli & C. S. P. A.（Agnelli 家族）所控制。Agnelli 家族是通过金字塔控股结构（Ifi-Carfin-Ifil-Unicem）、类别股份（在 Ifi、Ifil 和 Unicem）以及两个控制链条（Ifi-Ifil 和 Ifi-Unicem，在图 3-19 中用虚线标出）实现对 Unicem 的控制。

Agnelli 家族对 Unicem 公司的最终现金流权等于三条控制链的现金流权之和。首先追溯 Agnelli-Ifi-Carfin-Ifil-Unicem 的第一链条计算其现金流权，即 $100\% \times 41.23\% \times 100\% \times 20.55\% \times 8.76\% = 0.7422\%$。随后加入另两条控制链条（虚线标出）。第二链条是从 Ifi 到 Ifil（参见图 3-19 的左边），其带给 Agnelli 家族的现金流权是 $100\% \times 41.23\% \times 7.97\% \times 8.76\% = 0.2878\%$；第三链条是从 Ifi 到 Unicem（参见图 3-19 的右边），其赋予 Agnelli 家族的现金流权是 $100\% \times 41.23\% \times 19.42\% = 8.0069\%$。该家族对 Unicem 的总现金流权是以上三者的加总：$0.7422\% + 0.2878 + 8.0069\% = 9.0369\%$。

Agnelli 家族的最终控制权是各个控制链条最弱环节的加总。在第一链条中的最弱链接为 $\min(100\%, 82.45\%, 100\%, 37.64\%, 14.81\%) = 14.81\%$。在 Ifi 到 Ifil 的第二控制链条中，最弱的链接是 $\min(100\%, 82.45\%,$

---

[1] 资料来源：Foccio 和郎咸平于 2002 年发表的论文《西欧公司的终极所有权》。

14.16%，0%）＝0%。值得注意的是 Ifil 控制 Unicem14.81%，但这 14.81% 的控制权在第一链条中已经被考虑在内，所以这里计为 0%。

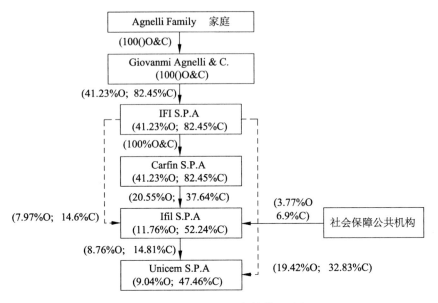

图 3-19　Agnelli 家族控股图

注：本图描述了 Unicem 公司的主要股东 Agnelli 家族，意大利最大的家族企业，如何通过复杂的锥形、利用多元控制链条持有以及利用二元股份来控制公司。所报告出的所有控制权都至少是 5%。该公司只有一个最终所有者，即 Agnelli 家族，持有 Unicem47.46% 的投票权和 9.04% 的现金流权力。实线表示使用的锥形，虚线表示使用多元控制链条。所有权标记为"O"，投票权标记为"C"。直接所有权和控制权在箭头旁边标出，Agnelli 家族的最终所有权和控制权（不同于其所占的股份）在每个公司的方框内标出。

在 Ifi 到 Unicem 的第三控制链条中，最弱的链接是 min（100%，82.45%，32.83%）＝32.83%。Agnelli 家族对 Unicem 的总控制权等于这三者的加总，即 14.81% ＋ 0% ＋ 32.83% ＝ 47.64%。控制权和现金流权的分离度 $SQ2 = 47.64\% \div 9.0369\% = 5.27$，控制权是现金流权的 5.27 倍。

3.4 剥夺典型案例：众合机电的前世今生 [①]

在一个控制性股东控制的企业集团中，由于持股关系错综复杂，信息透明度低，现金流权和控制权的分离程度又大，这就增加了控制性股东黑其他股东的隐蔽性和可能性。在现实的资本市场中，控制性股东最经常使用的剥夺工具是以金字塔结构为主，辅以交叉持股和类别股份等其他工具。在我国资本市场上，控制性股东往往通过简单的金字塔股权结构就实现了对小股东的剥夺。对于控制性股东来讲，最简单的做法就是将上市公司放在最下层，形成图 3-3 所示的企业集团结构，然后通过名目繁多的集团内部关联交易，把底层上市公司的收益转移到金字塔最上层的持股公司。另一方面，控制性股东又把一些利润较少、品质较差的资产从上层利用高价转到下层的上市公司中，也就是把好的搬到自己的家里，把坏的搬到资本市场上。

一般来说，法律对投资者保护程度较低时就容易出现企业系族的控制性股东对其他股东进行剥夺的情况。在 2006 年新的证券法和公司法修订之前，我国资本市场上的上市公司缺乏有效的股东权利保护机制。在这种背景下，上市公司的控制性股东比非上市公司的大股东有更强烈的动机去剥夺其他小股东的利益，而企业集团控股结构为这种侵占行为提供了便利和多层的掩护。

本节将以飞天系掏空浙江海纳为例介绍我国资本市场的剥夺情况。

3.4.1 案例背景

1997 年下半年开始，由同方股份（600100）和天大天财（000836）等高

[①] 资料来源：（1）互联网资料；（2）石赛霞. 金字塔股权结构下民营上市公司大股东利益侵占与对策研究. 合肥工业大学，2007；（3）余东明，李建平. 首例上市公司破产案重整成功：浙江海纳能否重生. 法制日报，2007-11-25；（4）李进. 浙江海纳十年生死劫. 21 世纪经济报道，2009-04-29.

校股掀起的校办企业上市热潮，在全国范围内蔓延，这一趋势在1999年达到高潮，浙江大学获得特批名额后开始酝酿上市公司。

浙江海纳是1999年5月7日在深交所挂牌上市的。该公司成立之初，法人股东为浙江大学企业集团控股有限公司、浙江省科技风险投资公司以及四位自然人。两周时间内，发行价仅8.2元的高校概念股，从23.2元的开盘价一路被炒作44.44元。

当时的股本配置是，流通A股3 000万股，非流通股6 000万股，上市股价8.2元。在股民的眼中，海纳以浙江大学为技术依托，是一家业绩不错的高科技企业。因此，在接下来的几年中，浙江海纳的股价整体呈上升的趋势。

一年半后，凭借大势走好和新设"8英寸集成电路抛光硅片"项目，浙江海纳于2001年12月21日创下48元新高，这也是其上市9年来的最高价。

浙江海纳1999年报显示，当年半导体、自动化和计算机集成三块资产合计为上市公司贡献净利润2 917.87万元；而此后三年，公司净利润则出现大幅波动，2000—2002年，净利润分别是3 052.74万元、1 948.55万元和1 265.42万元。

据一位当时负责浙江海纳上市的内部人士披露："上市时浙大确实没有好的资产，后来决定将三块资产临时拼在一起上市也是不得已而为之。"

作为三块资产的负责人，负责半导体业务的李立本、负责自动化业务的褚健和负责计算机集成业务的赵建，通过出资成为上市公司原始股东，分别获得浙江海纳45万股法人股。

3.4.2　浙江海纳易主噩梦之源

2005年4月，浙江海纳危机逐渐浮出水面。此前就有众多"海纳已被掏空"的传言，我国证监会的立案调查也证实了海纳背后的确隐藏着巨大的黑幕。

当时，海纳网站公布关于被立案调查的公告，公告称公司因涉嫌虚假信息披露一案，接受证监会的立案调查。随着调查的深入，海纳实际控制人邱忠保利用海纳作为平台违规操控资金，擅自为他人担保的内幕开始被各大媒体争先报道。

调查资料显示，邱忠保于20世纪80年代初创建西安飞天科工贸集团，80年代后期由钢材贸易发家。

2001年以来，飞天集团因参股福建三农、中油龙昌、浙大海纳等上市公司，逐渐形成"飞天系"而被市场所关注。而邱忠保就是飞天系的幕后控制人。邱忠保坐拥10.7亿元资产，在2004年500富人榜中名列第144名。据了解，邱忠保控制海纳是在2004年3月，当时他借别人之手向浙江大学企业集团控股有限公司受让4 720万股法人股而成为海纳的实际控制人。

海纳的这次易主，为海纳最终被掏空埋下了种子。那么，邱忠保到底是如何入侵这个在外人眼中平稳发展的海纳公司的呢？他掌控海纳的用意到底又是什么？

3.4.3 飞天作祟浙江海纳折翼

海纳自成立以来，内部管理层之间一直存在矛盾，这种矛盾的爆发点，就是部分成员离开杭州，赴宁波成立宁波海纳半导体有限公司。

海纳的内部矛盾给飞天系入侵带来了机会。2003年2月14日，浙江大学企业集团控股有限公司分别与珠海溶信、海南皇冠签订了《股权转让协议》。根据该协议，浙大企业集团将其持有的2 560万股（占总股本的28.44%）和2 160万股国有法人股（占总股本的24%）分别转让给后两者。同年6月20日，浙大企业集团控股将除处置权以外的股东权利托管给两家受让公司。

2004年2月5日，国资委批复同意这两笔股权转让协议，飞天系支付50%的股权转让款后，于当年3月10日完成股权过户手续。

转让完成后,大家才发现珠海溶信和海南皇冠的背后,实际上是由飞天系的掌门人邱忠保操控。2004 年 3 月,邱忠保全面掌管海纳,海纳原有的管理层团队,遭到排挤。他让自己人入驻董事会和管理层,然后通过他们来实施掏空海纳的行为。

其实,邱忠保掌控海纳的真正目的,就是想利用海纳为飞天系的公司融资提供担保。

3.4.4 邱忠保控制浙江海纳的股权结构

飞天系对浙江海纳的控制使用的是多链条的金字塔结构。实际控制人邱忠保通过持有一些中间层次公司的股权对浙江海纳进行多层级、多链条控制。根据该公司 2004 年年报中披露的信息,得到其终极所有权结构图如图 3-20 所示。

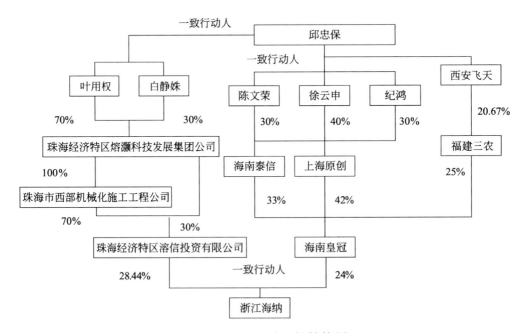

图 3-20 飞天系股权结构图

由图 3-20 可知，邱忠保通过三条控制链条对浙江海纳实施控制。这三条控制链是：西安飞天→福建三农→海南皇冠→浙江海纳，上海原创→海南皇冠→浙江海纳，珠海经济特区熔灏科技发展集团→珠海市西部机械化施工工程公司→珠海溶信→浙江海纳。三条金字塔控制链使得现金流权和控制权产生分离：邱忠保对浙江海纳共持有 39.76% 的现金流权（20.67%×25%×24%+42%×24%+28.44%），邱忠保对浙江海纳的控制权却达到了 73.11% ＝（20.67%+24%+28.44%）之多。控制权高出所有权将近有 30%。

3.4.5 邱忠保掏空浙江海纳

从 2003 年入主浙江海纳到 2005 年接到证监会立案调查通知书。在这 3 年时间里，邱忠保主要通过利用上市公司为飞天系公司担保以及直接侵占上市公司资金实现对上市公司的利益侵占。

（1）违规担保情况。截至 2005 年底，浙江海纳为受邱忠保控制的关联企业提供担保 11 次，担保总额为 3.15 亿元。而这些担保都属于违规违法的担保，这些为具有同一实质控制人的关联企业提供的担保都没有经过海纳董事会的正常审议、决议，也没有及时履行信息披露义务，严重违反了证监会的相关规定。

（2）占用资金情况。截至 2005 年底，邱忠保关联方占用上市公司金额达到 13 次，总金额 3.11 亿元。

3.4.6 利益侵占对浙江海纳的影响

被不断掏空之后的结果，就是浙江海纳债台高筑，巨额亏损，广大中小股东的利益被严重侵害。

浙江海纳 2004 年年底公告，为编制完成公司 2005 年报及 2006 年一季报，公司拟对飞天系占资和违规担保计提坏账准备和预计负债，预计减少 2005 年净利润 6.33 亿元。2005 年对实际担保金 3.31 亿元全额计提了预计负债，导致公司 2005 年报出现每股 7.07 元的巨额亏损。

2006 年年底公告，宣称邱忠保等人的违法违规行为直接造成浙江海纳资不抵债，给公司和全体股东造成了巨大的损失。邱忠保等关联方仍有大量占款不能归还，公司存在大量的违规担保，公司主要资产被查封冻结。

当然，被邱忠保的飞天系掏空的不仅是浙江海纳，石油龙昌（600772）和福建三农（000732）也在 2005 年上半年先后曝光被大股东违规占用近 10 亿元。两家公司皆在邱忠保的操控之下，因资金非法挪用和违规担保而债台高筑，后者更因连续三年亏损，不得不在 2007 年 5 月 11 日被责令暂停上市。石油龙昌先是退入三板，最后也逃不掉退市的命运，于 2006 年 11 月 30 日起终止上市。

3.4.7　案例后续进展

2005 年年底，浙江海纳的危机开始逐步凸显。邱忠保操控下的违规担保在债务到期后，债权人纷纷起诉，申请执行。公司涉及的重大诉讼、仲裁事项多达 19 项之多，涉及债权人有 16 人。

2006 年 4 月，邱忠保和飞天系的高管、财会人员数人相继被逮捕。涉嫌罪名有挪用资金罪、合同诈骗罪、贷款诈骗罪和提供虚假财务报告罪等罪名。

2008 年 11 月，邱忠保被法院一审以合同诈骗罪、挪用资金罪判处有期徒刑 20 年，罚金 100 万元人民币。其兄邱忠国犯合同诈骗罪被判处有期徒刑 13 年，处罚金 80 万元。此外，邱忠保的属下、浙江浙大海纳科技股份有限公司财务总监乔正科犯挪用资金罪被判处有期徒刑 6 年。

面临债务危机的浙江海纳急需全面重组，否则公司将被暂停上市直至退市。浙大网新（600797）接手，令浙江海纳经历4年磨难后有了重回浙大怀抱的希望。

2007年4月23日，公司宣布因重大事项停牌，代表浙江大学的圆正集团则借机将股改和浙江海纳的重组绑定。

当年11月23日，杭州市中院裁定批准深圳市大地投资发展有限公司（下称大地投资）的重整计划，后者是网新集团100%控股的杭州通凯科技有限公司全资子公司。

此前的2007年4月30日，海口市中院裁定将海南皇冠持有的浙江海纳2 160万股抵债给大地投资；珠海溶信持有的2 560万股中的1 780万股，被深圳市中院在2005年11月裁定抵债给深圳科铭实业有限公司（下称深圳科铭），不过深圳科铭2007年9月又将其中1 380万股转让给深圳金时永盛投资发展有限公司。

同样在2007年，褚健、赵建、李立本和张锦心4名浙江海纳原始股东分别将持有的45万股先后转让给章全、顾伟康、吴浩成和赵春燕，昔日高管淡出股东行列。

伴随着一系列股权转让，杭州中院2007年9月裁定浙江海纳进入重整程序。重组计划执行完毕后，大地投资拥有对上市公司9 844.29万元的债权，虽然此后大地投资曾将其中2 650万元的债权协议转让给网新教育，不过这两家债权人拟分期共同豁免这部分债权。

破产重组基础上，浙大网新拟以子公司网新机电100%股权认购浙江海纳4 472.405 4万股（每股定价12.21元），成为浙江海纳大股东。

2009年3月31日，大地投资无偿授让圆正集团、浙江风投等9家浙江海纳法人股股东持有的上市公司70%股权，合计1 292万股；再加上此前授让海南皇冠的2 160万股，大地投资合计持有浙江海纳3 452万股。

同时，大地投资向全体流通股股东每 10 股送 0.6 股，浙江海纳还以资本公积金向流通股股东每 10 股定向转增 1.6 股。

浙江海纳总股本从 9 000 万股扩大至 1.395 亿股，圆正集团除直接持有上市公司 270 万股外，还通过网新教育、浙大网新和大地投资间接持有 8 244 万股。

因持股比例累计达 61.02%，2009 年 4 月 2 日，大地投资、浙江浙大网新教育发展有限公司、圆正集团和浙大网新，向证监会申请豁免要约收购，2009 年 4 月 17 日，要约收购义务得以豁免。

2009 年 4 月 30 日，停牌一年多的 SST 海纳（000925）完成股改复牌。此前 10 天，由浙大网新及其关联公司重组浙江海纳的方案，获得证监会核准批复。

随着资产重组的完成，公司主营业务将从原来单一的半导体节能材料拓展为节能减排和轨道交通业务为主营业务方向的大机电产业。4 月 28 日晚，SST 海纳董事会公告，审议通过《关于更名为浙江众合机电股份有限公司的议案》。

2009 年 7 月 16 日，"浙江海纳"更名为"众合机电"，因主业变为节能、环保、城市交通的大机电概念，推动股价开盘一小时不到即涨停，终日封于 27.18 元。其公告称，"浙江海纳科技股份有限公司"更名为"浙江众合机电股份有限公司"。证券代码不变，仍为"000925"。公告显示，公司主营业务将从原来单一的半导体节能材料拓展为节能减排和轨道交通业务为主营业务方向的大机电产业。由于公司通过机电脱硫类资产经营实现的收入占公司主营业务收入的 91.07%。经核准，从 2009 年 7 月 16 日起，公司所属行业将变更为"专用设备制造业"。

这意味着，上市的第 10 个年头，浙大海纳被资本玩家邱忠保的飞天系掏空后，重新回到浙江大学怀抱。

不同的是，这次浙江海纳成为浙大系另一家上市公司浙大网新的子公司，公司主营范围也随着注入的机电资产发生改变；留给资本市场的悬念是：飞天系的掏空能否因此次脱胎换骨的重组而烟消云散？

3.4.8 评价与启示

邱忠保对浙江海纳掏空的手段是我国资本市场诸多民营系族企业所惯用的典型做法，虽然2006年新公司法和证券法加大了对上市公司实际控制人信息披露的监管力度，而且对关联交易的监控也严格了很多，但由于更多是事后的监督。事前、事中的监督还有待加强。2006年之后，类似飞天系掏空浙江海纳的剥夺行为会少一些，但是更加隐蔽的手段也是存在的。

10年之后，浙江海纳又回归了浙江大学的怀抱，10年前浙江大学有必要将其卖给邱忠保吗？我国资本市场上有一群独特的上市公司，即各著名高校的上市公司。如清华系、北大系、复旦系等。郎咸平教授曾在《操纵》一书中披露了北大系和清华系中明天系、深安达、粤华电的幕后操作方法。所以，我们希望起了新名字"众合机电"并成为浙大系的一家底层上市公司后，好好善待中小股东。

3.5 解决"小"股东剥夺问题的基本思路

这里的"小"并不是真正的小股东，而是指现金流权小，但是却掌握着企业控制权的控制性股东。与现金流权和控制权并不分离的真正大股东比起来，这种"小"股东是非常可怕的。

那么，企业系族的"小"股东为什么敢黑别人呢？实际上这些控制性股东利用了公司制中的有限责任原则，以及通过层层持股的关系为自己的剥夺行为创造了"防火墙",把自己保护起来。因为在有限责任原则下,一旦有损失,控制性股东的损失可以被限定在最初的有限出资额度内。而且即使一旦将一个上市公司掏空破产之后,由于只承担有限责任,并不影响该股东旗下的其余公司,因此他完全可以再控制另一家上市公司继续其剥夺行为。

而作为个体的企业家和投资者来说,面对资本市场上控制性股东黑其他股东的问题是无能为力的。我在写作本章时候的意图是提醒企业家朋友,资本市场表面是风光无限的,但实际上暗礁是到处存在的。当进行资本运作时,如果对方是具有企业系族结构时,在还没有足够的对资本风险控制的经验时,企业家和投资者最好避而远之。

防止企业系中控制性股东通过上市公司进行的剥夺行为,这就需要从国家层面针对上市公司在4个方面做出制度建设的努力:增加对小股东的法律保护、建立更加独立的董事会制度、增加信息披露的透明度以及建立信誉机制。

3.5.1 增加对小股东的法律保护①

完善投资者保护的法律体系是解决控制性股东剥夺中小股东的根本办法。自2006年起,随着新《公司法》和新《证券法》的颁布实施,从总体上来说,我们的立法已经比较完善了,但是在以下4个方面还存在一些问题:

第一,一些有利于小股东权利保护的关键性制度尚未引进。在美国和英国,小股东维权有举证倒置制度、集体诉讼制度和股东派生诉讼制度三驾马车,其中举证倒置、集体诉讼是最关键的,对小股东权利的保护力度也最大。但是,我国只是在2006年引进了股东派生诉讼制度,而举证倒置和集体诉讼这些关键制度的缺失,无疑加大了小股东的诉讼成本,难以做到用法律武器

---

① 这部分内容将在第4章重点讨论。

来保护自己的权益。

第二，缺少惩罚性赔偿等关键制度，使得在我国资本市场"黑别人"的成本较低。在司法体系中，只支持单纯形式的赔偿。也就是说，当小股东被大股东"黑"了之后，小股东在法院打赢了公司。这时候，小股东获得的赔偿既不能小于损失的数额，也不能超过损失的数额。而英美法系中的惩罚性赔偿是遏制大股东黑小股东行为的重要制度安排。在美国，一个小股东如果他打赢了官司，那他获得的赔偿就包括实际财产损失赔偿额，加上惩罚赔偿额，还有可能获得精神损失赔偿额。在这种法律制度安排下，小股东就会有很大的积极性去打官司获得赔偿。一个大股东如果黑了小股东，那么他有可能除了把"吃进去的吐出来"之外，还得额外补偿小股东，这就使得在美国公司的大股东不敢轻易损害小股东的权益。这也是为什么美国资本市场上股份较为分散，而我国资本市场一股独大的一个重要原因。

第三，证监会和证券交易所要变事后监管为事中、事前监管，加强对控股股东的监管。在美国的资本市场上，由于股权分散，公司治理的主要问题是经理人黑老板的问题，因此美国证监会的监管对象一般只限于上市公司和证券经营机构。但是这种思路并不符合我国资本市场的现状，我国的上市公司的普遍现象是一股独大，在未来很长一段时间里，控制性股东黑中小股东将是最严重和最突出的问题。因此，我国证监会和证券交易所的监管对象一定要将控股股东作为重点，而且要将事后监管提前到事中，甚至事先监管。可现在的情况却是证监会往往是问题发生及新闻媒体报道之后才去调查监管，监管效率非常低下。这里可以借鉴英美法系"有罪推定"的思想进行事前监管，比如，一家上市公司在重大信息披露之前股价出现明显的异常波动，就可根据该事实"推定"为内幕交易而启动查处程序。

第四，中小股东尚不能很好地利用法律武器来保护自己。虽然我国对中小股东权利保护的法律体系还不健全，但是2006年新的《公司法》和《证券法》已经增加了许多保护中小股东权利的条款，可惜的是很多中小股东并不了解这些。我在 EMBA 和 EDP 课堂上问过很多企业家同学，他们中有很多人都不知道我们的法律体系已经引进了累积投票制度、股东表决权排除制度、表决权代理制度以及股东派生诉讼制度。因此，要遏制控制性股东的剥夺行为，小股东必须行动起来，学会用法律武器来保护自己。

3.5.2　建立更加独立的董事会制度[①]

在控制性股东构建的企业系族或集团公司中，上市公司是其掠夺中小股东财富的工具。因此，在上市公司中建立更加独立的董事会制度，使得董事会不受控制性股东的控制就显得尤为关键。我国于 2001 年引进独立董事制度，自 2003 年开始要求上市公司董事会中 1/3 的必须是独立董事制度。独立董事制度的引进确实改善了我国上市公司的治理结构，提升了治理效率。但是，独立董事制度的一个很突出的问题就是：独立董事真的独立了，就不"懂事"了；独立董事"懂事"了，就不独立了。如何解决这个问题，将是建立更加独立的董事会制度的要点所在。

3.5.3　增加信息透明度[②]

如果"谁是上市公司真正的控制人"的信息是透明的，就有利于中小股东、新闻媒体、各种中介机构对公司的实际控制人进行持续和深入的评估，有利于建立一个社会所必需的声誉记录和评价体系，有利于对控制性股东进

[①]　这部分内容将在第 5 章详细讨论。
[②]　这部分内容将在第 4 章中的案例"中国在美国的上市公司遭遇集体诉讼"中详细讨论。

行约束。

在 2006 年修订的《证券法》第 66 条年度报告和第 67 条重大事件公告中明确要求上市公司披露实际控制人持有股份或控制公司情况的变化，这对于中小股东来说是一个非常好的信息。这条制度是直接针对我国资本市场上日益猖獗的控制性股东剥夺中小股东问题而设计的，但能否有效，关键还在于证监会在监管过程中能否严格监管。

自银广夏案件之后，我国上市公司披露信息的真实性在增加，但还没有达到准确、及时、全面的标准。完善信息披露制度除了强化信息披露各方的行政责任、民事责任甚至刑事责任等内容，更重要的是要对控制性股东披露虚假信息和内幕交易引入惩罚性赔偿制度。让控制性股东事情败露后付出的赔偿成本远远大于他从虚假信息和内幕交易中获利，从而加大控制性股东的机会成本，使得他不敢轻易黑其他中小股东。

如果惩罚性赔偿机制在我国实施暂时有困难的话，可以在资本市场上引进做空机制，同时引入举证倒置和集体诉讼，用市场规则来惩罚层出不穷的虚假信息披露和财务欺诈现象。

3.5.4 建立信誉机制

我在讲课过程中，很多企业家同学跟我说，解决控制性股东黑中小股东问题的一个重要办法就是每个企业都诚信经营。企业家同学的说法无疑是正确的，但是如何才能使得每一个企业家都能做到诚信经营呢？有人说，做到诚信经营关键在于企业家要提升自己的道德水准。可事实上，依靠企业家道德水准的提升让全社会的企业都做到诚信经营，这只是"水中月、镜中花"，看着美好，实际上不切实际。

一个全社会的信誉机制建立，必须依靠这样的利益制度安排：一个讲诚信的人或企业得到的利益远比其不讲诚信时得到的多。在这种制度安排下，没有人不讲诚信，因为讲诚信比不讲诚信得到的更多。

【案例 3.8】为什么在美国不闯红灯

在美国生活过的人都知道，在美国开车远比在中国开车要容易得多。美国的大城市中，也会像北京、上海和深圳一样堵车。但是，这个时候没有人会闯红灯、走应急道、加塞，大家都非常有秩序地排队。难道是美国人的道德水准高于中国人的道德水准吗？

有一年，我到美国的硅谷。我的一个大学同学在美国留学之后就在硅谷创业。这个同学在国内的时候开车非常猛，但是在美国开车却非常守规矩。一天晚上23:00左右，同学开车拉着我回家，到了一个十字路口，刚好赶上一个红灯，路口的几个方向都没有车，而且也没有摄像头。要是在国内，我的这个同学肯定一脚踩油门就过去了。但是那天他却停了下来。我很奇怪地问他为什么？

他跟我说："我要是一脚踩油门冲过去，万一被发现，不仅要缴纳罚款，而且明年的保险什么的都得涨价。哪敢闯啦？"

同学的回答不但已经清楚地解释了为什么一个中国人在美国开车守规矩，而在中国开车却经常违规的原因；而且也解释了为什么在美国容易实现诚信经营，而在中国却不行。并不是美国人的道德水准比我们中国人高，而是美国存在一个健全的信誉机制。在北美地区，有三个社会信用局，记录着人们的信用情况。你一旦上了违反信用的黑名单，那么未来生活中就会付出更大的成本。就像案例中闯红灯最直接的影响就是，第二年保险公司认为你不诚信的行为会给公司带来风险，除了你的车辆保费上涨之外，其他保险费用也会相应上涨。

同样的道理，信誉机制对控制性股东黑中小股东的行为同样也起着重要的抑制作用。一个控制性股东过去曾经黑过中小股东，当这个记录形成一个不良声誉时，他的融资成本就会加大。比如，这个时候该控制性股东有一个好的商业机会，向资本市场融资时，即使他的融资条件很具吸引力，潜在的投资者也不一定愿意投资。即使其他投资人愿意投资，也会权衡这个投资机会的可能收益，以及这个人损害自己权益的可能性，而只愿意出一个相对比较低的出资额和溢价倍数。出于对自己未来在资本市场上融资成本的考虑，这就逼着控制性股东会非常在意自己的声誉，从而约束自己不良行为。

关于资本市场上控制性股东对其他股东的剥夺问题，国内有两名学者研究得比较透彻和深入，一位是香港中文大学的郎咸平教授，一位是清华大学的宁向东教授。本章的写作主要参考和引用了郎咸平教授的《操纵》和宁向东教授的《公司治理理论》两本书中的部分内容。读者如对此内容感兴趣，建议除本书外，再阅读一下这两本书。

第 4 章
章定权利与股东权利保护

4.1 股东的主要法定权利

4.2 章定权利的重要性

4.3 公司章程和股东协议

4.4 章定权利的主要内容

4.5 小股东能否告赢大股东

从本质上讲，股东权利的保护就是加强对小股东权利的保护，因为当公司中存在控股性股东时，绝大多数情况下大小股东之间存在利益诉求的冲突，大股东就可能利用其在公司中的优势地位为了自身利益而侵害小股东利益。

本章主要讨论的是在一家单独的公司中，这家公司可能是上市公司，但也可能是非上市公司，而且可能并没有出现控制权和现金流分离的情况，但是大股东欺负了小股东利益，小股东该怎么办的问题。

对小股东权利保护的关键在于公司控制权的合理配置，其中最有效的"武器"有两个：一个是以《公司法》为代表的各种法律法规；另一个更为重要的是以公司章程为代表的股东自治文件。

4.1 股东的主要法定权利

股东，作为对公司进行投资从而拥有公司主权的利益主体，到底拥有什么样的权利呢？

从权利来源上讲，股东的权利是指股东因对公司进行投资而持有公司股份，基于股东资格而在公司中享有的以财产收益权为目标的多种权利。新《公司法》第 4 条规定股东权利为"公司股东依法享有资产收益、参与重大决策和选择管理者等权利"。也就是说，作为一名投资人的股东依法享有的权利，大都是公司法以及相关法律法规赋予股东的，我们将这种权利来源称为法定权利。

股东的法定权利主要有两个方面：一方面是以"享有资产收益"为代表的财产权；另一方面是以"参与重大决策和选择管理者"为代表的身份权。其中，财产权是股东投资一个企业的最主要目的，身份权是保证财产权得以实现的保障手段。

财产权是股东取得财产性剩余索取权的权利，属于股东可以单独行使的权利，在法律上被称为自益权，包括但不限于分红权、剩余财产分配请求权、新股认购请求权、异议股东股权请求收购权、出资转让权、股份的优先受让权等。

身份权是股东参与公司决策、经营、管理、监督和控制的权利，属于要和其他股东共同行使的权利，在法律上被称为共益权，包括但不限于股东大会召集请求权、知情权、质询权、表决权、提案权、违法决议撤销权、请求解散权和诉讼权等。

新《公司法》与老《公司法》相比有一个明显的变化，就是强调对中小股东权利的保护。新《公司法》在下面 11 项重要的股东权利方面有新的规定。

4.1.1　股东身份权

向一家公司投资之后不就成为股东了吗？为什么还需要法律明确股东身份权呢？确实，理论上，这不是一个非常重要的问题，但是，在实际的经济生活中，股东身份权确认是各类投资权益中常见的纠纷。经常有些老板采用所谓的模拟股份制，让员工出资认购股份，并发放股权证，但是不做工商登记。给员工的感觉是成为了股东，但实际上这个股东的身份是假的，不受法律保护。

因此股东应当重视股东名册的登记和工商登记的变更，这些是主张股东权利的直接证据。新《公司法》第 6 条、第 32 条、第 33 条、第 126 条和第 129 条对有限责任公司和股份有限公司的工商登记、工商登记变更做了明确规定；而且明确了出资证明书、股东名册或股票是股东行使权利的身份象征。

4.1.2 知情权

股东知情权是股东权利中的一项基本权利，是行使其他权利的前提和基础。为了确保小股东能够获取足够的公司资料及信息，新《公司法》第34条规定："有限责任公司股东有权查阅、复制公司章程、股东会会议记录、董事会会议决议、监事会会议决议和财务会计报告。除此之外，有限责任公司股东可以要求查阅公司会计账簿，公司拒绝提供查阅的，股东可以请求人民法院要求公司提供查阅。"

对于股份有限公司，新《公司法》虽然未赋予股东查阅公司会计账簿的权利，但是扩大了查阅范围，第98条规定："股东有权查阅公司章程、股东名册、公司债券存根、股东大会会议记录、董事会会议决议、监事会会议决议、财务会计报告，对公司的经营提出建议或者质询。"

《公司法》第146条规定了上市公司的信息披露制度，上市公司强制性信息披露实际上就是为了保护中小股东的知情权。我国现行的法律规定，对上市公司存在披露信息不规范、不准确、不及时的情况有严格的限制条款。《公开发行股票公司信息披露实施细则（试行）》第5条规定："公司的全体发起人或者董事必须保证公开披露文件内容没有虚假、严重误导性陈述或重大遗漏，并就其保证承担连带责任。"《股票发行与交易管理暂行条例》第17条规定："全体发起人或者董事以及主承销商应当在招股说明书上签字，保证招股说明书没有虚假、严重误导性陈述或者重大遗漏，并保证对其承担连带责任。"第77条规定："违反本条例规定，给他人造成损失的，应当依法承担民事赔偿责任。"第74条第2款规定："任何单位和个人违反本条例规定，有在股票发行、交易过程中，作出虚假、严重误导性陈述或者遗漏重大信息的行为，根据不同情况，单处或者并处警告、没收非法获取的股票和其他非法所得、罚款。"《证券法》第69条更是明确做出规定，发布虚假信息的发行人董事和承销的券商董事应对由此引起的投资者损失承担连带赔偿责任。

4.1.3　质询权

质询权是和知情权相辅相成的制度,是保障小股东知情权得到确实保障的一条关键制度。质询权是指当股东出席股东(大)会时,可以要求董事、监事或经理人列席会议,就决议的相关问题对其进行询问。

新《公司法》第151条规定了股东的质询权:"股东会或者股东大会要求董事、监事、高级管理人员列席会议的,董事、监事、高级管理人员应当列席并接受股东的质询。"

质询权的确认有利于平常不参与企业经营管理的股东了解股东会或股东大会决议事项的背景及详细情况,提高表决投票的针对性和科学性,同时也是对董事、监事和经理人行为的一种威慑。

4.1.4　表决权

表决权是股东身份治理权的核心,涉及参与重大决策权和选择管理者权是否能够得到落实,是保护股东财产权的重要手段。对公司的控制权往往就是通过表决权来实现的。新《公司法》在股东表决权上的规定与旧《公司法》相比,增加了很多有利于中小股东权利保护的内容,这些规定确保股东可以参与公司重大事务的决策,使得小股东保护自己的权利成为可能。

新《公司法》第38条和第100条分别规定有限责任公司股东会和股份有限公司股东大会的职权,确保股东会和股东大会是公司的最高权力机关,对公司的重大事务进行决策。这些重大事务包括公司的经营方针和投资计划;董事会成员的选举和更换;确定董事、监事的报酬;审议并批准上一年度的利润分配方案或弥补亏损方案；审议批准本年度财务预算方案；对公司增加或者减少注册资本作出决议；对公司合并、分立、解散、清算或者变更公司形式作出决议；修改公司章程等。

新《公司法》第37条和第99条的规定确保股东能够参加股东会和股东大会，而且第105条的规定"公司转让、受让重大资产或者对外提供担保等重要事项必须经股东大会作出决议"，这条规定是直接针对我国资本市场上屡禁不止的违法违规的金融运作作出的；第106条规定了在股份有限公司的董事会和监事会选举中采用许可性累积投票制度，这是直接针对大股东通过操纵董事会和监事会而控制整个公司的现象作出的规定。

新《公司法》第107条为股份有限公司的股东规定了代理投票制度，使得小股东可以将分散的力量聚集起来，同大股东进行对抗，这对于上市公司的小股民更加重要。

新《公司法》第16条的规定赋予了股东审查关联交易的权利，公司为某股东的企业提供担保时，该股东的表决权直接被排除，不能参与表决。

这些规定实质上突破了一股一票的通俗理解，强调了真正的股东平等原则，赋予了小股东实际的权力对抗大股东，从而达到保护自己权利的目的。

4.1.5 自行召集和主持股东大会会议权

针对部分非上市公司执行董事和上市公司董事会不依法或不依公司章程召开股东会和股东大会的问题，新《公司法》第41条第3款和第102条第2款规定"代表1/10以上表决权或者股份的股东可以自行召集和主持股东会议"。这个规定实际上是扩大了小股东对公司的控制权，当代表大股东的董事或者经理人不愿意召开股东会或股东大会时，小股东可以运用这一项权利在特定条件下自行召集股东会（股东大会）来保护自己的利益。这对于大股东通过控制董事会而架空股东会和股东大会的行为而言是一个沉重打击,小股东获得了对抗大股东的法律武器。

4.1.6　投资收益权

投资收益权是指每个股东投资享有分红和资本增值的权利,这个权利应该是每个股东最主要的目标权利。新《公司法》第35条从这两个角度规定了股东的分红权和优先认购权:"股东按照实缴的出资比例分取红利;公司新增资本时,股东有权优先按照实缴的出资比例认缴出资。但是,全体股东约定不按照出资比例分取红利或者不按照出资比例优先认缴出资的除外。"此外,第187条第2款规定:"公司财产在分别支付清算费用、职工的工资、社会保险费用和法定补偿金,缴纳所欠税款,清偿公司债务后的剩余财产,有限责任公司按照股东的出资比例分配,股份有限公司按照股东持有的股份比例分配。"这些规定从法律层面保证了股东的投资收益权。

4.1.7　提案权

提案权就是股东在股东(大)会上提出议案的权利。新《公司法》第103条第2款规定:"单独或者合计持有公司百分之三以上股份的股东,可以在股东大会召开十日前提出临时提案并书面提交董事会。"这个规定是非常重要的,它赋予了小股东提案权,弥补了过去我国公司立法中无股东提案权的缺陷,对保护小股东利益有重大的现实意义。小股东可以将自己关心的、与自己利益密切相关的议案提交股东大会讨论,这就避免了小股东在股东大会上只能被动对大股东的提案说"是"和"否"。这条规定使得小股东的表决权可以更完整、更充分地行使,使小股东终于在股东大会上有了发言权,可以发出自己的声音了。

4.1.8 违法决议撤销权

在非上市公司和上市公司中经常会出现这样的问题：控股大股东或经理人把持着股东会、股东大会和董事会，将股东会、股东大会和董事会变成他们操纵公司的工具。在这些股东会、股东大会和董事会中，只按照大股东或经理人的意思办，而从不考虑是否违法或违反公司章程，因此就出现会议的决议内容或程序违法或违反公司章程的问题。以前的《公司法》只是对股份有限公司股东大会、董事会的决议违法有原则性规定，但没有具体可操作的规定。

新《公司法》扩大了规定范围，而且有了可操作性的规定。第22条第1款规定："公司股东会或者股东大会、董事会的决议内容违反法律、行政法规的无效。"第2款明确规定："股东会或者股东大会、董事会的会议召集程序、表决方式违反法律、行政法规或者公司章程，或者决议内容违反公司章程的，股东可以自决议作出之日起六十日内，请求人民法院撤销"。

这条规定赋予了小股东选择权。小股东可根据实际情况，决定是否请求宣告决议无效或撤销决议。这在一定程度上遏制了大股东或经理人把控股东会、股东大会和董事会的现象。

那么一般在什么情况下采用违法决议撤销权呢？按照《公司法》的规定，股东（大）会的违法决议包括内容违法和形式违法。公司股东（大）会的决议涉及以下所描述的违法情况，股东都可以行使违法决议撤销权：

（1）内容违法指的是股东会、股东大会或董事会决议的事项违反法律或章程的规定，比如通过的决议违反股东平等、股东有限责任原则，非法剥夺了股东的法定权利和章定权利；小股东参与分配股利的权利被取消；公司增资时小股东认购新股的权利被非法剥夺等。

（2）形式违法指的是股东会、股东大会或董事会的召集程序或者决议方法违反法律或公司章程的规定。召集程序违法主要指的是股东会、股东大会或董事会召开违反了法定的召集方法和程序，致使小股东无法出席股东会并行使表决权，比如会议的召集通知没有发送、会议召集的时间过于仓促、没有将会议审议事项明示在通知和公告中、出席股东会的人数没有达到法定的最低限度等。

（3）决议的方法违法是指股东会、股东大会或董事会在通过决议时的表决方法违反了法律或公司章程的规定，如股东会或股东大会对公司章程规定在公司选举董事会成员或监事会成员时采用累积投票制度，但实际上采取的是一股一票制度等事项。

4.1.9　异议股东股权收购请求权

在上市公司中，如果大股东"黑"了小股东，小股东实在没办法了，还可以将股票卖出。但是非上市公司中存在一个很普遍、很严重的问题就是，小股东被"黑"后还得继续忍气吞声，因为大股东拒绝收购小股东的股份。因此，异议股东股权收购请求权产生于股份有限公司，但对有限公司更为适用。

新《公司法》第75条为具有不同意见的有限责任公司的小股东规定了退出机制："有下列情形之一的，对股东会该项决议投反对票的股东可以请求公司按照合理的价格收购其股权：（1）公司连续五年不向股东分配利润，而公司该五年连续盈利，并且符合本法规定的分配利润条件的；（2）公司合并、分立、转让主要财产的；（3）公司章程规定的营业期限届满或者章程规定的其他解散事由出现，股东会会议通过决议修改章程使公司存续的。"而且第75条还规定："自股东会会议决议通过之日起六十日内，股东与公司不能达成股权收购协议的，股东可以自股东会会议决议通过之日起九十日内向人民法院提起诉讼。"

新《公司法》第 143 条第 4 款还规定了股份有限公司的异议股东股份收购请求权制度："股东因对股东大会作出的公司合并、分立决议持异议，要求公司收购其股份的。应当在六个月内转让或者注销。"

4.1.10 请求解散权

在现实的经济生活中，有些公司长期亏损，转盈无望。在这种情况下，小股东和大股东以及经理人的利益诉求是不一样的。对于小股东来说，一般只能通过分红享受公司收益，这时候公司继续经营只能损害小股东的利益，因此小股东会要求解散公司，将投资损失降到最低。但是公司的大股东和经理人一般不会同意小股东的要求，因为公司的控制权和经营权都在大股东和经理人手里，公司继续做下去，虽然依然会亏损，但是大股东和经理人却可以从中获取控制权私利。在旧《公司法》的规框架下，小股东就被"黑"定了。因为就《公司法》规定解散公司的决议需由股东会三分之二以上表决权的股东同意。

针对这种情况，新《公司法》第 183 条非常谨慎地规定了请求解散权制度："公司经营管理发生严重困难，继续存续会使股东利益受到重大损失，通过其他途径不能解决的，持有公司全部股东表决权百分之十以上的股东，可以请求人民法院解散公司。"

4.1.11 诉讼权

以上的 10 项权利是股东最主要的权利，但是当股东的上述权利被其他股东董事、监事或经理人侵害时，而通过协商又解决不了的时候，被"黑"的股东就有权利到法院对侵害其权利的其他股东、董事、监事和经理人进行法律诉讼，要求停止侵权行为，这就是股东的诉讼权。股东的诉讼权是股东权利保护的底线，也是股东法定权利中最重要的一项权利。但是法律诉讼是有成本的，一般不到万不得已不轻易为之。

新《公司法》中扩大了股东诉讼权的保护范围。比如，旧《公司法》中对董事、监事和经理人侵害公司和股东利益的情况缺少明确规定。新《公司法》第152条和第153条对这种情况进行了详尽的规定，被"黑"的股东可以直接向法院提起派生诉讼或直接诉讼，这是法律对股东权利保护的强化。

新《公司法》，对股东诉讼权的实施进行了细化规定。旧《公司法》中关于小股东诉讼权的规定过于笼统，新《公司法》中做了细化。比如在上述关于股东的投资收益权、异议股东股权收购请求权、违法决议撤销权和解散权的规定中，就对小股东在自己权利被侵害时如何提起诉讼进行了具有可操作性的细化。

4.2 章定权利的重要性

前面所介绍的股东权利主要是《公司法》及其相关法律法规赋予股东的，我们把这种来源的股东权利称为法定权利。法定权利是重要的，因为它是对投资人权利最基础的保护。但是，从某种意义上看，法定权利其实并不是最重要的。因为法律是普适性规则，对所有公司都是适用的，但就因为它兼顾考虑了所用公司的问题，对公司的特殊问题就无能为力了。而现实中的每一个企业都有自己的特殊性，公司的发展又充满着较多的不确定，如果只依赖法律来保护股东权利，很多时候是问题发生之后一点办法都没有。

因此，每个公司就须要根据自己的特殊情况，在法定权利的基础上再赋予股东一些确实能够被保护的权利,这就是所谓的章定权利。章定权利是指由公司章程等股东自治文件所赋予股东的权利。

2006年的新《公司法》有一个革命性意义的变化,就是在若干章节都赋予股东通过公司章程等自治文件来完善股东权利的保护。换句话说,只要公司章程中约定的内容没有违反我国现行法律法规的规定,这些约定就受到法律保护。这在立法上是一个了不起的进步,同时也使得公司章程成为股东控制权争夺的一个重要武器。

4.2.1 案例:好兄弟反目成仇 ①

四川惠松工程机械有限责任公司是一家民营企业,主要代理销售工程机械产品,公司成立时,两名股东刘学光和苏进每人出资100万元,各持50%的股份。两个人以前是同事和朋友,所以,经协商由刘学光担任法人代表、执行董事,苏进担当副总经理、监事。在公司成立后不到两年,业务发展非常迅速,很快就在当地同行业中名列前茅。

但是,到了2000年,在公司生意最红火的时候,苏进发现自己在公司没有实际的控制权,他感觉到公司内部管理包括人事权、财务权各方面,都是由刘学光一个人说了算。而到了2001年11月28日,刘学光召开总经理办公会,免掉了苏进副总经理的职务。公司当时留下的一份内部材料表明,解除苏进职务的原因包括:以各种形式干扰公司规章制度的贯彻执行,对不符合条件的客户随意销售,利用工作之便谋取个人私利,比如卖单给其他单位,私扣应付他人的佣金,而且多日不到公司上班却不知去向。

为此,苏进于2001年12月29日,以律师函的形式向刘学光提议召开公

---

① 资料来源:宁向东.公司治理理论[M].北京:中国发展出版社,2005:204—206.

司股东会，在这份律师函中，他认为根据公司章程规定，股东会每年至少召开一次，但公司成立后三年时间里，却没有开过一次股东会。苏进希望通过召开股东会重新选举公司的组织机构，重新分配公司执行董事和总经理的权力关系。苏进拥有50%的公司股权，他觉得执行董事和总经理这两个职务至少应有一个由他来担任。

然而，股东会最终也没有开成，因为按照《公司法》和公司章程的规定，召集公司股东会的权力掌握在执行董事刘学光的手里，苏进作为公司监事，虽然拥有50%的公司股权，但只能向执行董事提出召开股东会的建议，在这种情况下，如果刘学光拒绝召集股东会，苏进无能为力。

无奈之下苏进打算卖掉自己的股份，但没有人愿意接受他的转让，因为谁接受谁就会被刘学光"黑"。苏进想让刘学光来收买这50%的公司股份，但刘学光却并不想花这个钱，因为随着资本增值，这50%的股份已经不是原始的100万元了，而是好几百万元。这样一来，苏进又一次陷入了进退无路的尴尬境地。

苏进的律师建议他到法院去告刘学光，要求解散公司。但是，按照当时《公司法》的规定，解散公司的途径只有三个：第一，公司经营期限届满；第二，因公司合并或者分立需要解散；第三，股东会决议解散。然而，公司经营期限届满，还要等到2028年；而公司合并或者分立的可能性也不存在；通过股东会决议来解散公司，首先苏进本人根本无法召集股东会。再说，即使股东会真的召开了，形式决议还是需要公司股份三分之二以上的多数通过，而苏进只拥有50%的股份。

显然，面对同样拥有公司50%股权的刘学光，根本不可能形成三分之二以上的多数意见，因此苏进根本无法达到目的。

在现实生活中，类似的故事还很多。中国人投资创办公司的时候，并不太注意公司章程的设计和约定，一些人往往认为不好意思把账算得太清楚，把话说得太绝。这是一个误区，做公司最重要的就是在创办公司初始时"亲兄弟明算账"，否则后患无穷。《公司法》等法律法规赋予股东的法定权利是最简单、最基本的公司合约，它所能提供的股东权利保护是非常弱的。每一个公司都有自己特殊的情况，股东权利保护的大量细节，需要在公司章程里面规定。只有这样，投资者才能有效地保护自己。

在本案中，刘学光的行为是否违法呢？实际上他的行为不但不违法，而且合法。首先，刘学光解雇苏进副总经理的权力是他作为总经理所拥有的，因为他解雇的是经理人身份，而非股东身份；其次，刘学光拒绝召开股东会也是有理由的，因为他们的公司章程约定监事只有向执行董事提起召开董事会的权力，而是否召开的权力掌握在执行董事刘学光手里。

本案中的股权结构本来是没有大小股东之分的，但正是这种非常糟糕的50%：50%的股权比例为后续争端埋下了祸根。一般来说，在一家非上市公司中，股份比例是决定控制权的最重要因素。股份比例中34%、51%和67%，也就是是否占到1/3、1/2、2/3以上的股份比例是很重要的。因为公司法针对1/3、1/2、2/3以上的股份比例对股东赋予了不同的控制权。但是50%：50%的股份比例非常糟糕，因为刚开始投资时，貌似两个股东之间是平等的，但只要其中一个股东通过在公司章程或董事会中获得对公司的控制权，另外一个股东就会成为弱势股东。

50%：50%的股份比例可能在一种情况下是合理的，那就是两个股东是夫妻。在这种情况下，夫妻双方的股份比例可以是50%：50%，也可以是99%：1%，也可以是100%：0。因为即使当夫妻离婚时，公司法也管不了，根据婚姻法双方的资产也得一人一半。因此如果股东双方是夫妻关系，股份比例并不重要。除此之外，创办公司千万不要采取50%：50%的股份比例。

在50%：50%的股份比例中，除了股东双方是夫妻关系之外，结果只可能是以下3种情况：一是企业做死了，双方感情也更深了，因为大家共同经历了患难；二是企业半死不活的，双方感情依旧，因为大家正经历患难；三是企业做得很好，赚了不少钱，这下就麻烦了，股东双方往往由于利益分配的问题产生分歧，从而导致关系决裂，甚至发展到朋友反目成仇。

刘学光和苏进的情况就属于第三种情况。苏进的失误主要有3点：

第一，在投资创建公司的时候，苏进就不应该同意50%：50%的股份比例。

第二，在控制权分配上也有问题。在50%：50%的股份比例下，执行董事和总经理的位置苏进必须争取一个。刘学光是执行董事兼总经理，苏进是监事兼副总。这种控制权分配，貌似挺合理，刘学光管经营，苏进管监督，实际上公司的控制权完全掌握在刘学光手里，为后面的争端埋下了祸根。

第三，在万不得已非得采用50%：50%的股份比例时，一定要在公司章程中做出事先的安排或约定。如果苏进和刘学光在注册公司的时候，在章程中约定了股东退出的办法。比如可以约定任何一个股东由于非自愿原因不参与公司经营管理了，另外一个股东有义务购买他所持有的公司股份。同时在章程中约定股份转让的细节，比如约定如何聘请会计师事务所、会计师事务所费用的支付方式以及股份价格的评估原则等。有了这样的约定，就不会碰上苏进这样的困境。

4.2.2 案例：为什么不购买我们的股份

1998年，A、B、C、D和E 5位朋友在深圳共同投资成立了一家公司，注册资金100万元，5个人每人出资20万元，各占股份20%。公司主要是生产和销售电源管理元件。

得益于5个股东的资源和市场能力，公司发展很快，第一年就有盈利。在2000年的时候，股东B要全家移民加拿大，希望转让股份。经股东会商议，最后由股东 A 受让了 B 的全部股份。在 2001 年，股东 C 家里急需用钱，希望能够将其所有股份兑现，经股东会协商，股东 D、E 建议 A 买下 C 的股份，A 同意受让 C 的所有股份。至此，公司股份结构比例如下：A 持股比例为 60%，D 持股比例为 20%，E 持股比例为 20%。A 取得了对公司的绝对控制权。

公司的业务一直发展很好，每年的盈利也在持续增长。2003 年的时候，股东 D 和 E 也想趁公司盈利的时候将其股份套现，所以找到 A，希望 A 能够购买其股份。但是，出乎他们预料的是，A 拒绝了 D、E 的要求。而且从 2003 年开始，A 在股东大会上认为企业规模要扩张，拒绝分红。

D 和 E 试图将股份转让给其他人，但是潜在投资者看到 A 对待 D 和 E 的态度，都不敢接受。D 和 E 非常纳闷："A 为什么不购买我们的股份，难道我们和你的关系不如 B 和 C？"

做企业不是做朋友，更多需要考虑的是利益方面的问题，而不是关系的问题。股东 A 为什么接受 B 和 C 的股权转让，而对 D 和 E 的股权转让请求置之不理？需要注意的是，不管是回购谁的股份，都已经不是当初投资的 20 万元，而是回购当时净资产核算之后的 20%，A 购买 B 和 C 的股份就要付出几百万元的代价，那他为什么要购买呢？购买 B 的股份，可以使得 A 成为相对大股东，购买 C 的股份，可以使得 A 成为绝对大股东，正是对于公司控制权的追求使得 A 接受了 B 和 C 的股权转让。

那么为什么 A 要拒接 D 和 E 的股权转让请求呢？因为这个时候 A 已经拥有公司 60% 的股份，基本上取得了公司的绝对控制权，他已经没有任何理由再付出大代价去购买 D 和 E 的股份。A 对待 D 和 E 的基本思路就是，用你们的 40% 陪我玩，不是挺好吗？因此，A 自 2003 年开始以企业规模要扩张为由拒接分红。为什么不分红，理由不一定就是 A 所谓的扩大生产，很有可能是通过"不分红＋关联交易"的方式将公司利润转移掉了。

那么，这种情况下股东 D 和 E 应该怎么办？本案例发生在 2006 年之前，按照旧《公司法》，D和E可以说一点办法也没有。新《公司法》第75条第1款规定的异议股东收购请求权就是针对这种情况："公司连续五年不向股东分配利润，而公司该五年连续盈利，并且符合本法规定的分配利润条件的。对股东会该项决议投反对票的股东可以请求公司按照合理的价格收购其股权。"也就是说A要是连续5年不向D和E分红，D和E向法院提起诉讼，法院就会支持D和E的请求，要求A收购D和E的股份。但是，如果A连续4年不分红，第5年分红，然后再连续4年不分红，D和E就被A黑定了。

即使在新《公司法》框架下，也需要在公司章程中约定。即最好在A收购B的股份时，就应该修改公司章程，在章程中约定："如果日后出现一个控股大股东，如果小股东要求分红而大股东连续两年不分红，小股东就有权要求大股东按照合理的价格收购其股份。"有了这一条约定，D和E再去法院告A，就可以保护自己的权益。

4.3 公司章程和股东协议

作为章定权利来源的公司章程和股东协议对于股东权利保护是相当重要的，尤其是对于小股东更为重要。因为作为法定权利主要来源的公司法只能规定公司的普遍性的问题，不可能顾及各个公司的特殊性。而章定权利是股东在注册公司的时候自己需要确定的，是股东的自我保护机制。

我国的很多投资者，尤其是有限责任公司的一些中小股东，只有到了发生权利被侵害、进入法院诉讼程序的时候，才意识到有章定权利这个武器，但为时已晚。而在公司注册时，这些股东并未能就自己的权利进行细致的考虑和约定，严格地在公司章程中有所体现，而只是照抄照搬了工商行政部门提供的公司章程的一般格式。各个企业的公司章程几乎没有实质性区别，公司章程实际上已经成为一种形式，可有可无，已完全失去其意义。股东，尤其是小股东也就失去了一个保护自己权利的重要武器。

公司章程和股东协议都属于股东自治文件，都是股东章定权利的重要来源，也是公司控制权配置的重要武器。公司章程对于整个公司的股东、董事、监事、经理人都具有约束作用，而股东协议主要是约束签订协议的股东行为。

4.3.1 公司章程

公司章程是公司设立的最基本条件和最重要的法律文件，无论在哪一个国家注册公司，首先都需要订立章程。公司章程规定了公司组织和活动的原则和细则，是公司内外活动的基本准则。公司章程规定了公司、股东、董事等经营者相互之间权利义务关系，是公司对内进行管理的根本准则。公司章程也是公司最重要的法律文件，同时也是公司治理最重要的文件，相当于企业的宪法。符合公司章程的行为受国家法律保护，违反章程的行为，就要受到干预和制裁。

公司章程的内容就是指公司章程所记载的事项。一般来说，公司章程的记载事项可分为强制记载事项、推荐记载事项和任意记载事项三类。

强制记载事项指法律规定公司章程中必须记载的事项。对于强制记载事项，每个公司必须在章程中一一记载，股东没有权利作出自由选择。若不予记载或记载不合法，将会导致整个章程彻底无效。新《公司法》第25条和第82条分别规定了有限责任公司和股份有限公司的强制记载事项。《公司法》第25条规定的有限责任公司的强制记载事项为："（1）公司名称和住所；（2）公司经营范围；（3）公司注册资本；（4）股东的姓名或者名称；（5）股东的出资方式、出资额和出资时间；（6）公司的机构及其产生办法、职权、议事规则；（7）公司法定代表人；（8）股东会会议认为需要规定的其他事项。"

《公司法》第 82 条规定的股份有限公司的强制记载事项为："（1）公司名称和住所；（2）公司经营范围；（3）公司设立方式；（4）公司股份总数、每股金额和注册资本；（5）发起人的姓名或者名称、认购的股份数、出资方式和出资时间；（6）董事会的组成、职权和议事规则；（7）公司法定代表人；（8）监事会的组成、职权和议事规则；（9）公司利润分配办法；（10）公司的解散事由与清算办法；（11）公司的通知和公告办法；（12）股东大会会议认为需要规定的其他事项。"

《公司法》第 87 条规定了上市公司公司章程中必须载明的内容："（1）发起人认购的股份数；（2）每股的票面金额和发行价格；（3）无记名股票的发行总数；（4）募集资金的用途；（5）认股人的权利、义务；（6）本次募股的起止期限及逾期未募足时认股人可以撤回所认股份的说明。"

相对记载事项，也就是所谓的推荐记载事项，是指法律列举规定的（也就是法律推荐使用），但是可以由公司选择记载的事项，一旦选择在公司章程中约定就会发生法律效力，如果章程中不约定也不会影响整个章程的效力；但是如果约定的事项不合法，则仅该事项无效，不影响章程的整体效力。新《公司法》第 13 条、第 40 条、第 45 条、第 52 条、第 71 条和第 166 条列举的是有限责任公司的相对记载事项，包括法定代表人的确定、股东会的召集方式、董事长和副董事长的产生办法、监事会中的职工代表比例、财务会计报告的披露方式等。

新《公司法》第 101 条第 1 款、第 105 条、第 106 条、第 118 条、第 120 条列举的是股份有限公司的相对记载事项，包括临时股东大会的召集方式、重大资产转让和对外担保的决策方式、选举董事会和监事会成员的决策方式、监事会中的职工代表比例。

任意记载事项是指法律并无明文规定，但公股东们认为需要协商在公司章程中约定的内容，主要包括经营公司业务和管理公司事务的办法，关于公司董事会、股东权力的定义、限制和调节的办法，以及在规定范围内和规定条件下关于公司债务加于各个股东的个人责任等涉及公司配置权分配的关键事项。新《公司法》第38条第11款、第42条、第43条、第44条、第47条第11款、第49条、第50条、第51条、第54条第7款、第56条、第72条、第76条、第181条第1款及第217条第1款的规定列举了有限责任公司的任意记载事项，包括股东会的职责、股东会会议通知的时间、股东会的表决方式、股东会的议事方式和表决程序、董事会的职责、董事会的议事方式和表决程序、经理人的职责、执行董事的职责、监事会的职责、监事会的议事方式和表决程序、股权转让的办法、股东资格的继承办法等。

新《公司法》第101条第6款、第142条、第167条第4款、第170条的规定列举了股份有限公司的任意记载事项，包括临时股东大会的召集方式，对公司董事、监事、高级管理人员转让其所持有的本公司股份作的限制性规定，利润分配办法，聘用、解聘承办公司审计业务的会计师事务所等。

新《公司法》第181条第1款及第217条第1款的规定列举了有限责任公司和股份有限公司的任意记载事项，包括公司解散的事由和高管人员的确定等。

在我授课过程中，经常有同学问我章程中需要对哪些内容进行约定？上文所列举的新《公司法》中的条款都属于公司章程约定的内容。当然，并不是要将所有内容都进行约定，而要根据每个企业的个性有选择地约定关键内容。具体来说，强制记载事项是必须约定的，但是要更加注意相对记载事项和任意记载事项的选择，因为这些都是实现权利自治的条款，是更加符合公司个性的条款。如果没有这些条款，小股东就不可能在章程中得到与大股东进行权利制衡的约定，那么当问题发生后，股东之间的关系就会变得非常复杂。

4.3.2 股东协议

股东协议是英美普通法系国家公司法上的概念，我国公司法中没有股东协议的概念，但在实践中，股东协议被广泛地使用，如有限公司发起人协议、业务管理约定协议、股权转让协议等。

股东协议虽然不能直接约束董事、监事以及经理人，但是股东协议中约定的内容又可能影响着公司、董事及监事的权力分配。比如一个小股东即使只占有公司很小的股份，但仍可通过股东协议从大股东手中获得公司的经营权。因此，近年来股东协议在公司资本运作中也成为一种重要的控制权配置手段。

我国《公司法》中并不认可股东协议，股东协议只能依据《合同法》及《民法通则》进行约定。因此，股东协议约定的内容不能违反现行法律法规，否则只能按照无效处理。股东协议只有在不违反现行法律法规的前提下进行约定，才可能成为保护中小股东权利的武器。

4.3.3 公司章程和股东协议的关系

公司章程和股东协议的共同点都是公司和股东实现自治的手段，对股东利益的分配和权利行使有不同程度的影响。但是需要注意的是，股东协议的效力不如公司章程。公司章程对公司的所有股东、董事、监事和经理人都具有约束作用，但是股东协议只约束协议当事人。

而且在公司章程和股东协议发生冲突的时候，一般以作为"宪法"的公司章程的约定为准。具体来说，主要是看股东协议的内容到底是与公司章程中的强制记载事项、相对记载事项和任意记载事项中的哪一项相冲突。

如果股东协议的内容与公司章程中的强制记载事项相冲突，那么股东协议约定的内容无效。因为强制记载事项是公司法规定公司章程必须记载的事项，如股东协议的内容与之冲突，说明股东协议的内容违反了法律规定，那么肯定是无效的约定了。

但是如果股东协议的内容只是与公司章程的相对记载事项或任意记载事项相冲突，则要根据不同情况来处理。若股东协议的约定既与公司章程的相对记载事项或任意记载事项相冲突，而且也违反了法律法规，那么股东协议的约定是无效的。

如果股东协议的约定虽然违反了公司章程的推荐记载事项或任意记载事项，但没有违反法律法规，这个时候就不能说股东协议无效，当然也不能根据股东协议要求对章程的变更。处理办法应该为：股东协议对于签约的股东有约束作用，但不能约束公司及公司的其他股东、董事、监事和经理人。

从上述分析可知，在我国，公司章程的效力是高于股东协议的，而且使用范围更广。因此，与其花时间和精力去签署股东协议，还不如将同样的时间和精力花在公司章程的制定上面，效果会更好。

4.4 章定权利的主要内容

我在给 EMBA 和 EDP 班上课的时候，经常会对同学调侃："听我课的同学，如果你是大股东，回去后公司章程改不改无所谓，因为你作为大股东具有天然的控制权优势。而且最好我下次讲课的时候，千万别让你的小股东来听课，否则回去他缠着你要修改公司章程。但是如果听我课的是小股东，建议各位反思一下自己的企业要不要改章程，如果需要改趁着企业还活着赶紧改。我们现在太多企业的公司章程都是工商局提供的标准范本，在那个章程里面当你处于弱势时候股东权利怎么维护是没有规定的。作为一个小股东，大股东找你一起做一家企业，有可能是看中你的资源、技术或者是资金，当你没有把钱投进企业之前，这个时候你拥有唯一一次平等的机会和大股东喝茶。当你把钱投进企业，成为小股东，你和大股东之间的关系将永远不平等，他永远是大的，你永远是小的。因此，这个时候一定要把未来公司可能会出问题的地方想清楚，在公司章程中进行约定。"

课间和课后经常就有同学问我："马老师，我是小股东，听了您的课后确实觉得公司章程很重要。我们公司的章程就是工商局提供的范本，确实应该改一改。但是，您能不能教教我们怎么改？"

制定公司章程，不是把未来每个细节都想得清楚，重要的是一定要想办法在章程里约定一个条款，即当某一个意外情况出现的时候，如何把大股东拉到谈判桌上老老实实谈这个事。

那么，哪些内容是公司章程中应该约定的呢？在上一节中列举了《公司法》中关于强制记载事项、相对记载事项和任意记载事项的内容，在公司章程制定中，最主要的是围绕着保护股东的知情权、提案权、表决权和投资收益权，根据公司自身的个性，对记载事项的内容进行约定。下面以有限责任公司为例，将制定公司章程时需要重点约定的内容进行描述。

4.4.1 知情权在公司章程中的约定

股东权利中最基本、最重要的是知情权制度的确立。任何一个股东，哪怕是只拥有1%股份的股东都必须拥有查阅公司章程、股东会议记录、会计报告或会计账簿的权力。只有保障股东的知情权，股东才可能拥有做出决策所需要的信息，才能更好地行使其他股东权利。

股东的知情权并不只是简单的查阅权，而应该包括请求权、质询权和公司经营状况调查权。这三种权利构成了股东知情权的权利体系，其中，查阅权是知情权的前提和核心，知情权能否有效行使，取决于查阅权能否充分行使。

公司经营状况调查请求权、质询权是查阅权实现的保障和后盾，保证股东深入了解公司的业务和财产状况。

实事求是地讲，新《公司法》确实赋予了股东较为完善的知情权。但是，如果我们不在公司章程中对一些细则进行约定，就会发现出问题的时候根本保护不了自己的知情权。比如，对于有限责任公司的小股东来说，知情权中最重要的就是查账的权利。但是，如果在一家有限责任公司中，小股东怀疑大股东在做账上有问题。那么，根据《公司法》的规定，这个小股东有权要求查账。一般来说，现在的小股东基本上都能看懂财务报表，但是能看出问题吗？这个答案是显而易见的，99.99%的小股东是不可能查出问题，怎么办？那只有找专业的会计师事务所来查账，聘请专业的会计师是要付费的，而且不便宜。那由谁付费呢？法律对此并无规定，大股东是不可能答应付费的，那么只能谁请谁付费，小股东每年分红的钱能否请得起会计师就成为一个很大的问题。在这种情况下，虽然法律赋予了小股东查账的权利，但是由于费用的问题却无法行使，这又该如何解决呢？

对于有限责任公司的小股东来说，最好的办法是在公司章程中约定：财务管理由大股东控制，小股东负责财务审计。有了这样一个约定，那么负责聘请查账的会计师事务所就不再是小股东的个人行为，而成为了公司行为，费用当然是由公司支出。这样的话就能确保小股东的知情权。

4.4.2 提案权在公司章程中的约定

股东提案权是指股东可以向股东大会提出议题或议案的权利。提案权设立的初衷是为了预防一股一票制度的滥用，弥补小股东的弱势地位，更好地保护小股东权利。在这种制度下，符合一定资格的股东有权提出符合形式要求的提案。该制度的实质意义在于促进大股东、董事、监事和经理人与小股东沟通，保证小股东的正当要求能被倾听，进而影响公司经营决策，在一定程度上迫使公司"公开"与"透明"。

可见，提案权也是小股东制衡大股东的一种重要手段。赋予小股东提案权，可以让他们有机会在股东大会上发表意见或者提出议案，参与公司业务的经营决策，协调与大股东、董事、监事、经理人和小股东之间的利益关系，并在一定程度上避免大股东、董事、监事或者经理人控制股东大会，从而达到保护小股东利益的目的。

我国新《公司法》第103条第2款仅规定了股份有限公司的股东提案权制度，但是对于有限责任公司的股东提案权并没有具体约定。那么对于有限责任公司的小股东来说，是否需要在章程中约定提案权呢？答案肯定是需要的，因为如果小股东没有提案权，那么股东会的议程就会完全被大股东操纵，而小股东关心的事项将永远得不到讨论。因此，如果有限责任公司的小股东想用这条制度，一定要在公司章程中约定。

具体约定时，可以参照《公司法》对股份有限公司股东提案权的规定。比如约定"单独或者合计持有公司百分之三①以上股份的股东，可以在股东会召开十日前提出临时提案并书面提交董事会或执行董事"。

而且还可以在公司章程中约定股东提案程序的具体步骤：第一，符合公司章程约定条件的股东在股东会召开10日前以书面的形式提出议案，并按规定提交或送达董事会或执行董事。第二，为让股东能全面掌握提案的具体内容，董事会在收到提案后2日内将提案用书面形式送达其余各股东。第三，如果董事会拒绝将符合条件的临时议案提交股东会审议，提案股东可以向人民法院起诉请求宣告股东会决议无效。

---

① 《公司法》对股份有限公司提案权制度行使的持股条件是3%，在有限责任公司中，是3%还是5%、10%……，取决于在公司章程制定过程中股东之间的协商。

有了上述的约定，就可以确保有限责任公司的小股东在股东会上发出自己的声音了，就可以避免在股东会上总是被大股东牵着鼻子走的局面了。

4.4.3　表决权在公司章程中的约定

小股东是否能够真正参与公司重大事项的决策，关键在于表决权体系的设计。在股东会或股东大会上，股东直接投票决定公司的大事。如何在确保大股东权利的基础上，让小股东对其具有制衡的权力是公司表决权体系建设的关键。一个高效并且公平的表决权体系具有这样的特征：以一股一票制度为基础，使用累积投票制度，并且采用代理投票制度和表决权排除制度。新《公司法》对于这几种投票制度都有所规定，但是还是要根据公司的自身特点在章程中对一些重点事项进行约定，方可切实地保护小股东权利。

（1）一股一票制度

我在上课的时候会问同学："咱们一块做一家公司，总股本为100股，大股东就我一个人，持有51股；你们全班同学有40个人，持有49股。有一天开股东会针对是否分红做决策，我不同意分红，你们都要求分红，听谁的？"每次同学们都异口同声地回答："当然听你的！"

同学的回答无疑是正确的，在股东会上并不按人数多少来进行表决，而是按照股份多少来进行决策。这就是所谓的一股一票制度和资本多数决原则。

一股一票的投票制度是股东平等原则的具体体现，而股东平等原则是股东权利保护中的一项基本原则，贯穿于公司法的整个领域，同时也是公司治理的一个基本出发点。

股东平等主要表现在股份平等，股份平等原则有两层含义：第一层含义强调的是股份平等的基础即各股份内容是相同的，也就是在法定的股份种类内，依公司章程发行的每一种类的股份内容都是相同的，股东因拥有该股份而享有的权力和利益与其承担的风险是一致的。这是比较容易理解的，在我国，由于大家的股份都是普通股，大股东占99%的股份，小股东只占1%的股份，但是小股东和大股东一样拥有对企业的知情权、提案权、决策权、投资收益权和诉讼权等股东权利。那么，这个时候是否采用一人一票的投票制度呢？一人一票制度虽然强调了股份内容的平等，但是却导致了股份比例的不平等，对小股东有利，但是对大股东却不公平。因为大股东对公司的投入资本较多，对公司的经营状况承担的风险也较大，在公司经营亏损时，大股东就会遭受更多的财产损失。

因此，股份平等第二层含义强调的是股份平等的关键即比例平等，持有相同内容、相同数量的股份之股东在基于股东地位而产生的法律关系中的地位是平等的，当然，拥有的股份越多，享有的权利也就越大。这就是股东会和股东大会采用一股一票投票制度的原因所在，体现的是对资本的尊重。按照一股一票制度，股东会和股东大会在决议时必然要采用资本多数决的表决原则。

资本多数决就是在股东会和股东大会上，按照一股一票，少数服从多数的原则。股东会和股东大会的决议要有效，必须符合两方面的要求：一方面，要求占已发行股份多数的股东参会；另一方面，需要出席会议的股份表决权的多数同意，即同意的表决权总数占出席股东会或股东大会表决权总数的多数。

这里的"多数"有简单多数和绝对多数之分，与之相对应的是股东会或股东大会做出普通决议和特别决议。普通决议通常指除法律专门列举规定的特别决议以外的所有其他决议，比如本年度的利润是否分配、如何分配等问题。股东会或股东大会做出简单决议时，如公司章程无特殊规定，一般采用简单多数通过的原则。简单多数指的是在股东会或股东大会做出普通决议时，应有代表股份总数1/2以上的股东出席，并由出席会议的持1/2以上表决权的股东同意方可通过。

特别决议适用于法律所专门规定或列举的特别事项，比如是否解散公司、是否同意并购一家公司等。股东会或股东大会做出特别决议时，要采用绝对多数通过的原则。绝对多数指的是在股东会或股东大会做出特别决议时，应有代表股份总数 2/3 以上的股东出席，并由出席会议的持 2/3 以上表决权的股东同意方可通过。

一股一票制度和资本多数决的原则，确实体现了对资本的尊重，但是实际上对大股东有利，而不利于对小股东的保护。在这种制度下，大股东在股东会或股东大会上占有绝对的表决权优势，因而掌握着公司的控制权，股东会或股东大会往往成为大股东索求利益的工具，小股东的利益诉求和其他要求难以得到体现。因此从这个意义上讲，《公司法》上规定的种种权利对于中小股东来讲都无异于一张空头支票。尤其是在上市公司中，股民们持有的股票占公司的股份比例很小，就没有参加股东大会的积极性，因为在股东大会上自己的声音太"小"，说了也不算数。如果对大股东有意见，就采用"用脚投票"，卖了股票走人，使股东大会流于形式，难以发挥真正的作用。

因此，这就造成了"股东平等原则"的悖论：实施一股一票制度和资本多数决的原则的目的是为了实现股东平等，但是最后的结果是形式平等而事实不平等，反而加深了大股东与小股东之间的矛盾。

解决这一悖论的逻辑思路是，在坚持使用一股一票制度和资本多数决的情况下，同时采用累积投票制度、代理投票制度和表决权排除制度，对一股一票制度和资本多数决的滥用进行限制，以尽可能地实现真正意义的股东平等。

（2）累积投票制度

累积投票制度起源于美国，许多国家和地区纷纷借鉴其做法。我国 2006 年的新《公司法》也引进了这条制度。累积投票制度的适用范围是有限制的，只用于股东会或股东大会选举董事会、监事会。

累积投票制度与直接投票制度是相对的两个投票方式。直接投票制度是股东大会选举董事、监事的传统方式，采用的是一股一票制度和资本多数决原则。在选举董事或监事时，直接投票制度规定每一股份拥有一张选票，每一张选票可以同时投给多名自己要选的候选人，即股东的表决权可以重复使用。而累积投票制度，是指在股东大会选举的董事、监事人为两名以上时，股东所持每一股份拥有的投票权与所选举的董事、监事人数相等，股东既可以把所有投票权集中起来选举一人，也可以分散选举数人。

举例说明，某股份有限公司总股本为100股，其中A股东持有51股，B、C、D股东持有49股，现要从3名候选人甲、乙、丙三人中选两名董事，其中甲和乙是大股东A的人，丙是小股东B、C、D的代表。如果采用直接投票制度，A股东可以对每一位其中意的候选人投出51票，而B股东只能对每一位中意的候选人投出49票。结果是，A股东的代言人甲和乙都将得到51票，而B、C、D股东的代表丙最多得到49票。最后，甲和乙进董事会，而丙将无缘董事会。在这种制度下，只有大股东的股份比例超过1/2，那么小股东的代表股本进入不了董事会，由大股东完全操纵董事会，董事会中没有人替小股东说话，小股东的权利将得不到保障。

累积投票制度的应用有助于改善小股东的处境。在上例的董事选举中，根据累积投票制度的方法，A股东的表决权数为102票，B股东为98票。累积投票不是分别就某个候选人进行投票，而是所有候选人放在一起进行选举，每张票只能选一个人。B、C、D股东会将手里的98票全部投给丙，那么丙肯定进董事会。因为A股东的总票数是102票，无论怎么投，都不可能使甲和乙的票数都超过98票，因此，甲和乙只能有一个人进董事会。在这种制度下，A股东想完全操纵董事会的企图就不可能实现，小股东的代表进入了董事会，局部改善了小股东的不利处境。

从此可知，累积投票制度的基本假设是：由于采用一股一票制度和资本多数决原则，董事会和监事会容易被大股东把控，大股东为了追求自己的私利而通过董事会和监事会对股东进行压迫、排挤和欺诈。在这种情况下，就需要小股东的代表有机会出席董事会，在公司的决议中发出声音，从而维护中小股东的权利，实现实质意义上的股权平等。累积投票制度在一定程度上纠正了"一股一票"和资本多数决原则的缺陷，在不违背"一股一票"的资本多数决原则的基础上，既防止了大股东表决权的重复使用，又赋予了中小股东更强的表决力，使权力得到制衡。

累积投票的规则是，每个股东获得的投票数为其所持股份票数乘以股东大会所要选出的董事人数。股东可以根据下列公式计算出选出一定数量代表自己的董事所需持有的最低股份数：

最低股份数 =（股份总数 + 股东希望获得的董事席位数 +1）÷（要选出的董事人数 +1）

上例中，B、C、D 股东如只需一个董事席位，最低合计持股比例要求为 34%。

法律中规定的制度分为强制性制度和许可性制度。强制性制度就是由法律明确规定必须使用的制度；许可性制度就是法律未明确规定必须适用，使用与否由公司通过章程自行决定的制度。累积投票制度在我国是强制性和许可性相结合。

我国新《公司法》第 106 条规定了在股份有限公司的选举中采用许可性累积投票制度，这一举措提升了累积投票制度在我国的法律地位。对于上市公司而言，根据《上市公司治理准则》第 31 条规定，控股股东控股比例在 30%以上的上市公司，在董事和监事的选举中采用强制性累积投票制度。根据《证券公司治理准则（试行）》第 17 条规定，证券公司股东单独或与关联方合并持有公司 50%以上股权的，董事（包括独立董事）、监事的选举应采用强制性累积投票制度。

累积投票对于任何公司的小股东都是非常重要的一条加强投票表决权的制度，除了上述法律法规所规定的必须使用该制度的情况之外，如果想用该怎么办？比如在有限责任公司和非上市的股份有限公司中，小股东希望在董事和监事的选举中使用累积投票制度，那么就必须在公司章程中进行约定，否则只能用一股一票制度。

（3）代理投票制度

代理投票制度是指不能出席股东大会进行投票的股东，可以委托代理人出席股东大会，由代理人向公司提交股东授权委托书，并在授权范围内行使表决权。

代理投票制度是针对上市公司的小股东专门设计的一条制度。在上市公司中，小股东由于股份少，在股东会上自己的意见难以得到有效的支持，而且又散居全国乃至全球各地，参加股东大会将付出巨额的交通、食宿费用等物质成本和较多的时间成本。因此很多小股东就放弃了参加股东大会。但实际上，如果将所有小股东的投票权集中在一起行使，这将是一股不容忽视的力量。代理投票制度正是在这样的逻辑背景下设计出来的。

通过代理投票制度，可以将小股东的投票权集中起来，从而有效地影响公司决策，对大股东、董事会、监事会和经理人进行制约。当有一个股东不满意公司的经营状况，就可以通过代理投票制度来争取公司的控制权。他可以在股东大会前通过报纸、网络等媒体向公司的其他股东来征集"代理投票"委托书，他只要有能力收集足够多的委托投票权，就可以在股东大会上拥有相应的话语权，从而对公司进行控制和监督。而对于那些亲自参加股东大会进行投票并不划算的股东，代理投票制度就使他们有了通过合适的代理人替自己表达意见的机会或渠道。

代理投票制度隐含了一个重要的假设，那就是股权分散。在美国资本市场上这是争夺公司控制权，对无效率或不尽职的经理或董事会成员进行约束和威胁的重要机制。因为,美国的上市公司,第一大股东的持股比例往往为5%~10%,这时候任何一个股东只要征集到超过第一大股东的投票权,就会取得公司的相对控制权,便可以按照自己的愿意改组董事会、经理层。美国通用汽车的创始人杜兰特在1915年就是被小股东通过委托投票权赶下台的。

在我国的上市公司中,第一大股东往往持股比例较高,小股东想要通过代理投票制度争取到公司控制权是非常困难的,基本上是实现不了的。但是并不是说在存在大股东的情况下代理投票制度就没用了,只是玩法改变了而已。在公司中几个大股东争夺控制权的时候,最后要争取的恰恰是小股东手里的投票权。尤其是在双方投票权比较接近的时候,小股东手里看上去为数不多的投票权能成为左右胜负的关键力量。2010年在轰轰烈烈的国美控制权争夺战中,最后左右胜利天平的恰好是小股东。

【案例4.1】国美控制权争夺战[①]

2010年国美控制权争夺战的标志是9月28日股东大会上黄光裕家族PK陈晓与贝恩阵营。投票权登记截止日,黄光裕家族持股33.98%;国美第二大股东贝恩持股9.98%;加上永乐原有员工的持股,陈晓阵营持股为5.12%。陈晓阵营与贝恩的联盟持有15.1%的股份。其他持有52.43%的投资者中有200多家机构投资者,其余的都是散户。

为了争取最终的胜利,黄光裕家族、陈晓和贝恩联盟分别忙着拜访机构投资者,争取机构投资者手里的投票权。当机构投资者纷纷表态之后,在2010年9月28日之前的一段时间,黄光裕家族、陈晓和贝恩联盟开始进行路演,发表公开信拉票。路演的目的实际上就是为了争取小股东(小机构和散户)

---

① 资料来源:(1)洪文锋.国美争夺战:黄光裕率先投票罢免陈晓.新快报,2010-09-25.
(2)TechWeb.国美争夺战揭晓:黄光裕输了!5项提议4项未过.http://www.techweb.com.cn/news/2010-09-28/690046.shtml.

手里的投票权。而最后左右投票结果的恰恰是这些小股东手里的投票权。

最后的投票结果是管理层的3项提议获得通过，而大股东黄光裕家族的5项提议中通过了1项，而被否决了4项。

重选竺稼为非执行董事，赞成94.76%，反对5.24%，获得通过；

重选Ian Andrew Reynolds为非执行董事，赞成54.65%，反对45.35%，获得通过；

重选王励弘为非执行董事，赞成54.66%，反对45.34%，获得通过；

即时撤销本公司于2010年5月11日召开的股东周年大会上通过的配发、发行及买卖本公司股份之一般授权，赞成54.62%，反对45.34，获得通过；

即时撤销陈晓作为本公司执行董事兼董事会主席之职务，赞成48.11%，反对51.89%，被否决；

即时撤销孙一丁作为本公司执行董事职务，赞成48.12%，反对51.88%，被否决；

即时委任邹晓春作为本公司的执行董事，赞成48.13%，反对51.87%，被否决；

即时委任黄燕虹作为本公司的执行董事，赞成48.17%，反对51.83%，被否决。

以上的8个提案，前3个是管理层的提案，后5个是大股东的提案。这个结果刚出来的时候，很多媒体都认为大股东黄光裕家族输了，陈晓赢了。其实这个结果对于黄陈双方谈不上谁输谁赢，因为在这次股东会上虽然否决了大股东的4项提议，但是大股东1项关键提议获得通过，这就是撤销了股东大会对董事会配发、发行及买卖本公司股份的一般授权。这防止了陈晓进一步稀释摊薄大股东的股份，为未来的控制权争夺开了一个好头。

另外，在这次投票中还有两点比较有意思。首先就是竺稼以94.76%当选了非执行董事，说明黄光裕家族对竺稼也投了赞成票。这可以看作大股东黄光裕家族向二股东贝恩的示好，国美后续事态的发展也证明了这点。2011年3月9日陈晓从国美的出局恰好是大股东和二股东联手的结果。

第二个有意思的是从投票结果来看，黄光裕家族最后争取到的投票权在45%左右，而陈晓与贝恩联盟争取到投票权也在45%左右，而剩下10%左右的投票权在一些提案上支持了黄光裕家族，在一些提案上支持了陈晓与本恩联盟。这10%的投票权应该是一些小股东持有（小机构及大散户），他们的理性选择导致了最终结果的出现。可以说，这个结果对于公司利益和小股东利益都是有利的，因为它代表了稳定。这个结果可以使大股东、经理人和二股东都达到了自己最基本的诉求，不至于激化矛盾，让双方理性地回到谈判桌前按照商业规则继续进行控制权争夺的游戏。

在这次控制权争夺战中，黄光裕家族、陈晓、贝恩以及小股东代表除了自身参加股东大会行使投票权之外，还通过代理投票制度获得了一些没有参加股东大会的股东的投票权。可见，代理投票制度日益成为上市公司控制权争夺的一个重要手段。

代理投票权还可以用于在股权融资过程中防止公司创始人控制权的旁落。这一点上做得比较成功的是京东商城。2011年，京东进行巨额融资后，而公司创始人刘强东却没有失去控制权，其中用的就是代理投票权的制度安排。

【案例4.2】刘强东不失公司控制权的秘密 ①

2011年3月，京东商城宣布完成C轮融资，融资金额为15亿美元，其中11亿美元已经到账，4亿美元将随后到账。C轮融资由DST、老虎等共6家基金和一些社会知名人士投资，其中DST为该轮融资投资最多的基金，即投

---

① 资料来源：猎云网.刘强东不失控制权的秘密.http://www.techweb.com.cn。

入了5亿美元。

这是中国互联网市场迄今为止单笔金额最大的一笔融资,将为京东商城2013年启动的上市计划铺平道路。不过,也有人担心过度融资会令创始人刘强东失去公司的控制权,沦为一个为投资人打工的职业经理人。

对于业界担心京东商城巨额融资会导致刘强东失去公司控制权一事,他通过微博做出回应:"很多朋友和媒体都关心京东的控制权问题,大家放心!我对京东拥有绝对的控制权,投资人超过8家,都是经过精挑细选的,每家股份都不多。关键这些投资人历史上从未有过控制权之争行为!我拥有董事会一半以上席位,且没有我的同意,董事会结构无法更改!"

那么在经历巨额融资以后,刘强东是如何把控京东的控制权?一位接近京东的投资界人士透露,刘强东通过股权激励和代理投票权相结合的制度安排,拥有京东一半以上的投票权。

具体做法是,京东在股权融资的同时,向员工配发了大量股票。配发股票的同时,员工要签署一份股东股票权代理协议,协议的主要内容就是员工股东的投票权、代理权委托给京东商城首席执行官刘强东。这样刘强东即便本人并不拥有一半以上的股权,但通过这种代理的方式照样可以把控京东商城。

京东是一家非上市公司,刘强东是否真的按照案例中所说在股权激励的同时进行了代理投票权的安排,属于京东的商业秘密,不容易考证。案例的资料来源于猎云网,据说是与京东关系非常密切的投行人士披露的。我们假设这是事实,那么刘强东将股权激励与代理投票权相结合来保证自己的控制权不旁落的做法绝对是我国公司在股权融资中经典的案例,不失为应用代理投票权的一种新思路。

新《公司法》为股份有限公司规定了代理投票,第107条规定"股东可以委托代理人出席股东大会会议，代理人应当向公司提交股东授权委托书，并在授权范围内行使表决权"。《公司法》只是为股份有限公司规定了可以使用代理投票制度，而对于有限责任公司并没有规定。如果有限责任公司想使用这条制度，就必须在公司章程中约定，否则就不能使用。

那么，有限责任公司是否要使用这条制度呢？这要视情况而定，因为每种制度的使用都是有成本的，用不用主要看使用该制度是否成本最小收益最大。有限责任公司的股东基本上都在一个地方，而且人数不超过50人，所以不像上市公司那样存在小股东不参会的情况，因此代理投票制度的前提条件在有限责任公司并不存在。当然，如果是涉及控制权争夺，那就是另外一回事，可以考虑使用投票代理制度。

（4）表决权排除制度

表决权排除就是指在股东大会进行决议时，有些股东不能参与表决。哪些股东的表决权需要排除呢？当股东大会表决的事项与某股东有特别利害关系、造成公司和其他股东利益受损的情况下，该股东或其代理人就不能行使表决权，也不能代理其他股东行使表决权。

如在一家上市公司中，大股东持有40%的股份，在股东大会上要对公司收购A公司的事项进行表决，而A公司是大股东控制的一家非上市公司，那么大股东40%的股份就不能参与表决，需要回避。收购事宜是否可行，由另外持股60%的股东按资本多数决的原则进行表决。

股东表决权排除制度实际上主要是针对上市公司中大股东采用关联交易和违法违规的抵押、担保等手段损害小股东权益的情况，而加强对小股东权利的保护。对于小股东权利保护来说，这是一条非常重要的事前预防大股东"黑"自己的制度。

新《公司法》第16条规定了公司为股东提供担保时，被担保股东的表决权排除："公司向其他企业投资或者为他人提供担保，按照公司章程的规定由董事会或者股东会、股东大会决议；公司章程对投资或者担保的总额及单项投资或者担保的数额有限额规定的，不得超过规定的限额。公司为公司股东或者实际控制人提供担保的，必须经股东会或者股东大会决议。前款规定的股东或者受前款规定的实际控制人支配的股东，不得参加前款规定事项的表决，该项表决由出席会议的其他股东所持表决权的过半数通过。"

针对我国上市公司大股东通过"不分红＋关联交易"侵害小股东利益日益猖獗的情况，证监会将上市公司关联交易事项纳入了被排除事项的范围。2006年修订的《上市公司章程指引》第79条规定："股东大会审议有关关联交易事项时，关联股东不应当参与投票表决，其所代表的有表决权的股份数不计入有效表决总数；股东大会决议的公告应当充分披露非关联股东的表决情况。"第31条规定："股东与股东大会拟审议事项有关联关系时，应当排除表决，其所持有表决权的股份不计入出席股东大会有表决权的股份总数。上市公司持有自己的股份没有表决权，且该部分股份不计入出席股东大会有表决权的股份总数。"

需要注意的是，对于非上市的股份有限公司和有限责任公司，《公司法》仅把公司为公司股东或实际控制人提供担保的事项纳入被排除事项范围，而产品关联交易和劳务关联交易并不属于被排除现象。而在现实中，产品关联交易和劳务关联交易成为了非上市公司的大股东黑小股东的常用手段。要解决该问题，建议在非上市公司的章程中，将排除的范围从《公司法》规定的资产关联交易扩展到所有的关联交易。

在章程中约定的内容，除了参考《上市公司章程指引》的第31条和第79条对关联股东的表决权进行排除之外，还可以对隐瞒关联交易事实侵害其他股东的行为进行赔偿约定。比如，这样约定："在股东会或股东大会对公司对外担保或关联交易进行表决之前，关联股东必须如实向股东会或股东大会陈述关联交易。如关联股东隐瞒关联关系，并误导非关联股东做出的决策，事后证明对非关联股东的权利和利益造成损害的,关联股东必须进行赔偿。"如果有了这样的约定,就可以切实地保护小股东的权利。

4.4.4 投资收益权在公司章程中的约定

任何一个股东投资一家企业,无非是为了获得公司未来的利润分红和资本增值部分,各国的《公司法》也规定了股东的这种投资收益权是天经地义的。但是在现实中,上市公司和非上市公司一些大股东经常在企业赚了钱之后不分红,而是找借口要扩大企业再发展。实际上,公司的利润只有一小部分用于企业的再发展,大部分都被他们通过关联交易、违法违规的抵押担保等手段转移到了自己的手中。

投资收益权是小股东最根本的一个权利,如果这个权利得不到保护,小股东很有可能就会血本无归。因此,一定要在公司章程中对投资收益权进行约定。

最积极的约定是在公司章程中规定强制性分红政策,比如约定每年至少将净利润的 30% 的用于分红。如果有股东提议不分红,将利润用于企业的再发展基金,那么除非所有股东同意,否则必须分红。

或者约定特定情况下的股票回购请求权,以保留小股东退出机制。比如,公司章程中可以约定,如果大股东连续两年不同意分红,而小股东坚持要求分红,那么就要求公司回购小股东的股份。而且最好约定回购的期限,比如自小股东提出申请之日的 6 个月之内。如果大股东在公司章程约定的时间内部没有购买小股东的股份,这时候小股东到法院申请解散公司就会得到支持。

另外一个需要约定的内容是股份回购价格的确定。关于股份回购价格,是股东投资收益权保护中非常重要的问题。在股东与公司协商股份收买价格时,应考虑到对所有股东都要公平。对于非上市公司,由于股份价格确定是一个非常专业的工作，建议公司章程约定由大小股东双方共同邀请符合资格而且不具有利益冲突的会计师事务所进行资产评估。而且最好细化聘请会计师事务所的流程、方法和付费办法等事项。

以上只是列举了公司章程对股东投资收益权进行约定的主要方面，由于这个权利对于小股东来说是非常重要的，因此约定内容越详细越好。

4.5 小股东能否告赢大股东

当小股东的权利被大股东侵害之后，多次通过沟通协商未果，小股东就可以到法院去告他，这就是《公司法》赋予小股东的诉讼权。诉讼权是小股东防止被大股东"黑"的最后一道防线，这是一个非常重要的权利。

从各国公司法的规定来看，一共设置了三类制度来保护小股东的权利。第一类制度是事前的预防措施，主要目的是防患于未然。这类制度包括累积投票制、表决权排除制度、代理投票制度等。第二类制度是事中的监督措施，主要目的是制约大股东的控制权。这类制度包括小股东的临时提案制度、允许查阅复制公司财务会计账簿的制度、少数股东可以召集股东大会的制度等。第三类制度是事后的救济措施，这是小股东权利保护的最后一道法律防线。这类制度包括股东大会决议瑕疵的诉讼提起制度、派生诉讼制度、直接诉讼制度、请求法院解散公司制度、转让股权的制度、异议股东请求公司回购其股份的制度等。

新《公司法》对这三类制度进行了细化和完善，貌似能够很好地保护小股东的权利了。但是，当事前预防和事中监督措施都无法保护股东（尤其是小股东）的权利时，那么作为最后一道防线的事后救济措施能够起作用吗？小股东能够告赢大股东吗？从立法的角度看，我国《公司法》已经建立了完善的事后救济制度体系，尤其是引进了股东派生诉讼制度。但是，从英美的司法实践来看，对小股东维权比较重要的有三个制度，即举证倒置制度、集体诉讼制度和股东派生诉讼制度，我们只有股东派生诉讼制度，尚缺乏对举证倒置制度和集体诉讼制度的推广应用，因此在我国，小股东很难告赢大股东。

4.5.1　集体诉讼制度

当一个股东在自己所享有的权力和利益遭到损害时，为了保护自己的权利和利益而对公司单独或对公司、大股东、董事和经理人共同提起诉讼，这就是所谓的直接诉讼制度。

新《公司法》第123条规定了股东直接诉讼制度："董事、高级管理人员违反法律、行政法规或者公司章程的规定，损害股东利益的，股东可以向人民法院提起诉讼。"

直接诉讼的方式分为单独诉讼、共同诉讼和集体诉讼三种方式。比如在一家上市公司中，小股东有几万名，都由于公司披露虚假信息而导致自己利益受损。这时候小股东有三种方式向法院提起诉讼。第一种是每一个小股东都代表自己对公司的董事会或者经理人提起诉讼，要求赔偿。官司打赢了，这个小股东将获得赔偿。这就是单独诉讼制度。

单独诉讼制度有三个问题：一是由于诉讼成本过高，大多数小股东会放弃诉讼。由于大多数小股东持有的股份较少，最后获得的赔偿也不多，赔偿有可能还不足以支付律师费、诉讼费、差旅费等，这里面还没有计算小股东的时间成本和精力成本。在这种情况下小股东就会选择放弃诉讼。二是浪费法院资源。如果几万名股东都到法院诉讼的话，法院对同样的案子要审几万次，没有几年的时间是审不完的。如果几个上市公司的小股东同时提起单独诉讼，那法院就不用干别的事了。三是可能在受害的股东间造成新的不公平。单独诉讼的赔偿原则是谁告赢了就赔谁，由于公司和大股东的资产是有限的，一般不足于赔偿所有股东的所有损失。那么只能按照先来先得的原则，对起诉得早的股东进行赔偿，当公司和大股东的资产赔完之后，起诉晚的股东的利益就没有办法得到保证。

解决单独诉讼问题的一个办法是采用共同诉讼。共同诉讼就是受害的股东联合起来，共同提起诉讼，最极端的是几万名受害的股东联合起来提起共同诉讼。官司打赢了，参与共同诉讼的股东获得赔偿。共同诉讼这种方式缺乏可操作性，在实际应用过程中依然存在问题。第一个问题是协调组织成本过大。共同诉讼最理想的结果是将几万个受害的股东联合起来，如果只联合其中的一小部分受害股东则意义不大，但律师要将几万个人组织起来的成本太高。第二个问题是参加共同诉讼的成员必须亲自直接参诉，需要出庭或提供证词，无法节约时间成本。第三个问题是共同参诉者要对自己的律师费用和其他费用支付，无法节省直接费用。第四个问题是难以协调不同股东的诉讼主张和诉讼请求，而且在诉讼的不同阶段，股东的想法和要求差别都很大，所以共同诉讼的操作性相当差。这就使得股东直接诉讼制度陷入了困境。

打破这一困境的是集体诉讼制度。集体诉讼制度起源于英国，在美国得到最大程度的应用。自20世纪60年代以来，集体诉讼在美国的应用主要是针对消费品民事责任类案件。20世纪80年代之后，美国的集体诉讼制度开始应用在证券类民事案件中。集体诉讼制度对于遏制强势集体欺负弱势集体发挥着重要的作用，成为公司治理中小股东防止被大股东黑的有效制度。

集体诉讼就是指由一到两位原告作为"首席原告"代表众多受害股东提起诉讼，首席原告和被代表的股东在诉由上必须相同，在利益上必须一致。任何不愿参诉的受害股东不愿参诉，必须亲自提出申请，否则就算自动参诉。官司如果打赢了，那么公司将向首席原告代表的所有受害股东进行赔偿，这就是所谓的"只要一人胜诉，利益即归于全体股东"。首席原告参与整个诉讼过程，包括与律师交涉、搜取证据、参与庭审等，当达成和解或得到法院判决后，该结果将适用于其所代表的全体股东。例如，一旦赔偿额被确定，各间接参诉的股东将会按一定比例得到一份赔偿，而这些股东将不再以同样的事由对被告方提起诉讼。

美国的律师非常喜欢打集体诉讼官司，因为集体诉讼的律师费用非常高。集体诉讼的律师费是按照"胜诉酬金"即"诉讼风险费"的方式支付，也就是"胜诉才收律师费"，前期的费用由律师自行垫支，不用受害股东出钱。后期打赢官司则得到官司赔偿额的20%~30%（一般在证券类民事案件中为30%）的报酬。也就是说，律师打赢一场上市公司的集体诉讼官司，就会获得几十万甚至上百万、上千万美元的胜诉酬金。在美国，这种巨额的诉讼风险收费制度必然激励着律师积极地启动集体诉讼，将官司进行到底。

集体诉讼制度对于公司和公司实际控制人的威胁是致命的，官司打输了就有可能赔得倾家荡产。任何一家公司的大股东、董事会成员和经理人都不敢漠视集体诉讼。

【案例4.3】乔布斯为什么道歉 [①]

2010年苹果公司经典的产品iPhone4发布之后，我国的果粉进一步增加。但是用过iPhone4的人都有这样的体会，iPhone4的信号确实有问题。在信号比较弱的地方，周围使用其他品牌手机的人都能打电话，但iPhone4却没有一点信号。这就是"著名"的iPhone4信号门事件。

刚刚上市三周的iPhone4虽然创下不错的销售纪录，但有用户反映该款手机因天线设计出现信号减弱的问题，权威杂志《消费者报告》更是直指该款

[①] 资料来源：（1）杨博. 苹果"天线门"吞噬9 200万部iPhone4. 中国证券报，2010-07-20.（2）高虹编. 苹果因iPhone 4天线信号问题面临三宗诉讼. http://cn.reuters.com/article/wtNews/idCNCHINA-2577820100702.

手机存在硬件问题，不推荐消费者购买。

2010年7月16日，苹果在其加州总部举行了iPhone4新闻发布会，乔布斯在会上承认，当用户以某种方式握持iPhone4时，iPhone4确实会出现信号丢失问题。乔布斯在新闻发布会上向受到信号门影响的用户表示歉意，同时表示公司正竭尽全力纠正这个问题。

乔布斯称，每位购买iPhone4的消费者都可免费获得一个软胶保护套，已经购买了这款附件的消费者将获得相应的补偿。如果用户仍然不满意的话，可以在30天内退货，只要手机没有被人为损坏，就可获得全额退款。

不过乔布斯在道歉的同时表示，天线问题并非iPhone4独有，而是智能手机的普遍现象，这一颇为"不厚道"的举动也让业内人士觉得此番道歉略欠诚恳，受到诺基亚、摩托罗拉等手机厂商的嘲讽。

其实，能够让乔布斯道歉本身就是一件不可思议的事情，乔布斯为什么要道歉呢？这主要归功于集体诉讼制度。

美国加州北部地区地方法院于2010年6月29受理了针对苹果公司以及无线运营商AT&T的一项"推定的集体诉讼"，原告指责苹果及AT&T存在隐瞒、欺诈、误导消费者以及设计缺陷。

起诉书指控苹果公司在明知iPhone4存在设计和生产缺陷的情况下却将其推向市场，称iPhone4的天线很难或无法接通AT&T的信号网络。

起诉书还称，苹果公司及AT&T没能给消费者以支持，用户只能用三种尴尬方式解决信号问题：用"很别扭的方式拿着手机"，或是支付10%的费用退货，或是购买售价29.95美元，据称可改善这一状况的iPhone手机套。

面对集体诉讼，苹果公司必败无疑，而一旦输了，面对众多的iPhone4用户，苹果有可能将要赔付巨额的费用。因此，就有了乔布斯这次"别别扭扭"的道歉。

我国还没有引进集体诉讼制度，但是国人对集体诉讼并不陌生。因为近几年来中国在美国上市的企业频繁遭遇集体诉讼，给我们上了教训深刻的一课。

【案例4.4】在美上市的中国公司遭遇集体诉讼[①]

2001年6月29日，中华网被告上美国法庭，开启了中国企业被起诉的先河，也让集体诉讼进入了国人的视野。

截至2009年年底，根据美国三大证券交易所公开资料显示，中国在美上市企业合计284家。其中有25家，即8.8%的中国企业曾遭遇过集体诉讼。而进入2010年后，中国在美国上市企业遭遇集体诉讼进入一个高潮，在不完全统计的资料中，2010年到2011年11月又有19家公司遭遇集体诉讼。

在美国上市的中国公司中，遭遇过集体诉讼的有中华网、网易、中国人寿、空中网、UT斯达康、江西赛维、侨兴环球、前程无忧、中航油、新浪、新华财经、第九城市、晶澳太阳能、华奥物种、诺亚舟教育、昆明圣火药业、富维薄膜、LJ国际有限公司、绿诺科技、亚信科技、和信超媒体、太平洋宽频、双金生物、多元印刷、东方纸业、巨人网络、分众传媒、Accuray、AstroPower、麦考林、纳伟仕、福麒国际、中国医药有限公司、中国安防技术有限公司、仿生医疗、艾瑞泰克、盛世巨龙、岳鹏成机电、中国消防安全集团有限公司、中国综合能源公司、中国阀门、中国高速频道、盛大科技和东南融通。

[①] 资料来源：（1）吴晓鹏，周馨怡，刘晓翠. 25家在美上市中国企业曾遭遇集体诉讼. 21世纪经济报道, 2010-03-05.（2）苏海强, 钟国斌, 黄炎. 赴美上市部分公司遭诉讼，众多概念股股价腰斩. 深圳商报, 2011-01-10;（3）马玉荣, 陈雅琼. 麦考林美国遭集体诉讼前因后果反思（一）、（二）. 证券日报, 2010-12-31;（4）张潇. 中国企业在美遭遇集体诉讼，赴美上市遇寒潮. 新快报, 2011-09-16; 黄晨. 中国在海外上市公司遭集体诉讼的12个案例. 财新网, 2011-05-25;（5）李萧然, 李琪. 在美上市中国公司为何屡遭集体诉讼. IT时代周刊, 2010-04-13;（6）回购、私有化应对做空，在美中国概念股萌生去意. 经济参考报, 2011-07-29;（7）冯禹丁. 追杀中国造假股——中国概念股为何血溅美国资本市场. 南方周末, 2011-05-27.

这44家赴美上市的中国公司都曾因"财务造假"和"信息披露不透明"遭遇多轮集体诉讼。这些公司被起诉的主要原因包括：招股说明书、财务或运营报告存在虚假或误导信息，隐瞒或未及时披露重要商业信息，误导投资者。这导致公司股价下跌，给投资者造成了损失。

当然，遭受集体诉讼并不代表就一定会输掉官司。例如，中国人寿、前程无忧、新华财经、第九城市遭遇的集体诉讼就以美国SEC终止调查、美国地方法院驳回诉讼和股东撤诉而终止。网易和空中网与投资者和解，并分别赔了425万美元和350万美元。

当然，由于集体诉讼的时间较长，很多案件还没有结案。但是大多数遭遇集体诉讼的中国公司，大多股价大跌，甚至被美国SEC停牌或者摘牌，更有甚者被迫退市。绿诺科技在12月3日被SEC以财务作假为名勒令退市，成为2010年首家被勒令退市的中国企业。2011年，中国高速频道、艾瑞泰克、盛大科技被停牌，纳伟仕、福麒国际被摘牌。东南融通停牌整3个月后，收到了纽约交易所的退市令，于2011年8月17日正式退入粉单市场①交易。交易首日，东南融通收盘报0.78美元，较停牌前收盘价暴跌了95.9%，市值蒸发了13亿美元。

集体诉讼的威力

以绿诺科技为例，可以看出集体诉讼对大股东、董事会成员和经理人的威慑。

大连绿诺环境工程科技有限公司（简称绿诺科技）是专业从事废水处理、烟气脱硫脱硝、节能和资源循环利用新产品的技术开发、工程设计、产品制

---

① 粉单市场又称粉红单市场、粉纸交易市场，简称PS市场。在美国证券交易实务中，粉单市场里交易的股票，大多是因公司本身无法定期提出财务报告或重大事项报告，而被强制下市或下柜。因此，投资人通常称这种公司为"空头"或"空壳"公司，称该类股票为"垃圾股票"。值得一提的是公司在粉单市交易是不需要交费的。

造、设备成套和施工、安装、调试、培训等业务的高新技术企业,也是东北位居前列的重型、大型设备数控加工中心。2009年7月13日,绿诺科技正式在纳斯达克挂牌交易。

风波开始于位于中国香港的美资调研公司"浑水"的调研报告。2010年11月10日,浑水公开质疑绿诺存在欺诈行为,其出具的一份报告中称绿诺公布的2009年1.93亿美元的销售收入实际只有1 500万美元,而且管理层挪用了数千万美元的公款,其中包括花费320万美元在美国橘子镇购买奢华房产。此外还有其他审计问题。

到11月17日,绿诺科技已经连续9个交易日出现下跌,股价从16.62美元一路下滑至6.08美元,累计跌幅高达63.42%。停牌当日盘前,有一家美国律师事务所对绿诺科技发起了集体诉讼。

很快,绿诺科技在其向美国证券监督机构提供的文件中承认出现审计错误。CEO邹德军澄清,公司并没有签署浑水报告中质疑的6份客户合同中的2份,情况有待解释。但是根据审计公司Frazer Frost向美国证交会提供的文件,当问及公司其他的合同时,邹德军承认"大约有20%~40%是有问题的"。

审计员说,尽管这对公司的影响还不能确定,但是2008年3月31日到2010年9月30日的财务报表将不能再使用。绿诺科技股票最终于12月9日在纳市摘牌并转至粉单市场,股价暴跌48%。

遭遇集体诉讼的原因

遭遇集体诉讼的原因主要有两个:一个是"做空者"的利益驱使;另一个就是中国上市公司自身信息披露和会计做账的问题。

原因之一:做空利益链的利益驱使

股票做空交易是美国资本市场的一种监管机制,做空可以通过买卖股票或买卖期权的方式来实现。

如果做空者想做空A股票，首先要向证券经纪商借到一定数量的A股票，然后再卖掉，并在约定的时间内将A股票还给证券经纪商。这期间做空者要付给经纪商一定的费用。在协议到期之前，投资人将尽力拉低股票价格，以争取用较低价格购入同等数量A股票，并归还证券经纪商。买卖股票中间的价差扣除相关费用后，即是投资人做空所得的利润。比如，借入的A股票价格是100美元，共借了1万股，以100美元的价格将股票卖出。待股价下跌到50美元的时候买进1万股股票归还经纪商，即可获得约50万美元的做空利润（当然，50万美元中还得支付经纪商一定的费用）。

通过买卖期权做空的方式主要是购买卖方期权。具体操作方式为：做空者针对B股票从经纪商处购买了一份卖方期权，约定做空者有权在期权到期日之前的任何一天，以每股100美元的价格将B股票卖给经纪商。如果在到期日之前，B股票价格低于100美元，做空者即可获利。

资本市场本就是为赚钱而存在的，做空机制起到的是积极作用，它让市场变得更加干净，也让价格变得更为合理。这对于提高资本市场效率、增加流动性是有好处的。

在美国资本市场，做空机制的设置是为了帮助市场揭露会计欺诈等问题，但是同时对于做空者来说，这也是非常重要的获利手段。

对在美国上市的中国企业做空利益链包括国内咨询公司、研究机构、对冲基金和律师事务所。利益链是这样形成的：对冲基金建立空仓→研究机构质疑财务造假数据→评级机构调低评级→律师事务所起诉→股价暴跌→做空者获利。

做空的流程具体是：研究机构，即多位网上的自由"分析师"和中国众多的咨询公司，先收集企业的负面消息，形成研究报告后，再将报告卖给对冲基金，在对冲基金建仓后才发表报告，以造成股价下跌而获利。在每个对绿诺科技、东方纸业等中国公司发起"攻击"的美国研究机构背后都有一只做空的对冲基金,在发布上市公司不利消息前做空该公司的股票,从中获益。

当然,利益的盛宴绝非到此停止,在对冲基金做空中遭遇损失的投资人下一步就会委托律师进行代表诉讼,要求赔偿。在美国的法律服务市场上,有一类律师专门跟随这种做空的力量去打集体诉讼的官司,被称为证券原告律师,一旦有哪家企业遭遇了此类诉讼,与这家企业特质类似的一群企业就成为这些律师的关注对象。即使当时公司股价暴跌,无人提起诉讼,但18个月之后就可能面临诉讼了,因为美国《1933年证券法》和《1934年证券交易法》有不同的追诉期,一般为2~5年。除了联邦法的追诉,有的州的地方法也有5~6年不等的追诉期。事实上,在2007年和2010年对中国公司的看空潮中,分别就有11家和15家公司遭遇集体诉讼。

做空力量是集体诉讼的主要背后推手,而且起诉律师经常会与对冲基金做空者形成利益链条,拉拢小投资者共同发起诉讼。一旦遭到起诉,这些公司的股价在短期内剧烈下跌,跌幅往往高达50%,甚至超过90%。对冲基金从中获取巨额利润。

这几年频繁出手对中国上市公司抛出负面报告的浑水公司,从不掩饰自己做空盈利的目的,在浑水所有研究报告的第一段话都是:"您应该认识到使用浑水研究的风险。对于这里所述的股票,您应该运用您自己的研究和尽职调查来作投资决策。您应该了解到,浑水及其客户和雇员,在出版这个报告之时,已经对所述股票采取了做空策略,并将从股票下跌中获利。"

2010年6月28日,浑水公司在一份报告中对东方纸业提出"财务造假"质疑。事后,德勤会计师事务所等机构对公司进行了独立调查,并没有发现虚增收入和挪用资金等现象。为此,东方纸业解释了这一事件的起因:在2010年1月,两名声称来自研究公司W.A.B Capital的代表访问公司,并在结束访问后要求公司支付一大笔现金或者股本权益的报酬来交换一份积极的调查报告,东方纸业拒绝了这一要求。接着,这些代表们发布了一份长达30

页报告,发布机构浑水声称东方纸业挪用了投资人的钱。

当然,像东方纸业这种本身没有问题的公司,无非是股价坐了把过山车,对公司的利益影响不大。在浑水发布研究报告质疑东方纸业存在诈骗和造假行为,将其评为强烈卖出,目标价1美元以下之后,股价一度下跌近50%,由8美元最低跌至4.3美元;在该公司发布多份澄清报告后,周五该股当日又上涨了40%。

但是,如果公司本身有问题,那就麻烦大了。2011年2月4日,又是浑水发布了一份针对中国高速频道的研究报告,质疑该公司蓄意夸大盈利能力,并指出其向工商局提交的盈利数据与向美国证监会递交的财报数据严重不符。浑水对中国高速频道给出目标价为5.28美元的"强力卖出"评级,同时声明将直接参与做空这只涉嫌财务造假的股票。

报告发布当天,中国高速频道暴跌33.23%,收盘于11.09美元。在这一周前,这只中国概念股刚刚升至上市3年来的历史最高价23.97美元。

随后又有四家美国律师事务所宣布将对中国高速频道进行调查,并代表投资者向其发起集体诉讼。

2011年4月12日,中国高速频道被停牌。2011年5月19日,纳斯达克股票交易所对中国高速频道摘牌,股票转至粉单市场恢复交易。

当然,在此之前,参与做空该公司的研究机构、咨询公司、评级机构、对冲基金、律师事务所都已经赚得盆满钵满离场。

原因之二:中国企业自身的问题

绝大部分中国企业被集体诉讼的原因都与不实信息披露和财务造假有关。这与我国企业没有理解完全信息披露的含义有关。美国的股票公开发行实行注册制,与中国股票发行制度实行的保荐制的最大不同之处就在于对上市公司的信息披露要求更加严格。这种发行制度的核心是"完全信息披露",即法律要求证券发行人必须提供与证券发行有关的一切信息,并确保其真实、全面、准确，并对不实陈述所导致的投资者损失承担法律责任。换句话说，也就是上市公司的信息披露不能有遗漏、不能有错误、不能有虚假陈述，如果信息披露对投资者有误导就要承担法律责任。

中国企业一旦没有很好理解完全信息披露的含义，信息披露中一旦有不实之处，出现证券欺诈行为，任一投资者均可聘请律师代表其他投资者启动集体诉讼程序。企业一旦败诉，将面临巨大的经济损失，甚至可以告到这家公司破产。

美国SEC的职责是审查上述披露信息是否符合法定要求，并不对发行行为和证券本身的品质做出判断，这一点和中国的情况完全不同。在中国资本市场上，无论是之前的审批制、核准制，还是现在的保荐制。中国证监会更加看重的是公司上市前的审查，而对于上市后重要的信息披露的要求和惩罚力度不如美国。这就使得国内的企业更加看重上市前对公司的"包装"和"粉饰"，而对于信息披露则是"报喜不报忧"，更有甚者出现虚报、隐瞒等财务欺诈的现象。原因就在于国内信息披露缺失的成本太低、对造假者的惩罚太低。在中国资本市场上，上市公司由于信息披露不实而导致中小投资者蒙受巨大损失的违规行为，往往只被罚款几万元、几十万元，最多几百万元了事，违规收益远远大于其违规成本。在这种情况下，上市公司的大老板和经理人怎么可能披露完全而真实的信息呢？在中国资本市场上养成的这种错误习惯思维一旦带到美国，不引火烧身才怪呢？

造成中国在美上市公司信息披露出问题的原因之一正是这种错误的习惯思维使然。在我国资本市场的上市公司中，企业的财务状况、重大决策、重大人事变动、企业发展导向等方面都是高度保密的，在企业内部甚至都只控制在极少数知情者范围，对公司重大信息的披露，不是故意不报，而是下意识地认为不方便报。这就导致我国在美上市公司在信息披露方面"惯性"的不及时、不真实、不全面。

晶澳太阳能和九城就是因为这个原因遭遇集体诉讼。晶澳太阳能对公司财务状况和运营结果给出了重大的虚假和误导性报告而遭遇集体诉讼，具体原因是晶澳太阳能没有披露其从雷曼附属公司购买的价值1亿美元的票据。晶澳太阳能并没有披露其在雷曼附属公司进行的这项高度投机性的投资，而在当时的信贷危机中，雷曼出现了非常严重的财务困境。所以起诉人因此判定，晶澳太阳能对自己的财务表现、前景和盈利预期的报告中存在虚假信息和误导。此外，九城也因被认为披露虚假的盈利信息以及隐瞒续签《魔兽世界》代理合同的情况也遭到多项集体诉讼。

造成中国在美上市公司信息披露出问题的原因之二就是故意造假。这一点集中于近几年在美国"借壳上市"的中国概念股身上。一些企业在美国上市是按照美国上市的条件"做"出来的账，为上市后遭遇做空和集体诉讼埋下了祸根。例如，有的公司销售额只有5000万美元，却做成1亿美元，利润只有600万美元，却做成1500万美元。财务数据上经不起考验，自然频频被查。此外，有的企业过于强调中国概念，却没有过硬的业绩作为支撑，经过上市的最初阶段，风投资金一旦撤出，自然业绩一落千丈。

在中国概念股丑闻中，几乎所有事发企业都被发现其国内工商资料和纳税记录上的利税、资产、收入数据，与它们递交给SEC的财报数据相差十倍、百倍，甚至无限倍——比如在美国名叫中国清洁能源公司的陕西索昂生物公司，当地税务机关后来开具的记录表明，该公司从2008年至2010年的纳税记录为0。

在美国投资者看来，规范的财务是企业的生存之本，信息披露表现出的是上市公司面对股民起码的社会承诺和职业精神，因此信息披露的真实性、及时性、全面性和准确性事关企业生死。这对于对美国法律和监管条例不熟悉、内部管制又尚未成熟的中国公司而言，的确是不小的挑战。

在别人的地盘上，就得遵守人家的游戏规则。"信息披露不实"和"财务报表虚假"这类事情在中国资本市场上屡见不鲜,上市公司一般都能应付,但到了美国情况就不一样了,成为美国投资者、研究机构、对冲基金、律师事务所、SEC重点关注的问题。稍有不慎,就会遭到联合猎杀。换句话说,如果中国企业赴美上市是以造假圈钱为目的的话,那就是白日做梦了。

数家公司酝酿转移战场

受财务造假丑闻以及恶意做空风潮笼罩的中国概念股整体表现不佳,不少公司选择从美国股市"私有化"退市,转而谋求在中国香港或内地资本市场上市。

"私有化"指的是上市公司大股东回购该公司所有流通股,从而申请从资本市场退市,让把上市公司重新变成非上市公司。在诸多赴美上市的中国公司中,目前有多家公司在进行或已经完成私有化交易,如康鹏化学、中消安、安防科技、乐语中国、大连傅氏、泰富电气、同济堂、BMP太阳石和中能等。除上述公司外,还有多家企业在观望,"私有化"将会形成一股潮流。

一些媒体认为中国多家在美国上市的公司私有化的原因是由于此次做空风潮导致美国资本市场对其估值过低。2010年至2011年中,在此次做空风潮中,受影响最大的不是早期在美国上市的国有企业和新兴的互联网公司,而是通过买壳实现上市的制造业。做空导致的过低股价和市盈率,使得美国资本市场对这些公司失去了融资价值。此外,虽然在美上市门槛较低,但上市后每年需要支付较高的律师费、会计师费等费用,这对公司来说是不小的负担。因此,多家公司在"私有化"的同时,开始酝酿在中国香港和内地资本市场重新上市。

以上的原因似乎并不是主要的理由,对美国资本市场游戏规则的敬畏才是私有化风潮的最主要原因。由于诸多的中国企业在美国遭遇做空和集体诉讼,损失惨重。而在短期内,很多企业无法达到美国SEC要求的完全信息披露,如果在美国资本市场上继续待下去,就难免遭遇做空和集体诉讼,因此诸多企业就不约而同地选择了从美国退市,转而到对信息披露要求相对宽松的中国香港和内地资本市场上市。

这种结果,对于中国资本市场却是一个巨大的讽刺:难道骗不了美国人的钱,就想骗中国人的钱?

我国资本市场要真正从一个投机市场变成一个投资市场,就必须学习美国资本市场的游戏规则设计,做空机制、举证倒置和集体诉讼制度的引进是关键所在。

4.5.2　举证倒置制度

在美国资本市场上,股权高度分散的主要原因就是当大股东的成本太大。一方面是随时有可能遭受集体诉讼,另一方面就是当被告时经常要举证倒置。

小股东告大股东,就是弱势群体告强势群体,这种情况下一般是告不赢的,关键就在于举证困难。因为在一般的民事诉讼中,举证采用的是谁告谁举证。但是当一个小股东被大股东黑了之后,小股东明知自己被黑了,但是由于公司的实际控制权掌握在大股东手里,小股东作为弱势群体难以搜集到自己被黑的证据。

这时,为了保证公平,法律规定了在一些特殊情况下可以采用举证倒置,也就是通常所说的辩方举证。比如说,当一个小股东被大股东黑了而到法院起诉这个大股东的时候,如果采用举证倒置,那么小股东将不再承担举证的责任,而由大股东举证来证明自己的清白,如果证明不了,就说明大股东黑了小股东,法院就会判定大股东败诉,就需要给小股东赔偿。举证倒置制度增加了大股东的成本,这也是为什么美国上市公司股权比较分散,没有绝对大股东的一个重要原因。

举证倒置起源于大陆法系的德国,但是被广泛应用却是在普通法系的美国。

相对来说，普通法系比大陆法系更加强调公平，因此，许多对弱势群体有利的司法制度在美国都得到了广泛的应用。美国在证券诉讼中引入举证倒置制度，通过因果关系推定的方式，加强对小股东合法权益的保护。在前述美国的集体诉讼制度中，对小股东保护很重要的一点就是采用举证倒置。因此在美国的资本市场上，公司任何损害小股东的行为遭受集体诉讼时，被告的公司就必须提出无罪的证据，否则就会采用推定过错责任原则判定公司败诉。也就是说，当美国的一家上市公司由于信息披露存在虚假陈述而遭遇集体诉讼时，信息提供者必须证明自己的行为没有过错，否则将推定其有过错，就要向受害股东承担民事赔偿责任。这对上市公司的控股股东和经理人是一个巨大的威慑。

举证倒置制度对于净化我国资本市场的治理环境将大有用武之地，尤其是在打击内幕交易、虚假信息披露和财务欺诈等方面。我国上市公司的小股东经常受到内幕交易、虚假信息披露和财务欺诈的伤害，但是由于目前在证券诉讼中并不支持集体诉讼，小股东很难利用法律来保护自己。因为，作为内幕交易、虚假信息披露和财务欺诈受害者的小股东，在信息获取能力和资金实力等方面处于明显的弱势。而内幕交易、虚假信息披露和财务欺诈不仅涉及面广而且操作手段隐蔽，小股东靠自己的能力是不可能寻找到证据的。小股东有限的人力和财力也使得缺乏收集证据成为理论上可行，实际上不可能的事。

在这种情况下，引入举证倒置就可以遏制大股东或实际控制人对小股东权力和利益的侵害。比如，当一家上市公司出现股价异动时，对怀疑进行了内幕交易、虚假信息披露或财务欺诈的人员要求举证倒置，嫌疑人就必须举证来证明其清白。如果不能证明，监管机构就可以对其作出有罪推定，并作出相应的处罚。这对打击我国资本市场猖獗的内幕交易是非常具有现实意义的。

我国司法系统在有限范围内引入举证责任倒置制度。《最高人民法院关于民事诉讼证据的若干规定》（以下简称《规定》）第4条，列举了适用举证责任倒置的8项情形，包括专利侵权责任诉讼、危险作业责任诉讼、环境污染责任诉讼、缺陷产品责任诉讼、建筑悬挂物责任诉讼、动物饲养责任诉讼、共同危险行为责任诉讼和医疗事故责任诉讼等特殊的现代型侵权责任案件。《规定》的第 6 条还规定了在员工和用人单位产生劳资纠纷时采用举证倒置,由用人单位举证。

但是令人遗憾的是,在股东纠纷和证券交易诉讼方面却没有引入举证倒置。虽然在《规定》中的第 7 条赋以法院可以自主决定举证的权力:"在法律没有具体规定,依本规定及其他司法解释无法确定举证责任承担时,人民法院可以根据公平原则和诚实信用原则,综合当事人举证能力等因素确定举证责任的承担。"但是,在现实的案件审判中,除了《规定》中列举的 8 种情形之外,如果弱势的被告一方要求举证倒置,是很难得到法院的支持。

令人高兴的是,在千呼万唤之后,证监会终于发出了将举证倒置制度应用到证券交易诉讼的积极信号。2007 年 9 月 17 日,证监会针对重大事项披露前股价异动现象,发布了《关于规范上市公司信息披露及相关各方行为的通知》,规定:"剔除大盘因素和同行业板块因素影响,上市公司股价在股价敏感重大信息公布前 20 个交易日内累计涨跌幅超过 20% 的,上市公司在向中国证监会提起行政许可申请时,应充分举证相关内幕信息知情人及直系亲属等不存在内幕交易行为。"这实际上是有条件地采用举证倒置制度了,虽然条件是要达到"20 个交易日内累计涨跌幅超过 20%",依然给内幕交易者提供了空间,但不管怎么说,这至少是将举证倒置制度应用到股东纠纷诉讼和证券交易诉讼中一个非常积极的信号。

4.5.3 股东派生诉讼制度

在小股东起诉大股东进行维权的三驾马车中,集体诉讼离我们还很遥远,举证倒置是有条件地引入,值得高兴的是派生诉讼制度终于在 2006 年引入。

我国新《公司法》第152条建立了股东派生诉讼制度，规定："（1）董事、高级管理人员有本法第一百五十条规定的情形的，有限责任公司的股东、股份有限公司连续一百八十日以上单独或者合计持有公司百分之一以上股份的股东，可以书面请求监事会或者不设监事会的有限责任公司的监事向人民法院提起诉讼；监事有本法第一百五十条规定的情形的，前述股东可以书面请求董事会或者不设董事会的有限责任公司的执行董事向人民法院提起诉讼。（2）监事会、不设监事会的有限责任公司的监事，或者董事会、执行董事收到前款规定的股东书面请求后拒绝提起诉讼，或者自收到请求之日起三十日内未提起诉讼，或者情况紧急、不立即提起诉讼将会使公司利益受到难以弥补的损害的，前款规定的股东有权为了公司的利益以自己的名义直接向人民法院提起诉讼。（3）他人侵犯公司合法权益，给公司造成损失的，本条第一款规定的股东可以依照前两款的规定向人民法院提起诉讼。"应该说，股东派生诉讼制度的建立，为中小股东维权增加了一个强大的武器，确实对董事、监事、经理人和大股东在一定程度上形成了威慑。

所谓股东派生诉讼，是指当董事、监事、经理等公司高级管理人员实施某种越权行为或不当行为损害公司利益时，如果公司不对此采取行动或提起诉讼，则公司法允许符合条件的股东为公司利益对致害人提起诉讼，要求他们对公司的损害承担法律责任。

从法律逻辑上看，公司也是人，公司这个法人具有独立的人格，因而当公司受到任何人的侵害时，只有公司自己才有权就其所受侵害提起诉讼，股东无权直接为公司的侵害对他人提起诉讼。但是，公司这个法人不会说话。尤其在上市公司中，公司的控制权更多掌握在董事会和经理人手里，而实际上对公司这个法人利益进行侵害的更多是董事、监事和经理这些高管人员，他们之间虽然从制度设计上是相互监督的，但是在现实中更多是相互串通的。希望他们以公司的名义追究违法董事、监事或经理人的法律责任几乎是不可能的。在这种情况下，小股东就可以代表公司这个法人对违法的董事、监事或经理人进行诉讼。由于小股东代表的是公司而不是自己，因此这条制度就叫作股东派生诉讼制度。

股东派生诉讼制度这样一种特殊的诉讼形式就是为了增强对处于弱势的小股东的救济力度，在实践中逐渐被创造出来的。股东派生诉讼的主要目的是为了遏制董事、监事、经理人或大股东等公司的实际掌控者各种各样侵害公司利益的败德行为，对股东的合法权利加以保护。在于维护公司的利益，派生诉讼制度是随着对中小股东权利保护的加强而逐渐发展起来的。股东派生诉讼中权利受侵害的直接对象是公司，股东只是间接受害者，股东行使的是直接受害者公司的权利，目的是为了维护公司的利益，当然，维护了公司的利益也间接维护了股东自身的权利。

那么，谁可以当被告？不同国家的派生诉讼制度对于可提起派生诉讼的行为的界定是不一样的，有些国家只限于对董事的诉讼，而美国的派生诉讼范围是最宽的，我国的派生诉讼制度学习了美国的制度设计。我国法律对可提起派生诉讼的行为的界定，不仅仅局限于董事对公司的责任，同时对经理人执行公司职务时违反法律、行政法规或者公司章程的规定，给公司造成损失的行为，以及他人侵犯公司合法权益，给公司造成损失的行为，都可依法提诉讼。这里将"他人"列为诉讼对象，可以有效地阻吓和铲除公司外的第三人，比如大股东对于公司利益的侵害，从而把派生诉讼制度的作用发挥得淋漓尽致。

在什么时候可以提起股东派生诉讼的问题上，新《公司法》第150条规定了股东提起派生诉讼的条件是公司董事、监事和经理人等要有违反法律、行政法规或公司章程的行为。具体来说，股东可以针对董事、监事、经理人或大股东的下列行为提起派生诉讼：（1）贪污腐败吃回扣的行为；（2）挪用公款和违法违反章程的抵押担保行为；（3）关联交易的行为；（4）泄露或出卖公司秘密的行为；（5）超越《公司法》和公司章程赋予权利范围的越权行为；（6）违法或违反章程分配股利或分配公司财产的行为；（7）董事、监事和经理人的偷懒、不作为给公司造成损害的行为。

股东提起派生诉讼制度的另一个前置条件是先要"竭尽公司内部救济程序"。对这个条件通俗的理解就是，当一个股东发现董事、监事、经理人或大股东侵害了公司的利益时，首先要向公司股东大会、董事会或监事会提出正式的请求，要求公司对致害人的行为采取适当的措施。但是一般来说，由于大股东及董事的操纵和阻碍，应该行使权利的如董事会和监事会会怠于行使或者不行使该项权利，拒绝以公司的名义提起诉讼。这时，股东就可以代表公司提起派生诉讼。当然，《公司法》152条也规定在情况紧急、不立即提起诉讼将会使公司利益受到难以弥补的损害的，原告股东可以不必经过前置程序直接提起派生诉讼。

但是并不是所有股东都有资格发起股东诉讼，必须对股东的资格进行约定，否则就会增加法院的工作量，而且也会使得派生诉讼极为不严肃。比如说陈某到中石化的加油站加油，和服务员吵了一架，很生气。第二天，他便买了100股的中石化股票，第三天到法院去起诉中石化的老总。因此为了避免这种情况的发生,《公司法》第152条规定了只有单独或者合计持有公司1%以上股份而且持有天数在180天以上的股东才能作为股东派生诉讼的原告。

4.5.4 集体诉讼和举证倒置离我们有多远

我国的司法体系是大陆法系，但近年来在证券和金融立法方面学习的更多是普通法系的美国。这反映了国家决策层想学习美国将资本市场作为21世纪我国经济发展引擎的决心，因此才会在2006年引进股东派生诉讼制度，2007年开始有条件地应用举证倒置制度。从发展趋势来看，这是好事，但是仅仅做到这种程度是远远不够的。

要真正做到对大股东的制约，必须在股东纠纷和证券交易诉讼中彻底引进集体诉讼和举证倒置。相信在不久将来，我国会引进举证倒置制度。因为我国已经在民事诉讼的8种情形下采用了举证倒置，而且在证券交易诉讼中也有谨慎地采用了举证倒置，这表明该条制度在我国的应用已经积累了一些经验，具备了初步的制度环境。但是集体诉讼制度进入立法阶段还为时尚早，毕竟集体诉讼对于上市公司更有用，而我国上市公司的主体目前还是以国有企业为主体。在集体诉讼制度强大的威力下，国有上市企业一旦被诉，就有可能面临股价暴跌或巨额赔偿的风险。因此估计集体诉讼制度正式在股东纠纷和证券交易诉讼中引进，也许需要等到民营企业成为我国资本市场主体的那一天。

需要注意的是，一旦我国正式引进集体诉讼制度和举证倒置制度。在集体诉讼、举证倒置和股东派生诉讼这三条制度的共同作用下，在我国资本市场上当大股东将是一件成本巨大的事情，估计到时候愿意当大股东的人就不多了，也许上市公司都将是股权高度分散的公众公司了。那么，我国资本市场将不会像现在这样存在着大量大股东黑小股东的问题了，上市公司的治理问题将和美国一样比较简单，主要是防止经理人黑老板的问题了。

第 5 章
经理人道德风险的五道基本防线

5.1 公司治理体系与经理人道德风险防线

5.2 第一道基本防线：股东大会制度

5.3 第二道基本防线：董事会制度

5.4 第三道基本防线：信息披露制度

5.5 第四道基本防线：独立的外部审计制度

5.6 第五道基本防线：公司控制权市场

在公司治理中，人们最关注的其实并不是股东黑股东的问题，而是经理人黑老板的问题。因为并不是所有的公司都存在股东间互相"黑"的问题，有很多民营企业的股东其实只有一个。因此，对于这些企业来说，公司治理问题其实就是经理人黑老板的问题。

如果我们把经理人黑老板行为的根源称为经理人的道德出了问题，这在经济学上叫作"经理人的道德风险"。那么，公司治理的制度就可以看作是防止经理人道德风险的防线。从实践来看，经理人道德风险总共有六道防线，其中有五道为基本防线：股东大会制度、董事会制度、信息披露制度、独立的外部审计制度和公司治理的外部结构，这五道基本防线的目的是为了控制和约束，属于公司治理的"约束机制"。目的是尽量解决老板和经理人之间信息不对称以及老板难以面对面直接监督经理人的问题。

5.1　公司治理体系与经理人道德风险防线

在一些学术资料和财经评论中，我们经常看见"公司治理体系"这个词。公司治理体系包括公司内部治理结构和外部治理结构两个部分。如图 5-1 所示是世界银行在 1999 年提出的公司治理体系。

图 5-1 左边的部分主要包括的是股东、董事会和经理人层面之间的相互制衡机制，这些都发生在企业内部，因此就叫作公司治理的内部结构。公司内部治理结构的内容对于上市公司和非上市公司都是适用的，主要目的是通过制度安排，保证企业健康发展，主要包括两个方面：一方面是指通过股权结构和公司章程对控制权进行安排，防止大股东黑小股东；另一方面是公司内部形成的一套有效激励并且约束经理人的制度安排，以达到对经理人的有效管控和激励。

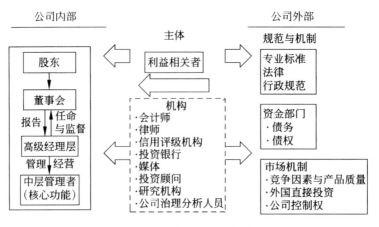

图 5-1　公司治理体系

内部治理结构要想真正发挥作用，有一个非常重要的前提，那就是：公司的产权一定要明晰，企业所有者真正关心其财产。满足了这个前提条件，公司的股东才会真正关心股东会、董事会和经理人之间的制衡机制是否真正有效，以及关心这种制衡机制是否对企业创造价值有帮助。只有这样，股东们寻求建立公司治理制度就确确实实是为了解决企业发展中的问题，而不再是为了时髦，或者是为了上市满足证监会的要求在形式上建立公司治理制度。

在图 5-1 中，除去公司内部治理结构之外的内容，其余各部分就统称为公司外部治理结构。主要包括公司控制权市场的约束、机构投资者的监督、债权人接管的威胁、经理人市场的监督与惩罚、产品市场的监督以及各种各样中介机构的监督等，其中发挥重要作用的是公司控制权市场上的控制权之争。公司治理外部结构只对上市公司有用，对非上市企业顶多只有借鉴作用，主要是通过市场这只"看不见的手"发挥作用。下面以公司治理评级机构和研究机构对上市公司控股股东和经理人起到的监督和威慑作用进行说明。

举例来说，当一家中国 A 股市场的公司董事会设置和内控体系设置仅仅只是满足了按照证监会的要求，比如董事会中的独立董事人数刚好占董事会规模的 1/3，董事会每年只开两次会，委员会中只设置了审计委员会。这样的董事会，虽然从法律法规上满足了要求，但是公司治理评级机构会认为该公司董事会明显被控股股东或经理人把控，独立性较差，所以给出的效率和独立性的评价就会较低。该公司的股价就会下跌，于是便迫使该公司想办法提高董事会的效率，增加董事会的独立性。

5.1.1 防止经理人黑老板的治理逻辑

从公司治理体系中可以总结出防止经理人道德风险的六道防线，其中五道防线来自公司治理内部结构，包括股东大会制度、董事会制度、信息披露制度、独立的外部审计制度以及股权激励制度。另外，我们将公司外部治理结构中的公司控制权市场称为第六道防线。

在这六道防线中，股东大会制度、董事会制度、信息披露制度、独立的外部审计制度和公司控制权市场是对经理人的约束和控制，起到基本防范作用；对经理人的股权激励制度则是通过股权激励的方式起到关键的约束作用。

六道防线的基本治理逻辑是：法律有效保护股东权利，股东的权利主张和利益诉求通过股东大会得到保护；股东能够有效控制董事会，在股东大会闭会期间，董事会代表其选拔、监督和激励经理人；信息披露制度直接解决控股股东、小股东和经理人之间的信息不对称，为股东的决策提东真实的信息；独立的外部审计制度是确保信息披露的真实性；公司控制权市场则是通过资本市场的力量对上市公司的控股股东、董事会和经理层进行直接的威慑。

在这五道基本防线保护住股东的资产不被黑的情况下，接下来就是采用股权激励解决老板和经理人利益不一致的问题，将经理人的利益、股东的利益和公司的利益捆绑起来。

只要将六道防线相互配合，基本上就能解决经理人黑老板的问题。

5.1.2 我国的公司治理模式都学了谁

如图5-2所示的是《公司法》所规定的上市公司的内部治理结构。其治理逻辑是：股东大会作为公司的最高决策机关和权力机关；董事会是公司的执行机关，对股东大会负责，遵守股东大会的决议，指导公司业务的执行；监事会是公司的监督机关，对股东大会负责，对董事长、董事会和经理层执行公司管理事务和会计事务实行监察。监事会作为与董事会平行、对等的机构，都直接对股东大会负责；监事会与董事会相互独立，互不隶属。这种治理结构是政治上三权分立思想在公司机关构造上的具体体现，理论上讲是最完美的模式，但实际效果如何呢？

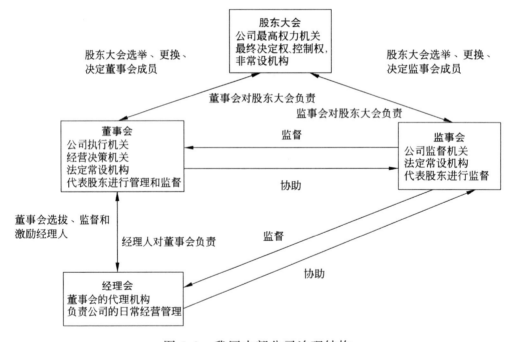

图5-2 我国内部公司治理结构

这种治理模式的应用效果比较差。为什么会出现这样的现象？要回答这个问题，必须知道我国《公司法》所规定的内部公司治理结构都学习了谁。

公司治理模式分为三种，即家族模式、英美模式和德日模式。而我国的治理模式则是学习了英美模式和德日模式。

（1）从英美模式中学到什么？

在图 5-2 中，如果将监事会去掉，就变成了如图 5-3 所示的英美模式的内部治理结构。英美模式又叫作市场控制模式，也就是说，在英国和美国的资本市场上，更多的是依靠市场力量对经理人进行监督和控制。在英美资本市场上，防止经理人道德风险最主要的防线是以控制权争夺为代表的公司外部治理结构，第二道防线是内部治理结构中的董事会制度，第三道防线是经理人股票期权制度。

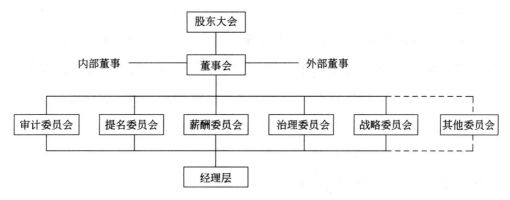

图 5-3 英美模式的内部治理结构图

英美模式的内部治理结构中，没有监事会，那么谁来行使监督经理人的职责呢？答案是独立董事制度和委员会制度。英美模式内部治理结构的逻辑是，由于股权高度分散，股东都不愿投太多时间和精力去管企业，因此作为最高权力机构的股东大会的职责就主要变成了选举董事会成员，股东大会就将权力委托给了董事会。为了使得董事会确实能够监督经理人，就建立了独立董事制度，要求董事会中必须有一定数量的和经理人没有什么利益关系的独立董事；同时为了让独立董事的监督作用能够充分发挥，建立了委员会制度，一般的美国上市公司的董事会中,都会建立审计委员会、提名委员会、薪酬委员会和执行委员会。

在通过控制权市场争夺、董事会制度对经理人进行约束的同时,美国还强调用与资本市场挂钩的经理人股票期权计划对经理人进行激励和约束。

那么,我们学习了英美模式的什么特点呢?我国在资本市场规则的制定上一直在学习美国,但由于上市基本规则的不同,导致美国资本市场股权较为分散,而我国资本市场则是一股独大,因此以控制权市场争夺为主的外部治理结构我们一直想学但没学成。我们主要是学习了董事会制度中的独立董事制度和委员会制度,以及股权激励制度。

自2001年起,我国证监会就要求上市公司建立独立董事制度和与之配套的委员会制度。2001年起,每家上市公司至少有一名独立董事;2003年后,要求每家上市公司1/3的董事必须是独立董事,而且审计委员会成为法定的委员会。2006年1月1日,证监会颁布实施了《上市公司股权激励管理办法》,标志着经理人股权激励制度正式作为公司治理的重要手段引入我国的资本市场。

(2)从德日模式中学到了什么?

德国和日本公司治理模式的特点主要有两个:一是银行在公司治理中的作用特别大;二是都有监事会,而且监事会的权力大于我国公司治理模式中的监事会。

德国和日本的金融体系是混业经营的,两国的银行既可以从事传统的银行业务,又可以从事证券和保险业务。也就是说德国和日本的商业银行既可以给一家公司投资做股东,也可以给这家公司贷款当债权人。这一点和我国的情况是完全不同的,我国的金融体系学习的是美国的分业经营,也就是商业银行和投资银行必须分开,银行只能给企业贷款当债权人。在德国和日本的公司治理模式中,股东不会像英美公司的股东"用脚投票",而是直接"用手投票",改组董事会和经理层,直接发挥影响力。

以日本银行在公司治理中的作用为例,日本的治理模式又称为相机治理模式。在企业运作平稳、盈利情况较好的情况下，银行并不过多地参与公司的管理决策。但是，如果公司出现危机或者公司盈利出现下降，银行就会利用股东和债权人的双重身份，获得较为充分的信息，直接干预企业的管理决策。在情况比较危急的情况下，甚至会直接改组或解聘董事会和管理组。这对于董事会和经理人都是一种比较大的威慑。

德日模式公司治理逻辑是：将公司的业务执行职能和监督职能分离，并成立了负责执行职能的董事会和负责监督职能的监事会。我国法定的公司治理内部结构在形式上学习了日本的平行三角制，在监事会构成上学习了德国的共同决策制。

我国公司治理的内部治理结构学习了如图 5-4 所示的日本模式。在治理逻辑上中国模式和日本模式是比较相像的，股东大会是最高权力机构，董事会是管理决策机构，监事会是监督机构。不同的是，由于中国模式在董事会制度上引进了独立董事制度和委员会制度，因此中国模式中的董事会权力是大于日本董事会权力的。而日本更多是依赖监事会履行监督职能，因此，日本的监事会的权力大于中国模式中的监事会。

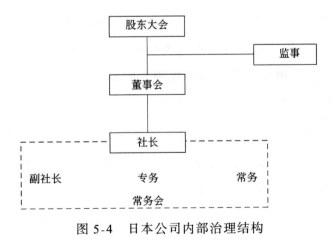

图 5-4 日本公司内部治理结构

如图 5-5 所示的是德国公司治理的内部结构，该模式有两个特点：首先，从世界范围来看,德国的监事会权力是最大的;其次,德国监事会的构成一定有职工代表。

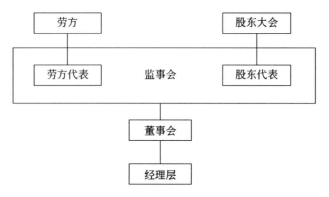

图 5-5 德国公司内部治理结构

德国模式又叫作双层董事会模式。按照德国公司法规定,所有股份有限公司都必须建立监事会和董事会。其中,监事会权力是非常大的,主要体现在人事权、决策权和监督权三个方面。在人事权方面,按照德国公司法规定,董事会成员的选择、任命、监督和解聘不是由股东大会负责,而是将这个权利给了监事会。在决策权方面,涉及金融运作、借贷等引起资本增减的重要经营事项都需要监事会做出决策。在监督权方面,公司的账目和资产审计都归监事会管。德国模式实际上是把英美模式中本归属于股东大会和董事会的一些重要的决策权、控制权和监督权授给了监事会。

德国的治理模式又称为共同决策制,主要表现为监事会中一定会有劳方代表,监事会不仅是股东利益的代表机关和监督机关,同时也是劳方利益的代表机关和劳方机关。德国历来重视劳资关系,体现在公司治理中,就是德国公司法规定监事会中必须有一定数量的劳方代表。1976年的《职工参与决定法》规定了一般公司的监事会由数量相同的股东监事和职工监事组成,比如一个公司的监事会的人数为11人,那么就会有5个职工代表、5个股东代表,另外 1 个就是股东和劳方都能接受的第三方。其中职工监事包括公司职工代表和工会代表，都经过职工民主选举产生。

我国在监事会人员构成上学习了德国，《公司法》第 52 条和第 118 条分别规定了有限责任公司和股份有限公司要设立设监事会，其成员不得少于 3 人。监事会应当包括股东代表和适当比例的公司职工代表，其中职工代表的比例不得低于 1/3，具体比例由公司章程规定。监事会中的职工代表由公司职工通过职工代表大会、职工大会或者其他形式民主选举产生。

5.1.3 学习效果如何

我国的内部治理机制既学习了英美模式的特点，又学习了德日模式的特点。在整个公司治理结构的设计上学习了日本的"平行三角模型"，在监事会成员构成上学习了德国的"共同决策制"，即要求监事会成员必须有一定数量的职工代表。在董事会构成上学习了美国的董事会制度，既要求建立审计委员会等专门委员会，又引进了独立董事制度。从理论上讲，我们将世界范围上最具特点的制度都移植到了我国的治理模式中，该治理模式理应是最好的，但实际效果又如何呢？

制度创新和管理创新如果是纸面上的"1+1=2"如此简单的话，我国的经济早就应该超越美国，成为世界第一了。制度的引进需要一个融合过程，不考虑制度的兼容性和匹配性，而是简单地将一些制度堆积在一块，实效是很差的。最具代表性的是：在中国，有谁将监事会当回事？

在我国的治理模式中，监事会平行于董事会，既有职工参与又独立于管理层，按理说应该做到在充分了解信息的情况下，独立地行使监督的职责。但可惜的是，这只能是立法者美好的愿望，监事会目前更多成为公司治理结构中的一种摆设。《公司法》虽然明确了监事会的职权，但并没有明确赋予监事会强制董事履行责任的权力，而且也没有规定董事会和经理层必须定期向监事会报告，监事会在选择董事会成员和经理人选的时候也没有话语权，这就使得监事会的权威性受到很大的影响。而且监事会中的职工监事都是企业内部人，其薪水、升职都受制于董事会和经理层，如何让他们做到独立地监督？

最后的结果，就是没有人把监事会当回事。每年年终的时候，我国上市公司的监事会都要披露监事会报告，每家公司的报告从内容和结构上基本大同小异。这样的监事会不可能发挥其应有的作用。

正是基于这样的现实，我国证监会从2001年起引进独立董事制度以及与之配套的委员会制度，这不仅仅是公司监督形式的改变，更重要的意义可能是对原有以监事会为特征的"双层制"公司治理内部结构的否定和抛弃。

【案例 5.1】史美伦不满监事会，对独立董事制度寄予厚望[①]

2001年，有位财经记者采访时任中国证监会副主席史美伦时，问道："我国已有监事会制度了，为什么还要引进独立董事制度？"

史美伦回答说："有时也有人主张应当赋予处在上市公司董事会之上的监事会以更多的权力。然而，已有的经验表明，由于监事会所代表的利益主体不明确，这种监督制度并不有效。在许多情况下，监事会复制了董事会的权力但没有承担相应的责任。事实上，监事会的存在只是给人以上市公司中存在某种相互制约的假象。"

史美伦还对记者说："现在引进独立董事制度，是个新的尝试，对独立董事，我们暂时不抱很大希望，我们希望通过独立董事建立公司的问责制度。

---

① 资料来源：（1）上海证券报网络版.史美伦论中国资本市场未来与公司治理的作用.http://finance.sina.com.cn/y/53826.html.（2）南方网."铁娘子"史美伦：中国股市"四大病".http://club.china.com/data/thread/1011/2706126149/3-1.html.

独立董事是不是和监事会冲突？我们试图在实践中找出一些方法。现有的监事会不是很理想，也很不负责任。我们提出在2002年6月，每家上市公司要有2名独立董事；2003年6月，要有3名或者1/3的人数。当然，短时间内独立董事未必能马上发挥作用，但是5~7年之后，独立董事的作用会更突出，公司治理会更加透明。"

既然官方都认为监事会制度已经基本失灵，那为什么不直接取消监事会制度呢？有些学者认为，监事会有作为企业内部人的职工代表，可以重点进行事中监督；而独立董事都是企业外部人，可以重点进行事前和事后监督。因此，他们认为，监事会制度和独立董事制度可以并存，并且相得益彰。这种观点本书不敢苟同，事前、事中和事后，从纸面上可以分得很清楚，但是实际中能分清吗？将法定的独立董事、审计委员会的职责与监事和监事会的职责对比，就可以发现它们是相互交叉和相互重合的。

这些年我给不少国资委主办的国有企业培训班上课，国资委的领导跟我讲："马老师，为了解决职工董事受制于董事会和管理层的问题，现在国有企业都采用外派监事制度。公司的监事由国资委或国有控股公司派出，但是监事的工资不在该企业发，由国资委或国有控股公司来发。试行的效果不错，这些外派监事都非常努力地进行监督。"

确实，近些年来，从央企到地方国有企业都在寻求提高公司治理成效的方法。其中，外派监事就成为其中的一个重要举措。但是事实是国有企业监督少吗？国有企业有党委、纪委、上级审计部门、独立董事都在负责监督，再加上一个外派监事，是为了让监督更加严密吗？其实，从管理学和经济学的角度来看，监督并不是越多越好，监督是为了公平，但是绝对的公平是没有效率的，因此，监督和效率是要做取舍的。对于国有企业来讲，缺的不是监管体系中再加上一个外派监事制度，而是能否真正将诸多的监管落到实处。

5.1.4　我国模式何去何从

对于任何一个国家的企业来说，没有最好的制度，只有适合不适合的制度。这就要求我们在学习各种先进的治理模式的时候，首先要坚持自我，其次要虚心学习，重要的不是照搬了某种时髦的制度，而是要选择适合自己的，加强公司治理的系统性和适应性，使得各种制度相互匹配，提高制度的整体效力和效率。

在这方面，日本做得很好。日本公司治理的传统模式是平行三角制，由监事会行使监督的职能。在学习英美模式的经验时，日本并没有简单地移植，也没有彻底地"破旧立新"，而是在"立新"的同时，"改造旧"的。2002年日本的商法规定，在公司治理模式上，企业可以采用传统的平行三角制，但需要新入独立监事；企业也可以采用英美模式的董事会制度，但要求废除之前的平行三角制，而且必须建立独立董事制度，在董事会下还需设立由独立董事担任主席的审计委员会、薪酬委员会和提名委员会。

日本的这种做法，实际上是法律为企业提供了自由选择公司治理模式的机会。索尼、日立和野村等大企业选择了美式的董事会制度，而丰田和佳能等企业坚持传统的监事会制度。日本这种从立法上给以企业选择权的制度学习方法，明显优于我国强制性要求必须同时并存监事会制度和独立董事制度的行政手段。日本的做法更加看重市场选择的结果，让企业根据自身的需要和市场的需要，自主地选择适合自己的治理模式。而我国更加看重行政手段，强制性地要求监事会制度与独立董事制度和委员会制度并存。在实际运作中，监事会制度和董事会的审计委员会在职责上有着太多的交叉和冲突，这也许是我们过分强调"检查与制衡"的结果。最后形成的结果就是，表面上我们有双重监督机制，实际上监督是缺乏的，更多的是复杂的权力斗争。

那么，我国的治理模式该何去何从呢？中国的法律体系和德国、日本一样，属于大陆法系国家，因此在最初的中国治理模式中选择监事会作为监督机构是没有问题的。但是，由于世界上最有效率的资本市场是美国的资本市场，因此，中国近年来在涉及金融证券领域的立法，甚至包括证券市场的监管体系其实一直在学习美国。在这种背景下，监事会制度就显得与其他公司治理制度的匹配性很差，甚至格格不入。我们不妨将监事会制度取消，同时将其职责转移给独立董事或董事会的审计委员会制度。因此，本书在总结的六道经理人道德风险中没有监事会制度，也不再单独讨论监事会的内容。

5.2 第一道基本防线：股东大会制度

从理论上讲，股东大会是现代股份公司的最高权力机构和决策机构。上一章内容指出，"实施参与重大决策和选择管理者"是法定的股东身份权，那么股东在什么地方行使这个权利呢？在现代股份公司中，尤其是上市公司中，股东除被选为董事或监事外，几乎没有机会参与公司的经营活动。因此，各国的公司法都规定了股东大会是股东"实施参与重大决策和选择管理者"权利，从而达到保护"依法享有资产收益"权利的重要平台。

股东大会的决议并不是全体股东意志的简单相加，而是依照《公司法》等法律发挥或者公司章程规定的表决制度所形成的多数股东意志。因此，股东决议一经形成，就对全体股东和整个公司产生约束力。

股东大会制度是保护中小股东权利的事前预防措施，是中小股东权利保护体系中的第一道防线。股东大会制度中最重要的问题有4个：第一，表决权制度是如何设定的，除了一股一票制度外，是否还有其他的投票制度？第二，股东大会决策哪些内容？第三，谁有权召集股东大会？第四，股东大会和董事会的权力界限是什么？

5.2.1　股东大会的投票制度

在股东大会中最重要的就是关于投票制度的设计,关于这方面的内容已经在第 4 章详细讨论过。需要强调的是,股东大会的表决权体系是以一股一票、资本多数决为基础,同时采用累积投票制度、股东表决权排除制度和委托代理投票制度。

其中,累积投票制度、股东表决权排除制度和委托代理投票制度主旨就是为了加强对中小股东的保护,但是要想在股东大会中有效使用,必须在公司章程中提前约定。

5.2.2　股东大会的权限

股东大会应该管哪些事情?由于股东大会开一次并不容易,尤其是上市公司可能就是一年一次,因此不能将所有的鸡毛蒜皮小事都由股东大会来讨论,股东大会应该关心企业的大事,那么哪些是大事呢?这里有两个判断标准,首先上股东大会讨论的内容应该是涉及股东价值和风险驱动的因素。企业中符合这个条件的事情是相当多的,所以还要由第二个标准来筛选掉一些不值得上股东大会讨论的事项。其次,如果这些事由管理层或董事会来决策的话可能会损害股东的利益,那么这些事项的最终决策权只能是股东大会。

具体来说,股东大会决策的内容都是对企业比较重要的。从人权的角度来看,股东大会决策的内容包括:对于董事、监事、清算人的选任、解聘及其报酬和支付方式,要由股东大会以决议的形式予以决定;补选董事、监事,以及董事会与监事会的改选等,要通过表决的形式予以确定。

从财权的角度来看,股东大会最重要的就是要讨论上一年度的利润分配或亏损弥补方案、本年度财务预算决算方案以及重大投资计划等。具体来说,需要上股东大会讨论的财权还包括：审议和批准董事所编制的会计表册、清算人所提交的各项表册；审议和批准关于缔结、终止、变更有关出租、委托经营和联营的合同；审议和批准因经营需要而让与公司全部或主要部分的营业或财产；审议和批准受让他人全部营业或财产；对公司增加或者减少资本作出决议；对发行公司债券作出决议。

从事权的角度来看，股东大会决策的内容包括：决定公司的经营方针和投资计划；变更公司章程；公司的解散、合并与分立等对公司有重大影响的事项；对经理人的股权激励计划；以股利的全部或一部分发行新股。

股东大会是股东行使权力的主要渠道，对上市公司的中小股民来说可能是唯一渠道，因此，股东大会制度就成为经理人道德风险防线的第一道防线。股东大会对经理人进行威慑的治理逻辑是，股东如果对经理人和董事会不满，就会在股东大会上通过投票来改选董事会，并对公司的大政方针进行决策，迫使董事会对经理人员施加压力，来实现他们的利益诉求。

需要指出的是，股东大会制度对经理人的治理是间接的，从法律上看，股东没有权利直接换调工作能力不强的经理人，但股东可以通过手里投票权威胁董事会，使董事会更加关心股东的诉求，按照股东的意愿对经理人进行监控和激励。

5.2.3 谁可以召集股东大会

股东大会是公司的非常设机构，是按照《公司法》或公司章程的规定定期召集的。一般来说，年度股东大会一年召集一次，临时股东大会视情况而定。

（1）关于年度股东大会的召集

年度股东大会是每年必须按照法律要求召开的会议，新《公司法》第101条规定：股份有限公司"股东大会应当每年召开一次年会"。年度股东大会的主要议题是讨论决定公司重要的常规性事务：公司董事在大会上向股东通报公司的经营业绩或未来前景；股东就董事会选举和重大的公司决策进行投票；审议和批准年度财务预算决算方案、年度利润分配或亏损弥补方案、重大投资计划等。

对于上市公司来说，年度股东大会是强制性的，证监会2006年发布的《上市公司股东大会规则》第4条规定："年度股东大会每年召开一次，应当于上一会计年度结束后的6个月内举行。上市公司在上述期限内不能召开股东大会的，应当报告公司所在地中国证监会派出机构和公司股票挂牌交易的证券交易所，说明原因并公告。"同时第46条规定："在本规则规定期限内，上市公司无正当理由不召开股东大会的，证券交易所有权对该公司挂牌交易的股票及衍生品种予以停牌，并要求董事会作出解释并公告。"

我国《公司法》规定，年度股东大会的召开由公司董事会决定，并由董事会负责召集。会议由公司董事会的董事长主持，董事长主持股东大会方面的基本职责是：组织会议，维持会议秩序，掌握会议进程并组织会议对各项决议草案进行讨论，然后提请股东大会分别对各项决议草案进行表决。

董事会的全体董事对于股东大会的召开负有诚信责任，股东大会会议的具体主持人应为公司的董事长。董事长因特殊原因不能履行职责时，由董事长指定的副董事长或者其他董事主持。董事会、董事长和任何股东大会的主持人都不得因私人利益而阻碍股东大会依法履行职权。

董事会在召集股东大会时，应当在会议召开的20日以前将会议所要审议的事项通知各股东。如果公司董事会所召集的是临时股东大会，会议不得对会议通知中未列明或未通知的事项作出决议。如果作出决议，则视作自始无效。

发行无记名股票的股份有限公司召集股东大会，董事会应当在股东大会召开的30日以前将股东大会所要审议的事项作出公告。也就是说，要以公告的形式在股东大会会议召开 30 日之前将会议所要审议的事项通知股东。无记名股票的股东若要参加股东大会，必须在股东大会召开 5 日之前将股票至股东大会闭会时止交存于股份有限公司。

（2）临时股东大会

临时股东大会是指在两次年度股东大会之间因出现法定事由时而召开的股东大会。按《公司法》第 101 条的规定："公司遇有下列情形之一时，股份有限公司应当在两个月内召开临时股东大会：①董事人数不足《公司法》规定的人数或者公司章程所定人数的 2/3 时；②公司未弥补的亏损达股本总额的 1/3 时；③单独或者合计持有公司股份 10% 以上的股东请求时；④董事会认为必要时；⑤监事会提议召开时；⑥公司章程规定的其他情形。"

股东大会是中小股东发表意见、维护自身权益的重要平台，有无大会召集请求权和召集权至关重要。确保股东大会尤其是临时股东大会的及时召集，对于股东大会制度这道经理人道德风险的防线能否真正起作用是最重要的。按照各国公司法的规定，股东大会一般由董事会召集。一般而言，董事会对年度大会的召开肯定不会也不敢懈怠、拖延或阻挠，因为如果董事会不及时召集股东大会，就会遭受惩罚。但在实践操作中，由于一些董事会、大股东和经理人往往会"勾结"在一起，共同侵害公司或小股东的利益。这时，董事会很可能就不召集"本应该举行"的临时股东大会。为防止董事会滥用这一权利，法律必须采取有效措施予以制约和弥补。因此，除董事会之外，我国的《公司法》和相关法律法规赋予独立董事、监事会和股东提议召集和召集股东大会的权力。其中，赋予股东和监事会的权力较大，在董事会不同意的情况下，可以自行召集股东大会；独立董事的权力相对较小，只是赋予了上市公司的独立董事召开临时股东大会的提议权。

根据我国《公司法》第 41 条针对有限责任公司、第 102 条针对股份有限公司规定，股份公司股东大会的召集权一般情况下属于董事会，然而，如果董事会"不能履行或者不履行召集股东大会会议职责的，监事会应当及时召集和主持；监事会不召集和主持的，连续九十日以上单独或者合计持有公司百分之十以上的股份的股东可以自行召集和主持"。这样，赋予小股东与董事会平等召集股东大会的权利，就有利于打破董事会对召集临时股东大会的垄断，从而达到保护中小股东和公司的合法权益。

《上市公司股东大会规则》第6条到第12条对股东大会的召集人、召集程序、实施办法做了细致的规定，所有的出发点都是为了让股东大会制度成为遏制大股东、董事会和经理人"黑"中小股东的行为。其中，第7条规定了独立董事有权向董事会提议召开临时股东大会。而且第7条和第8条规定，对独立董事和监事会要求召开临时股东大会的提议，董事会应当根据法律、行政法规和公司章程的规定，在收到提议后10日内提出同意或不同意召开临时股东大会的书面反馈意见。董事会同意召开临时股东大会的，应当在作出董事会决议后的5日内发出召开股东大会的通知。对于独立董事提议召开的临时股东大会，董事会不同意召开，则应当说明理由并公告；对于监事会要求召开的临时股东大会，董事会不同意的，或者在收到提议后10日内未作出书面反馈的，视为董事会不能履行或者不履行召集股东大会会议职责，监事会可以自行召集和主持。

《公司法》对股东自行召集股东大会的程序未作出明确规定，但根据《上市公司股东大会规则》第10条的规定，股东自行召集股东大会的应履行以下程序："单独或者合计持有公司10%以上股份的股东有权向董事会请求召开临时股东大会，并应当以书面形式向董事会提出。董事会应当根据法律、行政法规和公司章程的规定，在收到请求后10日内提出同意或不同意召开临时股东大会的书面反馈意见。董事会同意召开临时股东大会的，应当在作出董事会决议后的5日内发出召开股东大会的通知，通知中对原请求的变更，应当征得相关股东的同意。董事会不同意召开临时股东大会，或者在收到请求后 10 日内未作出反馈的，单独或者合计持有公司 10% 以上股份的股东有权向监事会提议召开临时股东大会，并应当以书面形式向监事会提出请求。监事会同意召开临时股东大会的，应在收到请求 5 日内发出召开股东大会的通知，通知中对原请求的变更，应当征得相关股东的同意。监事会未在规定期限内发出股东大会通知的，视为监事会不召集和主持股东大会，连续 90 日以上单独或者合计持有公司 10% 以上股份的股东可以自行召集和主持。"

《上市公司股东大会规则》第 11 条和第 12 条的规定，为股东和监事会召集临时股东大会提供了物质和制度保障。监事会或股东自行召集的临时股东大会，董事会和董事会秘书必须给予配合，而且会议所必需的费用由上市公司承担。

以上的这些法律法规使得股东尤其是小股东真正有可能将股东大会作为防止大股东、董事会和经理人"黑"自己的一种武器。

5.2.4 股东大会和董事会的权力界限

股东大会和董事会的权力界限是什么？股东大会和董事会谁的权力大？这个问题也可以这样问，我国上市公司的股东大会权力大还是美国上市公司的股东大会权力大？或者是我国上市公司的董事会权力大还是美国上市公司的董事会权力大？

我在 EMBA 班或者是 EDP 班上问这个问题的时候，有些同学问答："应该是美国的股东大会权力大吧！"这时我会对他们说："外国的月亮不一定比中国圆！其实这个问题的答案并没有好坏之分，只不过是规则不同而已。在美国，法律将绝大部分权力留给了董事会，呈现出典型的董事会中心主义。也就是说，美国上市公司的权力中心在董事会。而我国的公司法将一些重要的权力留在股东大会，更加强调股东大会对董事会的制衡作用。因此，我国上市公司的股东权力大于美国上市公司的股东大会;当然美国上市公司的董事会权力大于中国上市公司的董事会。"

关于这一点,我们从国美之争中可以看得比较清楚。在2010年国美之争的过程中,很多公司治理和法律专家的评论都有这样一句话:"这是在香港《公司法》框架下演绎的故事,如果是在内地,故事将是另一个版本。"这种描述并不是说香港的《公司法》先进,只是说明不同规则下大家的做法不同而已。香港的法律体系属于普通法系,在普通法系下,虽然股东大会也是名义上的最高权力机关,但实际上由于资本市场上的各种制度使得当大股东的成本较大,因此,上市公司中没有人愿意做大股东,这就导致了股权高度分散。这时法律就相应地做出了调整,从股东绝对主义转向股东相对主权主义,董事会的地位得到彰显,董事会成为公司的权力中心。董事会不仅享有法律和章程规定的代表公司、管理公司的权力,而且还享有法律或章程未明确授予股东大会的余权。"凡公司能干的,董事就能干",英美法系判例中的这一格言充分彰显了董事会在公司机关中的核心地位。

【案例5.2】国美之争中,股东大会和董事会谁说了算[①]

在轰轰烈烈的国美争夺战中,有三件事情是令熟悉我国《公司法》的观众想不通的,那就是董事会的权力为什么会如此之大,甚至大过股东大会。

(1)董事会为什么能推翻股东大会的决议?

国美争夺战的正式打响是在2010年5月11日的国美年度股东大会上,黄光裕的代表出人意料的连投反对票,否决了12项决议中的5项,其中包括来自贝恩的3位非执行董事的任命。

[①] 资料来源:(1)互联网资料;(2)冯禹丁.国美案的五个追问[J].商务周刊,2010(19);(3)伊西科.国美刀光剑影50天[J].商务周刊,2010(19).

面对黄光裕的突然发难，国美董事会连夜召开紧急会议，以"投票结果并没有真正反映大部分股东的意愿"为由，否决了股东大会的相关决议，重新委任贝恩的3名前任董事进入国美董事会。董事会推翻股东大会的决议，这一明显违背公司治理常识但并不违反国美公司章程的事件，使得国美内部大股东与董事会的矛盾第一次被公之于众。

这种事情在我国上市公司中是不可能发生的，因为属于大陆法系的《公司法》中规定，股东大会是公司最高权力机构，"执行股东大会的决议"是明确规定的董事会主要职责之一。但是国美的注册地在百慕大群岛，上市地点在我国香港，这两地均属于英美法系。而英美法系则奉行"董事会中心制"，即除了股东大会保留的，董事会具有一切权力。而且在百慕大注册的公司一般只需备案一个很简单的、"大纲似的"公司章程，真正的公司章程往往是不在政府部门备案的，法律对公司章程干涉也很少。

国美董事会推翻股东大会的决议，其依据的正是国美电器公司章程中的条款："股东大会授权公司董事会有权在不经股东大会同意的情况下任命公司非执行董事，直至下一届股东大会投票表决。"需要注意的是，以上章程授权的范畴，并未明确在股东大会已经形成决议的情况下，董事会是否有权对此决议进行否定。国美董事会当天的再否决，正是根据英美法系"未明确禁止即合规"的原则。

（2）旧部为何反戈一击？

陈晓作为一个公司被并购后的外来人，居然获得了黄光裕旧部的支持，这是为什么呢？是黄光裕做人失败吗？

陈晓2006年年底随着国美并购永乐而进入国美出任总裁，但由于黄光裕成立的"决策委员会"独立于总裁之外，总裁实际权力被架空。2008年下半年，由于觉得身处"黄光裕体系"内难以施展才华，陈晓一度曾想离开国美。

但是当国美控制权争夺战打响时，黄光裕一手提拔的兄弟们却反戈一击，大都选择与陈晓组成攻守同盟。2010年5月11日晚上的国美电器董事会上，王俊洲、魏秋立、孙一丁均对重新任命贝恩投资的3位非执行董事投了赞成票，直接否决了白天大股东的反对票。王俊洲对于黄光裕要求陈晓"下课"表态说："这是一个非常令人失望之举。"孙一丁也表示，对黄光裕的做法"觉得挺遗憾"。贝恩的竺稼也曾在8月初对媒体表示，"目前管理层中已没有任何一人再亲近黄光裕。"

8月12日上午在鹏润大厦7层会议室，国美4位副总裁孙一丁、李俊涛、牟贵先、何阳青及财务总监方巍与媒体交流，他们共同回应了黄光裕家族对公司经营及引进战略投资者的种种质疑，表态将与陈晓"共进退"。"如果公司没有未来，我们也就没有留下来的必要。"这是被外界称为"被争夺的第三方"的重要成员在黄陈公开闹翻后第一次公开亮相，事后媒体对此报道的新闻标题多是国美五高管"力挺陈晓"。

黄光裕家族"是真没想到"在争夺控制权的关键时候，高管层会站在陈晓一边。那么，黄光裕的旧部为何会倒戈背叛呢？黄光裕家族对此的解释有3点原因：利益捆绑和期权"金手铐"的诱惑；一审黄光裕被判14年，一些高管觉得没了盼头；陈晓把控了董事会，"识时务"的氛围裹挟了高管意志。

媒体对此的解释是除了利益捆绑和期权"金手铐"的诱惑之外，黄光裕的个人性格过于强势和多疑应该也是让"被疑的臣子不得不反"的重要因素。据说，在8月份向陈晓发出辞职通牒之前，黄光裕还曾经给高管层写过一封信，那封信针对所有人，含有指责、威胁的意思，一下子把高管都得罪了。按照黄光裕的个性，这并不奇怪。黄光裕一向采取家族式威权管理，即使是魏秋立、周亚飞这样的近臣，也免不了时常被训斥。早年黄光裕的妹夫、国美副总裁张志铭因功高盖主而被罢黜，只得转战地产行业。另一位国美干将、副总裁何炬也在国美历经沉浮，最终以"悲惨的方式"被黄光裕"踢"出家电零售业，让其他高管心寒。在贝恩入资国美之前，国美的投资人华平也曾有机会增持国美股份,但他选择了退出,其派驻国美的非执行董事孙强也退出了董事会。据说原因也是黄家太强势,不好打交道。

与黄光裕的强势形成鲜明对比的是,陈晓的领导风格较为随和,尊重属下,并善于分享权力,比如他多次在新闻发布会上向王俊洲请教,并公开评价王俊洲有着超强执行力,国美电器没有其他人比他更胜任总裁一职。王俊洲也投桃报李地誉美陈晓,"一直以来都是一个出色的有感染力的领袖人物,值得信赖的同事和亲密朋友"。

虽然不同立场的人对此事产生原因的分析各有不同,但最主要的原因是陈晓在 2009 年 7 月 7 日,通过股票期权激励计划拉拢黄光裕旧部。按照国美董事会授予的股票期权计划,国美部分董事及高管可认购国美发行的 3.83 亿股新股,共惠及 105 人,授予价格 1.9 港元。其中,陈晓 2 200 万股,王俊洲 2 000 万股,李俊涛 1 800 万股,魏秋立 1 800 万股,孙一丁 1 300 万股。在此之前,国美除陈晓之外的所有高管无人享有股权。

黄光裕家族事后在公开信中指责董事会的这一激励方案是"慷大股东之慨",且这个方案没有征求大股东的同意,并对于期权推出的时机、动机、具体分配比例、公平性和合理性持异议,但强调从来没有反对过公司股权激励的制度设计,并在之后提出更广泛的股权激励方案。

黄光裕家族既然反对,那为什么不能阻止该股权激励计划的实施呢?这是由于 2006 年国美的公司章程在修改中,将授予股权激励的权力作为"一般授权"给了董事会。那么,国美对经理人的股权激励计划只要董事会批准就可以了,无须再上报股东大会。这一点和我国的情况是很不一样的,中国上市公司的股权激励计划必须经股东大会批准,而且即使修改公司章程,也是不可以将该权力授给董事会的。

(3)为何不能阻止贝恩的融资协议?

黄光裕入狱后,国美受到重创,资金链吃紧,陈晓代表董事会引进了贝恩，设计了约合人民币15.9亿元的可转债融资方案，并签署了对国美和黄光裕家族而言非常苛刻的绑定条款：①陈晓的董事会主席至少任期3年以上；②确保贝恩的3名非执行董事和1名独立董事进入国美董事会；③陈晓、王俊洲、魏秋立3名执行董事中至少两名不被免职；④陈晓以个人名义为国美做贷款担保，如果离职将很可能触及违约条款。以上事项一旦违约，贝恩就有权要求国美以1.5倍的代价即24亿元赎回可转债。

贝恩仅仅拥有不到10%股权的出资比例，却在11人董事会中绑定了4席自己的人选，另外还有3位核心高管被至少绑定2人。也就是说，根据该条款，贝恩可能的"一致行动人"就超过了董事会半数，那么这就无异于掌控了公司的董事会。"绑定"条款过于苛刻，一个融资协议把人捆绑得这么紧、额度这么大的条款不是一个正常的商业交易。为什么黄光裕家族不反对呢？

据黄光裕家族的发言人说，就是在陈晓开始与贝恩谈判时，陈晓就切断了与黄光裕的沟通。黄光裕家族也积极想要参与到融资事宜中，他们向陈晓推荐了两家本土投资人。而且当时与国美传出"绯闻"的，还有中信资本、凯雷、KKR、华平、厚朴投资、复星资本等多家机构。有些机构入资条件比贝恩优厚得多，但董事会就锁定了贝恩。

而且比较过分的是，陈晓也承认，在融资过程中，由于这份融资协议的具体条款受"只能传个条子进去"的客观原因限制，也就没有知会大股东黄光裕。但事实上，在一张"条子"里记录下苛刻条款和融资额度等信息，再通过律师传递给黄光裕，其实也是很容易的。

但为什么黄光裕家族对此无能为力呢？这就是因为在英美法系下，在公司章程没有明确约定的时候，董事会只需对股东大会负责，就具体的融资事宜，董事会没有和股东沟通的法律义务，可以直接做主。

（4）黄光裕作茧自缚！

比较讽刺的是，董事会拥有比股东大会大得多的权力这一治理结构，除了英美法系以董事会为中心这一客观事实之外,一个更加重要的原因正是当初集大股东、决策者和执行者于一身的黄光裕一手塑造的。

首先,为了更方便和自由地掌控公司,选择在英美法系下的百慕大注册、我国香港上市,是黄光裕的决定。

其次,2004年和2006年,国美电器65%股权和35%股权两次借壳上市之后,黄光裕家族一度持有超过75%的国美股份,正是在这一时期,凭借其"绝对控股"地位,黄光裕多次修改公司章程。2006年,国美股东大会对公司章程进行了一次最为重大的修改:无须股东大会批准,董事会可以随时调整董事会结构,包括随时任免、增减董事,且不受人数限制;董事会还获得了大幅度的扩大股本的"一般授权",包括供股(老股东同比例认购)、定向增发以及对管理层、员工实施各种期权、股权激励等;董事会还可以订立各种与董事会成员"有重大利益相关"的合同。

黄光裕将英美法系下股东大会原本就不多的权力通过公司章程授予给了董事会,其目无非是当自己股份减少时,还可以牢牢掌握公司的权力,以方便自己进行一系列"资本运作"。2004—2008年间,黄光裕通过配售、上市公司回购等各种方式,累计从国美套现近100亿港元;他收购大中电器、三联商社所用资金,也自国美拆借而来。在这期间,黄光裕通过董事会架空了股东大会,侵占了其他股东的利益。

千算万算,黄光裕唯一没有算到的是,自己有一天会"进去",董事会被陈晓控制了。因此,国美之争中,与其说陈晓"黑"了黄光裕,还不如说黄光裕被自己制定的这一套游戏规则所"黑"。

理解不同公司法框架下股东大会和董事会的权力界限是很重要的,尤其是对于在IPO并购重组过程中控制权的安排。比如一家公司如果在美国、英国和我国香港的资本市场上市,并不需要做大股东,只要将董事局主席的位置拿到就基本上掌控了公司。这是因为在这些资本市场上由于存在做空、举证倒置、集体诉讼等制度，本身做大股东的成本就比较大；而且英美法系下，权力中心是董事会，如果一个人做了董事局主席，再通过公司章程将一些股东大会的权力授予董事会，那么掌握董事会实际上就掌握了公司。当然，如果这个人同时兼任CEO，那么他对公司的控制力就更强。

在我国，上市公司的股东大会权力是比较大的，而且只有好处，没有成本。因此，从控制权的角度来看，在我国上市公司当不当董事长和CEO并不是很重要，只要当了大股东，便能保证对公司的控制权。

5.2.5 股东大会中的一支特殊力量：机构投资者

各国法律都将股东大会规定为股东主权的象征，是股东对公司进行直接控制的法定机关。但在实践中，具有象征意义的股东大会要么被董事会和经营者架空，要么被大股东把持，股东大会本身完全形式化、空洞化。这一点无论是在股权较为分散的英美国家，还是在股权比较集中的欧洲和亚洲，都是一样的。不同的是，在英美法系国家，股东大会被董事会和经理人架空；在欧洲和亚洲国家，股东大会被大股东所把控。股东大会制度作为经理人道德风险第一道防线的作用难以得到发挥，这种现象被称为股东大会的空壳化。

股东大会空壳化的一个主要原因就是小股东不愿参加股东大会。即使是在股权高度分散的美国上市公司，作为一种理性选择，小股东是不愿意参加股东大会的。因为每个小股东持有的股份少，在股东大会上自己的声音比较微弱，自己是否投票对公司经营决策没有任何影响。而且参加股东大会还要付出差旅费、时间精力等成本，这种情况下，小股东就不会参加股东大会用手投票。而是在对公司的董事会和管理层不满时，会选择用脚投票——卖了股票走人。

个人投资者势单力薄，不能通过股东大会有效地控制管理层，人们很自然地就将注意力转移到一种特殊的股东——机构投资者。自20世纪90年代以来，机构投资者开始积极参与改进公司治理，被人们视为上市公司的大救星。那么，机构投资者能否肩负起此重担呢？

（1）机构投资者的力量

所谓机构投资者，是指把单个投资者、单个机构或者团体组织的资金积聚起来，并代表这些分散投资者进行投资的法人机构。机构投资者在世界范围内存在，但主要还是一种英国和美国现象。最主要的金融类机构投资者是养老基金和保险资金，当然，也包括投资银行和共同基金。

机构投资者的出现是社会保障体系发展的结果。市场保障体系实际上就是政府在市场化进程中推行的一种社会安全网，用来校正市场体系的自由和创新必然带来的动荡和不安全后果。[①]那么，如何有效率地使用筹集到的社会保障资金，使其安全的保值增值，这对于整个社会都是具有重要意义的。机构投资者就是在这样的背景下出现了。从20世纪90年代中期开始，美国的机构投资者所持有的市值首次超过个人投资者，代表了股东结构的根本变化。

以养老基金和保险资金为主的机构投资者，其投资策略中首先强调的是尽量安全。因此，国债等产品为成为其首选；其次，股票市场中主要选择指数股和蓝筹股。在20世纪90年代之前，机构投资者在股市上基本是遵循华尔街的基本准则——用脚投票。但是，随着机构投资者持有的股票越来越多，用脚投票制度不再适用，因为这个时候会出现"套牢效应"。一个大的机构投资者同时持有上百家甚至几百家公司的股票，而且持有量远远大于个人投资者的持有量，一旦公司出问题就抛售股票，这就会给该机构投资者带来较大的损失。如果公司真的出问题了，股票还能卖给谁，如果非得卖，那就真

---

① 仲继银.董事会与公司治理［M］.北京：中国发展出版社,2009：361.

的是"割肉价"了。这一点和我国股票市场上的股民比较像,即炒股炒成了股东。

既然被套牢了,那就开口说话吧,在20世纪90年代之后,大部分机构投资者开始用手投票。这些机构投资者开始介入公司治理,发挥自己对管理层的影响。机构投资者关心的内容是,董事会结构是否合理、独立董事的人数、董事局主席与CEO两职是否分离、经理人的报酬结构是否合理。

机构投资者施加影响的方式主要有4种:第一,以口头或书面的方式直接与董事会沟通,要求董事会或者管理层在公司的战略或管理上改变,寻求直接介入对公司的监控;第二,在年度股东大会上提交议案,直接干涉企业的公司治理;第三,通过代理投票征集投票权,在股东大会直接用手投票,直接影响董事会和管理层的提案是否能够通过;第四,如果对董事会和管理层不满,甚至会召集临时股东大会,提议更换董事会或管理层。

机构投资者介入公司治理的效果无疑是正面的。在股份较为分散的美国股票市场,机构投资者持有公司的股份较多,在股东大会上的话语权就很大,他们在股东大会上的态度就直接影响董事会和管理层的提案能否通过甚至影响董事会成员和管理层能否继续留任。因此,对于积极参与公司治理的机构投资者的意见,董事会和管理层都非常重视。为了避免在股东大会出现对峙的僵局,董事会或管理层事前就会与机构投资者私下进行磋商和谈判,争取在大多数问题上达成一致。

从投资的成本和收益角度看,积极参与公司治理对机构投资者来说也是非常划算的。对于个体投资者来说,即使资金再多,也是无法和机构投资者相比的,他们持有股票的数目和数量都是有限的,在有限的财力下不可能专门聘请一个团队对所投资的股票进行分析,然后积极地参加公司治理。因为这对于个体投资者来说成本太大了。但是这对于机构投资者来说根本不是问题,机构投资者的资金至少是以数十亿计算,他们的资金雄厚,而且持有众多公司的股票，可以招聘大量的金融人才，专业地参与到公司治理活动中，在参与公司治理中积累可以通用的最佳做法和基本准则，在试点公司试验获得成功后，就可以将这些积累的成功经验移植到其所投资的其他公司中去，这种经验分享的做法减少了机构投资者参与公司治理的单位成本，使得机构投资者参与公司治理活动的总体和长期收益将远远大于成本。而且，机构投资者投资组合中的公司越多，治理知识和治理经验在公司间移植的效率就越高，就会出现投资的"规模效应"。

（2）以公司治理为驱动的机构投资者

尝到积极参与公司治理的甜头后，美国的机构投资者纷纷开始用手投票，掀起了股东主权运动，旗帜鲜明地要求公司重视股东权益，重视投资者关系，使股东大会名实相符。参与公司治理中最著名和最积极的代表机构有CalPERS（加州公职人员退休基金）、TIAA-CREF（教师保险与年金协会——大学退休证券基金），他们都是从用脚投票者成为积极的公司治理结构参与者的。

机构投资者在股东主权运动中的成果主要有以下3个：

- 将众多不合格的管理层赶下台；
- 发布各种指引，倡导市场推动的公司治理标准和样式；
- 倡导并实践以公司治理为导向的投资战略。

20世纪90年代，由于业绩低下，而且又漠视股东权益等原因，美国运通、博登公司、通用汽车、柯达公司、西屋电气和IBM等顶尖公司的管理层在机构投资者的压力下被解聘、辞职和提前退休。

机构投资者在股东主权运动中的另一个贡献就是不遗余力地推行市场推动的公司治理标准和模式，这体现在两个方面：首先是对市场认可的公司治理标准大力推广；其次，各个机构投资者纷纷制定各种各样的公司治理指引、标准或原则等来推动治理标准的简历。比如，在股东主权运动的压力下，通用汽车公司于1994年发布了《通用汽车董事会关于公司治理中一些重大事项的指引》。这一指引被市场认为是一个市场推动的公司治理标准和样式的范例，受到CalPERS的认可和欢迎。CalPERS要求其所投资的300多家上市公司学习"通用指引"，进行类似的公司治理评估。CalPERS认为，虽然具体的治理模式会因行业和公司的不同而不同，但是通用指引中所体现的要求董事会进行自我评估和董事会结构审查对于任何企业都是有好处的。

除此之外，CalPERS还制定了《公司治理核心原则和指南》《国内委托投票指南》《全球公司治理原则》《国际委托投票指南》，而且CII（美国机构投资者理事会）也制定了《公司治理核心政策》。机构投资者制定的这些文件具有非常好的市场导向作用，他们阐述了其在若干公司治理问题上的投票立场。其基本立场是该公司的公司治理结构要关注股东的长期价值，提高财务信息透明度，反对歧视小股东，管理层必须对股东负责。

股东主权运动中的第三个成果就是出现一批坚持公司治理导向驱动战略的机构投资者，其中最著名的有LENS基金和巴菲特等。LENS基金被称为第一家公司治理基金，他的投资原则是不仅要关注财务评价，而且还要关注公司治理评价。具体来说，就是要从诸多的备选公司中选择价值被低估（财务评价角度）和可以通过公司治理提高价值（公司治理角度）的公司。一旦投资后，就会以股东的身份积极地参与到企业的公司治理活动中，帮助企业提高公司治理的效率。

（3）我国的机构投资者能起多大的作用

上述所讲的是美国机构投资者所起的作用，美国的机构投资者积极地介入公司治理是有其制度环境原因的。美国资本市场上对信息披露的要求是非常严格的，而且实际操作中信息披露也基本上是透明的；美国资本市场对内幕交易有一套严厉而且完整的查处机制；美国的机构投资者自身治理结构比较健全。在这样的制度环境下，机构投资者刚好处于大股东过度控制上市公司和小股东只关心跟风炒作并不关心上市公司价值增长这两个极端的中间，而他们还有能力深入分析并介入上市公司治理的投资者。因此，当简单地用脚投票不能确保自身获益，他们当然要关注公司治理、介入公司治理甚至坚持以公司治理为导向的投资战略。

缺乏以上的制度环境，机构投资者是很难真正成为积极的公司治理投资者。比如，以持股数量而论，美国的机构投资者是世界第二，而英国才是世界第一，但是由于缺乏相似的制度环境，英国的机构投资者基本上都是被动投资者，并没有积极介入公司治理结构，主要还是采用用脚投票，在股东大会的影响力有限。

他山之石可以攻玉吗？我国的机构投资者能否起到美国投资者的作用呢？随着我国资本市场的发展，机构投资者正处于蓬勃发展阶段。但是，由于机构投资者自身成长不足、制度环境缺失、大股东太大这3个原因，他们还很难在公司治理中有所作为。

从机构投资者自身来看，他们多数是综合型基金，其规模以及在股票市场上所占份额还比较小，自身公司治理结构还不是很规范，也没有形成独特的符合市场需要的运作风格。而且我国股票市场上一股独大，控制权往往牢牢地掌握在实际控制人手里，机构顶多是一个"中"股东，其持有的股票难以威胁到大股东的控制权，不可能对公司的战略决策和监督管理产生太大的影响力。另外，我国资本市场上由于关键性制度的缺失，信息披露方面难以做到"透明"。因此，机构投资者更多的是依靠新股配售甚至是联合坐庄炒作股票来获利，以达到"跑赢大市"的目的。更有甚者，在缺乏监管的股票市场，一些机构投资者更关心如何利用"小道消息""内幕消息"获取暴利，因此，内幕交易和"老鼠仓"事件层出不穷。

（4）我国机构投资者参与公司治理的路径选择

要成为以公司治理为导向的战略投资者，我国机构投资者的路还很漫长。首先是监管部门应该从改善制度环境的角度进行创新，确确实实引进做空机制、举证倒置和集体诉讼制度以及惩罚性赔偿等制度并落实，让"价值投资"真正可行，才有可能使得机构投资者有积极性参与公司治理。虽然制度环境的改善与创新并不是一朝一夕的事，但可喜的是，证监会已经朝这个方向努力了，而且证监会也非常鼓励机构投资者参与公司治理。那么，接下来的事就是机构投资者如何参与公司治理，如何通过执行一种以公司治理为导向的投资战略而稳定、安全地获利的问题了。对于目前基本上是以投机操作为主的市场，谁先率先转型为公司治理导向的战略投资者，谁就会主导未来的我国资本市场。那么，机构投资者如何实现转型呢？

近几年刚刚介入公司治理的我国机构投资者，与美国的 CalPERS 和 LENS 基金比起来，还有许多事情要做。具体来说，可以从 5 个方向着手介入公司治理。

- 要关注一般性的公司治理，比如关联交易、信息披露、董事会的独立性等方面。股东、董事和经理人之间关系是否融洽而且相互制衡，所有的关联交易是否已经充分披露而且在决策时采用了股东表决权排除制度；公司的信息披露是否按照证监会的要求做到及时、全面和准确，不存在报喜不报忧、选择性披露、误导投资者的现象；董事会从独立董事人数、议事规则等方面是否确保了董事会整体的独立性。如果对以上问题的回答都是"是"的话，至少表明在一般公司治理中该公司做得到位，具有投资价值。
- 要关注行业公司治理比较。单从一家公司的治理情况其实并不好判断好与坏，这时候，机构投资者可以联合起来，对某个或某几个行业的公司治理状况进行调研，发布公司治理现状的报告以及行业的公司治理指引。督促自己所投资的企业向行业公司治理的标准靠拢，增加企业的投资价值。

- 要关注企业的战略执行系统。判断一个企业的公司治理是否适合该企业的标准是，公司治理制度是否有效地促进了企业的战略实现。
- 要关注内部控制体系。内控体系是公司治理的核心内容，是防止大股东、董事会和经理人侵害其他股东利益的关键制度。内控体系健全而且高效，就意味着股东的资产会得到有效的保护，公司从公司治理角度看就具有投资价值。
- 要关注经理人的股权激励计划。股权激励计划是将经理人利益和股东利益、公司利益进行长期捆绑的制度。股权激励计划设计得是否科学，直接涉及经理人团队能否为企业创造价值而长期奋斗。近年来，是否有一个科学合理的管权激励计划成为公司是否具有投资价值的一个重要标准。

从以上 5 个方向参与到公司治理，对于我国机构投资者来说是现实可行的。而且如果真正将这 5 个方面做到位，机构投资者可能就成为了以公司治理为导向的战略投资者。

5.3　第二道基本防线：董事会制度

董事会制度是经理人风险的五道基本防线中最核心的防线。虽然股东可以通过股东大会制度对经理人施加压力，但是它起到的作用是间接的。而董事会制度直接选择、聘任和解雇经理人，并直接决定经理人的报酬，董事会对经理人的监督和威慑是直接的，而且效果也是最好的。信息披露制度、独立的外部审计制度和公司外部治理结构的作用要真正发挥，也同样依赖董事会的高效运作。

因此，董事会制度对于企业从"人管人"到"制度管人"中发挥着重要的作用，某种意义上讲，如果没有一个高效的董事会，"制度管人"只能是空谈。这一点不光是对现代大型股份公司（尤其是上市的大型公司）很重要，而且对于所有的所有权和经营权分离的公司也是非常重要的。

董事会在公司治理的约束机制中发挥着根本性的作用，是公司内控体系的核心所在。各国公司法都赋予董事会对公司的委任托管责任，董事会承担着聘用经理人、监督经理人以及重大经营决策等重大责任。但是，在我国的上市公司，长期以来董事会基本上没有对公司进行有效的领导和控制，更多的时候董事会成为一种摆设，为了应付法律的要求而设置。那么如何才能改变这种困境呢？

要想构建一个高效的董事会制度，我们就必须认识到董事会在本质上是解决"股东面对面监督经理人是困难的"这一经理人黑老板的问题根源，让监督变得容易一些。把握这种本质，再去梳理董事会制度是如何出现的、董事会的目的能否实现、董事会应该管什么事、谁可以做董事、高效董事会应该是一个什么样子等问题，我们就能够掌握董事会制度设计的逻辑和方法，让董事会制度在我国企业实现真正的落地。

5.3.1 为什么需要一个董事会

"为什么要成立董事会？"我每次在 EMBA 和 EDP 课堂上都会问同学。

许多同学回答说："法律的要求。我们公司建董事会就是为了上市，不然我建董事会干吗？"

我接着会问:"那很多不上市的国有企业为什么也要建董事会呢?"

同学们回答:"那也是法律和国资委的要求。"

以上同学的回答不能说是错的,确确实实在当代,各国《公司法》都强制要求股份公司设置董事会,而且各国的证监会对上市公司的董事会设置也有具体而详细的要求。这些要求包括:董事会人数的最低和最高限制、独立董事的人数和比例限制、设置专业的委员会、董事会的权力、董事会的职责和义务等。

有人说,董事会的存在和权力是由法律规定的,法律制度的要求导致了公司董事会的设置,这种回答确实没有错。但是,比较片面。主要原因有两点:首先,从世界范围来看,董事会在企业中产生的时间远远早于法律要求和上市公司规制要求形成之前;其次,不仅仅是上市公司或者是大型股份公司,众多的非上市家族企业甚至很多营利机构都设置了董事会,或者是与董事会功能极其相似的理事会。因此,董事会制度的出现和存在,与企业自身发展规律有着重要的关系,在企业管理中发挥着重要的作用。

(1)董事会的出现早于法律制度的形成

现代意义的公司起源于 16 世纪的英国,当时主要采取合伙制和特许公司的形式。英国最早董事会的雏形出现在伦敦弗吉尼亚公司和普利茅斯弗吉尼亚,这两家公司代表英国建立和处理北美殖民地的业务,成立于 1600 年。1603 年,英国女王赋予这两家公司在北美建立殖民地的特权。这两家公司受到两家机构的控制:第一个机构是地方议会,在美洲大陆,负责英国在海外殖民地的具体商务活动,它对第二个位于伦敦、权力更大的机构负责。第二个机构在英国伦敦,叫作监督委员会,直接向英国女王负责。[①]地方议会实际

---

① 罗伯特·豪克斯,尼尔·米诺. 高管商学院:公司治理[M]. 李维安,译. 北京:中国劳动社会保障出版社,2004:208.

上就是得到英国政府授权,作为一个集体来管理公司的,这就是董事会的雏形。随着公司由合伙制向股份公司制的过渡,地方议会就演变成了董事会,其成员作为股东代理人就拥有了一个新的身份——董事。

美国最早的董事会出现在汉密尔顿创办的 SUM 公司中。汉密尔顿是美国的经济之父,不仅在理论上设计出了美国的治理模式,而且在实践中还身体力行。1791 年 11 月,新泽西州立法机构通过了一项法案,也就是领导者汉密尔顿的 SUM(直译为"建立实用产品协会")提案,允许该协会从事商品生产,产品范围从帆布到女鞋。汉密尔顿在 SUM 设置的董事会与今天大型股份公司的董事会非常相似。200 多年过去了,但是公司的董事会结构与组成基本上没有什么变化。SUM 的章程中规定"公司的事务由 13 名董事管理",当今美国大公司的董事会一般在 11~15 人,无非是在 13 人的基础上增减 1~2 人。与此同时,汉密尔顿创建了一个早期的审计委员会,他设计了一个与董事会相分离的监督委员会,该委员会由 5 名股东组成。这 5 名股东一般是从竞选董事失败的候选人中挑选出来,他们有权查看公司账目,有权监督公司所有的业务。SUM 的董事和当今美国董事的来源一样,大都是商业精英。而且为了避免单一董事在职时间过长,SUM 的章程规定每年董事中的一部分人(少于 3/4)要进行更新,这和当今美国董事会的要求也是一致的。[①]

董事会在上述企业出现的时期,正是英国和美国的企业从合伙制企业向公司制企业转变的时期。实践证明,一个高效的董事会对于公司制企业是至关重要的,它是在股东所有权和对公司实际控制权分离的情况下,监督经理人、维护股东权利最有效的制度。正是看到这一点,英美两国的立法者在 19 世纪通过法律确认了公司制企业的注册和监管之后,纷纷通过立法要求股份公司

---

① 罗伯特·豪克斯,尼尔·米诺.高管商学院:公司治理[M].李维安,译.北京:中国劳动社会保障出版社,2004:208.

设立董事会,负责对经理人进行监督。在美国,19世纪初,立法者最先制定了有关设立有限公司的法规;1890年,《诺尔曼法》开始要求公司必须建立董事会制度;1943年,《示范公司法》规定,每个公司必须有董事会[①]。在英国,1844年,立法者制定了有关股份合作公司注册和监管的法规;1856年,作为英国第一个现代成型的公司法的《合股公司法》,对董事会制度有了初步的规定;1947年,《公司法》正式要求董事会是每个公司的必设机关。

(2)美国的大学也有董事会

董事会制度是美国公司内部治理结构中的关键制度,由于董事会制度在大型企业中表现出非常高的管理效率,许多非营利机构都设置了董事会,并在组织机构的章程中规定了董事会的责任和工作原则。比如,教育界的人士在探讨为什么美国会拥有世界上最发达的高等教育、最庞大的世界一流大学群体的原因时,会将其最主要的原因归功于董事会制度。正因为有了董事会—校长—评议会(由教授组成)的权力制衡结构,美国的高校实现了真正的教授治学、校长治校。

美国大学的董事会无论是在职责、构成、功能等各个方面都和企业中的董事会非常像。董事会是美国大学的最高权力机构和决策机构,主要职责是审批学校的政策方针、确定办学方向、遴选大学校长、考核与监督大学校长、筹措办学经费、监督大学运行、确保大学财务安全等。董事会对校长的权力制约,如同公司董事会对CEO的制衡一样,校长是大学营运管理的权力中心,但是校长必须对董事会负责,接受董事会的问询和质疑。校长的选拔、任免以及报酬确定也是由董事会负责。不同于公司的权力制衡制度的是,有一个目的在于保护所有教师利益、对校长权力进行制约评议会。评议会基本上由教授组成,负责提出和制定学术政策,拥有绝大多数学术方面的决策权。

---

① 特例情况是"股东协议中有另外的约定"。

在美国大学，一门课程是否开设、一个教师是否得到晋升、一个教授是否能得到一个终身教职，不是由校长说了算，而是由评议机构说了算。

美国大学董事会的人员构成和公司董事会一样，并不是由大学内部人员构成。绝大多数都是由校外非学术人士构成，其中绝大多数是来自企业的 CEO、CFO 和 COO，以及律师等。这种主要由外部人士构成的董事会，有两个方面的好处：一方面，在决策涉及大学内部人士利益事件的时候，可以确保董事会的有效性；另一方面，外部董事熟知社会需求，可以带来外部视角，丰富董事会决策所需要的知识结构。

为了提高运作效率，美国的大学董事会也采用了专业化分工的委员会制度。有一些委员会和公司董事会的委员会设置是一样的，比如执行委员会、审计委员会、薪酬委员会、投资委员会等；有一些委员会也反映了大学的特点，比如学术事务委员会、学生委员会和校友关系委员会等。根据大学董事会的具体需要，常设委员会的数量可以增减，一般来说，大学规模越大，委员会的数量也越大。委员会的目的就是力求董事会只管该管的事，把不该管的事交给校长及其管理人员去做。

【案例 5.3】芝加哥大学董事会的委员会[①]

芝加哥大学董事会下设 13 个常设委员会，分别为执行委员会、审计委员会、学校规划和设施委员会、社区和公民事务委员会、薪酬委员会、发展和校友关系委员会、财务规划委员会、投资委员会、医学中心执行委员会、学生和校园生活委员会、董事职权委员会和大学合作委员会。委员会成员由董事会在年会上任命，任期到下一届年会终止。在常设委员会已经连任 5 期

[①] 资料来源：蒋桂先. 美国大学董事会的运作及特点——以芝加哥大学为例 [J]. 董事会，2007（8）：51—54.

（每期一年）的，不得在委员会再接受任职，委员会的空缺由董事会在常规会或者专门会议上选举。

正是得益于董事会制度的高效运作以及完善的董事会—校长—评议会权力制衡结构，美国的高等教育在世界上处于领先地位。所以，董事会在美国高等教育中的地位或作用，正如卡内基教学促进基金会在《校园的控制：关于高等教育管理的报告》（1982）所指出的那样："董事会构成了美国高等教育管理结构的基石。"①

（3）董事会制度是内部生长、市场选择的结果

从世界范围来看，董事会制度是伴随着企业形态的发展，自发生长出来，又不断进化成现代公司治理制度的核心。

世界上最早的企业形式是业主制和合伙制，其主要特点就是出资人要对企业的债务承担无限连带的偿还责任。在这些企业中，是不可能出现董事会制度的。由于分散投资的风险太大，投资失败不但可能使出资人血本无归，而且最后还要承担过多债务，把自己的个人财产全赔进去。在这种情况下，出资人就不可能对一个企业投资过多，更不可能分散投资。出资人会控制企业的规模，尽量使得自己或家族的人将企业的事情管起来。因此，在业主制和合伙制下，企业不可能做大，而且出资人既当老板又当经理人，这个时候是不需要董事会制度的。

随着殖民统治的发展，业主制和合伙制企业已经不能满足统治者殖民扩张的需求，这个时候就出现了有限责任的企业形态。19世纪初，美国和英国纷纷制定了有关设立有限公司的法规。从这个时候起，以资本联合为核心、具有现代意义的公司制企业开始在英美等国发展起来。

---

① 蒋桂先.美国大学董事会的运作及特点——以芝加哥大学为例［J］.董事会，2007（8）：51—54.

公司制企业包括有限责任和股份有限两种类型的公司，尽管有限公司和能够上市的股份有限公司有很大的差异，但公司制企业的一个共同之处就是股东只承担有限责任。有限责任是企业发展史上最伟大的创新之一，有限责任使得企业做大做强成为可能，也使得现代资本市场得以建立。没有有限责任，在无限责任下，谁敢和陌生人共同成为一家公司的股东？正是因为有了有限责任，才产生了几万乃至于几百万、上千万股东共同拥有的现代大型企业，也才有了各国的股票市场和资本市场。

对于企业的投资者来讲，由于其只是以出资额为限度对公司承担责任，这就意味着对于公司股东而言，其个人财产不受公司偿债和赔偿的牵连。这与无限连带的无限责任制分开，股东实际上承担的是"受到限制的责任"。这种受到限制的责任给企业的投资人带来以下3个好处：

一是可以多元化投资，实现最优的风险决策。在无限责任下，每笔投资都需要其家庭财产承担无限连带赔偿，越分散的投资就给投资人带来越大的风险。而在有限责任的公司制下，投资人的投资风险大大降低了，投资人的每笔投资和其他财产都没什么关系，不受其他公司债务的牵累，分散组合投资成为一种最优的投资选择。

二是扩宽了融资渠道并且降低了企业的融资成本，增加了企业做大的可能性。企业规模增长的一个前提条件就是有大量资金的投入，无限责任制下想把企业规模扩大几乎没有任何可能性，因为在合伙制企业的资金投入主要靠出资人个人出资或者靠企业慢慢自我积累，这种情况下要将企业做大基本上是天方夜谭。而作为有限责任制的公司制企业不仅可以从银行贷款，还可以在股票市场发行股票和在债券市场发行债券，大量融集资金的行为才可能发生，这样企业规模才可以快速做大。

三是促进了人力资本专业化、纵深地发展。企业规模的扩大，就会导致管理的复杂性越来越高，而且管理复杂性的增长速度比企业规模的增长速度要快得多。随着企业的快速发展，企业的投资人管不过来了，而且由于只承担有限责任降低了赔偿风险，他就会雇用职业经理人来替自己工作。这就造就了经理人才市场，从而促进了人力资本专业化、纵深地发展。

但是，任何事情都是有利就有弊的。有限责任的公司制企业在带来如上好处的同时，也带来以下两个比较麻烦的问题：

一是有限责任降低了分散投资的风险，但是如果缺乏必要的约束，有限责任也会刺激股东过度的冒险行为，以"有限的损失"博取"近似无限"的利益，甚至成为控股股东掠夺小股东或债权人利益的工具。第3章中所描述的具有复杂股权结构企业集团的控制性股东之所以敢"黑"其他股东，实际上就是利用有限责任原则为自己的剥夺行为创造了"防火墙"，把自己保护在有限的损失之内。这个问题必须达到有效解决，否则有限责任就不是在促进企业真正发展，而是被股东用于冒险和掠夺的工具。

二是有限责任在促进职业经理出现的同时，也会带来大量的经理人道德风险问题。企业规模扩大，自己顾不上管了，股东就只能广泛地雇用经理人，并将部分或全部企业的经营权授予经理人。掌握对企业实际控制权的经理人由于自身的利益诉求和股东不一致，就会导致其偷懒、管理腐败、在职消费和短期行为等经理人道德风险行为。需要注意的是，企业规模越大，股权越分散，经理人的道德风险问题就越突出。这就带来了一个新的问题，如何才能使得股东"放心"地雇用经理人？

而在无限责任的合伙制企业向有限责任的公司制企业转变过程中，出现了诸多新的治理和管理方法，其中最有效率的莫过于董事会制度。正是在这样的背景下，法律将"董事会制度"引入解决有限责任所带来的这两个问题。

公司制企业中，法律上"董事"的引入，就是为了在提供有限责任的同时，设立一个追究"无限"责任的通道。① 一般来说，控制性股东利用有限责任对其他股东以及债权人进行剥夺的时候，其控制公司的手段往往是通过控制董事会达到其目的。作为股东，控制性股东承担财务上的有限责任，法律可能无法追究其责任。但是法律可以直接追究"董事会""董事会成员"的责任。从这个角度来看，董事会对有限责任的公司制起着校正的作用。

在公司制企业尤其是上市公司中，董事会在公司所有者和公司控制者之间充当着杠杆的支点，把提供资本的股东和使用这些资本创造价值的经理人连接起来。董事会是有权力管理公司的少数群体（经理人）与广大、分散、相对没有权力、只是希望看到公司经营良好的群体（股东）的交叠部分。②

以美国上市公司为例，在大型的股份制企业中，高度分散的股权导致了公司的所有权与经营权的高度分离，公司的经营权实际上掌握在经理人手里，而最大的股东可能也就是持有 5%~7% 的股份，一家公司的股东也许有好几万甚至几十万，而且分散在全国或全球各地。因此股东大会召开的成本是巨大的，所以依靠频繁召开股东大会来直接监督他们所雇用的经理人是不可能的。但是，股东并不是直接把控制公司的权力交给经理人，而是由股东转向董事会。所以，除了每年一次的股东年会之外，股东们就选举了常设的董事会作为他们的代理，代表他们来监督经理人，保护自己的资产不被侵害。

从逻辑上看，由于有了董事会监督经理人，防止经理人滥用股东授予的权力。股东可以更加放心地授予经理人真正的权力。董事会对于股东和经理人两股力量的协调和平衡的效力和效率，直接决定了公司的竞争优势。董事会治理的最佳效果是，在保证股东资产不被经理人侵害的前提下，能够使得股东愿意继续投资，经理人愿意替股东努力工作。如果真的达到这种情况，那

---

① 仲继银.董事会与公司治理［M］.北京：中国发展出版社,2009：21.
② 本段内容参考引用了：罗伯特·豪克斯，尼尔·米诺.高管商学院：公司治理［M］.李维安,译.北京：中国劳动社会保障出版社,2004：206.

必然会为公司、股东和经理人创造更大的共同价值。因此，董事会制度实质上是进一步扩宽了拥有财务资本的股东和拥有人力资本的经理人之间的合作边界，在抑制了经理人的道德风险之后，进一步促进了人力资本专业化纵深的发展，同时也为具有专业知识的经理人提供了一个发挥个人才能、创造价值的一个舞台。

5.3.2 董事会的目的是否能够实现

董事会制度对于公司制企业来说是至关重要的，企业规模越大，股权越分散，董事会的作用也越大，相应的权力也越大。那么，在企业中尝试构建一个董事会之前，有一些关键问题必须弄清楚：董事会为谁服务？董事会制度的目的是什么？独立并且公正的董事会能否建设成功？

（1）董事会为谁服务

董事会是股东以信任为基础，由股东会选举出来的常设机构。负责托管和经营公司资产，对公司重大问题进行决策，对经理人进行监督，目的就是在长期内使得公司价值最大化。

在国外，董事会主要是为所有的股东服务。这一点和我国上市公司的情况是不一样的。在我国资本市场上，控制性股东在绝对控股的同时，还拥有大多数的董事会席位，董事会被大股东所操控，是为大股东服务的，这是极为不正常的、违反公司治理基本原则的现象。

但是需要注意的是，在公司制企业中，"出资者"不仅包括股东，也包括债权人、经理人、员工等提供其他资源的利益相关者。公司的价值是由股东和利益相关者共同创造的，利益相关者理应分享这些他们也参与创造的价值。不同的利益主体的利益诉求是不同的，对董事会的期望也是不同的，基于这些不同的期望，判断一个董事会是不是一个好的董事会，标准也不同。因此，董事会对谁负责的问题应这样解答：主要对所有股东负责，但同时要对所有利益相关者负责。这样的策略，使得董事会可以将社会价值最大化和股东利益最大化结合起来。只有这样，才有可能协调各方利益矛盾，以求共赢。

（2）董事会制度的目的

董事会是受股东之托，对公司大政方针进行决策，对公司的经营过程进行监督。董事会的中心任务是要协调企业中的各种利益矛盾，并最有效率地对代理关系进行控制。为了达到这个目标，董事会就需要履行最基本的职责，即决策和监控：帮助企业做出有效的战略决策，尽可能多地为企业创造价值；同时要监控经理人，防止经理人"黑"股东问题的出现。

如果要实现董事会制度的目的，就需要建设一个对所有股东负责，独立并且公正的董事会。

（3）独立并且公正的董事会能否建设成功

我们对这个问题的回答是："很难，也许只存在理想状态中。"但不管怎么说，这毕竟是建设董事会的一个标准，所有国家的立法都在迫使董事会向这个目标迈进。这一点可以从促使美国董事会经历三个阶段的原因中看出来。美国的董事会制度了经历了内部董事为主、外部（独立）董事为主以及委员会制度三个阶段。

第一阶段是内部董事为主阶段。这个时期比较长，大概是从18世纪董事会萌芽开始一直到20世纪70年代。这时候的董事会基本上都是企业内部人，大股东或公司经理人。外部董事也有，不过基本上都是大股东或经理人请来的，名为独立董事，实际上并不具有独立性。这一点和我国现在民营企业上市公司的董事会非常像。这一阶段的早期，是企业从合伙制向公司制转变的过程，董事会虽然以内部人为主，但是确实解决了有限责任带来的经理人道德风险问题，促进了企业的发展。但是，进入20世纪40年代以后，随着资本市场的快速发展，美国上市公司的股权越来越分散，公司的经理人就把控了董事会，掌握了决策管理权和决策控制权。这个时期的董事会就成为经理人为自己牟取私利的工具，背离了董事会成立的初衷。

第二阶段是独立董事为主的阶段。20世纪70年代末80年代初，针对这种公司董事会和管理层相互联合起来损害股东权益的情况，美国从立法上开始真正改变董事会构成，董事会成员开始以独立董事为主。纽约证交所和纳斯达克市场所要求建立的独立董事制度是为了防止内部人控制、完善董事会的职能与结构，从而重新树立投资者的信心。在这样的历史背景下，美国上市公司董事会一个显著的变化就是用外部董事来替换内部董事，独立董事开始成为美国上市公司董事会中的主体。到20世纪末，美国大型上市公司的董事中，外部董事占到了78%。

在这一阶段，董事会构成中除了大量用独立董事替代内部董事之外，还强调了独立董事的"独立性"。纽约证交所、纳斯达克市场所以及各种公司治理指引都对独立董事做出了详细的规定，要求上市公司重点审查独立董事的独立性。只有那些证明和经理人没什么关系的外部董事，才是受上市公司股东欢迎的独立董事。

随着董事会中的绝大多数内部董事被来自外部的独立董事替代之后，人们发现引入该制度的好处：董事会的独立性得到了一定程度的保证、董事会的职能得到了强化、董事会的运作相对公正了而且也比以前更加透明了。

第三阶段是董事会委员会制度阶段。光靠独立董事人数的增多，并不能够保证董事会的独立性达到股东的期望。其原因除了独立董事本身是否真正独立之外，还有一个重要原因就是独立董事缺乏一个独立自主行使权力的平台。董事会是一个会议机关，所有事情的决策都需要董事会开会按照"一人一票，少数服从多数"的原则来进行。独立董事作为个体是不能直接做出任何决策的，他必须在董事会上发表自己的意见，以影响最终形成的决策。在委员会制度出现之前，董事会一开会就是全体会议。而董事会中总有企业内部人员，如 CEO、CFO 和 COO 都会是内部董事，开会时他们都在场，一旦董事会讨论的事情涉及他们的利益时，独立董事不会为了所有股东的利益而和内部董事撕破脸皮？因此，董事会委员会制度的出现，除了提高董事会的运作效率之外，一个主要的目的就是为了解决这个矛盾。在董事会下面设几个专门的委员会，并且规定一些涉及诸如审计经理人财务问题、确定经理人报酬、负责董事提名的审计委员会、薪酬委员会和提名委员会只能由独立董事或作为股东代表的外部董事担任成员，但应以独立董事为主，并且委员会主席必须是独立董事。这样的安排，就为独立董事创建了一个发挥作用的平台，才有可能使得独立董事真正独立。

美国董事会制度演变的三个阶段，实质上就是追求实现董事会最理想的状态：代表所有股东，独立而且公正的董事会。实事求是地说，从制度设计的角度看，历经 200 年的演化，到了委员会制度阶段，董事会制度已经很完美了，不可能再有大的变化了，但是为什么现实生活中的董事会实施起来也不太如人意呢？

这主要有两个原因：首先，董事会的成员都是人，只要是人就有贪欲，当利益达到一定程度时，即使是家境殷实的独立董事也容易被收买；其次，董事会高效运作取决于外部董事参与企业的程度，但是由于外部董事缺乏真正参与了解企业的时间，就导致对企业信息了解的缺乏，因此难以做出有效的决策。关于这两点可以从下面的两个案例中了解。

【案例 5.4】安然是怎么死的[①]

2000—2003 年，美国出现了一系列大型上市公司的治理丑闻，其中最具

---

① 资料来源：（1）百度百科 .http://baike.baidu.com/view/159250.htm;（2）聂皖生 . 股票期权计划［M］. 上海：上海交通大学出版社,2007：229—230;（3）编辑部 . 谁揭穿了安然 . 财经 .2002（1）.

代表性的是安然公司，该公司由于做假账而导致破产。

安然公司，曾是一家位于美国得克萨斯州休斯敦市的能源类公司。在2001年宣告破产之前，安然拥有约21 000名雇员，是世界上最大的电力、天然气以及电信公司之一，2000年披露的营业额达1 010亿美元之多。公司连续6年被《财富》杂志评选为"美国最具创新精神公司"，然而真正使安然公司在全世界声名大噪的，却是这个拥有上千亿资产的公司2002年在几周内破产，持续多年精心策划制度化、系统化的财务造假丑闻。安然欧洲分公司于2001年11月30日申请破产，美国本部于两天后同样申请破产保护。从这时起，"安然"已经成为公司欺诈以及堕落的象征。

从表面上看安然是由于做假账而破产的，那为什么要做假账呢，答案是股票期权惹的祸。

安然共有四种固定的期权计划，在这些期权计划中，对安然普通股股份的期权管理人员、雇员和董事会中的非执行董事授予的期权可以是激励性的股票期权或者非限制性股票期权，并且以不低于授予时的股票公平市场价值来授予。在这些计划中，安然可以授予最大期限为10年的期权。安然为2000年、1999年和1998年的限制性股票计划付出的、与收入对应的补偿费用分别是2.2亿美元、1.31亿美元和0.58亿美元。安然股票期权补偿计划的补偿成本是以这些计划中奖励授予日期的公平价值为基础确定的，安然的净收入在2000年是8.86亿美元（每股收益是1.09美元，摊薄每股收益是1.01美元），1999年是8.27亿美元（每股收益是1.08美元，摊薄每股收益是1.01美元），1998年是6.74亿美元（每股收益是1.02美元，摊薄每股收益是0.97美元）。

安然的股权激励计划本身是没有什么可谴责的，但由于其董事会、薪酬委员会和审计委员会都基本上被高管人员把控，因而在实施过程中走入了歧途。

我们知道，股票期权计划实际上赚的就是行权价和行权时股票实际价格之间的差价。为了尽可能多地获取利益，行权时的股票价格是越高越好。安然的管理层不是以良好的业绩来拉动股价的上升，而是串通安达信做假账。1997—2001年，安然虚报盈利共计近6亿美元。而在这期间，安然的高管层在不断执行他们的股票期权，赚取数以百万计的美元。安然的董事长肯尼斯·莱在2000年通过执行股票期权实现了1.234亿美元的收入；安然前首席执行官杰弗里·斯基林在2000年通过执行安然的股票期权，获得6 250万美元的收入。在2001年12月2日申请破产保护前的一年时间里，公司向其144位高层管理人士发放了约7.44亿美元的现金和股票，其中公司前任董事长肯尼思·莱一人就拿走了1.526亿美元。正是这些主观和客观的因素造成了公司高管人员的巧取豪夺，使得公司不堪重负，从而走入了毁灭的深渊。

在2001年里，安然的股价一路由年初的90美元下滑至破产申请前的26美分。安然的29名高管在股价最终下跌前兑现了11亿美元的期权或股份，与此相反，大多数普通股东的投资荡然无存，共损失了190亿美元，而且成千上万的安然员工失去工作，同时也失去了大部分的退休基金，大多数职工所持股票变成一纸空文，多年的心血付之东流。

在这一系列事件中，安然的董事会在哪里？安然的独立董事在哪里？安然共有17名董事会成员，其中独立董事达到15名，审计委员会中7名委员也都是独立董事，而且这些独立董事都是政界、学界、商界的知名人士。这些独立董事包括美国奥林匹克运动委员会秘书长、美国商品期货交易管理委员会前主席、通用电气公司前主席兼首席执行官、得州大学校长、英国前能源部长等社会名流。即使有这些德高望重的独立董事，也未能为安然公司的股东把好监督关。

为什么会出现这种情况下，主要原因就是安然的独立董事都被管理层收买了，都得到了安然的好处，所以倒戈转向公司管理层，对其违规行为，睁一只眼、闭一只眼，没有尽到自己的职责。美国证监会的调查发现，安然15位独立董事中有10人几乎全都有与这家公司签订过咨询合同，或者与慈善机构有共同的联系。

其中一些独立董事的信息如下：

赫博特·维纳科，1985年加入安然董事会，任金融委员会主席。他拥有Capricon投资公司，这家公司全资控股Natco集团。2000年中，Natco集团向安然及其附属企业销售的销售额占其全部销售额的1.6%。

约翰·伊奎特，前通用电气公司高级管理人士，2000年5月加入安然董事会。安然每年支付其20万美元咨询费。

查尔斯·赖曼斯特，执行董事，薪酬委员会主席。安然对他所在的安德森癌症中心大量捐款。

约翰·曼德桑，审计委员会成员，同时也是安德森癌症中心总裁，安然在过去5年里向该中心捐助了56.79万美元。

劳德·魏汉姆，前英国下议院议员、安然董事会审计委员会成员。安然每年支付其7.2万美元的咨询费。

温迪·格雷曼，安然董事会审计委员会成员。她是联邦交易委员会成员，曾担任美国期货委员会主席。在过去3年里，安然向她所任职的乔顿马桑大学和她的研究中心捐助了5万美元。

据记录，安然在2000年共签订了7份涉及14名董事的咨询服务合同，还有多项与不同董事所在的企业进行产品销售的合同，或是向一些董事任职的非营利机构捐款。安然董事会像是一个"有浓厚人际关系的俱乐部"。不难理解，当安然将关联交易递交董事会批准时，自然容易获得通过。

当然，安然董事会的这种非独立性并不罕见，其他许多上市公司也类似。安然案例说明，在许多时候，董事会可能受到管理层的影响乃至控制，建立一个真正独立的董事会是全球所有上市公司面临的一个难题。

安然的案例告诉我们，即使在董事会制度起源地的美国，要想建立一个代表所有股东，真正独立而且公正的董事会也是很难的。在新兴资本市场的中国，这个问题可能更严重。

【案例 5.5】陆家豪事件——中国独立董事第一案[①]

2002 年 10 月 23 日，"郑百文独立董事陆家豪诉中国证监会"一案二审在北京市高级人民法院开庭审理。这是证券市场首例真正意义上的"民告官"，也是中国"独立董事第一案"。

陆家豪本是郑州大学外语系副教授，1992 年，"郑百文"增资扩股，刚刚退休的陆家豪拿出自己所有的积蓄，买了 10 000 股"郑百文"的股票，成为了"郑百文"上万小股东中的一个。

1994 年河南省"两会"期间，身为省政协委员和民盟河南省常委的陆家豪，发表了关于股份制改造的意见，深受在座的"郑百文"董事长李福乾的赞赏。1995 年 1 月，陆家豪接到"郑百文"的聘书，被聘为公司的"社会董事"（我国当时尚未引入独立董事制度），并连续在第三届和第四届董事会中任职。

（1）郑百文和陆家豪受罚

1996 年"郑百文"上市，1997 年成为上市公司百强，曾被称为"全国商业批发行业龙头老大""国企改革一面红旗的先进典型"。1999 年，"郑百文"发生巨额亏损 9.8 亿元，每股净资产 −6.58 元，被 ST。

2001 年我国证监会查实该公司存在虚增利润、股本金不实、上市后信息披露重大虚假、隐瞒大额投资及投资收益事项、配股资金实际使用情况与信息披露不符、编制虚假会计报表等重大违规行为。并在 9 月 27 日作出了处罚

[①] 资料来源：（1）华春.从陆家豪案二审看独立董事责任制度的完善.BBS 水木清华站，smth.edu.cn【FROM：166.111.175.194】；（2）李振明."花瓶董事"与公司治理.北京青年报，2002-07-22；（3）吴国舫.从陆家豪案反思独立董事制度理.检查日报，2002-11-20；（4）互联网资料。

决定，对郑百文董事长李福乾、副董事长卢一德分别处以30万元和20万元罚款；对陆家豪等10名董事处以10万元罚款。

陆家豪对此不服，曾提出行政复议，2002年3月4日证监会作出维持原处罚决定的行政复议决定。于是，4月22日，陆家豪一纸诉状将证监会告上法庭，诉讼请求撤销证监会对其处以10万元的处罚决定。北京市一中院在8月12日作出一审裁定，认定陆家豪应于4月2日前向北京市一中院提起诉讼，但陆家豪实际上是在当年4月22日向北京市一中院寄出起诉状，因此，已超过法定起诉期限，法院依法裁定驳回陆家豪的起诉。

一审裁决后，陆家豪还是不服，又于10月向北京市高院提起上诉。11月15日，北京市高院对备受关注的郑百文公司原独立董事陆家豪诉证监会一案作出驳回上诉、维持一审裁定的终审裁定。

尽管此案以陆家豪的诉讼请求被驳回而结案，但是关于独立董事制度的研究和探讨不仅不会随着案件的结束而终止，反而会在案件结束之后走向深入和细致。因为案件的结果是以认定陆家豪提起的行政诉讼超过诉讼时效而裁定驳回起诉，该案的实体问题并没有得以解决。

（2）陆家豪不服的理由

在这个案件中，陆家豪提起行政复议和行政诉讼，要求撤销证监会对他的行政处罚的理由是：

第一，陆家豪认为自己只是"社会董事"，不是"独立董事"，只不过"是个摆设，是花瓶董事"。陆家豪说当时之所以答应李福乾的邀请，就是郑百文的领导层对他承诺不用参与公司内部的经营管理。陆家豪也承诺不领取公司的任何报酬。事实上陆家豪确实很少参与郑百文的董事会，一年召开三四次董事会，他经常有半数没有到，6年间到郑百文的次数只有十来次。

第二，陆家豪认为自己没有直接参与制作虚假材料，没有出席有些作出违法决议的董事会会议，也没有在违法文件上签字，不应当受到处罚。陆家豪对媒体说:"凭什么罚我?郑百文造假上市的时候,我还不是独立董事,而且我没有因为郑百文造假,得到过1分钱。而作为花瓶式的独立董事,我对郑百文造假一无所知。"

第三,陆家豪认为自己对企业的经营情况不了解,无力审阅财务会计报表,对有关年度报告发表同意意见的依据是会计师提供的审计意见,因此,不应当承担与其他董事相同的责任。陆家豪曾对媒体无辜地说,"你说,当时,郑百文该有的桂冠都有了,我凭什么能够怀疑一切?再说,交易所、证监会审查过的年报,上面还有会计师的签名。我不是学财经的,在两个钟头的会议里,我能从年报里看出什么东西?我能负起这个责吗?要早知道郑百文的背景和内幕,我才不去做什么董事顾问。"

第四,陆家豪认为自己担任郑百文的董事之后,帮助企业做了一些事,比如参加会议、接待中小股东电话、书面或来访的咨询,但是却没有拿公司的任何报酬。就算是董事,也应该区别对待。陆家豪说:"我现在一个月的退休金才1 600元,我从哪里能弄到这么多钱?"

(3)陆家豪是不是独立董事

本案的一个焦点就是陆家豪是不是独立董事?陆家豪认为自己只是一个不拿津贴的荣誉性社会董事,不是独立董事。而且我国的独立董事制度是2001年8月随证监会颁布《关于在上市公司建立独立董事制度的指导意见》后开始实施的,而陆家豪担任郑百文的"社会董事"明显早于这个时间。陆家豪认为证监会不能用独立董事的要求来处罚自己。

证监会对于陆家豪是否是独立董事的态度也是模棱两可、自相矛盾的。证监会在2001年9月27日的关于郑州百文股份有限公司(集团)及有关人员违反证券法规行为的处罚决定中确实没有提到陆家豪是独立董事,只是说对"陆家豪违反证券法规的行为进行了调查"以及对"郑百文公司董事陆家豪处于10万元罚款"。但是在2002年3月4日证监会关于陆家豪行政复议的"行政复议决定书"中多次提到他是独立董事,"作为独立董事,其……;其作为独立董事,不参加公司的日常经营管理……;在郑百文重组的过程中,已充分发挥了独立董事的作用……;本会经审理查明,申请人在担任'郑百文公司'第三届、第四届董事会独立董事期间,没有参加……"

那么,陆家豪到底是不是独立董事呢?

陆家豪担任郑百文的董事在我国证监会实行独立董事制度之前,《关于在上市公司建立独立董事制度的指导意见》(以下简称《指导意见》)中明确规定,对于在《指导意见》颁布前已担任上市公司独立董事的人士,上市公司应将前述材料在《指导意见》发布实施起一个月内报送中国证监会、公司所在地证监会派出机构和公司股票挂牌交易的证券交易所。那么,郑百文的材料报送给证监会了吗?关于这个问题,郑百文、陆家豪、证监会都承认材料已经报送,证监会已经批准。因而陆家豪应该是郑百文的独立董事。

(4) 证监会处罚的依据

证监会于2002年2月作出行政复议决定:坚持认为,陆家豪作为董事,应当对董事会决议通过的有关上市申报材料、年度报告的真实性、完整性负责。不能以担任独立董事、不在公司任职、不参加公司日常经营管理、不领取工资报酬或津贴等理由主张减免处罚。

证监会对陆家豪的处罚是无可厚非的。陆家豪申诉中免责的四项理由中,最主要的就是自己五年中没有拿过郑百文一分钱,而且有半数的董事会没有参加。陆家豪的理由是站不住脚的,对于一家公众公司的董事,不管是不是独立董事,都要求尽到忠实和勤勉的义务,才有可能申请商业判断准则这一免死金牌。也就是说,不管陆家豪是"花瓶董事"还是"独立董事",想要申请商业判断规则之前,首先要看他是否尽到了忠实义务和勤勉义务。从上述材料看,陆家豪显然没有尽到勤勉义务。

通俗地讲,勤勉义务就是上市公司的董事要把公司当成自己的企业,尽心尽力地管理公司，帮助公司作出有效决策，帮助股东监督管理层。陆家豪缺席了近半数的董事会，可以判断他没有尽到董事的勤勉义务。这个时候，陆家豪就不能以自己"能力有限，从年报中看不出问题"来申请商业判断准则这一免死金牌。

其实，从郑百文整个事件的处理来看，有关部门已经考虑到陆家豪"没有直接参与制作虚假材料，没有出席有些作出违法决议的董事会会议，也没有在有些违法文件上签字"，因此没有追究陆家豪的刑事责任。与陆家豪同案被证监会处罚的郑百文原董事长李福乾、原总经理卢一德、原财务处主任都群福于陆家豪案二审裁定宣判前一天，被郑州市中级人民法院分别判处有期徒刑，这也从侧面体现了陆家豪没有参与制作虚假财务报告而免除了刑事责任。这种做法是正确的，因为各国公司法都规定有这样的董事免责条款：只要经证明董事在表决时曾对董事会决议表明异议并记载于董事会会议记录的，该董事就可以免除责任。因此，陆家豪对其未出席的董事会作出的违法决议以及未签字的违法文件不承担法律责任。

从感情上看，2002年已经71岁高龄的陆家豪真不容易，在郑百文先稀里糊涂地当了一回"活雷锋"，后又稀里糊涂地当了一回"替罪羊"。

有意思的是，陆家豪的败诉直接导致2002年年底许多上市公司的独立董事纷纷请辞。

陆家豪事件已经过去了11年，我国的独立董事制度是否已经走上正轨了呢？当然，这些年里，独立董事制度在我国确实已经生根发芽，有一些独立董事敢于针对大股东和经理人侵害其他股东的利益发表异议，发表独立董事意见，还有一些独立董事不满大股东和管理层的做法，愤而召集临时股东大会的，这些都是进步。

但是，我们也要清醒地看到，我国目前的独立董事整体状况并不比11年前有质的变化：大多数独立董事还是由大股东聘请，代表的是大股东的利益，而不是所有股东的利益；很多独立董事和陆家豪一样，依然是"花瓶董事"，他们认为独立董事无非是一年开几次会，就可以拿到几万元钱的报酬，独立董事成为一个既彰显社会地位，性价比又高的一个兼职。因此，陆家豪事件依然会重演。

从以上两个案例我们可以得出结论，董事会制度的目的是伟大而且崇高的，但是现实生活中却很难实现。

虽然，建设理想中的董事会很困难。但是，董事会确实是大型企业尤其是上市公司中的有效治理制度，因此，我们还得想办法让董事会制度尽量高效一些。为了实现这个目的，第一，必须搞清楚董事会包括哪些类型；第二，为了构建一个高效的董事会，应该选什么样的人进董事会？第三，高效的董事会应该管哪些事情？第四，构建高效董事会的关键问题有哪些？

5.3.3 实际运作中的董事会类型

理想的董事会应该是能够高效完成董事会最基本的两个职责，即决策和监控。但是，在实际运作中，能够同时完成这两个职责的董事会少之又少，更多的能够完成监控职责就已经很不错了。根据董事会对这两个基本职责的完成情况可以把现实中的董事会分成 5 种类型，即橡皮图章型董事会、乡村俱乐部型董事会、股东代表型董事会、管理型董事会、治理型董事会。这 5 种类型的董事会特点为[1]：

---

[1] 以下关于5种类型董事会的描述是根据以下资料改写而成：（1）大卫·纳德勒.建构更佳的董事会[M].梁晶，等，译.北京：中国时代经济出版社，2007：15；（2）拉姆·查然.高效的董事会[M].曹植，译.北京：中信出版社，2007：19；（3）约翰·庞德.治理型公司的前景[M].孙经纬，等，译.公司治理《哈佛商业评论》精粹译丛.北京：中国人民大学出版社，2004：69—91.（4）仲继银.董事会与公司治理[M].北京：中国发展出版社，2009：84—95.

（1）橡皮图章型董事会

这种董事会的存在只是为了证明公司建立了现代企业制度，公司的运作是在一个公正机构的监督下进行的。在这种董事会中，董事对董事会工作和相互间的关系并不关心，甚至有些公司连董事会都不开，把打印好的董事会决议挨个送给董事签字的同时，也同时将钱送上。

关键词：被动。大股东或管理层控制一切，董事会处于被动地位。

董事会状况：董事会会议中没有有效对话；仅对公司管理有限参与；对管理层的提议全部批准；董事容易被大股东或管理层收买。

信息结构：信息渠道不畅通，大股东或管理层牢牢掌握信息来源。

董事来源：大股东或管理层的代表。

董事对董事会工作的关注程度：低。

董事对董事间关系的关注程度：低。

董事会的可信度：低。

适用企业：无。

（2）乡村俱乐部型董事会

这种类型的董事会对董事间相互关系非常看重，但是却不关注董事会的工作。董事大多是大股东或CEO找来的哥们，董事往往容易被大股东或管理层收买，听命于大股东或管理层，成为他们掠夺其他股东利益的工具。美国很多被经理人控制的董事会就是这种类型，比如安然公司的董事会就是一个乡村俱乐部型的典型代表。

关键词：被动。董事容易被大股东或管理层收买。

董事会状况：董事会会议中的对话涉及不到公司的实质问题；难以参与到公司管理中；对管理层的提议全部批准；董事容易被大股东或管理层收买。

信息结构：信息渠道不畅通，大股东或管理层牢牢掌握信息来源。

董事来源：大股东或管理层的代表。

董事对董事会工作的关注程度：低。

董事对董事间关系的关注程度：高。

董事会的可信度：低。

适用企业：无。

（3）股东代表型董事会

在这种董事会中，董事是股东们派出的代表，大家并不关心董事间的相互关系，只关心各自代表的股东或利益相关者的利益。这种董事会开会的时候，总是在争吵，董事会成为公司政治斗争的场所。小公司采用这种类型的董事会，可能还能解决股东之间的利益冲突和意见分歧。但是，对于股东人数较多的尤其是上市公司，董事会一定要避免这种类型的董事会出现。一旦上市公司的董事会成为股东代表型董事会，那么董事会一开大家首先想的就不是如何帮助企业作出有效决策以及有效监控经理人，而且代表各自股东争权夺利。我国很多上市公司的董事会都是这种类型。

关键词：争权夺利。董事会不可避免地成为公司政治斗争的场所。

董事会状况：董事会能代表各自股东的利益说话，但总是分歧很大；对管理层提议的审批结果是公司政治斗争的体现；董事会因利益冲突而妥协。

信息结构：能得到信息，但是信息不充分、不及时而且混乱。

董事来源：股东或利益相关者的代表。

董事对董事会工作的关注程度：高。

董事对董事间关系的关注程度：低。

董事会的可信度：一般。

适用企业：刚刚建立董事会制度的、股东人数较少的非上市公司。

（4）管理型董事会

这种类型的董事会基本上能够完成董事会的监控职责，具体表现为董事会的职能是聘用高层管理者、监督他们并且在他们无所作为的时候解雇他们。

这种类型的董事会体现了董事会作为股东"看家狗"的角色，已经算是不错的了。但是董事们不关心董事会的战略决策职责，过多的看重董事会的权力而忽略了董事会应该保证更有效的决策。这就使得除非经理人明显失败，否则董事不会对战略问题发表意见。

我国和美国的很多上市公司的董事会都属于这种类型。管理型董事会还可以细分为救火型董事会和基本尽职型董事会。救火型董事会就是指平常不管事，只有在公司出问题时，董事会才频繁召开高强度的会议，倾注大量精力处理公司面临的危机。基本尽职型董事会比救火型董事会效率要高，参与公司的管理程度也深，管理型董事会更多的也指的是这种类型的董事会。

关键词：干预、审批。

董事会状况：董事能够畅所欲言，但存在分歧；过于关注琐事，受例行工作问题的影响较大；拥有足够的权力控制 CEO 和管理层的业绩考核；董事会具有独立性，以保证 CEO 和管理层得到公正的考核，并且董事不会因利益冲突而妥协或被管理层收买；初步建立了有效的董事提名和选聘程序；愿意并能够参与改善公司的管理。

信息结构：董事会能得到所需要的大部分信息，力求公司透明，但存在阻力；董事能够初步理解公司的核心和实质问题。

董事来源：专业化人士，"内部董事＋外部董事＋独立董事"，以独立董事为主。

董事对董事会工作的关注程度：高。

董事对董事间关系的关注程度：高。

董事会的可信度：好。

适用企业：非上市公司；不需要经常作出战略决策的上市公司。

（5）治理型董事会

治理型董事会是董事会制度的最高境界，这种类型的董事会能够很好地完成董事会的决策和监控两个基本职责,而且它的核心不是强调权力而是保证有效地做出决策。在这种类型的董事会模式下,董事会和管理层能够真正在战略决策上真正合作,而且双方能经常寻求股东的参与。

对于董事会来讲,决策和监控是其两大基本职责。监控经理人是董事会最基本的要求,但是只做到这是不够的。董事会必须关注战略决策,这也是董事会最能为公司增加价值的角色。董事会和董事经常要在监控和决策问题之间均衡使用时间和经历,监控是检查企业的过去和现在是否遵守规则类的问题,而决策是塑造企业的未来。这两个职责实际上就是开源和节流的问题,对企业都很重要,缺一不可。但在实际运作中,因为监控相对来说比较容易实现,董事会和董事就会对公司过度监管而忽略对公司绩效的关注,变成管理型公司。

理想的董事会是治理型董事会。治理型董事会也关注监控问题,但是他们追求的是少而精、能够真正执行的管理制度。在遏制了经理人的道德风险问题之后,治理型董事会更加关注为企业未来带来效率和效益的决策问题。董事会能够帮助管理层制定最佳决策,能够创造一个董事会、管理层、股东都参与决策的平台。治理型董事会的核心不在于只是监督经理而在于改善决策,目标是降低发生错误的可能性和加快纠正错误的速度。

美国一些少数公司治理结构较好的大型上市公司的董事会属于这种类型。

关键词:参与。

董事会状况:在重大决定或行动过程中,与CEO、管理层和股东一起合作,提供自己的判断和建议,支持有效的决策和纠正错误的政策;董事之间团结合作、相互尊重和信任;董事之间以及董事和管理层、股东之间能积极对话,在重要问题上能取得一致意见;承担起对CEO、管理层的方向指引和行为监督双重责任;对董事会成员的行为规范有规定,董事会和CEO之间的职责清晰明确;董事会关注的重点往往集中在一些能够增加公司价值的问题上；董事会每年都有自我评估，自我评估结果能够促进董事会工作的改进。

信息结构：董事会获得的信息充分、及时、定期而且容易理解；董事会拥有支持公开讨论和使董事会成员获得信息和适应股东需要的程序；董事能够及时深入地理解公司事态。

董事来源：专业化人士；以独立董事为主；董事都拥有足够的专业知识，如关于核心行业和金融财务的专业才能，使得董事会能够为公司的决策过程增加价值。

董事对董事会工作的关注程度：高。

董事对董事间关系的关注程度：高。

董事会的可信度：非常好。

适用企业：理论上适用于所有企业，实际上比较适合股权比较分散、管理比较规范的上市公司。

以上5种类型董事会都是现实生活中存在的，橡皮图章型董事会和乡村俱乐部型董事会肯定不是我们需要的，但是，理想中的治理型董事会不是一天就能建立起来的，需要一个过程。

对于我国企业来讲，企业刚开始成立时一般没有董事会，当企业想要在资本市场上进行投融资，或者是企业从"人管人"到"制度管人"的转变时，这时候就需要一个董事会。如果一步到位建立个治理型董事会从理论上讲是完美的，但不切实际。本书的建议是，最先建立一个股东代表性董事会，股东们组建熟悉董事会制度的运作规律；上市后，将董事会演变为管理型董事会；上市一段时间后，股权不再集中，而且公司的各种管理制度也比较规范了，这时就必须将管理型董事会演变为治理型董事会。[1]

---

[1] 关于董事会制度在我国企业中的具体应用，会在第6章中重点讨论。

5.3.4 什么样的人可以做董事

董事会作为一个会议机关，高效与否的一个主要原因，取决于由谁构成董事会。高效董事会一般有以下4个特征：

- 董事都是专业人士，能够对管理层提供决策帮助并且能够对管理层进行有效监督；
- 董事会中外部董事、独立董事占大多数；
- 董事都能尽到忠实义务和勤勉义务；
- 商业判断准则使得有能力成为董事的人愿意成为董事。

（1）内部董事、外部董事与独立董事构成三位一体的董事会

这个标题也可以改为"执行董事、非执行董事和独立董事构成三位一体的董事会"。在释疑标题的含义之前，有必要对"内部董事与外部董事""执行董事与非执行董事"以及独立董事做一个简单的名词解释。

"内部董事、外部董事"是美国人的称谓。美国学者都按照董事的来源，把董事划分为内部董事和外部董事。这里的内外不是根据是否是股东来划分，而是根据是否在公司任职来划分。在公司任职而担任董事的，无论是高管还是普通员工，都称为内部董事。担任董事而不在公司任职的，叫作外部董事。

外部董事中也有两种人。一种是股东及其代表，股东要么亲自担任董事，要么让自己的子女、亲戚或同学、朋友担任董事，他们主要代表的是股东的利益，这种董事又称为"非独立的外部董事"；另一种董事在人际关系和经济关系上和管理层、大股东没什么关系的，这种董事被称为独立董事。

"执行董事、非执行董事"是英国人的称谓。英国人所说执行董事就是指在公司任高管的董事，如果一位董事同时不担任该公司的高管职务就叫作非

执行董事。非执行董事当中人际关系和经济关系上和管理层、大股东没什么关系的，这种董事也被称为独立董事或非执行独立董事。

可见，英国的"执行董事"基本上等同于美国的"内部董事"，"非执行董事"基本上等同于"外部董事"。不同的是如果公司的较低级管理人员或一般员工是董事，那么在美国他是内部董事，在英国他是非执行董事。独立董事的含义在两个国家都是一致的。

为了建立一个能代表所有股东，独立而且公正的董事会，从董事会人员构成来看，独立董事的数量应该占据多数。但是这并不意味着董事会的人员构成中全部都是独立董事最好，除独立董事之外，董事会还需要内部董事和作为股东代表的非独立外部董事。其理由是，内部董事一般都是CEO、CFO、COO等执行董事，他们作为董事会成员的作用有两个：首先，他们作为劳方的代表，在董事会决策过程中能够反映劳方的利益诉求；其次，他们是董事会和管理层的桥梁，作为董事会成员，他们能够使得董事会的决策更加科学，易于执行，否则，就会形成董事会的决策时一回事，管理层的执行优势另外一回事。

非独立的外部董事一般都是大股东或企业创始人的代表，作为董事会成员的好处也有两个：首先，在董事会决策中能够反映大股东的利益诉求，避免挫伤大股东投资的积极性；其次，大股东或企业创始人对于公司未来的发展一般看得比较远，由他们作为董事会成员，就可以避免董事会决策的短视问题。

但是，如果董事会大多是由内部董事和非独立的外部董事构成，就会使得董事会成为大股东或管理层进行利益掠夺的工具，因此，董事会中必须要有数量占多数的独立董事。独立董事占董事会多数席位的好处有两个：首先，独立董事可以以独立、自由的角度审查公司的管理决策、评估公司绩效和监督管理层和大股东的行为，董事会的监督职责主要就是由独立董事来实现的；

其次，独立董事不仅仅是公司聘请的"警察"，一般上市公司聘请的独立董事都是在企业管理、财务管理、会计审计、金融运作、商业模式创新、公司治理等方面有着丰富经验的专家，他们的外部专家视野能对董事会的决策给予有效的帮助。

独立董事代表的是所有股东，他们需要关注各种利益冲突比较突出的领域。在董事会中，独立董事在讨论以下 7 个方面议题的时候，要发表重要的意见：

- 战略计划的审查与实施；
- 投融资与战略计划匹配的决策；
- CEO 的任免、考核与薪酬；
- 管理层的股权激励计划；
- 利润分配方案或亏损弥补方案；
- 会计政策的选择；
- 财务信息的评估及其对外披露的批准。

独立董事在这董事会讨论以上 7 个方面的议题时，要敢于质疑提案所依赖的假设和前提，不仅要体现监控的职责，保证股东资产的安全，更重要的是要体现决策的职责，帮助董事会作出有效的战略决策并使之能真正落地。

因此，在构建一个高效的董事会中，内部董事、外部董事和独立董事一个都不能少，他们共同构成一个三位一体的董事会。只不过独立董事在数量上占多数而已。

（2）董事的任职资格

董事会是一个会议机构，高效的董事会依赖于每位成员高效的工作。所以，建设高效董事会的第一步就是要将合适的人选进董事会，使董事会作为一个整体能够很好地完成决策和监控这两个基本职责。那么，什么是"合适"的人呢？综合各种公司治理机构和各种机构投资者的要求，以及成功董事会的实践经验，一般都要求董事会成员都是在责任心、知识与经验、判断力、时间和精力以及协作精神等方面能达到如下要求的专业人士。

正直和责任心。正直和责任心考察的是董事候选人的品质，也是董事的职业素养的体现。由于希望董事在董事会的决策和监控中是客观和公正的，独立董事更是要求其在董事会中的意见建立在判断的独立性上，因此董事候选人是否具有正直和责任心就显得非常重要。一个董事，如果缺乏正直和责任心，那么即使是独立董事，也存在较大可能性被管理层或大股东收买。因此，在寻求董事会成员的时候，应该重点考虑那些在个人和职业行为中至少表现出具有正直和责任心，并且能为自己在董事会中所发表意见负责的候选人。

知识和经验。董事的知识和经验必须满足公司所面对的战略和监控问题的需要。今天的公司治理环境非常复杂，一个人或者一个小团队不可能解决董事会所面临的所有问题，这就需要把具有不同知识和经验的人组织起来，使得他们各自的专业知识和阅历背景能够形成有效的互补，使得董事会整体具备领导和管理公司所需要的广泛的专业技能。

董事会需要的专业知识和经验，一般包括战略管理、财务管理、会计审计、商业模式创新、投融资、公司治理、股权激励、法律和专业技术等方面的知识和经验。当然，这并不是要求每一位董事都必须同时具备以上各个方面的专业知识与经历，但每位董事至少应该是上述的某一方面的专家或某一技术领域中的专门人才，并且还需要有足够的实际工作经验。需要指出的是，对于上市公司的董事而言，财务知识是必需的，每个董事最起码的财务知识要求就是要会读资产负债表、利润表和现金流量表，应基本了解用来评估公司业绩的财务指标和其他KPI指标。

国外的一些高效的董事会常常应用一种简单的专业知识矩阵来识别董事会

所需要的知识和经验。具体做法是,将董事会所需要的知识和经验作为一个轴,将现有董事会成员的知识和经验作为一个轴,这就可以很容易看出在董事会和董事会下设的委员会中,董事们是否具有合理的知识组合,而且也很容易识别出董事会专业知识的缺口。再综合考虑人员退休等原因,就可以知道董事会需要的新鲜血液是什么样的人才。

敏锐的判断力。董事面临的商业环境是复杂的,需要在董事会中处理的事情也是多样的。董事需要评价公司的战略、商业模式、投融资等关键问题,而且还要客观、正确地评价管理层的业绩并对他们做出有效的股权激励。同时,董事还要了解公司的运作是否遵规守法,对公司的社会责任保持敏感,对快速变化的商业环境、技术环境、市场趋势和机会保持足够的警觉。董事要做到这一点,除了专业的知识和经验之外,还必须具有敏锐的洞察力和判断力,能够在多变的环境中对复杂问题提供明智的、深思熟虑的解决方案。

协作精神。董事会是一个集体决策的会议机构,因此,董事会注重的是团队的绩效,而不是个人的绩效。这就要求每个董事会成员都具有团结协作的精神,不但自信负责,而且愿意配合其他董事会成员,并愿意在董事会上公开讨论一些尖锐的问题。这就需要每个董事具有倾听他人意见的开放态度,以及出色的沟通能力。

团结协作的精神对于独立董事更为重要,董事会是一个整体,独立董事不能为了"独立"而"独立"。不能仅仅为了证明自己的独立性,而总是怀疑管理层和非独立外部董事有问题,并在每次开会的时候对他们的提案唱反调,每次会议中都与所有的执行董事处于对立的立场。如果这样,独立董事就偏离董事会制度的初衷了。独立董事在一些涉及重大利益的情况下,特别是具有潜在利益冲突的情况,诸如在讨论管理层的薪酬、CEO的考核与任免以及公司控制权变化等的时候,要保持独立性,敢于质疑管理层制定的议案,发表重要的独立意见。在一般情况下,独立董事主要是要发挥其具有外部视野的专家价值,积极主动地和其他董事一块作出有效的战略决策。

时间和精力。高效董事会的运作依赖于作为股东代表的非执行董事和独立董事。非执行董事和独立董事这些外部董事必须有足够的时间用于熟悉公司的基本情况和准备董事会会议及指定的委员会会议,而且在公司出现危机的时候,还需要这些外部董事投入大量的时间和精力。但是,非执行董事和独立董事都是兼职的,都有本职工作要做,而且一般一个外部董事还会同时兼任几家公司的董事。这样,必然就会导致外部董事对每家公司董事会投入的时间和精力是有限的。因此,各国的监管部门都纷纷要求独立董事不能兼职过多,比如我国证监会就要求一个人最多只能同时兼任5家上市公司的独立董事。

制约外部董事发挥作用的一大瓶颈就是时间问题。一个董事会每年要开4~7次全体会议,各个委员会也要单独开会,一般审计委员会一年也要开7次左右的会议,薪酬和提名委员会要开2~3次会。每个董事在每次会议上和会议前后花费的工作时间按两个工作日计,一个合格的董事至少要在一家董事会花费100小时的工作时间。但是,如果一个外部人兼任的董事过多,怎么可能拿出那么多的时间?

【案例5.6】大学教授违规身兼六家上市公司独立董事[①]

2012年,关于我国上市公司独立董事的新闻不断,5月底开始热炒中国A股"最牛独董"徐经长的新闻。

徐经长是中国人民大学商学院会计系副主任、EMBA中心主任、教授、博士生导师。在2011年年底各上市公司的报告中,他同时现身北京城建、荣

---

① 资料来源:陈春林.人大教授违规身兼六家上市公司独立董事.扬子晚报,2012-05-24.

之联、宝莱特、全聚德、北新建材独立董事名单，2012年奥康国际的独立董事名单中又出现了他的名字。一身兼任6家上市公司独立董事，创A股之最。不过，按证监会规定，独立董事兼任的上市公司最多不得超过5家，而徐经长却隐瞒自己兼任6家独立董事的事实。而且，徐经长任独立董事的上市公司北新建材董事会多年未改选，作为独立董事的他，未尽到监督上市公司之责。

为了确保独立董事有足够的时间和精力有效履行职责，证监会在2011年颁布实施的《关于在上市公司建立独立董事制度的指导意见》中，规定兼任独立董事的上市公司不能超过5家。但在上市不久的奥康国际招股说明书中，并未公告徐经长是北京城建独立董事，只说是北新集团、全聚德、宝莱特、荣之联以及奥康公司的独立董事。

而北京城建披露的2011年年报显示，徐经长在该公司独立董事的任期至2012年6月30日，徐经长除因公务未能出席北京城建于3月29日召开的董事会议外，也没有相关辞职信息。换句话说，徐经长有意无意地向公众隐瞒了身兼6家上市公司独立董事这一真相。

商学院的教授工作繁忙，有本科生、研究生、MBA、EMBA的教学任务，还要指导硕士生和博士生，还要做课题。哪有时间每年再拿出600个小时的工作时间来完成6家上市公司的独立董事工作呢？

我国《公司法》规定，董事任期由公司章程规定，但每届任期不得超过3年。北新建材《公司章程》也规定，董事由股东大会选举或更换，任期3年。但目前北新建材第四届董事会任期已届满，却仍未改选董事会。更为奇怪的是北新建材第三届董事会，从2003年6月28日起到2008年7月21日第四届董事会产生，期间竟长达5年。同时证监会还规定，独立董事连任时间不得超过6年，而北新建材的另一名独立董事郑某从2003年起一直担任独立董事，至今已近9年。

按照证监会的规定，在公司出现违法或违规的情况下，独立董事具有提议召开临时大会的职权。但是针对以上情况，北新建材的独立董事徐经长却没有提议召开临时股东大会依法改选第四届董事会。从这一点来看，徐经长没有尽到独立董事监督的职责。

从上面的案例可以看到，虽然独立董事制度在我国已经建立很多年，但是不少独立董事还是像前述案例中的陆家豪一样，只是一个花瓶董事。当然，比陆家豪强的是，每年每家公司加起来还有几万元的董事津贴，加起来兼任5~6家公司的独立董事，每年也可以有几十万元的进账，对当事人是个不错的事情。当然，这样的董事会显然不是我们所期望的。

一个外部董事真正做到对企业的尽职尽责，一定不能兼任过多的董事。一般来说，建议外部董事兼任的公司数最好是2~3家。否则兼职过多，必然会影响其参与任职独立董事公司的决策和了解信息的时间以及分散其精力。当然，到底兼任几家，还取决于其本人本职工作的繁忙程度和个人健康状况。如果本职工作太忙或个人体质不好，哪怕做一家公司的独立董事也是不合适的。

5.3.5　董事应尽的义务

法律赋予了董事代表公司管理企业权力的同时，也给了董事一定的报酬和较高的社会地位，但是为了防止董事滥用权力，以及不尽职的情况发生，各国公司法都相应规定了董事必须尽到的义务。从制度设计的角度来看，这也是为了实现权力和责任的对等。

大陆法系和普通法系对董事法律地位和权力的规定不尽一致，但是对董事义务的要求却基本一致，认为董事不管是内部董事还是外部董事或独立董事都必须对公司负有忠实义务和勤勉义务。在这一点上我国自2006年之后基本上是和国际接轨了。旧《公司法》只是对董事的忠实义务作了详尽的规定,但对勤勉义务未明确规定。新《公司法》对此进行了完善,第148条规定"董事对公司负有忠实义务和勤勉义务"。而且《上市公司治理准则》第33条规定,上市公司的董事应根据公司和全体股东的最大利益,忠实、诚信、勤勉地履行职责。

(1)忠实义务:董事最基本的要求

忠实义务,也叫作诚信义务,这是法律对董事应尽义务最基本的要求。董事的忠实义务是恪守董事管家本分的最重要体现。

董事的忠实义务的核心内容包括三个层面:第一,董事应当在遵守法律和公司章程的前提下,在社会道德、社会公德允许的范围内,始终以最大限度地实现和保护公司利益为目标,尽职尽责地为公司利益服务;第二,董事在董事会和公司的行为必须代表公司整体利益,当个人利益和公司利益有冲突的情况下,首先保证公司利益;第三,董事不能利用其作为公司董事的身份,利用公司或损害公司来为自己谋利。

董事要尽到以上的忠实义务,就必须在行为上是忠诚、正直和坦白的。各国公司法基本对此都做了细致的要求,具体来说,董事不能做的事情有如下6个方面:第一,董事的权力是为了公司利益而不是为了自己或公司以外的其他人,因此,不得用收受贿赂、挪用公款、滥用公司资产等行为。第二,董事代表的是所有股东,而不能只为部分股东服务。尤其要强调的是,董事不能只考虑提名自己的股东尤其是大股东的利益,要平等地对待所有股东,特别是小股东。第三,不能损害公司利益。董事不能因为自己的私利而泄露公司的秘密。比如说,一个人担任了一家公司的董事,这时这家公司的竞争对手聘请这个人担任董事,这个人要么拒绝竞争对手的要求,要么接受竞争对手的要求但同时必须放弃原来公司的董事职位。如果不这样做,就可以认定他很容易被竞争对手收买而泄露原来公司的秘密,因为一个人不可能同时向两家有利益冲突的公司股东尽忠。第四,不能与公司竞争。董事在职或离职一段时间内,要遵守禁业条款,不能从事与公司竞争性的商业活动。第五,不能利用公司的机会。董事不能利用自己在董事会中获得的商业信息或商业机会,篡夺本属于公司的交易机会。第六,不能参与内幕交易。对于上市公司的董事来说,参与内幕交易是违法的,在有些国家甚至是一种犯罪行为。

以上6个方面的内容,最不好判断也是最不好阻止的就是与公司竞争和利用公司机会的问题。这两个问题即使在公司治理法律比较完善的美国都是很难禁止的,在我国,这种现象大量的存在于上市和非上市的公司中。一方面,我们可以寄希望于法律的完善;另一方面,从公司的角度,应该在公司章程或董事的聘请协议中针对企业自身特点作出详细的规定。

对于董事来说,忠实义务既是客观的也是消极的,其核心是董事在董事会决策中,不得为了自己的个人利益而牺牲公司或放弃公司的最佳利益。但是,光有忠实义务是不够的,还不足以让董事积极地参与到完成董事会的决策和监控这两个基本职责的活动中。所以,董事除了必须履行善意的忠实义务之外,还必须履行能保证其行为到位的勤勉义务。

(2)勤勉义务:董事的行为必须到位

勤勉义务,又叫作注意义务、审慎义务或善管义务。通俗地讲,勤勉义务就是要求公司董事对待公司决策和监督的活动时的勤勉状况,要达到一个谨慎的人对待自己家的财产时所具有的勤勉程度。举例来说,当担任一家公司的董事之后,至少董事会的会议要去参加,公司的有关报告要认真阅读,用心了解公司的经营状况。做不到,就是违反了董事的勤勉义务。

勤勉义务和忠实义务在根本目的上是相同的,都是为了对公司、对所有股东负责,实现公司利益最大化。但勤勉义务与忠实义务也有两点不同:首先,态度上不一样。忠实义务是一种客观和消极的义务;勤勉义务是一种主观和积极的义务。其次，着眼点不一样。忠实义务的着眼点在于董事的决策目的和行为目的是否是为了公司利益最大化；勤勉义务的着眼点是董事的决策过程和行为本身是否尽职尽责。

判别一个董事是否"忠实"是比较容易的，但是要判断一个董事是否达到审慎的"勤勉"程度是比较困难的。美国《示范公司法修正本》从三个方面来认定董事是否尽了谨慎注意义务：①行为是善意的；②要像一个正常的普通谨慎人一样具备通常知识，在相似情况下给予合理的注意，谨慎、谨勉，尽责地管理公司事务；③以合理的，他认为符合公司最佳利益的方式管理公司事务。

从美国的判例法看，董事违反勤勉义务可以分为三种情况：不作为、严重的疏忽和纯粹的过失。美国的公司法专家克拉克用演员上台后表演拙劣的三个等级来比喻董事不够勤勉的这三种情况。[①]

董事的不作为：演员上了台却说不出台词，这是因为他甚至没有想去记住它。这种情况普遍存在于我国上市公司的独立董事中，就像前面的陆家豪案例所揭示的那样，在出事的我国上市公司中，独立董事是基于善意而行事的，但是他们经常缺席董事会，或者对公司的事情不闻不问，就是去参加一下会议，这都属于违反董事勤勉义务的情况。

董事的严重疏忽：演员上了台却把台词说错了，这是因为他的台词背得不熟。这里指的是，比如一个独立董事本身是会计领域的专家，但是在监督管理层过程中，却由于自己的疏忽大意没有发现管理层提供的对外披露的财务报告存在财务欺诈，这种情况主要是由于该董事没有尽到一个审慎人的态度，也算违反了董事的勤勉义务。

---

① 本段及以下关于三种违反董事勤勉义务的描述参考和引用了：仲继银.董事会与公司治理[M].北京：中国发展出版社，2009：33—34.

董事的纯粹过失：演员上了台，台词也说得对，但是演技却很糟糕，这是因为他缺乏天分或者排练不够充分。这里指的是，比如一个独立董事，公司的董事会都参加了，该发表的意见也发表了，但是由于自身知识和技能的限制，没有尽到应有的必要熟练技能义务，这也算是违反了董事的勤勉义务。

避免以上三种情况的出现，就需要一个董事在以下三个方面要行为到位：首先，应该持续不断、自始至终地关注和处理公司的事务；其次，必须以谨慎、细心的态度来关注和处理公司的事务；最后，在关注和处理公司事务的时候要体现出一个具有熟练技能的人应表现出的审慎和细心。

忠实义务和勤勉义务是董事基本的两大法律义务。董事在履职时，要像一个普通的谨慎人那样，在善意的基础上，给予合理的注意，谨慎、谨勉尽责地管理公司事务。如果做不到，就要承担责任，就必须对公司承担赔偿责任。由此可以看到，提高忠实义务和勤勉义务对于把管理官司的权力交给董事会的股东是有利的，但是，过高的提高这两种义务的履职标准，也有可能带来降低公司治理质量的风险。因为，过高的标准，一方面缩小了董事的选择范围，另一方面使得很多适合做董事的人担心过高的责任而不愿意担任董事。

这就需要在制度设计中，对只要有证据证明尽到了忠实义务和勤勉义务的董事，就可以对其免责。只有这样，才能使得更多适合做董事的人成为董事。

（3）商业判断准则：董事的免死金牌

为了鼓励和吸引那些有能力、比较适合担任董事尤其是独立董事的人担任董事的职位，法律对违反董事义务的情况作出了免责的规定。但是，需要注意的是，这种免责只是针对违反勤勉义务的情形。如果董事违反了忠实义务，损害公司利益为自己谋取私利，是不能免责的，是需要承担民事赔偿或行政罚款的责任，严重的甚至要承担刑事责任。

商业判断准则的核心思想是，只要董事没有违反忠实义务，在关注和处理公司事务中没有为自己谋求私利,而且所作出的商业决策是采用符合公司最佳利益的方式,在信息充分的情况下审慎作出的。即使最后的结果证明这些决策是错的,那么改名董事就是可以免责的。商业判断准则的引入,实际上是不以成败论英雄,而是强调决策程序的合法性。

商业判断准则对于激励董事大胆地实现决策和监控这两个董事会的最基本职责是非常有帮助的。与普通人相比,担任董事的人确实在企业管理、金融、财务、战略、法律等方面具有专业的知识和阅历,但是,董事也是人,也会因为疏忽等原因导致错误的决策。而且,即使董事是某一方面的专家,他也不可能解决企业面临的所有问题,也不可能发现和阻止企业可能发生的每一个不正当的行为。

商业判断准则由三个要素构成:善意、无私利和知情决策。[①] 善意是最基本的要求,也就是说商业决策是在没有违反忠实义务的前提下,以符合公司最佳利益方式作出的;无私利指的是董事作出的商业判断是与其没有什么利益关系;知情决策指的是董事的决策不是拍脑袋,而是在基于管理层向董事会提交的报告的基础上作出的商业决策。当然,如果一个董事连商业决策都没有作出,也就是说不看公司提供的报告,董事会也不去开,这是不可以免责的。

需要注意的是,对于专家型董事和非专家型董事是否勤勉的标准是不一样的。从英美两国的判例来看,对于没有专业知识和经验的董事,对其是否尽到勤勉义务采用主观性标准,即普通人的标准,只要他的决策过程是善意的,就可以免责。对所决策事项具有专业经验或资格的董事,则采用客观标准,即专家标准。如一些律师、会计师、银行官员、大学教授担任董事的,在董事会中讨论决策他们所熟悉的专业领域的事项时,他们就不能简单地依赖管

[①] 仲继银.董事会与公司治理[M].北京:中国发展出版社,2009:36.

理层或外部专家提供的信息和建议,而要对这些信息和建议进行分析,如做不到,就认为该名董事没有如实地贡献出他实际拥有的全部能力的知识,就不能免责。

商业判断准则的意义在于,鼓励董事在董事会中大胆而积极地履行决策和监督职责,只要过程是善意的、无私利的以及充分分析和利用了合理的信息,成败与否只是影响董事的声誉,不用承担法律责任。这是非常合理的,实际上最后的效果就是,该市场规范的由市场管,该法律惩罚的由法律管。

(4)责任保险:董事的防护盾

虽然有了商业判断准则这一免死金牌,但是给一家公司尤其是上市公司担任董事的风险还是非常大的。因为,法律在赋予董事较大权力的同时,也规定了董事的责任。各国公司法和证券法都规定,当董事违反忠实义务和勤勉义务时,要承担民事赔偿责任。一个董事,要做到不违反忠实义务还是比较容易的,只要他是一个正直和诚实的人,在关注和处理公司事务时是能够体现出善意的。但是,勤勉义务的标准不容易达到,尤其是违反勤勉义务的后两种情形,即疏忽和纯粹的过失,而按照商业判断准则免责并不是容易实现的,那么董事就必须对公司或股东承担赔偿责任。上市公司的股东是数以万计的,如果这时股东对董事提起集体诉讼,董事有可能就会面临巨额赔偿,从而导致倾家荡产。面对这种情况,谁还敢当董事?

这时候就需要一种制度安排:当董事履行了忠实义务,但违反了勤勉义务,不能按照商业判断准则免责而承担赔偿的时候,有一种保险机制来防止出现董事因巨额赔偿而倾家荡产的情形。于是,董事责任保险就应运而生。

董事责任保险,是指由公司或者公司与董事、高级管理人员共同出资购买,对被保险董事在履行公司管理职责过程中,因被指控工作疏忽或行为不当而被追究其个人赔偿责任时,由保险公司负责赔偿该董事进行责任抗辩所支出的有关法律费用并代为偿付其应当承担的民事赔偿责任的保险。[①] 保险公司承保的范围主要是董事疏忽和纯粹过失这两种违反勤勉义务的行为，而违反忠实义务的行为不在承保范围之列。比如上市公司中常见的虚假信息披露、信息披露中的误导性陈述、财务欺诈、违反法律等行为，都不在保险公司的赔付范围之内。

董事责任保险起源于20世纪30年代的美国，60年代以后发展很快。据资料显示，董事责任保险在基本法系国家的上市公司中非常流行：美国绝大多数的上市公司都为自己的董事及高管人员购买了董事责任保险。美国Tillinghast-Towers Perrin公司2000年的一份调查报告显示，在接受调查的2 059家美国和加拿大公司中，96%的美国公司和88%的加拿大公司都购买了董事责任保险，其中的科技、生化科技类和银行类公司的D&O购买率更是高达100%。在我国香港，董事责任保险的购买率也达到60%~70%。[②]

美国的董事责任保险之所以如此流行，这和美国资本市场上存在大量的股东集体诉讼是有很大关系的。美国上市公司和其董事遭遇集体诉讼是比较频繁的，这些诉讼的时间短则一年，长则几年，在诉讼过程中还采用举证倒置，由被告的上市公司和董事举证。美国上市公司的集体诉讼大部分会以和解告终，但是，在此过程中，相关费用是非常高昂的，比如调查举证费用、律师费用、抗辩费用以及和解费用，少则几百万美元，多则几千万美元。据资料显示，这类集体诉讼案2010年和解金额的平均值是4 200万美元，这对于公司和董事都是一个巨大的负担和压力。但是，如果公司在之前购买了董事责任保险，一旦公司被集体诉讼，保险公司将在索赔开始时就预先垫支企业的抗辩费用，而且赔付范围还包括董事违反勤勉义务面临的赔偿。这就相当于

---

① 资料来源：http://baike.baidu.com/view/597967.htm。
② 资料来源：http://baike.baidu.com/view/597967.htm。

给了董事一个防护盾，你只要没有违反忠实义务和违法行为，决策时在善意和审慎的情况下做出的，那么其个人财产是不会受到损失的。有了这个防护盾，就可以鼓励董事为公司利益充分施展自己的能力和才华。

董事责任保险是在2002年引进我国的，2002年1月7日颁布实施的《上市公司治理准则》第三十九条规定："经股东大会批准，上市公司可以为董事购买责任保险。但董事因违反法律法规和公司章程规定而导致的责任除外。"在此之后，中国平安、美国美亚、中国人保、华泰财险等保险公司相继推出了董事责任保险的险种。2002年1月24日，在中国平安的董事责任险险种发布会上，万科与平安签订首份保单，成为平安董事责任保险的第一个投保人。而且作为保险公司的平安从2004年就开始为董事、监事及高管购买了3 000万美元保额的责任险。据了解，北大高科、中国石化、中国移动、宝钢、康佳、云南铜业、南纸股份、云南白药等上市公司相继向不同的保险公司购买了董事责任保险。①

2006年新修订的《公司法》与《证券法》对董事、监事和管理层的权利、义务和责任的规定更加深入也更加细化，总体上来讲，是学习美国经验，将较大权力赋予董事、监事和管理层的同时，也强调对他们的制约，注重对股东尤其是中小股东权利的保护，而且还建立和完善了股东派生诉讼制度和董事民事赔偿责任制度。从股东，尤其是中小股东的角度来看，这种变化是可喜的。但是，风险和收益却是不对等的，在目前董事（尤其是独立董事）津贴不算高的情况下，却有可能面临巨额赔偿，这显然过于加大董事的风险。在这种情况下，我国上市公司为其董事购买责任保险实际上就是均衡董事的利益和责任，鼓励董事善于管理、敢于决策。

因此，对于想做董事，尤其是独立董事的人来讲。当一家上市公司请你担

---

① 资料来源：http://baike.baidu.com/view/597967.htm.

任董事的时候,一定要问问"公司买不买董事责任保险""保险额度是多少"这两个问题,得不到满意的答复,这个董事千万不要做了。

5.3.6 董事会应该管什么事

董事会最基本的职责是决策和监督,但并不是所有关于企业决策和监督的权力都在董事会。各国公司法都把一些涉及股东切身利益的决策权留给了股东大会,比如董事会成员选择、公司兼并和新股发行等方面的最终决策权。当然,这些事项的最终决策权在董事会,但是关于这些事项的议案一般是由董事会提出,所以董事会在这些事项的决策中影响力也是不容忽视的。

其他的决策和监督的权力都由股东委托给了董事会,但是,董事会也并没有把所有的权力留在自己手里。这一点也很正常,因为董事会的大多数成员都是外部人,他们也没有如此多的时间和精力来处理公司事务。因此,董事会又将多数决策权和经营控制权授予了经理人,董事会只保留了关键的决策权和监督权,以确保公司的战略正确和防止经理人"黑"老板现象的出现。

以上就是股东大会、董事会和经理层权力分配机制的逻辑基础。逻辑是非常清晰的,但具体来说,董事会应该管些什么事呢?

一个高效的董事会的标志是在有效监督经理人行为的同时,在帮助企业作出有效的战略决策,增加企业的价值。为了实现这个目标,董事会的职责就应该融入企业的管理过程中,图 5-6[①] 所示的就是董事会的具体职责融入"战略计划→资本配置→长期目标→绩效评论→人力资源计划→战略计划→……"一个周而复始循环的管理过程中。

[①] 本图由"罗伯特·豪克斯,尼尔·米诺.高管商学院:公司治理[M].李维安,译.北京:中国劳动社会保障出版社,2004:269"的董事会和管理过程的关系改写而成。

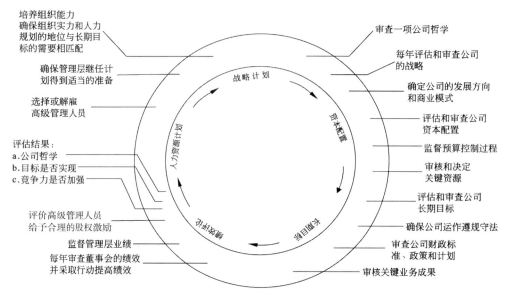

图 5-6　董事会的具体职责

根据图 5-6，我们认为，董事会的基本职责是：

- 领导、参与、审核、批准和监督战略制定和战略执行；
- 选择、评估和激励经理人；
- 确保公司财务安全；
- 确保信息披露的真实；
- 审核、批准、参与和监督公司投融资活动；
- 确保公司治理结构的有效性。

（1）董事会要关注并参与公司战略管理

一直以来，无论是理论界还是实践界，都认为董事会的主要作用是代表股东监督经理人，董事会是股东控制经理人的主要手段。因此，董事会的监督职责受重视，但通过前面的分析我们知道，监督职能发挥到最好，这个董事会充其量只是一个管理型董事会。而且董事会过于或者只是单独强调监督职能，存在两种危险的倾向：要么导致监督过度，难以发挥管理层的主观能动性；要么董事职能弱化，只是在出问题的时候介入公司事务。一个高效的治理型董事会一定是在监督基本到位的情况下，充分发挥其决策职责，为企业创造更多的价值，这才是最佳董事会。

一个公司的战略管理过程包括四个阶段，即战略构想、战略决策、战略计划和战略执行，这四个阶段董事会都需要积极参与。战略管理是公司治理和公司管理的交叉点，战略管理是董事会的基本职责，同时也是管理层的基本职责。董事会要关注公司的战略，并不是说要越俎代庖把战略管理四个阶段的事情都做了，而是要和管理层配合，有所分工，相得益彰。因此，在战略管理过程中，董事会的状态是积极地"关注"和"参与"。具体来说，董事会和管理层在战略管理中的职责和分工如表 5-1[①] 所示。

表 5-1 公司战略管理中董事会与管理层的职责划分

阶段	任务描述	董事会职责	管理层职责	董事会理想状态
战略构想	收集、分析和讨论公司环境和竞争状况等信息以及主要的业务规划	● 从外部董事冷静、广阔的视野提出观点及其所积累的经验和智慧； ● 平衡经理层的热情； ● 测试管理层构想的一致性； ● 与管理层合作	● 提出战略构想； ● 制定日程，提出问题； ● 积极参与董事会的讨论	积极参与战略构想

[①] 本表根据以下资料改写而成：（1）大卫·纳德勒. 建构更佳的董事会 [M]. 梁晶，等，译. 北京：中国时代经济出版社，2007：110；（2）仲继银. 董事会与公司治理 [M]. 北京：中国发展出版社，2009：98.

续表

阶段	任务描述	董事会职责	管理层职责	董事会理想状态
战略决策	对业务投资组合和规划作出一系列基础性决策	● 对管理层的决策提出建议； ● 对主要决策进行最终的审核和审批	● 收集董事的意见并进行分析； ● 作出关键决策； ● 对于关键的方向性决策和主要资源分配问题，向董事会提出议案； ● 提出战略性备选方案	● 实质参与到影响投资组合或重大投资的主要决策； ● 在批准战略时，主要关注公司发展，股东及各种利益相关者的利益诉求
战略计划	将关键的战略决策转换为一系列执行战略的行动，包括排序、目标和资源分配	● 审核管理层提出的核心战略计划； ● 确保对计划及其潜在风险和后果的理解； ● 审核战略计划的风险管控措施是否到位； ● 批准计划	● 制订计划； ● 检查计划，以确保与公司目标和战略的一致性； ● 向董事会提交计划以备审核； ● 匹配资源； ● 建立支撑战略实施的组织结构和绩效考核系统	为战略计划的落地提供指导，包括为使战略决策在可接受的时间框架内转换为行动所必需的措施和目标
战略执行	按照战略计划采取行动，并考虑环境变化和不同结果，对行动进行调整，以保证行动和计划的一致性	与既定目标相比较，检查公司所采取主要行动执行的过程和取得的进展，及时发现问题，提出政策调整的建议	● 确保资源和行动的领导班子均已到位； ● 监测执行的过程； ● 根据结果，对行动或计划进行调整	● 关注并监控战略执行过程，并将其纳入公司业绩评价的工作中； ● 持续监控关键驱动因素，分析关键绩效指标

从上表的分析可以看出，在战略活动的四个阶段中决策执行任务是由管理层承担的，董事会负责的是决策控制的工作。虽然，从纸面上我们可以将董事会和管理层的职责分得非常清楚，但是，在大型的上市公司中，管理层对董事会参与战略的问题抱有相当大的戒心。美国许多公司的 CEO 认为，董事

会要么什么都管了，要么什么都不管。所以，很多董事会在参与战略活动中是被动的，基本上只是起到提供咨询的作用。董事会所审核的都是管理层已经制定好的战略，董事会基本上没有选择的余地：或者是"我同意"，或者是"我辞职"。

确保董事会决策职责的实现，除了分清董事会和管理层的职责，并在董事会议事规则或公司章程中对其相应规定，以制度的方式将其固化下来之外，还需要董事会做到以下 5 点：[①]

首先，董事会成员必须是专家。董事必须十分熟悉公司和所处行业的复杂性，熟悉金融和财务结构，熟悉有关的法律法规。当然，不可能要求所有的董事都具有以上所有的知识，但每个董事至少在技术、市场、战略、金融财务或法律等方面具备充足的知识和经验。只有这样，董事会才有可能在决策过程中成为管理层的有效伙伴。

其次，董事会会议程序应该集中在讨论新的决策、战略和政策上，而不仅仅是考核历史业绩。这意味着要以另一种方式召开会议。会议的大部分时间应该集中在新战略的制定与执行，以及组织结构如何调整等方面。

第三，董事需要更好的渠道获得信息。需要关于产品、客户想法、市场条件和重大战略与组织问题的真实信息。一般情况下，董事会成员在开会前不久才收到有关会议议题的背景信息。通过这种传统渠道获得的信息都是比较粗糙的，难以发现公司的真实情况。这就需要授权董事从公司中自己获得信息，包括到一些相关的重要部门去收集信息，和主要的有关人员及主要管理者进行座谈。因为这些管理者并不出现在董事会的会议上，所以，和他们进

---

① 以下 5 点建议根据以下资料改写而成：（1）约翰·庞德. 治理型公司的前景 [M]. 孙经纬，等，译. 公司治理《哈佛商业评论》精粹译丛. 北京：中国人民大学出版社, 2004：69—91；（2）戈登·唐纳森. 董事会的新工具：战略审计 [M]. 孙经纬，等，译. 公司治理《哈佛商业评论》精粹译丛. 北京：中国人民大学出版社, 2004：47—68.

行讨论、倾听他们的意见就变得非常重要。也可以鼓励董事向客户和普通员工征求反馈。

第四，董事会不仅要关注战略制定，更应关注战略执行。当前董事会一般仅在董事会会议上讨论大的决策，并且只关注企业战略活动的前期部分，而这种做法的风险是显而易见的，特别是当非执行董事的数量和比例较大时，往往会导致董事会和管理层在议事内容和方式上的脱节，董事会的决策难以得到管理层的有效执行。所以，董事会应关注和评价公司整个战略过程，尤其是战略执行情况，而不仅限于前期决策。

第五，建立战略审计委员会，作为专门审议战略问题的董事会下属委员会。仅仅在定期的董事会上考虑战略问题是不够的，为了给董事会审查公司战略提供一条有序的途径，董事会应该成立专门的战略审计委员会，利用董事和CEO都能接受的客观财务指标评价公司战略。作为董事会的下属委员会，战略审计委员会应当特别注意有关战略的问题，这样就可以使得董事会就战略问题与公司的管理人员进行不断的对话。

戈登·唐纳森在1995年7/8月号的《哈佛商业评论》上发表了一篇《董事会的新工具：战略审计》的文章。该文章指出，对于董事会来说，一个行之有效的战略参与工具就是"战略审计"。战略审计就是这样一种机制，它同时对董事会和经理层施加约束。在很大程度上它与财务审计过程相类似。战略审计过程会把对战略监督职能的领导权集中在独立董事手中并使独立董事们有权确定考察标准和考察方法。这种机制要求董事会和CEO对公司绩效定期进行联合评估。它还向投资者表明，无论是董事会还是管理层都接受董事会进行积极持续的战略监督的权力和责任。也就是说，战略审计是指为了使董事会在公司战略参与方面发挥更大的作用而设置的一项具体措施。

关于战略，管理层和董事会有不同的视角。经理的任务是把战略意愿转变为经营事实。而董事会在战略参与中的主要责任是代表投资者在对当前战略所实施的收益和其他战略可能实现的收益进行比较的基础上，对战略路线本身提出质疑。具体包括：审查、质疑、补充各种不同方案并就可行方案达成一致意见；审查战略的制定过程是否完善；检查战略实施的计划安排；监控战略实施。

管理层在战略实施中的作用使他无法在战略路线确定之后还能客观评价战略路线。所以，战略审计必须由独立董事而不是管理层负责。持久有效的战略监督过程需要战略审计机制的常设化，即在董事会内部组建由独立董事组成的战略审计委员会。委员会应该负责确定战略绩效审计标准、监督数据库的设计和维护、建立审计程序。它应保证数据收集和报告活动的连续性，保持与CEO良好、有效的沟通，使董事会能够及时地获取信息，定期举行会议和安排临时会议。董事会在进行战略审计时，必须充分认识搜集和掌握第一手资料的重要性，并相应地建立各种机制和渠道以保证各种信息源源不断地流向董事会。

（2）董事会要负责选择、监督和激励经理人

选择、监督和激励管理层是任何公司成功的关键所在，而在其中发挥关键作用的，是公司的董事会。在选人、用人和激励人方面，公司治理和人力资源管理是有相似地方的，但需要注意的是，人力资源管理关心的是所有的选人和用人问题，而公司治理只管理管理层尤其是CEO的选择、监督和激励问题。

具体来说，董事会在选择、监督和激励经理人方面的职责具体表现为：

- 尽可能地为公司聘用合适的CEO；
- 和CEO共同组建高管团队；
- 评估和监控CEO和管理层的表现和业绩；
- 为CEO和管理层制订和业绩挂钩的激励计划；
- 落实继任计划，确保CEO和管理层更换的连续性；

- 及时更换 CEO 和管理层。

董事会在履行以上 6 个方面的职责时，要注意到下面的 5 个关键问题：

- 必须是董事会负责对 CEO 的选择和聘用；
- 一定要有合理的聘用批准；
- 对 CEO 一定要有考核；
- CEO 的报酬一定要和业绩挂钩；
- 解雇 CEO 和管理层要慎重。

第一，必须是董事会对 CEO 进行选拔，这对于董事会履行其监督的职责是非常重要的。所以，对于 CEO 的选拔以及落实 CEO 的继任计划，这些都必须是由董事会负责。如果董事会不能控制 CEO 的选拔过程或继任计划过程，现任 CEO 就会根据自己的意愿来选择继任者，甚至将自己的亲信塞进来，那新的 CEO 代表的将不会是股东的利益，而且人事权的旁落，也会使得董事会失去对管理层的威慑力，从而难以履行监督的职责。

当然，在落实继任计划、选拔新的 CEO 过程中，CEO 也是要参与的，只不过起决定作用的是董事会。具体来说，继任计划的流程和各方职责如下：

- 现任 CEO 和管理层是整个过程的推进者。现任 CEO 和管理层（尤其是人力资源总监）根据自己对公司 CEO 职位的理解，向董事会推选候选人，将其对候选人的评价及时通报给董事会。
- 董事会的提名委员会（或薪酬委员会）[①]是整个过程的联合推进者。委员

---

① 一些董事会是提名委员会承担这个职责，一些董事会是由薪酬委员会来承担这个职责。

会将每 3 个月或每半年向董事会提交一份详尽的有关管理层的评价报告，包括内容主要包括管理人员及其可能继任人的工作进展和业绩情况。
- 董事会积极参与整个过程。至少每半年要在董事会上正式讨论一次继任计划；能够与候选人进行非正式会谈，更全面地了解候选人；要对现任 CEO 和管理层推荐的人选进行全方位考察，并且将其与公司内部和外部的其他候选人进行比较；最终确定人选。

第二，一定要有 CEO 和管理层的遴选标准。每一个董事会都希望为公司找到这样的 CEO 候选人：擅长资源整合、熟悉金融财务、战略家、商业谈判高手、有国际视野、创造力极强、果断精明并且充满活力……这种标准寻找到的候选人肯定是十全十美的人。但是现实生活中，这种人是很难找到的，主要原因有两个：首先，十全十美的人士很难找到的；其次，不同企业处于不同行业、不同发展阶段，对 CEO 候选人的能力需求也是不一样的。因此，这种标准只能是相对标准，而不是绝对标准。董事会及其相应的委员会首先是在相对标准下遴选候选人，在根据企业自身的情况来确定最终人选。表 5-2 所示的就是通用的董事会遴选 CEO 的九大能力标准。

表 5-2　CEO 候选人的九种能力评价标准[①]

能力范围	具体内容
一般性能力	● 作出有信息根据的商业决策的能力； ● 复杂环境下的应对智慧； ● 创业精神； ● 国际视野

[①] 本表根据以下资料改写而成：(1) 大卫·纳德勒. 建构更佳的董事会 [M]. 梁晶，等，译. 北京：中国时代经济出版社，2007：145—146；(2) 拉姆·查然. 顶级董事会运作 [M]. 武利中，译. 北京：中国人民大学出版社，2003：162—163；(3) 仲继银. 董事会与公司治理 [M]. 北京：中国发展出版社，2009：104—105。

续表

能力范围	具体内容
品格能力	● 有社会责任感和正义感； ● 追求个人成就的勇气； ● 以身作则，证实公司的价值、信仰和经营理念； ● 人格完整、诚实； ● 在逆境中保持坚定和自信； ● 精力充沛； ● 能够永远在关于什么对公司最重要上保持客观
战略能力	● 以业务和行业的财务状况、政治环境和技术等方面为基础，构建并确定对企业未来发展的一致认识； ● 识别机遇和威胁的能力； ● 确保战略、业务计划和预算与长期目标一致； ● 智力水平、敏锐性和勇气； ● 变革的推动能力； ● 决断能力
知识能力	● 充分理解作为 CEO 的职责； ● 知晓最新的商业管理实践； ● 理解董事会及其成员的角色、流程和相互关系； ● 理解影响公司的法律、会计和监管要求
财务分析管控能力	● 在财务、市场营销和客户服务等公司经营的各个领域具备充分的知识； ● 能够读懂和解析财务报表； ● 能够从不同角度理解问题； ● 能够探寻和使用信息作出明智判断和诊断； ● 具有较强的风险意识并能实施有效的风险管控
资源整合能力	● 能够猎寻与战略相匹配的资源； ● 具有丰富的并购重组经验； ● 较强的组织结构设计能力； ● 与董事会保持建设性的工作关系； ● 充分应用董事会的知识和智慧储备

续表

能力范围	具体内容
沟通能力	● 能够以清晰、一致和逻辑的方式把自己的思想、观点、推理和关键问题形成文字； ● 在必要和适当的时候能够通权达变； ● 具有聆听、把握和理解关键要点的能力； ● 能够游刃有余地同媒体打交道； ● 并购认清投资者、中介机构、顾客、供应商、竞争者、员工、监管机构和其他团体的利益诉求和动机，并能与之沟通
领导能力	● 卓越的知人善任能力，尤其是在构建高管团队时； ● 能够有效授权； ● 能够通过其对公司未来发展方向的信心和热情，鼓励其他人； ● 凝聚团队能力； ● 培养团队的能力
执行能力	● 正视现实； ● 能够将战略意图转换为切实可行的目标和计划； ● 为战略目标建立优先顺序、设定可执行的关键任务； ● 是战略执行的推动者； ● 具备跟进能力

在表 5-2 所示的 9 种能力中，除去财务分析能力和资源整合能力之外，是所有公司 CEO 遴选的一个标准。对于上市公司的 CEO 候选人来说，还必须具有较强的财务信息分析能力、资源整合能力和应对媒体和公众的能力。

在具体的使用过程中，现任 CEO、董事会及其委员会可以根据表 5-2 的标准遴选出 CEO 的候选人，然后再考虑公司所处行业的情况以及公司的具体发展阶段，再确定最后人选。比如，当一家公司所处的行业竞争对手很多，大家都在谋求以整合并购的方式来获得较快的增长，那么，候选人中具备超强资源整合能力的那一个就是比较适合该公司的。

在敲定 CEO 的候选人之后，董事会还要关注其他高管人员的继任计划。当然，在其他高管人员的继任计划，起主导地位的是 CEO，但是董事会要积极参与好监察整个过程。

第三,一定要对 CEO 进行考核。CEO 的年度考核实际上是董事会有效监督的核心内容,能给公司带来以下三个方面的好处:

- 职责明确。这种考核向 CEO 和董事传递了一个重要的信号,即 CEO 要对董事会负责。
- 使得外部董事更加了解公司。同时,CEO 的年度考核还使得外部董事有机会至少每年一次和 CEO 就公司的业绩进行开诚布公的讨论。这样做,他们更加了解公司和公司领导人,从而成为更有效率的监督者。
- 促进 CEO 的成长。这种考核还能使 CEO 直接与董事交流后者关心的问题、听取建议和接受表扬,这对 CEO 本人也十分有好处。

对 CEO 和管理层的有效考核必须遵循如下几个原则:

- 至少每年进行一次考核;
- 采用相对绩效来考核公司的年度绩效和长期绩效,也就是说公司的绩效要和同行业公司做比较;
- 应根据 CEO 的个人目标和公司的业绩目标考核 CEO 的绩效,以公司绩效为主;
- 考核内容不能只看财务指标,而应包括财务指标、业务有效性指标[1]和领导能力有效性指标[2];
- CEO 应提交自我考核报告;

---

[1] 包括但不限于组织适应性和敏锐性、客户满意度、员工满意度研发能力、业务有效性、战略执行程度等。
[2] 包括但不限于战略领导力(引导企业战略的执行和发展,在战略管理的各个环节获得董事会和管理层的支持和参与)、企业维护力、与董事会良好的关系等。

- 如果CEO同时担任董事长，那么就需要给每个职位设定单独的目标；
- 外部董事应分别进行评估，每一位外部董事都要针对董事会拟定的CEO评价表进行独立评价，然后由董事会指定的一名独立董事或薪酬委员会负责综合他们的评估报告，以便反映董事们评估的主要内容和涉及的主要方面；
- 评估结果应秘密反馈给CEO；
- CEO应与一位或多位独立董事面对面地讨论他对考核结果的看法；
- 明确CEO业绩与报酬之间的关系。①

以上考核原则的逻辑思路是，CEO首先根据公司战略目标确定自己的目标并进行自我考核，董事会对CEO的业绩进行考核并就此与CEO沟通。CEO和董事会一旦达成共识，认识到这样一种考核的重要性，在责任的划分问题上就不会有任何冲突了。

如图5-7所示，对CEO的有效考核过程包括三个阶段：在财务年度开始之前确立考核目标、在年中持续考核业绩、在年末评价结果。②

- 确立目标。在财务年度开始之前，CEO应该与董事会合作制定年度战略计划，确定公司的长期和短期战略目标，在确立CEO业绩目标的同时将考核计划上报给董事会。一旦业绩目标被确认，董事会将会为CEO制订出相应的奖励计划。CEO应该将这些业绩分解为一系列个人实施行动计划，在计划的每一阶段，业绩指标都要从相应的行动中得到反映。

---

① 关于具体的考核指标选择以及CEO报酬的确定将在第7章重点讨论。
② 图中三个阶段的描述参考和引用了：大卫·纳德勒. 建构更佳的董事会[M]. 梁晶，等，译. 北京：中国时代经济出版社，2007：125—128.

- 持续考核。在年中考察时，董事会将重点了解 CEO 是否按照年初制订的计划在实施。如果未按计划进行，可能的问题出现在什么地方？年中考察的目的是使董事会能够在小问题演变成大问题之前采取行动以使年初制订的计划能够得到实施。
- 年终评价。最后阶段是年末考核，董事会中的薪酬委员会在比较了 CEO 的实际业绩与年初目标之后，将相应的报酬标准提供给董事会讨论通过。

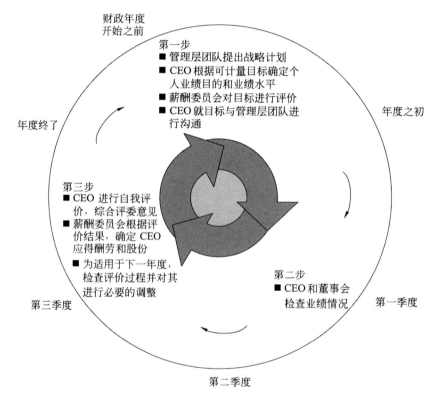

图 5-7　CEO 考核的时间流程图

第四，解聘 CEO 要慎重。解聘作为惩罚性激励，有着独特的效果，是董事会最严厉的监督措施。当 CEO 的考核出现不合格之后，董事会既可以在 CEO 任期届满时予以解聘，也可以中途解职 CEO。解聘成为董事会对 CEO 最严厉的监督手段，但是要注意这并不是最有效的措施，一个治理型董事会是不会出现经常出现解聘CEO的现象。诸多的实践证明，当公司业绩下滑时，CEO往往被作为替罪羊被解雇。虽然解聘或撤换是对CEO们最大的威慑，但陷入这种局面也给公司和股东带来巨大的损失。因此，"解雇"最好永远作为一种威慑手段存在，而不要轻易去使用。频繁解雇管理层的董事会一定是一个不合格的董事会，一个高效董事会需要做的是：在继任计划中选择合适的CEO，落实考核计划，给以与业绩相关的激励性报酬，帮助CEO和公司共同成长。

（3）董事会要确保公司财务安全和信息披露的真实

财务安全对于一个公司来讲是非常重要的，财务监督和风险监控是董事会监督职能当中的核心。通过评价公司财务结果，监控公司财务预算控制系统的运作，检查经营中可能出现的问题，确保股东利益不受经理人的侵犯。

CEO和管理层是有一定的财务审批权的，但是在一些诸如投融资的事项上管理层只有建议权。而且即使是常规的财务支出，超过一定额度也需要上报董事会。具体来说，董事会的财务监督职责包括：

批准所有的财务投资项目和政策，其中有些还应得到股东大会的授权；

审核批准红利发放方案，检查股利政策是否有利于对小股东和债权人的保护；

- 批准价值超过一定金额的慈善捐款和其他捐款；
- 审核和批准常规的投资预算方案；
- 批准价值超过一定金额的资产处理；
- 批准外部审计机构的选用；
- 批准内部审计师的选用。

负责实现董事会财务监督职能的是董事会的审计委员会。审计委员会通过内部审计和独立的外部审计来确保财务数据的准确，并在此基础上分析公司的财务风险和经营风险，建立风险管理的预警系统，确保公司财务安全。

信息公开制度是保护股东利益的根本，只有在全面、准确掌握了公司信息之后，股东才有可能对董事会的业绩进行评价，才有可能准确判断自己资产的真实价值。因此，几乎所有国家的法律都对上市公司的信息公开作了强制规定。

上市公司的董事会应该对公开信息的完整性、真实性、及时性负有责任，董事会中的审计委员会担负确保公开信息真实的具体工作。在公司的信息披露之前，由审计委员会聘请独立的第三方机构对管理层提供的信息尤其是财务报告审计要达到真实性、全面性、准确性和及时性。

（4）董事会要关心公司的资本运作

关于公司的资本投资项目选择、融资方案选择、并购重组方案等资本运作活动，具体的提议都要呈送给董事会批准。对于公司投融资的方案，一个高效的董事会会帮助管理层评估其价值所在，并且分析其潜在的风险。利用独立董事丰富的金融、财务和法律等方面的知识和经验寻找公司投融资方案的机会和价值，提出富有建设性的意见，完善公司的资本运作方案。同时他们会认真识别和分析潜在的风险，加强对公司资本运作中的风险控制。

在充满激烈竞争和敌意收购的动荡不定的资本环境中，董事会政策制定的一项特别内容就是未雨绸缪制定反收购措施，以防止公司在资本市场上遭遇恶意并购或敌意接管。

在现代公司的扩展过程中，并购重组是一个经常使用的手段。尤其是在我国的资本市场上，未来十年，并购重组可能是金融业最热门的话题。因为对于众多的细分行业的中小企业要靠慢慢做大，引入VC、PE，最终实现IPO上市是比较困难的。并购重组成为整合各自为战的小企业力量的一条有效路径。但是并购重组过程中会伴随着比较复杂的公司治理问题，大股东、小股东和管理层的利益诉求不一致，他们在股权结构、控制权安排等方面都会有着尖锐的利益冲突。这时候，就需要董事会从增加公司价值这一终极目标出发，制定一个大家都能接受的共赢方案。

（5）董事会要确保公司治理结构的有效性

除以上 4 个具体的任务外，董事会还有一个比较综合的关键任务，就是确保公司治理结构的有效性。具体职责包括：

- 制定适合公司的治理原则；
- 制定符合公司章程的董事会议事规则；
- 确定董事的合适人选，制定董事的选择标准和程序，由董事会选出董事候选人供股东大会选举董事；
- 年度一次的董事会自我评估；
- 设计各下属委员会的结构和职责，以及各委员会的工作制度、工作流程和工作计划。

以上工作职责的实现大部分由提名/治理委员会负责，目的是增加董事会整体的独立性，确保外部董事对公司重要事件有足够动力投入时间和精力，确实地履行董事会决策和监督的两大职能，确保公司治理结构的有效。

在以上任务中，需要特别关注的是对董事会的考核。大多数公司都定期考核其职员、CEO 及其管理层、下属子公司甚至供应商和销售商的绩效，但很少有公司对董事会进行考核。考核董事会的绩效并不容易，因为考核必须由董事会成员亲自进行，而自己考核自己总是很困难的，而且董事们的时间和精力都有限。所以，关于董事会的考核是公司治理的一个难点问题。

董事会的考核包括对董事个人、董事会委员会和董事会三个层面的评价，重点在于董事会整体绩效的考核，考核由提名/治理委员会和董事长组成的考核小组共同主导。

对于董事的考核的方式是治理委员会评估和与董事自评相结合，评价的主要内容是考察董事是否尽到忠实义务和勤勉义务。虽然有一些公司的董事会在董事绩效考核中采用自评和互评方式相结合,但一般来说,不建议采用互评方式,因为互评方式不仅使各位董事的评价标准很难统一,而且容易破坏董事会的整体性。董事考核的具体内容见表5-3。

表5-3 董事个人评估样表[①]

考核内容	考核得分
与人合作	
行业知识	
商业知识	
金融财务知识	
商业敏锐性	
获取信息的积极性(好问)	
出席董事会情况	
董事会参与度(是否积极发言)	
会议准备充分度	
对委员会工作的贡献	
但公司需要时,能够在董事会会议之外为公司提供服务	
对长期战略的贡献	
总体表现	

注:请在每一格中,根据自己的表现各自己打分:1.很差;2.较差;3.一般;4.较好;5.很好。

表5-3一方面由董事自评,一方面由考核小组进行评估,最后的结果就是董事的考核结果。

董事会委员会和董事会的考核流程是相同的,在考核小组向董事提供用于分析的信息之后,各位董事就对董事会委员会和董事会的整体绩效进行评价。这种评价采用具体项目打分和开放式问题结合的方式,考核内容至少3年内

[①] 本表根据以下资料改写而成:仲继银.董事会与公司治理[M].北京:中国发展出版社,2009:257—258.

应保持一致性,这样就能使董事会逐年跟踪自己的绩效。

具体的考核内容根据公司的不同略有不同,表 5-4 和表 5-5 是通用的董事会委员会和董事会的评估样表。

表 5-4　董事会委员会的评估样表[①]

考 核 内 容	考 核 得 分
委员会会议的有效性	
委员会提供的信息质量	
委员会是否将时间花在适当之处	
委员会与独立咨询人(审计机构或薪酬顾问)之间的关系	
委员会与对口管理部门之间的关系(如薪酬委员会与人力资源部、审计委员会与财务部和审计部)	
审计委员会监控财务报告的能力	
除年报之外,审计委员会是否还评估中期报告、预告和给分析师的简报	
审计委员会是否提供与财务报表配套的、有关经营结果的解释和说明	
薪酬委员会监督 CEO 和管理层薪酬的能力	
对 CEO 进行年度业绩考核,并且确定未来目标	
对 CEO 的考核目标与公司目标匹配,业绩标准包括短期和长期指标,以及财务和非财务指标	
提名委员会考虑董事候选人时,考虑作为一个董事所要求的能力	

注:请在每一格中,注明你在多大程度上同意关于委员会运转情况的陈述:1. 很差;2. 较差;3. 一般;4. 较好;5. 很好。

[①] 本表根据以下资料改写而成:(1)仲继银.董事会与公司治理[M].北京:中国发展出版社,2009:259—262;(2)大卫·纳德勒.建构更佳的董事会[M].梁晶,等,译.北京:中国时代经济出版社,2007:184—185。

不能只根据公司业绩来考核董事会，因为公司业绩只是董事会业绩的一个间接体现，只能作为参考标准。董事会的业绩评价应该根据董事会的职责加以确定，重点考察董事会的职责完成情况和有效性。如表 5-5 所示，考核的主要内容应包括董事会的独立性、董事会结构和规模、董事会会议的有效性、职责完成情况等内容。

表 5-5 董事会的评估样表 ①

考核内容	考核得分
董事会和管理层之间建立了工作伙伴关系	
独立董事没有商业或其他关系影响其独立判断	
董事会的规模适宜：既不影响效率，又能够支撑成立所需的委员会	
成立了审计、薪酬、提名/治理委员会	
董事会议程对介绍时间和讨论时间做了适当的平衡分配	
花费了必需的时间讨论公司的前途	
提出公司方向上或商业模式的转变	
董事成员能够坦率、公开地交换意见	
会议准备充分，通知和文件能够提前发放，董事可以提前准备	
正确地介入了有关 CEO 的连任问题	
具有评估 CEO 的合理程序	
为评估 CEO 收集了充足的信息	
有正式的继任计划，定期检查接班人的培养情况	
高管层的报酬和业绩紧密挂钩，管理层的业绩目标既包括短期和长期指标，也包括财务和非财务指标	

---

① 本表根据以下资料改写而成：（1）仲继银.董事会与公司治理［M］.北京：中国发展出版社，2009：259—261；（2）大卫·纳德勒.建构更佳的董事会［M］.梁晶，等，译.北京：中国时代经济出版社，2007：179；（3）杰伊·A.康格，等.考核董事会［M］.孙经纬，等，译.公司治理《哈佛商业评论》精粹译丛.北京：中国人民大学出版社，2004：107.

续表

考核内容	考核得分
董事会在必要时站出来挑战管理层的战略选择和建议	
为处理公司突发危机做好准备	
有为全体董事认识到的愿景和任务	
有正确的结构和程序帮助评估公司战略与目标	
董事会在决策中有效地考虑了相关及重要的信息	
董事会对需要进行决策的问题做出了决定	
董事会确保管理层建立了一个保护股东投资安全的内部控制系统	
董事会确保管理层有一个发现、诊断和管理风险的持续的流程	
有效地深入解决主要的绩效问题	
董事会确实担负起了确保财务报告真实的责任	
董事会采纳有意义的伦理规则的能力：讨论更广的责任，开发公司伦理、社会和环境政策	
董事会确保平等对待所有投资者，包括信息享有和股东权利的行使	
董事会对可能影响公司经营的监管政策走向保持跟踪，包括法律、财政、金融、就业、环境、消费者和行业特有的监管等	

注：请在每一格中，注明你在多大程度上同意关于委员会运转情况的陈述：1. 很差；2. 较差；3. 一般；4. 较好；5. 很好。

董事会的业绩评估除了对表 5-5 中的 27 个具体陈述来表明自己的肯定或否定程度之外，还应提出以下 6 个开放式问题，比如：

- 董事会的审查和批准活动合理吗？
- 董事会的会议从会议召开到会议时间分配再到会议议程总体上高效吗？
- 董事会在确保财务安全方面的工作是否有效？

- 从董事构成、委员会构成、董事会规模等方面看，董事会结构是否合理？
- 董事会在选聘、考核 CEO 的过程以及监督 CEO 的薪酬等方面是否有效？
- 董事会在风险监控以及规避公司风险的能力等方面是否有效？

表 5-5 和以上的 6 个开放式问题将用于帮助董事分析董事会作为一个整体的绩效，目的是加强董事会整体的有效性。在董事会的业绩评价中，除了董事自评之外，建议邀请管理层也参与对董事会的评价，但是将其结果和董事会成员的评价结果分开分析讨论。

在董事、委员会和董事会的调查结果出来之外，在随后的董事会上进行讨论，督促董事、委员会和董事会改进自己的工作方式、提升自身能力，最后得到提升董事会有效性的目的。

需要注意的是，关于董事、委员会和董事会的考核一定要有积极的心态，否则就会演变成自欺欺人的自我评价或浪费时间。

5.3.7　董事会为什么要下设委员会

董事会委员会的出现是未来解决独立董事发挥作用的平台，这也是委员会制度设计的初衷。因此，最早在美国董事会中出现的董事会是审计委员会和薪酬委员会。在委员会的运行过程中，大家发现除了为独立董事提供了发挥作用的平台之外，还由于专业化的分工，提高了董事会的运作效率。于是，除了完全用于独立董事监督平台的审计和薪酬委员会之外，美国的董事会中又出现了协助董事会工作的提名委员会、治理委员会、执行委员会、战略委员会、董事事务委员会、财务委员会、投资委员会以及健康安全和环境公共政策委员会等。

（1）需要几个委员会

委员会并不是越多越好，过多地设置和关注委员会，必然会割裂董事会作为一个整体的有效性，这反而违背了设置委员会的初衷。因此，根据董事会的主要职责、委员会设置的初衷以及企业的实际需要来设置委员会是每个公司必须遵循的原则。基于以上的考虑，董事会应该设置 4 个委员会，即审计委员会、薪酬委员会、提名/治理委员会以及战略投资和风险管控委员会。

因此，审计委员会是必需的，在 2003 年美国的《萨班斯》法案颁布之外，全球几乎所有的资本市场都要求上市公司董事会设置审计委员会，确保财务报告的真实以及企业的运作遵规守法，而这正是董事会和独立董事最基本的职责。因此，有无审计委员会以及审计委员会的成员是否都是由外部董事构成就成为判断董事会能否真正履行监督职责的重要依据。

除审计委员会之外，虽然法律没有强制性的要求，但是全球 70% 的上市公司都设置了薪酬委员会和提名/治理委员会。薪酬委员会主要负责对高管层进行业绩考核并为之制定合理的薪酬，提名/治理委员会主要负责董事提名和确保公司治理结构的有效性。这两个委员会负责的工作都是确保董事会监督职责能够履行的关键，因此对于高效董事会来说，这两个委员会也是应该有的。

董事会和独立董事有两个基本职责：监督和决策。审计、薪酬、提名/治理委员会是为了确保董事会和独立董事监督职责的实现而设置的，而战略投资和风险管控委员会是为实现决策功能而设置的。董事会很重要的一个工作，就是要关注和参与公司的战略管理过程，在战略规划、战略执行、资本配置、并购重组和风险管控等方面帮助企业作出有效决策。为了更有效地完成这些工作，建议要考虑设置战略投资、风险管控委员会。

以上4个委员会基本上是每个公司都应该考虑设置的，当然，根据公司的实际情况不同，还可以设置不同的委员会。比如，对于一些对环境污染比较严重的企业，为了扭转公司在公众心目中的形象，这时候可能以上4个委员会对他们都不是重要的，更重要的是要设置健康、安全、环境和公共政策委员会。再比如，对于一些频繁进行资本运作的公司，可以考虑单独设置一个投资委员会，专门负责公司的投融资、并购重组等金融事宜。

但是，必须指出的是，委员会也不是可以无休止地设置下去，过多的委员会必然要求更多的董事，这将导致董事会规模扩大，影响董事会整体的有效性。因此，我们的建议是先考虑审计、薪酬、提名/治理、战略投资和风险管控这4个委员会，再根据公司实际需要设置1~2个其他的委员会。

（2）委员会与董事会谁为主

委员会既然是董事会的下属委员会，当然得接受董事会的领导。因此，任何委员会都必须在董事会议事规则和公司章程规定的范围内进行工作。董事会在成立委员会的时候，都会为这个委员会制定一个书面的章程。在委员会章程中规定了委员会的使命和职责、委员会的结构、委员会成员的任职要求、委员会成员的任命和解聘程序以及委员会的议事规则等。委员会的运作必须满足委员会章程的规定。

在美国的上市公司中，当董事会中出现专门的委员会后，董事会的效率得到了提升，而且独立董事发挥的作用越来越大。因此，专门委员会得到公司治理专家和投资人的青睐，董事会纷纷将更多的权力授予委员会。对于委员会来说，在董事会明确授权的事项，委员会具有董事会拥有的一切权力，而且在必要时还可以在委员会的有关文件上加盖公司的印章。1990年之前，美国上市公司的董事会就是这样通过委员会来处理各种重大事情：管理层的薪酬和人事更迭由薪酬委员会负责、财务监督由审计委员会负责、重大并购由投资委员会和战略委员会负责、其他重大事情由执行委员会负责。其中，执行委员会的权力是最大的。执行委员会的职责是在董事会闭会期间作为董事会的代表全权代表董事会行使职责。董事会一年召开 7~8 次，大多数时间处于闭会期间，由此可见，执行委员会基本上取代了委员会。

这种局面是可怕的，严重地违背了董事会设置的初衷，委员会成为权力核心，董事会成为摆设。在这种情况下，大股东、董事长或 CEO 只要控制或收买了这几个委员会，实际上就控制了整个董事会。因此，20 世纪 90 年代之后，美国的公司治理专家就呼吁委员会将本属于董事会的权力交还给全体董事会。一个显著的标志就是很多公司不再设立执行委员会。

这种转变是正确的，董事会与委员会的正确关系必须是以全体董事会为主，重要事项的决策必须由董事会决定，委员会只承担辅助工作或专项工作。举例来说，薪酬委员会在对管理层进行业绩考核并为之制定了相应的报酬计划之后，必须将薪酬计划上报董事会并对全体董事说明考核和制定薪酬的依据，只有在全体董事会会议通过之后，该计划才能得以实施。当然，只要薪酬委员会能够保证对高管层考核指标的科学性，具体在选择那些指标上，由薪酬委员会确定。

在清楚了董事会和委员会的关系之后，接下来，我们需要对审计、薪酬、提名/治理、战略投资和风险管控委员会的具体职责、构成要素、运作特征等进行了解。

（3）审计委员会

审计委员会是最重要的委员会，对于上市公司来说，也是一个法定的委员会。审计委员会最初的职责是为了完成董事会监控公司财务报告，确保财务安全。随着公司治理的发展，目前董事会还担负着确保公司运作遵规守法的职责。由于自己不能监管自己，因此审计委员会拒绝执行董事，要求由外部董事，最好全部是独立董事构成。

关键词：审计、财务安全、信息真实、遵规守法。

委员会构成：由 3~5 名外部董事（最好全部由独立董事）构成，委员会主席由独立董事担任，该董事最好具有 CEO 或 CFO 的经历，或者具有会计师或注册会计师的资格。

委员能力要求：专业的财务知识（至少有一名委员具有会计师或注册会计师资格）；独立性；质疑精神，具有挑战管理层的意愿；良好的沟通能力；良好的判断能力；较强的风险意识和风险管控能力。

会议与运作：每年 4~7 次会议；每年至少两次与外部审计师面对面的会议沟通；每年至少一次审计执行会议，会议参加人员包括外部审计师、内部审计师和审计委员会成员，但管理层要求回避；每年至少一次与管理层、内部和外部审计师、财务管理人员就有关会计政策进行开会讨论；CFO、内审主管、外部审计师一般参加所有审计委员会的会议；除审计执行会议，财务主管参加平常的会议；在必要的情况下，审计委员会可以不经 CEO 批准直接聘请法律顾问、财务和税收专家参加会议。

职责：负责监督公司内部和外部的财务信息报告；负责提名、聘请和解雇公司外部审计人员；监督内部财务审计人员的任命、辞职、解聘的过程；评价和监督公司的内部控制结构和财务报告流程；经理有关会计、内控和审计事务投诉的处理流程；负责界定外部审计师的审计范围；评估和讨论外部审计师提供的定期报告；制定风险管理的政策和策略，帮助管理层降低具有重大风险事项的风险；负责评价公司信息系统的有效性；审查公司的法律事务、环境事务、养老基金等方面的事项是否遵规守法。

（4）薪酬委员会

在美国上市公司中，审计委员会是最早出现的，也是使用最多的委员会，排在第二位的就是薪酬委员会。这很容易理解，在保证了公司财务安全之后，就需要以合适的薪酬激励管理层，薪酬委员会最基本的职责正是为实现这个目的。由于自己给自己定薪酬肯定是不合理的，因此薪酬委员会对独立性的要求比审计委员会更高，当然也拒绝执行董事。

关键词：薪酬、业绩考核。

委员会构成：由 3~5 名外部董事（最好全部由独立董事）构成，委员会主席由独立董事担任，该董事最好是一个具有丰富财务和经济知识的股权激励专家。

委员能力要求：独立性；丰富的股权激励知识和经验；丰富的财务知识；良好的沟通能力；丰富的人力资源管理经验。

会议与运作：每年 2~3 次会议；每年至少一次和人力资源部的沟通协调会议。

职责：制定公司的整体薪酬政策及指导原则；负责批准公司所有的薪酬发放办法；负责为管理层和核心骨干员工制订合理的股权激励计划；监督董事和管理层的薪酬政策执行；为董事和管理层制定解聘补偿政策；负责 CEO 管理层的年度业绩考核。

（5）提名/治理委员会

审计委员会和薪酬委员会的作用是直接的，审计委员会是帮助公司发现、防范和监控公司的财务风险，确保公司财务安全；薪酬委员会是为 CEO 和管理层制定合理而又具有竞争力的报酬，激励经理人。如果将这两个委员会的作用比喻成治病的药，与它们相比，提名/治理委员会的作用则没有这样直接，它起到的是增强公司免疫能力的保健品作用。提名/治理委员会的作用是提高整个企业公司治理的有效性，其基本职责是负责董事提名和确保公司治理结构的有效性。

提名/治理委员会的前身是提名委员会，主要负责董事提名和管理层继任计划的落实。保持独立的提名委员会在推荐董事候选人时，由于他们与企业内部人没有利益瓜葛，因此能保持独立性和公允性。因此，提名委员会考虑是否将一个人作为候选人的最主要因素不是"这个人是不是我的人，听不听我的话"，而是这个人的能力、经验、时间和精力等方面是否符合公司董事会的需求，结果就是优化了董事会成员的结构，提高了董事会的效率。但是，随着投资人对公司治理的要求越来越高，对董事会整体效率的提升和评估也就越来越受到关注，提名委员会也就和治理委员会合而为一，成为目前比较流行的提名/治理委员会。除传统的董事提名的职责之外，更加看重确保公司治理结构的有效性。

提名董事的权力是公司控制权争夺的一个重点，CEO 和管理层非常看重，许多 CEO 希望能成为提名/治理委员会的委员，以便左右董事会的提名工作，将自己的亲信安排进董事会，以实现控制公司的目的。因此，虽然各国对提名/治理委员会独立性的要求没有审计和薪酬委员会那样高，但这个委员会依然拒绝执行董事的参与。

关键词：董事提名、公司治理有效性、继任计划。

委员会构成：由 3~5 名外部董事构成，委员会主席由独立董事担任，该董事最好具有丰富的公司治理和人力资源经验。

委员能力要求：独立性；丰富的公司治理知识和经验；丰富的人力资源管理经验；良好的沟通能力。

会议与运作：每年 2~3 次会议；每年至少一次评估独立董事的独立性；每年至少一次会议评估公司治理结构的有效性；每年至少一次和人力资源部的沟通协调会议。

职责：建立董事提名程序，审查股东推荐的候选人，对空缺的董事职位提出候选人名单；推荐委员会成员，与董事长共同确定各委员会的委员及主席；批准董事会成员的薪酬及发放方式；负责董事会章程、议事规则的起草和修订；负责各委员会章程、议事规则的起草和修订；组织和落实董事会、委员会和董事的年度评估；监督和落实 CEO 和管理层的继任计划。

（6）战略投资和风险管控委员会

审计、薪酬、提名/治理委员会的存在是为了履行董事会的监督职责。但董事会的基本职责除监督之外，还有一个就是决策。战略投资和风险管控委员会正是为了履行这一基本决策，帮助公司作出正确战略决策，有效管控风险。

根据前文的分析，我们知道，仅仅是履行了监督职责的董事会充其量只是管理型董事会，而要真正成为高效的治理型董事会，必须在有效监控的基础上，帮助企业作出有效的决策，增加公司的价值。正是认识到这一点，越来越多的董事会开始关注并参与公司的战略管理、资本配置、投融资、并购重组和风险管控的工作中。为了在战略、投融资和风险管控中发挥更加积极的作用，越来越多的董事会设置了战略投资和风险管控委员会。

最早出现的战略委员会只是在战略构想和战略决策这两个环节为管理层提供外部专家视野的帮助，但仅仅在决策职责中做到这一步远远不够。复杂的商业和资本环境，需要董事会要更加关注战略计划的形成和战略执行中的真正落地，并且还要根据战略目标帮助管理层作出合理的资本配置计划，并且有效地监控风险。因此，战略委员会也就演变成了战略投资和风险管控委员会。需要指出的是，这里的战略投资和风险管控委员会的职责和功能要大于前文提到的战略审计委员会，战略审计委员会实际上只是更加关注战略执行和风险管控这两个方面。

战略投资和风险管控委员会所担负的职责是公司治理和公司管理的交叉点，既是董事会的职责，又是管理层的职责，而且应该以管理层为主。因此，该委员会不但不排斥执行董事，而且还建议必须有执行董事。

关键词：战略计划、战略执行、资本配置、并购重组、风险管控。

委员会构成：由 3~5 名董事（执行董事 + 非执行董事）构成，委员会主席由董事长或 CEO 担任。

委员能力要求：较强的职业管理能力；良好的创业精神；国际视野；较强的战略能力；较强的资源整合能力；较强的执行能力；丰富的财务管理知识和经验；良好的沟通能力。

会议与运作：每年 2~3 次会议；每年至少一次和全体管理层的战略讨论会议；根据战略审计和战略评估结果，和管理层讨论并决定战略计划实施的调整。

职责：制定公司战略目标；帮助管理层制订具体战略计划；监督战略执行过程；负责公司资本配置政策的制定，并据此界定公司的投融资范围，以及审核具体方案；审核公司并购重组方案；建立和维护有效的风险管理；对公司战略、投融资、并购重组进行风险审查和风险监控。

5.4　第三道基本防线：信息披露制度

信息披露是董事会制度的辅助制度，目的就是为了尽量减少股东和董事会之间，以及董事会和经理人之间的信息不对称，保护股东的知情权，使得股东能够了解更多的有关公司的真实信息，作出正确的投资决策。有了信息披露制度，才可以使得董事会的决策和监督职责能够落到实处。

信息披露虽然只是董事会制度的辅助制度，但是它可以直接解决引起经理人"黑"老板根源之一的信息不对称问题，因此信息披露制度在公司治理中发挥着非常重要的作用。特别需要指出的是，信息披露制度对于大型的公司和股东人数众多的上市公司有着非常重要的意义。

大型公司，比如一个控制着几家子公司的企业集团，即使没有上市，而且股东比较单一，就夫妻俩。在这样的一个家族企业集团中，实际上公司大量的信息并没有掌握在老板手里，而是被经理人掌握，这时上市公司信息披露制度基本上可以直接用以解决子公司和集团之间的信息不对称问题。当然，这种情况并不是发展到集团公司才出现，只要公司的规模使得老板不可能所有事都亲力亲为，需要授权给经理人的时候，就会出现老板和经理人之间信息不对称的问题，规模越大，不对称程度越大。这种时候，即使不直接使用上市公司的信息披露制度，至少也可以使用信息披露的逻辑和方法论来解决信息不对称问题。

对于股东众多的上市公司，在股东和董事会之间、董事会和经理人之间，也存在大量的信息不对称。要想对公司的经理人进行有效监督，并且在此基础上作出有效的决策，首先，必须获得准确、真实和全面的信息。如果没有信息披露制度，大型公司和上市公司就很容易变成经理人控制的公司，老板就会失去控制权。

本节将以上市公司为例来讲述信息披露制度设计和操作的要点，其逻辑和方法论同样适用非上市公司。我们将从上市公司为什么要强制性信息披露、披露什么、如何分析处理和应用所披露信息等角度进行阐述。

5.4.1 为什么要强制性信息披露

所有的资本市场都要求上市公司必须定期进行信息披露，这样做的目的是为了培育和完善市场本身机制的运转，提高资本市场的有效性。

资本市场是否健康，投资者能否按照价值投资的理念在二级股票市场上买卖股票获利，资本市场能否在上市公司的公司治理体系中发挥作用，直接由资本市场的有效性决定。因此，资本市场的有效性直接涉及该市场上所有上市公司的投资价值，监管部门也是不留余力地想方设法通过各种各样的监管措施来提高资本市场的有效性，强制性信息披露就是其中一个关键的举措。

资本市场有效性的概念最早是由美国芝加哥大学 Eugene Fama 教授提出

的,以其为代表的经济学家提出的有效市场假说,是现代金融经济学的理论基石之一,也是资本市场信息披露理论的重要基础。按照 Fama 教授的观点,资本市场的有效性就是指资产价格已经充分反映了所有可获得的信息。换句话说,市场的有效性,意味着当企业的真实价值发生变化的时候,企业的市场价值同步发生变化的程度。

(1)信息对称程度与资本市场的有效性

信息披露制度能否解决信息不对称直接关系到资本市场有效性的问题。根据信息对称的程度可以将资本市场分为强式有效市场、半强式有效市场、弱式有效市场和无效市场。

强式有效市场是有效性最好的资本市场,信息基本上是完全对称的。当然,这种市场只存在于理论中,现实中是不存在的。在强式有效市场上,一个上市公司的股票价格既反映了过去和现在公开的所有信息,也反映了尚未公开的或者原本属于保密的内幕信息。在强式有效市场上,所有信息一经产生都及时传导到资本市场上,所有投资者占有完全相同的信息,没有人能通过内幕信息获得超额利润。因此,在这种市场上是不存在内幕消息的。

在一个充分有效的资本市场上,当企业的真实价值发生变化时,其所有的信息将及时、全面、真实地通过信息披露传递到资本市场,投资者将会根据获得的信息进行价值分析,从而决定买入或卖出股票,这必然就影响到反映"市场价值层面"的股票价格的即时同步变化。通俗地讲,在一个充分有效的资本市场上,一家上市公司的管理层努力地工作,企业价值增长,通过信息披露制度及时、全面和真实地将这些信息传递到资本市场,该公司的股价将和真实价值同步增长。

半强式有效市场指的是上市公司所有的公开信息都得到了披露,公司的股票价格既反映了过去的信息,也反映了现在公开的所有信息。在这种市场上,信息大部分是对称的,但是公司存在内幕消息。在缺乏监管的情况下,掌握内幕消息的人可以获得超额的非常规收益。

弱式有效市场指的是上市公司现在的很多信息没有披露，公司的股票价格只反映了过去的信息，而反映公司价值的现在的大量基本信息没有被有效、充分、及时地披露，而且在这种市场存在大量的内幕消息。在弱势有效市场上，只有过去的信息是对称的，投资者是很难按照价值投资买卖股票而获利的，只能通过内幕交易获取超额利润。

无效市场指的是上市公司大量的信息没有得到准确、及时、有效、全面地披露，上市公司的股票价格连过去的信息都没有反映。在这种市场上，信息基本上是不对称的，充斥着大量的内幕交易。投资者不再关注公司价值的变化，而是更加看重政府政策的变化，关注"小道消息""内幕消息"，这样市场事实上就是一个投机市场。

在全球的资本市场中，大家比较公认的是美国资本市场的有效性最好，基本上采用半强式有效市场，这显然是得益于美国严格的信息披露监管制度。美国资本市场是全球最具价值投资的市场，同时，资本市场的公司治理的功能也是全球最优的。

我国资本市场的有效性是比较差的，有些学者认为是弱式有效市场，有些学者甚至认为只能算是无效市场。但不管怎么评价，大家的共识就是有效性比较差。我国上市公司价值的变化与公司股票价格的变化经常没什么关系，甚至出现公司价值增长，但是股票价格却大跌的情况。究其原因主要是我国资本市场的信息披露制度不完善。我们没有解决好上市公司内部与资本市场的信息不对称问题，上市公司的信息披露总是不及时地、有选择性地"报喜不报忧"或者"报忧不报喜"。

有效性决定着资本市场的效率和价值，信息对称的程度又决定着资本市场的有效性，而信息披露又是解决信息不对称问题的关键所在。因此，强制性的信息披露制度应该成为所有资本市场监管者必需的选择。

（2）信息披露为什么要有强制要求

信息披露增加公司的透明度，对资本市场的好处是毋庸置疑的，正如 L.D.Brandeis 在其著作 *Other People's Money* 中所描述的那样"阳光是最好的消毒剂，电灯是最有效的警察"，一个资本市场的信息透明度越高，资本市场的有效性就越强，投资者就越容易作出有效的投资决策。

但是，为什么很多（甚至是所有）上市公司并不愿意多披露信息，导致资本市场上存在大量的信息不对称的情况呢？这里主要有以下3个方面的原因：

第一，保密的问题。上市公司披露的信息，无论是财务信息还是非财务的公司治理信息，也不论是好消息还是坏消息，这些消息都会涉及公司各方面的商业机密，一旦公之于众，就会被竞争对手、供应商、客户乃至于潜在的收购者所获得。他们就会利用这些消息来分析公司的业务情况和财务状况，调整和公司交易时的策略，这样，公司就会处于被动的局面。比如，一个公司的业绩下滑了，当这个坏消息传递到资本市场上，就会给公司和管理层带来很多不确定的风险：管理层有被赶下台的可能；也有可能失去与供应商和分销商议价的能力；同时也有可能给潜在的收购者创造恶意并购的机会。即使公司的好消息传递到资本市场上，也会有风险存在，比如公司的管理层或大股东希望公司能够被其他公司收购，但是由于好信息的披露，股价必然上涨，可能就会使潜在的收购者望而却步。

第二，成本的问题。任何信息的披露都是有成本的，要耗费大量的时间、精力成本，以及财务成本。这些成本对于利润本就不是很高的公司来说，确实是一个负担。而且信息的透明度越高，也就越容易引起投资者和管理者之间的分歧。

第三，私利的问题。上面两个原因都不涉及私利的问题，但实际上很多上市公司不愿意披露信息的重要原因是私利的问题。如果上市公司的信息不披露，或者只披露一部分，那么资本市场就存在大量的信息不对称。这时，公司的控制性股东和经理人就可以根据手里掌握的大量内幕消息进行交易，从而获得超常规的收益。

因此，如果没有监管部门的强制要求，是没有公司自愿按照及时、全面、有效的原则来披露信息的。将信息及时、全面、有效地传递到资本市场，解决信息不对称的问题，实际上就是将控制性股东和管理层的行为置于所有股东和资本市场的监督之下。因此，强制性信息披露制度日益成为公司治理中很重要的一种防黑武器。

5.4.2 强制信息披露的价值

强制信息披露制度作为一种信息传导机制，其目标就是将关于公司的有效信息传递给资本市场，帮助投资者作出理性的决策，从而达到保护投资者利益，提高资本市场有效性的目的。但是强制信息披露的价值并不局限于此，其对资本市场能够在以下 6 个方面创造价值。

（1）有利于提高资本市场的有效性

强制性信息披露首先提高的是资本市场信息的效率，从而保证信息的完整性、真实性和充分性。做到这一点，资本市场上信息的社会价值就越大，资本配置的效率就越高，公司的股票价格就可以全面反映公司价值的变化，资本市场的有效性就会得到提高。如果资本市场的信息是绝对透明的，就有助于投资者作出有效的投资决策，投资者就可以在投资前进行合理的判断，投资后可以进行良好的监督。这样就可以使得资本市场的闲置资金和投资机会得到有效配置，投资者可以选择合适的投资项目，而经理人也可以得到他们所需的资金，从而提高了资本市场的融资效率。

（2）有利于股东表决权的行使

知情权是股东权利中最基础的权利，表决权是股东参与公司股东大会，直接行使控制权的关键,而表决权的正确行使依赖于股东所获得的公司信息质量。强制信息披露首先保障了股东,哪怕只是小股东的知情权。对于上市公司的股东来说,收集到及时、全面、有效的信息成本是非常高昂的,股东们就难以有积极性去收集信息。即使是持股比例较多的大股东也难有动力去收集信息和监督经理人员,一方面是成本问题,另一方面是他的监督收益要和很多其他的股东分享。而强制信息披露制度避免了上述问题,降低投资者收集和处理信息的成本,同样的信息对所有股东均有用,与单独向每个股东提供信息相比,降低了成本,实现了规模效益。

当股东的知情权得到确实保障之后,他们就有积极性根据获得的信息分析,从而在股东大会上积极地行使表决权,对经理人进行监督。

(3)有利于降低投资人的风险

任何资本市场都是存在风险的,即使在理想的强式有效市场,关于公司的各种各样信息都是及时、充分和有效的,也存在未来的风险。因为在资本市场上股票价格反映了公司过去和现在的信息,甚至还反映了尚未披露的信息,但是,未来的不确定性也会给投资者带来无法预知的风险。何况目前还没有任何一个资本市场能够做到强式有效市场,股票价格还不能完全反映过去和现在的信息,因此,风险更大。

降低投资风险的一种有效办法就是通过信息披露提高信息的透明度,解决投资者和公司的事前信息不对称和事后信息不对称问题。如果信息披露能够使得资本市场达到半强式有效市场,那么股票价格就能够反映公司过去和现在的信息,就能够解决事前信息不对称的问题。在这种情况下,资本市场的投资者和公司内部的经理人掌握的信息是一致的,投资者就可以根据这些信息对企业进行估值分析,从而确定自己的正确投资行为,使得投资人可以找到比较好的投资项目。

强制性披露还能解决信息不对称问题,提高监督经理人的效率,当信息不对称时，经理人从投资者手里拿到钱后，就可能出现不再按招股说明书承诺的那样为股东创造价值，而是追求自身利益最大化。在上市公司中，外部股东由于能力的问题或成本的问题，无法获取公司内部充分而真实的信息，管理层掌握着大量外部股东难以掌握和了解的信息。其结果必然出现经理人偷懒、机会主义、操纵利润、贪污腐败、不合理的在职消费以及各种各样损害外部股东利益的行为。当强制性信息披露提高公司信息的透明度之后，外部股东获取信息的成本就大为降低，就可以实现对经理人的有效监督，从而保证投资资产的安全。在这种情况下，投资人就愿意对公司继续投资，从而实现资本市场的资金供应和投资机会之间的有效配置。

（4）有利于资本市场公司治理功能的体现

资本市场的公司治理功能是通过控制权的争夺来实现的，其中比较典型的做法是敌意接管。[①] 资本市场作为控制权争夺的市场，要发挥公司治理的作用，同样需要及时、充分和有效的信息。强制信息披露制度有助于潜在的收购者获得更多有用的信息，充分评估收购对象的财务状况、发展潜力等，从而确定是否收购以及何时收购和以什么样的价格收购等细节。如果信息不充分、不及时而且无效的话，股票价格就不能反映公司真实的价值，潜在的敌意接管者就会对企业的价值作出错误判断，高估或是低估公司的价值。高估就意味着以较高价格收购，从而付出额外的收购成本；低估就意味着放弃一次好的收购机会。

因此，只有信息披露制度健全，上市公司的透明度高，潜在的收购者才能够通过公开渠道及时获得上市公司的充分、有效信息，并据此来确定公司的收购策略及收购价格，接管活动也才能得以产生，资本市场的公司治理功能才有可能发挥作用。

---

① 关于控制权市场争夺的公司治理机理将在 5.6 节中详细讨论。

（5）有利于发挥股权激励的公司治理作用

自20世纪90年代以来，与股票价格挂钩的各种经理人长期激励性报酬成为全球公司治理中对经理人进行激励和约束的重要手段。随着证监会在2006年1月1日颁布实施《上市公司股权激励管理办法》以来，与股票价格挂钩的各种股权激励办法日益成为我国公司治理的重要手段。但是需要指出的是，从近几年的实践来看，我国上市公司实施股权激励的效果比起美国差得很多。究其原因，主要是因为我国资本市场的信息透明度和有效性远远不如美国资本市场。

与股票价格挂钩的各种股权激励办法中有这样一种假设：经理人努力工作→公司价值增长→信息及时、充分、有效地传递到资本市场→股价上涨→经理人获得激励的股票，享有所持股份的利润分红和资本增值部分。而我国的情况并不是这样的，由于资本市场的信息透明度和有效性都较差，经理人努力工作了，公司价值也增长了，但是股价却有可能大跌，经理人无法享受到股权激励带来的收益，股权激励这种公司治理手段发挥的作用并不明显。

要让股权激励真正发挥公司治理的作用，必须提高信息披露的及时性、全面性和准确性，从而提高资本市场的有效性。在这种情况下，管理层的业绩与公司股价才能高度正相关，股东与管理层才愿意将报酬与公司股价挂钩，股权激励的公司治理效果才能充分发挥出来。

（6）有利于提高资本市场的监管效率

资本市场最基本的监管原则应该都是围绕着"保护投资者"和"公正交易"这两个根本目的，这实际上就是对市场竞争原理的信奉。要达到这两个目的，需要设计众多的监管制度，但其中最基础的就是及时、充分和有效的信息披露制度。

因此，我们看到了在全球资本市场最有效的美国，其对信息披露制度是最严格的。美国的证券发行制度基本上就是围绕信息披露来设计的，其目的就是要求上市公司要彻底地信息披露。美国资本市场的监管逻辑是，只要上市公司的所有信息能够完整无缺地、公允地披露，投资者便可以得到充分的保障，过多地对上市公司发行时那种耗时耗力的审查也就没有必要了。这就是采用注册制的美国资本市场的基本治理逻辑，这是值得采用保荐制的我国资本市场关注和学习的。我们过多地将精力投入对公司上市前的审查之中，相信行政的力量和专家的力量，但是却放松了对上市后公司信息披露质量的要求。最后导致的就是我国整个资本市场有效性较差。

5.4.3 信息披露的内容

信息披露是为了让投资者能够做出有效的投资决策，那么，所有一切影响企业的风险和价值驱动因素的信息，都应该在信息披露的范围中。具体来说，信息披露包括财务信息和非财务信息两大类，非财务信息又包括股权结构、公司治理结构以及董事和经理人的报酬等内容。

（1）中肯、及时的财务报告

在信息披露的所有内容中，财务信息的披露是最重要的，及时、充分和有效的财务信息能够使投资者预测到企业未来的价值和风险，从而做出有利于其自身的投资决策，决定何时投资、何时撤资。

财务报告中，所有的信息是围绕传统的三张表来披露的，即损益表、资产负债表和现金流量表，最基本的形式是年度报告、半年度报告、季度报告和临时报告等。三张财务报表建立起多层次的披露制度，向股东证明他们的资产是否安全，而且还用于证明管理这些资产的经理人是否履行了他们的职责。

对于非专业的投资者来说，只有三张财务报表中的会计数字信息还是难以作出有效的投资决策。为了理解和看懂这些会计数据，还需要了解这些数字背后所采用的会计政策、会计估计及有信息含量的其他非数字信息。对于披露财务预测报告、经营战略信息等非财务的数字信息,上市公司也是乐意的,因为这些非财务的数字信息会提高企业在资本市场上的竞争力和良好形象。因此,大量有用而财务报表又无法反映的非财务数字信息,要以表外和会计附注的形式对投资者进行披露。

(2)公司所有权和控制权披露

公司所有权和控制权结构对一般股东和社会公众至关重要,尤其是在股权相对集中,存在控制性股东的资本市场。美国资本市场的股权结构很简单,股权较为分散,现金流权和控制权的分离程度也不大,在这种资本市场上,披露所有权状况也就是披露了公司的控制权。但是在东亚的资本市场上,上市公司所有权和控制权结构错综复杂、盘根错节,透明度非常低,股权结构往往呈现出蜘蛛网状结构,现金流权和控制权分离程度相当高,表面上的控股股东和公司的实际控制人完全不是一回事。在这样的资本市场上,对持股超过一定比例的股东强制披露其所有权和控制权信息,尤其是在年报中一定要求对实际控制人的变化进行披露,这对于保护中小股东有着重要的意义。投资者可以根据公司所披露的所有权和控制权信息,判断实际控制人是否有做出损害中小股东的行为,以便作出对自己有利的投资决策。

我国《证券法》第五十四条、第六十六条和第六十七条规定了上市公司实际控制人信息披露的义务。第五十四条要求将公司的实际控制人披露在上市前的公告中;第六十六条规定在上市公司的年报中必须披露实际控制人;第六十七条规定当持有公司百分之五以上股份的股东或者实际控制人,其持有股份或者控制公司的情况发生较大变化时,上市公司应当立即将有关该重大事件的情况向监管部门和证券交易所报送临时报告,并予公告,说明事件的起因、目前的状态和可能产生的法律后果。

上交所在其所发布的《沪市上市公司 2011 年年报实际控制人披露情况分

析》中对实际控制人的类型进行了界定，认为仅有自然人、国有资产管理部门和其他最终控制人三种。其他最终控制人是指各级人民政府（部门）、其他部委、职工持股会（工会）、村民委员会、集体企业等特殊组织，并不包括国有独资企（事）业单位、有限责任公司和股份有限公司、信托公司等中间控制人。上交所的报告指出，实际控制人为外资的，也应参照披露至外资个人、外资基金会、外国政府等最终控制人，而不能简单地披露为某外国企业。

虽然《证券法》第六十六条规定了上市公司必须在年报中披露实际控制人，但是在上交所的报告指出，2011年中国上市公司实际控制人信息披露的情况还远远没有达到大家所期望的那样真实，还存在没有披露到最终实际控制人、错误认定实际控制人、混淆了控股股东和实际控制人概念等情况。

实际控制人的信息披露达不到及时、充分和有效的标准，那么我国资本市场上还将会存在控制性股东"黑"非控制性股东的问题。

（3）董事和经理人薪酬的披露

强化董事和经理人薪酬的披露，并不是为了限制上市公司的董事和高官们获得高额的薪酬。投资者并不反对给董事和经理人高额薪酬，关键是他们是否创造了与其所获得薪酬数量相匹配的价值，薪酬的确定是否科学合理。因此，这就需要通过信息披露提高公司薪酬的透明度，防止董事和经理人领取过高的、与其业绩根本不相称的薪酬，从而达到遏制管理层腐败的目的。

董事和经理人薪酬披露的主要内容包括：薪酬委员会的组成；董事和经理人的薪酬报告作为公司年度报告的组成部分或附录；公司对管理层的薪酬政策，包括薪酬水平、同行业主要竞争对手的薪酬水平、管理层的薪酬构成比例、考核业绩的指标及其标准、雇用合同和提前解约所给予的离职补偿；薪酬报告应列明各个董事报酬的具体构成，包括基本工资、实物津贴、年度奖金和股票期权在内的长期激励计划；报酬报告应列明每个董事和管理层的股票期权的详细资料等。

在以上所要披露的信息中,最主要的是以股票期权为代表的股权激励计划。自20世纪90年代以来,股票期权和其他与股票挂钩的长期激励计划成为公司治理的重要手段。一个合理的股权激励计划可以将经理人、股东和企业的利益捆绑在一起,实现对经理人的激励和约束。如果投资者认为激励方案是有效的,就会对公司抱有信心,增加对企业的投资;如果投资者认为长期激励计划的考核标准过低,计划本身对董事和经理人有利而不利于股东的话,就会采用"用手投票"或"用脚投票"来制约董事或经理人获得过高的报酬。

《上市公司股权激励管理办法》第四十二条对股权激励的信息披露作出了要求,上市公司应在定期报告中披露报告期内股权激励计划的实施情况,包括:报告期内激励对象的范围;报告期内授出、行使和失效的权益总额;至报告期末累计已授出但尚未行使的权益总额;报告期内授予价格与行权价格历次调整的情况以及经调整后的最新授予价格与行权价格;董事、监事、高级管理人员各自的姓名、职务以及在报告期内历次获授和行使权益的情况;因激励对象行权所引起的股本变动情况;股权激励的会计处理方法。

为了保证股权激励成为公司治理的一个重要手段,而不是成为上市公司董事和管理层的高额福利,《上市公司股权激励管理办法》第三十二条要求上市公司聘请独立财务顾问,对股权激励计划的可行性、是否有利于上市公司的持续发展、是否损害上市公司利益以及对股东利益的影响发表专业意见。独立财务顾问应当出具独立财务顾问报告,至少对以下事项发表专业意见:股权激励计划是否符合本办法的规定;公司实行股权激励计划的可行性;对激励对象范围和资格的核查意见;对股权激励计划权益授出额度的核查意见;公司实施股权激励计划的财务测算;公司实施股权激励计划对上市公司持续经营能力、股东权益的影响;对上市公司是否为激励对象提供任何形式的财务资助的核查意见;股权激励计划是否存在明显损害上市公司及全体股东利益的情形；上市公司绩效考核体系和考核办法的合理性；其他应当说明的事项。

有关股权激励的信息披露，除了在赠予、行权和定期财务报告中进行披露之外，当特殊情况发生对股权激励内容进行调整时，一定要进行临时公告的信息披露。临时公告至少应包括以下内容：公司发生收购、出售资产、股权转让以及债务重组时，董事会和股东大会关于股权激励计划中行权价格和数量的调整决定和决议公告；公司发生合并、分立时，董事会和股东大会关于股权激励计划中行权价格和数量的调整决定和决议公告；公司发生配股、分红、转增股本时引起的行权价格和行权数量的变化及计算公式；以及其他重大事件对股权激励计划影响的详尽描述。

（4）公司治理结构报告

公司治理结构的信息披露主要包括公司内控体系的有效性、董事会的结构特征以及管理层的变化等。公司治理结构的信息虽然不像财务报告那样直接反映当期公司的价值，但是这些信息是投资者对于公司长远价值判断的重要依据。比如，在 2011 年 8 月 25 日，乔布斯宣布辞去苹果公司的 CEO，由库克接任的当天，苹果股价大跌 6%。实际上这就是资本市场上的投资者担心灵魂人物乔布斯退出之后，苹果未来的创新受到影响，担忧苹果长期价值的实现，从而在股价上的真实反映。而当乔布斯去世之后，苹果公司在 2011 年 10 月 5 日公布该消息时，苹果的股票是停盘的，如果不停盘，估计当天苹果的股价将会下跌 20% 以上。其他公司的董事或 CEO 发生变化，对股价的影响可能没有乔布斯对苹果的影响这么大，但对投资者来说，同样是对公司未来价值判断的重要依据，因此，这些信息必须披露。

内控体系的有效性主要按照所在国公认的《最佳公司治理准则》的要求来披露。董事会的结构特征包括独立董事人数、内部董事和外部董事的比例、开会频率、专门委员会建设及履职情况以及董事会自我评估状况等反映董事会独立性和有效性的信息。管理层的变化主要指离职、更替和解雇的情况。

英国是最早进行公司治理结构信息披露的国家。按照《卡特伯里报告》建议，英国的上市公司自1993年6月30日起，在年度报告中披露是否遵守其《最佳行为守则》，如果没有，则要说明原因。自此之后，全球资本市场的监管部门都将公司治理结构报告纳入年报的内容之中。

（5）其他内容

以上4个方面的内容是年度报告中的主要内容，其他的内容还需不需要披露，则视情况而定。年度报告的内容也不宜包含太多的内容，否则就会出现主次不分，信息质量反而下降的情况。因此对于其他信息是否需要披露，有这样一个判断原则：是否对股东的价值和风险具有驱动作用？有，就需要披露；没有，就不需要披露。

近年来，一些大型的上市公司开始流行社会和环境报告。报告的主要内容包括环境保护和社会责任的问题，主要目的就是向市场表明自己是一个负责任的公司，这种思路是对的。一个企业的价值主张如果仅仅是利润最大化，这个公司最终必然不会赚太多钱，也不可能实现股东价值最大化。反而，那些将环境保护、社会伦理置于战略中心的公司，为其股东创造的价值可能是最大的。

社会和环境报告的内容主要包括环境保护和社会责任两个方面。其中环境保护的内容指公司环境的目的、政治的目的、道德的目的、减少碳排放的努力、创造绿色经济的举措。社会责任指的是对所在社区的关心、人力资本投资、员工培养的费用、平等工作机会实施的情况、消费者保护等。

5.4.4　充分和公允的财务信息披露制度

财务报告和信息披露制度，是在资本市场中减少信息不对称问题的最重要机制，因此，在所有的资本市场上，财务信息披露都是被强制性要求披露的。当一个投资者在作出是否购买一家公司股票的最初的投资决策之前，他会通过分析财务报告的基本信息来判断公司的未来价值，降低投资风险。在购买股票之后，投资人又通过公司所披露的财务信息来减少经理人和投资者之间的信息不对称，对经理人进行有效的监督。

披露的信息要有用，财务报告就一定要达到及时、充分、相关和可靠的目的，这就需要建立充分和公允的财务信息披露制度。美国建立的就是这种充分和公允的信息披露制度，这也是该国资本市场信息透明度高的一个重要原因。"充分"是比较容易理解的，无非就是全面的意思，但是何为"公允"呢？公允的含义是公平而且恰当，不偏袒任何一方。

（1）充分和公允是最基本的准则

充分与公允的财务信息披露制度，意思就是公司的财务信息披露对于股东和经理人来说应该是全面、及时、公平而且恰当的。在这种披露制度下，要求公司根据会计准则真实地衡量一个会计期间内的公司的所有经济后果，对该期间内所能产生的未来现金流进行估计，从而对企业在该期间创造或毁灭的经济价值给出一个更准确的描述。具体来说，任何一个会计期间发生并应当披露的交易和事项，既不能提前，也不能推后；不能有为了预防未来"过苦日子"而隐蔽准备金的做法；不确认递延损失；不平滑各期利润，认为制造该企业发展稳定的假象等。

充分和公允的财务信息披露直接针对的就是创造性会计手法，也叫作寻机性会计。创造性会计手法就是我们通常所说的"包装"或"粉饰"报表，创造性会计和做假账不一样，是指通过收益平滑、隐蔽准备金、窗饰、表外筹资、创造"新资产"、滥用并购会计、变更计提方法、操纵合并财务报表、资产置换等会计手法来包装或修饰公司财务报表以求达到某种目的的会计处理方式。创造性会计利用了会计准则的漏洞，其本身并不违法，但是却会使公司财务报表信息严重失实。一家上市公司如果长时期采用创造性会计对财务报表进行粉饰，就不会将公司真实价值的信息传递给资本市场，即使公司亏损了，也可以通过创造性会计营造一种欣欣向荣的假象，迷惑投资者和监管机构，从而使得公司治理的控制机制失灵。①

创造性会计产生的原因有很多，但其中最重要的一个就是控制性股东或经理人为了获取更多的私利，根据自身利益的需要，对公司的财务报表进行过分的粉饰。创造性会计对于上市公司财务信息透明度的影响是致命的，会较大地损害资本市场投资者的利益，进而损害公司的价值，最终导致资本市场有效性下降。在创造性会计手法倒下的有名大公司是非常多，英国的巴林银行、日本的大和银行、美国的安然公司和世界通讯公司、中国的长江动力集团公司等。

西方国家创造性会计的典型手法有如下特点：②

- 收益平滑。有意压低业绩较好年度的报表利润，将当期利润转移到亏损年度。
- 隐蔽准备金。指人为地低估公司净资产或高估负债。常常和收益平滑一起使用，以达到使公司财务报表反映出持续稳定的盈利趋势。
- 窗饰。指的是在特定时期，如结账日或债务索赔日调整公司的财务报表，"做"出良好的财务状况。这种方式往往发生在低效经营的公司，经理人往往通过在会计年度将要结束的几个月内使尽一切手段增加现金流，使得财务报表"好看"一些，从而逃避投资者的监控注意力。
- 创造"新资产"。利用金融衍生工具将一些本不属于财务资本的内容

---

① http://baike.baidu.com/view/171901.htm.
② http://baike.baidu.com/view/171901.htm.

进行资本量化，创造所谓的公司"新资产"，修饰财务报表，增强资本市场投资者的信心。比如常见而且时髦的有 R&D 费用资本化、借款费用资本化、人力资源资本化、自创商誉确认等。

- 表外筹资是一种更加隐秘的创造会计手法，指的是不会引起资产负债表中负债与所有者权益发生变动的筹资行为。手段很多，比较典型的是租赁和建立秘密的附属公司等。

表外筹资经常性地和上市公司的关联交易结合在一起，对资本市场的投资者损害是非常大的，我们仅以租赁和建立秘密的附属子公司为例来看看他们的操作手段。

租赁是最常见的一种表外筹资手法，比如一家上市公司需要一批新的生产设备，他们不是采用购买而是租赁的方式，其好处就是租来的设备扩大了公司的生产能力，却可以不增加公司的资产，从而"有效"提高了公司的投资回报率。当然，这种投资回报率显然水分是比较大的，这就会误导投资者作出追加投资的错误决策，加大了投资者的投资风险。

建立秘密的附属子公司是表外筹资的另一种主要形式，通常与关联交易、操纵合并报表一块使用。具体操作方式是，上市公司通过一些方法秘密控制另外一家子公司进行筹资，而且上市公司与该公司在法律形式上并看不出是母子公司。这样，子公司的财务状况就不需要合并到上市公司的报表里，合并后的上市公司的资产负债表也就反映不出该公司真实的负债情况。比如，该公司首先购买上市公司所需要的资产，然后再以租赁的方式交付给上市公司使用。通过收取远远低于市场价格的租金，使得上市公司财务报表中成本显著降低，提高上市公司的投资回报率。如果担心这种方式容易被查出来，还可以在租赁时收取与市场价格等同的租金，然后再以高于市场的价格去购买上市公司的闲置资产、劣质资产或产品，从而将租金返还给上市公司。这种表外筹资的做法与劳务关联交易、产品关联交易和资产关联交易结合在一起，就非常隐蔽，股东和资本市场的投资者就很难发现，必然就被误导着作出错误决策。

以上西方国家常用的手段在我国上市公司都能发现，而且由于我国的会计制度的漏洞明显较大，因此一些比较直接的手段，比如滥用并购会计、变更计提方法、操纵合并财务报表、资产置换等在我国上市公司中也比较常见。

财务报告要求反映的是公司价值，如果经理人通过各种隐秘手段进行精心操纵，公司的会计价值与其创造财富、增加价值的能力就会大相径庭。"做"出来的会计收益并不等于经济收益，它只会造成公司欣欣向荣的假象，迷惑投资人。一旦被揭露，就会陷入一蹶不振的境地或破产倒闭。因此，充分和公允应该成为财务信息披露的最基本准则。

（2）具体的原则

充分和公允的财务报告和信息披露原则是为了提高所披露信息的质量，增加透明度。各国监管部门都对信息质量和透明度有过大同小异的定义。

美国 FASB 认为，信息质量的标准是相关性（及时性、预测价值和反馈价值）和可靠性（如实反映、可核实和中立）。国际会计准则委员会认为，财务信息的四个质量特征是可理解性、相关性（具有重要性）、可靠性和可比性。我国 1993 年的《企业会计准则》提出，信息质量特征是真实性、相关性、可比性、一致性、及时性、明晰性和重要性。

综上所述，信息的透明度取决于信息披露的质量，只有披露出来的信息达到了全面性、相关性、及时性、可靠性、可比性和重要性，信息的透明度才会得以提高，这样的信息对于投资者的决策才会有意义。投资者才能根据所获得的信息来准确评价财务状况、经营活动、价值增长、风险分布及风险管控状况，正确做出投资决策。

为了达到以上的目的，在坚持"充分和公允"的最基本准则下，具体的信息披露中要做到如下 3 条具体原则：

- 充分性和完整性。信息披露应该根据投资者进行投资决策的信息需求，对影响投资者决策的所需信息做出充分并完整的披露。
- 真实性和准确性。监管机构应该通过法律法规对信息的真实性和准确性做出严格的规定和要求。
- 及时性。信息披露不能提前，也不能滞后，应该对公司的重大活动及突发信息做出即时披露。

在信息披露中，不论是强制性信息披露，还是自愿性信息披露，也不论是财务信息披露，还是非财务信息披露，充分和公允都是最基本的准则，及时、真实、准确、充分和完整是具体的要求。

5.4.5　如何分析和处理所获得的信息

对于上市公司的股东来说，获得及时、真实、准确、充分和完整的信息是作出正确投资决策的第一步。但需要指出的是，并不是所有获得这种信息的人都能作出恰当而正确的投资决策，这依赖于处理信息的经验和技巧。本书以分析和处理所获得的财务信息为例来讲解如何辨别公司发展中的风险和机会，作出正确的投资决策。

在财务信息披露中，最核心的就是"三张表披露"，即损益表、资产负债表和现金流量表。投资者可以利用三张表中所披露的信息从 3 个方面识别企业面临的风险，对企业的真实价值做出准确判断。

（1）识别显在风险

从三张表中的各自内涵判断企业所面临的风险。

损益表最终反映的是企业利润的盈亏情况,表中记载的是记录利润盈亏的数据。这张报表反映的是公司在一段时间内的赢利能力,反映公司的商业模式是否适应于市场。这张表中,最重要的财务数据有两个,一个是销售收入,反映的是市场占有率情况;另一个是净利润,反映的是公司的赢利状况。除了关注这两个指标之外,还需要关注表中的边际贡献比率、毛利率和营业利润率。

- 销售收入。销售收入的变化反映了公司的产品或服务受顾客欢迎的程度。
- 净利润 = 销售收入 − 生产成本 − 管理费用 − 利息费用 − 各项税赋,反映的是公司赢利状况。
- 边际贡献比率 =(销售收入 − 变动成本)/ 销售收入 × 100%,反映了新增产品或服务为公司带来的效益。
- 毛利率 =(销售收入 − 已售商品成本)/ 销售收入 × 100%,反映了公司的基本业绩情况。
- 营业利润率 = 税前利润 / 销售收入 × 100%,比较准确反映公司业绩的指标。
- 收入净利润率 = 净利润 / 销售收入 × 100%,更准确反映公司业绩的指标。

当以上的财务指标和财务比率变大时,意味着公司的产品更好卖,利润更高,公司创造的价值也更多,经营风险降低,更具投资价值。当以上的指标降低,反映的效果是相反的,结论是公司经营风险加大,投资决策需要慎重作出。

资产负债表反映的是所有者权益的大小,通过这张报表反映公司债务风险的状况，投资者一般根据资产负债率来衡量企业的债务风险。除了传统用于衡量公司负债风险的资产负债率之外，还需要关注流动比率、速动比率、偿付利息能力比率等财务比率。因为这些财务比率从不同角度诠释了公司债务风险的状况。

- 资产负债率 = 总负债（短期负债 + 长期负债）/ 总资产 ×100%，反映了公司的财务杠杆比率，是公司财务风险的一个重要指标，按照财务管理的观点，资产负债率超过 60%~70%，公司的负债风险就很大了。
- 流动比率 = 流动资产 / 流动负债 ×100%，是反映公司短期偿债能力的一个比率，反映的是公司将全部流动资产变现后是否足够清偿流动负债。
- 速动比率 = 速动资产 / 流动负债 ×100%，速动资产也是反映公司短期偿债能力的一个比率，速动资产一般包括现金、股票、债券、有价证券、应收款等可以迅速变现的流动资产，不包括存货。因此，对于产品大量积压的公司，一般用速动比率而不是流动比率来衡量公司的短期偿债能力。
- 营运资金净值 = 流动资产 – 流动负债，反映了公司实际可用的资金水平。
- 偿付利息能力比率 = 税前利润 / 利息费用 ×100%，反映的是公司利息负担的状况。

这些负债比率既反映了公司的经营状况和股东权益的真实情况，又揭示了公司可能面对的债务风险，投资者可以根据这些财务比率信息作出自己的投资决策。

现金流量表记录的是一家公司在一定时期内资金进出的情况，反映了公司的经营风险状况。一个企业的现金流量包括三个方面的现金流，即经营活动产生的现金流、投资活动产生的现金流和融资活动产生的现金流。现金流量表只承认产生了现金变化的交易，反映的是公司可以即时得到的现金情况。现金流量表的状况是非常重要的，从财务管理的角度，我们经常把现金流称为企业的血液，这是很有道理的，企业倒闭有各种各样的原因，但导火索基本上都是资金链断裂。从企业生死存亡的角度来看，如果损益表差一些，无非是盈利情况不太好；资产负债表不好看，无非是债务风险大一些，但还不足以致命，只有现金流不出问题，挺过最困难的时期，还会有翻身的机会。但是一旦现金流断了，那企业就很难救活了。因此，一定要关注现金流量表的安全。从稳妥投资的角度出发，一个企业，即使损益表和资产负债表表现良好，但只要现金流量表有瑕疵，那绝对不是投资的好对象。

（2）辨别潜藏的风险

能从三张表中直接辨别的基本上都是显在的风险，这是比较容易做到的。但是，有些风险，单独从某张表中是看不出问题的，还需要学会将三张表中一些有内在逻辑联系的项目结合起来辨别企业面临的潜藏风险。

比如一个投资者在某一期的现金流量表中发现公司严重的收不抵支，他会怎么想呢？首先他可能会想这是好事：公司会不会有投资支出呢？大家知道，投资收益是滞后的，不会在当期的现金流量表中体现出来，所以他需要确认在这个现金流量表上有没有资本项目的支出。如果确认没有投资，所有钱都用在现有业务内容上，那么这个投资者就着急了：公司在经营上应该是碰到非常严重的问题。这时候，他就会到损益表中找原因，确认一下是否是企业的销售收入和营业收入比往年有大幅度的降低，产品卖不动，不能适销对路或者说营销系统有问题？但是，损益表中显示销售收入比往年并没有明显地下降，那问题出在什么地方呢？最后，这名投资者在资产负债表中找到了原因。首先他在资产负债表中确认是否因为存货太多而占用大量的资金，结果导致入不敷出，使生产经营产生困难？结果发现产品卖得很好，库存并不多。他接着在资产负债表的流动资产这一栏里面发现应收账款在这一年中大幅增加了，主要问题就出在这里。由于应收账款过多，企业的现金流就很紧张，连购买原材料的钱和发工资的钱都可能会出现问题，公司就产生了很大的经营风险。

三张报表中类似的有内在逻辑项目是比较多的，具有丰富经验的投资者会据此准确地识别企业的风险。其中，将损益表和资产负债表的数据综合应用后，可以获得以下 7 个对投资者投资决策比较有用的财务比率：

- 资产周转率 = 销售收入 / 资产平均余额 ×100%，反映的是资产的使用效率，即每 1 元的资产可以产生多少销售收入。
- 负债利用率 = 总负债 / 销售收入总额 ×100%，反映了公司利用负债产生效益的能力。
- 资产收益率 = 税前利润 / 总资产 ×100%，也叫资产回报率（ROA），它是用来衡量每单位资产创造多少净利润的指标。这是一个难以被做假的指标，因此可以更全面、更准确地反映的公司的业绩情况。该指标越高，表明企业资产利用效果越好，说明企业在增加收入和节约资金使用等方面取得了良好的效果，反之亦然。
- 每股盈余（EPS）=（净利润 – 优先股股利）/ 已发行的普通股总额，也叫作每股收益，反映了公司每股创造税后利润的能力。
- 净资产收益率（ROE）= 净利润 / 所有者权益 ×100%，也叫股权收益率或股东权益报酬率。该指标反映股东权益的收益水平，用以衡量公司运用自有资本获利的效率。在投资决策中，经常用净利润增长率和净资产收益率这两个指标来衡量将公司盈余再投资以产生更多收益的能力。

- 市盈率＝普通股每股股价／上一年的每股盈余。市盈率是目前最常用的一种评估股价水平与企业盈利能力是否相匹配的指标，通常被用作比较不同价格的股票是否被高估或者低估。
- 经济增加值（EVA）＝税后净营业利润－资本成本，也叫作经济附加值。资本成本＝（债务资本成本＋股本资本的成本）＝资本总额×加权平均资本成本。这种指标考虑到了资本的使用也是有成本的，能够把资本的真实增值部分计算出来，是衡量业绩最准确的尺子，能够显著减少经营和财务风险，使投资者更好地衡量收益的数量和持续性，使资本得到最有效的利用。

需要指出的是，上述指标比起从某一张表中直接获取的财务比率来说，在评价公司的盈利能力方面有着优势，但是用一种指标往往难以全面衡量公司的价值和盈利能力。比如目前VC和PE经理们常用的市盈率指标，如果不考虑其他指标，在解释一些事情的时候就是自相矛盾的。当一家公司股票的市盈率过高，就会有两种观点：一是认为该股票的价格具有泡沫，价值被高估；二是认为该公司市盈率高是因为投资者对公司的未来盈利前景有信心，股票目前的高市盈率可能恰好准确地估量了该公司的价值。同样，当一家公司的市盈率偏低时，也有两种观点：一是认为该公司的股票价格被低估了，股价未来的上升空间会很大；二是认为偏低的市盈率反映了该公司低速的成长性，是该公司真实价值的反映。因此，要用市盈率分析一家公司的股价是否合理，还需要和其他指标结合起来使用。一般地，需要利用市盈率比较不同股票的投资价值时，这些公司必须属于同一个行业，如果还处于同一发展阶段，那么市盈率的比较就有意义。

又如，经济增加值（EVA）是20世纪90年代提出的一种财务评价方法，由于EVA使公司决策与股东财富一致，一经提出，就被专业投资者所青睐，成为股东衡量真实利润的最好方法。但是，如果单纯使用 EVA 指标也是有问题的，因为 EVA 只是一个短期财务指标，仅仅关注企业当期的经营情况，没有反映出资本市场对公司整个未来经营收益预测的修正。为了准确地反映出公司经营业绩以及其发展前景，就需要将 EVA 指标与股票价格结合起来考虑。

辨别风险和价值挖掘是一件非常专业的事，需要对企业的方方面面情况都比较了解之后，根据企业所处的行业和发展阶段，从传统的财务报表中选择适合的指标组合。要做到这一点，需要专业的财务知识和丰富的投资经验。

（3）检查和促进战略执行

对所披露出财务信息的应用还可以更加灵活一些，用来检查企业的战略执行情况，衡量经理人的能力和努力程度。这种用法，不仅适用于上市公司的股东用于投资决策，也可以直接用于非上市公司的老板用以监督经理人的工作，促使战略执行真正落实。

具体做法是，年初公司的战略计划通常会转换为与三张报表相关的多张财务预算表格。投资者可以利用所披露的财务信息与年初的财务预算进行对比，以此来检查企业的战略执行状况。对于刚好完成的不用去管，因为说明公司的战略正在按计划执行。重点要关注超额完成和没有完成的情况，分析为什么超额或没有完成，把原因找出来。找原因实际上就是寻找对股东价值或风险有驱动作用的因素，找到这些驱动因素之后，就可以针对性地修正战略，争取下一个月或下一个季度促使公司的战略执行得到很好的完成。这样，通过分析实际业绩和利润计划之间的差异，可以发现公司的很多新问题和机会。当然，如果通过分析发现公司战略没有得到实现的原因是经理人的能力不足或不作为导致的，投资者就可以采用"用手投票"或"用脚投票"的方式对经理人施加压力。

5.5 第四道基本防线：独立的外部审计制度

强制信息披露制度是为了解决信息不对称问题，但是如果披露的信息是假的，还不如不披露。因此，当经理人提供的年报对外披露之前，必须由独立的第三方会计师事务所对其进行审计，确保财务信息的真实性。这就是所有资本市场上对上市公司都规定了的法定审计制度。这条制度和信息披露制度是相辅相成的，他们共同作用，保证了披露信息的及时、全面和有效。

5.5.1 信息披露的程序

世界各国资本市场财务报告的信息披露程序基本上是相同的，大致流程如图5-8所示。财务报告的编制是由公司的管理层和财务管理人员完成的。公司的经理人必须按照监管部门有关财务报告和信息披露准则的要求来编制报告，财务报告最基本的要求是能够反映公司业务的基本状况。在编制报告的过程中，经理人有一定的自由度，他们可以按照自己的意愿和喜好选择会计政策和进行财务估计，但是这种自由度必须在法律法规许可的范围内。

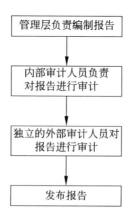

图 5-8 财务报告的信息披露流程

由经理人编制的财务报告有可能存在主观和客观的错误。主观的错误是经理人为了自己的私利做假账，客观的错误指的是诸如会计政策选择不当造成的误报现象。报告在送达外部审计人员之前，需通过公司内部审计人员的审计，尽可能地消除这两种错误。

内部审计部门设置的初衷是为了监督财务管理人员和管理层，防止他们出现管理腐败的行为。但是内部审计人员毕竟也是企业的内部人员，时间一长，他们就容易被经理人控制。当经理人、财务管理人员和内部审计人员勾结在一块的时候，会更可怕。因此，当内部审计人员对财务报告审计之后，还需要来自公司外部的独立审计师对经理人员负责编制的报告进行审计，并出具审计报告。

独立的外部审计能够抑制和消除主观和客观的这两种错误。比如在一家上市公司中，内部审计人员和财务管理人员都被经理人控制，他们做出的账都是假的，这时有了专业的第三方独立外部审计，就会使得这一切大白天下。而且有了独立的外部审计制度之后，内部审计人员和财务管理人员也不敢轻易被经理人所收买。当然，如果公司的报告只是存在误报的情况，那么专业的外部审计师也会比较容易消除这些客观错误。

最后，经过外部审计师审计后，公司的财务报告才能发布到资本市场。

5.5.2 独立外部审计的内容

独立的外部审计制度是为了确保财务报告和信息披露的真实性，但是并不意味着财务报表的准确性要由外部审计师负责。财务报告具体内容的真实和准确由经理人负责，外部审计师的职责是对公司提供的报告是否按照有关会计准则制作进行审核，督促经理人合理地选择会计政策和进行会计估计。因此，外部审计师出具的审计报告中的内容主要是反映公司的财务报告内容以及报告编制过程是否遵循了程序公正的原则。自从国际会计联合公会颁布《国际审计准则》后，各国监管部门要求的审计报告在形式和内容上都呈现相同趋势，主要内容包括：

- 外部审计师是否能够获取所需要的一切解释和说明。审计师有权询问公司内部的任何经理人员，查看公司详细的交易记录和财务信息。公司的管理层、财务管理人员和内部审计人员在这方面是否配合。
- 公司是否按照内控体系和审计准则的要求保存有完整的账簿、会计记录。这点对于追查源头问题是非常重要的。比如当外部审计师通过抽查具有代表性的交易和凭证来检查公司内部控制系统的运行状态时，没有完整的会计记录，就难以判断内部控制系统是否起作用。
- 年度报告是否与年度财务报表相一致，不存在粉饰报表的行为。
- 年度财务报表是否针对公司资产、负债、财务形势和盈亏情况作了真实和公允的评估。
- 年度财务报表是否符合相关法律法规的规定。
- 内部审计和外部审计是否按照审计准则进行。

在具体对公司进行外部独立审计过程中，重点审查以下 5 个方面的内容，目的是督促公司选择规定的会计准则，按照会计准则进行报表编制和信息披露。①

- 财务报表的准确性。外部审计师只是对公司提供的有关财务报告和报表是否按照审计准则制作而予以审核。

---

① 以下 5 个方面的内容参考和引用了：朱羿锟. 公司控制权配置论：制度与效率分析 [M]. 北京：经济管理出版社，2001：463—467.

- 公司持续运营能力或清偿能力的判断。这种预测或判断是根据经验对未来做出的预估数字，外部环境的变化是不以人的意志为转移而存在的，未来的事没有一个人可以准确判断出来。因此，预测和判断的责任在于董事会和经理人，外部审计师的职责只是对董事会和经理人的判断进行审核，验证这些判断是否是根据有关准则和条件做出的，并发表审计意见。
- 是否存在欺诈。外部审计师的主要职责就是审核财务报表中是否存在财务欺诈、重大虚假陈述和误导性信息披露。
- 公司的运作是否遵规守法。外部审计师要审查董事会是否建立了完善的内部控制系统，并且检验其运行状态，确保内部控制系统实现了监管部门要求的功能，使得公司运作违反法律法规的概率最小化。同时还需要检验即使公司运作中有违法违规的行为，内部控制系统是否能将发现这种行为的概率最大化。
- 公司是否体现了社会责任感。公司是否在环境保护和社会责任等方面满足了外部投资者的期望。这部分内容本不是传统外部审计的法定内容，但近年来由于很多大的上市公司的年报中有这部分内容，因此将这部分内容纳入外部审计中只是一个时间问题。

5.5.3　由谁负责聘请外部审计师

在整个财务报告和信息的披露过程中，外部审计师起到重要的把关作用。在这个过程中，由谁聘请独立的第三方会计师事务所是一个非常关键的问题，这直接涉及作为外部审计师的会计师事务所是否真正独立，是否按照审计准则和会计准则进行审计。

由独立董事构成的董事会审计委员会来聘请外部审计师。在我国资本市场,审计委员会是法定委员会,负责独立的外部审计是其最基本的职责。但是在2003年之前并不是这样的,当时的上市公司中没有审计委员会,独立董事也是从2001年开始引进,到2003年才正式建立。因此,聘请独立的第三方会计师事务所的权力自然就落到了控制性股东或管理层手里。

在这种情况下,所有坚持按照审计准则和会计准则进行审计的会计师事务所是不可能有业务的。上市公司的控制性股东或经理人希望外部审计师在审核自己提供的财务报告时不能按照审计准则和会计准则的标准来审,而是按照他们的要求来审。

2003年之后,这种情况得到一定程度的解决。2001年我国证监会引进了独立董事制度,要求每家上市公司必须有1名独立董事;2002年,每家上市公司必须有2名独立董事;2003年,每家上市公司董事会中1/3的董事必须是独立董事。而且,自2003年起,审计委员会成为法定委员会,审计委员会由3~5名独立董事构成。

这样的制度安排,就从源头上解决了问题。由独立董事构成的审计委员会在财务报告和信息披露过程中扮演着重要的角色:审计委员会负责选择外部的会计师事务所,批准通过所有的财务报告和信息披露,包括会计方法的选择;审计委员会会询问公司关于会计方法、判断和估计的选择原则,还经常单独约见外部审计人员,了解审计质量和公司内部控制系统的质量。由此可见,审计委员会的独立性直接影响公司财务报告和信息披露的质量,因此,审计委员会的独立性是董事会下属委员会中要求最高的。

这就是为什么我们经常讲2003年是我国资本市场信息披露的一个重要转折点:2003年之前我国上市公司的信息披露很少有能够做到及时、充分和有效,而且财务欺诈和虚假性信息披露非常严重;2003年之后上市公司信息披露的真实性在增加。

5.5.4 对外部审计师的制度制约

在资本市场的公司治理中,作为外部审计师的会计师事务所发挥着重要的作用。会计师事务所是否按照审计准则和会计准则的要求为上市公司提供审计服务,直接关系到上市公司的透明度、资本市场的有效性。因此,就需要在制度设计上让会计师事务所必须保持独立性,否则将面临巨大的失败成本。

在一个成熟的资本市场上,对会计师事务所的约束主要是通过"三剑合一"的制度来进行的。首先,选择合伙制的会计师事务所作为外部审计师;其次,让参与作假的会计师承担刑事责任;最后,行业的终身禁入制度。

（1）合伙制和有限制的会计师事务所,谁更适合作为外部审计师

会计师事务所有两种公司形态:一种是承担无限连带赔偿的合伙制;一种是承担有限责任的公司制。在成熟的资本市场上,上市公司一般会选择合伙制的会计师事务所作为外部审计师,这也是给外部投资者的一个信号:公司的财务报告是经得起审计的,披露的信息是真实和准确的。

但是,2003年之前给上市公司做审计的基本上都是承担有限责任的会计师事务所。原因是合伙制的会计师事务所一旦按照控制性股东或经理人的要求出具审计报告,虽然也会得到一些好处,但是将面临无限连带的赔偿,巨大的风险面前,谁敢冒险?但是公司制的会计师事务所只承担有限责任,他们就有可能被收买,为了利益铤而走险。就是在这样的背景下,深圳的中天勤就被银广夏收买,没有按照审计准则进行审计,而是帮助银广夏做了假账。

2001年发生银广夏事件时,关于帮助上市公司做假账的会计师事务所是否应当承担民事赔偿责任,在法律上还是一个空白点。2007年6月,最高人民法院颁布了《关于审理涉及会计师事务所在审计业务活动中民事侵权赔偿案件的若干规定》的司法解释,对于恶意串通或明知故犯的会计师事务所要承担民事赔偿责任。但是,如果这家会计师事务所是一个有限责任的公司制

企业，应怎么赔呢？

　　假设银广夏事件发生在2007年6月之后，受到损害的股东有权向中天勤索赔，我们分析一下可能出现的情况。中天勤是一家有限合伙的会计师事务所，也就是在利益分配时采用"合伙"的方法，但是其本质是承担有限责任的公司。当该所为银广夏出具虚假的审计报告时，就面临着5万股东的民事赔偿诉讼。但中天勤拿什么赔呢？会计师事务所最值钱是人力资本，但总不能把人的脑袋赔给你吧？中天勤办公的写字楼很豪华，但是租的，也不能用来赔偿。固定资产只有办公隔断和电脑，但是这些东西加起来总共就100万元，而银广夏受损失的有5万多名股东，够赔几个人的？赔了这些就完了，至少会计师的个人财产不受牵连，作假的会计师光收的红包就不止100万元，他们就会琢磨，下次做得更隐蔽些，把这次的损失也补回来。在这种制度下，是不可能让作假的人收敛自己的行为。

　　但是，如果中天勤是一家承担无限责任的合伙制会计师事务所，他们就不敢干这种事。因为一旦帮助企业作假，他们付出的代价是极其高昂的。首先，将事务所的资产赔完之后，肯定是不够的，5万股民的损失至少也有十几个亿；那么剩下的就得由事务所的合伙人用自己的财产来赔偿。而且在一些国家，还得宣布个人破产，破产的信息由政府向社会披露，在赔完钱之前限制出国。在这种制度的约束下，合伙制的会计师事务所是不会帮助企业作假的。

　　因此，从立法上尽量要求具有为上市公司进行独立外部审计的会计师事务所是承担无限连带赔偿责任的合伙制企业，这对于保证财务报告和信息披露的真实性和准确性是非常重要的。更为重要的是，监管部门要引导资本市场的投资者认识到会计师事务所的公司形态对信息披露的重要性，对那些采用有限责任公司制会计师事务所作为外部审计师的上市公司"用脚投票"，表达对他们的不信任，逼着上市公司选用承担无限责任合伙制的会计师事务所作为外部审计师。

（2）承担刑事责任

对于没有按照审计准则对上市公司的财务报告和信息披露进行审核和验证的外部审计师，对他们的第二个惩罚措施就是要追究其刑事责任。

我国于2003年修订的《刑法》第229条规定，承担资产评估、验资、验证、会计、审计、法律服务等职责的中介组织人员故意提供虚假证明文件，情节严重的，处5年以下有期徒刑或者拘役，并处罚金。

提供虚假证明文件罪和出具证明文件重大失实罪是与注册会计师刑事责任最为密切的两个罪名。2003年9月，银川市中级人民法院依照《中华人民共和国刑法》作出一审判决，判处为银广夏出具虚假审计报告的深圳中天勤会计师事务所合伙人刘加荣、徐林文有期徒刑两年零6个月、两年零3个月，并各处罚金3万元。

令人高兴的是，制约外部审计师的第二把利剑在中国资本市场终于有了。

（3）行业的终身禁入制度

对犯了错误的会计师，在承担了民事赔偿和刑事责任之后，会计师这个行业是不能再进来了，这就是该行业的终身禁入制度：一旦有污点，终身禁入。

行业的终身禁入制度对会计师的约束力是非常强大的，一个会计师，从专业学习，到考取会计师或注册会计师资格，到获得工作，这期间是需要付出很多努力和积累的。一旦犯错之后，这个行业就不能再进入，那他还会做什么？终身禁入制度极大地加大了会计师的失败成本，使得会计师不敢轻易犯错。但是，在银广夏之前，我国是没有这条制度的。银广夏之后，行业的终身进入制度在我国开始实施了。

无限责任的民事赔偿、刑事责任和终身禁入这三大惩罚措施，就是横在会计师头上的三把利剑：警告他们不要犯规，要恪守自己的职业道德，公正、诚实地进行审计。如果帮着上市公司作假，一旦被抓着，三把利剑就会同时砍下来，绝不姑息。有了这样的制度安排，就能很好地制约会计师的不良行动。银广夏和中天勤事件中对我国资本市场的贡献就是使得我国在对会计师制约方面终于和国际接轨了，因而我国上市公司财务报告和信息披露的真实性更高。

5.5.5　我国资本市场的信息何时能做到充分和公允

很多人都认为我国上市公司披露的信息是假的。

这种观点有失偏颇，我国上市公司的信息披露有两个重要的时点：2003年和2006年。2003年前，我国的独立董事制度尚未建立，董事会中尚未有审计委员会，而且对会计师制约的"三剑合一"制度也不健全，因此，2003年之前上市公司的财务报告和信息披露质量非常差。2003年之后，这些问题都得到解决了，信息披露的质量得到提升。2006年之后，新修订的《公司法》和《证券法》对财务报告和信息披露有了更严格的要求，并且对经理人作假的行为有了惩罚机制，因此财务报告和信息披露的真实性在增加。

但为什么是真实性在增加，而不是已经做到真实和公允呢？提高上市公司财务报告和信息披露的质量，防止财务欺诈和误导性信息披露有两种重要机制：看得见的手和看不见的手。

（1）看得见手的局限性

外部独立审计制度属于看得见手的力量，强调的是通过行政监管和行政惩罚来规范上市公司和外部审计师的行为。如果单独依靠行政的手段，要达到信息披露的真实和公允，其成本将是巨大的，而且百密一疏，总不可能完全监督到位。

我国资本市场在行政监督方面基本已经做得比较到位了。比如，会计准则已经尽量和国际接轨，减少了创造性会计的可乘之机；要求信息披露做到真实、公允；加大了对虚假信息提供者的处罚力度；上市公司审计委员会的独立性在加强；对会计师的制约制度已经基本健全。但为什么上市公司还存在"报喜不报忧"或"报忧不报喜"选择性披露等问题呢？

虽然上市公司现在已经不敢像当年银广夏那样明目张胆地作假了，但是出于巨大利益的诱惑，依然有人铤而走险，而行政监管有时候是无能为力的。比如，一家上市公司在对经理人实施股票期权计划的时候，就有可能引起经理人操纵信息披露，进行选择性披露。当授予股票期权的时候，股票价格越低对经理人越有利，因此上市公司就有可能在授予期权前几个月之内集中披露"坏消息"，导致股价下跌；当行权时，股票价格越高对经理人越有利，因此上市公司就有可能在行权前几个月之内集中披露"好消息"。这些信息都是真实的，不过全是有选择性地披露，最终目的就是为了获取高额的利益。监管部门的应对是设置行权的窗口期，一般禁止在财务报告和信息披露前后几个工作日①之内禁止授权或行权。这种规制虽然对防止经理人操纵股价有一定抑制作用，但是依然让上市公司的经理人有着大量的运作空间。

能不能在制度设计和监管过程中再严格一些，完全杜绝这种现象发生，理论上是可以的，但付出的成本和代价可能也无法估量。这时候就需要依靠看不见的手的力量，也就是市场惩戒的力量。

（2）看不见手的力量

看不见的手的力量指的是市场对作假者的市场惩戒，让那些企图依靠财务报告和信息披露作假而获利的控制性股东和经理人们不但无法获利，而且还将付出巨大的代价。

如在上一章提到的关于在美上市的中国公司遭遇集体诉讼所讨论的那样，资本市场允许做空机制，并且在证券诉讼中可以采用集体诉讼制度和举证倒置制度，那么这个资本市场的看不见手的打假力量就会格外强大。

---

① 一般不超过10个交易日。

资本市场的打假机理如图 5-9 所示,当上市公司在财务报告和信息披露中出现财务欺诈或误导性、虚假信息披露的时候,看不见的手就开始起作用了。首先,研究机构和对冲基金就会联手起来对该公司的股票做空,当对冲基金建仓完毕后,研究机构就会抛出关于该公司的负面报道,揭露该公司财务欺诈或披露误导性虚假信息,该公司股价将大跌,对冲基金和研究机构获利退场。接着,律师事务所会代表股东对上市公司进行集体诉讼,要求对外部股东的损失进行赔偿。结果有两种:一种是上市公司败诉,那将面临巨额的民事赔偿,而且公司极有可能被摘牌或退市;另一种是庭外和解,即使上市公司和外部股东达成和解,按照美国 2008 年之后的经验,至少也需要数百万美元的和解费用,而且公司股价必然将长期处于低迷状态。

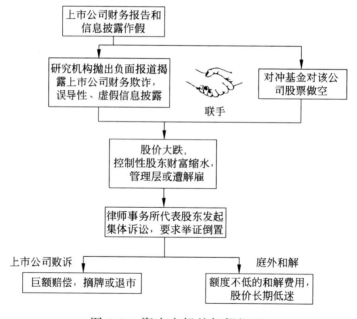

图 5-9 资本市场的打假机理

有了资本市场的打假机制,就会使得在财务报告或信息披露中做手脚的控制性股东或经理人偷鸡不成蚀把米,在巨大的失败成本压力下,他们必然会规范行为，不敢在财务报告和信息披露上作假。

因此，资本市场信息披露要做到真实和公允，一定要综合应用看得见的手和看不见的手的力量，两者缺一不可。看得见的手主要是堵住制度漏洞，以严格的惩罚机制使控制性股东和经理人不敢轻易作假，然后靠市场惩戒机制让作假的人承担巨大的失败成本。当行政监管和市场惩戒结合在一起，才有可能真正增加上市公司的透明度，增加资本市场的有效性。

我国资本市场目前只有看得见手的力量，因此"报喜不报忧""报忧不报喜"、披露不及时等现象短时期内很难消除，只有当资本市场允许做空、并在证券诉讼中引入集体诉讼和举证倒置制度，我国上市公司的信息披露才有可能做到真实和公允。

5.6　第五道基本防线：公司控制权市场

公司控制权市场是公司外部治理结构中的关键制度，又称为资本市场的约束，对经理人行为的约束是通过接管和兼并方式进行的。在美国，防止经理人道德出问题的关键制度主要是 3 个制度：董事会制度、经理人股票期权计划[①]和公司控制权市场。公司控制权市场发挥公司治理作用的一个重要前提条件是股权高度分散，因此在我国资本市场上发挥的作用尚不明显，但当未来股权相对分散之后，上市公司控制权争夺必然会成为一个重要的公司治理手段。

---

① 在美国，对经理人的股权激励大部分是以股票期权计划来实现的。

5.6.1 公司控制权市场的治理机理

资本市场的有效性为投资者提供了一家纠正管理不善公司的可能性。一家公司由于经理人的低效而导致业绩低迷时，股东就会对经理人产生不满，试图更换他们。按照公司内部治理结构的逻辑，这些股东应该在股东大会上"用手投票"，要求更换管理层。但是，对于股权分散的股东大会来说，用手投票很难达到更换管理层的目的，因为小股东股份少，"声音"就小，说的话没人听。加上参与股东大会的物质成本、时间和精力都是很高的，因此很多小股东就放弃了"用手投票"。

当外部股东对公司管理层失去信心时，就会卖了股票走人，即采用"用脚投票"。当"用脚投票"的股东多了之后，必然引起公司的股价下跌。首先，董事会就需要找"替罪羊"，这时候管理层就面临被解雇的威胁。如果外部股东对公司的情况还不满意，会继续抛售公司的股票，这时候几个具有相对控制权的股东，就会改组董事会。如果外部股东依然对公司的情况不满意，继续"用脚投票"，股价会进一步下跌。这时候，就极有可能出现这家公司的股票被资本市场严重低估的情况。也就是说，这家公司的股票价格已经远远小于它的真实价值了，所有的投资机构都会强烈建议对该公司的股票买进，这就会给潜在的敌意接管者一个非常好的恶意并购机会。

在股权高度分散的资本市场上，5%~10%的股份比例就有可能成为相对控股股东。比如，一家上市公司中的第一大股东股份比例是10%，潜在收购者原来一直和这个大股东商量着通过协议购买其手里的股份，但大股东一直不同意。而当公司股票没有被低估的时候，通过二级市场购买股票获得控制权的代价是很大的。而现在该公司股票被严重低估了，潜在的收购者就会不打招呼直接在二级市场大量买进股票，只要超过10%，他就获得了这家公司的控制权。当然，也可以不用非得购买10%以上的股票，比如，买进6%的股份，再获得基金公司 8% 的代理投票权，也一样获得了公司的控制权。

当收购者获得控制权之后，就会按照自己的意愿重组董事会和管理层。这对原有的控制性股东、董事会成员和管理层都是一种直接的威慑。对原来的控制性股东来说，直接失去了公司的控制权；对于董事会成员和管理层来说，就会失去原有的经济利益和职业声誉。在这种敌意接管的威胁下，原来的控制性股东、董事会成员和管理层，就不得不在经营决策中考虑广大股东的利益，以避免公司被收购。

对于收购和接管者来说，通过在股票被低估的情况下获得控制权之后，就会改组董事会和变更管理层，对公司的经营方向和商业模式进行调整，使公司的效率低下的情况得到矫正。之后，接管这儿的所有股东都将在企业价值增长过程中获利。因此，控制权市场对于众多的中小股东来说是一种保护，是公司治理的一个重要环节。

恶意并购和敌意接管在 20 世纪 80 年代曾经是风靡美国和英国的一种重要公司治理手段。公司控制权市场理论的支持者们认为，与公司内部治理结构相比，恶意并购和敌意接管能够较大降低监督和代理的成本，是防止上市公司经理人"黑"股东的最后一种武器，而且也是简单而且有效的公司治理方法：在公司内部治理结构不起作用的情况下，恶意并购和敌意接管仍能发挥作用。实践结果就是，20 世纪 80 年代，美国 30% 的上市公司被接管，英国 36% 的制造业上市公司被接管。

但是，公司控制权市场也有局限性。首先，恶意并购和敌意接管依赖于资本市场的有效性，股票价格不一定能够真实反映公司的真实价值，这就会增加并购和接管的成本。其次，恶意并购和敌意接管的威胁有可能诱发经理人的短期行为：为了保住自己的位置，管理层就有可能牺牲公司的长远利益来追求漂亮的短期业绩。最后，控制权的争夺战有可能会损害公司的真实价值。面对恶意并购和敌意接管，管理层不会束手就擒，他们会不顾一切地进行反收购活动。而激烈的控制权争夺战,以及频繁的管理层更迭会造成对公司价值的损害。

由于存在以上的局限性,控制权市场在约束经理人行为上的作用不如人们所期望的那样有效。因此,进入20世纪90年代中期之后,美国和英国资本市场开始不再一味地以恶意并购和敌意接管作为制约经理人的最重要手段,而是开始注意内部治理结构和外部治理结构的融合,控制权市场成为最主要的手段之一。

这种演变结果,是市场自然选择的必然。任何制度都有其优点,也有其缺点,只有制度的相互融合,才能更好地发挥作用。公司控制权市场属于看不见手的力量,董事会制度属于看得见手的力量,经理人股票期权计划属于结合了看得见手和看不见手的力量,三者相互配合,实际上就是行政监管和市场惩戒的共同作用,效果自然比单一的制度有效。

5.6.2 公司控制权市场的运作条件

公司控制权市场并不是在所有资本市场上都能发挥重要的作用,在美国资本市场上,虽然现在恶意并购和敌意接管已经不像20世纪80年代那么流行,但依然是制约上市公司经理人的一种重要手段。在我国资本市场上,恶意并购和敌意接管虽然有一定的作用,但是对于约束低效率的管理层来说,它是一种成本高而又不完美的方式。

究其原因,公司控制权市场要发挥作用,需要资本市场满足以下4个条件:

- 资本市场的有效性强。公司控制权市场要发挥公司治理作用,有一个基本的假设:就是公司的真实价值与公司股票价格之间是高度正相关的关系。只有这样，当经理人经营不善引起公司绩效下滑，公司真实价值减少，必然引起股票价格下跌，从而激励那些认为自己能够比现有管理层更有效地管理该公司的人接管该公司，获取大量的资本所得。资本市场的有效性越强，控制权市场发挥公司治理的作用就越大。

- 股权高度分散。在我国资本市场上，公司控制权市场起作用比较小的一个重要原因就是存在一股独大现象。我国上市公司的控股股东都在 30% 以上，甚至有些还是 50% 以上的绝对控股，这个时候，想要通过恶意并购获得控制权几乎是不可能的事。当然，在相对控股的情况下，恶意并购可以作为控制权争夺的一种辅助手段。只有在股权高度分散的情况下通过恶意并购获得公司控制权的做法才有可能使得有敌意的接管者具有获利的可能，控制权市场才可能发挥其公司治理的作用。

- 信息透明度。只有信息披露制度健全，上市公司信息披露的质量高，所披露的信息是真实和公允的，潜在的收购者才能够通过公开渠道获得所需要的信息分析目标公司的股价是否已被低估，从而确定收购价格，并购和接管活动也才能得以产生。

- 股票具有高度流动性。这是公司控制权市场形成的基础条件，直接关系到恶意并购和敌意接管是否可行的关键要素。股票具有高度流动性意味着股东可以随意进出股市，及时买卖股票。在股票具有高度流动性的条件下，当公司经营绩效好时，众多的中小股东显然是"用脚投票"回避风险而大量卖出股票，从而导致股价大跌，该公司将成为潜在接管者收购的目标公司。而当敌意接管者大量买进股票获得控制权之后，原来的管理者将面临被解雇的风险。这样，就降低了股东的风险，而加大了经理人的风险，使得并购和接管发挥了公司治理的作用。

5.6.3 并购与敌意接管

并购是公司的一种资本运作手段,是兼并与收购的简称,而兼并与收购在法律上属于不同的经济活动,因而就有了分别的定义。

兼并是泛指两家或两家以上公司的合并,包括吸收合并和新设合并两种方式。吸收合并是指一家公司通过现金、股票或其他形式购买取得其他企业的产权,将另一家公司并入本公司。兼并以获得被并公司的控制权为主要特征,其中被并公司从此解散,其权利与义务由存续公司承担。新设合并是指两家或两家以上公司合并,另外成立一家新公司,原有公司都不再继续保留其法人地位,原公司的权利与义务由新设公司承担。

收购是指一家公司通过现金、股票或资产购买另一家公司的资产或股票,从而获取一定控制权的交易行为。收购是以控制权易手为主要特征,根据支付方式有用现金购买资产、用现金购买股票、用股票购买资产、用股票交换股票、用资产收购股份或资产等方式。

以上是从书面上的定义来区分兼并和收购的。但实际运作过程中,这两种资本运作手段往往交织在一块,很难也没有必要严格区分开,因此大家都习惯于将二者合在一起使用,简称并购。

与并购相伴随的一个概念叫作接管,一般认为并购是达到接管的具体形式。接管和并购的含义差不多,并购侧重的是运作形式,接管强调的是获得控制权的目的。

(1)资本市场上的并购形式

从并购的形式来看,资本市场的并购活动大体可以分为三种:协议收购、集中竞价收购和要约收购。

协议收购是指由潜在的收购者与目标公司的股东就收购该公司股票的条件、价格、数量、期限和支付方式等有关事项达成协议后实现股权转让的收购方式。协议收购一般是善意收购，在整个过程中，并购双方一般在友好的气氛下，通过充分沟通来决定并购的具体安排。我国上市公司的并购基本上是以协议收购完成的。这是因为上市公司一股独大，想要收购他们，没有控制这些公司的大股东同意，是不可能实现并购的。

集中竞价收购指的是不与目标公司商量，直接在股票市场上购买目标公司的股票，当购买数量达到控股地位时取得公司控制权的收购方式。由于股票市场采用的是集中竞价的交易方式，所以这种收购方式就被称为集中竞价收购。绝大多数的竞价收购是敌意并购，多发生于上市公司股价被低估的时候。

要约收购是上市公司特有的一种并购方式。收购者向全体股东发出一个书面要约，承诺以某一特定的价格购买一定比例或数量的目标公司股份。

要约收购事先并不需要征求目标公司的意见，因而通常被认为是一种敌意收购，是成熟资本市场上一种典型的收购方式。要约收购这种制度设计对于收购者或公司原有股东都是比较有利的。对于收购者来说，不仅可以通过公开收购的方式对目标公司的股东施加压力，而且收购方还可以在不征得目标公司董事会和管理层同意的基础下，就可以与目标公司股东直接进行交易，获得公司的控制权。对于原公司的股东来说，无论是大股东还是小股东，都是一种保护措施。如果没有要约收购的约束，收购者在获得公司的控制权之后，就会停止收购，这对于大股东是不利的。有了要约收购的约束，就增加了收购者控制目标公司的难度，保护了大股东的利益。要约收购对于小股东的保护更是显而易见的，在要约收购的约束下，收购者就不能与大股东达成私下交易，以较高价格从大股东手里买走股票获得控制权之后，就停止收购。如果是这样的话，其实就剥夺了小股东获得股票溢价的机会。在要约收购的保护机制下，小股东除了有可能获得股票溢价之外；当他感觉公司控制权的转移可能对公司未来不利的情况下，还可以借机逃离。

根据收购是否成为收购人的法定义务为标准，要约收购分为全面强制要约收购和部分自愿要约收购。在一些实施部分自愿要约收购的国家，如美国，收购方将多次部分自愿要约收购组合在一起，就形成了双重要约收购。

- 全面强制要约收购。全面强制要约收购是指收购人已经持有目标公司股份达到一定比例并拟继续增持或者从一定比例以下拟增持并超过该比例股份时，必须向目标公司全体股东发出购买其持有的股份要约，以完成收购。如我国的《上市公司收购管理办法》规定的比例是30%，也就是说，当一个收购者收购一家上市公司股票超过总股本30%的时候，他就需要向全体股东发出要约收购或向证监会申请豁免要约收购。

- 部分自愿要约收购。部分自愿要约收购是指收购者自主决定通过发出收购要约以增持目标公司股份而进行的收购，在要约中除通常规定的取得目标公司股份的最低数额或比例外，还规定取得股份的最高数额或比例。这里的"部分"指的不是要约对象的部分，而是指收购股份时总股本的部分。部分自愿要约也是向全体股东发出的，当预受要约的股票数量超过收购者要约收购的数量时，收购者应当按照同等比例收购预受要约的股份。

- 双重要约收购。双重要约收购属于部分要约收购的一种，指的是在要约人首次要约收购之后，紧接着以较低的价格对目标公司剩余的股票进行第二次要约收购，以完成并购的目的。如果一个收购者要进行双重要约收购，他会在第一次要约中提出以溢价收购目标公司较大比例如30%~50%的股票。而且他还会在第一次要约中声明，剩余的股份将会在第二次要约中以较低价格排挤出去。在第二次要约中，收购者迫使剩余股东要么接受更低的价格，要么接受其他的对价，如公司债券等。这种要约并购方式对目标公司股东的强迫性是很明显的，因为股东惧怕在第二次要约收购的排挤性合并中被迫接受低价，因此为了避免损失，通常都会抢先接受要约。美国经常采用双重要约收购方式，成功的概率很高。

美国基本上采用的是部分自愿要约收购制度，最流行的是双重要约收购；英国采用的是全面强制要约收购制度。我国证监会结合了这两种制度，当收购比例低于上市公司总股本 30% 的情况下，收购者具有部分自愿要约收购的权利；但是当收购比例超过一定超过上市公司总股本 30% 的时候，收购者必须向全体股东发出全面强制要约收购。

（2）恶意并购与敌意接管

并购可以分为善意并购和恶意并购。善意并购指的是潜在收购者同目标公司协商，经目标公司同意之后，直接收购该公司。恶意并购指的是不与目标公司协商，不管目标公司是否同意，直接采取的收购活动。潜在的收购者在恶意并购之后，基本上都会改组董事会或更换管理层。因此，对于目标公司的董事会和管理层来说，恶意并购就是敌意接管。一般来说，协议收购属于善意收购，而集中竞价收购和要约收购属于恶意收购。

在资本市场上，一般不会直接采用恶意并购，而是首先会以善意收购开始。当潜在的收购者决定对目标公司进行收购时，一般会首先与目标公司的董事会或管理层进行沟通，提出收购建议。如果目标公司的董事会或管理层同意这个收购建议，双方就会进一步详细讨论收购交易的细节，从而完成协议收购。而如果目标公司董事会或管理层拒绝了并购建议，则潜在的收购者就有可能发动恶意收购，达到敌意接管的目的。

当然，并不是只有在目标公司董事会拒绝了收购要求之后，敌意接管才发动。在目标公司股价被低估的时候，收购者一般会直接发起恶意并购，并不与目标公司的董事会或管理层沟通，而突然直接提出公开要约收购，以获得目标公司的控制权。

收购者在敌意接管的时候并不是一开始就会发出要约收购,而是先启动集中竞价收购,也就是在股票市场上对价值被低估的目标公司的股票大量买进。当目标公司的股东有所觉察,也开始在股票市场增持股票时,收购者就会发出一个"要约",进行公开收购。如果有足够多的股东愿意接受要约,卖出股票,收购者就会夺取公司的实际控制权,实现敌意接管。

在敌意接管中,恶意并购只是其中一种重要手段,而不是唯一手段。就拿获取公司绝对控制权来说,如果只用并购的手段,收购者需要收购50%以上的公司股票,才能获得绝对控制权,这无疑会加大收购的成本。收购者完全可以将并购与代理权争夺巧妙结合起来,从而做到只收购少量公司的股份,就能实现对目标公司的控制。比如,潜在的接管者收购了公司30%的股份并且通过争夺股东的委托表决权获得了25%的代理投票权,那么他一样获得了公司的绝对控制权。但是,与收购51%的股票相比,收购的成本大为降低了。

5.6.4 并购防御

在并购,尤其是恶意并购和敌意接管过程中,是一家欢喜一家愁。对于潜在的收购者来说,由于可能获得股票溢价,对他们来说是有利可图的。但是对于被并购公司的董事会成员和管理层来说却是另外一番滋味,在很大程度上意味着他们职业生涯的失败,往往会因此失去权力和地位、职业声望以及与其职务有关的物质利益,而且人力资本也会贬值。处于维护自身既得利益的考虑,即使收购者开出的并购条件对于公司股东是很优惠的,但是目标公司的管理层和董事们也会采用各种办法防止被收购、被接管。

当然从客观的角度来讲,目标公司管理层和董事们的反并购防御某种程度上也维护了股东的利益。反并购防御措施能够提高目标公司的并购价格,增加潜在收购者的收购成本,但是也使目标公司的股东们可能获得较大的股票溢价。因此,目标公司股东也会支持公司管理层和董事会的反并购防御措施。

20世纪80年代后期,美国的公司控制权市场是非常活跃的,各种并购方式层出不穷,与之相对应,也出现了一系列防范外部人收购的机制。并购防御措施有预防性措施和主动性措施两大类,其核心思想是:增加收购者的并购成本,对敌意收购行为进行有效的防御和阻止。反收购的预防性措施是目标公司为了降低潜在敌意收购获得成功的可能性,在敌意收购发生之前就采取的反收购措施,属于未雨绸缪的安排。反收购的主动措施是当预防性措施不能阻止收购者的收购行为时,直接针对收购措施采取的行动。主动性措施虽然有效性更好,但也存在"杀敌一千,自损八百"的代价。因此,一般建议使用代价和成本小一些的预防性措施,只有到了万不得已的时候才使用主动防御性措施。

(1)毒丸计划:经典的反收购预防性措施

毒丸计划,又叫作股权摊薄反收购措施,是很好的防御准备措施,能够有效抑制恶意并购。毒丸计划是指由目标公司发行特别的认股权证,规定当本公司发生触发事件时,认股权证持有人将获得以约定的优惠价格将该权证转换为普通股票,或要求公司以约定的优惠价格赎回该权证的权力。毒丸计划平时并不生效,一般将毒丸的触发条件设置为未经认可的收购方收购了公司一定比例的股份(10%~20%)。当毒丸计划启动后,股票市场上将增加数量众多的新股,所有股东都有可能以低价购买到股票。这样,就有效地稀释了收购者的股权,加大收购成本,从而达到防止被并购的目的。[1]

毒丸计划从20世纪80年代创造并应用到现在,已经从最传统的发行可转

---

[1] http://baike.baidu.com/view/53837.htm。

换优先股方式发展为多种方式，其中比较常用的有以下5种：

- 传统的毒丸计划就是目标公司向普通股股东发放可转换优先股。一旦公司被收购，股东持有的优先股就可以转换为一定数额的普通股股票。这种计划可以起到增加收购成本的作用，缺点是会增加目标公司的长期负债。

- 掷出毒丸计划是第二代毒丸。目标公司向公司股票持有人提供期权计划，允许股票持有人在公司被收购时以一个较低的价格（比如25%~50%的折扣）来购买公司的股票。这种期权是作为股票红利分配给股东的，期权的授予条件是任何个人、合伙人或公司购入了20%以上公司的流通股或收购了30%以上目标公司的股份。但是这种毒丸计划的触发条件是苛刻的，需要收购者获得公司100%的股份时才生效。如果收购者的目标只是获得公司控制权，而不是收购所有股份，这种计划就不起作用。

- 掷入毒丸计划是第三代毒丸。为了应对收购者只打算获得公司控制权，并不打算收购100%的股份的情况，资本市场上又出现了掷入毒丸计划。该计划就是在收购者还没有获得绝对控股权（51%），只是获得相对控股权时就生效（一般是25%~50%）。该计划触发之后，允许期权持有人以很大折扣购买目标公司股份，该计划被设计用来稀释目标公司的股权。对于防止敌意接管者取得目标公司控制权的防御效果而言，掷入毒丸计划要强于掷出毒丸计划。在实际运作中，掷出毒丸计划和掷入毒丸计划经常配合使用，大约有一半的掷出毒丸计划包含掷入毒丸计划。

- 后端计划，又叫作支撑计划或票据购买权益计划。指的是公司给股东一个比市价略高的既定价格将公司的股票转换为等价现金或其他高级债券的期权，期权的触发条件是潜在的收购者在购买目标公司股份超过一定比例。

- 投票计划。通过对可赋予投票权的优先股来摊薄收购者的股权，以达到反收购的目的。具体做法是公司发行优先股，当潜在的收购者在购买目标公司股份超过一定比例时就赋予优先股投票权，以减少收购方的控制权。

（2）驱鲨剂条款：公司章程的有效防御

如果把潜在的敌意接管者当作吃人的鲨鱼，我们就把公司章程中反收购条款称为驱鲨剂条款。驱鲨剂条款就是在公司章程中针对恶意并购和敌意接管在控制权方面做出相应安排，使得潜在的收购者即使收购了看起来足够多的股票，但也难以获得对公司的控制权。驱鲨剂作为一种日常管理措施，由于具有成本低、灵活性大的优点，往往能起到事半功倍的效果。具体来说，主要有以下几种方式：

- 轮换董事制度，也叫作错列董事会。轮换董事制度是比较常用的一种反收购措施，操作比较简单，在公司章程中规定董事的任期 3 年，每年只能改选 1/4 或 1/3 的董事等。这意味着即使收购者拥有目标公司绝对多数的股权，也难以获得目标公司董事会的控制权。控制一个上市公司最关键的就是控制该公司的董事会，如果在公司章程中设置这样一个条款，就延长了潜在收购者获得大多数董事会席位的时间，而在这"漫长"的时间里，董事会可能会做出种种对收购方不利的行为。如果潜在收购者是理性的，他就不会在不能控制上市公司董事会的情况下轻易投入大量成本进行收购。

- 超级多数决条款，又叫作绝大多数条款。即在公司章程中规定，当公司进行合并、重大资产或经营权转让时，必须取得出席股东的绝大多数通过方可进行，如规定须经过全体股东 2/3 或 3/4 以上同意，甚至极端情况下可要求 95% 的股东同意，才可以批准一项并购计划。超级多数决条款中一般会包括免除条款，以面对董事会支持的并购时，可以放弃或取消绝大多数条款。

- 公平价格条款。在公司章程中可以设置这样一个条款，要求收购者在购买少数股东的股票时，至少要以一个公平的价格购买。当目标公司遭遇双重要约收购时，公平价格条款同样有效。所谓公平价格，可以是一个给定的价格；也可以是按照 P/E 比率，约定为公司每股收益的几倍。当购买者提出报价时，公平价格条款就被激活。

- 股东持股时间条款。在公司章程中规定股东在股权取得一定时间以后才能行使董事提名权，这就在一定程度上打消了收购者收购的积极性。

- 董事资格限制条款。指在公司章程规定董事的任职条件，通过董事资格的某些特殊要求来限制收购方进入董事会，从而阻止收购方取得对董事会的控制权。

- 股东在提名董事人数方面限制条款。在章程中规定股东对股东提名董事人数进行限制来达到反收购的目的，比较适用于股权比较分散的公司。有了该条款的限制，即使收购者购买了公司较大比例的股份，但由于章程对提名董事人数有限制，收购者也难以获得对董事会的控制权。

- 累积投票制度。在章程中规定董事和监事的选举采用累积投票制度。累积投票制度本身就对小股东有利，对大股东起着制约的作用。在实施累积投票制度下，收购者即使购买了公司较大比例的股份，也难以在董事会或监事会中拥有多个席位。

驱鲨剂条款是通过公司章程来设置的，其中最常用的是轮换董事制度和超级多数决条款，最主要的是超级多数决条款。为达到反收购的目的，超级多数决条款经常与其他制度配合使用。因为其他条款都是通过公司章程来设定的，那么当收购方取得上市公司控股权以后，就会立即召开股东大会，然后通过股东大会决议修改公司章程的方式将这些条款废除。所以在公司章程当中往往要规定一个关于修改公司章程的超级多数决条款，即修改公司章程需要股东大会2/3甚至是3/4表决通过。有了这样的制度安排，直接加大了收购方的收购成本，收购方要想获得公司控制权，必将付出更大的代价。

（3）"金色降落伞"计划

"金色降落伞"计划是公司对高管人员的一种特殊补偿性条款。公司与高管人员签订合同，一旦目标公司被并购，高管人员在任期内被解雇，则公司必须一次性支付巨额的离职补偿金。支付方式可以是现金也可以是股票或者是"现金+股票"的结合。"金色降落伞"主要有两个积极的作用：首先，对那些打算在并购完成后对目标公司进行人员重组的敌意接管者来说具有一定的阻遏作用。其次，设计合理的"金色降落伞"计划会使高管层在面临收购时有足够动力为股东追求更高的溢价，而不是为了保住自己的位置对敌意收购设置不当障碍。

"金色降落伞"计划也有负面的作用。如果"金色降落伞"计划设计不合理，那么就有可能为那些管理不善、股价持续下跌公司的经理人提供了保护，他们居然能够因为绩效差还得到高额报酬，给公司和股东带来沉重负担。

在公司的"降落伞"计划中，根据补偿对象和补偿力度的不同，还有"银色降落伞"和"锡色降落伞"。"银色降落伞"针对的对象为目标公司的中层管理人员或核心技术人员，补偿力度较"金色降落伞"小。"锡色降落伞"则将惠及目标公司的全体员工，补偿力度较"银色降落伞"小。

（4）绝地反击：反收购的主动措施

当预防性反收购措施还不能阻止潜在收购者的收购行为时，目标公司就会针对敌意收购实施反收购的主动措施，进行绝地反击。这些措施包括多种形式，例如，绿色邮件、白衣骑士、白衣护卫、帕克曼式防御、焦土战术、资本结构变化、寻求股东的支持和诉讼等。

- 绿色邮件，又称绿色讹诈。指目标公司溢价回购恶意收购者所收购的本公司股票，从而达到反收购的目的。绿色邮件是一种定向回购方式，回购对象是恶意并购者，一般不包括其他股东。在回购协议中，会有一个恶意并购者再次购买公司股票的时间限制条款，在限制时间内，恶意并购者不得再买入目标公司的股票。绿色邮件有点像经理人采用"贿赂"的方式来防止被收购，买单的是除收购者之外的其他股东，而管理层是获益者，因此在很多国家，绿色邮件是被禁止的，一般属于私下的行为。

- 白衣骑士。当目标公司遭遇恶意并购时，目标公司会寻找一个具有良好合作关系的公司，以比恶意并购者出价更高的价格提出收购，增加恶意并购者的收购成本，以驱逐恶意收购者。友好公司就是目标公司的白衣骑士。白衣骑士护驾有两种结果：第一种结果是恶意并购者再次以高于白衣骑士的价格提出要约，恶意并购成功。即使在这种情况下，目标公司的原股东也可以获得更多的股票溢价。第二种情况是防御成功，目标公司被白衣骑士收购。在这种情况下，白衣骑士会遵循事前会与目标公司的董事会和管理层达成的协议，不会分拆公司，也不会辞退现有的管理层。

- 白衣护卫。和白衣骑士的操作手法基本一致，可以说是白衣骑士的修正版，区别在于不允许友好公司取得目标公司的控股权。因此，不是将公司控股权出售给友好公司，而是将很大比例的股份转让给友好公司，使得恶意并购者无法通过收购获得控制权。具体方式有4种：第一种是向白衣护卫公司发行可转换的优先股股票，当恶意并购者收购股票达到一定规模时触发，摊薄股份；第二种是向白衣护卫公司发行普通股股票[①]，但是有严格的持股比例限制，并且白衣护卫公司需要承诺不会将这些股票转让给公司的敌意收购者；第三种方式是向白衣护卫公司提供股票期权来增加并购的难度，当恶意并购者收购目标公司的股份达到一定比例的时候，期权就被触发，大量新股增发，恶意并购者的持股比例就会被摊薄，敌意接管的成本就被增大；第四种方式是当并购防御失败后，目标公司将按照事前的约定白衣护卫公司提供额度不低的补偿，这种做法是通过降低目标公司的价值，减少敌意接管者能够获得的股票溢价，从而减少对敌意接管者的吸引力。

- 帕克曼式防御，又称为收购者或反噬防御。这是一种以攻代守、以攻对攻的并购防御策略，是一种最极端的反收购策略，指的是目标公司以收购恶意并购者的方式来应对其对自己的收购意图。"以彼之道，还施彼身"的帕克曼式防御是一场非常残酷的收购战，双方都面临"杀敌一千，自损八百"的风险，因为每家公司都有可能向对方股东支付过高股票溢价，而使自家公司的价值受损。这种极端而且激烈的反收购措施只能在实力相差不多的公司之间运用，而且目标公司只有在对自己的资金实力和融资渠道非常自信的情况下，才会采取这一收购手段。一般来说，在帕克曼式防御这种生死搏斗中生存下来的那些公司，它们的现金流充裕并且融资能力比较强。

---

① 发行投票权受限制的受限股股票是最常见的白衣护卫方式，但是在一些国家，如我国是不允许发行优先股的，因此只能采用发行普通股或授予股票期权的方式。

- 焦土战术，实际上是目标公司的负向重组。焦土指的是烧焦的土地，焦土战术顾名思义就是：你想得到我，我先毁了自己，你得到我也就没什么价值了。在反并购防御中，焦土战术作为一种自残的反收购措施的主要操作手法是，目标公司通过使自身失去最有价值部分或主动使自己陷入困境，从而使敌意收购者对自己丧失兴趣。主要方法有出售"冠珠"和虚胖战术两种。
  - 出售"冠珠"。冠珠本意指皇冠上的珍珠，在并购中，经常将目标公司中最有吸引力和最具收购价值部分，称为"冠珠"。"冠珠"可能是某个子公司、分公司或某个部门，可能是某项资产，可能是一种营业许可或业务，可能是一种技术秘密、专利权或关键人才，更可能是这些项目的组合。① 出售"冠珠"就是指将公司中最有价值的冠珠出售或抵押出去，从而消除恶意并购的诱因。这种反收购策略在恶意并购者进行敌意接管的目的是为了取得目标公司的"冠珠"时是比较奏效的。
  - 虚胖战术。一个基本面良好、财务状况良好、资产质量高、潜在盈利能力较强的上市公司很容易在资本市场上引起敌意接管者的注意。如果这类公司在面临恶意并购时，就可以通过虚胖战术使公司财务状况恶化、资产质量下降、潜在盈利能力降低来消除恶意并购的诱因。这种策略的道理就有点像一个美丽苗条的姑娘，突然间虚胖起来，必然使得许多追求者望而止步。具体策略通常有：大量举债，使公司财务状况恶化，经营风险增加；购置大量无利可图的资产，降低资产质量；故意进行一些低效益的长期投资使目标公司短期内资本收益率大幅减少；将公司债务安排在收

---

① http://baike.baidu.com/view/2370337.htm。

购后立即到期，增加恶意并购成本等。[1]
- 资本结构变化。主要是指通过调整目标公司的资本结构以增强公司反并购的能力，是一种激烈的反收购措施。资本结构变化的主要方式有4种：资本结构调整、增加债务、增发股票和回购股票。
  - 资本结构调整。在20世纪80年代末期的美国资本市场上非常流行，具体做法是：减少公司的剩余现金流量，如将剩余现金流量作为股息派发给股东；或通过举债向股东大规模派息。这实际上是一种焦土战术，通过增加财务风险和降低公司价值来消除并购诱因。
  - 增加债务。这也是一种焦土策略，通常有两种做法：第一种是通过银行贷款或发行债券来提高公司债务比例；第二种是在债务合同中约定，当发生公司被并购时，提前偿还公司债务。由于债务偿付会影响公司的现金流，所以增加债务必然将增加公司的财务风险。
  - 增发股票。作为反收购措施的手段，增发新股是在保持现有债务水平的基础上增加股权，从而使并购的难度和费用增加。为了防止新发股票落入敌意接管者手中，目标公司会直接向那些善意公司或员工进行定向增发。这种做法的缺点是，稀释股权，使股价下跌，股东利益受损。
  - 回购股票[2]。是指目标公司通过回购本公司发行在外的股票来改变资本结构的防御方法。股票一旦大量被公司回购，必然会减少资本市场上流通的股票数量，这样做的好处首先是目标公司持股比

---

[1] http://baike.baidu.com/view/2370337.htm.
[2] 需要注意的是，因为反收购而回购本公司股票在我国是不允许的。

例增加，敌意接管者和帮助敌意接管者的套利者很难获得股份。目标公司如果提出以比并购者价格更高的出价来收购其股票，则敌意接管者也不得不提高其并购价格，这样就增加了并购成本和接管难度。① 回购股票的做法常常与白衣骑士和白衣护卫结合使用。需要注意的是，公司回购的股票属于库存股，没有投票权，而且也不参与收益的分配。因此在采用回购的策略下，最好将回购的股票放置在善意的白衣骑士和白衣护卫手里，否则收购者更容易达到 51% 的控制权。

- 寻求股东的支持。主要是寻求那些坚持价值投资的机构投资者与社会公众投资者的支持，投资者并不都是套利者，在有效性高的资本市场上，有着众多的价值投资者。目标公司的管理层需要争取这些股东的支持，在公司面临敌意并购时不趁机抛出股票套利，反而是坚定地支持公司，而且管理层还可以公开征集代理投票权，以对抗敌意接管者。那管理层靠什么获得这些股东的信任呢？管理层应当努力改善公司的业绩，提升公司的市值，让坚持价值投资的股东相信现有的管理层是有能力的，而且是勤勉和负责的，那么管理层就会赢得这些股东的信任。
- 诉讼。指的是目标公司在遭遇恶意并购时，对敌意接管者提起诉讼，诉讼的理由往往是反垄断、信息披露不充分或者是收购过程中存在欺诈等犯罪行为。诉讼在 20 世纪 70 年代的美国曾经是反收购的一种有效措施，今天它的作用已经不这么明显，很少有公司依靠诉讼来获得反并购的胜利，更多是被目标公司用于防止收购的一系列措施中的一

---

① 高价回购在大多数国家是被法律禁止的。

种。最常见的是和白衣骑士配合使用,先通过诉讼来延迟收购,为白衣骑士的引入赢得时间。

以上均为美国使用比较频繁的反收购措施,其中有一些现在已经不怎么使用了,有一些依然随处可见。但是,这些反收购措施并不能全部用于我国的资本市场。比如回购股份、毒丸术、绿色邮件、发行优先股在我国都是不能使用的。但也有一些措施没有禁止,如白衣骑士、白衣护卫、焦土战术、管理层收购、董事会多数条款、轮换董事会等。当然,对于资本市场的控制权争夺,应当既严格守法,又要不断创新,只有这样,控制权争夺才能在我国资本市场发挥出其所应有的公司治理效应。

5.6.5 公司外部治理结构的其他防线

公司外部治理结构属于看不见手的力量,其中最主要的就是公司控制权市场。在有效的资本市场上,除公司控制权市场发挥着重要的作用之外,债权人接管的威胁、产品市场的竞争、经理人才市场的约束都发挥着约束经理人的作用。同时,看不见手的监督作用是否能够很好的发挥还取决于公司治理的基础环境:法律体系的完善、有效的政府管制、中介机构以及舆论的力量。

(1)债权人接管的威胁

一般来说,当公司资本抵债的时候,如果破产清算,这时候损失最大的是债权人。那么,对于债权人来说可以有一种选择,就是在和公司签订借贷合同的时候约定,当企业亏损到某种程度或需要重组的时候,债权人就可以直接接管企业,更换董事会和管理层。接管方式一般有两种:一种是债权人有权选择债权转股权,直接获得公司的控制权;另一种是债权人向公司指派管理层,更换现有管理层。

在 2003 年中航油事件中，中航油（新加坡）的债权人曾经以更换管理层为由逼迫中航油集团向中航油注资，详见下面的案例。

【案例 5.7】中航油（新加坡）的管理层遭遇债权人接管的威胁[①]

2003 年，时任中航油（新加坡）总裁的陈久霖擅自扩大业务范围，开始进入石油期货交易市场，由于国有企业特有的内部控制和风险管控不到位的问题，使得对陈久霖的行为无法有效监控。结果，就因为陈久霖为所欲为，2004 年 12 月 1 日中航油（新加坡）公司亏损了 5.5 亿美元，之后集团向法庭申请破产保护令，同时启动重组计划。

中航油（新加坡）的债权人此时考虑采用接管威胁的方式逼迫其国有母公司中航油集团注资，保护自己的权益。他们声称，如果母公司制订的重组计划不令人满意，将考虑向新加坡高等法院提出申请，要求让公司交由"法院指定的经理人管理"。如果采用这一程序，债权人将能指派一个新的企业管理团队来负责重组事宜，而目前此事正由中航油集团任命的一个工作组进行准备，德勤会计师事务所担任顾问。

中航油事件的结果告诉我们，事情最后并没有发展到这一步。但是，正是在可能面临债权人接管威胁的情况下，在后续的重组计划中，中航油集团和中航油（新加坡）公司才有了多次与债权人的磋商。

这就是一个典型的债权人接管威胁的应用。

（2）产品市场的竞争

对经理人进行有效的监督和激励，首先要能够准确评价经理人的业绩。那么，如果有一年某家公司的净利润增长率达到 20%，净资产收益率达到 18%，

[①] 陈龙. 威胁撤换中航油管理层，债权人逼中航油注资. 新快报，2004-12-15.

这家公司的经理人业绩是好还是坏呢？

这个问题的标准答案是"不一定"。也就是说，在判断一名经理人业绩是"好"还是"坏"的时候，不能自己和自己比、现在和历史比，因为这种判断方法并不能准确地反映公司业绩有多少是经理人努力的结果，有多少是宏观环境影响的结果。这时候就需要将经理人的业绩和同行比，放在产品市场中比，如果经理人的业绩比同行业水平高，说明公司的业绩与他的能力和努力有很大的正相关关系，需要对经理人进行强度较大的激励；如果经理人的业绩低于同行业水平，即使业绩比起往年已经增长，但说明经理人的能力和努力程度都达不到行业平均水平，可以考虑更换经理人；如果经理人的业绩和同行业水平差不多，说明经理人的能力和努力程度一般，只需要正常激励即可。

（3）经理人人才市场的约束

经理人人才市场的约束也叫作声誉激励。在美国，有这样一种假设：一家公司聘请了一位CEO，即使该公司没有提供与CEO能力和贡献相匹配的报酬，这位CEO也会努力地工作，这一点和我国的情况不一样，这是为什么呢？其原因在于美国有成熟的经理人人才市场，虽然这位CEO在本任期内获得的报酬低于其创造的价值。但是从长远考虑，他在任期内的努力工作会使得自己的人力资本增值，人力资本市场就会给出正面的反映，会有更多的公司邀请他出任CEO，那么他在下一任期内就有很大可能获得与自己人力资本匹配的报酬。

但是，声誉激励的作用建立在完善的经理人人才市场基础上。我国的经理人人才市场刚刚起步，还不可能通过声誉激励来约束经理人。

（4）公司治理环境的约束

法律体系是否完善，政府监管是否有效，中介机构是否独立，学者、媒体和社会舆论的监督是否有效，这些都是属于公司治理基础环境的建设。完善的公司治理环境是公司内外部治理结构发挥作用的关键所在,而且其本身对经理人也起着约束作用。近些年,我国在这方面已经有了不小的进步,虽然效果还不是很显著,但是从动态发展的趋势来看,效果越来越好。

举例来说,媒体对上市公司的控制性股东和经理人都有着约束作用。我国资本市场的若干个大案,如德隆事件、银广夏事件、郑百文事件以及前几年五粮液损害中小股东利益的事件,并不是证监会主动查处的,都是财经记者先行披露之后,证监会才跟进查处的。同样,公司治理学者的研究也发挥着重要的作用,香港中文大学的郎咸平教授对国有企业改制的观点,虽然在语言上有些偏激,但是在很大程度上也防止了国有资产的流失。

公司外部治理结构中的其他防线与公司控制权市场一样,其作用的发挥依赖于资本市场的有效性和成熟度,目前在我国资本市场上,虽然作用日趋明显,但与美国资本市场相比较,还有很长的路要走。

第 6 章

董事会制度的应用实践

6.1 构建高效董事会的十个关键问题

6.2 解决外部董事受制于"时间有限、信息有限"的困境

6.3 董事会制度在非上市公司中的应用

6.4 董事会制度在集团管控中的应用

6.5 高效而合理的控制模式

第 5 章讨论了经理人道德风险的五道基本防线，它们共同构成了对经理人的约束机制。在这五道基本防线中，核心是董事会制度。

本章重点讲述董事会制度的具体应用。比如，如何在董事会的构成、独立董事遴选的标准、外部董事与内部董事的比例、董事会一年开几次会、董事长是否兼任 CEO 等具体而关键的问题上做出正确的选择，以保证建设一个高效的治理型董事会。

在此基础上，引入平衡计分卡解决"外部董事时间有效、精力有限，难以做出高效决策"这一董事会普遍面临的困境；介绍一种将起源于西方的董事会制度应用到我国众多非上市公司的一种方法；同时，讨论董事会制度对于公司规模越大的公司越有用的这一客观规律，并以集团公司管控模式的选择为例介绍董事会制度在集团管控中的具体应用。

6.1 构建高效董事会的十个关键问题

高效的治理型董事会的基本特征是一个能够代表所有股东有效行使监督和决策两个基本职能，独立而且公正的董事会。为了实现这个目标，就需要在董事会规模、董事会领导权结构、董事会成员构成、董事会知识结构、董事激励、董事会会议频率等具体操作问题方面做出正确的选择。

6.1.1 非上市公司需要董事会吗

董事会的权力本是股东的，但是由于股东人数较多时，股东没有办法直接行使权力，这个时候董事会作为股东会的信托机构存在才是有意义的。因此，董事会制度对于上市公司和国有企业来说是必需的，因为股东难以直接行使自己的权力。

那么一个非上市的民营企业，假如股东只有 5 个人，而且这 5 个股东都在企业任职。这时候有没有必要像上市公司那样聘请一些外部董事构成一个董事会？还是将股东会、董事会和管理委员会三会合一？

在回答该问题之前，应先了解该公司是否想上市，还是想引入 VC、PE 等财务投资者和战略投资者。如果答案是肯定的，那就建立一个董事会。因为，外部投资者进入公司后，他们需要董事会这个平台来参与公司的经营管理，来保护他们资金的安全。而董事会制度是有其自身运作规律的，越早建董事会，就会越早掌握这种运作规律。而且，现在建立董事会，决策和监督还是几个股东的事，但是外部董事带来的专家视野、知识和能力至少可以使得董事会发挥顾问、参谋和咨询的辅助职责。当然，如果公司 5 年乃至 10 年之内只做实业，不考虑股权融资和资本运作的话，三会合一是一个合理的低成本选择。

6.1.2　董事会的规模多大为宜

"既然我们要决定建一个董事会，那么一个关键的问题就是董事会需要多少人呢？我国《公司法》规定了股份有限公司的董事会人数是 5~19 人，如果我们是一家股份有限公司，5~19 人中选多少人为好呢？"我在每次上课的时候会向同学提出这个问题。

同学有回答 5 人的，也有 7 人的，也有 9 人的，但有些同学先不回答几个人，而是坚定地回答必须是单数。我会接着追问："8 人或 10 人行不行？"

同学的回答是"不行！因为必须是单数！"

我接着问："法律规定了必须是单数吗？"

"没有。"同学回答。

"那为什么要单数呢？"

"因为单数才能够有效决策，如果是偶数，可能就决策不了。"

同学们的这种回答实际上就表明我们在决策的时候不是看中决策的科学性，而是希望董事会在决策中一定最后能够分出一个"你死我活"出来。诚然，纵观世界上绝大多数公司的董事会人数是单数，但是国外有一些公司特意将自己的董事会人数设置成偶数。对于一些处于风险频发的行业，将董事会的人数设置成偶数，实质上就成为风险管控的第一道防线。比如，当董事会的规模为7人时，在决策一件风险较高的事情时，4个人同意做，3个人不同意做，那么最后结果肯定是要去做这件事了，而4：3的态度就表明这件事的争议很大，风险也有可能很大，如果董事会就这样通过决策的话，必然会给公司带来风险。而如果这时董事会的规模数是偶数，比如8人，那么就有可能4个人同意做，4个人不同意做，那么这件事就暂时放一放，稍后再议，这就成功地控制了风险。

我国上市公司董事会规模最多的是9人。这个数字表示了三层意思：第一，中国人喜欢"民主集中制"，所以选择了单数。第二，反映了上市公司董事会中不希望独立董事这种"外人"占的比例过高。自2003年开始董事会的1/3成员必须是独立董事，而在这件事上一旦董事会规模不能被整除，那么独立董事必须多加1人，而不能采用"四舍五入"的办法，也就是当董事会规模为7、8、9人时，都需要3个独立董事，而9个人董事会规模的时候，独立董事占的比例最小。第三，"9"代表圆满的意思。因此，我国很多的上市公司都将董事会规模设置为9人。

"9"刚好在我们推荐的董事会适宜的规模中。抛开以上的理由，若只从高效董事会的角度出发，我们建议适宜的董事会规模是8~15人。董事会规模并不是越小越好，也不是越大越好。对于什么样的董事会规模最适宜，就是看在该规模下，为公司带来的好处是否大于其所造成的弊端。一般认为，适宜的董事会规模应该保持一个"既能议论充分又能准确快速地进行科学决策"的人数。

董事会人数多的好处主要是可以多聘请一些经验和知识都非常丰富的外部董事，弥补内部董事知识结构和阅历不足，从而使得董事会的议题得到充分的讨论，减少公司的经营风险，提高决策的准确性。但是，董事会人数也不能太多，否则将会影响董事会的效率。比如，一个公司的董事会，按照法律的上限，将自己的董事会规模设置为19人。那么，这就从两个方面降低了董事会的效率。首先，协调开会时间就是一个很麻烦的事情，19个人的董事会至少有12~13人是独立董事，而独立董事的时间又是安排得较为紧张的，要协调这么多人的开会时间是不容易的。其次，开会的效率很低。每次董事会不可能只讨论一件事，如果一个董事说15分钟，19个董事就得将近5小时；如果要决策4~5件事，董事会就得连续开4~5天，这种董事会效率如此差，那谁愿意做这种董事会的成员？

董事会人数少的主要好处就是效率提升，可以提高董事会决策效率和增强董事个体的责任心，从而提高上市公司绩效。但是，董事会人数也不能太少，太少就有可能使各个委员会建设不起来，必然影响董事会的职能实现。比如，一家上市公司董事会的规模为7人，外部董事的人数最多也就是5人。如果同时要在董事会下设审计、薪酬和提名/治理这3个委员会，每个委员会都需要至少3名外部董事。那么，每个外部董事可能会被要求在多个委员会中任职，否则这些委员会就建设不起来。而一旦缺少这些委员会，公司治理评级机构就会认为该董事会职能实现有问题，从而导致公司股价下跌。如果非要在那么少的人数下建立3个委员会，外部董事就必然要在多个委员会中兼职。委员会的工作都是很专业的，在多个委员会兼职就会对外部董事的知识结构和投入时间提出很高要求。一般来说，独立董事在知识结构和时间上是很难满足这种要求的，这必然导致这些委员会难以有效地开展工作。

为了确保委员会的建设和提高董事会的效率，董事会规模以 8~15 人为宜。考虑到我国人的喜好，我们建议 9~11 人是比较适宜的董事会规模。

6.1.3 内部人中谁可以做董事

董事会是由内部董事和外部董事构成，从董事会的决策和监督两个基本职责来看，对内部董事的需求度是不一样的。为了履行决策职责，董事会中必须要有内部董事，因为内部董事比较了解企业的专有性信息，他们参与董事会工作的好处是可以使董事会的决策过程更加合理和有效率。但是，从履行监督的职责来看，是不需要内部董事的，因为自己是不可能客观地监督自己。

因此，为了满足董事会有效决策的需要，而又不至于使得董事会被内部人所控制，董事会中的内部董事只能是那些公司决策离不开的人。按照国际经验，管理层中有 3 个人可以做内部董事。

首先，CEO 必须是董事。CEO 是董事会和企业的桥梁，他不参加董事会，谁向外部董事传达、解释和说明战略方向？谁来执行董事会决议？

其次，CFO 要进董事会。金融运作和财务监控是董事会经常而重要的议题，而 CFO 又是财务报表质量和财务控制的责任人，因而也应是董事会成员，即使董事会规模小，CFO 不进董事会，也需要每次董事会开会的时候列席董事会。

最后，国际惯例中 COO 也要进董事会。我国企业中设置 COO 的较少，仔细研究国外大公司中 COO 的岗位设置，我们发现，其实 COO 和我国传统企业中的常务副总的职位很像。如果企业有这样职位的人，应该和 CFO 一样，也需要进董事会，在董事会中向外部董事解释和说明战略执行的情况。即使董事会规模小，COO 不进董事会，也需要每次董事会开会的时候列席董事会。

6.1.4　外部董事与内部董事的比例多少为好

基于董事会决策的需要，董事会中必须有内部董事。但为了实现董事会制度最基本的目的，建设成代表所有股东、独立而且公正的董事会，就必须要求外部董事的人数要显著大于内部董事的人数。

外部董事给公司带来的好处也是显而易见的。首先，从履行决策职责的角度来看，外部董事的外部人视野以及丰富的经验、专业的知识能促进董事会的决策科学化，加强公司的专业化运作，提高公司的管理绩效。其次，从履行监督的职责来看，外部董事尤其是独立董事在平衡管理层和股东的利益纷争、确保公司财务安全、确保公司信息披露真实等方面能够客观地发挥监督的作用，比内部董事更适合裁决争端。

因此，外部董事与内部董事的比例涉及董事会整体的独立性问题。一般来说，外部董事比例越高，董事会的独立性越强。董事会的独立性加强，就可以确保董事会有效地行使其决策和监督职责，并促使管理层对股东负责，以保证治理的公平和效率。

外部董事与内部董事的比例到底多少为好呢？不同国家的实践经验是不一样的，2000年之后，美国大公司的董事会中有1/4的只有CEO一个内部董事，有1/2的董事会中只有CEO和CFO两个内部董事，其余的都是外部董事，而且独立董事的比例高达70%以上。

中国上市公司的情况和美国不太一样。证监会要求自2003年开始上市公司独立董事人数要占1/3，于是大多数上市公司的人数恰好满足证监会的要求，这说明我国上市公司的大股东不太喜欢公司中有太多作为独立董事的外人，这种局面也许是我国的独立董事还负有制约大股东这一特殊职责造成的。

不考虑各国历史文化传统的差异，只从建设高效董事会制度的角度出发，为保证董事会高效履行其决策和监督的基本职责，外部董事和内部董事的比例应为 3∶1 或更高的比例。

6.1.5　董事会一年开几次会

"有了董事会之后，我们一年开几次会呢？"我在课上会向同学提出这个问题。

答案不太一样，常见的回答有三种"2 次，半年一次""3 次"或"4 次，一个季度一次"。

一年开 2~3 次董事会，虽然满足了我国《公司法》要求一年至少召开两次董事会要求，但是从公司实际需要来看，显然少了一些。辛辛苦苦建一个董事会，从企业外部请了一些人来做外部董事，每年才开 2~3 次会，纯属是浪费资源。这种董事会建立的目的估计不是为了公司治理的需要，而是为了向外界表明：你看，我已经有董事会了，公司治理结构已经完善了。从治理的角度来看，与其建一个每年开 2~3 次会的董事会，还不如将每年一次的年度股东大会变为一年两次。

董事会召开次数太少，就会降低董事会的有效性。因为在这种情况下，大股东或 CEO 就会操控董事会的日程表，将大部分会议时间用来讨论日常经营事务，而重要的事情得不到讨论，外部董事就没有机会对管理层进行有效的监督。

从理论上讲，董事会经常开会可以提高效率。因为经常开会就意味着董事们可以经常碰面，可以获得公司更多的信息，对公司的情况更加了解，更容易做出正确的决策和有效的监督。但是，会议次数也不能太多。因为，外部董事都是有本职工作的，而且有的人可能同时兼任 3~4 家公司的独立董事。会议次数太多，外部董事的时间和精力就得不到保证。

因此，我们对董事会会议次数的建议是每年 4~7 次。其中，每个季度一次常规董事会，年度股东大会之后，再召开一次年度董事会，还有两次会议留给突发事件。

如今大公司的董事会开会次数在不断减少，美国标准普尔前500的公司中，1998年度开会次数为4~7次的大概有近1/2的公司，其余公司的会议频率都高于4~7次；到2008年开会次数进入这个等级的有将近2/3的公司。

美国大公司董事会全体会议下降的原因并不是董事会不重要了，而是由于委员会制度的出现提高了董事会的效率。20世纪90年代中期之后，委员会制度开始流行，美国上市公司一般都设置有审计委员会、薪酬委员会和提名/治理委员会。委员会成立之后意味着专业化的分工，委员会一般每年都要单独开会，审计委员会一年大概也有4~7次会议，薪酬委员会和提名/治理委员会有2~3次会议。这些委员会先单独开会拿出一个初步的议案，再到全体董事会中去做决策，这无疑提高了董事会的工作效率。

6.1.6 如何对董事进行有效的激励

对董事的激励，是高效董事会建设中的重要问题。

董事会中有三种人，对每种人的激励要求都不一样。内部董事是不需要额外激励的，对于CEO、CFO和COO们来讲，让他们进董事会，本身就是一种激励：他们将获得比其他管理层更大的权力、更高的声望，在未来的股权激励计划中也会因为其董事的身份而获得更多的激励份额。而且董事会效率直接影响其切身利益，因此内部董事的动力是足够的。

外部董事中的股东及其代表也不需要额外的激励，他们参加董事会的价值体现在：当他们为董事会作出正确的决策和有效的监督之后，他们将获得持有股票的利润分红和资本增值部分。因此，对这些外部董事只要报销其参加董事会的费用就可以。

因此，董事的激励难点在于如何对独立董事进行有效的激励。独立董事既不是公司的职员，也不是股东，他们受股东重托来参加董事会。那么，他们为什么要花那么多时间去参加董事会？为什么要花那么多时间去研究公司的有关报告？为什么要去代表全体股东或一部分股东的利益监督公司的管理人员？为了解决以上的问题，让独立董事积极地在董事会上贡献自己的人力资本，唯一的办法就是激励，激发他们为董事会工作的动力。

在美国，对于独立董事的激励主要是声誉激励和报酬激励。由于健全的信用制度和完善的经理人人才市场，声誉激励发挥着重要的作用：独立董事在董事会上确实履行了自身职责，帮助公司绩效增长，其人力资本就必然增长。作为独立董事的经理人、专家学者和知名人士十分珍惜自己的声誉，视声誉如同生命，出于对自身职业生涯及未来收益的考虑，哪怕报酬少一些，也会尽心尽力地努力工作。因此，声誉机制是美国独立董事发挥作用的主要动力之一。

但是，声誉激励只是基础，还不足以解决独立董事过分保守和谨慎的问题。这就需要采用与声誉激励相配套的报酬激励机制。美国都会让独立董事获得与其承担的义务和责任相应的报酬。公司独立董事的报酬大约是每年10万~20万美元。其中，纳斯达克100家最大公司的中位值是23.4万美元，纽约交易所100家最大公司的中位值在17.4万美元。[1] 而且现在美国董事报酬的支付方式越来越看重股权和期权，纳斯达克上市公司给予独立董事的报酬结构中非常看重股票期权，其董事报酬结构是现金17%、股票16%、期权67%；纽约交易所上市公司的董事报酬构成是现金34%、股票44%、期权22%。[2] 纳斯达克上市公司更加青睐于期权对独立董事的激励，而纽约交易所

---

[1] 仲继银. 董事会与公司治理 [M]. 北京：中国发展出版社，2009：213.
[2] 仲继银. 董事会与公司治理 [M]. 北京：中国发展出版社，2009：213.

更加看重股票的激励,这应该因为前者的上市公司大多数是成长性较快的公司,而后者的上市公司都是规模较大,相对处于成熟期的公司。但是,他们共同的特点,都是看重用股票或期权的方式来激励独立董事。

以上的标准是给予普通董事的报酬,具体的报酬与董事的角色、职责以及董事贡献的个人时间和所承担风险都是有关系的。比如当一个董事在专门委员会中任职,将会得到每年 1 万~2 万美元的额外报酬;担任首席独立董事,会得到每年 1.5 万~2 万美元的额外报酬;担任非执行董事长职务的董事,会得到每年 10 万~50 万美元的额外报酬。

应该说,美国的这一薪酬设计是成功的,以声誉激励为基础,然后在报酬激励中强调用股权和期权的方式将独立董事和公司的长期利益进行捆绑,以此来达到激励独立董事的目的。

与美国相比,我国对独立董事的激励现状不容乐观。声誉激励在我国是不可行的,因为我们缺乏一个健全的社会信任机制和最基本的经理人人才市场。我们只能靠报酬激励,但报酬激励的现状也不乐观。我国独立董事激励的现状是,主板和中小板的上市公司大约为每年 6 万~8 万元,创业板的公司大约为每年 3 万~5 万元,而且报酬结构很单一,基本上都是用现金支付。①

从报酬数量上来看,中美两国的差距是比较大的。10 万~20 万美元与 6 万~8 万元相比,且不论账面价值的差距有多大,只从其在美国和中国的实际购买力来看差距就是非常非常大的。每年 6 万~8 万元的报酬确实是少了,对于真正能够担任独立董事的人来说,不能补偿其履行职责所耗费的时间成本和精力成本,这必然导致独立董事缺乏工作的积极性。而且由于独立董事承担的责任比较大,在如此少的报酬下,很多本来很适合做独立董事的人,往

---

① 这里需要排除两个行业的公司:金融和房地产,这两个行业的独立董事报酬要高很多,其他行业公司的独立董事报酬有高有低,但是大部分的平均数就在这两个范围之内。

往不愿意做独立董事。

另外，我国独立董事的报酬结构只是单一的现金方式，不采用股票或期权的授予也是有问题的。其实外部董事也好，独立董事也好，最重要的问题是如何使董事的利益和股东的利益协调起来。为什么不能采用股权激励？有了股权之后，董事和股东的利益更趋一致。现在人们越来越强调独立董事的作用，但有一种误解，就是独立董事不可以持有企业的股票，这显然是错误的。

问题的关键在于，要正确理解独立董事的"独立"是什么含义？"独立"是指董事没有与控制权相关的利益。这并不是说董事不能持有企业的股票。独立是相对于CEO或管理层的独立，而不是相对于股东利益的独立。相对于经理层的独立也是相对的，独立董事要关心股东的利益，关心企业的价值，这是这一制度设计中最重要的目的，不能为了保证独立丧失了这一目标。在美国，这一问题同样存在。当然，对于我国一股独大的情况，证监会还希望独立董事独立于大股东，对大股东的权力进行制衡。如何让我国的独立董事为股东服务呢？最简单的办法是让独立董事本身变成小股东，利益就一致了。独立董事成为股东，就会对企业的发展更加关心。那种认为找一个人来，不参与企业的经营，不会犯错误的观点，本身就是错误的，那还不如把公司关闭，更没有人犯错误。公司存在就是为了创造价值，这是企业存在的根本目的。

美国一些公司要求所有做董事的人，必须拿出工资中的一定的百分比，如年薪20万美元的1/4来购买企业的股票，这样独立董事才会负责任。但是，如果董事的股份太多，就成了控股股东，他为了追求控制权收益，独立性也就丧失了。所以，美国有研究者认为，独立董事的持股比例最好在5%以下。考虑到美国上市公司的股权很分散，这个比例已经是相当高了。

为了保证独立董事的独立性，我国证监会《关于在上市公司建立独立董事制度的指导意见》规定，上市公司独立董事拥有公司股票的限额为不超过已发行股份的 1%。也就是说，独立董事是可以持股的。但是，在证监会 2006 年开始实施的《上市公司股权激励管理办法（试行）》第 8 条明确规定："股权激励计划的激励对象可以包括上市公司的董事、监事、高级管理人员、核心技术（业务）人员，以及公司认为应当激励的其他员工，但不应当包括独立董事。"那对于我国上市公司来说，是不能用此办法的规定对独立董事进行股权激励，还是在现阶段就不能用股权来激励独立董事？实际上这一政策并不明确。

我国独立董事激励现状造成的结果，是使得适合当独立董事的人由于了解了独立董事风险与收益的不对等，从而不愿也不敢担任独立董事，独立董事成为稀缺资源。而一些目前担任独立董事的人和十年前的陆家豪一样，本身是不适合做独立董事，是难以尽到独立董事的责任，那对他们来讲，每年 6 万~8 万元的报酬不是少了，而是多了！

【案例 6.1】独立董事稀缺[①]

老陈的公司计划于 2011 年年底上报上市申请材料，但现在被推迟了。推迟的原因是凑不齐 3 位独立董事。

于是，通过投行、律师、会计师等各种渠道找了一个多月后，老陈最终落实了一名保荐人的亲戚作为法律方面的独立董事；另有两个比较可靠的朋友以帮忙的心态，答应愿意出任财务和行业方面的独立董事，但他们都没有独立董事证，最早也要下一年一季度参加独立董事资格培训。

按照现行上市公司独立董事的相关规定，中小板和创业板上市公司一般需要财务、法律和行业 3 个方面的 3 位独立董事。

[①] 资料来源：李保华. 独董稀缺：上市公司质量不断下降，独董不愿再担负巨大风险. 经济观察报，2011-12-26.

这个事情对老陈的打击很大。他觉得问题不是出在公司上，公司的品质还是不错的，规模不小，只是最近受行业需求减少影响，平滑了一下财务数据而已，调整比例比同行业其他上市公司好多了。

公司没有问题，那是什么原因呢？在和几个上市公司的高管朋友聊了之后老陈就释怀了：找独立董事这个事情现在普遍比较尴尬，谁也不愿意花钱请个人盯着自己，太熟的人不敢来，不熟的人不敢找，听话、只拿钱不关心公司的最好。可是现在独立董事面临的风险不断上升。

十年前，为了规范当时大股东独大的混乱公司治理结构，我国引入独立董事设计的核心初衷是受中小股东的委托对上市公司的重大事项和规范性提供监督服务。

而在2009年6月份的IPO重启之前，整个A股市场上市公司不到1 800家。考虑到主板与中小板、创业板独立董事人数的差异和兼任情况，2009年至2012年3年的时间里对独立董事的需求就高达3 000人，而在2001年到2009年的9年间共需要独立董事约6 000人。

虽然客观上独立董事的资源经过批量上市的剧烈消耗，但老陈认为这不是目前独立董事稀缺难找的根本原因。投行的朋友告诉了他实情：独立董事的风险不断升高而收益不能提升，未来的风险与收益严重不对称。"随着优质上市项目的不断发掘，现在中小板和创业板上市公司的质量不断降低，独立董事不愿意为三五万元的年薪去背负着巨大的风险。"

一位投行人士解释说，主板的公司找独立董事还不太难，但创业板和中小板上市公司的很多独立董事都是和上市公司的董事长比较熟，推脱不掉才去当独立董事的。在某种意义上，我国民营企业上市公司的独立董事就是个董事长的朋友圈。

按照《公司法》和《证券法》的相关规定，独立董事如果违反了法律、法规和公司章程规定的各项义务，需要承担相应的法律责任。事实上，很多独立董事对公司的实际情况有可能完全不知情,根本没有办法保证信息的对称性,但独立董事作为一个特殊群体,如果不能证明自己没有责任,一样得按照有罪推定承担相应的法律责任。独立董事的责任重大,风险无法控制,但责任是无限的,只不过我国都是选择性执法,没有严格执行而已。

虽然目前对独立董事的处罚多是通报批评和警告等方式,但因失职、渎职而构成犯罪的,也将依法追究其刑事责任。随着新任证监会主席郭树清加大规范证券市场的决心,独立董事的风险也正在不断加大。

在独立董事承受越来越大的风险时,收益却不能得到提升。虽然主板独立董事年薪也有高达上百万元的,但大多数公司的独立董事年薪为6万~8万元。而创业板上市公司的独立董事年薪基本都在3万~5万元之间,这是个默认的规则,甚至还有更少的。关于这一点,投行的经理解释:"主要是创业板上市公司多是规模不大的制造业,公司的副总等年薪也才十几万元,所以独立董事虽然已经稀缺,但提高报酬在内部也通不过。我们给上市公司建议的独立董事薪酬,上市公司几乎无一例外都是按照底线给的。"

老陈从近期挂牌的创业板公司看到,三丰智能的总经理的年薪为10.09万元,3位副总的年薪均不足9万元,3位独立董事中已经披露的一位独立董事年薪为1.25万元。而和佳股份也有一位独立董事年薪也就2.14万元。

市场普遍预期,最近两年在创业板和中小板上市的公司虽然在第二年业绩会普遍大面积下滑,但独立董事的风险会在两三年之后逐渐显现。

"优质项目减少但门槛不变,新的冲击上市的公司要加大包装力度,已经上市的公司再过两三年后,很多创业板和中小板的公司肯定不行了,那时肯定还有很多不规范的交易发生来应对退市等各种问题。"投行人士这样分析。

事实上,答应老陈出任独立董事的律师也说了,他就干两年,纯粹是为了帮忙,不在乎钱多钱少。

从这个案例中我们看到，在我国真正建立独立的董事会制度任重而道远，其中最为关键的就是要解决好对独立董事的有效激励问题。因为，独立董事如果真的"独立"，就不可能"懂事"；如果"懂事"，就很难达到"独立"。这是我们必须正视和解决的问题。

6.1.7 什么样的人可以做独立董事

作为担任独立董事的人选，首先要符合董事任职资格的要求；其次，要满足所在国家的法律关于独立董事的"独立性要求"。各国对独立董事独立性的规定细节不一致，但是基本思路是一致的，独立董事就是要与公司或经营管理者没有任何重要的利益关系以及和大股东或管理者没有紧密的人际关系，这样才可以被认为是独立的。

我国证监会在其2001年8月发布的《关于在上市公司建立独立董事制度的指导意见》中第三部分对我国上市公司独立董事的独立性做出了要求，只有当董事不为下列任何一类人，方可被认定为独立董事：（1）在上市公司或者其附属企业任职的人员及其直系亲属、主要社会关系；（2）直接或间接持有上市公司已发行股份1%以上或者是上市公司前10名股东中的自然人股东及其直系亲属；（3）在直接或间接持有上市公司已发行股份5%以上的股东单位或者在上市公司前5名股东单位任职的人员及其直系亲属；（4）最近1年内曾经具有前3项所列举情形的人员；（5）为上市公司或者其附属企业提供财务、法律、咨询等服务的人员；（6）公司章程规定的其他人员；（7）中国证监会认定的其他人员。

除了满足董事任职资格和"独立性"的要求之外，到底什么样的人适合担任独立董事呢？

美国的做法和经验可以作为参考。美国认为最适合担任独立董事的是能够为公司带来额外资源的人,他们的独立董事往往是三种人,即 CEO、CFO、COO 或退休的 CEO,占独立董事的 70% 以上。这是非常合理的选择。谁最懂企业?绝对不是商学院的教授或经济学家,而是做企业的人。独立董事的最主要来源,一定是职业经理人。比如,雅芳公司的董事局主席钟彬娴就担任苹果公司的联合首席董事。雅芳是做化妆品的,苹果是做 IT 的,苹果公司的那些事钟彬娴能搞明白吗?没问题的,到了上市公司董事会这个层面,大家主要关心的是战略规划与执行、资本配置与投融资、风险管控、继任计划等重大事宜,而这些事宜大公司基本上都是一样的,钟彬娴刚好可以利用她丰富的经营管理经验,促进公司的有效决策。当然,需要注意的是,不要把竞争对手请到董事会中来。

美国常用的第二类独立董事是银行官员和退休的政府官员。银行官员出任独立董事,能够利用其在金融方面的知识和经验,帮助公司建立合理的投融资体系,促进公司投融资的科学决策,完善风险管理。尤其是在公司出现财务危机时,这一点就显得尤为重要。另外,美国还常常聘请退休的政府官员出任独立董事。这些官员身上的政治资源和社会资源对于一些企业来说是很重要的,因此美国公司会增选具有政治背景的独立董事,利用他们的政治和社会资源创造更大的价值。我们看到,对于中美两国关系有着重要破冰作用的美国前国务卿基辛格博士在退下来之后担任了许多公司的独立董事;美国前副总统戈尔在苹果公司担任独立董事。

另外,美国还喜欢让专家和学者担任独立董事,这包括律师、会计师和大学教授等专业人士。首先,独立董事最好有一人是律师,公司虽然有法律顾问,但他们是为管理层服务的,董事会层面需要一个具有法律背景的独立董事在一些重大事项决策的时候把关。其次,独立董事中最好有一个会计师或具有注册会计师资格的财会人士,这位人士实际上是要担任审计委员会主席的。审计委员会的工作是非常重要而且专业的,一般人是不能胜任的,会计师或注册会计师的背景，可以使得审计委员会和内外部审计师、财务管理人员进行专业的沟通，确保财务安全和信息真实。第三种人是大学教授，公司主要利用其在管理或技术方面的知识进行决策时的咨询或把关。

我国上市公司的情况与美国不一样。据谭劲松（2003）的研究，我国独立董事的年龄一般介于30~60岁之间，拥有博士或硕士学位，专业以经济管理、会计和法律为主，大部分具备高级职称，主要职业是大学教授、研究员和少量的企业家。大学教授、经济学家担任独立董事的占到50%以上，企业界人士担任独立董事的只占12%。

实际上并不是所有的大学教授都适合担任独立董事。有许多大学中从事企业文化、市场营销的教授也担任着独立董事，其实董事会中对他们拥有的知识和经验并不需要的，那为什么还要找他们呢？一家公司聘请了大学教授做独立董事，就会对外宣称："我公司聘请了清华大学的×××和北京大学的×××担任独立董事，完善了董事会制度，增加了公司治理结构的有效性。"其实他们看中的不是"×××"，而是这之前的"清华大学"和"北京大学"。这种聘请独立董事的做法并不是为了公司治理的目的，而是将这些独立董事当成了"花瓶"，应付证监会监管的要求。

一般来说，商学院中从事战略管理、商业模式、公司治理、投融资、财务管理、会计等领域研究的教授是适合做独立董事的。另外，一些工程技术专业的教授也适合特定行业的独立董事，比如，比亚迪公司如果从清华大学汽车系或材料系聘请一位研究电动车或电池的教授做独立董事，对于比亚迪的技术模式和商业模式的创新会产生巨大的作用。

因此，在确定独立董事人选时，我们首先要根据董事任职资格和法律对于独立性的要求确定候选人范围，然后，再学习国外成功经验，选择那些能给公司带来额外资源的人士。

6.1.8 退休的 CEO 是否应该留在董事会

退休之后的 CEO 要不要留在董事会呢？这是一个不太好回答的问题，因为留有留的好处，不留有不留的好处。

退休的 CEO 留在董事会的好处是扶上马再送一程。退休后的 CEO 拥有大量经验，与其他人相比，掌握更多与公司相关的知识以及隐性资源，对公司战略的稳定性、新老交替过程有积极的意义。

退休之后的 CEO 留在董事会的坏处是新的 CEO 放不开手脚。CEO 虽然退了下来，但是，只要他还是董事会成员，他在公司的影响力就存在，而且公司的管理层基本上都是他提拔的，新的 CEO 也有可能是他推荐的。在这种情况下，新的 CEO 和管理层也许出于忠心，也许出于敬畏，就不得不听退休 CEO 的话。

在美国，以前的一个惯例就是 CEO 退休之后，留在董事会担任董事，这被称为美国公司治理的"第 22 条军规"。但是，这种做法暴露出越来越大的弊端之后，越来越多的公司不再让 CEO "退而不休"。

一个合理的做法是，如果公司还需要退休之后的 CEO "扶上马送一程"，那么就不要让他退休，继续干下去。一旦退休，就离开公司，千万别"退而不休"，因为需要给继任者留出成长和创新的空间。当然，为了利用这些退休 CEO 的知识和经验，可以由公司出钱将他聘请成新 CEO 的私人顾问。这样，就可以在离职的 CEO 和新任 CEO 之间建立一种紧密而且相互支撑的关系，这种关系使得他们能够对一些重大问题进行非正式的磋商，新任 CEO 能够从前任 CEO 那里得到他所需要的有益建议。

6.1.9　外部董事为什么单独开会

公司治理评级机构中有一条标准就是，外部董事是否能够单独开会，哪怕是在某次董事会中有 1~2 小时的时间让内部董事回避，开一个外部董事的会议。如果有，评级机构就认为该董事会是独立的，公司治理得分就会增加，股价就会上升；如果没有，就认为董事会是被内部人控制的，公司治理得分就会减少，股价就会降低。

为什么会有这个标准？当内部董事回避，召开外部董事会议时，会议的主要议题肯定是关于对 CEO、CFO 和 COO 等内部董事的业绩考核或薪酬制定等话题，如果这时候内部董事和外部董事一起开会，很多话就不好说了。让外部董事单独开会，对 CEO 和内部董事进行评价，才会客观一些。

6.1.10　董事长是否兼任 CEO

董事长是否兼任 CEO，这是建设高效董事会时面临的一个非常重要的问题，直接关系到公司控制权的配置和董事会的独立性。董事长是否兼任 CEO，被称为领导权结构，是董事会职能中最有争议的问题，它通常反映了公司董事会的独立性和管理层创新自由的空间，是董事会治理结构中一个基本而且重要的特性。

从公司治理的逻辑来看，公司的所有权是股东的，董事长领导整个董事会对股东负责，而管理层对董事会负责，董事会和管理层的关系是决策和执行、监督和被监督的关系。当管理层的工作不能令董事会满意的时候，董事会就会解除 CEO 的职务。反过来，CEO 也特别希望能够控制董事会，以稳定自己的工作。如果公司的 CEO 兼任董事长，就会出现管理层的领导机构向管理层负责的诡异情况。在这种情况下，就意味着 CEO 可以自己对自己的绩效进行评估，自己给自己发放高额的薪水，这样做将会引起股东、董事会和管理层三个层面之间的利益冲突。因此，为了防止CEO控制整个董事会，公司的CEO不能兼任董事长。

但是，现实的情况却和逻辑推理大不一样。在美国，90%的大公司的董事长兼任CEO；在英国，有1/3的大公司存在CEO兼任董事长的情况；在我国，上市的国有企业董事长和CEO基本上是分任的，而民营企业大部分是兼任的。

为什么会这样呢？首先还得从CEO的职位来源说起，美国最开始是没有CEO职位的。美国小公司中管理层的老大叫作总经理，当公司做到事业部制或集团公司之后，总部的管理层老大叫作总裁，部门经理叫作总经理，所以，在美国的管理层中总裁是最大的，代表的是劳方。美国公司的董事局主席是企业内部人，要在企业上班拿薪水的，代表的是资方。如果董事局主席和总裁都在企业内部发号施令，下面的人不知道该听谁的呢？这有点像我国国有企业中董事长和总经理的关系。我国国有企业解决这个问题的思路是通过文件明确董事长管战略，总经理管执行。貌似职责很明确，但实际上战略和执行哪能分得如此清楚？美国解决这个问题的思路是，一山不容二虎，树立一个核心，因此设置了CEO这个职位。CEO的全称是"chief executive officer"，直译成中文就是首席执行官的意思，意译应该是"老大"的意思。美国人把CEO的位置给了董事局主席，将董事局主席树为权力的核心。这种思路也体现了美国人在管理上强调效率的实用主义思想：该民主的时候民主，该独裁的时候独裁，因为独裁能够提高决策统一性的效率。

董事长兼任CEO，解决了美国公司权力核心的问题，提高了公司的运作效率。但是，董事长兼任CEO，会使这个人权力过大，他既可能控制董事会，又可能控制管理层，而美国上市公司中股权比较分散，没有大股东的监督，这个人就可能把公司变成他的个人王国。

耶鲁大学教授麦卡沃伊和其合作者米尔斯坦在《公司治理的循环性危机》一书中研究了安然、世通等公司治理丑闻后指出，发生这些丑闻的根本原因之一就是 CEO 控制了董事会，他们认为董事会最需要的改变是公司的领导权结构，CEO 和董事长要分任。但分任，必然又回到了以前的老路，又会出现董事长和 CEO 争夺权力的局面。因此，他们提出，为了避免这种局面的出现，由一名非执行董事，最好是独立董事来担任董事长。但是，由于美国上市公司的股权比较分散，股东代表是没有积极性担任董事长，独立董事考虑到风险问题，也是不愿意出任董事长。美国的公司治理专家又提出一个折中的建议，董事长兼任 CEO 也是可以的，但必须同时增设一名由独立董事担任的"首席董事"。首席董事除了履行独立董事的基本职责之外，公司章程或董事会章程会赋予他监督董事长从及 CEO 的权力。

首席董事的职责设计很关键，他不能过多地干涉董事长及 CEO 的工作，但又要在关键问题上对其实施有效的权力制约。美国公司治理专家纳德勒提出的首席董事职责比较具有参考和借鉴意义，具体内容是：[1]

- 在适当的时候建议董事长召开全体董事会议；
- 起到中介作用：当董事长向首席董事求助有关指导或建议将某事在独立董事会议上讨论时；
- 有权召集独立董事会议；
- 为独立董事会议设定议程，并引导会议的进程；
- 向 CEO 通报独立董事会议的内容；
- 与兼任 CEO 的董事长共同商定董事会会议的安排并向全体董事会成员提供信息；

---

[1] 大卫·纳德勒.建构更佳的董事会[M].梁晶，等，译.北京：中国时代经济出版社，2007：62-63.

- 向其他董事征求有关会议议程的意见；
- 协调独立董事之间关于重大问题的磋商，同时积极关注董事会以外的会议；
- 发挥独立董事与兼任 CEO 的董事长之间有关观点、顾虑和问题进行沟通的非执行渠道作用。

这种做法对传统改变比较小，比较符合实际，因此，美国的一些公司治理机构如通用汽车公司发布的公司治理准则中也对此持支持态度，要求由独立董事选出一位首席董事。目前美国大公司的董事会超过 50% 的有首席董事。

由于各国证券市场的发育程度、公司的治理环境和社会文化存在较大的差异，国际上关于公司的领导权结构即董事长和 CEO 合一还是分离，并没有一个统一的定论。但是，无论是集权还是分权的制度设计，美国的经验对于我们来讲还是有比较大的启发：在董事长是否兼任 CEO 这个问题上，首先要考虑决策的效率，其次要考虑分权制衡，不能让公司的权力掌握在一个人手里，因为绝对的权力将导致绝对的腐败。

因此，我们的建议是：如果董事长和 CEO 不是同一人，董事长就不能是内部人。如果董事长在内部管理层，CEO 也在内部管理层，两强相遇，容易产生矛盾，而且还会比较激烈。如果董事长是外部的大股东，实际上营运公司的权力都在 CEO 手中，在公司治理尤其是企业日常运作上，并不会有太大的问题。

如果董事长要兼任 CEO，总裁或总经理实际上就是 COO 的角色，主管日常业务。这时一定要有分权机制，比如像美国设置首席董事那样对兼任 CEO 的董事长进行制约。

对于我国大多数民营企业，目前大多数的公司都是创业的第一代，公司都是自己创建的，兼不兼任问题都不大。因为董事长是元老，是创始人，CEO

是雇用的，公司权力的层次划分是清楚的，从精神层面上讲董事长都是老大。但在国有企业，如果谁都不服谁，问题就会很多，就需要将分权机制设置得当。

6.1.11 高效董事会的判断标准

在构建高效董事会中，除以上讨论的 10 个关键问题之外，还有一些关于会议议程、专门委员职责等问题需要关注。Walter J. Salmon 在《防范危机：如何完善董事会》一文中提出了诊断模范董事会的 22 条标准。这个标准适合每个公司用于判断自己的董事会从结构和特征上是否具备高效董事会的基础，也可以和表 5-5 一块用作董事会的考核标准。

【案例 6.2】高效董事会判断标准[①]

如果你对所有 22 个问题的回答都是"是"，那么你就拥有一个模范的董事会。

1. 外部董事和内部董事的比例是否为 3∶1 或更高？
2. 内部董事是否仅限于 CEO、COO 和 CFO？
3. 董事会是否定期与不在董事之列的高级管理人员会晤？
4. 董事会规模是否合理（8～15 人）？
5. 是否由审计委员会而非 CEO 确定负责公司审计事务的会计师事务所？
6. 审计委员会是否定期审查"高风险"业务？
7. 公司所聘用的薪酬顾问是否向薪酬委员会而非公司人力资源部门经理报告？
8. 即使所采用的薪酬公式与行业规范不一致，薪酬委员会是否有足够的勇气根据长期业绩确定 CEO 的报酬？

---

① 沃尔特·J. 萨蒙. 公司治理《哈佛商业评论》精粹译丛 [M]. 孙经纬，等，译. 北京：中国人民大学出版社，2004：20-22.

9. 执行委员会的任务是否受到足够的限制从而防止"双层结构"董事会的出现？

10. 外部董事是否每年都审核高级管理人员的更替计划？

11. 外部董事是否每年都对 CEO 的能力、弱点、目标、个人计划和业绩进行正式评价？

12. 是否由提名委员会而非 CEO 负责寻找新的董事候选人并邀请候选人参与竞选？

13. 外部董事是否有办法更改 CEO 拟定的会议议程？

14. 公司是否提前向董事呈报有关的常规资料和对关键问题的分析，以帮助董事会为会议作准备？

15. 在董事会会议上，除了管理层的发言外，是否留有足够的时间进行深入探讨？

16. 外部董事是否定期举行没有管理层出席的会议？

17. 董事会是否自计划周期之初就积极参与制定长期经营战略？

18. 是否无论在理论上还是实际中都是由董事会而非现任 CEO 选择 CEO 继任人选？

19. 是否将董事的部分报酬与公司业绩挂钩？

20. 是否定期考核每个董事的业绩？

21. 是否限制不称职的董事再次参加竞选？

22. 是否有适当的措施增进董事间的信任？

6.2 解决外部董事受制于"时间有限、信息有限"的困境

高效的董事会的一个重要特征就是外部董事和独立董事的人数远远多于内部董事，而且董事会的运作效率主用取决于外部董事和独立董事履行职责的

情况。但是现在面临的一个困境就是：外部董事由于缺乏时间，所获得的信息是有限的，难以做出高效的决策。

为了在董事会中履行职责，董事需要掌握大量的信息。这些信息包括：财务结果信息、公司在市场中的竞争地位、老客户还重复购买和新客户开发情况、新产品和新技术的进展以及员工的学习和培养状况。他们还必须了解公司的经营是否符合法律、法规和道德标准。上述信息中，财务结果信息是比较容易获取的，每次开会前董事会办公室都可以提供。

但是，在以上信息中，财务信息代表的是公司运行结果，其他信息代表的是公司运行的过程，而这些过程信息是导致结果信息的"因"。因此，董事会讨论决策的时候不能只关注代表结果的财务指标，而必须关注代表过程的各类指标。但是，代表过程的指标信息是比较难以获取的。一般来说，董事会办公室提供的信息中是没有这部分内容。那么，为了准确获取反映顾客和员工感受的信息，可能就需要外部董事深入企业，了解顾客使用产品的感受，了解企业的培训和激励计划对员工能力提高的状况。理论上讲，这似乎是很容易的，让外部董事多到企业几次，组织一些外部董事和管理层、员工、顾客的交流沟通会就可以解决这个问题。

但现实不是这样容易的，能给上市公司做外部董事的人都不是普通的人，他们往往在自己的组织内担任重要的领导，而且他们很少是某一家公司的专有独立董事，可能同时在几个董事会中任职。他们很难有大量的时间和精力去企业做深入的调查和访问。

在难以获得更多反映企业真实情况信息的时候，外部董事决策时只能使用来自于财务报表的信息、依赖经验、常识以及敏锐的商业头脑，而不是完全依赖具体的专业知识，这势必影响独立董事做出批判性决策的效力。

因此，公司必须考虑新的管理方法，在外部董事时间有限、精力有限的前提下做出有效的决策。这个问题一直是董事会制度中最麻烦和最难解决的问题,直到平衡计分卡出现之后,才有了解决的办法。

平衡计分卡是一种有效的战略管理工具,它不同于以往的战略工具只关注财务纬度指标的局限。而是除作为结果指标的财务纬度之外,同时更加关注实现财务绩效目标的过程指标,如客户纬度、流程纬度、学习与成长纬度。基于平衡计分卡的监管体系能帮助董事会所遇到的两项关键性挑战:有限的时间和有限的信息。

平衡计分卡的创始人哈佛大学教授卡普兰和其研究伙伴诺顿,在其系列的平衡计分卡丛书中的第四本《组织协同》中,介绍了如何使用平衡计分卡这种战略管理工具来解决董事会所面临的困境。

6.2.1 引文:平衡计分卡在董事会中的应用[①]

董事会应用平衡计分卡是美国公司出现的一种新的应用模式,目的是为外部董事提供决策所需要的所有信息。越来越多的公司正将平衡计分卡材料作为董事会文件的一个主要组成部分,并利用董事会的会议时间讨论平衡计分卡。卡普兰和诺顿在《组织协同》一书中用位于宾夕法尼亚州中西部的区域性银行控股机构第一联邦金融公司为例,介绍了平衡计分卡在董事会中的应用。董事会的平衡计分卡文件包括三部分:企业计分卡、高管人员计分卡和董事会计分卡。

(1)企业计分卡

董事会的平衡计分卡程序适于确认战略目标相连的战略图及对应的企业计分卡,包括绩效指标、目标值和行动方案。建立企业计分卡的初衷本是帮助CEO在组织内部沟通和实施企业的战略,也用作CEO和外部董事沟通的工具。

---

① 本节内容引自以下资料并改写而成:卡普兰,诺顿. 组织协同[M]. 北京:商务印书馆,2006:256-279.

图6-1是第一联邦金融公司的战略地图，该公司采用平衡计分卡来推进一个聚焦于生命周期客户关系的新战略。战略地图清晰地描绘了在收入增长和生产率提升方面的高端财务目标；全生命周期关系和交付优异服务的客户目标；有效利用客户信息，按客户需求提供定制化产品和服务的核心内部流程目标；按照新战略和新的销售方式激励和培训员工的学习与成长目标。战略图还有一张与之相配的包括指标、目标值和行动方案的计分卡。

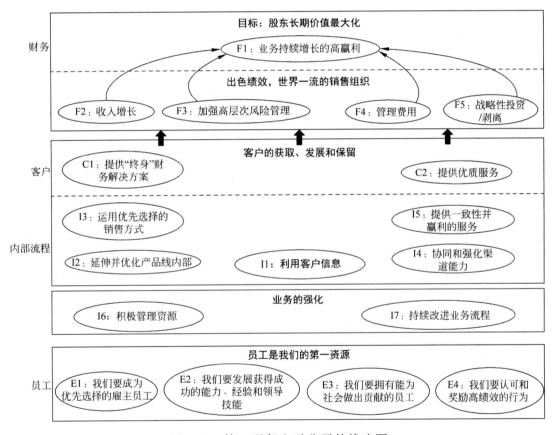

图6-1 第一联邦金融公司的战略图

接下来，CEO和管理层就可以采用企业平衡计分卡与董事会成员就战略方向、战略执行的效果等方面进行互动式讨论。通过这种方式，平衡计分卡为董事会成员提供财务方面和非财务方面的主要信息，来帮助他们履行职责，在管理中扮演核心角色。

一般来说，董事会全体成员在年初制定战略时将积极地参与到战略方向和战略定位的讨论中来，和CEO及其管理层一块制定战略地图和计分卡。这种方式有助于董事会成员理解企业战略，并提供必要的信息，供董事会评估战略是否能在业务、财务和技术风险可接受的水平上实现长期的股东价值。

企业的战略地图和计分卡，加上主要业务单元和职能部门的支持性平衡计分卡文件，将成为一份为董事会会议准备并分发给董事会成员的重要文件。这张图上可以用彩色标记各目标的提前完成、按时完成计划和未完成状态。这些结果成了董事会会议的议事日程表，由CEO主持，与董事们展开公司战略执行现状的对话。重点是讨论没有完成和超额完成的目标，对于按时完成的目标说明其处于公司的控制系统之内，不用重点关注。没有完成或超额完成的要找出其原因所在，分析企业面临的风险和机会，争取在下一阶段按时或提前完成。

借助于持续性的预测调整，董事会成员能够不断地了解管理层对未来关键财务指标和公司核心价值驱动因素的预期目标。审计委员会成员也能了解公司的经营活动和企业战略中可能存在的风险因素，这种认知将有助于他们在财务报告和信息披露方面做出正确决策。

（2）高管人员计分卡

管理高层的薪酬被认为是董事会绩效考核中最重要也是最难的部分。现在，高管人员计分卡提供了一种比较合理的解决办法。

高管人员计分卡描述了高层管理人员对战略执行的贡献，可以帮助CEO和董事会将个人绩效预期与整个公司的绩效预期加以区分。董事会可以在此基础上为高管人员设计一套薪酬和奖金激励体系，当高管们达成了长、短期价值目标时，他们将获得相应奖励。如果他们的绩效水准低于行业平均水平时，那么薪酬也应低于平均水平。

每一位高管人员都应该建立一张高管计分卡，CEO 需要将高层管理团队与战略相关联，并建立一个明确的责任制，以促使他们为业绩和贡献承担责任。CEO 可以根据评价指标的完成情况给予奖励。高管人员计分卡为董事会的薪酬委员会提供了信息，用来评价 CEO 对高层人员所实施的评价和奖励是否合适。高管人员计分卡的开发始于企业层面的计分卡。CEO 和高管团队首先要对企业的目标达成共识，而这些目标正是高层管理团队中的每一位成员的主要责任。

图 6-2 是银行 CEO 负责的具有代表性的指标和目标值。企业的计分卡和银行 CEO 的计分卡基本重合，故用 CEO 的计分卡基本上可以代表企业的计分卡。

战略角色：银行CEO负责银行收入增长，将组织转化为一个销售驱动型组织，并确保各业务增长的单位具有一个执行第一联邦金融公司战略的管理团队

高管人员计分卡框架：银行CEO

战略目标(源自企业平衡计分卡)	个人目标	指标(源自企业平衡计分卡)	目标值	打分
财务 F2收益增长	开发业务增长的关键点 (1) 为效益好的企业提供投资服务 (2) 为商业市场提供贷款	• 收入增长	• 2003 10%	
利益相关者 C1提供终身财务解决方案	检查"一个形象"的执行情况及品牌新形象活动的情况	• 细分市场的客户获取、开发和保留	• 待定	
内部流程 I2延伸并优化产品线　I5使用更好的销售方式	建立与效益好的企业及商家的目标客户关系。确保建立目标客户档案	• 目标客户销售比例	• 2003 40%	
学习与成长 我们将拥有为社会做出贡献的员工	在知名度高的民间组织中充当积极的领导人角色	• 民间活动的参与度	• 待定	

图 6-2　高管人员计分卡用于清晰与衡量其对战略的贡献

CEO对开拓新市场和销售战略负有主要责任，而其他的高管人员，如首席运营官、首席信息官、财务总监，则对成本、质量和日常运营的快速响应负主要责任。

例如，首席信息官主要负责学习和成长纬度中信息和技术能力相关的目标，此外还要负责内部和顾客纬度中的目标，这些目标的达成是需要出色的数据库和信息系统给予驱动的。首席人力资源官的首要责任是保证员工拥有企业战略执行中所必需的技能和经验；一个有效的战略沟通流程使所有的员工都能了解企业和各业务单位的战略；每一个员工都拥有个人目标、职业发展计划以及业务和企业战略目标相关联的薪酬计划。

董事会的薪酬委员会应参照高管人员计分卡来设计高管人员的业绩合同，这为高管层薪酬的确定提供了更客观、更可靠的依据。高管人员计分卡指标的目标值可以参照清晰的增长目标及行业的整体表现而定。

提名委员会也可以将高管人员计分卡用于战略性的工作描述，这为高层管理人员继任计划以及确定继任的候选人提供了依据。当企业出现高管职位空缺时，企业和高管人员的平衡计分卡可以帮助董事会在组织内部发现那些希望之星，这些候选人的能力和经验都需要符合高层次战略实施的要求。如通过内部晋升渠道无法满足需求时，董事会的招聘委员会可以根据战略图和计分卡上的指标来编写一个职位说明书，为猎头公司的外部人员招聘提供指导意见。

（3）董事会计分卡

董事会的战略地图和计分卡能够清楚地描述董事会职责，将董事会的决策和监督两个主要职能落到实处，而且还有利于对董事会进行评估。

董事会的战略地图和计分卡具有如下优点：阐述董事会的战略性贡献；提供一个工具，以管理董事会及其他的相关机构的业绩状况；按照董事会要求使战略信息清晰化。

董事会战略地图的财务目标与一般公司战略图相同,这是因为对股东而言,董事会成功与否正是在于它是否有能力引导管理团队达成最佳的财务业绩。

如图6-3所示是董事会通用版的战略地图,如图6-4所示是董事会的计分卡。董事会战略地图的财务指标与公司战略地图、CEO战略地图相同,这是因为对股东而言,董事会成功与否正是在于它是否有能力引导管理团队达成最佳的财务业绩。

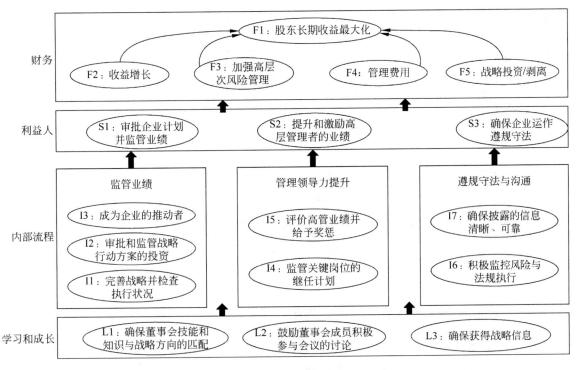

图6-3　董事会战略图明确了董事会的贡献

平衡计分卡框架

主题	目标	指标	目标值	责任人
财务 长期股东收益最大化 收益增长　加强高层次风险管理	长期股东利益最大化	与同行相比的投资收益率	2003年75%	高层管理团队
股东 提升和激励高层管理者的业绩	提升和激励高层管理者的业绩	高层管理团队和总裁是否如期实施发展计划	是	薪酬委员会
内部流程 评价高管业绩并给予奖惩　监督关键岗位的继任计划	监管关键岗位的继任计划	高层管理者已经列入继任计划的比例	第一年75% 第二年100%	治理委员会
学习成长 确保获得战略信息	确保获得战略信息	向董事会成员所获信息的调研	第一年 高于平均水准 第二年 优秀	整个董事会

图 6-4 董事会隶属委员会的计分卡范例

就客户纬度方面来讲，董事会计分卡没有采用传统上的客户纬度，而引入了股东（在战略图中是利益相关者）纬度，反映出董事会对投资人、监审机构和社会的责任。董事会对这些利益相关者的责任包括审批、计划和监督企业的业绩；强化高管业绩与评估；确保企业经营符合法规、法律、社会规范及应用合适的内控机制。

上述是董事会最关键的职责，把由于经理人过多考虑私人利益而牺牲投资者利益的道德风险控制到最低程度。财务报告和信息披露也为投资人提供了有关投资机会和风险方面可靠的信息，从而减少信息不透明所带来的影响。

董事会是整个资本市场治理系统中独一无二、最为重要的组成部分。董事会必须确保经理人向股东和监审机构提供有效的财务和非财务信息，同时经理人用股东的资本来实现股东的长期利益。这些董事会的职责是保证资本市场机能有效性的关键所在。除非董事会能对投资人做出保证，保证董事会将公正而独立地履行职责，否则，投资人不会愿意将他们的资产委托给经理人管理。

内部流程纬度包含董事会流程的目标，这些目标将促使董事会达成股东和相关利益者的目标。图6-3显示了董事会流程中的3个战略主题：业绩监控、强化执行、遵纪守法与有效沟通。这些战略主题为董事会设定具体的内部流程目标提供了一个框架。

这3个战略主题与董事会最重要的委员会也有关联。治理委员会的首要职责是负责业绩监督。薪酬委员会的首要职责是评估和激励高层管理团队的业绩。审计委员会的首要职责则是负责企业的守法经营以及与股东和外部利益人的沟通。

学习与成长纬度包括以下目标：董事会的技能、知识和能力；董事会对企业战略和实施状况的了解；董事会文化，尤其是在董事会的会议上通过董事会成员和高层管理团队之间积极对话和讨论形成一种高效活跃的气氛。这些学习和成长纬度的评价指标可以采用董事会结束之后对董事们调研的方式设定，对会议之前和会议期间的会议质量、董事会流程、所提供的信息等方面做出评估。董事会调研可以帮助董事们确定自己是否具备了正确的技能，去帮助企业保持正确的战略方向，在正确的时间获得正确的战略信息，并营造良好的氛围，鼓励各抒己见的讨论风格。

（4）三个部分的组合式平衡计分卡

企业计分卡、高层管理人员计分卡和董事会计分卡构成了三个部分的组合式平衡计分卡，如图6-5所示。组合式平衡计分卡系统为董事会提供了信息和架构，协助董事会更有效地履行他们在资本市场治理体系中的重要职责。组合式计分卡，辅之以业务单元和核心职能部门的平衡计分卡，是一种简洁、有效的汇报方式，向董事会通报企业战略的执行情况。

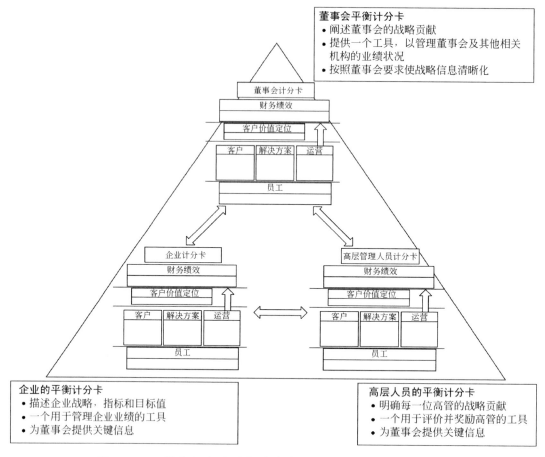

图 6-5 三部分组合式平衡计分卡是企业治理体系的奠基石

董事会需要监控、指导、审批和确定战略方向，同时在董事会成员不需过多、过细地了解信息的情况下对战略内涵仍有着深刻的理解。高管人员计分卡提供了充分的管理依据，用于管理团队业绩，根据战略目标完成情况支付高管人员的报酬及评估继任者计划的完成情况。董事会计分卡中的目标明确易懂，能有效地传达每一位董事会成员的职责，并用于主持引导董事会业绩的定期评估活动。

尽管仍处在初级阶段，平衡计分卡已经被用于公司治理和报告流程中。董事们的职责正在日益剧增，但他们所需要履行职责的时间有限并难以增加。董事们必须更有效、更巧妙地完成工作，而不能依赖于更长时间和更为勤奋的工作方式。

三部分组合式、基于平衡计分卡的治理系统为董事们提供了精练的战略性信息。董事会成员能以这种方式获得相关信息，对公司未来发展方向、对外报告和信息披露政策做出决策。会议的准备工作和会议时间都应聚集于公司的战略、财务状况和公司最重要的价值和风险驱动因素。高管人员计分卡向董事会作流程报告，汇报在高管选择、评估、薪酬和继任方面的执行情况。董事会也有自己的平衡计分卡，用于指导董事会的组成、流程、讨论和评估等工作。

6.2.2　KPI 指标的应用

如果一家公司已经推行了平衡计分卡，那么就可以直接将这种有效的管理工具应用到董事会中，解决外部董事有限时间、有限精力下难以做出有效决策的困境。

但是，由于对制度管理效率的认识不足，平衡计分卡在我国的应用并不广泛。

一个现实的解决办法是，我们可以将平衡计分卡的思想应用到 KPI 指标的提取上。具体做法是，在年度股东大会之后的年度董事会上，对年度的战略计划进行详细的讨论，并按照战略重点在财务、顾客、流程、学习与成长四个维度上选取关键指标。比如财务维度选取净利润增长率和净资产收益率来考察财务价值的增长，顾客维度选取老客户重复购买率和新客户增加数来反映顾客满意度，在流程维度选取赢利等级的质量和战略实施与计划的比率来反映管理流程的优化,在学习与成长维度选取研发投资于销售额之比、专利数量、关键员工流失率和员工满意度调查来反映员工的培养是否能支撑战略的实现。

年度董事会可能开得要长一些,当确认了这些KPI指标之后。之后的运作就和上一节描述的一样了,每次开会之前,由董事会办公室将这些KPI指标的完成情况经过提炼之后提前提供给每位董事。对于刚好完成的KPI指标不用管它,说明正在按计划完成。董事们将聚焦在没有完成和超额完成的指标上,因为这些按照战略实施选择的KPI指标对股东来讲实际上就是风险和价值的驱动因素,它们的异动可能意味着较大的风险,也有可能意味着较好的商业机会。因此,要重点关注。

这种应用,虽然不能像达到直接应用平衡计分卡那样的效果,但是对我国企业来讲可能是一种更加行之有效的做法,它同样将董事会的重点聚集于公司最为重要的战略重点上,同样可以使得外部董事在有限的时间、有限的信息下做出有效的决策。

6.3 董事会制度在非上市公司中的应用

董事会制度,是大型公司和上市公司监督经理人的一个成本最低的内部制度。但是这种制度引入我国之后,能否起到在英美国家的作用呢?最早是在一些国有企业和上市公司中引进了董事会制度,但由于国有企业最突出的所有者缺位问题长期无法解决,以及我国资本市场的配套制度的缺失,因此导致了董事会的作用在我国企业中长期不能显现,总是显得有点水土不服。但是,随着不断的研究和实践,董事会这种舶来的制度在我国上市公司和非上市公司中均发挥着越来越重要的作用。

董事会制度起源于英美国股权较为分散的上市公司。而我国的公司，特别是非上市公司的股权一般为"一股独大"。所以，该董事会制度难以在这些公司里直接应用的。下文将结合企业的不同发展阶段，以非上市公司为例讨论如何应用董事会制度的逻辑和方法论。

6.3.1 董事会制度在企业不同发展阶段的应用

董事会制度是公司法人治理结构的核心，但并不是在公司所有阶段都可以用的。在上市公司用起来效率相对是比较高的，但是如果直接将董事会制度的"形"用于非上市公司，更多的时候会增加管理成本，降低企业在市场上的竞争力。

如表6-1所示[①]，当企业处于创业阶段、成长阶段（1亿~5亿元的销售额）、发展阶段（5亿~10亿元的销售额）这三个阶段的时候，董事会等公司治理制度只是在发展阶段的时候才开始发挥作用。在我国，处于这三个发展阶段的企业绝大部分是非上市企业。

表 6-1 董事会制度在企业发展不同阶段的应用

	管理和组织结构重点	治理结构特征	企业家的作用	企业的核心竞争力
创业阶段	● 亲力亲为，面对面的监督 ● 没有正式的组织结构 ● 财务审批一支笔	● 大股东既是老板，又是经理人 ● 大股东说了算 ● 即使有董事会，也只具有象征意义	企业的灵魂和生命	● 低成本 ● 市场反应快，效率高

---

① 表6-1所示的发展阶段实际上有这样一个假设：就是出资人比较单一，是由单一大股东出资的民营企业或家族企业。或者是虽然股东有好几个人，但存在一个绝对控股的大股东。当然，现在有很多公司在注册的时候，其股权比例比较平均，基本上就是奔着上市去注册的公司。对于这样的公司，不在本表所表述的范围，这种公司一开始就要以规范的公司治理去运作。

续表

	管理和组织结构重点	治理结构特征	企业家的作用	企业的核心竞争力
成长阶段（中小型企业）	●"直线职能型+行政管理" ●目标管理、计划管理 ●强调工作流程的标准化 ●财务审批一支笔	●谁是大股东谁干活，谁干活谁说了算，最好绝对控股 ●董事会可以发挥顾问、参谋和咨询的作用	企业的灵魂和象征	●低成本 ●品牌初步形成 ●规模效应初步体现
发展阶段（中大型企业）	●事业部制 ●"人管人"到"制度管人"的转变 ●全员绩效管理 ●向事业部分权 ●财务审批多支笔	●企业家是大股东，不一定绝对控股 ●管理层要有合理的股权激励 ●引入财务投资者或战略投资者 ●董事会开始发挥作用，但依然是企业家占主导地位，成员以内部董事为主	企业的象征和核心领导人	●品牌 ●管理 ●规模优势
成熟阶段（大型企业）	●企业集团结构 ●集团管控 ●战略整合和成本控制 ●公司治理	●董事会作用真正彰显 ●独立董事发挥作用 ●企业家成为职业型企业家，股份比例相对以前较小，但股权收益明显大于工资收益	可以随时更替的企业领导人	●品牌和文化 ●资本充足 ●技术进步快 ●规模优势
成熟阶段（巨型企业）	●网络型控股公司结构 ●产权管理，全球化竞争 ●文化管理和融合 ●战略协同	●董事会成为控制权争夺的重要平台 ●股权激励成为一种常态 ●现代公司制度真正建立 ●决策复杂而稳健	企业的象征，精神的领袖	●品牌和文化 ●资本充足 ●技术进步快 ●规模优势

当企业发展到成熟阶段的大型企业（10亿~50亿元的销售额）和巨型企业（50亿元以上的销售额时），董事会制度、独立董事制度和股权激励制度等

公司治理制度就必须应用了。但是，在我国，处于这一阶段的企业依然有不少是非上市公司，那么，以董事会制度为核心的公司治理制度如何应用呢？

我们的建议是：如果是一家上市公司，那么不但要按照证监会监管的要求建立董事会制度的"形"，而且还要追求董事会制度的"神"，建立高效的董事会；如果是一家非上市公司，那么，从成长阶段开始，就要注意应用董事会制度的"形"。一旦到了成熟阶段的大型企业和巨型企业，最好将董事会制度的"形"和"神"一块应用，至少也得全方位地应用董事会制度的"形"。

6.3.2 以董事会为中心还是以股东为中心

按照美国的公司治理思路，一定是以董事会为中心的，董事会最主要的职责是监督经理和做出有效的决策。因此，美国董事会治理的逻辑是：股东出资成立公司→找一些外部董事构成董事会→董事会选拔、激励和监督经理人→保障企业战略实施→股东获得回报。

如果在我国非上市公司应用这种思路，肯定行不通。对于中国众多的非上市公司而言，这两项重要的工作不可能由董事会去完成，必须由大股东自己去完成。

当然，当企业发展到表6-1所示的发展阶段之后，大股东要靠自己的力量去完成有效决策和有效监督这两项基本职责是非常困难和不现实的。很多民营企业的大股东在企业扩张到一定规模的时候，就开始驾驭不了企业了。那么，如何解决这个问题呢？

对于非上市的企业，尤其是非上市的民营企业，可以参照构建高效董事会的思想，在现实中创造性地应用，打造企业的所有权能力和治理能力。具体做法是，一定要以股东为中心构建治理结构。塑造股东为中心的治理结构，如图6-6所示，它的治理结构一定不是股东托管给董事会，董事会监督经理。

而是股东兼做 CEO，利用董事会外脑的力量和 CEO 办公室决策辅助和监督辅助的作用，由大股东直接进行决策和监督。

图 6-6　以股东为中心的治理结构

在这种模式中，首先要构建一个以外部董事为主的董事会，但主要是用其参谋咨询的功能，决策和监督是大股东的责任。该模式中，最主要的是要有一个重要的 CEO 办公室①。CEO 办公室的职责设计是非常关键的，首先要明确的是，CEO 办公室既不是职能部门，也不是管理部门，它是一个帮助公司保证利益的机构，内脑与外脑结合的机构，可以将其看成董事会的常设下属机构。在这种模式下的决策和监督流程为：CEO 办公室收集翔实的信息→提供给董事会→董事会向股东提出决策和监督建议→股东做出决策→CEO 办公室执行股东决策，加强过程监督→CEO 办公室向董事会和股东反馈信息→……

考虑到 CEO 办公室既然是内脑与外脑结合的机构，因此它的职能与董事会的主要职能相匹配，以保证决策和监督职责落实到位。因此，CEO 办公室职责的设计是关键，具体来说，包括以下几点：

- 公司广义内控体系建设；
- 激励性报酬设计；
- 经理人员的发现、培育；

---

① 之所以叫 CEO 办公室，是和现在的董事长办公室、董事会办公室、总裁办公室以示区别。

- 投资机会的发现与评估；
- 战略分析与制定；
- 战略实施与推进。

以上CEO办公室职责中，第一，公司广义内控体系建设的职责与审计委员会的职责相对应；第二，激励性报酬设计的职责与薪酬委员会的职能相对应；第三，经理人员的发现、培育职责与提名委员会的职能相对应；第四，投资机会的发现与评估、战略分析与制定、战略实施和推进及战略投资与风险管控委员会的职能相对应。

CEO办公室的设置，除了将董事会制度创造性地用于非上市公司中，还有一个好处，就是可以为企业培养一批人才。CEO办公室所需的管理人才是比较专业的，很多企业并无现成的人选。这样可以招一些素质和能力各方面都比较突出的研究生，在CEO办公室工作，只要他们认真地履行内脑与外脑结合的桥梁作用，其自身可以从董事会和大股东身上学到专业的管理和治理知识，积累经营管理、资本运作、财务监控、风险监控等诸方面的经验。当企业对外扩张时，CEO办公室的这些人就可以成为各地分子公司管理者的人选。从这种意义上看，CEO办公室就是公司培养人才的地方。

CEO办公室的治理模式对于越大的企业越有用，如图6-7所示是这种治理模式在事业部企业中的应用，CEO办公室的存在可以弥补众多非上市公司职能部门不强的弊端。将图6-7中的事业部换成子公司后，就形成了以股东为中心的集团治理结构。

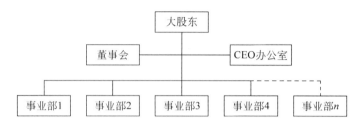

图 6-7 以股东为中心的治理结构（在事业部企业中的应用）

对于我国众多的非上市企业来讲，以上所建议的以股东为中心的治理结构是一种应用董事会制度的现实选择。随着公司的发展，进入上市准备阶段之后，可以将只具有参谋咨询功能的董事会组建改造为以决策和监督为主要职能的高效董事会。这样的做法，可以增加股东和企业对董事会制度的适应性，保证在低成本的情况下取得较高的实效。

6.4 董事会制度在集团管控中的应用

董事会的起源就是解决股东分散的大型组织的治理和管控问题。一般来说，企业规模越大，董事会制度越有用。即使公司不上市，当企业做到事业部制或集团公司的时候，董事会制度设计的逻辑和方法论都可以直接应用于公司的管控中。

6.4.1 董事会制度在集团管控中的应用要点

董事会制度在集团管控中的应用主要有以下 3 点：

- 可以将委员会制度设计的原则直接用于事业部制的职能部门设计或集

团总部的部门设计；
- 信息披露制度的逻辑思路可用于解决事业部与总部或子公司与总公司间的信息不对称；
- 独立的外部审计制度可直接用于确保公司的财务安全。

6.4.2 董事会制度在集团管控中的应用要点的实例

我们通过对下面一个集团公司总部部门的设置、子公司权力制衡的设计来展现董事会制度如何在集团管控中的具体应用。

【案例6.3】企业成长中的风筝原理：放飞与控制

兴发集团创立于20世纪80年代初，靠生产和销售饲料起家，是全国知名的民营企业，目前已经发展成为全国最大的饲料企业之一。兴发集团遍布全国的饲料企业及其子公司有200多家，饲料生产能力超过350万吨，在全国各地建有近20 000个销售点。

兴发集团虽然产品单一，但是产品质量好，市场占有率高居同行业榜首。对于这样一个业务单一，但是规模庞大的集团公司来讲，必须要解决的问题就是要有一个有效的管控模式去整合众多分散的子公司，避免子公司各自为战最终成为一盘散沙。但是，在整合的同时，也要注意，不要管得过多，如果把本应子公司管的事集权到集团总部，将会导致体制僵化、市场反应迟钝，无法应对瞬息万变的市场。

因此，集团总部对子公司管控的思路和董事会制度是一样的：管该管的事，把不该管的事交给其他人去做。就像放风筝一样，让经理人和子公司飞起来，但是手里拽着一根线，当风筝飞得太高，将失去方向出问题的时候，再拽回来。

对兴发集团来说，集团管控应该如何设计才能实现这个目的呢？

那就要对集团总部部门进行设置。兴发集团按照董事会委员会制度的设计在总部设置了10个部门，管了该管的事。集团总部的员工只有200人，相当于1个人替老板管了1家子公司，效率很高。这10个部门的具体职责如下：

- 财务部。对于集团公司来讲，财务能集中管理最好集中管理，这样能够确保财务安全。而且集团内财务平台的搭建，可以使得资金应用的效率更高。

- 审计部。负责企业的内控体系建设，和董事会中的审计委员会接口，确保财务安全。

- 技术安全部。对于饲料行业来说，最核心的机密就是配方。因此，技术研发只能在集团公司，绝对不能将这个权力下放到子公司。

- 人力资源部。集团的人力资源部绝对不能管招聘和解雇的事，这是子公司人力资源部的职责。它的职责实际上就是董事会薪酬委员会和提名委员会的职责：负责为集团管理层和子公司管理层制订合理的薪酬计划，以及负责管理层接班人的培养计划。

- 企业管理部。它的职责实际上就是战略投资和风险管控委员会在战略执行上的具体体现，负责管理200多家子公司的战略执行问题，监控业务风险。

- 投融资管理部。它的职责实际上就是战略投资和风险管控委员会在投融资上的具体体现，负责集团的并购重组、投融资等事宜。

- 信息中心。200多家子公司，将导致信息极大的不对称。虽然，兴发集团已有ERP系统，但系统是不会主动分析和处理信息的。信息中心部门就是负责对信息进行分析和处理，尽量减少集团总部和子公司之间的信息不对称。

- 公共关系管理部。200多家子公司,就意味着要和200多个当地政府、社区和众多的公众打交道,该部门的主要职责就是为了协调这些关系,关注公司社会责任感的体现。这实际上就是一些上市公司安全、环境和公共政策委员会的职责。
- 行政中心。这是一个对子公司服务的部门。
- 总裁办。这是一个对集团管理层服务的部门。

兴发集团始终将集团总部视为管控中心,应用董事会委员会制度的设计逻辑,设置了10个部门,其中8个管理部门,2个服务部门,确实地实现了"管该管的事,把不该管的事交给下面的人去做"的设计理念。

集团管控中的第二个问题就是如何对子公司的管理层进行有效的权力制衡设计,既让他们的权力相互制衡,又是利益共同体。在饲料集团的子公司中,有3个人是比较关键的,即总经理、财务总监和技术总监。兴发集团的做法是,子公司的总经理是由集团总部派出的,但是他的人事权是有限制的,其他人可以由子公司老总来选聘,但是技术总监和财务总监应由总公司派出。而且技术总监和财务总监采用双线汇报制:在财务安全和技术安全上向集团总部负责;在业务上向子公司总经理负责。这样的安排,就在他们3人中实现了既是利益共同体,权力又相互制衡的局面。

需要指出的是,技术总监和财务总监本是制约子公司总经理的,但他们相处时间长了之后,就有可能相互勾结,这时的集团管控将会失控。因此,兴发集团还建立了轮岗制度。轮谁的岗呢?绝对不能轮子公司老总的岗,北京子公司的总经理在北京可以做得风生水起,但是到了深圳就有可能玩不转。但是,财务总监是按会计准则做事,技术总监是按企业内部技术标准做事,他们不存在水土不服的问题。因此,兴发集团的做法是,每三年就将财务总监和技术总监进行轮岗。

有了财务的集中管理，并且建立了内部审计制度，以及财务总监的双线汇报制和轮岗制，从集团内部管控来讲，能保证财务安全的措施已经到位了。但这还不足能保护集团的资产安全，原因是，当缺少外部威慑的情况下，时间一长，经理人、财务管理人员和内部审计师勾结起来，将是一件可怕的事情。为了规避这种问题的出现，兴发集团还引入了上市公司的独立外部审计制度，每年请独立的第三方会计师事务所做一次外部审计。这样，在财务集中管理的基础上，内部审计和外部审计相结合，在一定程度上就能够确保财务安全了。

6.5　高效而合理的控制模式

董事会最基本的职责是决策和监督，一个高效的治理型董事会，一定是将这两个职责都执行到位。董事会最根本目的是在监督到位的基础上帮助企业做出有效的决策，创造出更多的价值。我们不能为了强调监督，而忽视帮助企业创造价值的决策；也不能为了履行决策的职责，而放弃最基本的监督职责。因此，董事会需要在决策和监督这两个职责中找到一个平衡点。

从前面内容来看，无论是董事会制度在 CEO 办公室模式还是在集团管控中的应用，我们都看到这种平衡的存在。董事会制度设计的核心逻辑就是"管该管的事，把不该管的事交给下面的人去做。"具体来说，决策和监督的平衡需要董事会找到一个"度"，这个"度"可以使得各种竞争需求之间保持平衡。

具体来说，一个高效而合理的控制模式一定要对内部相互制约的因素加以控制。在企业中，存在众多的相互制约的力量，如决策和监督之间、自由与限制之间、授权与责任之间、自上而下的命令与自下而上的创新之间、尝试与效率之间、奖励和惩罚之间、主动和强迫之间、引导和排斥之间、学习和控制之间。两者相互制约的问题不能通过二选一的方式来解决，例如，选择决策而放弃监督，或者选择授权而放弃责任。高效而合理的控制模式一定会利用这些相互制约的正反力量，让它们不断相互作用，在实现商业战略的同时实现动态的制约。

控制是企业管理中一个最基本的话题，很多理论家和实践家提出了各种控制模式。但是，众多的控制模式只是从某一个角度解决了企业中的某一方面的控制问题。以下介绍的一种"4种杠杆+1种机制"的控制模式能够很好地解决内部相互制约因素的控制问题，非常适合董事会、CEO办公室和集团管控使用，也可以结合平衡计分卡配合使用促进战略执行的实现。这种模式是哈佛大学会计经济学教授罗伯特·西蒙斯在其《控制》[1]一书中提出的。西蒙斯教授提出的这种控制模式贯穿为企业创造价值的整个战略管理过程，利用企业中的各种相互制约的正反力量，在战略决策和控制之间搭建了一座桥梁，控制并且用4种杠杆促进了公司战略的实现。西蒙斯教授提出的控制模式如图6-8所示，包括4种控制杠杆信念系统、边界系统、诊断控制系统和交互式控制系统与1种控制机制，即保障4种控制杠杆有效的内部控制系统。4种控制杠杆和1种保障机制的共同平衡作用使得企业的商业战略最终实现。对于董事会、CEO办公室和集团总部来说，要想巧妙地应用这种控制模式，除了要根据西蒙斯教授提出的基本理念对控制系统进行技术设计之外，董事会成员、CEO办公室成员和集团总部的管理人员还得学会如何有效使用这些系统。下面就以在董事会中的应用实践来介绍西蒙斯教授提出的这种控制模式。

---

[1] 罗伯特·西蒙斯. 控制 [M]. 北京：机械工业出版社，2004.

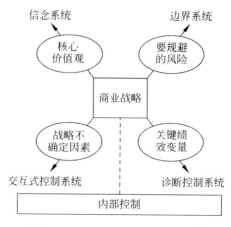

图 6-8　有效战略控制模式①

（1）信念系统

西蒙斯教授提出的信念系统杠杆有一点像企业文化中的核心价值观系统，这些核心价值观系统和公司的商业战略相结合就形成公司的愿景目标。信念系统强调将公司的愿景目标和个人的职业生涯相结合形成共同愿景，通过共同愿景这种精神层面的价值观来鼓舞士气，激发对组织的归属感和为组织目标做贡献的愿望，并激励组织成员为企业的发展寻找创新的机会。信念系统用于解决"没有明确的组织目标，人们不知道如何为企业做贡献"这种组织障碍，有助于进一步激励公司战略计划和应急战略的实现。

将信念系统用于董事会制度，就可以在董事会成员和管理层中传播企业的核心价值观和使命，使董事会成员和管理层找到明确的奋斗目标，同时建立对战略认知的共同基础。当企业平稳发展，没有出现问题的时候，信念系统就能激励董事会成员和管理层寻找创造更大价值的新商业模式和新途径。当企业出现危机时，信念系统就可以帮助董事会成员和管理层分析问题的根源并寻找解决问题的办法。这样，信念系统就能很好地促进公司既定战略和应

---

① 罗伯特·西蒙斯.控制[M].北京：机械工业出版社，2004：76.

急战略的实现。

（2）边界系统

边界系统实际上就是行为规范控制体系。它和信念系统的作用刚好是相反的，信念系统的作用是激励管理层寻找新的机会，而边界系统的作用是对寻找机会的范围进行限制。西蒙斯教授提出的边界系统确定的边界包括两个方面：一个是战略边界；另一个是商业行为边界。

董事会希望能够通过信念系统激发管理层寻找机会的热情，但是这也需要一个度。市场上的机会是很多的，有些适合本企业，但也有更多的是不适合的。如果不对寻找战略的行为进行限制，就会出现各种各样寻找机会的尝试，从而浪费企业的资源。战略边界就是在这样的背景下划定的，董事会给管理层划定一个领域，管理层可以集中资源在这个领域内寻找机会。

商业行为边界是一些关于员工操守之类的规定。寻找机会有很多办法，基于企业可持续发展的考虑，我们希望管理层和员工的行为能够遵规守法。因此，企业应该有一个非常明确和细致的员工道德守则。这些文件要明确在工作中哪些事情是绝对不能做的，哪些事情必须要请示有关领导，如不遵守将受到惩罚。比如，管理层通过商业贿赂而获得一个投资机会，虽然其出发点是好的，但是对企业长远发展是不利的，守则里必须禁止这种行为，而且规定一旦出现这种行为，将如何惩罚。再比如，员工如何处理礼物也应该有明确规定，价值在多少金额以内的，员工可以接受；价值超过多少金额，就必须上交；如果不能确定价值，守则里也要规定员工该怎么办。商业行为边界的界定可以解决员工受压力和诱惑影响而产生的一些损害企业利益的道德问题。

通过对战略边界和商业行为边界的界定，边界系统的作用就如西蒙斯教授所说的那样，不是对大家进行号召，而是根据已确定的商业风险，对寻找机会的行为加以一定的限制。这样做，就可以将管理层的行为限制在企业的资源能匹配的范围内，从而确保企业在特定的产品市场和可承受风险范围内运转，避免额外损失与风险。

信念系统给管理层一个无限的空间去寻找机会，而边界系统是在这个大空间里划定了一个与企业能力和资源相匹配的一个较小空间，管理层可以在这个空间里任意施展自己的才华，为企业和自己创造价值。

信任系统和边界系统的相互作用，实际上就是董事会将"信任"和"边界"同时给了管理层，鼓励管理层在董事会划定的领域内去寻找为公司创造价值的机会。

（3）诊断控制系统

诊断控制系统（原理如图6-9所示）是传统管理控制系统的支柱，即KPI考核系统，就是通过明确的财务和非财务活动指标来对管理层的工作提出要求，并进行监督检查，目的是为了促进既定战略的实现。

诊断控制系统工作原理是：预先根据年度战略计划设定短期（按月或按季度）财务和非财务的业绩目标→将短期计划实际完成的情况与事先设定的业绩标准进行比较，计算出偏差→对偏差进行诊断分析→根据标准纠正偏差或调整标准。

诊断控制系统是企业最正规的计划管理控制系统，董事会对CEO和管理层的业绩考核使用的就是这一系统。董事会可以用这一系统来监督企业的运行状况和战略性计划的执行情况，并据此来判断CEO和管理层是否适合公司，是否要为其制订合理的股权激励计划。

在董事会制度中应用诊断控制系统有两个明显的好处。首先，可以清晰地为董事会提供关键业绩指标的完成程度，便于董事会决策和监督职责的实现，以促进既定战略的实现。由于诊断控制系统是将企业年度战略计划分解成关键绩效指标，需要注意的是，这里的关键绩效指标不能只是财务指标，而应该是根据平衡计分卡分解战略计划而形成的财务维度指标、顾客维度指标、流程维度指标以及员工学习和成长指标。有了这些关键业绩指标的信息，董事们就能够全面地、自上而下地监控战略执行情况。这样，诊断控制系统就成为董事会和管理层有效沟通和实施战略计划的工具，从而能够有效地确保既定战略的实现。

其次，诊断控制系统还有助于董事们将有限的精力和时间放在例外情况的管理上。在诊断控制系统运行的情况下，企业的日常工作处于自动运行状态，董事们只需要检查例外报告就可以。刚好完成的是不用管的，因为这说明战略在按计划完成。只有没有完成和超额完成的例外情况出现，而且偏差较大时，董事们才需要投入精力调查原因，找到解决问题的办法以及找到可能给企业会带来较大风险和价值的驱动因素。

在董事会中应用诊断控制系统，实际上就是为董事们和管理层明确目标、排除干扰，并配备相应的资源，这样就可以解决外部董事"时间有限，不能集中精力，缺乏必要资源，从而难以做出有效决策"的障碍，从而保证既定战略的实现。

（4）交互式控制系统

西蒙斯教授设计交互式控制系统（原理如图6-9所示）的目的，是为了解决战略不确定性问题，促进企业新生战略的实现。

任何一家企业，在年末盘点已实现的战略时，都会发现和年初的战略计划有着很大的不同。这个"不同"并不只是意味着年初既定战略的一部分没有实现，同时也意味着实现的战略中包括年初的既定战略中没有包含的新生战略。所谓新生战略，就是指既定战略在执行中由于内外部环境变化导致出现新的机遇或威胁，使得既定战略失去可行性，企业为了抓住机会或者为了解决威胁，自下而上出现的应急战略。西蒙斯教授提出的交互式控制系统就是为了促进新生战略实现的，这是一种促进战略创新和商业模式创新的一种高效控制系统。

交互式控制系统的设计有两点是关键的。首先,交互式控制系统应该是一个能够激励组织成员自下而上主动参与到解决战略不确定性问题,促使新生战略实现的过程。战略不确定指的是当企业的既定战略在执行过程中,由于企业内外部环境的变化给企业会带来很多威胁,当然,也伴随着带来意想不到的机会。这种不确定的变化有可能使企业事先制定的既定战略不再可能实现。西蒙斯教授指出,由于战略的不确定性是无法预知的,就需要董事会和管理层对战略的不确定性随时加以关注,尽量消除威胁,同时抓住一些以前未关注的商业机会,灵活地调整战略。因此,交互式控制系统设计的第一个关键点就是要找到一种方法,使得企业中所有人都关注战略不确定性,每个人都像企业家那样去思考问题。

交互式控制系统设计的第二个关键点就是要让董事会参与管理层的决策活动,管理层参与下属的决策活动。按照西蒙斯教授的提法,如果将该系统用于董事会制度,那么交互式控制系统就是董事会的热键,提供企业家关注的大量信息,并用来创造与管理层之间持续的对话。

那么,董事会怎么样才能参与到管理层的决策活动中呢?

第一步,需要根据战略不确定性的主要影响因素选择合适的交互式控制系统。西蒙斯教授认为,当战略不确定性主要与技术革新相关,这时需要重点关注的是当前及潜在的技术产品属性,就比较适合使用交互式项目管理系统;当战略不确定性主要与新产品的开发和现市场的保护相关,这时需要重点关注客户需求的变化及竞争性新产品的推出,就比较适合使用交互式利润计划系统;当战略不确定性与成熟产品的吸引力相关,这时需要重点关注价格的影响、促销和包装对顾客购买习惯的影响,就比较适合使用交互式品牌收入系统;当战略不确定性与政府管理政策相关时,这时需要重点关注社会、政治和技术环境变化的情况,就比较适合使用交互式情报系统。

第二步,董事会根据选择好的交互式控制系统来评估管理层的业绩,并交互使用。比如，一家企业的战略不确定性主要是新产品的开发引起的，董事会选择了交互式利润计划系统来对管理层进行业绩评估。这就明确地给了管理层一个信号，董事会非常关注客户需求的变化以及竞争对手新产品的推出，这就逼着管理层意识到环境在变化，不得不去收集董事会关心的信息，以便在变化的环境中向董事会做出迅速回答并提出有效的行动方案。需要指出的是，这种交互式讨论不仅发生在董事会和管理层之间，在进行新的数据研究和分析时，交互的争论以及对话同样发生在高管层和中层之间，以及中层和基层之间。

第三步，董事会和管理层根据收集到的关于战略不确定性信息进行充分讨论，在此之前，中层和基层、高管层和中层已经有过充分的讨论。持续的讨论会聚焦在商业模式创新和战略调整两方面。

第四步，将新生的战略或调整后的战略执行到位，为企业创造新的价值。处理战略不确定性而产生的新生战略是自下而上创新以及不断试验的间接成果。

实际上，西蒙斯教授提出的交互式控制系统是学习型组织在企业落地的一条可行性较高的路径。因为交互式控制系统通过争论和对话迫使企业学习、循环调整战略、顺畅沟通渠道、鼓励新思想，可以解决企业中存在的"缺乏创新机会、害怕改变现状"的障碍。

（5）内部控制

西蒙斯教授强调的内部控制机制实际上就是公司治理中强调的公司内控体系。他指出，内部控制机制在企业的控制模式中是很关键的，其是否有效直接关系到4种控制杠杆能否发挥作用。

内部控制机制的目的是保护公司资产安全。内部控制系统并不等同于边界系统，边界系统只是为员工的行为提供了一个框架。但是，董事会仍然必须防止管理层在企业商业过程中犯故意和非故意的错误。非故意的错误，包括缺乏经验的管理层在并购重组中错误地低估了企业的价值，或者有经验的管理者在繁忙的工作中不小心犯的错误。故意的错误，包括管理层使用公司的资产为自己牟利，然后又虚报会计记录以逃避被发现。

由于这种故意违规和非故意的错误都有可能给企业带来不可估量的风险，就算是最小的公司也一定要设置控制和防护措施来保证所有的交易信息的准确性。根据西蒙斯教授的思想，内部控制措施分为三种类型，即结构防护、系统防护和员工防护[①]。

结构防护指的是要从组织结构上和制度设计上采取安全防范措施，在以下几个方面设计到位，以确保财务数据准确、真实，保障资产安全：

- 审计委员会。董事会中的审计委员会确实发挥作用，建立了独立的外部审计制度。
- 内部审计。一般来说，当企业规模做到事业部制的时候，就需要内部审计师对企业的财务安全以及运作是否遵规守法进行审计。当然，并不是说一定要到了事业部制才要建立内部审计机制。其实企业越早建立内部审计机制，就越有可能保护资产不受侵害。当然，这也会增加一些管理成本，需要企业在成本和收益做一权衡比较之后做出选择。
- 职责分开。内部控制的一个基本原则就是分权制衡原则，任何个人都不可以单独处理涉及公司重要资产交易的所有过程和方面。特别需要指出的是，记录交易会计信息的人不应该和资产直接接触。职责分开的分权制衡原则可以使某个员工对其他员工的工作起到检查和修正的作用。

---

① 以下三种防护机制的框架参考了罗伯特·西蒙斯.控制[M].北京：机械工业出版社，2004：75-76。

- 规定权力级别。比如在财务审批上，当企业做到事业部制时，肯定是要多支笔审批的，这时就需要根据权力级别对其可以审批的事项和金额做出严格的规定。
- 对重要资产的使用严格把关。一些重要资产的使用，光有单个人哪怕是总经理的审批，风险都是很大的。因此，对于重要资产的使用，一定要有会签制度。

系统防护指的是在控制系统上采取的防范措施，具体包括以下内容：

- 完整准确地记录。尤其是财务会计记录，一定要有充足的文件和凭证轨迹，可以追查每一笔交易直至其发生的源头。这样，从制度上就可以对管理人员和财务会计人员形成威慑。
- 充分的文件证据和审计记录。凡是涉及财务和资产管理的文件都要完整地保留；内部审计和外部审计的记录也要完整地保留。并将数据按年度进行对比分析，以查找控制系统可能存在的漏洞。
- 对接触信息系统和数据库要有严格限制。不是谁都可以接触公司的信息系统和数据库的，有些数据库只能授权给专门的人。比如，为了保证会计数据的完整和准确，只能把财务数据系统授权给那些有权更改和察看交易的会计记录人员。而且对于信息系统和数据库的查看和使用一定要采用分散和分段的控制原则，也就是除了大老板之外，企业中应当没有任何一个人可以单独获得完整接触信息系统和数据库的权力，这一点对于商业机密和技术机密的保护是非常重要的。
- 中肯和及时的管理报告。审计委员会要按时（至少半年一次）组织管理层、财务管理人员、内部审计人员和外部审计人员形成及时和准确的管理报告，这对于确保信息披露的真实、全面和及时是非常重要的。

员工防护指的是从员工能力的培养和资源的配备上确保防护机制能真正在企业中落地执行：

- 会计和控制人员拥有足够的专业技能。一个企业的财务管理和内部审计部门是否合格的判断批准不仅仅是是否保证了财务安全，而应该是更高的标准，即能否帮助企业进行风险管控。这就需要会计和控制人员必须拥有足够的专业技能，而我国的《企业会计准则》又是经常变化的，这就需要企业的所有会计、内部审计和控制人员经常进行技能培训。

- 充分的资源。内部控制是需要成本的，这就要求企业要为防护机制提供其正常运转的各种资源。

- 关键岗位轮换制。尤其是当企业做到事业部制和集团制的时候，一般来说会在子公司和事业部中实行双线汇报制，即子公司的总经理由总部选派，财务总监也由总部选派。财务总监在财务安全上向总部负责，在业务上向子公司老总负责。这样做是为了让子公司老总和财务总监之间形成制衡。但是，时间长了之后，两人熟悉起来或许会共同做出不利总公司的事情。为了防止此类事件的发生，可采用岗位轮换制度，即将财务总监3年一轮岗。在岗位轮换制度实施中，有一点是需要注意的，对负责业务的管理人员不要轻易轮岗，因为这样做可能会引起管理人员的水土不服。一般是对人脉关系要求比较低的关键岗位，如财务总监、技术总监进行轮岗。

任何一家企业，如果按照上述西蒙斯教授所指出的那样构建了结构防护、系统防护和员工防护三位一体的防护机制，那么就基本上保护了企业资产的安全，为4种控制杠杆发挥作用创造了环境。

（6）控制模式促进战略实现①

对商业战略的控制可以通过综合利用来实现。西蒙斯教授认为，控制杠杆的作用不是依靠单独使用某个控制系统来发挥的，而是通过信念系统、边界系统、诊断控制系统和交互式控制系统这4种控制杠杆的综合作用，相互补充来发挥其治理公司的作用。西蒙斯教授提出，企业要实现利润增长，必须通过这4种杠杆对以下3种主要制约关系保持动态平衡，即在无限的机会与有限的注意力之间、既定战略与新生战略之间、关注自身利益与渴望奉献之间保持动态平衡。

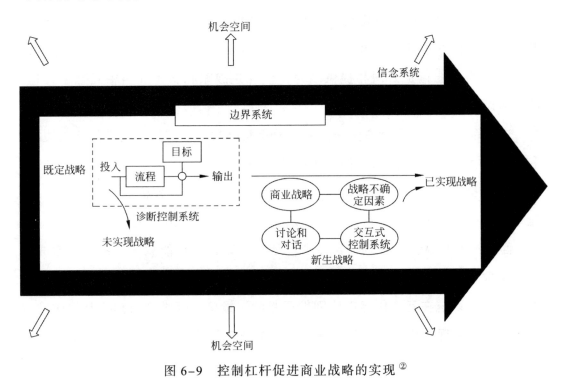

图6-9 控制杠杆促进商业战略的实现②

---

① 本小节内容参考以下资料改写而成：罗伯特·西蒙斯.控制[M].北京：机械工业出版社，2004：136-139.

② 罗伯特·西蒙斯.控制[M].北京：机械工业出版社，2004：137.

如图 6-9 所示就是西蒙斯教授提出的控制杠杆促进战略实现的原理图，图中的实际战略是既定战略与成功的新生战略二者之间的结合。

诊断控制系统起到的作用是协调和监控既定战略的实现。诊断控制系统为组织内的成员设定了工作目标，排除了干扰，并配备相应的资源，帮助组织成员成功。这样就能满足他们希望做出成绩和得到赏识的内在愿望，从而更愿为企业创造更多的价值。

交互式控制系统起到的作用是促进和影响新战略的产生。从个人的角度上看，交互式控制系统有助于满足个人对创新的内在愿望，并提供创新的尝试机会，奖励具有创造性思想的员工。

信念系统的作用既激发既定战略，又激发新生战略。信念系统通过激发管理层为企业做贡献的行为来达到激发战略的目的。按照西蒙斯教授的提法，信念系统为企业指定方向和提供动力，使既定战略和新生战略相互融合，指导和鼓励个人寻找机会。

边界系统的作用是确立竞争规则，确保实际战略不超过可接受的战略边界和商业行为边界。边界系统使员工明确可以做什么，不可以做什么，做错事要付出什么样的代价。这样，就可以将管理层和员工寻找机会的行为界定在董事会希望的范围之内，避免资源的浪费以及商业道德风险的出现。

西蒙斯教授认为，任何一家企业的战略实现都不可能靠一个系统来完成，而是依靠以上 4 个系统的共同作用对既定战略的实施和新生战略的形成进行控制，这些系统在互动作用中分别发挥激励、量度、促进学习和控制的作用，从而有效地实现组织目标，创造性地适应市场竞争环境和获得利润增长。

第 7 章

经理人道德风险的关键防线

7.1 股权激励为什么是关键防线

7.2 "三金之术"与股权激励的目的

7.3 什么样的公司适合做股权激励

7.4 经理人报酬结构的现状和趋势

7.5 设计和实施股权激励的关键要点

7.6 特殊情况下股权激励计划的调整办法

严格来讲，股权激励应该称为经理人的长期激励性报酬，不过经理人90%的长期激励性报酬是通过"股权"或"期权"的形式来实现，因此通常将其称为"股权激励"。股权激励是公司治理机制中最重要的环节和内容，也是公司治理制度在中国上市和非上市公司中应用得最多的内容。股权激励直接解决委托代理关系产生的关键性问题——利益不一致，通过股权或期权使经理人的身份变成劳动者和所有者的双重身份，使得老板和经理人成为利益的共同体。股权激励驱动经理人不断努力提高公司业绩，将企业的长远发展、股东价值最大化与经理人自身的价值追求高度统一起来，实现"放眼未来，风险共担，利益共享"的局面。

设计得当的股权激励制度，本身就是一种最巧妙的约束制度。如同一只"金手铐"，既充满极大的利益诱惑，又有效地约束了经理人在传统薪酬激励方式下"竭泽而渔"的短期行为，有利于实现企业的可持续健康地发展。实施股权激励，实际上就是将经济激励渗透到资本的增值过程中，将经理人的积极性问题转换为他们如何对待公司的未来业绩和公司股票价格走向的问题，让为公司做出突出贡献的经理人能够充分、合理地分享其辛勤创造的成果，消除他们的利益失衡心态，从利益机制上、从源头上防范并有效遏止了经理人私下做出不利于老板的行为。

7.1 股权激励为什么是关键防线

在经理人道德风险的六道防线中，我们将股东大会制度、董事会制度、信息披露制度、公司控制权市场理解为基本防线，将股权激励理解为关键防线，这是为什么呢？

在我给 EMBA 和金融投资 EDP 上课中,第一天的上课内容讲授的前面几章的内容,第二天的内容是股权激励的内容。几年下来,我发觉大家更感兴趣的是股权激励的内容,课后找我沟通或帮着设计方案的大都是股权激励。为什么会这样呢?道理其实很简单,前面几章的内容主要适用于上市公司或规模比较大的非上市公司,而目前各高校的 EMBA 和金融投资 EDP 的学生的企业绝大部分是非上市的中小微民营企业,对他们来讲,本书前面的内容听一听是有好处的,怎么着也拓展了知识结构。前面的内容对那些公司有上市计划的同学是非常有用的,但是对于上市可能还有一段时间的同学来讲,他们暂时是无法直接用上的。但股权激励不一样,现在所有的老板,不管这个企业是否上市、是否有上市计划、是大是小,都在琢磨着将管理层和核心骨干员工留住,并吸引外部的优秀人才加入,靠传统的激励方法已经不可行,唯有股权激励才能更好地留住优秀人才。因此,股权激励是公司治理在中国应用得最多的一个制度。

7.1.1 约束制度的局限性

监督和管控是约束制度最主要的功能,是公司治理的基础所在。但是如果只依靠约束制度是解决不了公司治理的所有问题的。

首先,约束制度解决不了引起经理人黑老板的源头问题。信息不对称、监督困难和利益不一致是导致经理人黑老板问题的根本原因,公司治理的解决思路应该是:让老板和经理人之间信息尽量对称、监督尽量容易、利益尽量一致。但是股东大会制度、董事会制度、信息披露制度、独立的外部审计制度和控制权市场等基本防线构成约束制度仅仅只是从管理和控制上尽可能使信息对称一些、监督尽可能容易一些。股权激励正是在这些基本防线的基础上,试图解决经理人和老板之间利益不一致的问题。

其次，约束制度不能过多、过细，否则将会影响管理效率和效力。任何约束制度都是有成本的，在制度设计中，一定要考虑成本和收益之比。不能为了约束而约束，比如某家刚刚起步的非上市公司，在管控上采用前面两章讨论的内容对经理人进行监督和管控，这是没有必要的，因为这个时候企业的管理可能依靠老板的亲力亲为再加上KPI绩效考核就足够了。而如果非得按照大型上市公司的公司治理制度来管理，管理成本不仅增加，而且收效甚微。

最后，再严密的制度，也不可能获得关于经理人的所有信息。公司治理研究解决的不是普通员工的问题，而是经理人黑老板的问题。对于普通员工的有效监督比较容易实现，因为我们可以给他的工作进行具体的量化，每天、每周、每月都可以进行检查，员工每天干了什么事，我们一清二楚。但是，对于管理层来说，他的信息是隐蔽的，在这种情况下老板如何对经理人进行有效监督呢？

因此，只要企业发展到一定规模，老板不可能拥有百分之百的信息，而且也不可能对经理人实现完完全全的监督，并且还存在利益不一致这一更重要的问题，那么如何保护股东的剩余索取权呢？现实而有效的解决思路是：既然保护不了自己的剩余索取权，那就对拥有剩余控制权的经理人进行"贿赂"，和他分享产权，把股东的利益和经理人的利益捆绑起来，产生共同利益，成为利益共同体。正因为如此，经理人的股权激励问题一直是公司治理关注的焦点。

7.1.2 对经理人进行有效激励的关键要素

约束制度是为了实现老板对经理人的有效监控，而股权激励是为了实现老板对经理人的有效激励，彻底理顺老板和经理人关系的关键所在。现代股权激励起源于美国的上市公司，风靡于全球的上市和非上市公司。因此，我们可以认为,股权激励是企业发展到一定阶段自发的需求,能不能科学合理地设计股权激励,直接关系到老板能否对经理人进行有效激励,关系到公司能否可持续健康地发展。我们可以从下面两个案例检验一下这个结论。

【案例 7.1】为什么中国的软件企业做不大

在 EMBA 和金融投资 EDP 课堂上,我每次上课时都会询问是否有学生从事软件行业?当确认有来自软件行业的学生时,我便会问他们:"贵公司有多少名员工?"绝大部分学生的回答都是几十人。我接着问其他学生:"几十人的企业大还是小。"得到的答案大多是"很小"。

确实,对于别的行业来讲,创业的时候员工可能就会超过 100 人,20~50 人的规模自然是小了。但是,对于软件企业来讲,20~30 人的规模已经不小了,如果到了 50 人规模就已经很大了。在中国,员工超过千人以上的软件企业,是非常少的,像用友和金蝶这样的公司在中国不多,但是这两家公司与国际知名软件公司相比,仍具有较大的差距。

迄今为止,还没有一家中国软件公司有可能做成像微软、SUN 或甲骨文这样的世界顶级软件公司。难道是我们中国人不聪明?答案显然不是这样的,在这些世界顶级软件公司中,有大量的华人工程师,而且不少人已经坐到技术高管的职位。为什么中国人自己的软件公司做不大、做不强呢?

这里主要有两个问题:一个是市场盗版问题;另一个是内部盗版问题。在中国,由于早些年知识产权保护不力的问题,盗版的现象非常猖獗,这对于软件企业的发展是非常不利的。但是近年来,政府对专利、商标、著作权的保护越来越完善,市场盗版已经不再是阻碍软件企业发展的绊脚石。

中国软件企业做不大的主要原因实际上是内部盗版问题。软件企业的核心竞争力是人才,而且这个行业的资金门槛是非常低的,10 万元就可以注册一家软件公司。因此,很多工程师一旦手头有一定的资金便自立门户去了。而且走的时候他们还会带走下面的一批优秀人才，并且带走公司的客户、技术和各种机密。

北京中关村是中国软件企业扎堆的一个区域，园区的管委会曾做过这样的统计：在某一年，园区内400多家软件公司倒闭了，但同时却有700多家新的软件公司注册。有趣的是，新注册公司中的股东都是从倒闭的软件公司中出来的工程师、研发部经理或总经理。按照这样的逻辑演变下去，软件行业在中国是没有出路的，更不可能做大、做强。

为什么微软、SUN和甲骨文能做大、做强呢？将中国的软件企业与之相比，我们发现，在这些世界顶级软件公司中，一直坚持着各种各样的股权激励计划，如股票期权计划、限制性股票计划、员工购股计划和利益分享计划等。这些企业并不是到现在才开始使用股权激励的方法，而是在企业初创的时候就利用股权或期权对经理人和核心骨干员工进行利益捆绑了。但是反观中国的软件企业，在这方面做得还很不到位，这就是为什么中国软件企业做不大、做不强的主要原因。

对于像软件公司这样的高科技企业或知识型企业，它们的核心竞争力是经理人和骨干员工的人力资本，其公司业绩的取得高度依赖于这些人的人力资本，因此股权激励就具有非常重要的意义。企业想要成功，从创业初期就需要考虑股权激励事宜。因为对于这类企业来讲，产权保护是很困难的。产权保护越困难，产权的分享就越重要。

比如老李家有一棵核桃树，这棵核桃树离他们家比较远，离老王家比较近，老李很难阻止小孩子去打核桃，而且还发现老王家偷核桃是最多的。于是老李想了个办法，每年秋天打了核桃之后都要送两筐给老王家，从此以后，老王家不但不偷核桃，而且还帮着阻止其他小孩偷核桃。

这个道理非常适合解释企业为什么要做股权激励：当你的产权没法有效得

到保护的时候,你一定要将股权和最容易"偷窃"你资产的人一起分享,也就是让你和他变成利益共同体,这时候他要是再"偷"你的,和"偷"他自己没有什么区别。如果老板经常不愿意分享股权,最后不但核桃没有收获,连核桃树也可能被人家扛走了。

当然,上面的案例讲的是股权激励对于人力资本依附性比较强的企业是至关重要的。那对于传统行业来讲,股权激励又有什么用呢?

【案例 7.2】发钱多了为什么反而不好意思要求员工有主人翁精神

2008 年 3 月份,江苏常州有一个企业家到北京找我。这个企业家是做建筑起家,现在有四家公司,一家建筑公司、一家房地产开发公司、一家建筑设备租赁公司和一家农贸市场。他从事的行业是非常传统的行业。

这个企业家 2007 年 12 月在上海听过我的课,找我的目的是帮他看一看他给管理层和核心骨干员工设计的股权激励方案行不行。一般来说,找我设计方案或者帮着审核方案的企业家都是听过我的课程,认可我的理念,才找到我的。在课堂上,我当然会讲股权激励如何如何重要,但那是我的理解。因此,凡是请我设计方案或者帮忙看方案的同学,我问他的第一个问题一定是:"你为什么要做股权激励。"

他回答:"马老师,现在不做不行了!"

我问:"此话怎讲?"

他向我解释,当初创业的时候他没有多少钱,跟他干的兄弟们如果跟别的老板干,在当地可能会挣到年薪 15 万元,但是他只能给到 10 万元左右。由于兄弟们服他,觉得跟着他干有前途,因此都接受了。而且在创业的时候,他一开会就要求大家要有主人翁责任感,大家的主人翁责任感确实也很强,每个人都把自己当成企业的主人。

他接着向我说,现在他的企业在当地已经数一数二了。他的兄弟们在别的老板那可能一年能挣到20万~25万元,他给的是30万~35万元。这个同学其实真的还算不错,相当于是将当初欠兄弟们的慢慢地还了回去。但是他说:"马老师,就在现在多发钱的情况下,我已经不好意思要求他们要有主人翁精神了!"

我问他:"为什么?当初发钱少的时候你要求大家有主人翁责任感,现在发钱多了为什么反而不好意思要求了呢?"

他向我解释:"当初我给他们的钱虽然少,但是我每年往家里拿的钱更少,除了基本生活费,我把绝大部分利润都用于企业再发展了。他们服我,觉得企业未来的发展是有比较好的预期的,因此愿意跟着我干。现在,虽然我每个人可能一年多给了5万~10万元,但是我每年从公司往家里拿的钱是几百万元甚至上千万元,这时我再要求他们要有主人翁精神、有责任感,我感觉我在纯粹忽悠他们为我挣钱,我心里过不了这个关!但是我确实希望他们把自己当成公司的主人,因此就只能把他们变成主人了。"

这个案例给了我很大的启发:企业做到最后是靠人来运行的,因此企业要想可持续地健康发展,必须对经理人进行有效的激励。而传统的激励方法都难以做到,中国的企业家都自发地将目光聚焦到股权激励上。这是来源于企业实践的需求,理论界又是怎么认识这个问题的呢?

1998年11月,在法国里昂举行的八国(美、英、法、德、日等)经济管理研究会议上,专家们达成一个共识:对经理人的激励主要取决于以下三个要素:

- 信念;
- 心理状态;
- 利益。

信念是价值观的问题，在对人力资本激励中的作用无疑是重要的，在一些企业中，老板已经给经理人足够多的钱、足够多的股份，但是依然留不住经理人，一个很重要的原因就是经理人的价值观和老板的价值观产生冲突。

心理状态指的是在经理人的内在需求能否得到满足。作为经理人，是为老板打工的，但是他也有独立的人格，老板是否尊重他？他的职业生涯规划在老板提供的平台上能否实现？在公司一直做下去，他对未来是否有安全感？

信念和心理状态对于留住、激励和吸引经理人非常重要，代表着经理人内在的需求能否得到满足。如果一个研究管理学或领导力的学者来分析这三个要素，他们一定会认为这两个要素是最重要的。但是得出三要素结论的主要是经济学者，用我的话来讲，经济学者们都是比较"俗"的，公司治理脱胎于经济学，因此我自己也是比较"俗"的。我们认为，信念和心理状态确实很重要，但是它们属于锦上添花，根本作用，属于雪中送炭的是"利益"这个要素。因此，从经济学和公司治理的角度来看，对经理人进行有效的激励，首先是要平衡好老板和经理人的利益，在此基础上再解决信念和心理状态问题，这样才可以对经理人进行有效的激励。

从全球范围内的实践来看，在运用利益调动经理人积极性的方式中，股权激励是最有效的激励措施。

7.1.3　股权激励的约束性

全球范围内，对于用利益来调动经理人的积极性，无疑是美国的老板们认识得最深刻，做得也是最到位的。我们将从福特的5美元工作制开始分析到股票期权计划，从案例分析中看一看股权激励的激励性和约束性分别体现在什么地方，为什么说"设计得当，股权激励是一种最有效的约束制度"？

在中国传统意义的股权激励起源得很早,在《乔家大院》中晋商乔致庸给掌柜们的身股实际上就是现在所说的干股或分红权,但这还算不上现代意义的股权激励。第一次使用现代意义股权激励的公司是美国的辉瑞制药公司,20世纪50年代,辉瑞制药公司为了避税,用股票期权支付经理人的奖金[①]。后来,辉瑞的老板们很快发现,使用股票期权,不仅可以达到避税的效果,而且对经理人的激励更加显著。于是,辉瑞就坚持用股票期权激励经理人。美国其他的大公司也开始纷纷学习和仿效,经理人的股票期权计划就在美国流行开来。但是,股票期权对于有些公司并不适合,因此,以股票期权为模型衍生出了多种股权激励的方法。20世纪90年代之后,股权激励在全球范围内流行开来。中国的企业家是从2000年之后开始关注这种新的激励方法。

那么在使用股票期权之前,美国的老板们是如何运用利益调动经理人的积极性的呢?福特的5美元工作制出现在辉瑞制药使用股票期权半世纪之前,但是它和股票期权在激励约束机理和效果方面如出一辙,我们就从这个案例开始分析。

【案例7.3】福特的5美元工资制[②]

美国著名企业家亨利·福特(也称老福特)于1903年创立福特汽车公司。为了提高生产效率,老福特利用流水线批量生产汽车,使汽车从富人的奢侈品走入美国工薪阶层家庭。为配合新引进的生产方式,老福特还采取了另一项重大举措,就是大幅度提高工人工资。1914年1月5日,老福特宣布了福特汽车公司工人新的薪酬方案:最低日工资从2.3美元提高到5美元,每天的

[①] 按照美国税法的规定,用股票期权支付奖金是可以少交一些税的。
[②] 资料来源:(1)于中宁,赵瑜.管理哲学:从福特到盖茨(一).经济导刊,2002(1);(2)卢锋.激励的效用.工厂经理世界,2003(14).

工作时间从 10 小时减少到 8 小时，另外还有利润分享计划。当年美国人均年 GNP 为 385 美元左右，行业内工人日平均工资约为 2.5 美元，而一辆汽车的价格才 440 美元，"5 美元日工资"的标准似乎令人难以置信，一时成为美国各地报纸热炒的新闻。

老福特的这个决定引起了巨大的轰动。底特律的曼彻斯特大道拥挤到让人难以移动，找工作的人在福特公司门前排起了看不到尽头的长队，每个人都想到福特上班，因为他们现在的收入连 5 美元的一半都不到。1914 年 1 月 12 日，这是一个寒冷的冬日，气温接近 0℃，但这一天却因为 5 美元的正式生效，而变得极其炙热。但不是所有的人都像福特的员工那样拥护这个做法，其他汽车制造商认为老福特这样做会毁了整个汽车工业。舆论则一致认为，老福特"疯了"。

其实，老福特这样做并非像当年媒体所说的是"慷慨义举"，而是针对当时管理环境和竞争压力所采取的应对措施。在 20 世纪早期的美国汽车城底特律，工人与工厂仍沿袭一种传统的半松散式的雇佣关系：有活时工人来工厂上班，没活时工人回家。工厂无须在停工时给工人发工资，工人自然也没有义务对雇主作出长期稳定工作的承诺，纪律性也较差，工人的流动性极大。1913 年，福特工厂每 100 个工作职位就要招聘 963 人次，为此，公司需要不断为新招聘的工人办短期培训班。公司不断增加的各种福利制度也不能留住人。

面对流水线生产带来的工人高流动性，其他企业将其看成是生产常态，把增加的成本转移到产品价格上，转嫁给消费者。于是，处处以消费者为第一的老福特才做出这个创新之举：用大幅提高工资和利润分享计划来减少工人的流动性，从而降低成本和提高效率。

这是一件违背常理的事：高工资能降低成本吗？老福特认为可以，秘密就是高效率的人和他的积极性。老福特从自己的经验中知道，高工资能留住最好的工人，招来更多的好工人，还能使他们更努力工作，他把这招称为"效率工程学"和"利润分享"，也就是我们今天所说的"激励"。

实行日工资 5 美元后的 3 年中，福特公司的旷工率从 10% 降到了 0.5%，工人们开始以在福特工作为荣，在休息日还要将公司的徽章别在领带上。福特公司的利润提高了近 3 倍，从 1914 年的 2 500 万美元增加到 1917 年的 7 000 万美元。实际上，福特公司每新增加的 10 美元利润中，只有 3.5 美元用于给工人提高工资，而其他 6.5 美元都落入老福特的腰包。

1918 年，当新方案的强大作用充分展示，人们最后一点怀疑也被一扫而光后，老福特骄傲地在董事会上说："一天工作 8 个小时，工资 5 美元，这是我们最成功的降低成本的方案之一。"

吸引其他企业的工人这点是容易解释的，但是再没有对自己工人进行威胁的情况下，就将他们的工资涨到市场价格的两倍，会有效果吗？从管理学的薪酬管理的角度是解释不了福特 5 美元工作制所取得的效果。因为按照薪酬管理的思想，当工人的生产效率只是市场的平均水平时，是不应该给他们涨工资的，而是要求他们不仅能长期稳定地工作，并且能够保持"清洁、冷静"的高效率状态，再给他们涨工资。

但是老福特并没有这样做，而是果断地将工人的日工资涨了两倍，大家注意，涨的不是 0.1 或 0.2 美元，而是两倍，这对于工人的月工资提升是非常显著的，对工人的家庭生活质量改善也是非常显著的。而我们每个人都知道，生活质量由俭入奢易，由奢入俭难。工人为了不让自己的家庭生活质量下降，就只有玩命干，提高工作效率，因为 5 美元日工资的工作就独此一份，错过这个村就没有这个店了，况且每天工厂门口都有大量的应聘者，稍不留神就被替代了。以前大家都是日工资 2.5 美元的情况下，工作效率高低对工人没有任何影响，在福特干不下去，还可以去别的公司。

因此，老福特的"5美元日工资"本质上是一项约束措施。靠什么约束？不是严格的监管和缜密的合同，因为这样做的管理成本是很大的，老福特采用的是看起来成本更高，但实际上却降低了管理成本的方法：给一个远高于市场行情的工资，让工人自我约束。从经济学的角度解释，老福特通过远高于市场的工资增加了工人的失败成本，工人为了保住每日5美元的工作只能努力地提高生产效率，这就是"5美元日工资"的内在约束机理。

在美国，对于用高额利益来增加经理人的失败成本，并不是只有老福特意识到，华尔街的老板们对此的认识也是非常深刻的。

【案例 7.4】失职的华尔街高管反而被加薪

当2000—2003年美国的一些大公司如安然、世通等集体出现公司治理丑闻的时候，大家都在责骂华尔街投行的高管。华尔街的投行是这些出现丑闻公司的机构股东，大家都纷纷埋怨他们没有做到尽职地监督，大家都以为他们应该给这些失职的高管们降薪。

但是，出乎意料的是，华尔街的老板们纷纷给这些没有尽职的高管涨了20%~30%的工资。这是为什么呢？

其实他们涨工资的理由和福特的"5美元日工资"是一样的。全球的金融中心一直都在华尔街，以前华尔街投行高管们的工资在全球是一枝独秀，失败成本是很大的。但是，20世纪90年代之后，世界各国的资本市场包括中国的资本市场逐渐兴起。新兴的资本市场需要金融人才，从哪里找？当然直接从华尔街"挖"。于是，20世纪90年代中期之后，新兴资本市场给华尔街投行高管们开出的薪酬已经等于甚至高于华尔街老板们开出的薪水。

在这种情况下，华尔街投行高管们的失败成本已经没有了。以前不尽职工作，一旦被老板辞退，就挣不到高工资。而现在选择的余地越来越大，不在华尔街干，还可以去上海；刚接到中国人的邀请，开出的报酬高于现在的报酬。

华尔街的老板们认为,失败成本的消失正是高管们失职的重要原因,因此为了加大经理人的失败成本,纷纷给他们涨薪水。

像以上案例这样的制度设计有很多,香港公务员的高薪养廉也是加大失败成本的一种成功做法。股权激励内在的约束性恰恰也是在给予很大激励的同时,加大了经理人的失败成本。下面,我们再来分析一个股票期权的例子。

【案例7.5】王先生的股票期权计划

A公司是一家中国上市公司,三年前聘请王先生做副总裁,今年CEO退休后,公司董事会决定聘请他为CEO。董事会给王先生提供的报酬是,年薪和年终奖,即按照中国上市公司CEO的平均水平给以60万~80万元;然后授予王先生一个股票期权计划:在其就职的2000年1月1日,公司授予他在2003年1月1日以后的一年时间中,以2000年1月1日当天公司股票的平均价格10元购买本公司100万股普通股股票的权利。这就是一个典型的经理人股票期权计划。

这样在2003年后,王先生就可以根据当时的市场价格来决定是否行使这个权利。如果在2003年,公司股票价格低于10元,则王先生就放弃行使期权,期权收益为0,同时承担声誉损失。相反,如果公司股票价格超过10元,且王先生这几年中没有辞职,则他就会行使期权,则他由此获得的收益是每股增值乘以100万股的收益。

我们假设,资本市场是正常发展的,没有遇上牛市或熊市;而且公司的成长性也是正常的。那么,王先生在这三年的时间内,将公司的股票价格从10元提高到20元是非常容易的,这样他就会有1 000万元的收益;如果公司股票价格提高到30元,他的收益就将得到2 000万元。我们取个平均数,假设三年后股价为25元，则王先生的收益是1 500万元。

而A公司给王先生提供的年收入为60万~80万元，如果没有股权激励的收入，他的收入要达到1 500万元的收入需要将近20年的时间，而且未来20年的时间个人是很难掌控的，这中间公司出点问题，或个人身体出点问题，1 500万元的收入目标就不可能实现。但是有了股票期权计划，王先生就有机会在三年的时间内获得1 500万元的收益，而要对未来三年的事情进行掌控还是比较容易做到的。因此，从这个角度来看，如果王先生的"年薪+年终奖"叫"钱"的话，那么股票期权的价值就是"黄金"了。

而A公司只要给了王先生上述的股票期权，那么就加大了他的失败成本，让他只能留在公司，为公司创造更多的价值。

股权激励的内在约束性体现在其给经理人带来的巨大失败成本，即通过长期的股权激励计划诱惑经理人对其特质性人力资本进行投资，在企业依赖其人力资本提高生产率的同时，加大了经理人离开公司的失败成本。

经理人是靠人力资本吃饭的，而每个人的人力资本分为通用性人力资本和特质性人力资本，有价值的往往是特质性人力资本。通用性人力资本指的是那些对任何工作、在任何企业都具有相同价值的技能和知识，比如一个清华大学的老师离开学校去一家公司打工，那么他的组织管理能力在清华是可以用的，在公司也是有价值的。但是决定一个人的人力资本价值高低的更多不是通用型人力资本，而是特质性或专用型人力资本。特质性人力资本指的是那些只对特定行业、特定企业才有价值的技能和知识，比如，清华大学的老师，其教课的能力和进行学术研究的能力只有在学校才有价值，离开清华大学，就没有什么价值了。如果这个老师到一家培训机构任职，那么其授课的能力还能用得上，但是学术研究的能力就浪费了。当然，也有人说，一个清华大学的副教授如果到一个普通高校去任教，更有可能评上教授，那么为什么清华大学里的副教授很少去一般高校做教授呢？一个人的特质性人力资本往往还会和这个企业相关，离开这个企业，很多特质性人力资本就沉没了，是带不走的。在清华大学和北京大学，有很多老师在副教授阶段就作为课题负责人完成了国家级的课题，这在一般高校是难以想象的。实际上，自然科学基金会和社会科学基金会将国家级课题交给清华和北大的副教授，并不意味这些副教授的能力如何超群，而是基于对清华和北大的信任。因为一个清华大学的老师，如果离开了学校这个平台，那么很多的特质性人力资本也就沉没了。

这就是我们平常所说的"做熟不做生"的道理！因为一旦离开公司、离开这个行业，带走的只有通用型人力资本，而关于行业和企业的知识、经验、人脉等特质性人力资本是带不走的。

获得人力资本的一个重要方式是进行人力资本投资。当经理人获得高额的股权激励时，就会预期到在本企业工作的时间会较长，为获得股权所带来的超额收益，他们将加大对特质性人力资本投资的力度。当然，一个人拥有的特质性人力资本越多，离开公司的积极性也就越小。因为只有留在本企业，其人力资本才是最有价值的，才有可能获得更多的股权激励。由于其特质性人力资本对于其他行业的价值不大，就不会给他提供优厚的薪酬。

而且，在对经理人提供了股权激励的前提下，即使同行业主要竞争对手提供了看上去更为优厚的股权激励报酬，这时候经理人离开的可能性很小。比如，在案例7.5中，A公司的主要竞争对手B公司给王先生开出的薪酬，年薪和年终奖也是60万~80万元，假设B公司的股价也是10元，给王先生的股票期权是为期三年的200万股，比A公司的期权多了一倍，王先生会走吗？如果王先生是个理性的人，经过慎重分析，他是不会走的。因为，王先生到A公司担任副总裁3年，3年时间里王先生已经非常熟悉公司的情况，树立了权威，也建立了广泛的影响力。只要他愿意接任CEO的职位，就可以带着公司创造更多的价值,3年时间,是很有可能将公司股价做到20元,从而获得1 000万元的收益。但是如果王先生离开了A公司,那么他在公司的人脉、权威、影响力等是带不走的。到了B公司,他要重新熟悉情况,适应B公司的文化,重新树立权威和建立影响力,这个过程至少需要一年半的时间。那么,离期权到期他就只有一年半的时间,在有限的时间里顶多将股价从10元做到13元,最终也只有600万元的收益。你说他会离开A公司吗?

以上分析的就是股权激励的内在约束性,是由股权激励方案本身所带来的,这也是股权激励最主要的约束性。我们还可以在此基础上加入各种各样的外部约束条件,让约束性更强。比如,我们可以在上述案例的基础上提高业绩要求,并且改变行权方式,甚至收取风险抵押金,让期权计划的约束性更强。

标准的股票期权计划有一个隐含的业绩条件,就是行权时的股票价格不能低于授予的行权价格。如果公司对这个业绩标准不满意,那么就可以提高行权的业绩要求。这是以案例7.5为例,假如A公司的董事会对王先生说,我们公司的成长性非常好,不管张三还是李四来做CEO,3年后都可以将公司股价做到20元左右。你是人才,公司对你有更高的要求,行权时的业绩标准是每股价格不能低于20元。没有这个业绩标准,3年后只要股票价格超过10元,王先生就可以行权,就会有股权激励的收益。但有了这个新的业绩标准之后,他必须更加努力地带领团队增加公司价值,使得股价在3年后超过20元,才会有股权激励的收益,这就要求王先生必须比以前付出更多的努力。

由此看出,A公司捆绑了王先生3年,但是A公司的董事会觉得不够,希望多捆绑几年。董事会将股票期权计划做了修改,采用了一次授予,分三次行权的做法:2000年1月1日,公司授予王先生100万股的股票期权,授予价格10元,可以2003年、2004年和2005年分别行权20万股、30万股和50万股。在新的计划中,A公司捆绑了王先生6年。

A公司还可以在行权之后规定锁定期来延长捆绑王先生的时间。比如在一次授予、三次行权的基础上，方案中规定行权之后有一年的锁定期，锁定期内是不能转让或出售股票的。因此A先生在行权之后还需要努力工作，争取好的业绩，使得公司股价继续上涨。如果公司在2000年后没有授予王先生其他的股权激励，那么，王先生可以在2006年卖出自己所获得的奖励股票，这样A公司通过上述的外在约束条件捆绑了王先生7年。

国外的经理人股票期权计划一般是免费授予的，但是我国的一些企业会要求经理人在获得期权计划奖励的时候向企业交纳一笔抵押金，如每股需缴纳1毛钱的抵押金，如达不到业绩要求，放弃行权，抵押金就归公司所有。在案例7.5中，如果每股需要1毛钱的风险抵押金，对于王先生获得100万股股票期权奖励计划就需要交纳10万元的抵押金。

以上介绍的提高行权的业绩标准、"一次授予，分次行权"、设置锁定期、收取风险抵押金等都是附加在股权激励计划上的各种外部约束条件。当股权激励的内在约束和外在约束相结合，与其说股权激励是激励制度，倒不如说它是一种巧妙的约束制度。

7.1.4 股权激励是关键防线的三个理由

根据上节的分析，我们认为股权激励之所以作为经理人道德风险关键风险的原因主要有3个：

（1）真正形成"放眼未来，风险共担，利益共享"的利益共同体

企业的发展，终归是要依靠人的。因此，解决好股东和经理人之间的信任关系就成为企业能否健康发展的关键问题。股权激励制度体现了拥有财务资本的股东对拥有人力资本的经理人的尊重，能够加强股东和经理人之间的信任。具体来讲，股权激励制度就是充分尊重和理解经理人的价值，将经理人

及附加在其身上的人力资本要素与企业利益分配的问题制度化，按照"资本＋知识"进行分配。在这种新的利益分配模式下，不再是"资本雇佣劳动"，而是"资本与劳动的合作"，即股东以财务资本对企业进行投资，经理人以自己的人力资本对企业进行投资。

在经理人的人力资本得到认可而获得股权激励后，经理人的利益与企业的发展休戚相关，经理人与老板真正形成了一种更加紧密的利益共享、风险共担、荣辱与共的新型关系。股权激励赋予了经理人以所有者和劳动者双重身份，经理人既能获得劳动报酬，又可享有资本的剩余索取权，大大增强了对经理人的激励强度。对获得股权激励的经理人来说，只有在增加股东财富的前提下才可同时获得更大收益，从而与股东形成了利益共同体。这种"资本剩余索取权"驱动经理人不断努力提高公司业绩，实现了企业长远发展及股东利润最大化与经理人自身的价值追求的高度统一，有效地解决了经理人黑老板的问题。

（2）股权激励有利于经理人的自我实现需求得到满足

股权激励的盛行，除了其能带给职业经理人可观的财富，甚至造就"一夜暴富"的神话外，关键还在于其有一种其他激励方式所无法带来的精神上的满足感。

根据马斯洛的需求理论，每个人都有5个层次的需求，即生理需求、安全需求、爱与归属需求、尊重需求和自我实现需求。按照马斯洛的观点，满足了低层次的需求之后就会发出更高层次的需求。这就是说如果希望激励某人，就必须了解此人所处的需要层次，然后着重满足这一层次或在此层次之上的需求。对人们在工作中的激励可分为物质激励（主要为薪酬激励）和精神激励、行为激励（如职位的提升）三种方式。对于普通员工，薪酬待遇主要满足其生理、安全和爱与归属需求。精神激励和行为激励也可以满足爱与归属需求和尊重的需求。而对于企业的经理人，因为自身作为整个企业的重要决策者和运作者,精神激励主要来自其自身内在的驱动力。给予经理人以高额股权或期权对其激励的作用是巨大的,高额的股权激励不仅仅满足其生理、安全、爱与归属和尊重的需求,也可以极大地满足其自我实现的最高层次的需求,因为财富是市场经济中经理人成功的一个重要标志。因此,股权激励看似一个薪酬问题,其实有着深刻的内涵,它对经理人来说不仅可以增加自己的财富,而且还意味着获得成就、尊重、信任、荣誉等。

因此,对经理人进行股权激励,无论对他们的自我完善,还是对于组织的发展都具有极为重要的意义。对于经理人来说,自我实现的满足感还来自对企业的归属感和拥有感。同样都是为老板打工,为公司的股东经营公司,为属于股东的公司的增值而工作,任职于任何一家公司都没有分别。这就造成了一种强烈的无归属感,因为除了一纸聘任合约和经理人的职业道德之外,经理人与所属公司没有其他任何联系。从心理上来说,这种分离状态永远无法激励出经理人的最大潜质,更不会产生工作满足感或愉悦感。而股权激励的出现,从某种意义上讲,使得经理人同样成为公司所有者的一部分,而公司也真正成为自己事业的一部分,因而经理人与公司可以达到精神意义上的"共生"状态:为老板干也是为自己干,干老板家的活跟干自己家的活是一回事,这种精神上的满足是难以从其他激励方式中得到的。

(3)股权激励的约束性使其成为最巧妙的约束制度

股权激励的激励性主要体现在让经营者持有股票或股票期权,使之成为企业股东,来分享企业剩余索取权。股权激励将经营者的个人利益与企业的利益捆绑在一起,或者说经营者的大部分收益来自公司股票或股票期权的收益,最终完全取决于公司真实价值的增长,所以这种激励方式可以激发经理人从企业所有者的角度出发全力工作,实现企业价值最大化和股东财富最大化。与经理人的年薪和年终奖相比,股权激励的价值无疑是具有"黄金"的价值。在资本市场的杠杆作用下,股权激励比传统的激励方式具有更大的想象空间。

同时,股权激励本身给经理人带来的巨大失败成本成为股权激励的约束性,而且附加在股权激励计划上面的各种外在约束条件近一步加大了对经理人的约束性。因此,经理人明知股权激励具有很大约束性,也愿意接受,他们所看重的无疑就是股权激励比传统激励制度具有更大的价值。

7.2 "三金之术"与股权激励的目的

股权激励中一个很重要的问题就是如何确定激励对象。股权激励是公司治理的一种手段,而公司治理主要解决的是经理人黑老板的关系问题。因此,股权激励绝对不是像年终奖一样人人有份。那么股权激励应该给谁呢?

在讨论股权激励给谁的时候,一定要思考股权激励的目的是什么?给了股权激励之后,能不能达到最初的目的?这是问题的关键所在。

7.2.1 "三金之术"与激励对象的确定

股权激励的初衷是为了减少经理人和老板之间的利益不一致问题,是防止经理人黑老板的关键防线,那么股权激励对象应该如何确定呢?股权激励就是要将股份给那些最有可能接触到公司核心技术、核心资源的人,因为他们是最容易黑你的人。但是如果公司和他们分享了产权,他们也就成为公司在市场经济中为公司保驾护航的最安全护航员。根据这个原则,股权激励的对象主要是以下 3 种人:

- 现有骨干;

- 过去功臣；
- 未来人才。

（1）授予现有骨干金手铐

任何一家公司在实施股权激励的时候，激励对象都会考虑董事会成员、高管人员和核心骨干员工。这些人是目前对公司非常重要的人力资本，公司的价值依赖他们去创造，因此要将他们对个人利益最大化的追求转化为对企业利益最大化的追求或者两者追求方向一致，使得他们能够分享企业利益的增长，从而让他们更加关心公司的长期价值。因此要对这些现有骨干授予具有高额价值的股权激励，让股权激励在其薪酬结构中占据绝大部分的比例，使得股权激励与传统的年薪和年终奖相比，具有黄金的价值，目的就是将他们留住并激励他们为公司创造更大的价值。

同时，股权激励是有条件的，我们通过股权激励的内在约束性和各种附加的外在约束条件对经理人的行为进行约束。因此可以形象地说，与传统的薪酬制度相比，对现有骨干进行股权激励，就像是给了经理人一个具有黄金价值的激励，不过这个黄金被打造成了"手铐"，"手铐"的一端铐在经理人手上，另一端铐在老板手上，将双方的利益紧密地捆绑在一起。

（2）赠予过去功臣金色降落伞

过去的功臣也就是指在历史上为公司打江山立下过汗马功劳，但是现在跟不上公司的发展，需要退下来的老同志。对这些人，公司要不要给股权激励？上课的时候，我提醒企业家同学，回答这个问题不要从道德的层面，而是从利益的层面考虑给不给。

同学回答从道德的层面要给，从利益的层面就不给了。这种认识是有问题的，即使在不讲感情只讲利益的情况下，也要对这些曾经立下汗马功劳的人进行股权激励。理由是，即将退下去的功臣曾经是公司的高管层和核心骨干员工，他们手里掌握着公司的各种资源和各种机密，如果现在公司搞股权激励却没有他们的份，那他们要么自立门户和公司对着干，要么投奔竞争对手和公司死磕。因此，即使基于利益的考虑，公司必须将这些老同志作为激励对象。当然，目的不是为了留住他们，而是让他们退下来，只有他们心甘情愿地退下来，公司才是安全的，因此就送一个黄金打造的降落伞给他们。

股权激励在中国公司的实践中，有70%的老板会给过去的功臣股权激励，很多考虑的并不是利益因素，而是从道德和感情的角度考虑。不管怎么说，给了就是对的，不给就会出问题。

【案例：如何让现任老总退下来？】

在广东，有一个全国知名的童装企业，公司的老板李董事长2007年在深圳听过我的课。这家公司一直在谋求上市，2008年6月请我到他的公司帮助梳理一下股权结构。花了两天的时间将公司复杂的股权结构按照上市公司的要求进行了梳理，在这之后，李董事长和我聊了另一个问题：如何让他的总经理退下来。

李董事长多年前就聘请了职业经理人。他的总经理姓何，是湖南人。如果李董事长的公司不上市，何总的能力能够一直可以干到退休。但是要上市，何总的能力就有所欠缺。一般来说，上市公司的总经理至少在两个方面的能力不能太差，一个是表达能力。上市公司的总经理要经常和媒体和公众打交道，我们不要求你有煽情的演讲能力，但至少说话要让别人听得懂吧！但何总到了广东二十来年，一直也讲普通话，但是他的普通话听起来特别费劲，沟通是一个很大的问题。上市公司总经理的第二个要求是要有金融资本运作的能力，能力没有，也得有点金融资本方面的意识和感觉，至少知道什么时候应该花钱请人帮助企业设计方案吧！但是虽然李董事长也让何总参加了清华大学在深圳举办的金融投资培训，何总在这方面是一点感觉没有。李董事长意识到这个问题，决定在上市前后要对总经理换人。

李董事长搞了一个"备胎计划"，问我是否可行。他的计划是新找一个符合上市公司要求的职业经理人来做总经理，将何总变为常务副总。他的理由是一旦新来的老总玩不转，何总还能随时顶上，做到有备无患。

我对李董事长说，你的方案肯定不行。这哪是"备胎计划"？这是一个典型的"掐架计划"，新来的老总一看原来的老总变成了常务副总，他知道这个常务副总是不会配合他工作的，而且下面的人也是常务副总以前提拔的，因此新来的老总首先想的不是如何与常务副总合作来开展工作，而是琢磨着如何将常务副总干掉，彻底掌权。而何总跟着你干了十几年，现在公司要上市了，你一脚把他踢到一边，何总心里肯定有气，心理落差很大。他不会想着如何配合新来老总的工作，而是整天琢磨给新来的老总下个套，让他栽跟头，让老板知道还得用我们这些老兄弟！

李董事长问我那该怎么办呢？我对他解释说，从公司治理的角度解决这个问题很简单。李董事长公司的关键人物有6~7人，包括何总在内。李董事长打算在上市前对这6~7人做点股权激励，让他们持有公司的原始股。解决的方案很简单，在原有的股权激励方案上，再对何总追加一个限制性股份方案就可以。具体来说，按照之前该公司的业绩股份方案，何总上市前会获得50万股的业绩股份奖励。在此基础上，向他追授比如100万股的限制性股份，授予之后就将分红权马上给他，但是真正股份给他是在公司上市三年之后，条件是何总必须从总经理的位置上退下来。

退下来的何总干吗去呢？何总的年纪并不大，也就47~48岁的样子，还没有到退休年龄。将他安排到董事会做专职董事，这样何总的利益和李董事长的利益就完全一致了，他就会站在李董事长的角度来帮助公司做决策，对新来的总经理进行监督了。

从上面的案例我们得到了金色降落伞计划的用途，目的不再是将功臣留住，而是为了让他们安全地退下来，因为只有他们安全了，公司也才安全。昔有赵匡胤"杯酒释兵权"，今有"股权释兵权"，这正是金色降落伞的目的所在。

（3）为未来人才设计成长金台阶

股权激励不是一锤子买卖，而是一个动态过程，要根据企业的发展对股权激励做一个长远的安排，否则就会出大问题，这一点对非上市公司的股权激励尤其重要。

比如，一家非上市公司打算拿出 25% 的股份做一个股权激励计划，他们针对现有骨干人员和过去的功臣制定了股权激励方案，将 25% 的股份都分完了。这就是目前很多咨询公司为中国非上市公司制定股权激励方案采用的方法。实施股权激励之后，如果公司在未来 5~8 年上市，就不会有任何问题。但是如果公司上不了市，这时候就会出现股权激励的后遗症了。10 年之后，当时激励的对象可能已经跟不上公司的发展，一些人就会带着股份离开，一些人可能从高管的位置变成了实际的中层，而新来的高管没有股份的，那怎么办？老板只好再拿出 25% 的股份对新来的高管进行股权激励，为此老板的股份变成了 50%。再过 10 年，同样的事情再上演一遍，老板的股份变成了 25%。按照这样的逻辑演绎下去，到老板退休之后，他就变成小股东了。这样的股权激励有什么意义。

因此，考虑股权激励一定要和公司未来的资本战略结合起来。也就是在做股权激励的时候，老板一定要考虑未来 10 年的资本战略：公司要不要上市？如果上市，要给 VC 和 PE 留多少股份？上市后自己需要持有多少股份？最后算出可以拿出 25% 的股份做股权激励，千万不要一次分完，要留出相当大的一部分在未来 10 年做股权来源储备，为未来人才设计成长金台阶。

未来人才包括 3 种人：第一种是现在不在公司，随着公司发展需要引进的；第二种是现在就是激励对象，但是由于职位低、贡献小而获得的股权激励额度小，但是未来如果他们成长起来，成为公司主要的经理人，那么需要追加股权激励的额度；第三种是刚到公司，属于公司未来"苗子"类型的人，现在是不用给股权激励的，但是未来他们成为公司的中流砥柱时，肯定是要给。

股权激励出问题最多的一个地方，就是目光短视，没有考虑公司的资本战略，将激励股份一次分红，忽略了设计金台阶的问题。当然，也有做得好的，如联想在1998年做股权激励的时候，就将激励股份中45%的比例用于设计成长金台阶，发挥了将近10年的作用，这在中国企业中是罕见的。本书将在第9章分析联想集团的案例，看一看金手铐、金色降落伞和金台阶三者之间如何分配比例最好。

7.2.2 股权激励的目的

公司如果按照上文中的"三金之术"实施了股权激励，那么股权激励就实现以下4个根本目的：

- 将经理人、股东和公司的利益紧密地捆绑起来，打造利益共同体；
- 让经理人分享企业成功的喜悦，同时也分担企业发展的风险；
- 将多大的激励给经理人的同时，也将相应的约束给经理人；
- 留住人才、激励人才和吸引人才，提升公司的核心竞争力。

任何一家公司实施股权激励无外乎就是为了达到以上4个目的，将经理人和老板打造成利益共同体。下面我们来具体分析股权激励是如何实现这4个目的。

（1）将经理人、股东和公司的利益紧密地捆绑起来

股权激励在给予经理人巨额报酬的同时，通过内在约束性和外在约束条件将经理人的利益和股东的利益、公司的利益紧密捆绑在一起，形成"一荣俱荣、一损俱损"的新型战略关系。

在经理人"侵犯"股东利益的4种典型行为即贪污腐败、在职消费、偷懒和短期行为中，第5章和第6章分别论述的公司治理约束机制能够基本解决前两个问题，良好的控制机制也不能完全解决经理人的偷懒问题，而经理人的短期行为是无法解决的。但是如果基于长期激励的股权激励能够有效地解决这两个问题。

经理人获得股权激励的额度越大，他在日常经营中偷懒或不尽职的成本也就越大。这就是股权激励发挥的作用，即将经理人薪酬中的较大部分与公司长期业绩或者某一长期财务指标更为紧密地结合在一起，使经理人能够分享他们给股东带来的收益，双方成为利益共同体，缓解股东和经理之间的利益不一致的问题，从而降低了监控成本。

当一个公司对经理人实施了股权激励后，在行权前和行权后都对经理人发挥着较大的激励和约束作用。行权以前，经理人是公司潜在的所有者，股权激励计划把经理人报酬中的大部分变成一种在未来获利的可能，经理人要把这种可能变为现实，就需要付出更多的努力来实现公司资产的不断增值。这样，经理人的报酬与公司业绩、股东利益之间就建立起一种正相关关系。他们工作越努力，公司的业绩越好，公司的价值增长就越多，经理人从股权激励中获得的利益也就越大。这样，经理人只有在提高公司业绩、增加股东财富的前提下才能同时获得收益。

在行权以后，经理人就具有了"所有者—管理者"的双重身份，他的收益来源就变成了两种：既打工挣钱，又作为股东享有利润分红和资本增值部分。在这种情况下，如果经理人的决策还是以其个人利益为目标的话，那么失败

成本将是很大的。因此，经理人必然自觉减少不合理的在职消费、过度投机、管理腐败、偷懒和短期行为等对股东利益掠夺的行为。

（2）让经理人分享企业成功的喜悦，同时也分担企业发展的风险

这是公司治理收益与风险对等原则的具体应用。与传统的工资和奖金制度不同，股权激励是长期激励性报酬，其实质是一种风险收入，就是让经理人拥有一定的剩余索取权的同时承担相应的风险。

实施股权激励后，经理人的收益来源于对公司未来的良好升值预期，但是，公司未来的发展既受经理人自身努力的影响，也受许多不确定因素的影响。这种未来风险的不确定性，导致经理人既有可能获得收益，同时也承担着不确定因素带来的风险，因此说，对经理人来讲，股权激励的收益与风险并存。

股权激励的一个潜在作用在于可以激励风险厌恶型的经理人从事股东所偏好的高风险项目。股东和经理人对待风险的态度是不一样的。一般来说，作为投资者的股东，即使不是风险喜好者，也是风险中性者，他们偏好能给自己带来巨大收益的投资项目。

而对于经理人来说，由于人力资本和个人财富的不可分散，所以绝大部分经理人属于风险厌恶者。在传统的薪酬制度下，经理人偏向于低风险的经营决策。他们不愿意选择股东偏好的可能带来巨大收益的投资项目，因为高投资回报的项目往往意味着较大的失败率，而且成功的收益完全由股东独享，但失败带来的个人职业价值损失要由经理人自己承担。

股权激励是通过让经理人变成股东，拥有一定的剩余索取权，可以使经理人站在股东的角度考虑问题，从而在一定程度上纠正这种风险规避行为。在股权激励制度下，经理人很可能会做出与股东同样的选择，因为如果公司价值因高风险的运作获得了高收益，经理人也能够从中大获其利。

（3）将多大的激励给经理人的同时，也将相应的约束给经理人

这是公司治理激励与约束对等原则的具体应用。股权激励的逻辑是：公司为经理人提供股权激励计划→经理人更加努力地工作→公司业绩持续上升→公司价值持续增长→公司股价持续上升→经理人获得持股分红和资本增值的收益。这就是股权激励的激励性。

但是，经理人不努力工作→公司业绩下降→公司价值贬值→公司股价下跌→经理人获得的股权激励价值下降→经理人放弃行权→经理人的预期利益受到损失。经理人放弃行权，貌似没有经济损失，但是由于任何一个股权激励计划都要求经理人有3~5年的等待期，因此经理人至少损失了对于人力资本来说更加重要的3~5年的时间成本和精力成本，从而加大了经理人的失败成本。再加上各种附加的外在约束条件，因此公司在将股权激励给经理人的同时，把相应的约束也给了他们。

（4）留住人才、激励人才和吸引人才，提升公司的核心竞争力

与传统的薪酬制度相比，股权激励其实是一种市场竞争性报酬。实施股权激励，有利于企业形成开放式股权结构，可以不断吸引和稳定优秀人才。

股份对经理人的吸引力远比现金报酬大，即使经理人在行权后离开公司，也可以通过股权来分享公司的成长。因此，真正具备企业家才能、对自己的才能有信心的经理人会被股权激励制度所吸引，他们会主动地选择股权激励占薪酬较大比重的报酬方案，主动地将自己的利益和企业的利益、股东的利益捆绑起来。

以上4个股权激励目的，也可以看作是在设计股权激励方案时的4个基本原则。任何一家公司的股权激励方案，只有实现这4个目的，才是最适合公司的方案。在实践中，往往在行权条件、行权时间、约束条款、业绩要求等诸多方面提出要求，以同时实现以上4个目的。例如，对一个标准的股票期权计划在行权时间上做一些限制，就能达到这个效果。

比如，许多公司对股票期权的行权往往附加限制条件。一般的做法是规定在股权激励授予后一年内，经理人不得行权，之后若干年中可以部分分批行权。美国上市公司的股票期权计划经常这样设计：在一个 10 年期的股票期权计划中，规定在第 3、6、9 年分 3 次行权。如果经理人在第 4 年离开公司，那么他就只能获得第 1 次的期权，后两次的期权就作废了，这就实现了经理人和股东利益的长期捆绑，加大了经理人离职的失败成本。

7.3 什么样的公司适合做股权激励

我在上课的时候，讲完股权激励对企业发展的重要性之后，马上就会问同学："什么样的公司适合做股权激励？"有很多同学回答："上市公司。"

我会追问为什么？同学说："非上市公司没有股票价格，没法做啦！"

其实这种回答代表了对股权激励理解的片面性。虽然在实践中股票期权模式是股权激励应用最多的，而且从美国的情况来看，股票期权确实也比较适合于上市公司使用。但这并不意味着只有上市公司才能做股权激励。实事求是地说，上市公司由于有一个客观的股票市场价格，因此做股权激励最方便，而且行权套现也是最方便。但是从股权激励的内在激励性来说，非上市公司的股权激励效果更明显，尤其是有上市计划的非上市公司，因为还有上市后原始股的财富效应存在，这就相当于给了经理人两次激励：一次是股权激励本身的激励、一次是上市杠杆导致的原始股效应。即使一个非上市公司要使用股票期权这种更多用于上市公司的股权激励模式，我们只要给该公司设置一个股份价格计算方式，每年算一次股票价格，就可以完全应用股票期权这种模式了。何况，股权激励不只股票期权一种模式，还有一些是非常适用于非上市公司的，关于这些内容将在第 8 章介绍。

因此,一家公司是否适合做股权激励,和该公司是不是上市公司没有关系,决定一家公司是否能做股权激励的关键前提条件主要是以下3个:

- 商业模式要好;
- 管控模式要好;
- 要考虑公司的资本战略,为未来人才设计金台阶。

在讲课过程和大部分关于股权激励的书籍中,老师和作者都在宣扬股权激励是一种非常好的长期激励模式,给人的感觉就是"一股就灵",也就是一搞股权激励企业就好得不得了。但实际上,如果忽略了上述3个关键前提,不但达不到股权激励的目的,反而有可能"一股就死",也就是本来企业还可以多活几年,虽然活得有点艰难,但闲着没事非得做股权激励,企业很快就死掉了。为了避免"一股就死",一定要关注实施股权激励的前提条件。

7.3.1 股权激励的第一个前提条件:商业模式要好

"商业模式要好"包括两层含义:公司的商业模式能否赚到钱;即使现在公司利润不好,但是公司的成长性很好。任何一家公司做股权激励的时候,这两个条件至少要达到一个,如果公司现在利润很好,经理人成为股东之后,马上就能享受到利润,那么可以实施股权激励;如果公司现在利润不是很好,但成长性很好,这时候也可以实施股权激励,因为经理人对未来可以有一个美好的预期。当然,如果两个条件同时达到,那么股权激励的效果是最好的。如果两个条件都达不到,这时候搞股权激励就纯粹变成了忽悠。

【案例 7.6】股权激励不是万能的

2007 年,我在北京给清华的一个金融投资 EDP 班上课的时候,有一个同学问我:"马老师,股权激励好像也不是万能的,前两年我们的两个子公司做了股权激励,但是没什么效果。"这个同学是某省建工集团(一家大型国有企业)的党委书记。

我让他介绍具体情况。他说:"我们国有企业做股权激励不容易。当企业发展好,盈利情况比较好时,是很难实施股权激励的,因为这时候会涉及国有资产流失问题。一般是企业出现问题时,国资委才可能同意做。两年前,我们集团下面有两家子公司,都出现了连续亏损。抓住这个契机,我们集团向国资委申请在这两家公司做股权激励的试点,国资委同意了。这两家公司的股权激励实施了两年,但是两家公司的情况都不好:一家亏损得更厉害了,一家亏损得和原来差不多。马老师,这是什么原因呢?"

我听了他的介绍,说:"你看,今天你参加的是金融投资 EDP 培训班。这个班上的同学和你一样都算是有钱人。但是我今天让你们去做一件事,你们肯定会去做。因为我给的报酬相当高,是 10 亿美元。而且我要求你们做的事不是杀人放火等违法犯罪的事,只是要求你们跑跑步就可以了。当然,也不是要求你们跑一个马拉松,我的要求是,跑 110 米跨栏,条件是和刘翔跑,跑赢刘翔 10 亿美元给你。10 亿美元的激励强度已经相当大了,但是你们能跑得过刘翔吗?"

我接着说:"按正常能力跑,肯定是跑不过的。另外,心理学家说了,人在恐惧的时候潜力能够完全发挥出来。那我将 10 亿美元放在你们面前,有巨大的诱惑;我再拿把枪顶着你们的脑袋威胁:如果跑不过刘翔,就一枪崩了你们。在巨大的诱惑和恐惧下,你们的潜力全部发挥出来了,这时能跑得过刘翔吗?肯定还是跑不过的。而且由于诱惑太大、恐惧太大,跑了二三十米就发生心梗或脑梗死掉了。"

举完这个例子后，我接着解释，两年前你们两个子公司亏损，也许是商业模式的问题，而不是激励的问题，结果你们拉肚子没吃黄连素，却用去痛片治疗，是不可能有效果的。

7.3.2　股权激励的第二个前提条件：管控模式要好

"管控模式要好"指的是公司治理的约束制度是否已经建立，公司的内控体系是否已经基本上保护老板的资产不受侵害，这是一个公司实施股权激励不能忽视的重要前提。

在建立了高效的董事会制度和内控体系之后，公司再实施股权激励。只有这样，股权激励才有可能发挥其应用的作用，否则，会发生经理人侵害股东和企业的利益的现象。在第5章中讨论的安然公司案例，就是在公司董事会制度和独立的外部审计制度有问题的情况下实施了经理人股票期权计划。结果是由于无法对经理人进行有效的监控，最后导致经理人和安达信串通做假账，最终导致安然破产。

像安然高管这种做假账的行为是比较极端的，在缺乏有效监管的时候，上市公司的高管更多的是操纵期权授予与信息披露时机来牟取私利。比如，对于那些被高管控制了董事会的公司，我们发现他们往往在股权激励过程中选择性地进行信息披露，从而获得最大的资本利得：往往会在股权激励授予日之前披露坏消息，在行权日之前披露利好消息。

股权激励对于公司来讲是一把"双刃剑"，搞不好就会伤了自己。因此，不管是上市公司还是非上市公司，要发挥股权激励的应有效果，必须以高效的管控模式和有效的公司治理结构为基础。

7.3.3 股权激励的第三个前提条件：要考虑公司的资本战略，设计成长金台阶

严格意义上讲，这个条件不应该算是前提条件。因为前提条件指的是公司可不可以实施股权激励，从这个角度看，"商业模式要好"和"管控模式要好"是股权激励的前提。而"要考虑公司的资本战略，为未来人才设计成长金台阶"是在设计股权激励中列为首位的考虑条件，但由于这个条件太重要了，因此本书将其与"商业模式要好"和"管控模式要好"并列一起，成为实施股权激励最重要的3个前提条件。

任何一家公司实施股权激励，只要满足了以上3个前提条件，肯定可以做到"一股就灵"，"灵"到什么程度取决于方案设计的水平。但是，一旦忽略了以上3个条件，即使方案设计得多好，也是没有效果的。从这3个关键的前提条件来看，忽略了任何一个都会"一股就死"。但是"死法"不太一样，忽略了"商业模式要好"和"管控模式要好"这两个前提条件，公司可能马上就会出问题；而忽略了"要考虑公司的资本战略，为未来人才设计成长金台阶"这个前提条件，公司短期内可以取得激励的效果，但是，从长远看，不利于公司未来的发展。

股权激励是否能够发挥正面效应，除了以上3个关键前提条件是否满足之外，还取决于外部环境的制约，尤其是资本市场的有效性和法律制度环境的完善。

7.3.4 制约股权激励正面效应的外部条件

股权激励的作用机理是通过将经理人的报酬与公司价值增长挂钩，用来评价和激励经理人。其能否真正有效，不仅取决于方案设计的水平，还取决于

公司治理的外部环境是否对股权激励的实施有促进作用。这里所指的公司治理环境包括资本市场的有效性以及外部制度环境的完善。

（1）资本市场的有效性与股权激励

资本市场的有效性对于上市公司和有上市计划的拟上市公司实施股权激励有着重要的作用。对于上市公司来说，经理人的股权激励基本上都是与股票挂钩的计划，因此，资本市场是否有效直接决定着股权激励的正面效应能否得到充分发挥。

对上市公司来说，理想的股权激励作用机理是：经理人的个人能力和努力程度等主观因素共同决定了他对公司的贡献，贡献影响了公司的长期业绩，公司的长期业绩通过资本市场上的股票价格反映出来，股价的涨落决定了经理人报酬的高低。在经理人能力既定的情况下，他的努力程度越高，对公司的贡献越大，公司的业绩越好，公司的股价升幅越大，经理人从股票期权中得到的收入越多，反之亦然。这样，理想的激励机制的作用机理就可以概括为"努力程度决定业绩，业绩决定股价，股价决定报酬"。

这就是在美国上市公司中非常流行的经理人股票期权计划在中国上市公司水土不服的重要原因。我们将在第8章讨论的股权激励9种模式中，股票期权是与上市公司股价挂钩最为紧密的一种模式，由于美国资本市场在全球范围来看，有效性是名列前茅的，因此经理人股票期权计划在美国用起来也是最为方便的。中国资本市场的有效性不够完善，股票价格难以反映出公司真实价值的变化，经理人努力工作，使公司价值增长，但是股价却有可能大跌，结果经理人一分钱的股权激励都挣不到。

在这种资本市场下，用标准的与股票挂钩的股权激励模式对上市公司的经理人进行激励，是很难取得好效果的。因此，就需要在方案设计中做出比较复杂的调整和安排，关于这部分内容我们将在第8章和第9章论述。

（2）制度环境的完善与股权激励

传统薪酬激励制度无非就是将现金支付给经理人，从法律上来讲，这是比较简单的，无非按照《税法》的要求纳税即可。但是股权激励是复杂的，涉及股票回购、会计处理、税收处理等诸多法律问题。美国股权激励的盛行与其完善的法律制度是分不开的。美国政府和各种行业协会相继出台了一系列的法律法规，包括各州公司法、证券法、税法等基本法律，会计准则、标准公司法等准法律法规，交易所规则以及美国薪酬协会的各种指南、规则、建议以及公司自己制定的自律性规定等。这些法律法规对实施股权激励计划中的股票回购、会计处理、信息披露、税收减免等关键问题做了比较详细的规定，为股权激励这种长期激励性报酬工具的激励作用发挥奠定了完备的制度基础。

2005年前的中国，由于法律的限制，一些实施股权激励的企业往往采用变通的方法。虽然也取得了一些成效，但不利于股权激励计划的推行。

2005年起，我国陆续出台了一些法律法规促进股权激励的实施，主要是从税收、股权激励的会计处理、上市公司股票期权计划的管理等方面对推进股权激励的实施起到支持的作用。

2005年3月，财政部、国家税务总局颁布《关于个人股票期权所得征收个人所得税问题的通知》；

2005年8月，财政部颁布《企业会计准则第11号——股份支付》；

2005年12月，中国证监会颁布《上市公司股权激励管理办法（试行）》；

2006年3月，《公司法》和《证券法》修改有关条款，股权激励计划的股票来源等问题从法律层面得到局部解决；

2006年3月，国资委出台《国有控股上市公司（境外）实施股权激励试行办法》，10月，国资委和财政部联合发布《国有控股上市公司（境内）实施股权激励试行办法》。对于国有控股上市公司来说，股权激励终于有章可循，国有控股企业股权激励的步伐将大大加快。

2008年5月,中国证监会连续颁布《股权激励有关事项备忘录1号》和《股权激励有关事项备忘录2号》两个文件,从股权激励的股票授予价格、激励对象、股权激励与重大事件间隔期等方面,制定详细操作规则,堵塞监管漏洞,同时进一步体现从严审核的宗旨。

2008年9月,中国证监会上市公司颁布《股权激励有关事项备忘录3号》的文件,进一步规范上市公司股权激励行为,并提高股权激励门槛。这份文件要求,为确保股权激励计划备案工作的严肃性,在股权激励计划备案过程中,上市公司不可随意提出修改权益价格或激励方式。

虽然时至今日,我国企业在进行股权激励时,依然在股票来源、税收优惠、行权后股票的流动性以及购股资金来源等方面面临不少的障碍。但是以上法律法规的陆续出台,确实为我国上市和非上市企业实施股权激励创造了一个"可行"的制度环境。

7.4 经理人报酬结构的现状和趋势

经理人的报酬主要有三种:第一种是基于上一年度或当期的业绩给予经理人相应的报酬,这是对经理人过去和现在努力的激励;第二种是和未来业绩相关的,也就是通常所说的股权激励计划;第三种是和业绩无关的,用以吸引优秀人才的各种各样的福利。从公司治理的角度看,经理人的报酬结构为基本工资(赔偿所说的年薪)、年度奖金、长期激励性报酬、福利和离职补偿金。

经理人的报酬结构呈现出几个明显的趋势:

- 更加注重长期激励性报酬;

- 报酬结构决定了经理人的收入高低；
- 股权激励的模式越来越多；
- 呈现递延型报酬特征。

7.4.1 经理人的薪酬结构

从国际惯例上看，公司高管人员的薪酬结构一般由 5 个部分组成，即"基本工资＋年度奖金＋长期激励性报酬＋福利计划＋离职补偿金"，薪酬计划的合约一般为 5 年。从中国企业来看，目前基本工资和年度奖金都有了，很多公司也有各种福利计划，而且也有很多公司开始关注并实施股权激励计划了，离职补偿金在中国企业还很少有涉及的。

- 基本工资，也就是通常所说的年薪。属于旱涝保收的固定收入，按月发放，以现金方式支付。是根据经理人的历史业绩、市场薪酬水平、职位职责范围与复杂性确定的，相当于经理人的身价。尽管上市公司高管层的基本工资占其总收入的比重在不断下降，但经理们对工资仍非常关注，在中国尤其如此。这主要有两个原因：首先，基本工资是经理人报酬重要的组成部分，是用于"养家"的钱；其次，经理人的各种福利基本上是以基本工资为基准来确定的，因此，基本工资的每一点增长都会对其各种福利产生正面影响。基本工资的设计原则是：不要太高，但要能令后来者"趋之若鹜"。
- 年度奖金，也就是通常所说的年终奖。是根据财务会计业绩的可变年度报酬，按半年或一年发放，主要以现金方式支付。年度奖金的确定是比较简单，一般根据公司业绩、所在部门业绩和个人业绩来确定奖金标准。年度奖金通常不与股票价格挂钩，决定经理人年终奖的业绩指标是财务会计标准。因为财务会计数据可以较为直观、明确、及时地反映出经理人能力和努力程度的结果。年度奖金的设计原则是：必须要和业绩挂钩、业绩要能明确考核。

- 长期激励性报酬，即股权激励。是指事先设定一个较长时期（通常为3~5年）的业绩目标，当经理人实现了这些业绩目标，就可得到报酬奖励，主要以股权或期权的方式支付。通常采用公司股价作为业绩考核指标，当公司股价达到预定目标时，激励对象可以获得公司股价上升所带来利益分享和资本增值的收益。长期激励性报酬一般都是递延报酬，即将经理人已赚取的奖金或股票递延至未来3~5年支付。

- 福利。除上述报酬外，为了留住及吸引人才，公司还向经理人提供各种各样的福利计划，一般包括：法定公司补贴，是指公司需支付的社会保障、法定福利和法定离职补偿等，比如中国公司需要提供五险一金；公司自愿补贴，是指公司自愿提供的个人退休计划、人寿保险、意外险等；特殊津贴，包括年度体检、公车、额外的带薪假期、住房补贴、低息贷款等。

- 离职补偿金。指的是如果在经理人的任期内，由于公司被并购或业绩不好等原因被解雇，那么这个时候按照最初的薪酬合同中约定的条款，需要向经理人支付远远超出法定标准的离职补偿金

在传统的薪酬体系中，基本工资和年度奖金是经理人收入的主要来源，主要用于回报高级管理人员现期或上年度对公司的贡献。传统的薪酬结构对于规模大、处于成熟阶段、经营稳定、人力资本依附性不强、资金门槛比较高的行业来讲，用高年薪、高年终奖和高福利也是可以激励经理人的。但是，随着一些高科技企业的产生和风险投资的发展，经理人的人力资本成为企业发展的关键因素，这些企业的未来不确定性程度更高，他们的业绩往往需要

一个相当漫长的过程才能反映在公司的财务报表上。在这种情况下，如果公司的薪酬计划没有长期激励性报酬，那就意味着经理人的报酬没有和公司未来业绩挂钩，而对于不确定性很高的企业来讲，就很有可能诱发经理人的短期行为：放弃那些有利于企业长期发展的计划，而追求眼前的利益。

因此，报酬水平决定经理人是否接受工作，而报酬结构则决定经理人的努力程度。有效的报酬结构中最重要的有三部分，即基本工资、年度奖金和长期激励性报酬。

7.4.2 注重长期激励性报酬

20 世纪 70 年代以前，西方企业传统的薪酬结构是"基本工资＋年度奖金"。基本工资能给经理人提供最基本的保障作用，年度奖金在短期内具有激励作用，但这种薪酬结构存在局限性。

从业绩的角度来看，由于基本工资是根据经理人历史的业绩来确定，而年度奖金是与公司当期的业绩挂钩。但是与公司的未来都没有关系，公司价值的变动与经理人的收入几乎不存在相关性，这种情况下就不可能激励经理人关注公司未来的业绩。而股权激励是在历史和今天的业绩基础上，更加关注公司未来业绩的实现。关注公司未来的业绩，也是股权激励与基本工资、年度奖金本质的不同之一。

从本质上，股权激励与传统薪酬制度还有一个不同点：股权激励能够有效地解决经理人的短期行为。中国企业曾经运用很多激励方法来解决经理人的短期行为，比如年薪制、年终奖、提成奖金和承包制，在这些方法中，激励效果相对较好的是承包制，但是也解决不了经理人的短期行为。这是因为比如，一个经理人从老板那承包了一个公司，为期 5 年。但第三年半的时候，出现一个比较好的投资机会，请问这个经理人会投资吗？答案显而易见，肯定不会投。投资收益一般最短也要3~5年,如果经理人投资了,但是承包期结束后老板不再承包,经理人岂不白投?但是,如果经理人不是承包经营,而是持有公司股份,他就没有这个顾虑,肯定会投资。

因此,在基本工资、年度奖金等传统薪酬制度下,经理人的收入与公司未来不存在相关性,属于短期激励性报酬,不存在长期激励,解决不了经理人的短期行为,无法让经理人关注公司未来的业绩。

解决这个问题的思路是改变经理人的报酬结构:在"基本工资+年度奖金"的传统薪酬制度中引进了长期激励性报酬,将经理人的薪酬结构设计成为"基本工资+年度奖金+长期激励性报酬"。

当辉瑞制药公司于20世纪50年代率先采用了股权激励取得较好的效果之后。在70年代到80年代初,美国的一些大公司开始学习辉瑞使用股权激励来激励经理人,但这个时期的股权激励还处于萌芽阶段,美国公司高管人员的薪酬主要还是"基本工资+年度奖金"。

到20世纪80年代以后,美国一些上市公司迫于投资者的压力,将经理人的报酬直接与公司业绩挂钩,更多地采用股权激励这种长期激励性报酬方式。其中,迪斯尼公司和华纳传媒公司是薪酬变革方面的先驱者,两家公司在高管人员的薪酬结构中大量使用股票期权,股票期权在整体薪酬中的比例首次超过了基本工资和年度奖金之和。

20世纪90年代是美国资本市场的牛市,标准普尔500的股票指数从不足400点上升到1 000点以上,各家公司的股价都在大涨。随着股价的上涨,股权激励给高管人员带来越来越多的股权收益。从这个时期起,在经理人看来,最重要的不是已经实现的收益,而是他们持有的未行权的股权激励的潜在收益。与之相适应的是,经理人的报酬结构也有了很大的变化,以长期激励性报酬为主的报酬结构取代了以基本工资和年度奖金为主的传统报酬结构。

20世纪90年代,中国一些企业,如联想、慧聪、TCL等公司开始使用股权激励，但这个阶段对股权激励的关注更多的是一些上市公司和改制的国有企业。股权激励为中国众多企业关注是在 2000 年之后，现在，不仅是老板关心用股权激励对经理人进行有效的激励和约束，经理人也非常关注自己报酬中有没有股权激励的内容。从实践来看，深圳的经理人对此认识可能是中国经理人中最深刻的。现在深圳的一些公司在聘请职业经理人的时候，经理人不会在年薪和年终奖方面过多计较，只要与市场行情差不多就行，但是对股权或期权会有明确要求。随着对股权激励认识的深入，今天深圳的情况将会成为全国明天的现实，中国的经理人会越来越看重股权激励这一长期激励性报酬形式。

7.4.3 报酬结构决定经理人收入的高低

在高管人员报酬制度的演进过程中，大型公司 CEO 的报酬变化最为显著。其变化体现在两个方面：一方面是 CEO 的收入越来越高；另一方面是在 CEO 的报酬结构中股权激励占据了绝大部分的比例。美国公司的高管们往往宁可只拿一元工资，但最后也要凭借高额的股权激励获得惊人的总额。

【案例 7.7】库克的年薪[①]

2011 年，库克接任乔布斯出任苹果公司的 CEO 后，外界都在猜测他的年薪。苹果是目前全球市值第一的公司，大家认为库克的年薪至少有几千万美元。

但实际上苹果董事会授予库克的年薪只有 90 万美元，年度奖金也是 90 万美元。这样的收入结构和苹果公司显然是不匹配的，硅谷一家中小型 IT 公司

---

① 资料来源：http://www.cnbeta.com/articles/219028.htm。

的CEO也能达到这样的报酬水平。这说明美国人在制定基本工资和年度奖金的时候，更多看重的是行业平均水平，这就导致同一行业不同公司CEO的基本工资和年度奖金是差不多的，决定他们收入差距的是长期激励性报酬。

苹果董事会同时还授予库克100万股限制性股票，以当时苹果的股价来算，价值估计为3.762亿美元，几乎占了库克薪酬总额的全部。这些股票会在未来10年内两次解禁，一半解禁于2016年，另一半则在2021年。

所以，2011年库克也成为全球范围内年收入最高的职业经理人之一，他靠的不是传统的薪酬激励，而是长期激励性报酬。

在美国，很少有人是单凭"死工资"取得高收入，CEO超高收入的秘密在于他们独特的工资构成：企业高管收入的最新趋势是基本工资和年度奖金只占年收入的一小部分，占绝大部分的是股权激励。在美国大型上市公司中，CEO的工资平均只占其总收入的10%以下。而在年收入超过3 000万美元的CEO中，工资占总收入的比重更是低至3%以下，其余收入几乎全部来自其所获得的股权激励。

1993—1995年，IBM公司的总裁郭士纳因为带领公司成功度过危机，从股票期权中获得了6 000万美元的收益。

1998年，迪斯尼公司总裁艾斯纳，其工资加奖金总计576万美元，但是股票期权则为他带来了将近5.7亿美元的收入。

全球最受赞誉的通用电气公司总裁杰克·韦尔奇1998年的总收入高达2.7亿美元以上，其中股票期权所获得的收益占96%。

1999年，硅谷的打工皇帝是思科公司的CEO钱伯斯，他的年收入是1.217亿美元，其中，靠行使其290万股票期权获得了1.207亿美元，另外，他还获得了30万美元的工资和63万美元的奖金。

2005年，雅虎CEO塞梅尔的基本年薪为1美元，外加奖金和600万股期权。据计算，这些期权价值 9 200 万美元，再加上获得的奖金，塞梅尔的总薪酬高达 1.075 亿美元。

2005 年，美国杜克能源公司 CEO 罗杰斯的工资为零，但凭借大量股票及期权入账，其总收入达到了 2 750 万美元。拿零工资的还有第一资本金融公司 CEO 费尔班克以及公寓投资管理公司 CEO 康西丁，个人总收入分别达到 1 800 万美元和 480 万美元。

2008 年，黑石集团（主业：投行、PE 类资产管理、金融服务）的 CEO 史蒂芬·施瓦茨曼的总报酬为 7.02 亿美元，居全美 CEO 榜首。其中，工资和奖金等直接报酬只有 230 万美元，占总报酬的比例不足 1%。而与股票挂钩的间接报酬为 6.997 亿美元。

2008 年，Oracle 公司的创始人兼 CEO 劳伦斯·埃利森总的报酬为 5.569 亿美元。其中，股票期权行权收益为 5.43 亿美元。

2008 年，西方石油公司的 CEO Ray Irani 的总报酬为 2.226 亿美元。其中，股票期权行权收益为 1.84 亿美元。

2009 年，由于遭遇金融海啸，股票和期权价值降低，美国 CEO 的薪酬水平回到 2004 年的水平，Oracle 公司的创始人兼 CEO 劳伦斯·埃利森总的报酬为 8 450 万美元，排在美国 CEO 收入榜的首位。

2011 年，苹果公司 CEO 库克的年收入为 3.78 亿美元，位列该排行榜首位。

……

毫无疑问，这个清单可以一直列下去。对于这些高管人员来说，相对于股权激励收入，固定年薪收入几乎近似为零。甚至在美国有这样一种现象，现在经理人几乎不愿为一家不提供股权激励的公司工作。

7.4.4 经理人报酬的国际差异

我们以上讲的经理人报酬结构的趋势大都是美国上市大公司的情况。为什么美国大的上市公司经理人愿意拿很少的工资,甚至还愿意领 1 美元的工资或干脆不领工资呢?这是因为这些 CEO 在此之前的财富积累已经达到一个相当的标准,不用再为养家的钱而奔波,因此他们的承受风险能力很强,可以领象征性的"1 美元",甚至不拿工资,更加注重股权激励。

但中国的现状是,经理人普遍缺钱,承担风险的能力较弱。因此,中国公司的股权激励绝对不能照搬美国的经验。而且在全球的 CEO 报酬中,美国确实是属"另类"。长期以来,美国的 CEO 报酬比外国同行要高得多,不论是现金报酬还是股票报酬都是如此。就是与英国相比,在同等条件下,美国 CEO 的现金报酬仍然比英国高出 45%。

在关注美国大型公司 CEO 高收入水平的时候,我们同时也要看到:CEO 平均收入是其工人收入的 400~1 000 倍,但一般高管人员的薪酬与其工人收入相比在 100 倍以下;而在法国和德国的同类公司中,CEO 的平均收入是工人收入的 24 倍,英国的这一指标是 36 倍;日本、中国香港、中国台湾、韩国、新加坡同类公司 CEO 的平均收入是员工收入的 10~20 倍。

还需要指出的是,在美国本土的中小型公司中,它的高管人员报酬在水平和结构上与大型公司是不一样的。虽然股权激励的应用比较广泛,但在美国中小型公司高管人员主要收入中,基本工资和年度奖金依然占较大的比重。而且美国中小型公司高管人员的收入与欧洲和日本相比差距并不显著。

7.4.5 股权激励的模式越来越多

最简单、最典型的股权激励模式是股票期权。但是,股票期权并不适用于所有的资本市场和所有的公司。对不同行业、不同发展阶段的经理人的报酬结构来说，经理人的长期报酬形式又各有不同。在不同国家的应用实践中，由于制度环境、经济环境和社会环境的不同，在长期激励性报酬的形式选择上也有所不同。

因此，在美国我们看到了股票期权是应用得最多的一种长期激励性报酬形式，排在第二位的是限制性股票，根据公司的需要又在股票期权的基础上衍生出多种模式。

在中国，股票期权用得比较少，运用最多的是业绩股票、股票增值权、限制性股票、期股和干股等。这是根据资本市场和公司实际的不同，为了达到激励效果，长期激励性报酬形式的选择更具针对性，激励模式也越来越多。

实践中，经理人的长期激励性报酬设计非常复杂，加上各种变形应用，其形式多达十余种。本书第8章就总结了在中国上市和非上市公司中常用的9种股权激励模式。

7.4.6 呈现出递延性报酬的特征

在当前股权激励实际应用中，长期激励性报酬形式在不断创新，但有一个主要特征存在于各种形式的报酬计划中，即报酬的递延性。所谓报酬的递延性，就是指把本应一次性给予经理人的报酬，在当期只兑现一部分，其余的递延到今后几年之内分期分批兑现，目的是留住经理人，将经理人的利益与公司的利益进行长期捆绑。递延性报酬的设计是一种思路，既可以用于年度奖金的设计，也可用于股权激励的设计。

比如，一家公司对经理人的年终奖采用递延支付的方式。当经理人完成年终奖指标之后，获得120万元的奖励，但年终时只能兑现其中的30万元，有40万元在明年年底兑现，剩余的50万元在后年年底兑现。如果这种递延性的年终奖每年都做一次，那么经理人在这家公司干的时间越长，递延到未来的奖金数就越多，失败成本也就越大。

股权激励内在约束性的本质就在于方案设计本身的递延性。目前在股权激励设计中非常流行的做法就是"一次授予，多次行权"，在这种股权激励计划中，一般要求经理人等待 2~3 年后可以行权，但是不能一次行权，而是要求分 3~5 年行权，而且越往后行权的数量越多。这实际上就是将经理人的股权激励计划变成递延性报酬，目的就是加大经理人的失败成本，真正实现对经理人利益的长期捆绑。

7.5　设计和实施股权激励的关键要点

本节的内容是股权激励计划设计和实施过程中经常出问题的地方，将这些问题集中起来，单做一节，需要特别强调：任何一家公司做股权激励的时候都必须关注本节所强调的内容，否则股权激励的效果就会打折扣，甚至还会出现难以解决的后果。

7.5.1　谁负责授予安排

一个股票期权计划要达到对经理人长期激励的效果，实现经理人的收益与风险对等、激励与约束对等，除了在期权计划内容设计得当之外，还需要有一个专门的管理机构，选择合适的期权授予时机，制定正确合法的审批程序和实施步骤。

（1）谁负责

对于上市公司来说，这个问题的答案是显而易见的，董事会中的薪酬委员会主导了整个股权激励计划的起草和实施过程。激励对象的选择、经理人业绩考核、股票期权授予额度、授予时间表以及出现突发性事件时对股票期权计划进行解释以及重新做出安排都是由薪酬委员会负责提出具体的方案，在经董事会批准之后，由股东大会批准，按照法律法规要求再报证监会。

在上市公司股权激励起草和实施过程中，人力资源部、财务部和法务部要积极配合薪酬委员会的工作。另外，如果薪酬委员会缺乏报酬专家，就需要聘请咨询公司或专家帮助设计方案。

对于非上市公司来说，又由谁来负责呢？有人认为可由人力资源部负责。这肯定是不行的，发工资和奖金由人力资源部负责是没问题的。发工资和奖金无非就是发钱，今年发多了，明年修改规则，提高业绩要求，少发点就行了；发少了，明年多发一点就行了。但是股权激励发的是股份，发出去就收不回来了，因此老板一定要亲自负责，最终的实施方案一定是老板拍板，整个过程应该由老板来主导。

在具体操作过程中，非上市公司的老板需要从外部请三种人：股权激励专家或咨询公司帮助设计方案，律师负责审核合同，会计师评估核算资产。同时，人力资源部和财务部门需要紧密配合。一个比较有利于股权激励方案落地的方法是成立股权激励领导小组来对整个过程进行管理，领导小组的人员由上述成员构成，但需要注意的是，在这个小组中起主导和领导作用的一定是企业的大股东。

（2）审批程序与实施步骤

中国上市公司股权激励的审批程序和实施步骤主要是按照证监会2006年颁布实施的《上市公司股权激励管理办法》中的有关规定，按照一定的逻辑顺序来进行的。非上市公司的审批程序和实施步骤相对比较简单，与上市公司相比，没有信息披露和证监会审批的环节，其余部分和上市公司是一致的。如图7-1所示是我国上市公司股权激励计划的审批程序和实施步骤，如图7-2

所示是非上市公司股权激励的实施过程。

以下是对我国上市公司股权激励的审批程序和实施步骤中的一些关键步骤进行解释：

- 成立专门的实施机构：由薪酬委员会负责，具体负责股权激励计划制定和实施的整个过程。

- 内部诊断：内部诊断是制定和实施股权激励计划的一个重要环节。本书第9章总结的股权激励7定法就是制定和实施股权激励计划的一种有效诊断方法。具体来说，就是根据企业的实际需要、资本战略来确定股权激励的对象、模式、授予总量、行权价格、行权方式、行权时间、激励股票来源、购股资金来源、业绩条件等重要因素。

- 制定股权激励方案：根据内部诊断的结果，由薪酬委员会制订具体的计划，主要文件包括激励方案、股权激励合同、业绩考核表、其他附件等。

- 董事会审议通过：薪酬委员会将股权激励计划（草案）提交董事会审议通过，形成董事会决议；同时监事会核实激励对象名单，独立董事就股权激励计划是否有利于公司的持续发展，是否存在损害公司及全体股东利益发表独立意见。

- 公告：董事会审议通过股权激励计划（草案）后的两个交易日内，将董事会决议、股权激励计划方案（草案）、独立董事意见在指定报刊上披露。如是国有企业，在公告前需将计划方案报国有资产管理机构批准。

- 中介机构意见：公司聘请律师对股权激励计划（草案）出具法律意见书，聘请独立财务顾问出具独立财务顾问报告。

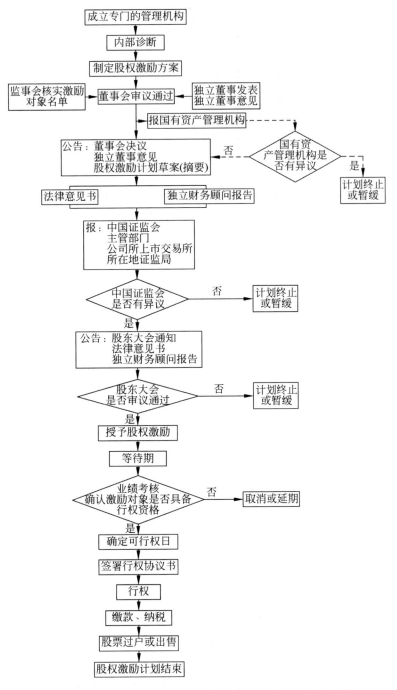

图 7-1 上市公司股权激励计划审批程序和实施步骤

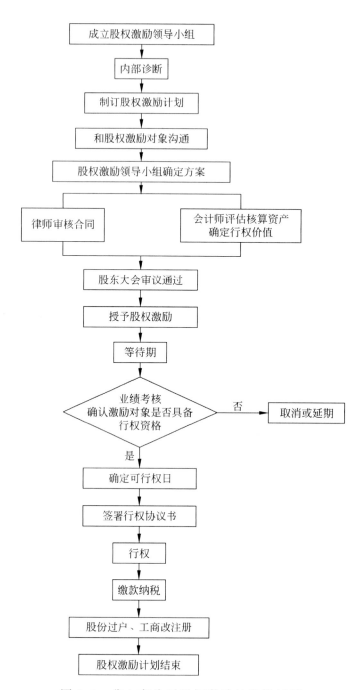

图 7-2 非上市公司股权激励的实施过程

- 上报备案：将相关文件上报中国证监会、主管部门、公司所上市交易所和所在地证监局，以征得中国证监会无异议。

- 召集股东大会：股权激励计划（草案）经中国证监会备案无异议后，公司发出召开股东大会的通知，并同时公告法律意见书和独立财务顾问报告。独立董事就股权激励计划（草案）的相关议案向所有股东征集委托投票权。

- 股东大会审批：股东大会审议股权激励计划（草案），监事会就激励对象名单核实情况在股东大会上进行说明。股东大会批准股权激励计划（草案）后，同时主管部门亦批准股权激励计划（草案）后，股权激励计划才可以实施。董事会根据股东大会的授权办理股票期权授予、行权事宜。

- 授予股权激励：按照股权计划的内容，对激励对象进行股权激励的授予，并与激励对象签订股权激励合同。

- 考核：在等待期即将结束前，按股权激励计划方案的考核内容和考核指标，对激励对象进行考核。考核结束后，书面通知考核对象的考核结果。对于考核合格的激励对象，按股权激励计划方案和签订的股权激励合同，书面通知可行权的股权激励数量。对于考核不合格的激励对象，按股权激励方案和签订的股权激励合同，书面通知取消或延期股权激励数量。

- 行权：业绩考核合格的激励对象，可在有效期内行权。

如图7-2所示是非上市公司股权激励的实施过程，与上市公司相比，有以下几个不同点：

- 负责的机构不同。上市公司是由薪酬委员会负责，而非上市公司要成立一个大股东牵头的股权激励领导小组。
- 要聘请会计师事务所进行资产评估。上市公司的股票价格是由市场决定的，非上市公司需要聘请会计师事务所对资产进行核算和评估，确定股份价格。
- 不需要信息披露。
- 不需要上报备案。
- 如果股东单一，且没有董事会。则股权激励领导小组就代替了董事会的作用，单一股东就代替了股东大会的作用。
- 需要工商改注册。

7.5.2 必须做到的六个"一定"

在中国，企业进行股权激励的实践中，无论是采用何种模式对经理人进行股权激励，在方案设计中必须包含或体现以下 6 个方面的内容：

（1）一定要有业绩考核

股权激励不是福利，而是为了将经理人自身的利益和公司未来的利益结合起来，创造更多的价值，因此，股权激励一定是在科学合理的业绩考核基础上实施。

股权激励制度的实施引发了上市公司经理人薪酬总额的大幅度提升，拉大了经理人与普通员工的收入差距，并遭到了许多人的抨击与病垢。为什么会这样呢？这里面一个很大的原因就是一些上市公司在设计股权激励的时候，对经理人业绩考核基准选择不合理，使得经理人在没有努力工作的情况下就有可能获得巨额奖励。比如一家上市公司给经理人授予股票期权奖励计划，当赶上股市处于牛市的时候，表现平庸的经理人也会因为股价的上升而获得本来不应该属于他们的收益。股神巴菲特曾对此讥讽道："在涨水的时候，就连一只游不动的瘦鸭子也可以漂得高高的。"

因此，对经理人的股权激励，关键不在于支付了多少工资，而在于采用什么样的方式支付。当股权激励计划中业绩基础和业绩指标的选择是科学合理的，也就是能准确测量出经理人的努力程度和贡献程度，那么股东并不怕经理人拿高薪。因为经理人笑得开心的时候，股东更开心，笑得跟一朵花似的一定是持股比例最大的股东。

那么要真正发挥股权激励的正面效应，在业绩考核上必须做到两点：第一，考核指标的选取要能反映企业的真实价值；第二，要形成定期考核的制度。

具体来说，对于上市公司，指标不能只选取与股价相关的市场指标，还要考虑反映企业真实价值的会计指标，或用指数指标来修正股市大盘涨跌对企业价值的影响。对于非上市公司来说，不能只选用类似净利润这样的短期绩效指标，还应考虑选择反映企业长期利润增长的指标。[①] 只有这样，股权激励计划才可能真正实现促进企业绩效提升和股东价值增长。

在股权激励计划中选择了合理的指标之后，另一个关键是要形成定期考核制度，严格按照股权激励计划方案中的考核内容和考核指标进行考核。定期考核可以以季度、半年为考核时间单位，其中，每年年末的考核和等待期结束的考核，是必不可少，而且也是最重要的。尤其是等待期满时的考核，直接关系到激励对象是否能最终获得股权激励的问题，这时是股权激励计划真正发挥激励和约束作用的关键时候，严格的考核过程和科学合理的考核结果就显得尤为重要。

（2）一定要花点钱来买

以股票期权为例，在美国，股权激励的行权一般有三种方式：现金行权、

---

① 关于业绩考核指标选择内容将在第10章详细讨论。

无现金行权和无现金行权并出售。

- 现金行权。在执行股权激励计划时，按照要求，激励对象向公司指定的券商支付包括购买的期权股票的全部执行价格，加上欠付公司的预扣税款。券商以行权价格为激励对象购买股票，划入激励对象个人账户，作为激励对象对公司的长期投资，并选择适当的时机出售股票。现金行权是我国上市公司执行股票期权最常用的一种方式。

- 无现金行权。激励对象不需要直接以现金来支付购买期权股票的全部价款，由指定的券商出售部分股票获得收益来支付行权所需的费用（购买股票的价款和欠付公司的预付税款），并将余下股票存入经理人的个人账户。

- 无现金行权并出售。即个人决定立刻出售部分或全部可行权的股票期权，以获得行权价与市场价之间的差价利润。当然，个人还必须缴纳税金和其他费用。

以上三种方式中，现金行权是最直接、最方便的行权方式，而且对经理人的约束也比较强。但是，以上市公司一般管理人员的收入水平，要支付这样一笔资金还是有相当的困难。因此，采用这种方式，经理人就有可能面临购股资金的来源问题。无现金行权并出售的方式对经理人最为有利，但是不利于实现对经理人的约束。无现金行权的方式是一个比较折中的选择，现在美国越来越多的上市公司倾向选择这种方式。

在美国，除了对同一股票期权计划的期权股票到期出售来获取支付行权的收益（这种方式又叫同日销售执行）外，无现金行权的方式有多种形式如股票互换、经纪人同日销售等，有些股票期权制还允许提供已经拥有的公司股票或者预扣期权股票的方式，以支付相应的税收。

在中国，一方面，我们的金融产品不够丰富，无现金行权的方式缺乏基础。而且，我国上市公司比较强调对经理人的约束，因此大多数上市公司采用现金行权的方式。

采用现金行权的方式非常符合我国的国情。这是因为股权激励的一个重要目的是风险和收益要对等，因此，股权激励与基本工资和年终奖相比，是经理人承担企业未来风险而享有的收入，属于风险收入部分。所以，经理人得到的股权激励分为两个部分：一部分是自己花钱买，这相当于风险抵押金方式；一部分是根据企业业绩赠送，这属于激励部分。那么，如何来确定花多少钱来买呢？这就要根据经理人的业绩情况来决定，业绩越好，花钱越少，送得越多。

举个例子，比如一家公司的股价是1元钱1股，老板授予经理人10万股的业绩股份激励。规则可以这样设计，如果经理人完成80%的业绩指标，买7万股送3万股；如果完成90%的业绩，买6万股送4万股；如果完成100%的业绩，买5万股送5万股；如果完成110%的业绩，买4万股送6万股；如果完成120%以上的业绩，买3万股送7万股。

（3）一定要考虑经理人的风险承受能力

为什么有的人能当老板，有的人只能当经理人，这和人品没有关系，和能力没有关系，和对待风险的态度有关。

经济学把对待风险的态度分为三种：风险厌恶、风险中性和风险喜好。按照经济学的解释，经理人都是风险厌恶型的，他们害怕承担过高的风险，承担风险的能力较弱；而企业家至少是风险中性的，他们承担风险的能力较强，也愿意承担风险；风险喜好是特别喜好风险的，指的是投机家。

我们在上一个"一定"中，要求经理人一定要花钱入股，目的是为了让经理人承担企业未来的一定风险，但这个风险一定不能过大，否则股权激励计划就有可能失败。

【案例 7.8】经理人为什么不接受股权激励的方案

有一位从事面粉加工的老板参加了一个清华大学的总裁研修班。课堂上有老师讲到股权激励对于企业重要性，该老板回去公司后就对他的总经理说："我到清华去上课，清华的教授说建立现代企业制度，要对经理人实施股权激励，我打算给你做个计划。"

总经理听完之后直后悔："为什么不早一点忽悠老板去清华学习呢？"

按照公司治理讲的报酬结构，总经理的报酬结构是"8万+4万"，也就是年薪是8万元，分12个月领取，完成年终奖指标之后再获得4万元左右的年终奖，在当地属于同行业的中上水平。

老板对总经理说："我为你设计的方案是将'8万+4万'变成'5万+3万'，扣下来的4万元不是不给你，而是将其转换为你的股份。咱们这个计划实施三年，三年后到工商改注册，你变为真正的股东，我算过一笔账，三年之后即使工资和奖金还维持今天的'8万+4万'的水平，但是你每年还有利润分红，你的总收入将达到20万元以上。"

我在课堂上将这个案例讲到这里的时候，我会问同学："如果你是这个总经理，会接受这个方案吗？"绝大多数同学都表示了拒绝，理由是："风险太大了！"

总经理本来被老板忽悠得热血沸腾，但是听了老板的方案之后，心理哇凉哇凉的，愣了一会儿对老板说："老板，我觉得咱们以前的方案挺好的，要不照旧吧？如果你非得搞股权激励，我走人，你找别人来搞。"

老板很郁闷，听了清华教授的话，好不容易决定拿出些股份和总经理分享，却换来这样一个结果，他实在闹不明白这是怎么回事？后来他通过他的班主任找到我，我听他把过程和我描述之后，我就乐了！

我对他说："你搞的哪是股权激励？是股权的强买强卖！股权激励一定是根据业绩有送的部分，你这哪有呀？而且让经理人花点钱买是对的，但是你也不能把人养家的 8 万直接扣 3 万下来，这极大地加大了总经理的风险，他肯定不同意。"

我没有为他设计太复杂的方案，而是在他的方案基础上做了一些调整。8 万元是不能动的，因为这是经理人养家的钱。可以动的是年终奖 4 万元。我为他修改的方案是：在年终奖的业绩标准基础之上再设置一个风险收入指标，当总经理的业绩达到风险收入指标之后，就触发股权激励计划，要求扣总经理年终奖的一半，即 2 万元购买股份，同时追加 3 万元作为风险奖金以股份的方式支付给总经理，相当于是"买二送三"计划实施三年，三年后锁定两年。

该老板拿着修改的方案去找总经理，总经理愉快地接受了这个方案，现在方案已经实施完毕，效果不错。

老板自己设计的方案和我为他修改的方案相比，不同之处在于修改的方案既让经理人承担了一定的风险，又将这个风险控制在他能接受的范围内。

因此，我们在设计股权激励方案、选择业绩指标、确定业绩标准和考核基准的过程中，一定要考虑经理人承受风险的能力，不能把过大的风险强加于他们身上。

（4）一定要体现递延性报酬特征

长期激励性报酬的本质是它的递延性特征。由于报酬的递延型可以增加经理人的失败成本，加大股权激励对经理人的内在约束性，因此，现在股权激励非常流行"一次授予，多次加速行权"的方式。

在本章第一节的案例王先生的股票期权计划中，A 公司授予王先生 100 万股的股票期权，等待期是 3 年，行权期分别是第 4、5、6 三年。这时有三种行权方式：一种是平均行权，三年分别行权 33 万股、33 万股和 34 万股；第二种是减速行权，三年分别行权 50 万股、30 万股和 20 万股；第三种是加速行权，三年分别行权 20 万股、30 万股和 50 万股。哪种行权方式好？对谁好？每次上课的时候我都会问同学这个问题，他们的答案都会正确，第三种好，对老板和公司好。

其实，从管理学中薪酬管理是解释不了这个问题的，薪酬管理最基本的原则就是经理人创造多大的价值就给他多大的激励，而且要及时。A 公司授予王先生为期 6 年的 100 万股股票期权计划，等待期是三年，这三年时间里王先生努力地工作，为公司创造了很大的价值，即使不一次行权，分三次行权，按照薪酬管理的思想也应该在第 4 年王先生行权 50 万股，应该根据王先生创造的价值及时地将大部分激励给他。但是，按照这种思路，公司的股权激励计划就有可能失败。比如，当王先生第 4 年行权了 50 万股的股票期权后，他发现外部环境变得更恶劣了，如果他想获得剩余 50 万股的股票期权，需要付出更大的努力，在这种情况下王先生就很可能在第 4 年获得股票期权计划的一半后就选择放弃剩余的计划，选择离职，那对公司来讲，股权激励计划就失败了。

为了防止这种情况的出现，A 公司将王先生在第 4 年可能应该行权的 50 万股扣下 30 万股放在第 6 年，将行权的方式变为 20 万股、30 万股和 50 万股的加速行权方式。这样，当王先生在第 4 年行权了 40 万股的股票期权计划后，即使发现外部环境变得恶劣了，也不会走，因为 100 万股的股票期权计划才行权了 20%，他会坚持努力工作，以获得剩下 80% 的股票期权。当第 5 年王先生又行权 30 万股后，他发现要在第 6 年获得剩下的 50 万股期权变得更困难了，因为外部环境的竞争更激烈了，需要他付出更大的努力。即使在这种情况下，王先生也会咬着牙玩命干完最后一年，因为为期 6 年的期权计划只剩最后一年，自己已经坚持 5 年获得了计划中的 50%，怎么可能在现在放弃剩下的 50% 呢？

A 公司对王先生这种"一次授予，分三次加速行权"的做法，实际上就是一种递延性报酬的设计。在第 4 年行权的时候,让王先生获得的期权小于其为公司创造的价值,把差额部分作为"风险抵押金"的方式放到了最后一年,第 5 年王先生获得的期权和其创造的价值基本相等,第 6 年王先生获得的期权奖励将高于其为公司创造的价值,高出部分也不是公司额外给的,而是从第 4 年"递延"过来的,公司在最后一年将其"还"给经理人。这样,就加大了经理人的失败成本,从而实现经理人的利益和股东的利益、企业的利益长期捆绑。

美国人一般使用股票期权制度捆绑经理人 10 年,在日本很少有企业采用美国的期权制度,没有美国那么显著的激励性报酬。但是日本经理人对企业的忠诚却不低于甚至是高于美国,其原因就是日本的企业大都采用长期雇用制和年功序列工资捆绑经理人一辈子。长期雇用制和年功序列工资是最极端的"递延性报酬",我们将用图 7-3 分析日本企业的这种制度对人行为的改变。

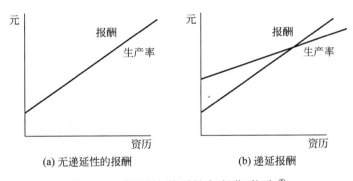

图 7-3　报酬的递延性与长期激励[①]

如图 7-3(a)所示是中国和美国薪酬管理的思想:那就是员工创造多大价值就给他多大报酬,而且给得要及时。因此,我们看到在中国和美国的薪酬管理中,员工创造的生产率和其所获得的报酬是一一对应的,所以代表员

---

① 资料来源:宁向东.公司治理理论[M].北京:中国发展出版社,2005:114.

工创造生产率和其所获得报酬的两条线是重合的,是没有递延性的报酬。

如图7-3(b)所示是日本长期雇用制和年功序列工资制度。当一个员工23岁大学毕业后到日本的企业工作,这时候他们有干劲没有经验,创造的生产率较低,但是他们得到的报酬比他们创造的生产率更低,这就相当于把员工应得的一部分工资扣下来,作为风险抵押金放到未来。随着工龄的增长,他们的报酬也在增长,而且增长幅度远远大于生产率的增长幅度。那么随着时间的推移,代表员工生产率的直线会和代表其工资的直线交叉,日本企业一般设置在员工40~45岁的时候交叉,比如在42岁交叉,那么在42岁这一年,员工获得的报酬和他所创造的生产率刚好相等。超过42岁之后,员工的工资增长幅度依然大于其生产率的增长幅度,那么就意味着从43岁开始,该员工就把42岁之前抵押在公司的工资分批往回拿。到60岁或65岁的时候,企业就一次性支付相当于4倍年薪的退休金。

日本的这种递延性工资制度,捆绑了它所想捆绑的人一辈子,让员工想走都走不了。因为长期雇用制度和年功序列的工资结合的报酬递延性,使得日本的员工不敢跳槽,因为成本太大了。

不同国家的企业之所以选择不同形式的递延报酬,一个主要的原因就是为了加大经理人的离职成本。在使用递延的报酬形式,被递延支付的报酬就是一种履行业绩目标的抵押金,为了在将来获得这些抵押金,经理人不但尽力避免被解雇,而且还会努力工作,防止偷懒和短期行为的发生。基于这样的原因,在股权激励计划设计中,一定要使股权激励计划体现递延性报酬特征。

(5)报酬结构一定要合理

在经理人的报酬结构中,基本工资、年度奖金和股权激励是最重要的组成部分。在美国有些CEO经常拿象征性的1美元年薪或不拿基本工资,需要强调的是,这是美国大公司的情况,中国公司在设计经理人薪酬的时候绝对不能这样做。

我国的企业在给经理人设计报酬结构的时候，一定要注意两个问题：第一是"给多少"的问题，也就是报酬总量多少为宜；第二是"如何给"的问题，也就是年薪、年终奖和股权激励的比例。

"给多少"是指为了吸引和留住经理人而给予他们的报酬总量，实际上就是经济学所讲的"参与约束"问题。关于"给多少"这个问题的答案是"总量要给够"。

所谓总量要给够，就是指企业为了吸引人才和留住人才，给予经理人报酬总量不能低于他在市场上的"保留效用"水平。所谓保留效用，实际上就是该经理人在企业工作的机会成本，它等于该经理人在其他工作机会中所得到的最高报酬。如果经理人市场比较完善、竞争充分的话，经理人在各种工作机会中得到的报酬就会比较一致，其保留工资也就是该经理人的"身价"。比如，有个职业经理人目前的身价是"年薪+年度奖金"20万元左右，为了吸引他加盟你的企业，你所支付的报酬就不应低于这个数。当然如果这个经理人所在企业没有给他股权激励，你也可以将其"年薪+年度奖金"略微降一点，变成15万~20万元，再给予他股权激励。

因此，在确定报酬总量的时候，主要考虑两个因素：一是经理人留在企业工作的机会成本；二是老板预期经理人所能达到的业绩目标。

"如何给"是指经理人的报酬结构一定要合理，这涉及激励相容的问题。所谓激励相容，就是要使经理人有积极性、自觉地为企业的目标奋斗。报酬合同实际上是公司的薪酬政策，老板不可能强制经理人去干什么，只能诱导他们干什么。但"上有政策，下有对策"，因此，在任何给定的报酬合同下，经理人总会选择对自己最有利的行动。

由于经理人具有股东难以知道或看到的隐蔽信息和私人行动，才使股东无法强制让经理说真话或者是不偷懒，而只能诱导经理说真话、不偷懒。具体到经理人的报酬制度来说，报酬制度中"结构合理"就显得尤为重要。例如，一个经理人的报酬中没有长期激励性报酬，或长期激励性报酬的比重较少，而是按照当年的利润给经理人提成，经理人就会拼命把企业当年的利润搞上去，对以后各期利润的不理想就不太关心；如果按照销售额奖励，就拼命地搞促销、价格战，售后服务可能就不重视了。

正因为有对策，才需要政策科学合理，更加具有诱导性。衡量一个政策是否正确，就是看该激励政策下经理人的对策是不是能实现这个政策所希望达到的目标。如果一个政策所诱导的对策并不是政策制定者的初衷，那么，显然是一个失败的政策。薪酬政策的科学合理性关键在于工资、年度奖金和长期激励性报酬比例的"结构合理"。

有两个报酬结构，即工资、年度奖金、长期激励性报酬的比例，一个是2∶2∶1，另一个是1∶3∶10，哪一个更好呢？很多人都认为第二种方案好。

这两个报酬方案中最大的差异在于长期激励性报酬，他们实际上都是合理的，关键要看用于什么样的企业。

比如，中国非上市的房地产公司有几家做股权激励了？答案是凤毛麟角，基本上没有。为什么呢？中国上市的房地产公司做股权激励某种意义上还是为了分钱，而非上市的房地产公司做股权激励确实就是看中了股权激励的效应。房地产企业的核心竞争力是两个关系：政府关系涉及拿地，银行关系涉及拿钱。这两个关系基本上都掌握在老板手里，因此房地产公司最需要激励的是老板，而不是经理人。所以我们看到非上市的房地产公司基本上没有做股权激励的，基本上都是"高工资+高年终奖"。而且即使要做股权激励，非上市的房地产公司采用2∶2∶1的报酬结构，而且房地产公司的资产非常大，老板拿出5%股份出来做激励也就足够大了。

但是，对于一些人力资本依附性较强、创业性质很浓、成长性较好的公司，比如软件公司、生物制约公司、培训公司、高新技术企业等公司，经理人一定更加关注公司的长期增长，它们就比较适合采用1∶3∶10的报酬结构，对于有些人力资本依附性很强、成长性也很好的企业，可能1∶3∶10都不够合理，需要1∶3∶20的结构。

所以，我们在确定报酬总量和报酬结构中第一个重要的依据是人力资本依附性，第二个是企业成长性，第三个是资金门槛。对于人力资本依附性强、成长性也较好，而且资金门槛不高的企业，股权激励占的比重一定要大。而对于比较稳定、不需要做太多冒险性投资、也不希望发展太大、只是希望把市场稳定住，而且资金门槛较高的公司，股权激励的比重不用太大，甚至和年度奖金持平就可以。

在具体的报酬结构确定过程中，除了考虑人力资本依附性、企业成长性和资金门槛3个关键因素之外，还需要再综合考虑以下3个因素：

- 利润受不确定性因素影响程度。不确定因素对公司业绩影响非常大，企业业绩不再取决于经理人的努力程度，激励性报酬就会失效。因此，从节约激励成本的角度考虑，就需要提高年薪部分，降低年终奖和股权激励可变收入部分。
- 经理人的风险承担能力。经理人越害怕风险，越难以激励。如果经理人稍微承担一点风险就需要很多的补偿，那么最好的办法就是宁肯损失一点效率，也不能让他承担风险。一般来说，中国的经理人报酬占他们总收入的绝大部分或全部，他们承担风险的能力是比较低的。因此，我们需要在经理人报酬结构上体现这一点。也就是说，要选择固定工资和以业绩为基础的可变报酬的恰当比例，"基本工资＋年度奖金"的总收入要使得经理人基本上可以完成"养家"的责任。
- 经理人增加努力程度的成本。报酬是为了激励经理人努力工作的，但努力工作是有成本的。成本越大，经理人对于同样的激励强度越不敏感，越不愿意努力工作。当经理人增加努力程度的成本受很多因素影响,如年龄、性别、爱好、志向、觉悟以及业务熟练程度等。但还有其他一些因素,如经理人的偏好等。比如,如果经理人是非常喜欢享受生活的人,有可能无论给他多少钱,他也不愿意周末加班而放弃和家人在一起。因此,需要根据不同情况调整对经理人的激励手段和方式。一般来说,如果经理人害怕努力工作,固定工资占其大部分收入的报酬结构就比较适合他们;如果经理人不怕努力工作,说明其对报酬激励敏感,那就可以加大股权激励的比重让他好好工作。

(6)一定要有退出机制

退出机制也就是激励股票流通性的问题。对于获得股权激励的经理人来说,只有将行权之后的股票能够顺利卖出套现,才能获得实实在在的收益。因此,激励股票的流通性对于股权激励计划是否有效是至关重要的。

对于上市公司来说,影响激励股票流通性的问题就是禁售期的安排。在美国上市公司的股权激励方案设计中,经常在经理人行权之后,会附件一个禁售期,但是中国上市公司的股权激励计划中一般不专门设置这个条件,因为法律已经做出了要求。新《公司法》第142条规定,"董事、监事、高级管理人员应当向公司申报所持有的本公司的股份及其变动情况,在任职期间每年转让的股份不得超过其所持有本公司股份总数的25%。上述人员离职后半年内,不得转让其所持有的本公司股份。公司章程可以对公司董事、监事、高级管理人员转让其所持有的本公司股份作出其他限制性规定。"由此可见,对于我国上市公司的经理人来说,当他行权获得激励股票之后,是不可能一次出售的,而是要按照法律的要求逐渐售出,因此《公司法》的规定就相当于为上市公司的股权激励计划设计了禁售期。

国资委对于禁售期的安排比证监会要严格得多。证监会的《上市公司激励管理办法(试行)》要求上市公司股票期权激励计划的等待期为1年,而对限制性股票的禁售期没有规定。国资委的《国有控股上市公司（境内）实施股权激励试行办法》规定股票期权激励计划的等待期为 2 年，限制性股票的解锁期为 3 年；《国有控股上市公司（境外）实施股权激励试行办法》中规定股权限制期为 2 年，而且规定上市公司高管人员的股票期权应保留一定比例在任职期满后根据任期考核结果行权，任职（或任期）期满后的行权比例不得低于授权总量的 20%；对授予的股票增值权，其行权所获得的现金收益需进入上市公司为股权激励对象开设的账户，账户中的现金收益应有不低于 20% 的部分至任职（或任期）期满考核合格后方可提取。

从以上的法律制度来看，上市公司高管人员激励股票的流通性问题已经"有条件"的得到解决。有关法律法规对股权激励的变现已经有了规定了，因此，不建议上市公司再附加其他的约束和限制条件。

但是对于非上市公司来说，《公司法》没有类似的规定，因此在股权激励中为经理人设置主动和被动退出机制就显得尤为重要了。

主动退出机制指的是当非上市公司的经理人行权获得激励股票，成为真正的股东之后，让不让经理人卖出自己的股份问题？答案是一定要让他卖，股份只有流通价值才会更高。那卖给谁呢？建议在非上市企业股权激励计划中一定要设计激励股份回购机制，赋予经理人变现的机会，而且大股东（一般来说，大股东是激励股份的提供者）一定要有优先回购权。否则，经理人卖给别人，就意味着公司控制权的旁落。同时还需要在股权激励计划中约定回购价格的计算方法应与行权价格的计算方法保持一致。比如，行权时的股份价格是按照净资产来计算的，那么回购时也按照净资产来计算股份价格。

被动退出机制指的是当经理人获得激励股份，成为真正的股东之后离职，股份让不让他带走？我们的建议是，这时要考虑公司是否已经上市。如果公司已经上市，那么激励股份如何处理，经理人有自由处置权；如果公司没有上市，那么股份必须留下。如果在股权激励方案中未做这样的设计，就会出现非常麻烦的问题：首先，一些经理人有可能自立门户成立一家同行业公司，那么他又作为原来公司的股东，就可以获知原来公司的商业机密，这种情况对原来的公司是非常不利的；其次，经理人带走股份，他不仅带走了收益权，还带走了公司的控制权，未来公司在银行贷款或股权融资的时候，如果他拒绝签字，公司会非常被动；最后，如果不将离职的经理人股份回购，那么对新来经理人再进行股权激励时只能再从老板的股份中拿出来，若经历几次这样的事情，老板就会变成小股东。因此，非上市公司一定要在股权激励中设计被动退出机制：在公司没有上市之前，当经理人离职时，必须将所获得的激励股份出售给大股东。①

还有一种情况介于主动和被动退出机制之间。当公司还没有上市，但是经理人退休了，他的股份如何处理？一般来说，如果公司上市前景比较明朗，上市只是时间问题，这时应该让经理人继续持有股份。但是如果公司上不了市，或者离上市还有很长一段时间，这时是否让经理人继续持有股份主要看按设计之初老板和经理人协商的结果。如果考虑公司控制权和未来人才金台阶的问题，可以为退休的经理人设计退出机制，比如深圳的一家非上市公司是这样处理退休经理人手里持有的激励股份：在退休后经理人可以继续持有股份3年，3年后老板再分3年回购经理人的股份。回购价格是按当初授权时行权价格计算方法的计算结果的3倍。也就是当初如果按净资产计算的行权价格，回购价格就是按照回购时净资产计算结果的3倍。这种安排是比较合理的，实际上这个退出机制又给了经理人一个额外的金色降落伞激励，也算是对经理人在公司干到退休的一种奖励。

主动退出机制和被动退出机制对于非上市公司来说是相当重要的，如果股

---

① 这种情况基于经理人所获得的激励股份时由大股东提供的，如果公司的股东有多个，激励股份时由所有股东等比例转让的，那么所有股东按照当初提供的股份数量进行回购。

权激励方案在这方面的设计不完善，可能会导致老板和经理人无休止的"扯皮"。因此，企业无论选择哪种激励模式，都一定要考虑退出机制的问题。

7.5.3　股权激励计划是否需要重新定价

在股权激励的实践中，经常出现这样的情况：上市公司的经理人获授股权激励之后，非常努力地工作，确实也使得公司价值增值了，但是资本市场赶上了熊市，公司股价下跌了，当股价不断下跌至行权价时，股权激励就不会被执行，经理人将得不到由股权激励计划带来的任何好处。非上市公司的股份价格不受资本市场有效性和资本市场大势的影响，情况会好一些，但是也会出现类似的情况。这种情况对于经理人来说是不公平的，因为股份价格的决定因素很多，其自身是否努力只是一个方面，那么当这种情况发生后，要不要对当初约定的行权价格重新调整，体现对经理人的公平呢？

（1）不应重新定价

虽然在有些情况下重新确定行权价格对经理人确实是公平的，但是股权激励本身就是股东和经理人对赌未来业绩的一个行为。当公司股票价格跌至行权价以下而重新定价的行为相当于比赛进行一半时修改游戏规则，这对于股东是不公平的，它会带来一个不好的误导性：奖励失败的经理人！如果允许上市公司对股权激励的行权价格重新定价，经理人就不会非常努力地工作。因为经营再差，他们也能以留人、恢复激励功能为借口将股权激励重新定价，这样就通过事后修订行权价格、延长行权期等办法获取不应由他们获得的差价收益。

比较具有讽刺意义的是，当赶上"熊市"，引发公司股价大幅下跌而且跌破行权价之后，经理人期望将原来的股权激励重新定价，即将行权价降低。然而，当赶上"牛市"，公司股价跟随大盘大涨，股价远远高于行权价时，却没有任何一家公司将股权激励的行权价进行重新定价,即将行权价格调高。

从这个意义上说,股票期权的重新定价特指期权行权价定得比原来更低的现象,这也是最优契约理论不能解释的。股票期权的最终目的不是为了让经理人获得稳定的市场化薪酬,而是利用市场化薪酬计划激励经理人提高公司价值,并对那些缺乏能力或偷懒的经理人进行惩罚。但行权价的重新定价却起到了南辕北辙的作用,经理人非但没有受到惩罚,还得到了一定的补偿,这让人不得不怀疑行权价的调整只是为了保证经理人的既得利益,而不是激励他们为股东服务。

对于签订股权激励合同的经理人来说,同样应视为一种投资行为,应该承担相应的风险。既然愿赌服输,因此不应对股票期权重新定价。在美国,为了防止出现更多的股票期权重新定价事件,一部分上市公司的股东大会已经通过了一项议案,规定股票期权的重新定价需要获得股东大会的批准,而不是授权由董事会做出决策。

我国证监会对上市公司股权激励计划重新定价也是持否定态度,《股权激励有关事项备忘录 3 号》中规定:"为确保股权激励计划备案工作的严肃性,股权激励计划备案过程中,上市公司不可随意提出修改权益价格或激励方式。上市公司如拟修改权益价格或激励方式,应由董事会审议通过并公告撤销原股权激励计划的决议,同时上市公司应向中国证监会提交终止原股权激励计划备案的申请。"

从对股东和经理人双方都公平的角度来看,如果真的要重新定价,那么就需要双向重新定价:在股票价格跌破发行价或当股票价格大涨超过一个约定范围时,都需要重新定价。理论上这种做法是可行的,但真要这样做,操作起来是比较麻烦的。我们可以利用这种力图对股东和经理人都公平的思想来解决股权激励重新定价问题,在股权激励计划设计之初就考虑采用一些措施来消除外部宏观环境或资本市场有效性和大势的影响,使得股权激励计划尽可能只和公司绩效挂钩。

（2）解决方案：设计一个可变的行权价格

引起上市公司股权激励重新定价问题的根源在于与股票价格挂钩的股权激励制度的内在缺陷，就是依赖于资本市场的有效性。在现实的资本市场条件下，即使是美国这样有效性较高的资本市场，与股票市场价格挂钩的股票期权激励制度也可能无法反映出经理人的能力和努力程度。在牛市的情况下，股票市场整体价格水平上涨，单个企业的股票价格也上涨，上涨的原因可能与经理人努不努力并没什么关系，甚至公司的真实价值还下降了，但是经理人依然可以获得巨大的股权激励。在熊市的情况下，股票跌幅很大，公司的股价远远低于约定的行权价格。这个时候，经理人再努力，公司会计业绩再得到增长，他们挣到一分钱。

在股权激励行权时，股票价格和行权价格的高低是决定股权激励有无实际价值的重要因素。因此，为了更科学的设置行权价格，剔除外部环境、资本市场有效性和资本市场大势的影响，我们可以把行权价格设计成可变的，根据什么变化呢？比如，将行权价格与公司的业绩联系起来考虑，或者考虑整个股票市场的价格走向，这种行权价将根据未来时期特定的财务指标、股票市场指数的变化而变化，这样对经理人来讲将更有针对性，效果更好。可变的行权价格主要有两种：一种是指数化行权价格；另一种是财务化行权价格。

- 指数化行权价格。以股票期权为例，采用指数化行权价格后就叫作指数化股票期权。指数化股票期权的行权价格是按照约定的规则，随外部指数的变动而有所调整。外部指数可以是市场综合指数，如道琼斯指数、S&P500指数、沪深股市指数；也可以是行业指数，如选取公司所在行业分类指数；也可以是选定几家基准公司的平均股票价格挂钩。设计指数化的行权价格实际上也是一种重新定价，但它是一种事先设定好的双向重新定价，对于经理人和股东都是公平的。对于上市公司来说，指数股票期权仍然要比传统的股票期权更加有效：它不会因为整体市场好而奖励相对业绩差的经理人，也不会因为整体市场受挫而剥夺经理人应得的报酬。在任何市场上，它都能够更好地将经理人的业绩和股票期权收入联系起来。

- 财务化行权价格。在上市公司设计股权激励方案的时候，为了规避资本市场有效性和市场大势对激励计划的影响，会将行权条件和行权价格同财务会计指标挂钩：只有当财务会计指标高于某一标准水平或同类企业水平时才能行权；在行权时根据财务指标的变化相应调整行权的价格。

在中国，由于证监会强调对业绩的考核，很好地体现了监管部门希望上市公司的股权激励计划能够严格和财务会计指标挂钩的思路。比如《股权激励有关事项备忘录3号》规定："上市公司股权激励计划应明确，股票期权等待期或限制性股票锁定期内，各年度归属于上市公司股东的净利润及归属于上市公司股东的扣除非经常性损益的净利润均不得低于授予日前最近三个会计年度的平均水平且不得为负。"《股权激励有关事项备忘录1号》规定："公司设定的行权指标须考虑公司的业绩情况，原则上实行股权激励后的业绩指标（如每股收益、加权净资产收益率和净利润增长率等）不低于历史水平。"

此外，鼓励公司同时采用下列指标：①市值指标：如公司各考核期内的平均市值水平不低于同期市场综合指数或成份股指数；②行业比较指标：如公司业绩指标不低于同行业平均水平。

需要指出的是，当采用与同类企业相比的财务指标时，无论是在美国还是中国的上市公司中，都只是强调了达不到指标时不能行权。但如果市场指标没有达到，公司的会计业绩却远远高于同类企业的业绩时，按照财务化行权价格的思路，应该将行权价调低，准许经理人行权。实践中我们还没有看见一份这样的方案，一个可能的原因是各国的监管机构担心这样做会激励上市公司的高管们在财务上弄虚作假。

因此，在上市公司中，如果对行权价格设计成一个可变的价格，经常采用的是指数化行权价格的方式。对于非上市公司来说，就灵活得多，既可采用指数化行权价格，又可采用财务化行权价格的方式。

7.6 特殊情况下股权激励计划的调整办法

在股权激励计划的执行过程中，可能会发生一些特殊情况，而这些情况的发生，会影响股权激励计划的执行效果，甚至会违背实施股权激励计划的初衷。因此，对于这些特殊情况，要在设计股权激励方案之初进行约定。这些约定一方面是对经理人的保障；另一方面是对经理人的约束。如果在股权激励合同或股权激励方案中缺少约定，一旦出了问题，处理起来就会很麻烦。下面所讲的基本上都是按照国际惯例对特殊情况发生时对股权激励所做调整的约定，当然，也可以不按照以下内容约定，而是老板和经理人商量一个双方都能接受的方案，但这种方案不能违反现行法律法规的规定。

这些特殊情况主要包括：当激励对象违反禁业条款和保密条款时，对股权激励计划的处理；当激励对象对企业服务终止时，对股权激励计划的调整；在企业配股或进行股利发放时，对股权激励计划的调整；当公司进行资产重组、合并、分立时，对股权激励计划的处理。

7.6.1 激励对象违反禁业条款和保密条款时的股权激励计划处理

公司在授予股权激励时，一般合同中都会有禁业条款和保密条款，这些条款属于惩罚性条款，要求激励对象不得泄露公司的商业和技术机密，不得提前离开公司，离开公司时不得为竞争对手工作、带走其他雇员等有损公司利益的行为，否则就会取消或终止当年甚至前几年的股权激励计划。

美国大公司的股权激励计划中基本上都有这样的惩罚性条款，如摩托罗拉、可口可乐等公司在股票期权计划中均规定有"坏孩子条款"，对"跳槽"到竞争企业工作，甚至支持对本公司敌意收购严重损害企业利益的经营管理者，公司有权拒绝兑现尚未行使的期权。这对经理人"跳槽"或自立门户产生了重要的约束作用，有利于激励对象的稳定。

7.6.2 激励对象服务终止时的方案调整办法

在激励对象终止对公司服务时，股权激励计划要做出相应的调整，调整的方式主要有两种：加速行权和期权失效。

（1）解雇

因公司业务调整或战略重组等原因被解雇的经理人的股权激励一般约定在3个月内加速行权，否则做失效处理。

激励对象因失职或被判刑事责任而被解雇的，其尚未行权的股权激励计划一般做失效处理。当然，需要提醒的是，非上市公司的老板在做股权激励的时候，一定要有点格局。曾经有过这样一个案例，有家公司实施了股权激励计划，结果到了快行权的时候，老板却舍不得将股份给经理人，找了个理由将经理人辞掉。最后经理人急了，要和老板打官司。

（2）辞职

辞职也有两种情况处理。如果经理人和公司之间是友好离职，比如经理人为了解决家庭两地分居问题而离开公司，那么这个时候仍然可以对持有的股权激励中可行权部分行权，期限可限定在1个月至1年之间，一般3个月的期限较为常见。对于尚在等待期的股权激励，离职的经理人不得行权；如果其在离职前根据公司特殊规定已提前行权，公司有权以行权价回购这一部分股票。

如果经理人是在公司不同意的情况下离开公司，那么就终止和取消其股权激励计划。

（3）退休

美国的做法是：如果经理人因为退休而离职，其持有的所有股权激励计划的授予时间表和有效期限不变，享受与离职前一样的权利。如果授予的是股票期权计划，而且在退休后3个月内没有执行，则成为非法定股票期权，不享受税收优惠。

在我国，可以有两种做法：一种是按照国际惯例，授予时间表和有效期限不变；一种是在6个月之内加速行权，在6个月内未完成行权的股权激励计划将失效。

（4）丧失行为能力

如果经理人因事故或疾病永久性地丧失了行动能力，因而中止了与公司的雇用关系，则在其持有的股权激励计划正常过期之前，该经理人或其合法继承人可以自由选择时间对可行权部分行权。一般建议在伤残离职5年内完成行权，在离职5年内未完成行权的股权激励计划将失效。

（5）死亡

如果经理人在任期内死亡，股权激励可以作为遗产转至其继承人手中。对于被继承的股权激励的有效期，不同的公司规定不一样。有的公司规定在股权激励正常过期之前,继承人可以自由选择行权时间;也有一些公司规定,在员工死亡一定的时间内,继承人可以自由行权,超过一定的时限,股权激励计划自动作废。更多公司采用的是继承人应在3年内完成行权,继承人如果在3年内没有完成行权的,股权激励计划将失效。

在美国,如果员工在离职的一定时间(如3个月)内死亡,大多数公司董事会将这种情况视同员工在任期内死亡。

7.6.3　除权时的方案调整办法

当上市公司出现送红股、派现分红、转增股本、配股、增发、换股等事件时,或非上市公司出现派现分红、转增股本等情况时,必然会影响到股权激励中约定的股权激励数量和行权价格,因此必须对已授出但尚未行权的股权激励计划和未授出的股权激励额度、行权价做相应调整。

(1)派发现金股息

当公司派现分红时,股权激励的持有人还处于等待期,无权享有现金股息,但行权价格必须做出调整,上市公司的调整公式为

$$调整后的行权价 = 调整前的行权价 - 每股税后现金股息$$

非上市公司的调整公式为

$$调整后的行权价 = 调整前的行权价 - 派现总金额 \div 当期注册资本总额$$

(2)送股和转增股本

当发生送股、转增股本时,公司将按同样比例调整股权激励计划中尚未授予部分以及已授予但尚未行权的股权激励数量,并将行权价格相应调整。调整公式为

$$调整后的股权激励数量 = 调整前的股权激励数量 \times (1 + 每股送股比例或转增比例)$$

调整后的行权价格＝调整前的行权价格 ÷

（1＋每股送股比例或转增比例）

（3）配股

当进行配股时，公司将按配股比例调整股权激励的尚未授予部分以及已授予但尚未行权的股权激励数量，并将行权价格相应调整，调整公式如下：

调整后的股权激励数量＝调整前的股权激励数量 ×（1＋每股配股比例）

调整后的行权价格＝（调整前的行权价＋每股配股比例 × 配股价）÷

（1＋每股配股比例）

（4）增发新股

如果是针对原有流通股东的定向配售，或对增发部分进行除权处理的，按配股方式处理。若无上述情况，股票期权的数量和行权价不做调整。

7.6.4 资产重组、控制权变化等重大行为发生时的方案调整办法

当公司实施股权激励计划之后，经理人获授了股权激励计划，但是还处在等待期，尚未行权。这个时候，公司出现了资产重组、要约收购、吸收合并、创立合并、控制权转移等重大行为发生时，一定要明确对股权激励计划做出相应的调整。

（1）公司合并

美国的做法是，当本公司与另一家公司合并时，已授予的股权激励计划应可加速行权，除非新公司同意继续实施股权激励计划。

如果新公司承诺继续承担原股权激励计划的，其行权数量和行权价格要进行调整，还未授出的股权激励数量也要作相应调整。以下是公司采用换股的方式来调整股权激励计划：

调整后的股权激励数量＝调整前的股权激励数量 × 换股比例

调整后的行权价格＝调整前的价格÷换股比例

换股比例为每一股本公司股票换取新股票的比例。

一般来说,如果是实施股权激励计划的公司吸收合并了一家公司成立新公司的,建议采用换股的方式;如果是实施股权激励计划的公司被吸收成立新公司的,建议采用加速行权方式。

在公司合并后继续实施股权激励计划,采用换股方式对股权激励数量和行权价进行调整的做法适用于以下3种情况:

- 实施股权激励的公司与其母公司或其子公司之间发生吸收合并、创立合并或重组行为;

- 实施股权激励的公司与其母公司或其子公司之间发生资产的售卖、租赁或交换;

- 实施股权激励的公司与其他公司吸收合并、创立合并或资产重组的行为采用换股方式的。

(2)要约收购

当公司遭遇要约收购时,股权激励一般采用加速行权的方式。如果在股权激励计划中设置遭遇要约收购时采用加速行权的方式,可行权的部分必须在收购人发出收购要约日之后立即行权。

也可以采用第二种方式,由母公司接管股权激励计划或将股权激励计划转换为等值的现金激励计划。

(3)控制权变化

上市公司控制权转移主要指控股股东发生变化。在这种情况下,如果新的控制方同意继续实施股权激励计划,就不需要对股权激励计划做任何调整。但一般情况下新的控制方大都不愿意继续实施股权激励计划,那么,就需要在股权激励方案中按照以下 3 种方式之一约定调整方法：

- 在控制权发生变化之前，未行权部分立即加速行权；控制权发生变化之后，未行权部分自动失效。
- 在控制权发生变化之前，仍然执行原有股权激励计划；控制权变化后的一定时期内，未行权部分可以继续行权。
- 在控制权发生变化之前，仍然执行原有股权激励计划；控制权变化后，如果公司的经理人加盟到竞争对手之中，未行权部分自动失效，其余人员仍可享受在一定时间内对未行权部分继续行权的优惠。

（4）公司分立

在这种情况下，比较合理的设计是加速行权。在公司分立之前，未行权部分立即行权；公司分立之后，未行权部分自动失效。

需要注意的是，以上的情况是国际惯例的做法。但是在中国，有个别上市公司利用股权激励计划中设置有在重大行为发生时加速行权的条款，然后在股权激励授予之后，人为制造"重大行为"以谋求加速行权，以达到套现获利的目的。因此，证监会禁止了加速行权这种调整方式，2008 年 9 月发布的《股权激励有关事项备忘录 3 号》规定："股权激励计划中不得设置上市公司发生控制权变更、合并、分立等情况下激励对象可以加速行权或提前解锁的条款。"

但是，对于非上市公司没有这样的限制，我们可以根据公司的实际情况，结合国际惯例的做法在激励方案中做出约定。

7.6.5 其他特殊情况发生时的方案调整办法

（1）激励对象不符合资格

这一条主要是针对上市公司。如果激励对象在股权激励有效期内被证券交易所公开谴责或宣布为不适当人选的，因重大违法违规行为被中国证监会予以行政处罚的，或具有《公司法》规定的不得担任公司董事、监事、高级管理人员情形的，则激励对象丧失被激励的主体资格，其持有的股权激励立即被终止，并且该对象不再具有被授予股权激励的资格。

（2）公司清盘

当经理人的股权激励尚处于有效期之内，但是公司出现破产清算的情况。一般对这种情况下股权激励计划调整的约定是，将激励对象未行权部分视为已行权，有权分享清盘时分派公司的资产。

第 8 章

股权激励的最优模式设计

8.1 股票期权

8.2 期股

8.3 业绩股票

8.4 干股

8.5 限制性股票

8.6 虚拟股票

8.7 股票增值权

8.8 延期支付

8.9 员工持股计划

8.10 最优模式设计

在美国，最常见的、用得最多的股权激励模式是股票期权制度，这是历经近30年的资本市场选择和淘汰机制下发展起来的。但是，由于我国股票市场的有效性较差以及缺乏相配套的法律制度环境，使得股票期权制度并没有成为我国上市公司群体选择的主流，即使选择了，也要做出诸多的调整。而且我国非上市公司的数量远远大于上市公司的数量，能够使用股票期权制度的非上市公司比较少。因此，自20世纪90年代后期我国企业开始实践股权激励制度以来，共引进和创造了10余种股权激励模式。因此，对于我国的企业来讲，普遍适用的最优股权激励模式是不存在的。

"淮南为橘，淮北为枳"。在股权激励计划实施中，技术层面上的东西并不难掌握，但其潜藏的特有内涵却不可以简单地移植和照搬。本章对中国上市或非上市公司应用的股权激励模式进行了总结，将基本模式概括为9种：股票期权、期股、业绩股票、干股、限制性股票、虚拟股票、股票增值权、延期支付和员工持股计划，其中有一些模式是我国的独创，如期股模式。本章将对这9种模式进行介绍，并总结出每种模式的特点、内涵和适用条件。然后再介绍如何根据企业自身实际情况，选择和组合出适合自己的最优股权激励模式。

8.1 股票期权

从世界范围来看，股票期权模式是一种最为经典、使用最广泛的经理人股权激励模式。在美国，作为经理人长期激励性报酬的股权激励的主要形式有10余种，在我国也有10多种，但是这些模式当中最基本的、最简单的当属股票期权模式，其他模式都是由股票期权模式衍生而来的。

股票期权是金融衍生产品期权在经理人激励制度中的应用，产生于美国，最初只是一种对付高税率的变通手段，但实践证明激励的效果明显大于避税的效果。自辉瑞制药公司首先对经理人使用股票期权之后，美国各大公司纷纷效仿，将其作为一种长期激励授予高层经理人。在美国，经理人股票期权计划就基本上等同于股权激励，被认为是 20 世纪美国经济高速发展的两大引擎之一，公司治理中对经理人道德风险的三道主要防线。[①]

在我国，股票期权这种激励方式用得并不是很多，主要有两个原因：第一，股票期权在上市公司中使用是最方便的，对于大多数非上市公司来说，股票期权并不是最理想的模式。而我国的绝大部分公司都不是上市公司，所以股票期权用得比较少；第二，即使我国的上市公司在实施股权激励的时候，采用股票期权模式的也很有限，主要原因就是资本市场有效性较差，股价波动太随意，股东和经理人的风险都较大。

但是我们依然将股票期权作为重点介绍的原因是，股票期权实际上是最能体现长期报酬结构的范例。股票期权的设计思路基本上就是经理人长期激励性报酬的设计思路，因此，理解了股票期权的设计原则，也就自然地理解了其他股权激励的设计原则。而且，股票期权方案制定及实施中的原则和细节基本上都适用于其他形式的股权激励。

8.1.1　股票期权的特点

股票期权计划，是在经理人的报酬合同中，给与经理人在某一期限内以一个事先约定的固定价格来购买本公司股票的权利，如果经理人在这个期限之中达到了事先规定的某些条件（业绩目标），则他就可以按事先规定的条件行使购买股票的权利。通俗的理解，股票期权计划是事先说好的，经理人可以

---

① 20 世纪美国经济发展的两大引擎：科学技术创新和经理人股票期权制度。美国公司治理对经理人道德风险的三道防线是：董事会制度、公司控制权市场争夺和经理人股票期权制度。

用一个固定的价格、在未来一定时限内去购买一定数量的股票。

经理人股票期权计划是公司内部制定的面向高级管理人员等特定人的不可转让的期权，它是将股票期权这一金融衍生工具借用到企业管理中形成的一种长期激励性报酬制度。金融市场的期权分为看涨期权和看跌期权，经理人股票期权是一种看涨期权，其作用机理如图8-1所示。具体来说，在赠予日（公司授予经理股票期权的日期），经理人不能行权，一般情况下经理人必须持有股票期权一定时间后方可获得行权权，经营者获得行权权的日期为行权权的授予日，股票期权的赠予日和行权权授予日之间的期间被称为等待期；行权权授予日和股票期权到期日之间的期间成为行权期；在行权权被授予后，经营者可以行使期权购买股票，行权日期叫行权日；已授予行权权的期权就被称为可行权股票期权。

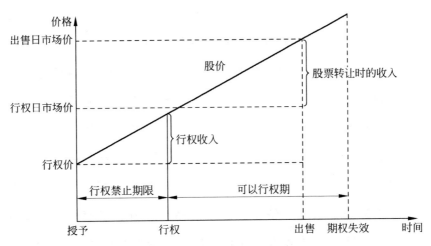

图8-1 股票期权的作用机理

股票期权计划在授予时必须约定期权的执行价格、执行时间、所能购买的数量等关键事项。在股票期权到期日之前的行权期内，如果公司股票的市场价格高于约定的行权价格，经理人就会执行期权，按当初约定的价格买进公司股票，再按市场价格卖出，卖出价与买入价之间的差额，就是经理股票期权的收入。如果当时公司股票的市场价格低于当初约定的价格,经理就只能放弃行权。一般情况下,经理股票期权是无偿授予的。也有些公司在授予股票期权时,为了增加对经理人的约束力,要求经理人支付一定的费用,就是期权费。①

值得说明的是,在授予期权之时,经理人并不真正买入股票。如果在签订期权合同时经理人真正花钱买入公司股票,那就是经理人购股计划而不是期权计划了。期权的实质和期货一样,赌的就是两个时点的价差。经理人股票期权的特点在于,将经理人的收入与公司股价高度挂钩,利用经理人追求股票价差的自利行为,来达到让经理人努力提升公司业绩从而拉高股票价格的目的。

作为一种长期激励性报酬,股票期权具有以下一些明显的特点和优点:

- 股票期权对于经理人而言是一种权利,而非义务。股票期权计划是公司赋予经理人的一种选择权,在未来的行权期内,经理人是否行权,完全取决于公司股票在二级市场的表现和自己的意愿,对于经理人的这种选择公司无权干预。也就是说,一旦授予经理人股票期权计划之后,决定买与不买的权利在于经理人,而公司无权决定卖与不卖。
- 股票期权是一种典型的延期支付方式。股票期权计划的价值只有通过经理人的努力工作,使企业的业绩持续上升,从而使得公司股票价格上涨后,经理人才有可能获得预期的股票期权收益。
- 股票期权计划实现了利益的长期捆绑。可以将经理人的报酬与股东财富增长、公司的价值增长"捆绑"在一起,实现了经理人、股东和公

---

① 我国一些上市公司授予经理人股票期权计划的时候,往往会收取风险抵押金。比如,授予100万股的股票期权,每股收取1毛钱,共计10万元的风险抵押金,如果经理人未来行权,将风险抵押金退还;如不行权,则风险抵押金归公司。

司利益的高度一致性，并使三者的利益紧密联系起来。
- 股票期权可以减少企业现金的支出。在企业中实施股票期权计划，企业授予经理人的仅仅是期权，是不确定的未来预期收益，经理人的这种收益是在证券市场中实现的，企业没有任何现金的支出。这就是所谓的"公司请客，市场买单"。而且，经理人在行权时，可以增加公司的现金流量。如果企业以定向增发新股或库存股作为激励股票的来源，公司现金流不但没有减少，股本增加所形成的资本金还会增加。
- 可以锁定经理人的风险，除时间成本外，经理人不行权就没有任何额外的损失。

8.1.2 股票期权的价值

股票期权是一种看涨期权，大多数情况下，期权是以"含值"的形式授予经理人的。也就是说，经理人股票期权计划的价值不仅仅是市场价格高于行权价格的差额，在学术上把立即执行期权合约时可获取的收益称之为期权的内在价值。股票期权计划的价值还包括时间价值。

时间价值是期权价值的另一主要构成部分，是指随着时间的推移，公司股票价格的变动有可能使期权增值，从而给期权的拥有者带来收益，包含期权到期之前的剩余时间及股票价格波动超过期权约定价格的概率所带来的可能的收益机会。

期权的内在价值是当期权立即执行时的财务价值，作为看涨期权的经理人股票期权计划的内在价值是股票价格高于行权价格的部分。当行权价格低于股票当前市场价格时，期权处于"实值"状态；如果行权价格等于当前市场价格，买方期权就处于"平值"状态；如果行权价格高于当前市场价格，这时期权处于"虚值"状态。

在"实值"这种情况下,经理人的期权计划具有正的内在财务价值。在"平值状态",期权的内在财务价值为零,但是绝大多数的期权也有正的价值,因为期权有时间价值。在"虚值"状态下,如果期权尚处于有效期内,比如有效期还有一年半,那么公司的股票价格就有可能在未来一年半的时间内会超过行权价,因此期权仍然有正的价值。

理解股票期权计划的价值包含内在价值和时间价值两个部分,对于设计股权激励计划是非常重要的。在我们介绍的9种典型的股权激励模式中,限制性股票、期股、股票增值权、业绩股份、员工持股和股票期权一样,其价值也是由内在价值和时间价值构成。内在价值是财务价值,是很容易算出来的,但是时间价值很容易被忽略。而一旦忽略了时间机制,那么在给经理人确定股权激励数量和行权价格的时候就会出现偏差,难以取得理想的效果。

换句话说,凡是行权条件以股票价格或股份价格严格挂钩的股权激励模式,如股票期权、期股、限制性股票、业绩股票等股权激励模式的价值都包含内在价值和时间价值,在确定股权激励数量和行权价格的时候,这两个价值要同时考虑。

影响股权激励模式价值的因素主要有以下8个:

- 行权价格。由于"期权的内在价值＝股票市场价格－行权价格"。因此授予期权计划时的行权价格越高,股票期权的价值就越低。
- 股票市场价格。行权时股票价格上升,则股票期权价值提升。
- 有限期限。期限越长,其执行的可以选择的时点就越多,机会也就越多。相对宽松的时间也赋予持有者更加宽松的预期空间,故时间价值越大,股票期权的价值越高;反之,股票期权的期限越短,期权的价值就越低。
- 股价波动率。股票价格上下波动的频率越高,则股票上升或下降的机会增加，股票期权的激励对象可能获得的利益就越大，期权价值增加，但经理人承受的风险也增加。

- 无风险利率。无风险利率是通过对股票价格的预期以及对现金流的变动两个方面影响股票期权的价值。无风险利率增加时，股票价格的预期增长率有增加的趋势，而现金流折现的现值则因此而减少。前者使得期权的价值增加，后者使得期权的价值减少，在一般情况下，前者的影响总是起主导作用，所以无风险利率的增加对经理人股票期权价值的影响是正面的。
- 红利支付率。正常情况下，股票的价格等于除息日前的价格减去红利部分。因此，红利的增加将导致股票价格降低，从而使看涨期权的股票期权价值减少。
- 企业成长性。企业的成长性越好，未来行权时的股票价格可能就越高，期权的价值就越高。这就是为什么一般建议在初创期和成长期的企业使用期权和期股激励，而在成熟期的企业一般不建议采用期权和期股的原因。
- 人力资本依附性。企业业绩高度依赖于经理人人力资本的，那么经理人通过努力工作，使得公司股价上升的概率就大，期权价值也就越大。而人力资本依附性小的，期权价值也下。

在以上 8 个影响股权激励模式价值的因素中，前 6 个因素是 Black-Scholes 模型计算股票期权考虑的 6 个因素。但是在我们预估股权激励的价值，从而来确定价格和数量的时候，一定要考虑企业的成长性和人力资本的依附性。

8.1.3　股票期权在美国的使用情况

股票期权用于经理人的长期激励性报酬是美国人创造的，而且也是美国公司用得最多的一种股权激励模式。在美国，股票期权不光用于对高管层的激励，激励对象的范围是非常广的，还包括了大量的一般员工。而且美国的法律也比较支持公司对员工进行股权激励，为了减少激励成本，美国的《国内税收法则》将股票期权计划可以分为激励型（ISO）与非法定（NSO）股票期权计划两种形式。两种形式都有税收上的优惠，只是对象不同。激励型股票期权是激励对象享有税收优惠，非法定股票期权是对公司有税基扣除的优惠。

其中，激励型股票期权的实施条款受税收法则限制，只要满足《国内税收法则》的期权计划，激励对象享有税收上的优惠。期权的持有人在行权时则无须纳税，在出售行权得来的股票时才需就售价高于行权价的部分缴纳资本利得税，但公司则得不到任何纳税扣除。

非法定股票期权的实施条款不受国内税收法则限制，由各公司自行决定。在这种期权计划的实施中，期权持有人享受不到税收优惠，但是公司可以得到税基扣除的优惠。期权持有人在行权时需要就股价高于行权价的部分与其他不同报酬一并缴纳个人所得税，在出售时还需就售价高于行权日股票市价的部分缴纳资本利得税，但公司在行权年度可以得到等于持有人纳薪酬税时的税基（行权日股价大于行权价的部分）金额的纳税扣除。

在美国公司中，激励型股票期权通常仅授予高层经理人员，非法定股票期权可授予包括公司高管在内的所有员工。高管层获得的股票期权往往包括激励型股票期权和非法定股票期权两种，因为激励型股票期权有每年最高获授金额10万美元的限制，超过部分则被视为非法定股票期权。因此，实际应用中，非法定股票期权更普遍。

在美国股票期权衍生的变化形式也是很多的，比如，按照行权价格是否固定来划分，有标准期权、指数化期权和财务化期权；按照是否与业绩严格挂钩来区分，有绩效加速股票期权、绩效生效股票期权；按照行权价是否与授予日公允市价相同来划分，有折价股票期权和溢价股票期权；按照授予方式来划分，有固定价值股票期权、固定数量股票期权和巨额奖励股票期权。

8.1.4 股票期权的缺点

股票期权有诸多优点，而且也是所有股权激励模式中最基本、最典型的模式。但是该模式并非适用每一个企业，也不是在企业发展的任何阶段都适用。要使股票期权激励模式发挥激励作用，还需要依赖于股票市场有效性较高、企业成长性较好、企业的约束机制比较健全的条件，否则，可能就会出现适得其反的结果。其缺点包括以下几点：

- 高度依赖于股票市场的有效性。股票期权计划在美国上市公司得到广泛应用的一个重要原因是其资本市场有效性较好，因而股票价格基本上能作为企业经营业绩衡量的一个指标。而在我国上市公司中用比较少的主要原因就是我国股票市场的有效性较差，股票价格往往不能反映企业的经营业绩。实施股票期权计划的我国上市公司经常出现这样的情况：经理人获得股票期权授予后，努力地工作，到了行权期后，公司价值确实增加了，但是股票价格却跌破行权价格，结果经理人一分钱都挣不到。因此，在我国这种有效性比较差的资本市场上，股票市场的价格波动的确定性，导致公司的股票真实价值与股票价格的不一致，难以做到真正将经理人和股东的利益捆绑在一起。
- 企业成长性。决定股票期权价值的一个重要因素是企业的成长性，如果上市公司处于成熟期，股价在未来出现较大的增长性不太可能，因此在这种企业实施股票期权计划也是不太理想的。

- 约束机制的不健全，可能反而导致经理人的短期行为。股票期权计划本是用于解决经理人短期行为的，但是如果公司的约束机制不健全，在未来巨大利益的诱惑下，反而可能促使公司的经理人片面追求股价提升的短期行为，而放弃对公司发展的重要投资，从而降低了股票期权与公司价值增长的相关性。

以上股票期权的 3 个缺点足以用来说明两件事：为什么我国上市公司使用股票期权计划比较少？为什么一些在以前使用股票期权计划的美国大公司现在纷纷选择了其他股权激励模式？比如，下面的案例描述的就是微软公司放弃股票期权计划而改用限制性股票的原因。

【案例 8.1】微软放弃股票期权计划[①]

微软曾经是世界上最大的股票期权使用者，也是第一家用股票期权奖励普通员工的。微软为董事、高管层和员工制订了股票期权计划，该计划提供激励性股票期权和限制性股票期权。微软员工的主要收入来源并非薪水，股票升值是他们主要的收益补偿。公司故意把薪水压得比竞争对手低，创立了一个"低工资高股份"的典范，微软雇员拥有股票的比率比其他任何上市公司都要高。在全球 IT 行业持续向上的时候，微软用这种方法吸引并保留了大量行业内的顶尖人才，大大提高了公司的核心竞争力，使公司持续多年保持全行业领先地位。但是，随着网络泡沫的破灭，美国股市也一蹶不振，使得股票期权计划的激励效果大打折扣，而且实施股票期权的高成本问题也开始进

[①] 资料来源：（1）聂皖生. 股票期权计划 [M]. 上海：上海交通大学出版社, 2007：232-233.（2）http://tech.163.com/tm/030729/030729_104180.html.

入公司决策层的视野。

2003年7月9日,微软宣布对员工的薪酬制度进行重大的变革,运用了17年的股票期权奖励制度宣告取消,取而代之的是向员工发放限制性股票。从当年9月开始,该公司将直接向其全部54 000名员工发放限制性股票,这些股票的所有权将在5年内逐步转移到微软员工手中。同时,微软的600多名高层管理人员将不再享有股票期权,取而代之的将是股票奖励。所谓的限制性,是指微软的员工必须将公司以奖励方式发放的股票保留5年,5年后如果还在微软就职,就有权卖出这些股票。微软的600多名高层管理人员也将和其他的员工一样执行限制性股票奖励制度。微软称公司在未来的财务报告中将记入与发放限制股票有关的支出,此外还将重新发布以往的财务报告,以反映所有与股票相关的奖励成本,其中包括期权。微软先前曾估计,如果采用新的会计规则,将期权成本作为费用扣减,其截至2002年6月份的财政年度的净收益将为53.5亿美元,将原来报告中的78.3亿美元减少了27.4亿美元,降幅高达32%。

案例充分显示出,股票期权在一家人力资本依附性较强的公司创业初期和快速成长期,激励效果是很好的。但是行业出现滑坡,或公司已经进行成熟期之后,如果再坚持使用股票期权计划,那么公司留住人才、吸引人才、激励人才的成本就会大为增加。当股票期权的高成本超过了激励性时,不仅难以达到预期的效果,反而适得其反,导致公司业绩进一步下滑。这就需要考虑用其他更适合公司的股权激励模式替代。

8.1.5 适合采用股票期权模式的企业

股票期权本被美国上市公司广泛使用,而且股票期权计划是严格与股票价格挂钩，于是，我国一些企业家和咨询师误认为股票期权只适用于上市公司。理由是非上市公司没有股票价格。

这是一个非常严重的误解，当然，股票期权对上市公司来说，用起来比较方便，但非上市公司也可以运用。因此，股票期权模式适用的范围不是以上市和非上市来区分的，关键要根据股票期权模式的特点来确定其适用范围。股票期权模式的特点是高风险、高回报，比较适合那些初始财务资本投入较少、资本增值较快、在资本增值过程中人力资本依附性较强的公司。

一般来说，实行股票期权的企业必须具备下面的3个条件：

- 企业处于竞争性行业。处于竞争性行业的企业，经理人面临的市场环境充满了激烈的竞争，企业只有不断推陈出新才能生存发展，这时实施股票期权计划有助于激励经理人锐意进取、勇于创新，使企业能够在市场竞争中长期处于有利地位。如果企业所处行业竞争性不足，企业基本处于一个垄断的位置，经理人不需要通过自己的努力，而是只要提高产品价格或减少产品供给量就可以轻易地长期保持高额垄断利润，在这种企业中就没有实施股票期权计划的必要。
- 企业的成长性较好，具有发展潜力。企业有较好的成长性，意味着企业面临的市场还有很多是没有开发或者尚未饱和的蓝海市场。因此，在这种情况下，只要老板有效地激励经理人，他们就可能为企业快速创造更大的价值，使企业在资本市场上具备更好的投资价值。
- 人力资本依附性较强。当企业的业绩依赖于经理人的人力资本，这个时候股票期权计划就很有可能将调动经理人的积极性和企业价值的增长挂起钩来，实现股票期权计划的目的。

所以，股票期权模式特别适合处于创业初期或快速成长的生物医药、电子、通信、网络、软件、培训、咨询、投融资等人力资本依附性较强的企业。在企业的创业初期和成长期，企业本身的运营和发展对现金的需求很大，无法拿出大量的现金实现即时激励，另外这些企业未来成长潜力又很大，因此通过实施股票期权激励，将激励对象的未来收益与未来企业股票价格或股份价格的增长紧密联系起来，从而既降低了企业当期的激励成本，又达到了长期激励的目的。

综上分析，对我国公司使用股票期权计划的建议为：如果是在国内资本市场上市的公司，不建议使用股票期权模式；如果公司在美国等有效性较好的资本市场上市，如果公司所处的行业竞争性较强、人力资本依附性较强、处于创业期或快速成长期，那么建议使用股票期权计划来激励经理人；如果是一家非上市公司，只要公司所处的行业竞争性较强、公司的人力资本依附性较强、处于创业期或快速成长期，股票期权是最适合的股权激励模式。

8.2 期股

期股又称为股份期权，是具有中国特色的"股票期权"激励模式。在2006年之前，由于我国绝大多数企业在当时的法律框架内不能解决股票期权计划的激励股票来源问题，因此一些企业，主要是北京和上海的国有上市公司采用了股份期权模式这种变通做法，该模式实际上是股票期权在我国的改造模式，又叫作"北京模式"和"上海模式"。

2006年之后，随着新《公司法》的颁布，股票期权的激励股票来源问题得到相应解决，因此期股模式在上市公司中的应用逐步减少，但是这种模式现在却越来越多地应用于非上市的民营和国有企业中，焕发出强大的生命力。

8.2.1　期股的特点

和股票期权对比，期权在授予的时候经理人并不用花钱来购买期权资格，而是在几年等待期结束之后再确定是否掏钱行权。而期股则是经理人需要掏钱进行部分首付之后，才获得期股资格，然后再以分期付款的方式最终获得公司股份。

经理人的首付部分一般是采用经理人从家里拿钱或扣除年终奖一部分的方式，而分期付款是否还要经理人从家里拿钱就不一定了。因为，当经理人交了首付之后，全部期股的分红权就同时给了他，如果他业绩好，其分红部分刚好可以用来支付分期付款，经理人就不用再掏钱了；如果期股的红利大于协议规定的当年分期付款额度时，可以将这部分红利作为获授人的投资收益发放现金，也可规定将这部分红利所得全额用于期股的偿付，超额偿付的部分得以弥补以后年度不足部分；当然，如果经理人业绩不好，全部期股红利小于协议规定的当年分期付款额度时，需要经理人用现金补足。因此，期股模式又称为利润分红回填股份方式。

在期股模式中，股份价格一般是按照净资产定价。对于2006年之前的中国上市公司，是用非流通股作为激励股票的来源。期股的偿付价格为授予期股时企业的每股净资产，而且不管以后企业净资产增减多少，经理人都以授予时的期股价偿付，这与股票期权的设计原则是完全一致的。

需要注意的是，这种以既定价格认购、分期付款的方法获取的期股，经理人在偿还完所有的购股款项之前，只享有全部期股的分红权，是没有所有权。只有在购股款项都缴清之后，期股的表决权、收益权和所有权才属于经理人个人所有。

期股模式的操作要点如下：

- 公司和经理人约定在将来某一时期内以一定价格（一般是授予时的每股净资产）购买一定数量的股份。
- 激励对象在被授予期股时，需要先以现金方式出资认购期股。现金出资这部分称为实股，认购部分称为期股。但是，实股和期股都不能马上兑现，而是先行取得实股和期股的分红权、配股权等部分权益（没有投票权和对实股的处置权）。
- 然后再分期按约定价格购买期股的所有权，购股资金来源依次是期股分红所得、实股分红所得和现金。如本期分红所得不足以支付本期购股款项，以购股者其他资产或现金冲抵。
- 在既定时间内支付完购股款项后，取得完全所有权，但期满后还有一定年限的锁定期（如 1~2 年）。
- 锁定期结束之后，经理人成为公司真正的股东，拥有其所持有股份的分红权、控制权和所有权等各种股东权利。如果是非上市工资，则需要到工商部门进行股东变更的登记。

在期股设计中，需要注意以下 3 个关键点：

- 经理人的任期和经理人以分红回填期股的期限可以不一致。如果经理人任期届满但期股回填期未到，经理人通过竞争上岗被继续聘任，可以继续抵补期股价款；如果经理人在第二个任期结束后未被续聘，则经独立第三方会计师事务所审计后，按其实际回填的期股数额兑现其收益，但兑现期也必须相应延期。
- 经理人期股价款回填的方式可以灵活设计。常见的有 3 种方法：第一种是以企业的净资产收益率、经营者所持期股每年获得的红利作为分期股买期股的资金来源；第二种是由经理人与公司或大股东签订合同，从经理人完成利润指标后的超额部分中，提取一定比例的收益用于抵补期股所需价款；第三种是经理人与大股东或公司签订借款合同，以低息或银行定期存款利息借款给经理人，经理人在用自己的钱支付首付之后，用借款购买剩余的期股，获得所持股份的分红权，然后再按约定用每年分红所得偿还借款的本金和利息。以上 3 种方式可以单独使用，也可以组合使用。

- 经理人任期未满而主动要求离开，或在任期内未能达到协议规定的考核指标水平，均属于违约行为。一般会在期股合同中对这种情况发生后约定，取消经理人所拥有的期股股权及其收益，其个人现金出资部分作为风险抵押金也要相应扣除。

8.2.2 北京模式

北京模式是北京一些国有企业在 2006 年之前创造的期股激励模式，当时的主要目的是为了解决上市公司股票期权激励模式中的"股票来源"问题。北京模式是非常有创意的一种模式，虽然是在政府的指导下形成的针对国有企业高管层的激励方式，但其应用范围广，同样适合民营企业。尤其是对于想要使用股票期权模式的非上市中小企业来说，某种意义上是一种"最优"的模式。

北京模式的设计要点是：

- 公司高管人员共获得公司 5%~20% 的股份，其中董事长和经理人的持股比例应占高管层持股数的 10% 以上。
- 公司高管人员要获得期股激励就必须先至少出资 10 万元以上来购买股份，而所持股份额是以其出资金额的 1~4 倍确定。

- 在期股期限设计中采用"3＋2"方式。所谓"3＋2",就是指高管层3年任期届满,完成协议指标,再过两年,可按届满时的每股净资产变现。如果高管层在3年任期届满后,不再续聘,必须对其所持股份继续锁定两年,在这两年期间考察经理人对企业的长期影响,评估合格才可兑现其收入,也可按照期股合同的约定保留适当比例的股份在企业,按年度正常分红。

北京模式的具体内容可以通过以下案例描述。

【案例8.2】A公司的期股激励

假定A公司要对经理人进行期股激励。那么先核算公司净资产为4 000万元,设置总股本4 000万股,股价定为每股1元。如计划让董事长持股1%为40万股,按持股数是出资额的4倍来确定期股,则经理人持有实股10万股,期股30万股。

期股的方案要求该公司董事长3年内每年抵补10万期股,每年将10万股期股转为实股。先用期股分红购买,在第一年董事长的30万股期股分红了9万元,10万减去9万元以后还差1万元,再用实股收入补足,10万股实股分红是1万元,刚好补足,那么其就不用再从家里掏钱了,就将10万股期股转换为实股了。第二年,用"20万股期股+20万股实股"分红回填补足10万股期股价款。第三年,用"30万股期股+10万股实股"分红回填补足最后10万股期股价款。

如果3年中有一年董事长的"期股分红＋实股分红"大于10万元,比如12万元,那么多出的2万元可享受投资收益,兑现给该董事长。当然,如果"期股分红＋实股分红"不足10万元,比如只有8万元,那么就需要该董事长从家里拿2万元的现金补足。

在期股都转换为实股之后，有以下 3 种处理方法：

第一种是董事长成为真正的股东，继续留任公司。3 年之后，董事长将所有期股转为实股之后，继续将这 40 万股实股锁定 2 年，考核评估达标之后，如是非上市公司，到工商局进行股东变更登记，董事长成为真正的股东。

第二种是董事长在该企业任期届满，不再留任，需要兑现期股激励所得。由独立的会计师事务所进行审计，若离任审计没有问题，董事长出资入股的 10 万股可以兑现。一年后再次审计仍未发现董事长在任期中对企业利益有损害的行为，可将其持有 30 万股期股的 50% 进行兑现。第二年审计完成后，如果仍未发现董事长有违约行为的，可以将其持有的期股的剩余部分全部兑现。

第三种是当董事长离任之后，兑现其中一部分期股激励收益，同时也可以保留适当比例的股份在公司，享受股东的各种权利。

8.2.3 上海模式

上海模式是上海市政府在 2000 年前后对国有企业高管层实施的期股激励制度。上海的期股激励按照公司是否上市分为两种：针对上市公司高管层用的是期股激励模式；针对非上市公司高管层的激励是按现金结算的期股奖励。

上海模式与北京模式相比，基本原则和思路都是一致的，但是其在业绩考核、期股期限、期股兑现等方面的要求更为严格，在期股分期回填方式的设计上也更加多元和灵活，其主要特点有：

- 经理人要获得期股激励有 3 种方式：第一种方式和北京模式一样，需要出资购买股份，所购买股份大概是持股数的 20%。其中 10% 是经理人现金购买，10% 是公司借款购买，80% 是需要分期支付的期股。第二种方式通过经理人持有的岗位干股分红所得；第三种是按年薪总额获得的特别奖励。按第一种方式获得的期股，经理人必须在约定期限内用红利或现金补入。

- 设置了风险抵押金制度。对于以第一种方式获得期股激励的经理人，其现金入股和借款入股就是风险抵押金；对于以第二种和第三种方式获得期股激励的经理人，由于没有首付的存在，因此需要期股持有人以一定数额的个人资产作为抵押。

- 期股持有人每年所获红利，首先用于归还购买期股的赊账和贴息、低息贷款部分。剩余部分除了用现金兑现一部分（一般是10%~30%），其余部分按期股合同约定留存企业，在公司增资扩股时，可转为期股持有人在公司中的股份。

- 期股期限较长。如上海埃通公司的期股期限是8年，8年后才能成为真正的股东。

- 期股的分期回填资金来源是组合方式，一般采用是每年"期股分红+现金入股分红+借款入股分红+自由现金"四部分组合。

- 业绩要求非常严格。如果在期股期限内未能达到期股合同中约定的业绩标准，作为风险抵押金的首付款或抵押的个人资产归公司所有。如上海埃通公司的方案中约定在8年期股期限内平均每年的资产收益率至少保持在12%以上，达到业绩要求，所有权则在8年之后正式归个人所有；达不到，不仅每年的分红被公司收回，而且作为风险抵押金的现金入股和借款入股部分也被公司没收。

- 退出机制的设置。上海模式为激励对象设置了主动和被动退出机制：当期股持有人在企业任期届满，其业绩完成情况经考核认定达到期股合同规定的标准，如经理人不再与公司续聘，其拥有的期股可按当年经独立的会计师事务所评估后的每股净资产值兑现，也可按照期股合同中的约定保留一定比例的股份在企业中，享有股东的正常权利。如果期股持有人任期未满而主动要求离开时，其拥有的期股变现按期股合同约定做必需的扣减或取消。

8.2.4 适合采用期股模式适合的企业

期股这种具有中国特色的中国期权模式，创造之初主要是为了解决上市公司股票期权模式中激励股票来源的问题。但是它的设计原理和激励原理都和股票期权模式非常近似，激励力度也比较大。不同的是，持有期股的条件是经理人需要花钱买实股，因此一旦获得期股奖励后，持股人就没有退出的权力，是一种强制性的权力安排，因此对经理人的约束性要强于股票期权模式。

适合应用期股模式激励经理人的企业包括：

- 具有明确上市计划的非上市企业。对有明确上市计划的企业，可以先用期股对经理人进行3~5年的激励。然后在原始股的效应下，还可以对经理人进行3~5年的激励。
- 所有适合用股票期权的非上市企业。凡是股票期权模式适用的非上市公司，期股模式都适用。期股和股票期权的设计原理和激励原理是一样的，因此对于处于竞争性行业、人力资本依附性较强、公司成长性较好的非上市公司，在确定用期权还是期股模式的时候，主要看是否要加强对经理人的约束，如果回答是"是"，那么就选择期股模式。
- 非上市的国有企业。在非上市国有企业中，配合股改使用期股激励模式是一个各方面都能接受的选择。

8.3 业绩股票

对于上市公司来讲,这种模式叫作业绩股票,对于非上市公司叫作业绩股份。该模式的设计和操作比较简单,是我国上市公司和非上市公司经常采用的一种股权激励模式。

8.3.1 在上市公司中的应用

上市公司应用业绩股票模式的设计要点是:

- 在年初公司就在年终奖指标之上给经理人确定一个较为合理的业绩目标和与之对应的股票授予数量或激励基金提取额度,如果经理人在未来的若干年内通过业绩考核后,则公司就奖励其一定数量的股票或提取一定的奖励基金为其购买约定数量的股票。一般采用后一种方式。
- 业绩股票的期限一般为 3~5 年。
- 业绩股票通常设置禁售期。激励对象是董事会成员和高管人员的,所获得业绩股票只有在离职 6~12 个月之后才可以出售;对于激励对象是核心骨干员工的,其所获得的业绩股票一般会设置 3 年的禁售期,第四年可以出售全部股票的 30%,第五年可以出售剩余股票的 60%,第六年可以出售全部股票。
- 业绩股票有严格的限制条件,如果激励对象的业绩未能达标,或者出现业绩股票合同中约定的有损公司的行为或自行辞职等情况,则公司有权取消其未兑现的业绩股票。
- 设置风险抵押金。有些上市公司,如泰达股份的业绩股票方案中就设置了风险抵押金,达不到业绩考核标准的激励对象不仅得不到业绩股票，而且还会被相应处罚，并要求受罚人员在 6 个月之内以现金形式缴纳处罚金。

业绩股票模式在上市公司应用中的设计要点可以从下面案例的描述中体现。

【案例 8.3】B 公司的业绩股票方案

B 公司是我国 A 股的一家上市公司，为了将经理人的利益和公司的长远利益捆绑起来，达到激励管理层的目的，A 公司对董事会成员、高管人员和核心骨干员工实施了业绩股票方案。

方案的要点是：在未来 5 年内，公司净资产每年增长率达到 15% 以上，且在公司实现所有预定业绩目标的情况下，从每年度的税后净利润中提取 15% 作为激励基金；如果 5 年内，公司净资产每年增长率为 10%~15%，从每年度的税后净利润中提取 10% 作为激励基金；如果 5 年内，公司净资产每年增长率为 8%~10%，从每年度的税后净利润中提取 8% 作为激励基金；如果 5 年内，公司净资产每年增长率低于 8%，那么经理人将得不到任何奖励。

激励基金只能用于为激励对象购买公司的流通股票，并做相应冻结。激励对象是董事会成员和高管人员的，业绩股票在离职半年后出售；激励对象是核心骨干员工的，禁售期是获得业绩股票之后 3 年，禁售期满之后，分 3 年分别可出售业绩股票的 20%、30% 和 50%。

B 公司的业绩股票计划是根据激励对象完成业绩目标的情况，以普通股作为支付方式给予经理人的股权激励。在该模式下，为了获得免费股票，经理人不仅要在公司工作满 5 年，在期满后，约定的业绩指标必须不能低于某个标准。由于禁售期的限制，使得业绩股票"捆绑"经理人的时间更长。

从本质上讲，业绩股票是一种"奖金"的延迟发放，只不过支付的方式从现金变成股票，业绩要求更高。但正是这两点不同使得这种模式弥补了一般意义上的年终奖的缺点，具有长期激励的效果。

业绩股票模式曾经是我国上市公司用得最多的一种股权激励模式，其中最主要的原因有两个：第一个原因是上市公司的股东和监管部门都强调非常看重财务会计业绩；第二个原因是这种激励模式只对公司的业绩目标进行考核，并不要求股价上涨，这种模式的激励性与股票市场有效性关系不大，这对于市场有效性比较差的我国资本市场上的上市公司是一个理想的选择。

8.3.2 在非上市公司中的应用

当业绩股票模式应用到非上市公司的时候，我们把这种模式称为业绩股份模式。在非上市公司应用的时候，业绩股份的设计原则和思路与上市公司的一样，只是不存在提取激励基金去购买股份的步骤，而是老板直接将约定好的股份转让给激励对象。

业绩股份设计中，一般不设置风险抵押金的条款。因为上市公司业绩股票设计中股票是免费的，而非上市公司业绩股份是根据业绩采用买点送点的方式，其中买的部分起到的就是风险抵押金作用。

【案例8.4】深圳兰泰德电子有限公司的业绩股份激励

深圳兰泰德电子有限公司是一家有限责任公司，主要从事IC代理和销售，老板张先生拥有公司100%的股份。2012年，张先生打算对经理人和核心骨干员工实施股权激励。

我们为该公司设计了一个业绩股份方案，方案的要点如下：

- 整体思路。张先生计划将其持有的公司股份的25%~30%用于股权激励,分3期进行,每一期持续时间为3年,计划用10年时间完成整个公司的股权激励计划。第一期从2012年1月1日开始,由张先生将其持有的公司股权的10%用于股权激励;第二期由张先生将其持有的公司股权的8%~10%用于股权激励;第三期由张先生将其持有的公司股权的8%~10%用于股权激励。

- 业绩股份的转让与赠予。在2012年1月1日实施的业绩股份方案中约定,在2012年、2013年、2014年3个年度内,如果激励对象每年1月1日到当年12月31日的业绩达到要求的100%,则张先生第二年6月30日前向激励对象以上年度公司净资产1%的价格(2012年公司净资产大约为1 200万元人民币,每1%公司股份大约为12万元人民币,具体以审计后的金额为准)转让公司1%的股份,同时免费赠予激励对象公司1%的股份;如果业绩达到要求的90%,则张先生第二年6月30日前向激励对象以上年度公司净资产1%的价格转让公司0.9%的股份,同时免费赠予激励对象公司0.9%的股份;如果业绩达到要求的80%,则张先生第二年6月30日前向激励对象以上年度公司净资产1%的价格转让公司0.8%的股份,同时免费赠予激励对象公司0.8%的股份;如果业绩达到要求的70%,则张先生第二年6月30日前向激励对象以上年度公司净资产1%的价格转让公司0.7%的股份,同时免费赠予激励对象公司0.7%的股份。如果业绩低于要求的70%,则张先生不向激励对象转让股份,也不免费赠予股份。

- 行权期。激励对象的业绩达到上述转让或免费赠予的前提下,激励对象在半年内有权选择行权或放弃行权。激励对象决定行权的,张先生与激励对象双方签署股份转让协议,激励对象向张先生支付相应的款项。2015年6月30日前,双方共同将转让或赠予的股权到工商行政管理部门办理登记，激励对象依法成为公司的股东。

- 业绩股份的锁定期。受让或受赠后，激励对象持有的业绩股份在 2016 年 12 月 31 日前不得以任何形式转让、出售、交换、计账、抵押、担保、偿还债务等。在办理股权工商登记前，如果激励对象违反本约定，张先生可解除股份转让协议，股份转让款原价退回激励对象，不予办理激励对象的股权工商登记；在办理股份工商登记后，如果激励对象违反本约定，激励对象须按照股份相应净资产的两倍向张先生支付违约金。

- 主动退出机制。在 2016 年 12 月 31 日以后，激励对象可将业绩股份转让、赠予，但张先生有优先受让权。

- 被动退出机制。在 2016 年 12 月 31 日以后，如果激励对象离开公司，其所获得的业绩股份根据公司是否上市进行处理，如果公司已经上市，那么激励对象可以自行处置；如果公司没有上市，则由张先生按当时的净资产价格进行回购。

8.3.3 适合采用业绩股票模式的企业

业绩股票模式设计和实施起来都比较简单和方便，尤其是对于上市公司来说避免了激励方案与股票价格过度挂钩的风险。但是这种模式也存在以下 3 个方面的缺点：

- 对公司的业绩指标和业绩标准确定的科学性和合理性要求很高。如果业绩指标和业绩标准选择不合理，容易导致公司高管人员为获得业绩股票而弄虚作假，因此一方面要尽可能地设计科学合理的业绩指标和业绩标准；另一方面要求约束机制和管控机制要健全。

- 激励力度相对期股和期权要弱一些。
- 对于上市公司,由于要提取激励基金去购买股票,对公司有现金支出的压力。

总体来说,业绩股票模式比较适合业绩稳定型的、处于成长期后阶段或成熟期的上市公司及非上市公司。对上市公司还要求现金流比较充裕。

业绩股票模式还可以变通使用,就是将奖励给经理人的股票变成奖励现金,这种变种模式又叫作业绩单位模式,业绩单位的适用范围与业绩股票是一样的,业绩单位和下一节的干股模式有点类似。需要指出的是,这种模式对于那些想对经理人进行股权激励,但是还没想好的非上市公司是很适合的。先用业绩单位以现金的方式对经理人进行中长期捆绑,待时机成熟后,再推出以股份支付的股权激励计划。

8.4 干股

干股实际上就是赋予经理人一定比例的分红权,也就是我们平常所说的身股或利润分享计划。干股的设计可能是 9 种模式中最简单的,无非就是公司每年从净利润中拿出一定比例按照某种事先约定好的规则分配给激励对象。

8.4.1 干股模式的设计要点

干股模式很简单,但是在设计中也有一些独特的内容,总的来说有下面 3 个特点:

- 一般没有业绩要求。因为干股实际上是拿出公司净利润的一部分来分红，这实际上已经有业绩标准的要求了，业绩越好，激励对象最后得到的分红也就越多，业绩不好，没有利润，则一分钱都挣不到。这种激励模式和股票期权特别像，因此一般不再附加额外的业绩要求。

- 激励对象不局限于经理人。分红只是把归属于老板分红的一部分和大家分享，不涉及所有权部分。因此，干股的激励对象一般比较广泛。在一些人力资本依附性较强的公司，甚至只要是正式员工，就可以享受干股。

- 个人所获分红比例常与岗位挂钩。其他几种股权激励模式对象都是人，但是干股在实际应用中更多的是与岗位相关，而不是与人相关。

8.4.2 干股有用吗？

干股的设计和操作都非常简单，激励效果也显而易见，那么干股有用吗？答案有两种：第一种是"有用"；另一种是"作用有限，因为不是真正的股份"。

事实上对干股的评价应该将两种答案结合起来：既有用，也没多大用。

如果想单独使用干股对经理人进行长期利益捆绑是没多大用处的，主要原因有两个：首先，干股的约束性较差，经理人在年初兑现了上一年度的干股分红之后，选择离开公司，老板是没有办法约束经理人的；其次，时间长了之后，干股还有可能造成经理人和老板之间的误会和隔阂。

比如，一家非上市公司的老板决定每年从公司利润中拿出20%分给经理人和核心骨干员工。干股实施的头两年，大家年底分红拿到钱后，积极性都非常高，但时间长了，就出现一些问题。由于在干股模式中，经理人只是得到了分红权，并没有所有权，是没有资格去查账的，而非上市公司的老板是不会把自己的账目向经理人公开的。因此，在第三年的时候，公司净利润为2 000万元，老板确实也拿出了400万元给大家分红。但是经理人却不相信老板，因为按照经理人的估计，公司净利润不止2 000万元，至少有3 000万元。如果发生这种情况，干股模式不但起不到激励的效果，还会有相反的效果。

那么，干股模式在什么时候有用呢？事实上将干股和其他模式结合起来，就会比较有用。下面列举了3种在实践应用中干股和其他模式结合的情况。

如果公司想要对经理人实施真正的股权激励，但是各个方面的时机还不成熟，那么就可以先用干股进行股权激励的尝试，从公司的角度来看可以积累；从经理人的角度来看，可以感受股权激励的作用，并且为后续股权激励实施积累购股资金。时机（3~5年后）一旦成熟后，退出其他股权激励模式，让经理人拥有真正的股份。

用于解决利益不平衡问题。当公司对高管层和核心骨干员工进行股权激励之后，可能会引起这些激励对象和其他员工之间的利益不平衡，这时可以用干股模式做一个利润分享计划，消除这种利益不平衡。

还可以直接将干股模式和其他模式组合使用。比如，一家公司新聘一位总经理，老板想给总经理50万股股权激励，但是又有两个担心：一是担心识人不准，股份收不回来。总经理一旦变成股东，但不合格怎么办？第二个担心是股份给多了，老板自身的控制权就被稀释。为了解决这个问题，老板可以设计一个岗位干股转期股的组合方案，即对总经理授予一个50万股的岗位干股，期限3年；3年内每年业绩考核合格，其中有30万股在3年后转为期股，有20万股继续作为岗位干股分红。最后，老板实际上将30万股的所有权和50万股的分红权给了总经理。注意，岗位干股只和岗位有关，当这位总经理离职后，岗位干股就不属于他了。

综上所述，干股模式的应用范围还是非常大的，这种模式基本上是和其他模式组合使用，起到辅助的作用。比较适用于现金流比较充裕的公司，创业期的公司用得较少，多用于成长阶段中后期和成熟期的公司。

8.5 限制性股票

这种模式用于上市公司叫作限制性股票，如果用于非上市公司叫作限制性股份。该模式是指公司为了实现某一特定目标，无偿将一定数量的股票或股份赠予或者以较低的折扣价格售与经理人，只有当经理人完成预定目标后，激励对象才可行权并从中获利，预定目标没有实现时，公司有权将免费赠予的限制性股票无偿收回或者以激励对象购买折扣进行回购。

8.5.1 限制性股票模式的设计要点

- 有明确的特定目的。限制性股票计划的特定目的通常有两种，一种是较长的服务年限限制；一种是约定的业绩目标。
- 在授予限制性股票计划的同时，通常就将分红权授予激励对象。
- 常用于留住关键人才。
- 限制性股票一般安排有禁售期限。在禁售期限到期或行权授予之前，经理人离开企业，限制性股票也会作废，且在未授予之前不能出售和转让受到限制的股票。如果限制性股票是公司无偿赠送经理人的，由公司无偿收回；如果是折价出售给经理人的，公司以原来的折扣进行回购。

8.5.2 限制性股票在美国的使用情况

限制性股票模式在美国使用的频率仅次于股票期权,2003年以前是和股票期权配合使用。在美国,股票期权激励对象比较广泛,但是限制性股票的授予范围相对较窄,主要是授予给公司的关键人才,希望将其与公司长期捆绑,激励这些关键人才将更多的时间和精力投入公司的长期战略之中。

所谓关键人才指的是公司不可或缺的人才。比如,一家公司的股权激励对象有10个人,这10个人都是公司想要留住的。实际上,其中有8个人离开公司,虽然会给公司带来损失,但不会伤筋动骨;但是其中另外两个人如果离开公司的话,就会对公司造成伤筋动骨的影响,这两个人就是所谓的关键人才。2003年以前,美国上市公司实施股权激励的思路是,在对这10个人同时实施股票期权计划的同时,给这两个关键人才追加授予限制性股票。

这种情况下的限制性股票的限制性条件往往是一个较长的为公司的服务年限,比如,授予这两个人每人100万股的限制性股票,条件是要为公司服务8年。那么,获得限制性股票授予后,这两个关键人才就享有了100万股的分红权和投票权,为公司服务满8年之后就可以免费获得100万股的股份。当然,这两个关键人才如果在这8年中离职,限制性股票则由公司无偿收回。

2003年之后,限制性股票的使用情况发生了变化,越来越多的公司将限制性股票作为经理人股权激励的主要模式。主要原因就是"安然事件"和"世通事件"所引发的美国金融市场和上市公司监管政策调整,在一定程度上打击了上市公司实施股票期权计划的积极性。一些处于成熟阶段、业绩增长稳定的上市公司,由于收益和赢利增长水平比较平稳,开始直接使用限制性股票作为激励工具。即使还在使用股票期权的公司,也减少了期权授予量,而将其与限制性股票配合使用。这时,将限制性股票作为主要的模式来激励经理人的时候,一般限制性条件不再是较长的工作年限,而是以约定的业绩指标为条件。

8.5.3 限制性股票在我国的应用建议

股票期权和限制性股票是我国证监会 2006 年颁布实施的《上市公司股权激励管理办法》中推荐的两种主要股权激励模式，由于限制性股票不必和股票价格挂钩，能够规避我国资本市场有效性比较差的问题，2006 年之后，限制性股票是我国上市公司使用得最多的一种股权激励模式。

我国上市公司的限制性股票计划的特点是更加看重业绩，主要表现在两个方面：一方面是限制性条件基本上是业绩标准，而不是较长的服务年限；另一方面，证监会对上市公司使用限制性股票的业绩条件和禁售期限比美国要严格得多。以下是我国有关法律法规对业绩条件和禁售期限的要求：

- 《上市公司股权激励管理办法》明确规定："上市公司授予激励对象限制性股票，应当在股权激励计划中规定激励对象获授股票的业绩条件、禁售期限。"
- 《股权激励有关事项备忘录 1 号》中规定："限制性股票计划股票来源采用定向增发的话，发行价格不低于定价基准日前 20 个交易日公司股票均价的 50%；自股票授予日起 12 个月内不得转让，激励对象为控股股东、实际控制人的，自股票授予日起 36 个月内不得转让。"
- 《国有控股上市公司（境内）实施股权激励试行办法》规定："在股权激励计划有效期内，每期授予的限制性股票，其禁售期不得低于 2 年。禁售期满，根据股权激励计划和业绩目标完成情况确定激励对象可解锁（转让、出售）的股票数量。解锁期不得低于 3 年，在解锁期内原则上采取匀速解锁办法。"

由于限制性股票规避了股票大幅波动而使经理人"白干"的风险,因此是目前上市公司使用最广泛的一种模式。在具体设计中,当激励对象的业绩满足股权激励的条件时,上市公司就从净利润或净利润超额部分中按比例提取激励基金,将激励基金委托给股票经纪公司或信托公司,从二级市场购买公司股票,在经理人达到后续几年的业绩要求的情况下,按照股权激励合同的约定将该股票按照低价或免费的方式授予激励对象。

对于非上市公司来说,限制性股份有两种用途:一种是和其他激励模式配合使用,留住关键人才,限制条件主要是较长的服务年限,这种做法适用于所有行业和所有发展阶段的企业;另一种用法是将限制性股份用作主要激励模式,限制条件主要是业绩要求的,比较适合商业模式转型的企业或者创业期和快速成长期的企业。

最后,不管是上市公司还是非上市公司,都可以将限制性股票用作金色降落伞计划。对于金色降落伞计划来说,限制性股票是一种最优的模式。

8.6 虚拟股票

虚拟股票计划又叫作虚拟股票期权计划、模拟持股计划,用于非上市公司时可称为虚拟股份计划。虚拟股票是股票期权的一种衍生形式,是指公司授予激励对象一种"虚拟"的股票,激励对象可以根据所持有的虚拟股票计划享受一定数量的分红权和股价升值收益,但没有所有权和表决权,不能转让和出售,在离开公司时自动失效。

8.6.1 虚拟股票模式的特点

虚拟股票与股票期权、期股的特点和操作方法比较相似。比如，虚拟股票计划同样需要公司在计划实施前与每一位激励对象签订合同，约定虚拟股票的数量、兑现时间表、兑现条件等，以明确双方的权利与义务。但与股票期权和期股不同的是，在虚拟股票计划中，员工并不拥有在未来按某一固定价格购买公司股票价格的权利，因为虚拟股票只是一种账面上的虚拟股票，具有以下特点：

- 不是真正的股票或股份。实际上是将股票所有权、控制权、分红权、资本增值享有权进行分离，将分红权和资本增值享有权授予激励对象。不影响公司的所有权分布和控制权安排。
- 比干股模式更像一种持股模式，因为除了分红还可以享受资本增值部分。
- 激励对象的选择可以更为广泛。由于不涉及所有权和控制权的变化，因此激励对象可以像干股模式一样广泛。
- 对上市公司来说，规避了股票市场波动的部分影响。只要激励对象努力了，公司实际价值增长了，即使赶上熊市股价大跌，激励对象虽然失去了资本增值部分的收益，但是却仍可以享受分红部分的收益。
- 支付方式灵活。在公司兑现虚拟股票持有人收益的时候，一般采用现金支付，但也可设计为支付等值的股票和股份，或者是支付等值的股票（股份）和现金相结合。
- 由于考虑分红，可能导致激励对象过分关注短期利益。
- 由于需要分红和兑现资本增值部分的收益，因此公司现金流的压力比较大。

虚拟股票计划对于上市公司和非上市公司都是适用的，但是要求公司的现金流比较充裕。

8.6.2　虚拟股票在上市公司中的应用

上市公司使用虚拟股票计划是比较方便的，而且不用上报证监会，因为虚拟股份计划实际上就是模拟股票市场的一种奖金延期发放方式，资金来源于公司的激励基金。

一般情况下，上市公司使用虚拟股票期权计划需要同其他方式组合使用，比如，上市公司采用将所有权和控制权都授予激励对象的股权激励模式对高管层进行了激励，有可能引起高管层与其他核心骨干之间的利益不平衡。这时，肯定要对核心骨干员工进行股权激励，但是公司又不想让所有权和控制权过于分散。这时就可以考虑采用干股模式和虚拟股票模式，干股模式中，激励对象只能享受利润分红，这就会使得激励对象不关心公司的资本增值，那么在这种情况下，虚拟股票计划就会成为对核心骨干员工进行激励的首选。上海贝岭股份有限公司当初使用虚拟股票计划对一般管理人员和技术骨干进行激励就是基于这样的考虑。

【案例 8.5】上海贝岭的模拟持股计划 [①]

上海贝岭股份有限公司是我国微电子行业第一家上市公司。作为一家高新技术企业，公司中除了高管人员的人力资本比较重要外，一般管理层和技术骨干的人力资本对公司的发展也是很重要的。1998年9月上市的时候，上海贝岭处于快速成长期。

---

① 资料来源：上海贝岭股份有限公司薪酬制度改革方案分析. http://www.cnpension.net/index_lm/2008-08-22/494635.html.

这样的上市公司是一定要做股权激励的，而且激励对象还不能只局限于高管层。当时由于股票期权的激励性股票来源不容易解决，因此公司对高管层实施了期股激励。如果不对一般管理层和技术骨干进行股权激励，必然会造成高管层和他们之间的利益矛盾，这对于处于快速成长期，人力资本依附性又很强的上市公司来说非常不利。但是如果对一般管理层和技术骨干也采用期股激励，那么对公司所有权的分布和控制权的安排就会产生重大影响，对公司后续的融资不利。

在这种情况下，公司于1999年7月对一般管理人员和技术骨干实施了模拟持股计划，也就是我们所说的虚拟股票计划。计划的要点是：

- 奖励资金来源于公司积存的奖励基金。
- 有明确业绩要求。激励对象获得虚拟股票的数量与业绩考核严格挂钩。
- 行权价约定为授予时上海贝岭股票实际价格的一个折扣价。[①]
- 分红权授予激励对象。公司向普通股股东分红时，持有虚拟股票的员工也将得到所持虚拟股票数量相应的红利。
- 配股权也授予激励对象。[②] 如公司在虚拟股票计划实施后，在虚拟股票持有人未兑现之前，公司对普通股股东实施配股和送股计划时，激励对象将同步增加持有的虚拟股票数。
- 行权及兑现。当虚拟股票的持有人为公司服务5年后，可将虚拟股票变现。兑现的计算公式为：（上海贝岭当时的市场价格 − 行权价）× 获授的虚拟股票期权数。

---

① 是否将行权价定为市场实际价格的一个折扣价，主要看公司期望的激励力度，有折扣，属于"实值"授予，激励力度显然较大。

② 在虚拟股票计划中，授予激励对象的通常是分红权和资本增值享有权，配股权是否授予公司自行决定。如授予，所配股也是虚拟股。

上海贝岭这种模拟持股的做法并不涉及真正股票的买卖，而是通过引入虚拟股票，将公司的股价变化与员工未来的利益挂起钩来。

8.6.3 虚拟股份在非上市公司中的应用

非上市公司使用虚拟股份的思路、逻辑和步骤基本和上市公司一样，其中有两个问题不同。一个是虚拟股份来源问题；一个是虚拟股份价格计算的公司确定问题。

对非上市公司来说，由于不存在流通股，如果要实施虚拟股份计划，有两种办法解决虚拟股份来源问题。第一种方法是在总股本基础上虚拟出一定数量的虚拟股份。比如，一家非上市公司要实施虚拟股份激励计划，核算净资产是 1 000 万元，这时可以将总股本设置为 1 000 万股，每股 1 元钱。在 1 000 万股真正股份的基础上，虚拟出 100 万股虚拟股份，也是 1 元钱 1 股，虚拟股要参与以后分期的分红和资本增值计算。那么，以后每期的总股本就变成了 1 100 万股，其中 1 000 万股是真正的股份，100 万股是虚拟的股份。

第二种方法是总股本不变，还是 1 000 万股，但是将其中的一部分股份，比如 200 万股折算成虚拟购股权奖励给激励对象。这种方法实际上是将大股东拥有的 200 万股股份的分红权和资本增值享有权授予经理人，而所有权和控制权还在大股东手里。

非上市公司虚拟股份价格的计算是一个简单而又复杂的问题。最简单的可以按照净资产的增值来计算，复杂的可以考虑多个财务指标，如净利润增长率、净资产收益率，并且参考同行业目标公司股价的波动以最后确定每年公司的股份价格。关于非上市公司股份定价的问题将在第 10 章中重点讨论。

与上市公司的做法一样，当约定的兑现时间、兑现条件满足时，经理人就以现金的方式获得其拥有的虚拟股票的分红在账面上增值的部分。

8.6.4　适合采用虚拟股票模式的企业

虚拟股票激励模式比较适合现金流量比较充裕的上市和非上市公司。

在上市公司中，不推荐单独使用虚拟股票作为主要的股权激励模式。建议虚拟股票计划和授予激励对象真正股份的其他股权激励模式结合起来，用授予真正股份的股权激励模式对高管层进行激励之后，用虚拟股票模式对一般管理人员和核心骨干进行激励，消除他们之间的利益不平衡。

虚拟股票模式在非上市公司的应用前景非常广阔，除了与上市公司同样的使用之外，还可以将虚拟股票期权计划和其他模式组合起来，设计成为一个可转换的方式，比如公司可以在上市前实施虚拟股票期权计划，在上市之后将虚拟股票计划转换为股票期权计划，使得经理人的收益与公司的股票价值真正挂起钩来；也可以先用虚拟股票期权计划获得实施股权激励的经验之后，再将其按照达到一定业绩考核条件之后转为期股或期权或业绩股份计划，使激励对象真正持有股份。

8.7　股票增值权

股票增值权和股票期权非常像，只不过股票期权在行权时需要先购买约定数量的股票再卖出之后才获利，而股票增值权是在行权的时候不用买卖股票，而是由公司直接将行权时的股票实际价格与授予的行权价之间的差价直接支付给激励对象，支付的方式可以是现金、股票或"现金+股票"的组合。

值得注意的是，激励对象获授的股票增值权不是真正意义上的股票，而是一种权利，一种在未来某个时点获得资本增值收益的权利，这种计划是没有所有权、表决权和配股权，股票在此只是一种量度工具。例如，一家上市公司授予经理人 10 万股的股票增值权，期限 3 年，授予时的公允行权价格是每股 10 元钱。3 年之后，股价上涨到 25 元，那么其差价收益达到每股 15 元。这时，公司就按照合同的约定付给该经理人 15 万元的现金或等值的股票。

8.7.1 股票增值权模式的特点

- 设计和操作简单，容易实施。
- 激励对象获得的是资本增值收益部分，不影响所有权的分布和控制权的安排。
- 行权期较长。股票增值权的行权期一般超过任期，有助于约束高管人员的短期行为。
- 支付方式灵活。可以使用现金、股票支付或采用"现金＋股票"的组合支付。
- 激励对象获得是一种权利，而不是真正的股票，激励效果相比期权和期股要弱一些。
- 激励效果高度依赖于资本市场的有效性。
- 公司的现金支付压力较大。激励对象的收益来源是公司提取的奖励基金，对公司的现金流有较大影响。

股票增值权是国有企业常用于激励上市公司高管人员的一种方式，原因是这种模式并没有涉及所有权和控制权的变更，而是一种保值增值的优选方案，因此比较适合国有企业，但要求企业的现金流比较充裕。交通银行和中国联通在我国香港上市后，对高管人员的股权激励采用的就是股票增值权激励模式。

与股票期权一样，股票增值权的长期激励性要发挥，高度依赖于资本市场的有效性,而我国资本市场的有效性比较差,上市公司在这种情况下实施股票增值权方案,就有可能一分钱都挣不到。因此,这种方案不建议单独使用。

因此,在我国,直接应用股票增值权激励模式的公司并不多,反而是它的一种衍生方式——账面增值权应用得非常广泛。

8.7.2 账面增值权的应用

账面增值权是股票增值权的衍生方式,设计和操作要点和股票增值权基本一样。只不过不是拿股票的增值部分来奖励经理人,而是拿每股净资产的增值部分来奖励经理人。

这种方式用于上市公司,就可以避免激励效果受到资本市场有效性的影响。比如,一家上市公司授予总经理 10 万股的账面增值权,授予是每股净资产是 20 元,期限是两年,两年之后,每股净资产达到 30 元。那么,公司就需要向总经理兑现 10 万 ×(30-20)=200 万元的现金或等值的股票。

账面增值权应用得更多的是在非上市的国有企业和民营企业中,尤其是在配合股改时效果会更好。在非上市公司中,如果账面增值权改为用股份支付,那么其机理强度并不弱于业绩股份的激励。

【案例 8.6】D 公司的账面增值权方案

D 公司是深圳的一个家族企业,由夫妻俩创业。2010 年,公司引进了一批管理人员和技术骨干。这时,如果将股份分给这些经理人,就意味着要将自己创造的财富分给他们,两位老板有些不舍。但是,公司想要在未来有一个比较大的发展,不给这些新引进的经理人和技术骨干股份又不行。

这种情况下,我帮助他们设计了一个账面增值权方案。经审查评估后,核定 D 公司当时的净资产是 2 亿元。约定账面增值权实施 5 年,每年公司的净资产增长不能低于25%，这25%也都是老板夫妻的，相当于2亿元在银行的利息；净资产增长在25%~35%之间，老板拿出其中的10%作为股份奖励给经理人和核心骨干员工；净资产增长在35%~45%之间，老板拿出其中的15%作为股份奖励给经理人和核心骨干员工；净资产增长在45%以上的，老板按照45%的增长拿出20%作为股份奖励给经理人和核心骨干员工。5年计划结束后，经理人和技术骨干获得的奖励股份锁定两年。

上述案例所示的账面增值权，实现了企业大股东保值增值的目的，比较适合非上市的国有企业和家族企业实施股改时使用。

8.8 延期支付

延期支付模式和业绩股票模式相似，都是在年初的时候为激励对象设计一揽子薪酬收入计划，在超过年终奖业绩指标之上，有一个风险收入指标，当激励对象的业绩达到风险收入指标之后，就获得风险收入。业绩股票的风险收入是以免费赠予或低价购买股票，锁定期结束后就可以自由处置所获奖励股票。

而延期支付的风险收入不在当年发放，而是按当日公司股票市场价格折算成股票数量，存入公司为激励对象单独设立的延期支付账户。在约定的期限后或在激励对象退休以后，再以公司的股票形式或根据期满时的股票市场价格以现金方式支付给激励对象。

8.8.1 延期支付的特点

激励对象通过延期支付计划获得的收入来自两个部分。比如一个经理人业绩考核达到风险收入指标后，获得10万股的股票奖励，股价是10元，账面价值100万元，延期5年支付。5年后，经理人的收益实际上是两个部分：一是延期5年后的10万股股票的价值；二是5年内公司股票的市场价格上升部分。具体来说，5年后股票价格变为15元，则激励对象的收益为100万+50万=150万元；但是如果股价不升反跌至5元，激励对象不仅没有资本增值收益，而且10万股的100万元账面价值也缩水了50万元。因此，延期支付有以下几个特点：

- 激励和约束对等，将激励对象的利益和股东、公司的利益紧密捆绑。
- 约束性较股票期权模式强。在股票期权模式下，如果股票价格下跌，则激励对象可以放弃行权来保证自己的利益不受损失，损失的无非是时间成本。而延期支付计划中，只要公司股价下跌，激励对象肯定会有利益损失，只有通过努力工作提升公司业绩，促使公司股价不下跌才能保证自己的利益不受损失。
- 捆绑期限较长。延期支付的期限在中国一般设置为5年，在美国甚至设置为退休之后。这样可以有效地防止经理人的短期行为。
- 激励力度较股票期权弱。激励对象获得奖励的股票实际上是将奖金的一部分按照股票延期支付，因此激励股票数量不会很大，激励力度相对弱一些。
- 应用前景非常广泛。如果将延期支付当作一种设计思路的话，可以将延期支付和其他任何一种模式相结合，创造出新的股权激励模式。

8.8.2　延期支付的应用实践

在美国，延期支付也是一种常用的激励模式，主要原因就是可以有避税效果。美国上市公司的股权激励更多的是一种组合方式，很多公司会以股票期权为主，再附加上延期支付方式。因为，按照美国《国内税收法则》规定：如果高管人员的年度薪酬总额超过 100 万美元，则超过部分不能从公司的所得税税基中抵扣。但是如果公司股东大会批准，则可以将超过部分推迟到该高管人员退休以后支付，预期支付部分可以从公司所得税税基中扣除。对于高管人员来讲，由于退休后个人总收入减少，个人所得税的税率就降低，这时在获取延期支付收益时所需纳税额就较少。

在我国，尤其是在 2006 以前，由于股票期权激励股票来源得不到有效解决，而且延期支付设计比较多，许多上市公司如宝信软件、三木集团以及武汉模式中的武汉中商、武汉中百和鄂武商等均采用了延期支付的股权激励方案。武汉模式指的是武汉国资公司从 1999 年开始对其控股或全资的公司所推行的股权激励模式，很多学者将武汉国资公司的做法总结为"期股模式"，实际上武汉模式并不具备期股模式的基本特征，从本质上属于延期支付模式。下面的案例就反映了武汉模式的设计和操作要点。

【案例 8.7】E 公司的延期支付方案

E 公司是中国 A 股的一家上市公司，公司董事会为经理人设计薪酬计划为：年薪 + 年终奖 + 风险收入。年薪的确定是公司董事会根据上一年度的经营情况来确定，按月以现金的方式来发放。年终奖是当经理人完成年终奖指标之后一次性按现金兑现。风险收入指的是，在年终奖指标之上还有一个风险收入指标，当经理人的业绩完成了约定的风险收入指标后，公司给予经理人的激励，风险收入的 30% 用现金支付，70% 用股票延期支付。

E 公司的经理人最终是否能够获得风险收入，取决于业绩达到约定风险收入指标的完成度：约定风险收入指标的 70% 是业绩下限，也就是说当经理人的业绩在约定风险收入指标 70% 以下的，没有风险收入指标，而且要扣发以前年度累积的延期支付的奖励股份；当经理人的业绩达到约定风险收入指标的 70%~100%，那么经理人就获得约定风险收入的相应比例的激励，比如当初约定达到风险收入指标后获风险奖励 100 万元，则业绩完成度为 75%，就获得 75 万元的风险收入；当经理人的业绩超过约定的风险收入指标，经理人就获得约定风险收入 120% 的奖励，即 120 万元的奖励。

风险收入的支付方式。经理人所获得的风险收入奖励中，30% 以现金形式当年兑付，其余 70% 的奖励由公司委托股票经纪公司在二级市场为经理人购买股票。

延期支付的方式。经理人与股票经纪公司签订股票托管协议，延期支付的股票到期前，股票不能上市流通，但经理人享有分红、转增配股的权利。第二年，股票经纪公司延期支付相当于上年度 30% 风险收入的股票给经理人，第三年以同样的方式延期支付 30%，剩余的 10% 累计留存。以后年份风险收入股票的累积与延期支付以此类推。累积留存的股份作为风险抵押金留至经理人退休或任期结束，离任审计没有问题的，将支付全部的累计余额。

E 公司的方案是一个上市公司延期支付的方案，也可以将这种设计直接应用到非上市公司，不同的是需要将延期支付的风险收入按当年企业的每股净资产折算成持股份额。

8.8.3 适合采用延期支付的企业

典型的延期支付模式有以下两种用法：

- 直接用于业绩稳定、处于成长期后期和成熟期的上市和非上市公司。
- 可以将延期支付模式的思路用于其他股权激励模式，创造新的激励模式。比如将延期支付的思路用于业绩股票模式，将经理人获得的业绩股票一部分兑现，一部分延期支付，加强对经理人的约束，E公司的案例实际上就是一个延期支付的业绩股票计划。

如果不严格地按照定义来设计延期支付的方案，而是将延期支付的逻辑和方法用于设计长期激励性报酬，这种模式的应用前景就非常广泛，甚至可以用现金的方式将经理人的利益和股东的利益长期捆绑起来。

比如一家公司，想要采用股权或期权激励经理人，但限于各种条件制约又不能马上实施，这时候就可以用延期支付的方式结合报酬递延性的设计实现对经理人的长期捆绑。在这种情况下，可以将经理人的报酬结构设计为：基本工资＋年终奖＋延期支付奖金。其中，延期支付奖金的业绩目标比年终奖的业绩目标设计得难一些（大约在1.1~1.2倍），当经理人完成延期支付的业绩目标后，就得到约定好的延期支付奖金。但延期支付当期不能兑现，在未来3年，经当年的业绩考核合格后每年兑现一次，第一年兑现20%，第二年兑现30%，第三年兑现50%。如果当年业绩考核不合格，则取消当年的延期支付奖金，但不影响其他年份的延期支付奖金，比如，第一年业绩不达标，经理人就失去第一年的20%延期支付奖金，但不影响第二年和第三年的延期支付奖金。当然，如果经理人离职的话，尚未支付的延期奖金就取消。延期支付奖金可以滚动发放，每年授予一次，这样便实现了将经理人的利益和股东财富增长长期捆绑的目的。

如果是这种用现金支付的递延型延期支付模式，主要有以下3种用途：

- 用于积累实施长期激励性报酬的经验。想用真正股权或期权激励经理人，但各方面条件不是很成熟，而且老板自己对未来公司的资本战略想得不是很明白的企业。可以先用这种方式积累长期激励性报酬设计的经验，等条件成熟后再转为其他的股权激励计划。

- 用于生命期限比较明显的项目公司。如房地产项目公司和建筑项目公司，这些项目公司存在的时间是依托于项目的，项目结束公司也就完成使命解散了，对于这些项目公司的经理人和技术骨干是没有必要用真正的股份来激励的。现金支付的递延型延期支付计划就特别适合项目公司对经理人和技术骨干进行利益捆绑，因为对于激励对象来说，每年都获得一笔延期到后面3~5年的延期支付奖金，相当于每年都有风险抵押金押在公司，最后得到所有延期支付的奖金一定是在项目结算之后，这就逼着经理人尽心尽力地将项目做好，否则自己既得利益将受损。

- 用于消除高管人员和员工之间的利益矛盾。这种设计思路既可以用于对高管层的激励，还可以用于对员工的奖励。但如果激励对象是一般员工的话，考核单位和授予对象应该选择部门，而不是直接授予个人。首先，部门建立延期支付奖金池。部门在完成延期支付业绩目标后，企业将部门所应得的延期支付奖金放入部门的奖金池，在未来3~5年内延期支付。这种做法，对于解决由于高管层获得股权激励后而导致的高管层和员工之间利益失衡的矛盾具有现实意义。

8.9 员工持股计划

员工持股有两种含义：一种是广义的员工持股，也就是全员持股的概念；一种是真正的员工持股计划。

对于广义的员工持股，其应用范围比较窄。一般是人力资本依附性较强的企业在创业初期实施股权激励时，激励对象可以是全体员工，因为这个时候每个人的人力资本对公司来说都很重要。但除此之外，股权激励的激励对象的范围不应该过于广泛，主要是因为：首先，股份过分分散，必然引起控制权的分散，对未来公司的投融资等资本运作事宜不利；其次，从调动积极性的角度来看，人人有股份，相当于没有股份，会形成新的"大锅饭"思想。

真正的员工持股计划又称为 ESOP 计划，是由美国的两个福利经济学家创造的，主要目的是为了提高员工福利，消除经理人和员工之间的矛盾。具体操作是：公司拿出一定比例的股份由员工持股公司[①]持有，由持股公司按照一定的规则将股份分给每个符合条件的正式员工，公司内部员工个人出资认购本公司部分股份，并委托持股公司进行集中管理的股权激励方式。

8.9.1　员工持股计划的特点

- 持股方式有限制。在其他股权激励模式中，激励对象可以个人也可以通过一个持股公司持有所获得的奖励股份。但是在员工持股计划中，员工个人不能直接持有股份，而需要通过持股公司间接持股。
- 持股人或股份认购者必须是本企业的正式员工。
- 员工持有的股份不能继承、不能转让、不能交易。员工离开企业，如退休、辞职、被公司辞退、除名或死亡，其所持股份必须全部由持股公司收购，再分配给新的员工。

[①] 在以前的国有企业改制过程中，一般是在民政部注册一个社团法人——持股会来进行持股，但现在民政部已停止注册持股会，而且证监会对社团法人不认可，现阶段如企业推行员工持股计划，建议成立员工持股公司来代替持股会。

- 员工不能直接参加公司股东大会，行使股东权利，而是由持股会选出几名代表参见股东大会。
- 持股员工以二次利润分配参与公司的利润分红。即先由员工持股公司享受公司的利润分配，再由员工持股公司按员工个人持股数进行二次利润分配。

8.9.2　员工持股的购股方式

在员工持股计划的设计中，员工如何购买股份是其中的关键点，一般来说，有4种购买股份的方式：

- 员工以现金方式认购所持全部股份。
- 员工通过融资方式（一般是公司提供的员工持股专项贷款资金）认购所持股份。
- 公司将历年累计的公益金转为员工股份给员工。
- 从公司的奖励基金或福利基金中提出一部分以奖励形式给员工。

在具体的员工持股计划的设计中，购股方式一般是上面4种的组合，目的是为了加大激励力度。比如深圳金地集团当年的员工持股计划就是采用4种方式的组合：大约30%的购股资金来源是由员工个人出资直接认购公司股份；35%的购股资金来源是由公司提供的员工持股专项贷款资金，贷款本息从分红中扣回；30%是公司从公益金转为股份奖励给员工；剩余的5%是公司奖励给员工的干股。

还有一种常见的方式就是将第1种方式和第4种方式结合起来，就是所谓的"员工股权认购＋配送分红权"计划。春兰集团的员工持股计划采用的就是这种买一送一的模式。具体操作是，员工以现金购买股份的同时，以 1∶1 的比例再获赠分红权。比如说，一名员工可以购买 10 万股的股份，则公司同时再额外赠予 10 万股的分红权（干股），这种做法的激励强度较大。

8.9.3　适合采用员工持股计划的企业

从正面效应来看，员工持股计划为企业员工参与企业所有权分配提供了制度条件，持有者真正体现了劳动者和所有者的双重身份。员工持股计划为企业吸引和留住不同层次的高素质人才并向所有员工提供分享公司潜在收益的机会创造了条件，在一定程度上解决了公司高管人员和一般员工之间的利益不均衡问题。

但是由于激励范围较广，带有一种平均化和福利化的倾向，每个人得到的收益就不可能很大，激励力度有可能就不足，无法起到预期的目的。而且，内部股东过多，必然影响所有权的分布和控制权的安排，不利于公司未来的投融资事宜。

那么，员工持股计划在我国有没有适用的企业呢？当然是有的，广义的员工持股计划，适用于人力资本依附性较强公司的创业初期。真正的员工持股计划适用于国有企业，即当国有企业对管理层实施其他模式的股权激励的时候，可以用员工持股计划来消除管理层和员工之间的利益矛盾；或者是当民营企业收购国有企业的时候，为了让收购行为能够成功，需要获得员工的支持，这时必须同时实施员工持股计划。

除以上情况之外，不建议在我国公司使用员工持股计划。那么当一家公司对高管人员实施了股权激励计划，希望一般员工也能够分享企业成长的喜悦，将他们的收入与公司股票价格挂起钩来，同时激励范围又要像员工持股计划那样广泛，带有福利性质，又该如何实现这种激励目的呢？

在这种情况下，可以将虚拟股票模式和员工持股计划模式结合起来，设计一种目前比较流行的"员工储蓄—股票参与计划"。这种计划将员工部分月工资（一般为税前工资的2%～10%）转为储蓄，存入专门为员工开设的储蓄账户，并将这些资金按授予期内股票市场价格的较低价位的一定折扣折算成一定数量的股票，在期末按照当时的股票市场价格计算此部分股票的价值，公司将向员工兑现购买价和市场价之间的差额作为激励基金。这种计划较虚拟股票计划和员工持股计划对员工更有利，其他激励模式只有在股价上涨时才能盈利，股价不变或下跌时没有收益，而"员工储蓄—股票参与计划"则是无论股价上涨还是下跌（只有不跌至购买价之下），都有收益，因此福利特征较为明显。

中国联通公司在我国香港上市的时候，对高管人员实施股票期权计划的同时，还对员工提供了储蓄—股票参与计划。联通的计划是：员工可以把月工资的一定百分比（不超过40%）存入公司为员工设立的两年期储蓄账户，两年后，期满时可以获得到期时股票价和计划开始时本公司股票价85%的差价作为收益。

8.10 最优模式设计

以上9种典型模式各有优缺点，那么哪种模式最好呢？9种模式都有自己的适用范围，抛开企业实际来谈最好的模式，这种思路是错误的。实际上，与其将9种模式称为模式，还不如将其看作是9个方向、9个设计股权激励的思路，或者是将其看作乐高玩具中的9个部件，根据企业的实际需要可以用这9个部件组装成一架飞机或者一辆汽车，也有可能是一辆坦克。

因此，最好的模式一定是第十种模式——组合模式。根据公司的实际情况将 9 种模式中的几种进行组合，使其成为最适合企业的模式。

8.10.1　9 种典型模式的对比分析

要组合适合自己企业的最优股权激励模式，首先要更好地理解每种模式的特点。9 种典型的股权激励模式有着各自不同的特点，都能使经理人分享到剩余索取权，但是在风险、未来收益、激励力度、权利、资金投入时间点和享受贴息方面都有所不同。具体来说，不同点主要体现在以下 6 个方面：

- 风险不同。限制性股票、员工持股、期股、延期支付等激励模式都在预先购买了股票或确定了股票购买的协议，经理人一旦接受这种激励方式，就必须购买股票，当股票价格下跌时，经理人需要承担相应的损失。因此，经理人持有现股或期股购买协议时，实际上是承担了风险的。而在股票期权、虚拟股票、业绩股票和股票增值权等期权类激励模式中，当股票价格下跌时，经理人可以放弃行权，从而避免承担股票贬值的风险。

- 激励力度不同。在股票期权、虚拟股票、业绩单位、业绩股票和股票增值权等期权类激励模式的激励下，经理人不承担经营失败的风险，因此，在数量设计中可以不受其风险承担能力的限制。通过增加授予的数量，可以产生较大的杠杆激励作用，经理人在未来的收益也有可能很大。因为不必承担经营风险，可以很好地激励管理人员的创新与冒险精神，但同时也可能导致经理人的过度冒险带来的经营风险。而限制性股票、员工持股、期股、延期支付等激励模式需要经理人出资购买，激励对象不仅拥有公司的剩余索取权，同时也承担了相应的风险。考虑到经理人承担风险的能力以及实际出资的能力，这些激励模式的授予数量受到局限，激励效果和未来的收益也相应地受到影响。

- 权利不同。在限制性股票、员工持股、延期支付等激励模式中，由于股权已经发生了转移，因此持有股权的经理人一般都具有与股权相应的表决权；在期股和期权类激励模式中，在股权尚未发生转移时，经理人一般不具有股权对应的表决权。

- 投入资金的时间点不同。在限制性股票、员工持股、延期支付等激励模式中，不管是奖励还是购买，经理人实际上都在即期投入了资金（所谓的股权奖励实际上是以经理人奖金的一部分购买了股权）；而期股和期权类激励模式都约定在将来的某一时期经理人需要投入资金。

- 贴息优惠不同。在期股和股票期权、虚拟股票、业绩股票激励模式中，经理人在远期支付购买股份的资金，但购买价格参照即期价格确定，同时从即期起就享受股份的增值收益权，因此，实际上相当于经理人获得了购股资金的贴息优惠。

- 适用范围不同。如股票期权、股票增值权比较适用于对上市公司的高管层进行激励，附加条件是企业具有良好的成长性、资本市场的有效性较好；而期股、虚拟股票比较适用于对非上市公司高管层进行激励，条件是企业业绩稳定、成长性较好；业绩股票、限制性股票、干股同时适用于对上市和非上市公司的高管层进行激励，条件是企业业绩稳定、现金流状况良好；员工持股同时适用于对上市和非上市公司的所用员工进行激励，要求企业业绩稳定；延期支付模式适用于对上市和非上市公司的所有员工进行激励，但是要求企业现金流充裕。

以上就是 9 种典型模式的主要不同点，表 8-1 更加详细地对比分析了 9 种模式的优缺点及适用范围。

表 8-1　9 种激励模式的优缺点和适用范围

模式	优点	缺点	适用范围
股票期权	实现了经理人与股东利益的高度捆绑；锁定经理人风险，经理人不行权就没有任何额外损失；有利于企业降低激励成本；激励力度比较大	过分依赖股票市场的有效性；可能导致经理人的短期行为；经理人与员工的收入差距拉大	市场有效性比较好的资本市场上的上市公司；人力资本依附性较强、处于创业期和快速成长期的非上市公司
期股	需有偿购买，加大了对经理人的约束；其余优点同股票期权	需要花钱购买，行权是强制性的，经理人风险较股票期权大	适用于人力资本依附性较强、处于创业期和快速成长期的非上市公司
业绩股票	能够激励经理人努力完成业绩目标，实现股东和经理人的共赢；规避了市场有效性的影响	业绩目标的科学确定比较困难，容易导致经理人弄虚作假的行为；对上市公司而言激励成本较高，公司有现金支出的压力	适合业绩稳定型的、处于成长期后期和成熟期的上市公司及非上市公司
干股	简单直观，便于实施	业绩目标的科学确定比较困难；对公司现金流压力较大；不是真正的股份，激励和约束的效果比业绩股票差	适用于业绩稳定、现金流状况较好的上市或非上市公司
限制性股票	低价或有可能是免费获得；激励力度大；约束也更强	会使得经理人放弃对高风险、高回报项目的投资；业绩目标的科学确定比较困难	适用于上市或非上市公司，尤其适用于对关键人才的留住或是用于金色降落伞计划
虚拟股票	不影响公司的所有权分布和控制权安排；不需要证监会批准，股东大会通过即可；激励性和约束性都比干股强；激励对象选择可以更广泛	激励对象可能因考虑分红，可能导致过分关注企业的短期利益；公司的现金支付压力比较大	比较适合现金流量比较充裕的非上市公司和上市公司

续表

模 式	优 点	缺 点	适用范围
股票增值权	操作监督；无须激励对象现金支出；审批程序简单。如果采用账面增值权方式，上市公司不需要证监会审批，股东大会同意即可	对资本市场有效性依赖较大；可能导致经理人操纵股价的行为；公司的现金支付压力较大。如果采用账面增值权方式，则不受股票市场有效性影响	较适合现金流量比较充裕且比较稳定的上市和非上市公司，上市公司要求是在有效性较好的资本市场上市的。如是采用账面增值权，则适用于我国的上市公司
延期支付	锁定时间长，减少了经理人的短期行为，有利于长期激励，留住并吸引人才；可操作性强；应用前景非常广泛	激励力度相对较弱；股票二级市场具有不确定性，经理人不能及时地把薪酬变现。如果采用现金支付，则公司有现金流的压力	比较适合业绩稳定型的上市和非上市公司
员工持股计划	增强企业的凝聚力；国有法人股减持的有效通道；可用于抵御恶意收购；具有普遍福利的作用；解决了高管和员工收入不均衡的问题	导致股权过于分散；激励力度不足	国有企业实行"国退民进"改制时；用于解决对高管层进行股权激励造成的高管层和员工收入差距过大的矛盾

　　股权激励的手段和方法多种多样，在具体的应用中，除本章详细讨论的9种典型模式之外，还不断地有新的股权激励模式被创新出来。所以公司在设计和实施股权激励的时候一定要根据公司内、外部环境条件和所要激励对象的不同，结合各种股权激励模式的作用机理，组合创新出最适合本公司的、有效的股权激励模式。公司如何根据自己的实际情况创新出适合自身的最优模式呢？最关键的是两个方面的问题：首先，要准确理解各种股权激励模式的内在特性，选择适合企业需求的基本模式，这是创新股权激励模式的出发点；其次，要重点考虑和企业自身相关的8个影响因素。

8.10.2　9种典型模式的内在特性

评价一个股权激励模式的内在特性，主要从短期激励性、长期激励性、约束性、现金流压力和市场风险影响5个方面去考察。短期激励性指激励对象能否在短期内获得激励计划带来的收益；长期激励性指激励对象对较长一段时间后能否从激励计划获得预期的收益；约束性指的是方案给激励对象带来的失败成本，也就是激励对象是否会因为自己的错误行为而减少股权激励的收益；现金流压力指在实施股权激励计划时企业出资的程度；市场风险影响是指股票市场价格的变动对企业实施激励机制产生的影响（对于非上市公司，这种影响不需要考虑，但是，拟上市公司必须考虑）。表8-2描述的是9种激励模式内在特性的比较分析。

表8-2　9种激励模式内在特性的比较分析

激励模式	短期激励性	长期激励性	约束性	现金流压力	市场风险影响
股票期权	★	★★★★★	★★★	★★★	★★★★★
期股	★	★★★★★	★★★★★	★	★
业绩股票	★★★★★	★★★★	★★★	★★★	★★★
干股	★★★★★	★	★	★★★★★	★
限制性股票	★★	★★★★★	★★★★★	★	★★★
虚拟股票	★★★★★	★★★	★★	★★★★★	★★
股票增值权	★	★★★	★★★	★★★★★	★★★★★
延期支付	★★★	★★★★★	★★★	★★★	★★★
员工持股计划	★★★	★★★	★★★	★	★★★

注："★"代表程度；★★★★★代表最强；★代表最弱。

需要指出的是，在表8-2中，如果股票增值权采用其衍生方式账面增值权来设计股权激励，而且支付的方式是股份，那么不存在现金流压力影响。延期支付如果用于非上市公司，支付的是现金，那么现金流压力是最大的。

一个理想的股权激励模式，其内在特性表现为：短期和长期激励性较强，对经理人的约束性较强，而且对企业现金流压力不大，受股票市场风险影响较小。但实际上，从表中可知，任何一种激励模式都不能同时满足这样的要求，每种模式都具有明显的优点和不足。因此，对于任何一家企业来讲，9种典型模式中没有一种适合自身企业的最优模式，这就要求企业在最优模式的设计过程中，首先根据企业自身特点和需求从9种典型模式中选择几种基本模式，再考虑和企业的相关因素后，创新出适合自身的最优模式。

8.10.3 和企业相关的8种主要影响因素

在最优的股权激励方案设计中，和企业相关的影响因素很多，包括股权性质、行业特性、发展阶段、股权结构、激励对象、推动主体、企业规模和盈利状况8个影响因素。

（1）股权性质

对于国有企业，在方案设计中要注意避免国有资产流失的问题。强调业绩、国有资产保值增值是股权激励模式设计的基本出发点。因此，业绩股票、延期支付、股票增值权、员工持股计划和干股等激励模式比较适合国有企业，增发新股或者提取激励基金在二级市场购买流通股，是国有企业获得激励股票较为普遍的方式之一。

对于上市的民营企业而言，则不存在上述问题，可以根据其他因素来选择股权激励模式。

如果从一个动态的眼光来看，一家非上市民营企业在考虑股权激励的时候，一定要结合未来公司的股权性质。公司要上市，一定就会引入财务投资者和战略投资者，那么在选择股权激励模式的时候就要考虑到这些投资者的股权性质。对于有些行业的民营企业来说，可能需要引入具有国有背景的投资者,这时期权、期股和限制性股票就不是一个很好的选择,国有的投资者比较偏爱业绩股票、延期支付、股票增值权、员工持股计划和干股等激励模式。如果公司要在海外资本市场上市,会引入诸如摩根、鼎晖等外资投资者,对于外资投资者来说,他们最常用和最能理解的是股票期权和限制性股票模式。如果引入的是民营资本的投资者,他们没有偏爱的模式,而是根据公司实际状况来选择股权激励模式。

(2)行业特性

行业有很多,根据每个行业推荐适合的股权激励模式显然是不现实的。但是我们可以给出一个判断标准,行业特性对选择股权激励模式影响最大的是两个因素:首先最重要的是企业业绩对人力资本的依附性;其次是企业的成长性。

以下我们将对比讨论技术密集型行业和劳动密集型行业的企业应该如何选择股权激励模式。

技术密集型企业具有典型的人力资本依附性较强、成长性较好的行业特征。在这种企业中,人数不会太多,但人均创造财富很多,而且财富的创造依赖于科技人员的技术。在这种企业中实施股权激励,首先激励对象的选择不能局限于管理层,必须扩大到技术人员;其次,激励对象必须真正持有公司的股份才能达到有效的激励。在9种典型模式中,股票期权、期股、限制性股票比较适合技术密集型企业创业初期和快速成长期时的应用;业绩股票、干股、股票增值权、延期支付比较适合用于成熟期的企业。其他一些高人力资本依附性的企业,如培训、咨询、投融资、建筑设计等公司都可以按照上述原则选择股权激励模式。

(3)发展阶段

企业处于不同的生命周期应该选择不同的股权激励模式。企业的生命周期一般都会经历初创期、成长期、成熟期和衰退期,没有一种模式能够适合所有的阶段,如图8-2所示的是股权激励模式与企业不同发展阶段的关系。

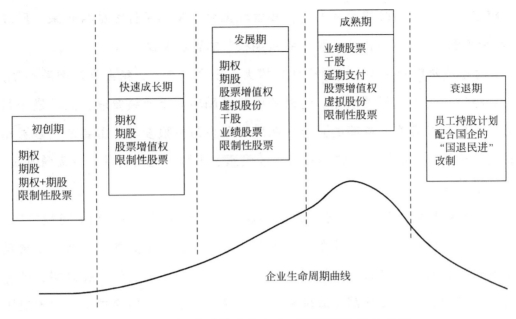

图 8-2 股权激励模式在企业不同发展阶段的应用

在企业初创期，企业发展迅速，未来增值空间巨大，但公司现金缺乏，很难有富余的现金奖励给员工，股票期权和期股就成为首选的长期激励模式，也可采用"股票期权＋期股"的组合模式。激励对象可以考虑是全体员工，因为创业初期每个员工都是重要的，通过股权激励可以使员工的利益与公司捆绑在一起，特别是关键人才，更要强调"我的就是你的，你的就是我的"。

在企业的成长期，公司业绩提高，股票价格增长较快，现金流较好，下一期利润将远远高于当期利润，因此这时激励模式的选择要侧重于公司的成长性。而且激励对象就是有限参与了，不能再是全体员工，主要针对高管层和核心骨干员工。在成长期的前半阶段，也就是通常所讲的快速成长期，优先考虑使用股票期权、期股、股票增值权等模式。在成长期的后半阶段，也就是通常所讲的发展期，考虑使用股票期权、期股、股票增值权、虚拟股份、干股和业绩股份的组合模式，比如"业绩股票＋岗位干股＋股票期权"的组合模式。也可以将股权激励的组合模式和激励对象购股计划结合起来,形成"实股(购股计划)+岗位干股+股票期权"的组合模式。

对于成熟期的企业,此时企业规模大,现金流充裕,每期利润都差不多,发展稳定,但是成长性缺乏。这时的股权激励要侧重业绩要求,尤其是净利润增长率和净资产收益率的要求。激励对象也是有限参与,主要是高管层和核心骨干员工。比较适合的模式有业绩股票、干股、延期支付、股票增值权、虚拟股份等模式。

对于衰退期的企业,股权激励就不起太大的作用了,企业随时可能倒闭,员工对企业的信心不足,给予股份还不如给予现金来得实惠。当然,如果是国有企业,有可能是体制的问题,而不是企业的产品真的到了衰退期,这时可以考虑对管理层实施期股激励和员工持股计划相配合的模式实现"国退民进"。如果一家民营企业要收购一个处于衰退期的国有企业,一定在收购过程中配合使用员工持股计划,才有可能使得收购行为和谐地进行下去。

对于处于初创期、成长期和成熟期的企业,在用以上模式对激励对象激励的同时,可以附加限制性股票计划留住企业的关键人才。

(4)股权结构

股权结构决定了原来股东的控制权,而股权激励有可能打破原来的控制权结构,从而影响公司的控制权安排。所以对股权结构的影响成为选择股权激励模式的一个重要因素。如果股权激励使得股权过于分散,直接影响到控股股东的控制地位,这种股权激励模式是肯定不合适的。

在股权比较集中的公司中,可以使用授予数量较多、激励力度比较大的模式,如股票期权、期股、限制性股票等模式。

如果股权没有集中于一个股东,而是相对集中在几个大股东手里,那么选择授予数量不是很多、主要侧重利益分享的模式就成为首选,这时可以优先考虑业绩股票、股票增值权、干股、延期支付、虚拟股份等模式。

（5）激励对象

激励对象不同，所选择的股权激励模式也不同。

对于高管层的激励。高管层是股权激励最主要的激励对象，对其激励的主要目的就是希望将其自身利益和公司利益、股东利益长期紧密地捆绑在一起，因此应该用激励力度比较大的模式，比较常用的有期股、股票期权、限制性股票等，而且需要在股权激励计划中设定业绩约束条件和兑现服务期限加以限制。

对于中层管理骨干和技术骨干等"核心骨干员工"的激励。股权激励的目的通常是为了充分调动其工作积极性和创新性，以及达到稳定骨干员工的目的。因此重点选择和业绩挂钩的、侧重于分享利润的激励模式，比较常用的有业绩股票、干股、延期支付和虚拟股份等模式。

针对一般员工的股权激励。对于一般员工来说，有很多手段和方法对他们实施激励，没有必要用股权激励的方式，除非是在创业很艰难的时候，或者企业对人力资本过于依附。需要对员工进行长期激励，完全可以采用延期支付奖金的方式，即加大年终奖力度，但将其分多年发放的方式。当然，对于国有企业"国退民进"则又是另外一种情况，无论是对管理层实施股权激励，还是一家民营企业收购国有企业时，都需要实施员工持股计划。

针对销售人员的激励。如果公司的核心骨干人员是销售人员，那么对于销售部门负责人和销售业务骨干，股权激励具有特别重要的意义。现在很多公司对销售人员的奖励通常是使用销售额提成的方式，这种做法过于直接、过于短期化，结果可能导致多数销售人员不关心公司的整体利益和长远利益，也不关心公司的利润。而且销售提成的奖励方式没有约束性，销售人员拿完提成奖金就可以离开公司，因此销售人员流动性强便成为了令许多公司老板们头痛的问题。解决思路是通过股权激励，使股权收入在销售人员的收入中占据比较大的比例，这样做一方面借此实现对销售人员收入的延期支付；另一方面使其在关心自己短期利益的同时也要兼顾公司的整体利益和长期利益——因为这都与他直接有关。具体做法有：一是采取"限制性期股"（将限制性股票和期股综合设计）的方式，授予销售人员较大的期股额度，规定其绩效收入的一半必须用于支付购买期股借款（否则作废），且其已经实际拥有的股权必须在服务期达到若干年后方能转让兑现；二是使用"业绩股票"的方法，将销售人员短期收入中的一部分变为长期权益，这样必然能够在很大程度上减少其短期行为。

对于研发人员的激励。如果公司的核心竞争力是研发设计的话，研发人员肯定是股权激励对象。研发人员的个人绩效和短期绩效是不容易考核的，其绩效往往有滞后性，对他们的激励要用激励力度比较大、约束也比较强的模式，建议以期权或期股为主，岗位干股为辅的组合方式，对特别关键的人才，再追授限制性股票。

（6）推动主体

推动股权激励的不同主体一般代表不同的利益团体，不同的动机将会对股权激励计划产生不同的影响，比如推动方是股东，往往关注企业的长期绩效，比较喜欢采用激励和约束、风险和收益对等的模式，如股票期权、期股、限制性股票、业绩股票和员工持股计划等；推动方是管理层，往往更关注个人利益的得失，比较倾向兑现期短的激励模式，如干股、股票增值权、虚拟股份和延期支付等。

（7）企业规模

企业规模往往会影响到激励对象的范围、激励股票数量和激励模式的选择。企业规模与实力大的企业可以考虑激励力度大的模式，如股票期权、股票增值权、限制性股票等。反之，企业规模与实力小的企业就要考虑因为激励力度过大带来的成本压力，这时可以考虑期股、业绩股票、虚拟股票、干股和延期支付等。

（8）盈利状况

盈利状况较好、现金流比较充裕的企业选择的余地较大；盈利状况较差、现金流较差的企业应尽量避免增加成本和现金的支出，特别是要尽量避免选择股票增值权、虚拟股票、干股等激励模式。

8.10.4 设计的思路

企业确定股权激励模式的过程实际上就是一个根据 9 种典型模式创新的过程，股权激励的创新过程有 3 种：第一种就是选择一种典型的股权激励模式然后根据企业需求和自身特点进行变形设计，我们把它称为变形创新；第二种是简单组合，即根据企业的需求和自身特点从 9 种典型模式中选择几种进行组合；第三种是复杂的组合创新，即应用几种典型模式的思路设计出一种新的适合企业需求的股权激励模式。

（1）变形创新

变形创新是企业设计股权激励模式的一种常见思路。一般在一种典型的股权激励模式上对授予价格、数量、时间、支付方式、行权条件等关键点进行创新设计，就可以得到一种变形创新的股权激励模式。

以股票期权为例，以下就是其各种变形创新模式：

- 巨额奖励期权计划。这种计划在有效期的第一年就将所有股票期权赠予经理人，计划有效期内以后各年就不再赠予经理人，所以，在第一年期权赠予日，经理人的股票期权数量和行权价就都全部确定。集中巨额奖励计划对于价值的创造具有最强的激励作用。但是集中巨额奖励计划还有其自身缺陷，就是留住人才的风险最大。因为其在公司股价大跌时其价值也会变低，其激励效应也会大减，除非对期权重新定价或重新授予期权，否则经理人就可能离开公司。这种计划在大型上市公司中几乎没有被采用过，但在非上市公司和 IPO 后的高新技术等人力资本依附性较强的企业中应用较广。
- 固定价值期权计划。固定价值期权计划不是一次授予，而是在约定的有效期内，每年赠予经理人固定价值（比如 100 万）的股票期权，这样,每年经理人得到的股票期权数量是不确定的,与公司业绩负相关,公司业绩越好,得到的奖励股票数就越少。这种计划的优点是留住人才的风险小,因为即使股票价格大跌,经理人在来年也可以获得新的期权,保证了经理人一直持有相当数量的期权。但这种计划的一个重大缺点就是,公司事先确定了经理人未来的股票期权赠予价值,削弱了经理人报酬与股价的关系。这种计划可以用于那些不希望激励力度较大,成长性比较平稳的公司。

- 固定数量期权计划。固定数量计划也不是一次授予,而是在约定的有效期内,每年赠予经理人固定数量的股票期权,行权价一般为每年赠予日的股价。这样,每年经理人被赠予的股票期权的价值是不确定的,与公司业绩正相关,未来公司业绩越好,股价越高,经理人持有的股票期权价值越大。这种计划的激励效应比固定价值期权计划强得多,但弱于巨额奖励计划。激励力度虽然没有巨额奖励计划大,但是由于每年授一次,目前行权价格是每年授予时的股票价格,那么就在一定程度上规避了股价波动对激励效果的影响,从而降低了挽留人才的风险,适用于大多数上市公司。

- 购买期权。标准的经理人股票期权是不用经理人掏钱买的,但是如果在经理人获得期权的时候,让经理人按一定比例缴纳作为风险抵押金的期权费,就形成了购买期权计划。在这种计划下,经理人所获得的期权不是无偿赠予的,而是需要支付一定的期权费才能得到,期权费为行权价的一定比例。如果经理人不行权,期权费就归公司所有。如果经理人行权,先期缴纳的期权费可以抵作行权费用的一部分,也可以退还给经理人。使用这种计划的目的是就是要使得股票期权计划激励和约束对等、风险和收益对等,增强经理人的风险意识,将他们的利益与股东的利益捆绑起来。

- 指数期权。标准的股票期权计划的行权价是固定的,如果将行权价格设计为变动的，根据市场同业指数或者其他指数的变化进行调整，那么标准的期权计划就变形为指数期权计划。指数期权剔除了外部宏观环境对期权计划的影响，只有公司的业绩超过同业或者市场的平均业绩时，持有者才会获得奖励报酬，对于股东来说更为公平。

- 可再定价期权。指的是当公司股价不断下跌，甚至跌至行权价的时候，为了保证股票期权的激励性，通过给已发行的股票期权重新确定一个较低的行权价的期权计划。一般来说，行业不确定性高，股价波动比较大的公司最有可能对股票期权进行重新定价。

- 再赠予期权。实际上就是"非正式的间接再定价政策"，就是当公司股价不断跌至行权价的时候，不对已发行的股票期权再定价，而是对经理人追授更大量的期权以补偿其因股价下跌而导致的损失。

以上股票期权变形创新的思路都可以运用到其他股权激励模式中，创新出更多的变形股权激励模式。

（2）简单组合

根据企业的需求和自身特点从9种典型模式中选择几种进行组合也是股权激励设计中常用的思路。简单组合有两种做法：一种对同样的激励对象采用不同的模式进行组合；一种是针对高管层、核心骨干员工分别以不同的激励模式进行激励。

比如，一家公司要对经理人进行股权激励，老板想让经理人多分享一些利润，但控制权不能太分散，该公司就可以采用诸如"股票期权+岗位干股"的方式，授予经理人30万股的股票期权和20万股的岗位干股。这样，经理人就可以每年享有50万股的利润分红和30万股的表决权。

一家公司实施股权激励的对象有高管层和核心技术骨干，老板想对高管层实施长期捆绑，而对核心技术骨干主要是侧重利润分享。那么，就可以对高管层采用股票期权、期股、限制性股票、业绩股票等激励模式;对核心技术骨干采用干股、虚拟股票、股票增值权等激励模式。

我国上市公司中,在实施股权激励时采用组合模式最具代表性的是吴忠仪表(现名:银星能源)于 2000 年采用的股权激励方案。

【案例 8.8】吴忠仪表的组合激励模式 [①]

如图 8-3 所示,吴忠仪表于 2000 年 7 月采用了"股票期权 + 期股 + 员工持股"3 种模式的组合。吴忠仪表的股权激励计划已经过去 10 多年了,但是现在我们再来评价这个方案的时候,依然认为它是一个非常好的方案。为什么好呢?因为适合企业的实际。

	激励范围	激励效果	约束效果	现金流压力	市场风险
股票期权	主要是公司的中高层管理人员	一段时间后获得股票增值的收益及持股分红	激励对象可以根据市场情况选择是否行权	企业先购买二级市场股票,再转让给激励对象	二级市场股票价格变动较大,受外界影响较多
+ 期权	主要是公司的中高层管理人员	一段时间后获得股票增值的收益及持股分红	激励对象必须减少部分薪酬购买期股	企业使用国有股转让,不需要额外出资	用非流通股,以每股净资产计价,不受外界影响
+ 员工持股	公司大多数员工都可以参与这个计划	出资购买股份后即可享受股份分红等权益	员工持股组织成为股东,偏向于企业福利	国有股转让给员工持股组织,不需要出资	用非流通股,以每股净资产计价,不受外界影响
=	涵盖公司大多数员工	长期、短期激励性相结合	不同等级员工约束不同	企业基本不需要出资	除期权模式外不受影响

图 8-3 吴忠仪表多种激励模式组合的特点

---

① 资料来源:赵民,杨岚,杨洋.上市公司十大激励模式:哪款令你心动.21 世纪经济报道,2004-03-26.

在吴忠仪表的组合模式中，股票期权和期股的激励对象是企业的中高层，这是公司激励方案的重点。但是在吴忠仪表这样的国有企业中，如果只对管理层进行股权激励，就会引起管理层和员工之间利益不平衡的矛盾，而员工持股计划就是为了让管理层的股权激励计划能够顺利地实施下去。

股票期权和期股的激励对象都是管理层，其中期股由于马上需要掏钱购买股份，对经理人的约束较强，而且对企业没有现金流压力，使用的是非流通股转让，因此不受股票市场风险影响。在我国资本市场有效性较差的情况下，期股与股票期权相比，应是更优的选择。那为什么吴忠仪表对管理层的激励还要考虑期股和股票期权的结合呢？这里主要有两点考虑：首先，如果只采用期股激励，那么管理层获授的是非流通股，就存在激励股票流通性的问题，可能在很长时间内就不能兑现；其次，如果只使用期股激励，管理层有可能在公司股价大跌的情况下获得股权激励，那么公司中小股东的利益就没有办法和管理层的利益捆绑。利益得不到有效的保障，中小股东就会在股东大会上投出反对票，证监会就很可能不批准这个方案。吴忠仪表采用股票期权和期股的结合，既考虑了管理层的利益诉求，又考虑了中小股民的利益诉求，因此方案获批，而且实施效果很好。

（3）组合创新

组合创新是股权激励模式设计中最难、最复杂，也是最有意思的创新。具体做法是在股权激励模式设计中根据两种或两种以上股权激励模式的思路设计出一种新的股权激励模式，以适合企业的需要。

示例1：将股票期权和业绩股票的设计思路相结合，就可以创新出两种新的股票期权模式，即业绩加速股票期权和业绩生效股票期权。业绩加速股票期权指的是可以根据业绩改变期权生效期的股票期权，比如，经理人的行权等待期是3年，但是在这个时间内业绩能够达到约定业绩标准，就可以加速提前行权，否则就得等待3年。

业绩生效股票期权指的是根据业绩完成度来改变期权的行权数量。比如，授予经理人等待期3年的100万股股票期权，计划中约定3年后经理人的行权数量与公司的净利润增长率挂钩，3年平均净利润增长率不得低于20%，低于20%则不能行权；3年平均净利润增长率为20%~30%，经理人可以行权70万股；3年平均净利润增长率为30%~40%，经理人可以行权80万股；3年平均净利润增长率为40%~50%，经理人可以行权90万股；3年平均净利润增长率在50%以上，经理人可以行权100万股。

示例2：将限制性股票和期股的设计思路相结合，就可以创新出限制性期股的激励模式。干股做法是，比如，一家公司授予经理人40万股的期股计划，为期3年，经理人的持股比例与出资比例为4∶1，经理人先行出资10万元获得期股资格，然后3年中每年用利润分红回填的方式将其中的10万股期股转为实股。3年之后，将期股转为限制性股票，要求激励对象必须在公司继续工作3年后，40万股股份被激励对象真正持有，在此期间，经理人离职，公司有权收回股份，只退还经理人最初出资的10万元购股款。

示例3：将业绩股份和干股结合起来，就创造出岗位干股转业绩股份模式。具体做法是，比如授予总经理岗位的经理人50万股的岗位干股转业绩股份激励计划，头3年经理人只是享有50万股的干股，每年参与分红；3年中达到既定业绩标准的要求，在第4年的时候就可以将其中的30万股按照业绩股份转为真正的股份，另外20万股继续作为岗位干股参与分红。激励对象一旦不担任总经理职位的时候，30万股的股份按照合同约定进行处理，但是20万股的干股就被取消。

这样的组合创新示例可以一直列下去，就像用9块乐高可以根据自己的喜好拼装出各种各样形状的玩具，根据企业自身的需求和实际情况用9种模式的思路也可以组合创新出很多种激励模式。实践中的股权激励方案既简单又复杂，简单指的是基本上9种典型模式就囊括了所有的股权激励设计思路，复杂指的是要根据企业的实际情况设计出合适的方案是很不容易的。能否为企业设计出适合的组合创新模式，实际上也是判断一个股权激励专家、报酬顾问和咨询公司水平的重要判断标准。

下面的案例是我们给深圳的一家非上市的房地产公司做的股权激励方案，其中既有简单组合，又有组合创新的地方。

【案例 8.9】深圳福华地产的组合股权激励方案

深圳福华地产是一家非上市的有限责任公司，公司的股东比较单一，夫妻俩持股 100%。几年前公司在深圳龙岗储备了多块土地，2002 年开始对储备的土地进行开发，预计 3 年后就迎来一个较大的增长，净利润和净资产收益率的增长都会比较快。

为了留住公司原有人才和吸引更优秀的人才加盟，公司老板决定从总股本中拿出 10% 在未来 10 年内实施股权激励。下面的方案是我们在 2012 年 8 月为该公司制定的"期股 + 虚拟股份转业绩股份 + 业绩岗位干股 + 延期支付"的组合激励方式。

公司的激励对象是：

- 高管层，包括总经理、常务副总经理、副总经理、总经理助理等；
- 部门总监，包括部门总监（含副）、专业类总监（含副）、总工程师（含副）、总建筑师（含副）、总会计师等（含副）；
- 公司核心骨干人员，包括部门经理、高级专业经理、专业经理；
- 公司资深的优秀技术人员，包括业务部门的各类工程师，职能部门的会计师、审计师、律师、人力资源管理师、运营企管工程师及网络工程师等。

其中重点是对高管层的激励，方案采用期股激励，期股激励的要点是：

- 从公司总股本中的10%中抽取一定的比例（0.15%~0.5%）授予激励对象，并按授予期股占总股份的百分比乘以当年净资产为约定的购股价格，激励对象享受资产增值收益及其相应比例的分红权；

- 激励对象需出部分资金购买所得股份，所支付金额为所得股份的10%~20%，剩余部分按5年以递增的方式进行分红回填，其中第一、第二年可不需要进行分红回填，第三、第四、第五年则以剩余部分的20%、30%、50%的递增方式进行分红回填；

- 若当年所得分红不足以回填当年所应支付的资金额度，则缺口部分由相应的激励对象筹措资金补足；

- 5年分红回填结束后，期股转为实股，公司向工商部门申请股权结构变更，激励对象依法成为公司的股东；

- 在年度评优中获得优秀的员工，比例或额度每次上浮5%~20%，但股份的比例或额度最高不超过1%。

如果只对高管层实施股权激励，必然会引起公司内部的利益矛盾，因此公司还对中层管理人员和核心骨干员工制订了股权激励计划。其中，部门总监、高级专业经理、部门经理、专业经理及资深的优秀专业技术人员实行"虚拟股份转业绩股份"的激励方式，方案要点如下：

- 从公司总股本中的10%抽取一定数额的虚拟股份，逐步授予激励对象，被激励者不需出资，按其授予的份额享受分红权和资本增值收益部分；

- 激励对象须完成当年绩效考核指标任务的70%（含）以上，才可享受分红；完成指标低于70%的，则取消当年的分红权利；

- 激励对象从被授予虚拟股份之日起的5年内，至少3年完成绩效考核指标的70%以上的，才可获得购买"虚拟股份转业绩股份"的权利；

- 购买业绩股份的价格约定为当年（首次授予）净资产乘以授予的业绩股份占总股份的百分数，买送比例为：3次完成绩效考核指标70%以上的，买70%送30%；4次完成绩效考核指标70%以上的，买50%送50%；5次完成绩效考核指标70%以上的，买40%送60%；
- 每个激励对象购买的业绩股份比例最高不超过总股本的0.5%。

房地产项目公司的周期比较明显，在项目结束后公司的存续期也就结束了，因此对房地产项目公司的长期激励比较适合以现金为主的激励。为此，我们为项目公司总经理、副总经理、总监设计了"业绩岗位干股"的激励方式，项目部门经理及其他符合资格人员实行奖金"延期支付"的激励方式。

"业绩岗位干股＋延期支付"计划的要点如下：

- 从项目公司项目总股本（项目股权）中抽取一定数额的业绩岗位干股，分别授予项目总经理、副总经理及总监等，激励对象不需出资，按其授予的份额享受分红权；
- 只有完成当年业绩目标任务的70%以上，激励对象才可按所获得的干股份额享受项目分红；
- 当项目公司超额完成当年项目目标任务，每次超额部分都兑现为奖金，以"延期支付"的方式，在未来3年内等比发放，直至项目周期结束；
- 发放当年"延期支付"奖金的前提条件为完成当年年度项目目标任务的70%以上，否则取消当年的"延期支付"奖金，但不影响下一期的"延期支付"奖金，以此类推，直至项目周期结束；
- "延期支付"奖金的激励对象，除项目总经理、副总经理及总监之外，还包括项目公司部门经理及其他符合资格的人员，由项目公司总经理负责确定。

第 9 章
股权激励典型案例分析

9.1 慧聪的全员劳动股份制

9.2 联想干股转期权的演变

9.3 正泰的股权稀释之路

9.4 万科股权激励计划的成与败

9.5 TCL 的股权激励

9.6 广厦集团的按揭购股与反向持股计划

9.7 华为的虚拟股变革

第 8 章介绍了在我国上市和非上市公司中常用的 9 种典型股权激励模式，但 9 种模式是"死"的，本章选取了 7 个具有典型代表意义的案例进行分析，看一看我国的企业是如何将这些股权激励模式用"活"的。

对本章的内容需要关注两点：一是现实中的股权激励最优模式是如何设计出来的；二是股权激励是如何推进企业做强、做大的。本章选择的案例，都是真实的案例，其中一些公司，如联想、万科和正泰等已经是行业的领军企业，可能有些企业家会觉得自己的公司与这些大公司没有可比性。需要指出的是，案例给予我们的不是目前这些企业如何去做股权激励，而是从历史的、动态的角度去分析这些公司实施股权激励后是如何推动企业发展的。比如，联想的案例既讲述了 1993 年、1998 年的两次股权激励方案，当时的联想还很弱小，和现今众多中小企业的情况差不多，而正是这两次股权激励促进了联想的发展；同时也分析了联想控股配合 IPO 时的股权激励，以及联想控股和联想集团上市后配合市值管理和长期战略推出的股权激励。从这种角度去剖析案例，将会有更多的收获。

9.1 慧聪的全员劳动股份制 [1]

慧聪的案例有两个特点：首先，适合人力资本依附性较强、处于初创期和快速成长期的企业直接学习、模仿或借鉴；其次，该案例揭示了企业实施股权激励的根本原因，即寻找一种新的利益分配模式，也就是"财务资本＋人力资本"的分配模式，体现出对人力资本的尊重。

---

[1] 资料来源：(1) 杂志编辑部. 慧聪：全员劳动股份制 [J]. 商界·中国商业评论，2005(6)；(2) 郭凡生. 中国模式：家族企业成长纲要 [M]. 北京：北京大学出版社，2009.

慧聪公司成立于 1992 年，是国内信息服务行业的开创者和曾经的领军企业，近年来慧聪的商业模式有所转型，转向 B2B 和 B2C。从商业模式的角度来看，慧聪落后于马云的阿里巴巴。但是，慧聪的股权激励做得非常有特点，它的股权激励是建立在全员持有干股的基础上，再辅以真正股份的激励。慧聪的创始人郭凡生不一定是中国最成功的企业家，但他一定是对股权激励有着深刻理解的。

9.1.1 全员劳动股份制的实施

慧聪最早的主营业务是商情业，核心竞争力是人力资本，资金门槛比较低。对于这种类型的企业，从公司创业初期就应该考虑股权激励，否则将会面临大量的人员流失。

由于商业模式设计得当，慧聪在成立不久后就开始赚钱，丰厚的利润很快就让公司内部的一些人动了自立门户的心思。他们觉得自己辛辛苦苦为公司创造大量的价值，但是得到的却很少。加上慧聪当时也缺乏有效的制衡结构，关键业务掌握在几个人手里，没有制衡的结构也为后来公司内部危机埋下了隐患。没过多长时间，就有人打着"老板拿钱太多"的旗号，拉一批人出来自己成立了一个与慧聪一样的公司。这件事对郭凡生的震动极大，因为如果不把利益分配机制设计得当，公司不会有大的发展。于是，郭凡生设计了一个 70% 的全员劳动股份制，将这种新的利益分配模式写进了公司章程。

慧聪在公司章程中明确规定：每年企业利润的 15% 用于分红，其余全部作为发展基金。任何个人的分红不得超过企业总分红的 10%，股东的总分红不超过 30%，将 70% 的红利分给公司里所有不持股的正式员工，即年终分红时，不持股的员工的分红总额要远远大于所有股东分红。董事长郭凡生的持股达到 50%，按照规定他名下 40% 的分红连续 8 年分给了公司不持股的员工；占其余 50% 股份的股东，只能享受 20% 的分红。

这种利益分配模式从表面上看股东吃亏了，因为他们总共只能分到30%的红利，最吃亏的是大股东郭凡生，因为他占50%的股份，只能享有10%的分红。但是实际上笑到最后的一定是股东，笑得最开心的一定还是持股比例最多的郭凡生。

因为每年的分红，分掉的只是公司利润的15%，让出了15%可分配利润的大部分，却可以换来多数员工的支持。当时北京没有几家企业这样做，慧聪做了，不但留住了人才，而且还将竞争对手的人才吸引过来了。员工为了享受分红，都会加倍努力地工作，而实际上，85%的利润用于企业再发展，企业发展带来的资本增值部分依然掌握在股东手里，未来获得最大收益的依然是郭凡生。

当然，也不是所有的股东都能像郭凡生那样看得长远，刚推出70%的全员劳动股份制的时候，其他股东对这种新的利益分配制度没有任何感觉，都同意了。但是当第一年真正实施分红的时候，有些股东不愿意了。其中，一位股东对郭凡生说："你搞的股份制是假的，没有实行按股分配，我持有5%的股份，你只给我分1%，这不对。"

老郭的解释是："我说你那是20世纪资本的道理，我跟你讲的是知识的道理。按股分配是20世纪工业经济时代的分配模式，而我搞的是21世纪知识经济时代的分配模式。"一些股东被说服了，接受了这种新的利益分配模式。但也有一些股东离开了。有几位公司的高级经理和董事离开后，办起了自己的公司与慧聪竞争，他们的口号就是要"实现合理分配"，但结果他们的公司没有一家能赶上慧聪。

9.1.2 实施"买一送二"的配股计划

长期靠分红的方式是难以对高管层和核心骨干员工进行长期利益捆绑的。因此，1997年10月，在坚持实施全员劳动股份制的前提下，郭凡生按照慧聪净资产2 000万元针对北京慧聪的80多名主管以上管理人员进行配股,实行"买一送二"的股权激励计划。

配股计划的要点是:如果在3年之内激励对象离开公司,收回股份,退回本金;如果3年后离开公司,用本金的3倍价格回购股份;3年后离开公司,如果公司已经上市,员工的股票可以自由处置。

由于激励对象要掏一笔钱来买股,有一些人私下认为郭凡生"有钱不发,还让我们往里扔"。但是通过几年的分红,激励对象相信郭凡生不会亏待自己,于是纷纷将前几年分红所得从银行取出,购买了公司的股票。后面几年郭凡生又陆续对20多名新引进或新提拔的骨干进行了相同的股权激励,到2003年上市前,内部原始股东增加到126人。

郭凡生一直在为员工勾画着百万富翁的梦想。但在许多员工眼中,这不过是一个乌托邦,离开的员工曾抱怨他用这种方式骗人。但是,当2003年慧聪在香港创业板上市这一天,这个乌托邦终于变成了现实,这126名原始股东成为了百万富翁,他们在慧聪的平均工作年限是6年。郭凡生终于在12年后证明了自己的承诺,他终于理直气壮地说:"一个上市公司一下子创造了这么多的百万富翁是前无古人的,也许有的创造了几个亿万富翁,但创造的百万富翁绝对没有这么多的。好的企业制度把笨人变聪明,把懒人变勤奋。"

慧聪上市的时候有4 000多名员工,老板有126个,相当于一个老板带领40多名员工,在这种情况下,信息基本上是对称的,监督也比较容易,因此慧聪的公司治理问题比较少,而且管理成效也非常显著。

9.1.3 分支机构"20%:20%:60%"的分红制度

慧聪早期从事的是商情业,后转型做B2B、B2C,在这些行业中,很容易出现"叛军"的现象。高管人员跳槽出去自立门户和公司对着干,我们把他称为"叛将"，但如果他还带走下面的一批人，我们把这种现象称为"叛军"。在软件、培训、咨询、商情业、B2B、B2C等人力资本依附性强，而且资金门槛低的行业很容易出现叛军现象，尤其是在这些行业的异地分支机构中更容易出现这个问题。

慧聪有叛将但是没有叛军的出现，这不得不说是郭凡生在分支机构中实施劳动股份制的结果。

慧聪在30多个城市中都有分支机构，子公司的成立都是由北京总部全资控股，并调配人力物力尽快展开业务。当有了利润时，公司对子公司的劳动股份制是这样做的：总部控股，享受资本增值，干活的人拿干股。每年可分配的利润中，子公司的总经理拥有20%的干股，其他管理人员拥有20%，剩余60%归财务投资人总公司拥有。

但是，郭凡生认为，总公司作为财务投资人已经享受了资本增值部分，公司的价值增长和利润都是子公司的所有员工创造的，因此，只要子公司完成了年初总部下达的业绩指标，这60%的分红总公司不拿走，全部再分给当地不持股的员工。这个方案一举两得，既留住了员工，又为总公司创下美名。对于子公司不持股的正式员工来说，每年可获得可分配利润的60%，但这不是应得的，而是总公司对子公司员工满意而奖励的，第二年有没有，取决于自己的努力程度。子公司的员工努力，总公司对子公司创造的业绩满意了，就会将自己应得的60%奖励给员工。

应该说，这种做法实际上是将股权激励和中国人所讲究的"人情面子"结合起来，稳定了员工。对于员工来说，这60%不是子公司的总经理给的，而是总公司给的，大家欠着郭凡生的人情。这种制度设计就是慧聪有"叛将"而无"叛军"的原因。

当年慧聪广州和深圳子公司的老总，是郭凡生侄子的同学，很受郭凡生器重和重用。公司做大后，这个老总就自己在外面注册了一家公司，房子都租好了,想把手下的人拉到他的公司去。结果是,这些兄弟们不但没有一个人跟他走,而且郭凡生马上收到 100 多封电子邮件,知晓了所有事情。老郭立马赶赴广州和深圳,任命了一个新的老总,危机马上得到了平息。这种事情对于传统行业可能很容易做到,但是在人力资本依附性强、资金门槛低的行业中多年来没有"叛军"出现,这是一件很不容易的事情。这和郭凡生的魅力无关,起作用的是他设计的劳动股份制度。

9.1.4 对新的创业团队实施业绩股份计划

慧聪上市后,又支持内部创业,成功孵化了一些成功的公司,如红孩子、中搜网、校园网、中国制造网和爱宠网都是从慧聪成功孵化的,其中红孩子是慧聪的员工创办,郭凡生早期给予了资金支持;中搜网和校园网是在慧聪孵化,成功后采用 MBO 的方式从慧聪独立;中国制造网和爱宠网也是先在慧聪孵化。

郭凡生对创业团队非常支持,在创业团队的股权激励的力度上也是非常大的。以中国制造网为例,慧聪花 200 万港币购买了 madeinchina 的域名投到中国制造网,又从风险投资融进几百万美元。当中国制造网价值上亿的时候,郭凡生给了创业团队 40% 的创业股。按照业绩股份的思路给了经理人,经理人不用花钱买,但是业绩要达标,达到业绩要求,创业团队就可以得到 40% 的业绩股份;达不到,就什么也没有。

有人说郭凡生的这种做法很傻,创业团队一分钱不出,就可以得到 40% 真正的股份。但实际上他一点都不傻,因为慧聪所有的创业项目都是人力资本依附性很强的,如果慧聪创业 10 个项目,股份全部由慧聪所有,一个项目都不成功,慧聪得到的是零。给创业团队 40% 的业绩股份,只要成功一个项目,慧聪连本带利就全部收回了。

9.1.5 慧聪网上市后的购股权计划

在全员劳动股份制和"买一送二"配股计划的激励效应下,慧聪上下一心,鼓足干劲,终于在2003年成功登陆香港创业板,实现了126个原始股东变身百万富翁的造富神话。上市是慧聪的重要里程碑。上市前,慧聪的劳动股份制遵循着"资本+知识"的利益分配模式;上市后,慧聪依然秉承着劳动股份制的精髓,并根据不同发展阶段推出了新的股权激励方案。图9-1所示的是截止到2018年慧聪在上市前后做的股权激励。

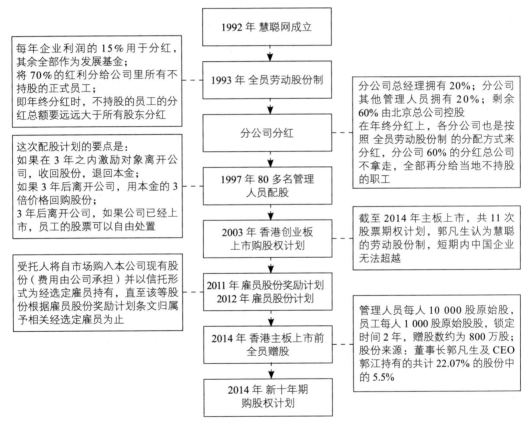

图 9-1　慧聪网的股权激励历程

2003年，慧聪通过了两项购股权计划，一个是首次公开发售前的购股权计划；另一个是上市后的购股权计划。所谓购股权计划，是股票期权计划在香港资本市场上的称呼，其本质和要素并无二致。为什么在上市前和刚上市初，慧聪要选择股票期权的激励模式？首先，上市并不是慧聪的终点，慧聪仍处于快速成长的发展阶段，此时公司业绩提高快、股价增长快，所以激励模式的选择要侧重于公司的成长性。而股票期权就是对症下药的模式，慧聪成长越快，受激励对象的收益就越高；其次，股票期权的内在特性是长期激励性强，对于上市首年的慧聪来讲，用长期利益捆绑和激励创业团队十分必要；然后，慧聪此时更需要激励的是高管层和核心骨干员工，使用股票期权可以让董事会分批授出购股权，从而有针对性地实施激励；最后，香港资本市场有效性较强，股价基本能反映公司的真实价值变化，这为股票期权模式的顺利实施提供了有利的市场环境。

从实施效果来看，股票期权帮助慧聪挺过了最艰难的日子。2006年，慧聪从纸媒体转型互联网，慧聪跌入低谷，股票从两元掉到了最低一毛五，不少人感叹：慧聪完了……郭凡生说："就在那时候，我们仍然给员工发了多次期权，并告诉我们的员工，慧聪还会创造比126个百万富翁更加辉煌的未来。"[①]

从2006年起的困境转型时期，慧聪网通过每年持续地授出购股权，对高管和核心员工进行激励，从而帮助慧聪在5年后顺利走出困境，并且成功在香港主板敲钟上市。郭凡生欣喜地在主板上市的庆祝邮件中说："今天，我们可以骄傲地告诉世人，从那时发放的11次期权的积累，至今仍然坚守下来的慧聪人，他们从11次期权中的获利总额已经超过20亿港币。我们又创造了一个坚守劳

---

① 郭凡生. 慧聪网全员持股：郭凡生赠送"叔叔的礼物". 中华网财经. http://finance.china.com/fin/kj/201410/08/7645415.html.

动股份制、发放 11 次期权的中国纪录，相信短期内不会有企业能够超越。"[1]

表 9-1　2004—2013 年慧聪网的购股权计划[2]

时间	授予对象	购股权数目	行权价
2004 年度	2 名执行董事、部分员工	26 000 000	2.4 港元
2006 年度	1 名执行董事、部分员工	10 000 000	1.49 港元
2007 年度	2 名执行董事、部分员工	23 000 000	1.24 港元
2008 年度	1 名执行董事、部分员工	14 600 000	0.604 港元
2010 年度	1 名执行董事、部分员工	33 800 000	0.82 港元
2011 年度	部分员工	3 000 000	1.108 港元
2013/4/3	1 名员工	1 500 000	4.402 港元
2013/11/18	部分员工	10 000 000	9.84 港元

2014 年主板上市后，慧聪原来的购股权计划予以终止，而已授出但尚未行使的购股权仍然有效。慧聪的特别股东大会又在 2015 年通过了新的购股权计划，激励额度为已发行股本的 10%。在成熟期的发展阶段，慧聪的购股权计划仍将是股权激励组合拳中的重要武器。

9.1.6　雇员股份奖励计划 + 雇员股份计划

2011 年，从困境中突围的慧聪网成功地在国内互联网 B2B 领域占据了一席之地，在国内工业品电子商务市场更是独占鳌头。从 2006 年决意转型开

---

[1] 郭凡生．慧聪网全员持股：郭凡生赠送"叔叔的礼物"．中华网财经．http://finance.china.com/fin/kj/201410/08/7645415.html
[2] 慧聪网．2014 年年报．联交所披露易．http://www.hkexnews.hk/listedco/listconews/SEHK/2015/0410/LTN201504101037_C.pdf．

始，郭凡生将 CEO 的职位交棒于他的侄子郭江，而自己只出任执行董事及董事会主席。董事会多次向郭江及他带领的高管团队授出购股权，极大激励了年轻的管理班子推动慧聪从纸媒体向互联网 B2B 的跨越式转型。而到了 2011 年，慧聪的转型已经成效初显。董事会为了继续激励高管团队和核心骨干，采纳了新的股权激励方案：雇员股份奖励计划。

所谓雇员股份奖励计划，是当选定的雇员达成董事会规定的授予业绩等条件时，由慧聪的专项信托将奖励股票按照规定的授予期赠予选定雇员。这些奖励股票是由慧聪出钱，然后委托专项的信托负责购买和持有。按照第 8 章的分类，雇员股份奖励计划属于限制性股票。与股票期权相比，限制性股票计划的区别在于激励对象在上市公司的角色更为关键，对于业绩考核的约束性更强，同时不会受到资本市场股价波动的影响。两者还有一个不同点，股票期权计划需要发行新的股份，而限制性股票通常由公司出钱从二级市场购买。

从 2011 年采纳雇员股份奖励计划以来，慧聪一共在 2011 年、2012 年和 2014 年多次授出奖励股份，其激励对象包括郭江等 3 位董事、李韬等 2 位高管和近 70 名关键人才。在授出之后，还需要经过 6~42 个月的时间经过考核后分批归属，这样就保证了激励对象在被授予奖励股份后仍受到业绩考核和工作时间的约束。需要注意的是，在这段时间内，郭江等被激励对象由信托持有的这些奖励股份是没有投票权的。

2012 年，慧聪在雇员股份奖励计划之外，还推出的新的激励计划——雇员股份计划。从名称上看，后者没有"奖励"两个字。实际情况也是如此，雇员股份计划目的是让核心管理人员持有合理的股份比例，从而共享利益和共担风险。它的做法是让核心管理人员掏真金白银来买慧聪的股份，所以它更紧密地捆绑了股东和管理层之间的利益，它的约束性相比购股权计划、雇员股份奖励计划要更强。那么它的激励性体现在哪里？原来慧聪董事会决定向 36 名选定核心管理人员提供他们自己出资额 2 倍的贷款，贷款期限 3 年，年利率仅 5 厘（0.5%）。这就意味着如果干得好，业绩提升快，股价提升显著，核心管理人员将获得3倍的股票差价收益，反之将承受3倍的损失。对于36名核心管理人员来讲，这份雇员股份计划既是短期巨大的财富激励，又是压在心头的沉重压力。而对于董事会和股东来讲，雇员股份计划是着眼于短期业绩提升的高效股权激励方案。

得益于雇员股份奖励计划和雇员股份计划的短期激励，慧聪的营收和净利连续多年保持稳健增长，这为慧聪登陆香港主板奠定了坚实的业绩基础。

9.1.7 主板上市时的全员赠股 [①]

2014年，慧聪获得港交所批准，将于10月10日在香港主板敲钟上市，这将是成立22年的慧聪又一个崭新的里程碑。

就在上市前两天，10月8日，慧聪全体员工收到了来自董事长郭凡生的一份邮件，标题为"一份来自叔叔的礼物"。

董事长郭凡生在邮件中写道："我和你们的CEO郭江还要送给大家一份礼物：凡今天在册的每一位慧聪员工，管理人员将收到每人10 000股原始股，一般员工每人1 000股原始股，锁定时间2年。这些股份以慧聪目前市值超过1亿港元。股份将从我和郭江的股份里划拨给大家。我们要成为中国互联网企业中第一家真正全员持股的公司，只要你是慧聪人，你就将成为慧聪的股东。"[②]

我们来看看慧聪老板全员赠股计划的关键要素：

首先，激励股份来源不是慧聪网，而是来自于董事长郭凡生和CEO郭江。他们从持有的22.07%股份中拿出5.5%的股份赠送给全体员工，赠股数约为800

---

① 资料来源：（1）老胡．慧聪网上市 让员工全员持股背后有何玄机．老胡说科技微信公众号．转引自360图书馆．http://www.360doc.com/content/14/1013/13/17466537_416543669.shtml；（2）郭凡生．慧聪网全员持股：郭凡生赠送"叔叔的礼物"．中华网财经．http://finance.china.com/fin/kj/201410/08/7645415.html.

② 郭凡生．慧聪网全员持股：郭凡生赠送"叔叔的礼物"．中华网财经．http://finance.china.com/fin/kj/201410/08/7645415.html.

万股。从自己口袋里拿出 1/4 赠送给全体员工，这样慷慨的老板并不多见。

其次，虽然全员赠股是种普遍的激励，但郭凡生仍旧为其加上了锁定期 2 年的弱约束，以此保障主板上市后经营队伍的稳定性。

最后，揣摩郭凡生和郭江全员赠股的用意，要结合慧聪的行业特性和发展阶段来看。第一，慧聪一直是人力资本依附性较高的企业，慧聪的创业、创业板上市、转型 B2B 和主板上市都离不开人才；第二，慧聪从创业到上市用了 11 年，从香港创业板到主板又用了 11 年，22 年历史的慧聪廉颇老矣。在创业疲劳已然出现的时候，来自老板的全员赠股是一份直接有效而又实实在在的激励。

在邮件的最后，郭凡生写道："请大家相信，慧聪网一定会继续坚持伟大的劳动股份制制度，两三年后也一定能再创奇迹。未来的几年里，你们不但能够拿到此次赠送的零成本的股票，优秀的员工还将拿到多次期权，我相信，第三次的梦想成真就在不远。"①

9.1.8　评价与启示

慧聪的具体做法并不适宜大范围内推广，但是它所表现出来的"按资分配 + 按知分配"模式中，把资本定量化的、按照知识的能力去分配的方式恰恰是股权激励的核心思想。慧聪的做法体现了对人力资本的尊重，郭凡生算是把人琢磨透了，他能抗拒"马上当富翁"的诱惑，所以经过不到十年的时间，就成了中国商情业的老大。

郭凡生之所以在创业初期用 70% 的劳动股份制进行全员激励，主要原因是慧聪所处的商情业竞争激烈，进入门槛低，业绩对人力资本的依赖性较强。对于慧聪来说，最重要的资本不是财务资本，而是人力资本，因此郭凡生这

---

①　郭凡生. 慧聪网全员持股：郭凡生赠送 "叔叔的礼物". 中华网财经. http://finance.china.com/fin/kj/201410/08/7645415.html.

种按照"资本+知识"的分配模式是一个非常符合实际的创新。

这时采用干股而不是真正股份激励的原因主要有四个方面的考虑：第一，处于控制权方面的考虑。创业初期如果实施真正的股权激励，必然导致控制权分散，不利于后续的股权融资安排。而实施劳动股份制，不影响公司控制权，这对于郭凡生对慧聪的掌控是很重要的。因为大股东控制企业对初创期的企业非常重要。第二，出于员工风险承受能力的考虑。当时股权激励是一个新生事物，直接要求员工出资购买股份，可能会超过员工的风险承受能力。第三，出于员工出资能力的考虑。跟随郭凡生创业的骨干员工大都刚走出校门，没有出资能力。第四，企业现金流充足，而且每年分配的只是利润的15%，其余85%投入企业再发展，不影响企业的内部融资安排。

为什么1997年公司要按照净资产2 000万元针对北京慧聪的80多名主管以上管理人员进行配股，实行"买一送二"？此时公司已经进入成长期，而且这些员工多年分红也积累了不少资金，实行实股激励计划的条件已经可行。劳动股份制这种干股模式的约束性毕竟比较弱，这样做的目的就是通过股权激励增加对骨干员工的约束性，同时也是为了公司上市做股份改造的准备。

慧聪的适用范围有限，对人力资本依附性较高、对技术人员和专业人员比较依赖的高科技企业、咨询公司、律师事务所、专利事务所、建筑师事务所以及一些金融机构（如信托、私募），比较有借鉴意义。但是郭凡生在慧聪的做法回答了为什么要做股权激励这样一个重要的问题：因为企业只有坚持"资本+知识"的利益分配模式，才有可能可持续的、健康的发展。

在香港创业板上市后，慧聪在互联网浪潮的冲击下，原本的纸媒体业务模式难以为继，转型迫在眉睫。此时，郭凡生推出了大力度的股票期权激励计划，新发行10%的股份激励高管和核心员工。危机之下，股票期权激励计划配合着B2B的商业模式转型，使一度沦为仙股的慧聪起死回生。

2011年，从困境中突围的慧聪网有了新的目标：冲刺香港主板，为此推出了 3 年期的雇员股份奖励计划和雇员股份计划。前者对业绩考核和行权时间进行约束，后者用真金白银和 3 倍的资金杠杆来强力捆绑 36 名核心管理人员。这份组合方案在激励性上有的放矢，有免费的奖励股份，还有"员工出资 + 公司提供 2 倍贷款"带来的 300% 的差价收益。在约束性上考虑全面，有业绩考核、行权安排，有激励对象自己的出资，还有资本市场的股价表现。

2014 年，稳扎稳打的慧聪网如愿登陆香港主板。董事长郭凡生和侄子郭江拿出自己的 1/4 股份赠送给全体员工，成为中国互联网企业中第一家真正全员持股的公司。上市前，郭凡生在"劳动股份制"的多年实践中，秉承"按资分配 + 按知分配"的思想，做到了纸媒体商情业的老大。上市后，郭凡生用"劳动股份制"的精髓，结合资本市场的股权激励制度设计，先后推出两期购股权计划、一份组合激励方案和全员赠股计划，帮助慧聪网实现了商业模式的跨越式转型，奠定了资本市场的新里程碑。慧聪的典型案例表明：企业要实现可持续的、健康的发展，坚持"资本 + 知识"的利益分配模式至关重要。

9.2 联想干股转期权的演变 [①]

联想的股权激励方案中有两点是值得注意的：第一，股权激励并不是一个具体的方案，而是一个系统工程，在企业不同发展阶段采用的股权激励模式是不同的。而且，股权激励方案解决了企业当时的问题，运行一段时间，又会形成新的问题，这时又需制定新的股权激励方案，联想的股权激励中一个亮点就是解决了股权激励的上述问题。第二，联想案例的最大亮点就是在激

[①] 资料来源：(1) 杂志编辑部. 联想：尊老爱幼的股权安排 [J]. 商界·中国商业评论，2005(6)；(2) 郑凌云. 基于两种不同产权类型的民营科技企业股权激励 [J]. 发展经济学论坛，2005(1).

励对象的选择时考虑了 3 种人，即创业元老、现有高管和核心骨干、未来人才。尤其是对未来人才的考虑是我国很多企业在进行股权激励时所忽略而导致很多问题的一个关键，而联想解决得非常好。

图 9-2 所示的是联想控股和联想集团上市前后实施的股权激励。

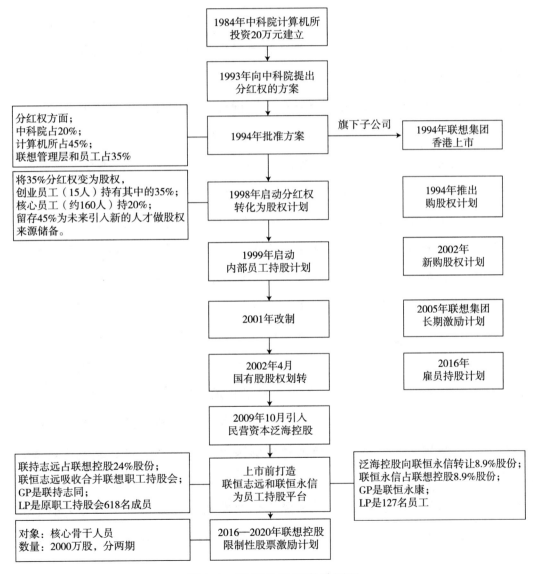

图 9-2　联想的股权激励历程

9.2.1 干股分红模式

联想的前身是1984年11月柳传志带领中科院计算所的11名员工创业，由计算所在海淀区注册成立的中科院计算所新技术发展公司，成立伊始注册资金100万元，计算所实际注入资金20万元和两间平房。

而在第二年，联想就上交计算所100万元的利润，从投资的角度来看，计算所的投资成本就已经收回了。曾经有传闻说，中科院的领导打算让柳传志等创业员工实施MBO，将联想改制为民营企业，但是被柳传志拒绝了，柳传志说他在中国做企业只做国有企业。但是柳传志向中科院的领导提出在产权100%属于国家的情况下，希望能有一个灵活的营运机制。以中科院院长周光召为核心的决策层做出了当时能做的最开明的举措：将企业人事权、财务权、决策权交给企业。所以，从产权的角度来分析，联想是国有民营企业，这种产权属性的企业在我国绝不多见，这也是联想能成功的关键所在。

当年，柳传志创办联想的时候，清华大学的一些老师正在创办同方和紫光，北京大学的一些老师也正在创办方正和青鸟。官方解释，校办企业和院办企业的目的是为了促进科技成果的转化。这也许是目的之一，但是不可否认的是，这些企业的创始人从象牙塔走向市场，无疑是我国资本市场的先知先觉者，将企业做上市，实现个人和企业的价值最大化是这些创始人的一个共同目的。而要实现这个目的，就得为自己和团队争取到股权激励。

但是，一旦产权属性是"国有"，股权激励就会比较麻烦。民营企业要做股权激励，只要老板想通了，马上就可以实施。但是对国有企业来讲，当企业运行得比较顺利的时候，是没有人敢轻易同意实施股权激励的，因为这很容易涉及国有资产流失问题。一定要等企业发展出现问题，但经理人有信心克服困难，这时提出做股权激励反而让领导觉得经理人有担当，方案容易得到批准。

柳传志等这样的机会，一等就是10年。

1993年，联想迎来了第一个瓶颈：第一次没有完成既定的目标，产品库存严重积压。柳传志正经历着联想有史以来最严重的危机。

柳传志分析了问题，认为主要原因是决策层能力的问题。当时联想的决策层是跟随柳传志创业的元老，由于知识和精力限制，已经跟不上企业的发展，而需要把杨元庆和郭为等年轻人提拔起来。实践证明柳传志的判断和决策都是对的，这些需要退下来的老同志没有到退休年龄，只是退居二线。对于当初为联想贡献了青春和精力的创业元老，非常愿意并支持将年轻人推到领导岗位上去，他们也希望联想的事业能有更快更好的发展。但要求老同志无声无息地退出舞台，对他们来说是很委屈的。

柳传志在这样的契机下，向中科院的领导提出了在联想实施股权激励的想法。在领导的支持下，联想实施了干股分红激励方案。在每年的可分配利润中，中科院占20%，计算所占45%，联想集团的管理层和员工占其余35%。

方案设计中，兼顾了各方的利益诉求，使得方案的实施获得了较好的效果。代表国有资产的中科院和计算所享受到所有的资本增值，并且占有利润分红的65%，这种国家拿大头的做法给改革营造了一个安全的外部环境。

这对于联想管理层的新老更迭是一个非常重要的政策支持。分红权的实施将退下来的老同志和刚提拔的新人的利益捆绑起来，使得原来官居要职的老同志自愿退下来，而且愿意用自己的资源扶持新人上马。

但是，激励对象获得的是分红权，并不是真正的股份。这也是在当时的政策环境下的变通方案，当时的国有企业是典型的所有者缺位、多头管理。联想的出资人是中科院计算所，当时国有资产的股权属于国资局管理，中科院没有关于股份分配的决策权，只有利润分配权。如果要动真正的股份，事情就会变得非常复杂，时间也会拖得比较长，因此，联想在1993年就先行实施了干股分红的做法。

为了将分红权变成真正的股份，柳传志又等了 6 年。

9.2.2 分红权变认股权

1997 年，柳传志将北京联想的资产装入上市公司香港联想公司。1998 年，联想更名为联想控股，并成为香港联想（今天的联想集团）的最大股东。同时，关于联想员工持股会拥有的分红权转变为股权的计划也开始实施。联想这次股权改革就是将员工持股会所拥有的 35% 的分红权变为认股权。

认股权是香港的说法，也就是我们内地所说的股票期权。1999 年，联想的认股权计划中最有特点的就是对"金手铐""金台阶"和"金色降落伞"的安排。

35% 的分红权中的 35% 用于激励老员工，总共有 15 人，这些人主要是 1984 年、1985 年创业时的骨干；35% 中的 20% 用于激励核心员工，约 160 人，他们主要是 1988 年 6 月 1 日以前的老员工；35% 中的 45% 用来激励未来的骨干员工。

年轻人在这次分配股份中只得到很少的部分，当时联想最高决策层 6 人中，有 3 人属于第一种人，有 1 人属于第二种人，杨元庆和郭为两位少帅都属于第三种人，但那本来也不是他们创造的。他们有未来，有大把的机会，现在和将来联想创造的财富，属于他们，他们将在未来几年的分配中从留给未来人才的 45% 中获得自己的股份。

9.2.3 有限合伙的员工持股平台[①]

2000 年，由北京市体改办牵头，科技部、中科院、财政部四家联合讨论

[①] 马永斌. 控制权安排与争夺 [M]. 北京：清华大学出版社，2019:1-2.

通过了联想控股的股份制改造的方案。于是，联想创业元老、核心骨干和未来人才手中的认股权变成了货真价实的股份，这些共计35%的股份由职工持股会持有，如图9-3所示。

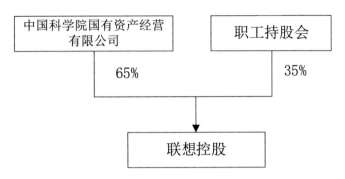

图 9-3　2000年联想控股股权结构

随着联想规模和人才队伍的壮大，创业初的股权激励和职工持股会的形式已不合时宜，联想控股迫切需要建设长效的激励机制，需要与现代化的公司治理机制接轨。

但联想控股仍需面对国有企业股权激励的尴尬处境，此时柳传志想出了一个巧妙的办法——引入战略投资者。2009年，柳传志的老朋友卢志强的泛海控股通过股权受让了大股东国科控股（中科院国有资产经营公司）手中29%的股份，成为联想控股的长期战略投资者。

2010年，柳传志出任董事长后，制定了中期战略：联想控股奔着上市的目标前进。要冲击上市，一方面，联想控股必须下功夫优化好自己的股权结构；另一方面，联想控股需要借道泛海，共同建立长效的激励机制。

2010年，联持志远吸收合并联想控股职工持股会，用有限合伙的形式取代工会，作为联想新的员工持股平台。

2011年底，泛海控股和联想控股互相配合。泛海控股以协议方式转让9.6%的股权给柳传志、朱立南、陈绍鹏、唐旭东、宁旻五位自然人，这五人都是执行委员会成员。而联持志远通过协议方式分别转让 9.5% 和 1.5% 的股权给泛海控股和自然人黄少康。

2012 年,泛海控股向联恒永信转让 8.9% 的股权。联恒永信是联想控股的第二个员工持股平台。

从 2010 年到 2012 年联想控股的动作来看,核心内容是建立长效激励机制,并借此完善股权结构。主要的手段是:巧妙借道泛海控股,通过股权转让,成立有限合伙形式的员工持股平台。这样的方式有效解决了国有企业员工持股的障碍,既灵活又合规。

2015 年,联想控股计划在香港上市。全球配售以后,联想控股的股权结构如图 9-4 所示:

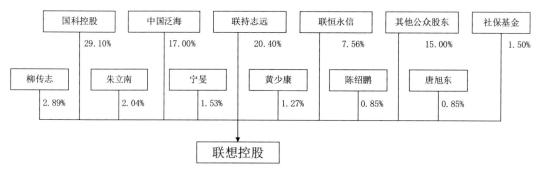

图 9-4 2015 年联想控股股权结构 ①

从控制权安排的角度看,管理层通过"自然人持股 + 有限合伙"的组合,实现控制权杠杆和股权激励的效果。在自然人股东中,除黄少康外,柳传志、朱立南等五位都是联想控股的执行董事,合计持有 8.16% 的股权。另外,管理层通过联持志远和联恒永信两个员工持股平台持有股份。其中,联持志远占 20.4%,普通合伙人是联持志同,有限合伙人是原职工持股会 618 名成员;

---

① 我们的股权架构. 联想控股全球发售文件. 联交所披露易. http://www.hkexnews.hk/listedco/listconews/SEHK/2015/0616/LTN20150616020_C.pdf.

联恒永信占 7.56%，普通合伙人是联恒永康，有限合伙人是 127 名员工。如图 9-5 和图 9-6 所示：

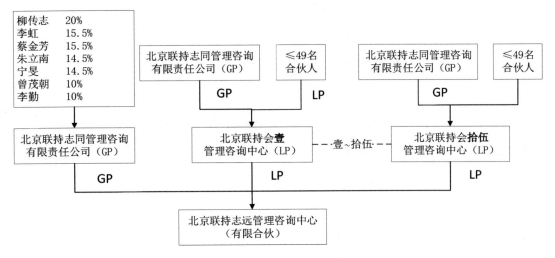

图 9-5 联持志远股权结构

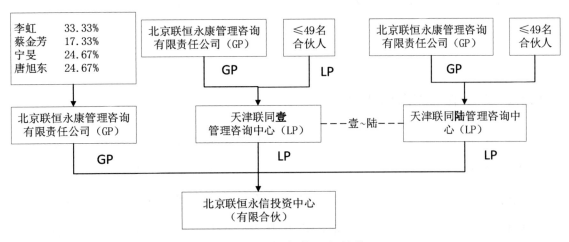

图 9-6 联恒永信股权结构

联持志远和联恒永信采用了相似的有限合伙结构。以联持志远为例，分为上下两层有限合伙。在上层有限合伙中，联持志同是普通合伙人，不超过 49

名的员工是有限合伙人。在下层有限合伙中，联持志同仍是普通合伙人，"联持会壹"到"联持会拾伍"是有限合伙人。这样做的好处是，未来联想控股的股权激励，都可以在联持志远和联恒永信这两个有限合伙的员工持股平台中进行，这样就保障了股权激励的长效性。

此外，实际由管理层控制的两个员工持股平台，也增强了股权激励的稳定性。

因为普通合伙人（GP）在有限合伙结构中是管理人，拥有经营控制权。所以联想控股的两个员工持股平台实际由联持志同和联恒永康分别管理。如果再往上追溯，可以发现这两个普通合伙人背后的控制人是联想的管理层。对于以柳传志为核心的管理层来说，采用有限合伙的形式，除了保障员工持股计划的顺利进行，还可以用较少的资金控制两个员工持股平台，进而加强对联想控股的掌控。通过"自然人持股 + 有限合伙"的组合安排，联想管理层合计拥有 36.12% 的表决权。而国科控股和中国泛海分别持有 29.1% 和 17%。

9.2.4　限制性股票激励计划

2015 年，柳传志在香港敲响了联想控股上市的钟声，实现了 2010 年定下的中期战略目标。

2016 年，为了充分调动公司核心骨干和广大员工积极性，吸引和保留核心价值创造者，联想控股推出限制性股票激励计划。该计划的激励对象是联想控股的关键人才，激励额度为总股本的 1%，由联想控股出资委托信托从 H 股购买，然后无偿授予关键人才。当然，在行权时需要分批，在 2018 年归属 50%，在 2020 年最终归属剩余的部分。

联想控股制定的这份限制性股票激励计划，对被激励对象的约束体现在行权的安排上，只有干满 5 年时间，才能拿走全部激励股份。结合联想控股刚上市的背景，可以看出"金手铐"是主要目的，用激励股份捆绑住核心骨干的工作年限，避免在上市成功后就选择功成身退。而 1% 的激励额度恰到好处，既符合该方案的偏激励性和弱约束性，又不损害股东利益和未来骨干员工激励股份的预留。

5 年的时间，足够柳传志和联想控股培养新一批的优秀职业经理人和核心骨干。届时，联想控股必定会推出新的股权激励计划，为未来骨干员工打造成长的"金台阶"。

9.2.5 联想集团的股权激励

"联想"在香港证券市场有两家上市公司——联想集团和联想控股，前者是以联想电脑为核心业务的科技公司，后者是柳传志在 2000 年后着力打造的多元投资控股公司。本案例前五节的内容涉及了早期柳传志在联想集团的创业史，但在股权层面，皆在联想控股的范畴内。而在 1994 年香港上市的联想集团，是联想控股旗下的标杆企业，是"联想"的立家之本和核心资产，其股权激励方案颇具代表性。同时，柳传志在联想集团倾注了大量的心血，不仅体现在培养接班人杨元庆，还包括再度出山挽救联想集团的败局，所以联想集团的股权激励方案是另一面展现柳传志公司治理智慧的镜子。从这些角度上讲，研究联想集团的股权激励方案意义深远。

与联想控股类似，联想集团的特点是在企业发展的不同阶段采用不同的股权激励模式。

（1）1994—2001 年，快速成长期，旧购股权计划

1994 年上市的主体是香港联想，后于 1997 年和北京联想合并，实现联想集团的整体上市。在这个阶段，联想集团处于快速成长期，发展迅速的联想

未来增值空间巨大。但公司的现金都用在研发投入和生产线的扩张上了,很难有富余的现金奖励给关键人才,所以在高速成长期的阶段,首选的长期激励方式就是股票期权。另外,侧重成长性的股票期权能带给被激励的关键人才最大的收益,实现最强的长期激励效果。

通过旧购股权计划,联想集团一共向关键人才授出9.4%的认股权。而联想集团经过近十年的快速成长期,登顶国内PC市场冠军。同期股价急剧增长,在2000年进入香港恒生指数成份股,成为香港旗舰型的高科技股。[①]

(2)2002—2010年,发展期,新购股权计划+长期激励计划

2001年,柳传志的少帅杨元庆出任联想集团的CEO。而联想集团也从快速成长期步入发展期,在内涵式增长之外,需要寻找更多外延式增长的良机。在这个阶段,联想集团历经起伏,从收购IBM PC业务时的风光无限,到金融危机后陷入亏损泥潭,急得年已65岁的柳传志再度出山。到2011年,在柳传志和杨元庆等管理团队的努力下,联想集团成功止住颓势,重回利润增长的轨道。联想集团的组合股权激励方案,在这个时期起到了重要的作用。

首先是新购股权计划,它是接替旧购股权计划的新方案。当时的背景是,杨元庆出任了联想集团的CEO,而柳传志已经打算逐步从联想集团的管理班子中淡出,投身于联想控股的新事业。那么对于新的以杨元庆为核心的管理班子,自然要有新的股权激励计划。所以,新购股权计划应运而生。

到了2005年,联想集团处于收购IBM PC业务后的整合阶段,富有海外经验的外籍高管取代杨元庆出任了CEO。在关键的整合阶段,管理团队的稳定性非常重要,所以联想集团推出了长期股权激励计划。该计划包含两种股份奖励方式:股份增值权和受限制股份单位。前者要求管理团队得到资本市场的认可,后者要求管理团队创造更好的业绩,这正是和股东利益进行紧密

---

① 联想公司历史. 联想集团官网. http://appserver.lenovo.com.cn/About/history2005_2000.html.

捆绑的体现。

（3）2011年—，成熟期，管理层持股＋雇员持股计划

2011年，随着在PC领域耕耘20年的联想步入成熟期，柳传志也安心地交棒于杨元庆，转而奋战联想控股的IPO新征程。在辞任董事会主席时，接棒的杨元庆同时接过了沉甸甸的8%的股份。这一大笔股份来自联想控股，是柳传志的意思。柳传志对此非常支持，他说："杨元庆希望有个舞台能够让他成为联想真正的主人。"[①]

这笔8%的股份，对于杨元庆意义非凡。首先，杨元庆原来的角色是经理人，但通过8%的股份受让，成为联想集团第二大股东和最大自然人股东，实现了真正的归属感；其次，这是一种压力，不仅体现在自筹的资金压力上，还包括带领联想集团前行的责任和使命。"联想真正的主人"是对杨元庆最好的激励。

2016年，联想集团新推出一项普遍性的股权激励方案——雇员持股计划。该计划出台的背景是，在中国新兴科技企业的亮丽对比之下，增长乏力的联想集团面临士气低落的情况。为了提振士气，联想集团决定对一般员工出资每购买4股普通股就配赠1股相应的受限制股份单位，在2年内完成该受限制股份单位的归属。有针对性的是，董事及高管将不被允许参与该计划。

9.2.6 评价与启示

在联想的股权激励安排里，既包含着均衡原则，又有制约因素。均衡从大方面来讲，是在当时历史条件下国家、集体、个人都能接受和认可的一种利益分配形式。据说有这样一个插曲，同联想一起申请改制的还有3家企业，但是经过主管部门审查后只有联想的方案获得批准，同时，科学院有几百家企业，

[①] 李志刚.改变 Hard Choice（上）.彭博商业周刊中文版.http://read.bbwc.cn/NC8zOi81MDA6.html.

也仅有联想被推荐进行试点。这都说明这个改革方案是获得国家和集体认可的。

从制约的角度来看,第二次股权激励以产权的形式固化了创业者的利益,仅仅有中科院领导的认可是远远不够的,否则因为人事变动原因会带来分配权的变动,不利于公司的长远发展,这也是第一次股权激励使用分红权最大的隐患。

从微观角度考虑,均衡原则是充分考虑到了老、中、青三代人的贡献和价值回报之间的公正。联想认股权方案兼顾了企业的过去、现在和未来,既妥善地解决了创始人员的历史贡献问题(35%的认股权授予创业元老),又恰当考虑了当前企业发展的需要(20%授予现有核心员工),重点期待的是企业的未来发展(45%留存给企业未来人才)。

联想认股权计划中35%∶20%∶45%的分配比例是最大亮点所在。对创业元老授予35%的认股权是"金色降落伞"和"金手铐"的混合体,包括了退居二线的创业元老,也包括当时如日中天的柳传志和马雪征等人,给以创业元老35%的认股权,是对他们价值的承认,让退居二线的老同志能够心甘情愿地退下来;现有核心员工得到20%的认股权,其作用相当于给予核心员工一副"金手铐",将他们的利益和企业的利益长期捆绑起来;留存45%的认股权授予未来人才,实际上是给未来人才设计了成长的"金台阶"。

在整个分配方案中,现有核心骨干只获授20%,少不少?答案是不少。因为在留存的45%认股权中,既包括留给未来联想新引进的人才;也包括当时在联想,已获得很少一部分认股权的激励对象;或本次尚未成为激励对象的三种人,他们只要在未来发展中,凭借个人努力,为联想创造更多的价值,就可以从45%留存认股权中获授更多的股份。

在具体的股权激励实践中,很多企业并没有注意到这个问题的重要性。往往是将股权激励看作是静态的、一次性的解决方案,一般能考虑到"金手铐"的作用(针对现有高管层和核心骨干员工的激励约束),对于"金色降落伞"的作用(针对创业元老"安全退出"的激励)就不是所有公司都能考虑到的,而大多数公司都忽略了设计成长"金台阶"的作用（为未来人才留存股份）。

导致的结果是，当对现有高管人员和核心员工进行股权激励后，解决了企业现有的问题。但是没过几年，原来的高管层和核心骨干员工已经不适应企业的发展了。而且其中有一些人离开了公司，一些人失去了原来的位置，但他们已经得到了股份，变成了股东。而新引进或新提拔的高管却没有股份，这就会成为企业发展的新障碍。当然，这种情况下，大股东可以再次进行股权激励，但会导致股权进一步稀释，削弱大股东对企业的控制权。

因此，最好的解决办法就是在最初制定股权激励方案的时候，将股权激励设计成动态的过程，激励对象一定要考虑3种人，即"金色降落伞"、"金手铐"和"金台阶"，尤其重要的是"金台阶"——为未来人才预留激励股份。这一点对于非上市公司尤其重要。

非上市公司要奔向IPO，就要不断发展壮大，这离不开长效股权激励机制的建设。联想控股在长效股权激励机制的建设上卓有成效。2000年，伴随着分红权到产权的转变，职工持股会成为创业早期股权激励方案的载体。此后10年，柳传志做了两个至关重要的决策：引入战略投资者和建立员工持股平台。前者是为了在国有控股的体制下争取更多激励股份的空间，后者是为了健全现代化和规范化的持股机制，为后续上市做准备。引入战略股东泛海控股是一步盘活全局的好棋，不仅优化了联想控股的股权结构，还让柳传志的激励制度设计进退有余。

于是，在战略投资者泛海控股的配合下，联想控股用有限合伙的联持志远吸收合并了职工持股会，用泛海转让的8.9%的股份建立了新的员工持股平台——联恒永信，用联持志远和泛海交换的股份实现了管理层对联想控股的直接持股。同时，联想控股在两个员工持股平台的内部设计中，用双层的有限合伙既突破了50人的激励人数限制，又保证了管理层对员工持股平台的有效控制。在2015年上市前，联想控股顺利实现了"管理层直接持股＋两个双层有限合伙的员工持股平台"的长效激励机制。

由于上市前长效激励机制的建立，上市后的联想控股仅需补足短期激励。为此，联想控股推出了限制性股票激励计划，用"金手铐"留住冲刺 IPO 的一批"功臣"。

上市较早的子公司联想集团在股权激励上也是匠心独运。与联想控股相似，联想集团在企业发展的不同阶段制订了不同的股权激励计划。在快速成长期，联想集团采用激励性较强的股票期权计划；在稳定发展期，采取"期权＋股份增值权＋受限制股份单位"的组合激励方案；在成熟期，采取"管理层大比例持股＋雇员持股"的方案。目前的联想集团形成了以杨元庆为金字塔顶部的多层次股权激励体系。

9.3　正泰的股权稀释之路[①]

这里指的正泰，不是上市公司正泰电器，而是其母公司正泰集团。正泰集团的案例需要关注三点：第一，最值得学习的是正泰的股权稀释之路，实际上也就是中国民营企业和家族企业的股份制之路；第二，案例揭示了一个客观规律：公司治理是动态的机制，当公司出问题时，我们用相应方法解决后，必然推进公司的快速发展，但过了一个阶段后又会出现新问题，又需要用相应的方法解决，推动企业发展；第三，看到正泰的不足之处，2003 年南存辉第二次推出的岗位激励股某种意义上是被迫的，是对 1996—1998 年股权激励

[①]　资料来源:(1) 郑凌云. 基于两种不同产权类型的民营科技企业股权激励 [J]. 发展经济学论坛 ,2005(1); (2) 正泰公司网站；(3) 张余华. 家族企业发展进程及治理模式研究 [M]. 武汉：华中科技大学出版社，2006(3):194-201；(4) 李霄峰. 正泰电器：三次股权稀释成就南存辉梦想. 浙商网，2010 年 1 月 7 日；(5) 其他互联网资料。

中没有考虑到"金台阶"问题的补救。

南存辉在温州绝对可以算是一个另类。温州的企业大部分是家庭作坊式发展而来，老板往往就是唯一的股东，几乎没有人愿意接受股份制的形式，更不愿外人拥有自己公司的股份。但是，在正泰的成长过程中，正是南存辉的3次"稀释"股权，才使得正泰成为低压电器开关行业的龙头老大。

图9-7所示的是正泰集团和正泰电器股权稀释和股权激励的历程。

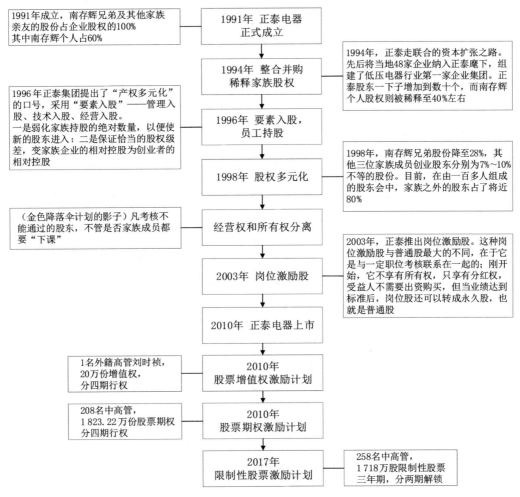

图9-7 正泰集团和正泰电器的股权激励历程

9.3.1　第一次股权稀释：家族股权稀释个人股权

在创办正泰之前，1984年南存辉（修鞋匠出身）和小学同学胡成中（裁缝出身）曾经合作创办求精开关厂。1991年，两人因经营思路和价值观不同，将求精开关厂一分为二，南存辉拿到属于自己的100万元资产，挣到了他人生的第一桶金，同时也积累了创业和管理的经验。

在南氏家族中，有不少人都在柳市镇开办"前店后坊"式的低压电器厂，或是专门做电器销售的。他们有一定的生产、管理和销售能力与经验，并且积累了一些资本，但是单打独斗力量毕竟有限。而且最为重要的是，南存辉看中了家族成员的团结一致——"人和"！

因此，南存辉作了一次重要的决定：将家族的力量整合起来形成合力。他从妻兄黄李益处融资15万美元成立中美合资温州正泰电器有限公司，黄李益的融资名为投资，实为借款。接着弟弟南存飞、外甥朱信敏、妹夫吴炳池和林黎明等纷纷加入，南存辉完成了家族增资扩股，组建了典型的家族企业，南存辉100%的股份被稀释为60%，其余家族成员占剩余的40%。

家族的股份结构对于正泰的起步起到了至关重要的作用，企业的决策层和管理层都是家族成员，家族成员是企业的中坚力量，而且不用付工资，在年底根据股份分红，这对于正泰的现金流是很重要的。

凭着家族式的股权结构和优势，正泰的发展跃上了一个新台阶，到1993年，正泰的年销售收入达到5 000多万元，成为了当时温州市低压电器开关行业中的佼佼者。

9.3.2　第二次股权稀释：社会资本稀释家族股权

温州柳市镇是中国低压电器开关之乡，在当年的温州，像正泰这样的企业有几十家,大家都没有什么技术含量,主要就是做 OEM 和产品的模仿。做 OEM 和产品的模仿,能否拿到订单比的不是谁的技术好、产品好,比的是谁的价格低。因此,市场竞争非常无序。如果不整合的话,大家都是死路一条。

在这种背景下,南存辉走了一条整合并购之路。

当正泰品牌效应出来了,许多当地的企业都想要贴牌。1994 年年初,38 家柳市镇的企业给正泰贴牌生产,正泰收取 1% 的品牌费和少许的管理费,这对于处于恶性竞争中的柳市镇企业来说无疑是一个福音,但是,很快贴牌生产的弊端就显现出来,由于大家只是贴牌生产,都有独立的法人资格,很难管理,质量也无法得到保证。

南存辉根据这种情况,直接对加盟的 48 家企业进行股权改造。通过出让正泰的股份,控股、参股或者投资其他企业,正泰以品牌为纽带,以股权为手段,完成了对 48 家企业的兼并联合。

1994 年 2 月,正泰集团成立,成为低压电器开关行业的第一家企业集团,正泰的股东一下子增加到 40 多个,而南存辉个人的股份也下降到 40% 左右。南存辉的这种颇不为人理解的做法带来的结果是:正泰公司整合了大量的社会资本,净资产从大约 400 万元飙升至 5 000 万元,南存辉个人的财富也在 3 年间增加了近 20 倍。

南存辉的第二次股权稀释整合了社会资源和社会资本,提高了正泰的市场议价能力,正泰得到很大发展。到 1998 年,正泰集团已经初步形成了低压电器、输配电设备、仪器仪表等支柱产业,资产也达到了 8 亿元的规模。此时的南存辉才放出话来,宣称正泰完成了由家族企业向企业集团的转变。

然而此时,正泰集团从本质意义上讲,还是一个家族性企业:整个企业核心权力依然集中在南氏家族手中。

9.3.3　第三次股权稀释：知识资本稀释家族股权

在正泰完成整合并购之外，一个新的矛盾出现了。在并购重组过程中，并购很简单，但是重组却很难。南存辉的整合并购促进了正泰的快速发展，但是在1996年的时候，正泰面临着重组后遗症的问题，即创业元老和新进股东之间的矛盾。

追随南存辉创业的兄弟们最开始可能没有奢望能从南氏家族中获得股份，但是在1994年中，一些自己看不起的竞争对手都被南存辉吸收进正泰成为自己的老板，这些创业元老的心理落差很大。

这对于南存辉又是一个新的考验：如何将这些创业元老留住，并且更多、更好地吸纳和利用外来优秀人才？

以南存辉为首的南氏家族在考虑多方利益主体的情况下，毅然决定弱化南氏家族的股权绝对数，吸收新的非家族股东。1996年，南存辉提出了"股权配送，要素入股"的股权激励方案。南存辉对家族控制的集团公司核心层（即低压电器主业）进行股份制改造，把家族核心利益让出来，并在集团内推行股权配送制度，将最优良的资本配送给企业最为优秀的人才。

所谓"要素入股"，就是指"管理入股、技术入股和经营入股"。也就是主要针对管理岗位、技术研发岗位和销售岗位的管理人员和核心骨干员工实施股权激励，只要满足一定的业绩考核就能得到股权激励。一方面是为了弱化家族持股的绝对数量，以便使新的股东进入；另一方面是为了保证恰当的股权级差，变家族企业的相对控股为创业者的相对控股。

此次股权激励到1998年做完，南存辉的股份比例降至28%，南存飞、朱信敏、吴炳池和林黎明分别持有6%~10%的股份份额。伴随着南氏家族成员股份的稀释，一大批管理和技术人员开始成为股东。

在集团120个股东中，家族之外的股东占了将近80%。在这些非家族成员的股东中,80%是在集团发展过程中,带着有形资产于1994年加入正泰而成为股东的;另外20%则是因为是骨干,或者对公司做出了巨大贡献,在1996—1998年获得股权激励成为股东的。

这次股权稀释,南存辉所看重的不再是资金,而是另一种对企业发展更为重要的资本——"人力资本"。一大批技术专家和管理、经营精英人员所起的作用越来越大,家族中坚与核心的作用被逐渐淡化。

9.3.4 经营权和所有权分离

应该说,南存辉通过股权激励将正泰从一个家族企业变成了一个由创业者相对控股的公司,解决了公司的重组问题,正泰的生产力得到巨大的释放。2001年,正泰的工业总产值实现61.77亿元,销售收入为60.55亿元。这样的企业对于股东的投资回报无疑是比较可观的。

正泰的股东都具有双重身份,既是所有者,又是经营者。收入也是来自两个方面,既打工挣钱,又在年底获得利润分红。由于企业做得比较好,利润比较丰厚,利润分红成为他们主要的收入来源,这就容易出现创业疲劳症的问题。

由于股东有100多个,自己少干点,无非是工资奖金收入少一些,但是不影响最后的总收入,因为大部分收入来源于利润分红,多干和少干拿得都差不多,积极性反而持续不了多长时间。如果只有一个股东这么想,没什么问题,但是在股权比较分散的公司这种想法就会像传染病那样蔓延开来,新的"大锅饭"思想就会形成。

这时候,南存辉做了正泰发展史上最难的一步,即推出严格的绩效考核和岗位聘任制度:不管是大股东,还是小股东,不管是家族成员,还是创业元老,如果考核不合格都要从现有岗位退下来,退下来的只是管理者身份,而所有者身份是保留的。

这次调整实际上是利益分配的一次合理调整，不再适合担任管理岗位的股东不能参与管理，但是他们对正泰的历史贡献通过股东的所有权和控制权体现，新引进的管理层和核心骨干员工按照职业经理人的待遇给予激励。

通过这次组织变革，正泰实现了企业所有权与经营权的分离。在正泰高层经营领导层中，多数已不再是家族成员，集团下属各子公司的老总，也几乎是家族外人员。这是正泰发展历程中最深刻的一场战略变革，体现了南存辉等人的胸襟和胆量，也体现了南存辉对家族外人员的充分信任。

9.3.5 股份分成两段：岗位激励股

但是，新的问题又出现了。原来的一些股东从重要岗位上"下课"了，不再担任要职或离开公司，但他们依然是股东，每年都有分红；但新引进管理层由于不是股东，无法享有剩余索取权。

为了解决这种矛盾，南存辉对这些非持股的管理人员进行了股权激励。2003年，正泰推出岗位激励股，解决激励与约束不对称问题。这种岗位激励股与普通股最大的不同在于，它是与一定职位考核联系在一起的；刚开始，它不享有所有权，只享有分红权，激励对象不需要出资购买，但当业绩达到标准后，岗位股还可以转成永久股，也就是普通股。

这种股权激励模式实际上是干股和期权的一种组合模式，头几年获得的是分红权，但是几年后如果业绩考核达到要求，就可以转为永久股，从而享受到资本增值部分，激励力度是比较大的。

南存辉对自己实施岗位激励股的评价是："把股份分成两段，股份制将变得灵活起来，股东疲劳症将得到很大缓解。"当然，由于这一次的股权激励是未来弥补上一次股权激励带来的问题，南存辉家族成员的股份再次被稀释。

9.3.6 上市的目的

南存辉认为，企业做大了，不再是属于个人的，最终还是属于社会。而企业发展到一定时候，上市是永续经营的必经之路。

从1996年开始，正泰就按照规范的股份公司制进行改造，1997年7月，正泰集团第一家股份制企业——浙江正泰电器股份有限公司成立，2000年进入上市辅导期，2010年1月21日，浙江正泰电器股份有限公司在上海证券交易所挂牌上市。

我国一些上市公司为了圈钱而上市，但是南存辉的目的不是圈钱。对于正泰为什么上市这个问题，他认为，当企业发展到一定规模的时候，上市是必需的，而正泰上市不是完全为了融资，关键是以上市的要求，来规范自己的经营行为，提升企业的核心竞争力。

南存辉的这种说法并不全面，如果企业只是为了规范发展，而不是为了融资，那上市绝对不是一个明智的选择，自己管自己不是挺好吗，为什么非要找个"婆婆"来管自己？

从南存辉多次回答记者的一个问题，我们可以看出正泰上市的目的。在上市前，有记者多次问南存辉："在正泰即将上市的公司中，南氏家族会掌握多少股权？"南存辉说："5%就足够了。"

如果南存辉家族真的在上市公司减持到5%的股份，我们基本上可以说他的上市目的更主要的是为了家族企业的代际传承问题。

中国早一些的民营企业、家族企业已经到了交接班的时候，一些企业，如方太、娃哈哈等公司已经将企业交给了第二代，但是更多的企业的第二代不愿接班,那么企业交给谁呢?南存辉今天走的路实际上就是国外许多家族企业如福特曾经走过的路,将公司有选择地逐步上市,上市后将部分资本套现,最后传给孩子的一部分是钱,一部分是公司的股票,而公司的经营管理传给市场,传给职业经理人。

9.3.7 上市后正泰电器的股权激励[①]

2010年,正泰电器在A股顺利上市。作为正泰集团的核心控股公司,2010年两者之间的关系如图9-8所示。

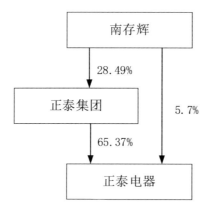

图 9-8 2010年正泰电器的控制权结构图[②]

[①] 资料来源:(1)正泰电器.股票期权激励计划(草案修订稿).巨潮资讯网. http://www.cninfo.com.cn/cninfo-new/disclosure/sse/bulletin_detail/true/59371945?announceTime=2011-04-30%2006:33;(2)正泰电器.股票增值权激励计划(草案修订稿).巨潮资讯网. http://www.cninfo.com.cn/cninfo-new/disclosure/sse/bulletin_detail/true/59371944?announceTime=2011-04-30%2006:33;(3)正泰电器.2017年限制性股票激励计划(草案修订稿).巨潮资讯网. http://www.cninfo.com.cn/cninfo-new/disclosure/sse/bulletin_detail/true/1203537793?announceTime=2017-05-19。

[②] 正泰电器.2010年年度报告.巨潮资讯网. http://www.cninfo.com.cn/cninfo-new/disclosure/sse/bulletin_detail/true/59297224?announceTime=2011-04-20%2006:30。

南存辉个人直接持有正泰电器 5% 的股权，通过正泰集团间接控制 65.37% 的股权，仍牢牢掌握着正泰电器。

正泰电器上市一年后，针对经理人和中层管理者制订了股权激励计划。一份是股票期权计划，激励对象是包含董事、总裁和中层管理人员在内的 208 人。正泰电器定向发行总股本 1.81% 的股份，在 2 年的行权等待期后，按照绩效考核达标情况分四期行权。另外，正泰电器还预留了授出股票期权总数的 10%，用来奖励新引进及晋升的中高管，这是吸取了 2003 年岗位激励股的经验教训。

在正泰电器的管理层中，有一名外籍高管刘时祯。由于同期相关政策法规规定，非中国籍的高级管理人员，不能纳入股票期权激励计划的激励对象中，所以刘时祯得不到股票期权的激励。但刘时祯在正泰电器担任董事和副总裁，对于公司的经营和发展功不可没。于是，爱才惜才的南存辉专门为外籍高管刘时祯制订了一份股票增值权的股权激励计划。

股份增值权是一种虚拟的股票期权，被激励对象不实际买卖股票，而是在行权期获得由公司支付的行权价格与兑付价格之间的差额。它的市值是股票期权的现金结算，参与股票期权的中国籍中高管获得的是行权后的股票，而外籍高管刘时祯获得的是结算差额后的现金。除此之外，行权价格、条件和时间安排等标准都与股权期权计划一致。

从 2010 年到 2015 年，正泰电器这两份股权激励计划成效显著，4 个行权期都符合了行权的绩效考核条件，如表 9-2 所示。

表 9-2　正泰电器四个行权期的主要行权条件[①]

行权期	净资产收益率（%）	净利润（亿元）	营业收入（亿元）
第一个行权期标准	10	7.08	63.91
2012 年实际	22.91	11.48	107.03
第二个行权期标准	10	7.79	70.30
2013 年实际	29.57	14.65	119.57
第三个行权期标准	10	8.57	77.33
2014 年实际	30.63	17.45	127.67
第四个行权期标准	10	9.42	85.06
2015 年实际	25.17	16.64	120.26

2016 年，随着 2010 年股权激励计划的到期，正泰电器紧接着推出了新的计划——限制性股票激励计划。

此次计划定位于成长"金台阶"，在 258 名激励对象中，除 4 名董事、高管外，其余 254 位都是中层管理人员和核心技术人员，是正泰电器战略实施和经营发展的核心力量。值得一提的是，在 2010 年获得股份增值权计划的外籍高管刘时祯仍在这次被激励对象范围内，并且被授予了最高的 40 万份限制性股票，体现出 2010 年股权激励计划所起到的留才"金手铐"作用。

与 2010 年计划不同的是，本次限制性股票激励计划的短期激励性更强，体现在：（1）授予价格为公告前一个交易日的 50.77%，相当于打 5 折，而 2010 年是 30 日的平均收盘价；（2）3 年有效期，后 2 年分两次解锁，每次解锁 50%，而 2010 年的有限期为 7 年，行权需分 4 期才能完成。

与短期激励性更强相对应的，是更高的业绩约束性。此前的计划约定

---

① 资料来源：正泰电器. 股票期权激励计划（草案修订稿）. 巨潮资讯网. http://www.cninfo.com.cn/cninfo-new/disclosure/sse/bulletin_detail/true/59371945?announceTime=2011-04-30%2006:33.

2015年净利润目标为9.42亿元，而此次的计划直接要求2017年和2018年净利润不低于24亿元和26.2亿元，相比两年前高出一倍有余。

相比2010年计划更完善的地方是，在公司业绩考核的同时，还提出了对激励员工的个人绩效考核目标，明确规定了考核结果不合格的员工，将不具备解锁限制性股票的资格。当然，如果在是否"合格"上进一步加入一套可量化的个人绩效考核体系，那么新的股权激励计划将更透明和规范。

9.3.8 评价与启示

正泰是中国家族企业股权稀释的样本，正泰的股权稀释之路也是中国家族企业的股份制之路。在正泰集团，董事长南存辉的股权每做出重大调整之日，也就是正泰发展战略将发生重大变化之时，同时也意味着这家企业获得了超速发展的推动力，南存辉的4次股权稀释以及上市的目的完全证明了这一点。

以上讨论的只是正泰股权稀释之路中关于股份变化的主线，光有股权的稀释企业是不会成功的，还需要在融资结构、公司治理、管控模式、控制权安排等诸方面同时布局，才有可能使得股权稀释之路真正成为股份制之路。在并购重组和股权激励等股权稀释过程中，南存辉还同时健全了公司的治理结构、完善了风险管控模式、引入了战略投资者，使得正泰沿着健康的公司治理之路一直前行。

1998年，南存辉在顺利进行产权制度改革的同时，集团又进行股份制的治理改造。正泰拥有一个由120个股东组成的股东大会，在此基础上建立了健全的董事会和监事会，形成了董事会、股东会、监事会三会制衡、三权并立机制，初步形成了以公司总部为投资中心、以专业总公司为利润中心、以基层生产公司为成本中心的"母子公司管理体制"。

2005年2月14日，正泰集团与世界上最大的多元化企业——美国通用电气（GE）公司联手，合资新建总投资586万美元的"通用正泰（温州）电器有限公司"。替外国公司代工，或者直接被并购，这是中国制造企业近10年来不断与外国制造业巨头碰撞中所遭遇的命运，作为产品核心标志的商标，往往牢牢地控制在外资公司的手里，其中多数情况下是合作后，外资公司商标全面"覆盖"本土商标。可是，此次与正泰的合作却以"联合商标"的形式出现，标志着正泰已站到了一个更高的国际市场平台上。借助通用电气公司世界一流的制造技术、管理水平和强大的海外渠道，与自己拥有丰富的本地市场经验和市场营销网络资源形成优势互补，将会有助于正泰集团努力追求产品升级、开拓海外市场，在全球高档低压电器市场赢得更大的发展空间。

另外，需要特别指出的是，南存辉在股权不断被稀释的过程中对控制权的安排也是值得家族企业和民营企业的老板学习的。虽然其股权一再被稀释，但南存辉断然坚守着两条底线：其第一大股东的地位岿然不动；同时，作为企业的核心层，南氏家族对集团的控制也岿然不动。

9.4 万科股权激励计划的成与败[①]

万科限制性股票激励计划的"成"指的是，万科首期（2006—2008）限制性股票激励计划使得万科成为第一家推行将考核与公司市值水平挂钩的股权激励方案的上市公司。万科的激励方案曾经备受学者和报酬专家的称誉，他们一致认为，鉴于万科股权激励计划是在该公司达成一定业绩目标的前提

[①] 资料来源：(1) 雷李平.万科2008年度股权激励无奈中止.21世纪经济报道，2009-05-27；(2) 丁艳芳.万科股权激励计划宣告收场，王石近亿元"泡汤".上海青年报，2010-01-05；(3) 罗三秀.万科股权激励两次终止，高门槛是激励失败主因.证券日报，2010-01-06；(4) 陶勇.万科股权激励泡汤不易[J].商界·中国商业评论，2010(2)；(5) 王冰凝.万科三年股权激励两次失败，或欲减速求稳.华夏时报，2010-01-08；(6) 万科终止高管股权激励计划，王石"飞"走5000万.长沙晚报，2010-01-06。

下，通过信托管理方式，在特定的期间购入其流通 A 股，经过储备期和等待期，并且在其股价不低于前一年均价的情况下，才可以将购入的股票奖励给管理层，由此可见，万科的股权激励方案是以股东的财富增长为目的，以公司的业绩水平为保障，以前一年股价的均值作为考核基准，避免受到股价短期波动的影响，从而使股权激励这种促进企业内部增长的工具，更加合理地发挥作用。

万科限制性股票激励计划的"败"指的是，2006 年万科推出的 3 年股权激励计划中，除 2006 年的激励计划在 2008 年 9 月 11 日完成实施以外，2007 年、2008 年度激励计划在公司会计指标增长但股票价格未达标的情况下均终止实施。那么，是什么原因使得备受赞誉的万科激励方案未能成功实施呢？

2010 年沿袭首期思路的股票期权激励计划，是一份各方共赢的、堪称教科书般标准的方案。

但 2010 年经济利润奖金制度的出台以及 2014 年的事业合伙人计划、项目跟投制度，经理人获利颇丰；但从本质上看，却损害了股东的利益，而且存在信息披露违规、决策程序违规、涉嫌操纵股价等问题。

9.4.1 限制性股票激励计划的方案要点

基本设计思路：预提激励基金，委托信托机构于当年购入万科流通 A 股股票，在年度股东大会通过的当年年度报告及经审计财务报告的基础上，确定万科是否达到业绩标准、当年净利润净增加额以及按股票激励计划规定可提取的比例，以此确定该年度激励计划的有效性以及激励基金数额并根据预提和实际的差异追加买入股票或部分出售股票。等待期结束后，在万科 A 股股价符合指定股价条件下，信托机构在规定期限内将该年度激励计划项下的信托财产过户至激励对象个人名下，其中股票以非交易过户方式归入激励对象的个人账户。

激励对象是：在万科受薪的董事会和监事会成员、高级管理人员、中层管理人员、由总经理提名的业务骨干和卓越贡献人员。对激励对象的选择，公司不是以职务级别来决定，而是以对公司贡献而定。

年度激励基金提取的业绩指标：每一年度激励基金提取以万科净利润增长率、净资产收益率、每股收益增长率作为业绩考核指标，其启动的条件具体为：

- 年净利润（NP）增长率超过15%；
- 全面摊薄的年净资产收益率（ROE）超过12%；
- 万科如采用向社会公众增发股份方式或向原有股东配售股份，当年每股收益（EPS）增长率超过10%；
- 除此之外的情形（如采用定向增发方式实施重大资产购并、换股、引进战略投资者，配售转债和股票衍生品种等）则不受此限制。

年度激励基金的提取额度：每一年度激励基金以当年净利润净增加额为基数，根据净利润增长率确定提取比例，在一定幅度内提取。详情如下：

- 当净利润增长率超过15%但不超过30%时，以净利润增长率为提取百分比，以净利润净增加额为提取基数，计提当年度激励基金；
- 当净利润增长比例超过30%时，以30%为提取百分比，以净利润净增加额为提取基数，计提当年度激励基金；
- 计提的激励基金不超过当年净利润的10%；
- 在业绩等条件未达到设定指标的情况下，不能提取激励基金。

万科控制权发生变更的特殊安排：万科控制权发生变更，控制权变更前的半数以上法定高级管理人员在控制权变更之日起的三十日内有权书面要求将信托财产立刻全部归属。当该要求提出时，与万科股票激励计划关于控制权发生变更时的特殊安排相冲突的其他关于信托财产归属的条款立即失效。

行权条件：激励基金启动之后，最终是否能获得激励股票还要看公司股价的变化，即 T+1 年的股价要高于 T 年，才能由信托机构将用激励基金买来的股票授予激励对象。但股价本身常有波动，有时候也会下跌。于是，方案中又添了一个补充归属期。即如果 2007 年的股价低于 2006 年，还会给管理层 1 年的时间；如果 2008 年的股价能够高于 2006 年，就可以把股票补充归属给激励对象。由于万科的股权激励与股价挂钩，考虑到二级市场投资者的收益，因此在计划推出之初颇受好评。

以上就是万科制定的首期股权激励方案的主要内容，在 2006 年至 2008 年 3 年内实行。最后的实施结果是：三年激励两次失败。

9.4.2 三年激励两次失败

由于万科 2006 年的业绩以及 2007 年的股价表现均符合要求，2008 年 9 月，万科的相关管理团队顺利获得 6 144.737 万股万科 A 股。其中，董事长王石和总裁郁亮分别获得 522.7 065 万股、366.286 万股，占当年股权激励股份总数的 9.39% 和 6.58%。

按规定，要拿到 2007 年的激励份额，只要 2008 年和 2009 年中任何一年的复权年均价高于 2007 年即可。尽管 2009 年 A 股市场气势如虹，深证成指翻了个倍，万科在上半年也大幅反弹，但下半年地产板块整体停滞不前。根据统计，2009 年万科复权后的年均价为 25.35 元，2008 年为 25.79 元，均低于 2007 年时的 33.66 元，因而 2007 年的激励股票也打了水漂。这一次，王石不见了逾 437 万股，按当时的股价测算，市值是 4 600 多万元。

2008年,在次贷危机的影响下,万科全年的净利润出现了倒退,2008年的股权激励自然拿不到手。尽管万科预提的激励基金已经在2008年里买入6 092.58万股股票,但这一计划还是在2009年4月被叫停,这部分股票被出售后还给了公司。按照王石在2006年获得激励股份的比例测算,这次王石"飞"走的股份达到572万股,市值近5 000万元。

由于2007年和2008年两个年度业绩"考卷"未达及格标准,万科于2006年发起的股权激励计划曾惹得无数人眼红,但2010年1月5日却不得不宣告尴尬收尾。万科正式发布公告:2008年度激励计划由于业绩考核指标未能达成,已于公司2008年度股东大会后终止实施;2007年度激励计划虽达成了业绩考核指标条件,但对应限制性股票能否归属激励对象取决于相关股价考核指标能否达成。而2009年万科A股每日收盘价的向后复权年均价已经确定,低于2007年同口径股价,2007年度激励计划的股价考核条件未能达成,该年度激励计划确认终止实施。

9.4.3 首期限制性股票激励计划的评价与启示

销售业绩一直是万科引以为傲的方面,但这次股权激励计划宣告失败,竟然也与其"辉煌"的业绩直接相关。2010年1月6日,万科发布的销售情况公告显示,在2009年万科全年实现销售额634.2亿元,销售面积663.6万平方米,同比分别上升32.5%和19.1%。

股权激励计划的失败,表面的原因是万科为这份股权激励计划制定了苛刻的行权条件。但就2006年正处于高速发展阶段的万科,当时的高层拟定的这份计划比较合理,符合万科当时的发展态势。

根据资料显示,2006年万科制定的这份股权激励计划中,对公司业绩和未来3年公司的股价均有较高要求,重要考量指标主要包括:公司在扣除非经常性损益后年净利润要比上一年增长15%；净资产收益率至少达到12%以上；同时行权时，股价要高于上一年的均价等。

在2006年，高速发展的万科达到了激励计划的全部要求，并实施了首次年度股权激励计划，2008年9月11日完成实施，万科激励基金总计计提约3.15亿元。

万科在2007年、2008年所表现出的增速放缓，似乎是隐藏在苛刻的行权条件表象下激励失败的更深层次原因。那两年，万科虽然业绩仍然呈现增长趋势，但增速放缓，业绩明升暗降，从其股权激励计划的两年度落败也可以看出，公司发展的放缓实际上是出乎了万科高层的计划之外，王石及决策层对企业未来盈利前景和成长性判断的偏差是这份"完美"计划流产的主要原因。

作为房地产企业的标杆，万科的股权激励计划在众多上市公司中也是一把参考的标尺。在业绩考核和股价考核的"双重把关"下，万科的股权激励方案最终实施率仅为1/3，激励对象要拿到激励的股份并不容易。实际上，我国大多数上市公司的股权激励计划在对"业绩"挂钩时并未对"股价"提出要求。只要业绩达标了，个人绩效考核合格，就能获得股权激励了。万科的激励计划中会计业绩决定着是否启动激励，而股价决定着是否兑现激励股票。这种安排体现了为中小投资者利益着想的理念，是受到证监会肯定和中小股民认可的，这种严格的绩效考核在我国上市公司的股权激励中是不多见的。

然而，股价是容易受到外部不可控因素影响的。在万科的股权激励计划实施过程中，遇上了2008年的全球金融危机，再加上房地产调控的影响，万科2008年、2009年的股价不可能高于2007年的股价，这是万科股权激励计划失败的主要外部原因。

但这种局面并不是完全不能避免的，在激励计划设计之初，如果股价指标是用同行业相对业绩评价来进行修正的话，就有可能避免最后这样的结局。

9.4.4　2010年股票期权激励计划

2010年初,首期限制性股权激励计划以"三年激励两年失败"的结果尴尬收尾。究其原因,既有严苛的业绩和股价双重考核的行权条件,也有王石及决策层对企业未来盈利前景和成长性判断的偏差。

2010年末,万科董事会制订了新一期的股权激励计划。那么董事会是否会吸取前车之鉴,对激励方案作出调整?我们从方案的设计要点着手分析。

最直接的改变是模式,从限制性股票调整为股票期权。这导致多个因素的变化:一是股票期权来源于公司的定向发行,而首期计划是用激励基金委托信托从二级市场购买;二是收益来源上,股票期权是差价收益,而首期计划是无偿授予的形式;三是对股价的考核,股票期权自带对股价的软性约束,股价越高,管理层的激励收益越高。

我们知道,在万科A的首期限制性股票激励计划中,对股价给出了硬性的考核标准:T+1年的股价要高于T年。这是首期方案最后三年激励两年失败的主要外部原因。而现在新方案是把硬性的考核标准变为软性的约束,其核心目的没有变,仍旧是牢牢捆绑着管理层和股东们的利益。经营干得好,市值管理做得好,管理层和股东们就能同步地获益。

除了对股价考核标准的调整,万科还微调了业绩指标的标准。

净利润增长率和全面摊薄的净资产收益率仍作为主要的两个指标。不同的是,首期计划对净利润增长率的要求每年增长15%以上,而新方案是以2010年的净利润为基准,后3年比2010年增长20%、45%、75%。如果把第二个方案折算为年均复合增长率,那么要达到20.5%的每年增长才能完成三期目标。从业绩指标考核上看,是更加严格了。

此外,这样改变还有一个原因:避免管理层的短期行为。因为规定了每年净利润同比增长的目标,管理层可能会为了后两年的行权,有意地降低第一年净利润增长的基数，这样就能降低后两年业绩考核的难度。而新方案就没有这样的问题，以 2010 年为基准，不管 2011 年业绩如何，都不影响 2012 和 2013 年的业绩考核。这给了管理层自由的施展空间，避免了由于考核机制设计带来的短期行为。

最后，新方案激励对象依然定位于中高管，王石和郁亮两人仍以 6% 和 5% 的激励比例占据榜首。总结来讲，万科的股票期权新方案设计进步巨大，变硬性的股价考核为软性的股票期权，同时提高业绩指标考核要求，通过微调避免管理层的短期行为。从实际行权效果来看，2011 年、2012 年和 2013 年三个行权期的行权条件都顺利达成。单看业绩的话，万科 A 越发出色。

9.4.5　从经济利润奖金制度到事业合伙人计划[①]

2010 年，在新制定股票期权激励计划的同期，万科还调整了整体薪酬体系，引入基于 EP（经济利润）作为考核指标的经济利润奖金制度，形成固定薪酬、销售奖、年度利润奖和经济利润奖金相结合的完善的薪酬结构体系，如图 9-9 所示。

这个经济利润奖金制度是如何操作的？

公司以 EP 为业绩考核指标，从中按照固定比例提取或扣减经济利润奖金，然后在制定的奖金账户中完成当年的调整。每年按照 40% 的比例提取用于发放的奖金。用于发放的奖金分为两部分：一部分作为集体奖金递延支取，另一部分是个人奖金，当期领取。递延支取的集体奖金委托第三方机构进行管理，并获取投资收益。

[①]　资源来源：万科 A.2010—2016 年度报告.巨潮资讯网.http://www.cninfo.com.cn/information/companyinfo_n.html?fulltext?szmb000002．

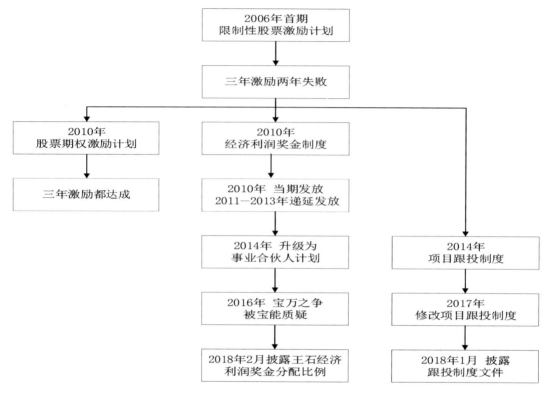

图 9-9 万科 A 的股权激励历程

对于 EP 如何界定和考核、计提比例、个人奖金比例等细节，万科并未明确披露。不过从每年披露的经济利润奖金和归属母净利润的比值计算，我们可以大致推算出计提比例。表 9-3 告诉我们，2010—2015 年，万科逐步增加对经济利润奖金的计提力度，所以被激励的中高级管理人员越来越受益于公司利润的增长。

表 9-3 万科经济利润奖金总额与归属于上市公司股东的净利润的比值[①]

时间	计提的经济利润奖金（亿元）	归属于上市公司股东的净利润（亿元）	比值（%）
2010 年	1.05	72.83	1.44
2011 年	2.61	158.06	1.65
2012 年	4.37	125.51	3.48
2013 年	5.59	151.19	3.70
2014 年	7.637	157.5	4.85
2015 年	9.769	181.2	5.39
2016 年	10.51	210.2	5.00

2013 年，万科对经济利润奖金制度进行了微调。根据当年年报披露，经济利润奖金制度以集团当年实现的经济利润为基数，按固定比例 10% 确定经济利润奖金额度。其中担任董事、监事、高级管理人员的奖励对象，该项奖金须全部递延发放。

2014 年 5 月，万科以经济利润奖金制度为基础，将其升级为事业合伙人持股计划。首批 1 320 名事业合伙人签署《授权委托与承诺书》，将其在公司经济利润奖金集体奖金账户中的全部权益，委托给盈安合伙（有限合伙）的普通合伙人进行投资管理，包括引入融资杠杆进行投资。盈安合伙认购了国信证券的金鹏分级 1 号集合资产管理计划，以杠杆形式多次增持万科 A 股股票，截至 2015 年初共持有万科 A4.48% 的股份。

图 9-10 所示的是万科的事业合伙人计划。简单来讲，事业合伙人计划相对于经济利润奖金制度的升级在于两方面：集中投资和延期支付。事业合伙人计划取消了集体奖金和个人奖金的区分，将每年提取的部分全部作为委托

[①] 数据来源：万科 A.2010—2016 年度报告.巨潮资讯网.http://www.cninfo.com.cn/information/companyinfo_n.html?fulltext?szmb000002.

盈安合伙投资管理的资金，这提高了每年用来投资的数额。此外，被激励对象要在 3 年后以积分的形式申请提取这笔奖金，这意味着集体奖金是以 3 年滚动的总奖金在进行投资。最后别忘了集合资产管理计划劣后级资金的杠杆。

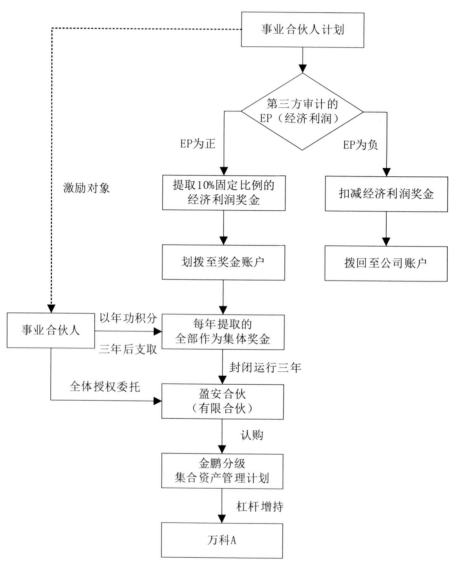

图 9-10　万科 A 的事业合伙人计划

从激励和约束效果来看，事业合伙人计划用延期支付增加了对被激励对象的约束，相比于每年发放的个人奖金，这无疑削弱了对事业合伙人的激励。

万科管理层作为经济利润奖金制度最大的受益者，为什么会推动进行事业合伙人的改革呢？从事业合伙人改动的方案要点来看，万科管理层想要的是集中力量办大事，即集中资金再加杠杆增持万科 A。

在 2014 年年报中，管理层这样解释事业合伙人计划的目的："在存在浮动薪酬、奖金制度和股权激励的情况下，职业经理人与股东之间本身存在共创、共享的关系，但事业合伙人增加了共担。当同时存在共创、共享和共担机制的时候，管理团队的利益将与股东高度一致。在这样的制度下，团队将更真切、更直接地感受到经营的好坏，也更加关心这一点。"[1]

除了事业合伙人计划，同期在项目层面，万科还推出了项目跟投制度。要求项目所在一线公司管理层和该项目管理人员必须跟随公司一起投资，其他员工自愿参与跟投。

2017 年 1 月，万科董事会对项目跟投制度进行修订，主要内容包括：一、取消追加跟投安排，降低跟投总额度上限；二、设置门槛收益率和超额收益率，保障万科优先于跟投人获得门槛收益率对应的收益。[2] 2018 年 1 月，在项目跟投制度实施四年后，万科公告了其跟投制度的具体文件。

从激励和约束的角度分析，项目跟投制度是项目管理人和股东之间收益共享、风险共担的好制度。如果在设计和实施之初，就增加信息披露的透明度，这样会更赢得股东的认可。

---

[1] 资料来源：万科 A.2014 年度报告 . 巨潮资讯网 . http://www.cninfo.com.cn/cninfo-new/disclosure/szse_main/bulletin_detail/true/1200767951?announceTime=2015-03-31．

[2] 万科 A. 关于第二次修订项目跟投制度的董事会决议公告 . 巨潮资讯网 . http://www.cninfo.com.cn/cninfo-new/disclosure/szse_main/bulletin_detail/true/1202994724?announceTime=2017-01-06．

9.4.6 宝能、媒体和股东的质疑①

从方案设计和实际执行来看，万科的首期限制性股票、2010年股票期权激励计划都可圈可点，但是以经济利润奖金为基础的事业合伙人持股计划却遭到了来自宝能、媒体和股东的多方质疑。

事业合伙人实施一年以后，宝万之争打响。2016年6月，万科管理层、大股东华润和深圳地铁在董事会博弈正酣。此时，宝能系作为合计持有万科A10%以上股份的股东，以书面形式向董事会提出召开临时股东大会，审议罢免万科以王石为首的所有董事和监事的提案。

"宝能系"用了一招"擒贼先擒王"，用于罢免全体董事和监事的理由，一条是奔着王石的薪酬问题，还有两条是奔着王石和郁亮推出的事业合伙人计划。这两条理由如下：

万科2014年推出的事业合伙人制度的具体内容，以及公司董事、监事在该制度中能够获得的报酬及获得该等报酬的依据，董事会从未向投资者披露过，违反上市公司信息披露有关要求。

万科事业合伙人制度作为万科管理层核心管理制度，不受万科正常管理体系控制，系在公司正常的管理体系之外另建管理体系，万科已实质成为内部人控制企业，严重违背《公司法》《证券法》及《上市公司治理准则》要求的治理架构，不利于公司长期发展和维护股东权益。

"宝能系"一针见血地指出了事业合伙人计划的问题所在——信息披露和内部人控制嫌疑。紧接着，媒体开始顺藤摸瓜，对事业合伙人计划进行抽丝剥茧的分析。

2016年7月，不断有媒体对事业合伙人计划的信息披露提出质疑，包括未通过股东大会批准、持股情况、杠杆倍数、管理层从中获得的薪酬状况等。

---

① 资料来源：马永斌.控制权安排与争夺[M].北京：清华大学出版社，2019.

媒体甚至爆出万科管理层在 2014 年春季例会上对事业合伙人制度的介绍，其中不乏"从来没有把股东放在眼里，除了让股东承担责任""我们要掌握自己的命运"等犀利的言辞。①

到了 8 月，事业合伙人背后的运作体系被媒体扒出，隐秘的"万丰系"浮出水面。②

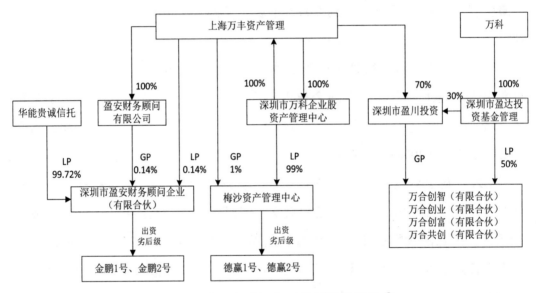

图 9-11 "万丰系"主要公司股权结构③

图 9-11 最左边就是万科在信息披露中所说的事业合伙人计划的架构。从股权结构上看，华能贵诚信托是主要有限合伙人，将事业合伙人的经济利润奖金投向盈安合伙。负责投资管理的是普通合伙人盈安财务顾问有限公司，它由上海万丰 100% 控股。在事业合伙人计划推行后，盈安合伙通过金鹏 1

---

① 资料来源：红刊财经.惊爆：万科事业合伙人制度内部讲话.证券市场红周刊. http://news.hongzhoukan.com/16/0712/heyan143521.html.

② 时代周报.王石背后神秘的"万丰系"浮出水面.转引自网易财经. http://money.163.com/16/0823/17/BV6162HE002580S6.html.

③ 资料来源：上海万丰资产管理有限公司.天眼查. https://www.tianyancha.com/company/3665773.

号、金鹏2号资管计划杠杆增持万科股权,在"宝万之争"前持有万科股权近5%。

"万丰系"之所以备受瞩目,更多是因为在"宝万之争"中突然冒出来的德赢1号和德赢2号。2015年8月,梅沙资产管理中心(有限合伙)成立,向德赢1号和2号提供劣后级资金,然后杠杆增持万科股权,与"宝能系"上演股权争夺的生死时速。到2015年底,德赢计划共计买入3.66%的万科股权。

那么这个梅沙资产管理中心到底由谁控制?从图9-11可以看出,它的普通合伙人还是上海万丰,有限合伙人是深圳万科企业股资产管理中心(下称"万科企业股中心")。在寻找上海万丰背后的控制人时,我们发现它和万科企业股中心之间100%的交叉持股。

那么万科企业股中心和万科有关系吗?从现有股权结构上来看,没有任何关系,因为100%交叉持股已经让万科企业股中心和上海万丰之间形成了"闭环"。真正的实际控制方已经无从追溯。但从历史和项目投资来看,万科企业股资产管理中心和万科之间关系紧密。从工商信息查询到的资料表明,在2014年前,上海万丰的投资人为万科工会,此后万科工会退出,变更为万科企业股资产管理中心。[①]这是否意味着万科企业股资产管理中心是从万科工会"脱胎"而来?此外,从项目投资来看,万科企业股中心100%持股的上海万丰和万科100%持股的盈达投资共同投资一家名叫盈川投资的公司。盈川投资作为四家有限合伙企业的普通合伙人,而盈达投资负责提供近50%的资金。

在图9-11所示的关系之外,上海万丰还有独立的投资版图。种种"销声敛迹"的运作,让媒体纷纷质疑,王石等管理层是不是在利用万科资源在另

[①] 上海万丰资产管理有限公司. 天眼查. https://www.tianyancha.com/company/3665773.

建资产平台，是不是准备掏空万科，是不是已经铺好了后路？①

2015年底，深交所在万科股票二级市场交易监控中发现疑点，遂给万科发出《关于对万科企业股份有限公司的问询函》。该函对占万科总股本比例为7.79%的两个资产管理计划的股东进行询问，请万科核查，两资产管理计划的股东之间是否互为一致行动人。万科在给深交所的回函中，则以"金鹏计划"和"德赢计划"的管理人各自自主行使投票表决权为由，认定这两个资管计划不存在一致行动人关系。媒体表示，仅从"投票表决权"一个角度进行解释、否认，忽略两个资管计划的资金来源、实际控制人以及投资万科A的原因及目的，令人难以信服。②

除了"宝能系"和媒体的质疑，主要的利益相关者——万科A的股东们也各有想法。

最为弱势的中小股东最关心的是股利和资本利得。从2007年以来，万科在分红上并不慷慨，而且股价长期低迷。作为行业龙头，估值水平甚至远低于行业平均水准。这说明万科管理层并没有做好市值管理。中小股东看得到万科营收、净利润和行业地位的飞速提升，却看不到万科在资本市场的亮丽表现，享受不到应有的资本增值。

最后直到"宝能系"敲门，才使得万科价值回归，才使得坚守多年的中小股东因为"宝万之争"大获丰收。在这样的情况下，中小股东们发现万科管理层在不透明的事业合伙人机制外，还在利用"万丰系"悄悄加强控制权，心里必然有所不满。

"老股东"华润是主要当事人，其董事长傅育宁在出席2018年"两会"

---

① 李淳. 王石掏空万科：利用万科资源创立的万丰系浮出水面，狡兔三窟，这才叫后路. 时代周报，转引自投中网. https://www.chinaventure.com.cn/cmsmodel/news/detail/304884.shtml.

② 高广. 十问万科，监管机关还不出手清查万科？. 证券红周刊 转引自雪球. https://xueqiu.com/8290096439/72230615.

期间，被问及包括万科在内的地产公司所推进的合伙人制度。他表示："合伙人制度适合高智力、以人力资源为主的公司，像咨询行业、会计师事务所，华润和很多央企'不是干这个的'，万科等地产公司推出的合伙人制度，并不是解决经理人激励的唯一出路。"

"这种所谓的合伙制度取决于股东和经理人的制度安排，成为合伙人是一种安排，通过其他的股权激励机制，或者是市场联动的激励机制也同样可以解决，这不是唯一的出路。"傅育宁指出。

傅育宁的这番表态，表明其对万科推行合伙人制度所持的保留态度。万科合伙人制度由郁亮在2014年3月份正式提出，而傅育宁是在2014年4月23日才被任命为华润集团董事长，并未参与该制度的酝酿与审批过程。傅育宁表示："更核心的问题是价值观。"①

相比于华润，"新股东"深圳地铁在万科中扮演的角色更主动，它在万科的董事会和经营管理决策上拥有更大的控制权。深圳地铁入主后，正推动万科的公司治理趋向透明化，最直接的表现就是弥补信息披露的历史遗留问题。在2018年1月，万科主动披露了迟到4年的项目跟投制度文件。在2月召开的临时股东大会上审议的《关于调整公司董事和监事薪酬方案的议案》首次披露了2010~2015年王石、郁亮所获得的经济利润奖金分配比例数字，被媒体称为"迟到6年的信披"。

媒体大摩财经据此算了一笔账，2010—2016年的7年间，王石和郁亮两人在万科的所得回报均达到了10亿元级别，包括1.7亿元的即时薪酬和经济利润奖金加8.3亿元的合伙人制度回报。②

---

① 港股解码. 傅育宁暗批万科合伙人制度 曾被质疑侵害华润国有股权益. 网易财经. http://dy.163.com/v2/article/detail/DCMKS2SS0519B04T.html.
② 大摩财经. 王石郁亮7年获益10亿？万科股东大会议案暗藏玄机. 转引自网易财经. http://money.163.com/18/0222/10/DB8A32OT00258105.html.

但这一说法遭到了万科管理层的否认。万科内部有着"大师"之称的高级副总裁谭华杰对这篇报道逐条反驳，按照谭华杰解释的计算方法，王石过去7年间拿到的经济利润奖约人民币2亿元，目前仍在奖金池中，没有兑现。[①]

谭华杰称："过去7年，王石共拿1.7亿。1.7亿其实也不对，只有每年公布的薪酬是对的。假设1.7亿的回报，1年是2 000多万，像王石这样的创始企业家，1年拿2 000万高不高，相信各位股东自己心中有权衡。"[②]

9.4.7　2010年后万科股权激励的评价与启示

前文分析了万科2006年限制性股票激励计划失败的内外部原因。尽管最后三年激励两年失败，但这份股权激励计划所采用的业绩考核和股价考核的"双重把关"，体现了为中小投资者利益着想的理念，受到证监会的肯定和中小股民认可。包括2010年沿袭首期思路的股票期权激励计划，在要素设计上别具匠心，交出了一份令双方都满意的激励方案。而且从实际行权效果来看，万科业绩跨上了新的台阶。这一时期的万科是上市公司治理的标杆，王石和郁亮也赢得了社会各界的尊重和赞誉。

但2010年经济利润奖金制度的出台以及2014年的事业合伙人计划、项目跟投制度，让万科从公司治理的标杆滑落，成为媒体口诛笔伐的对象，成为股东博弈的关键，成为A股上市公司治理的焦点。

这其中有三个关键点：信息披露、内部人控制和股东利益。

万科经济利润奖金制度以及以此为基础建立的合伙人制度，长期被质疑

[①] 杨依依. 7年2亿元　万科"大师"谭华杰为王石的经济利润奖详算一笔账. 经济观察网. http://www.eeo.com.cn/2018/0223/323058.shtml.

[②] 李方. 万科临时股东大会："王石7年赚10亿"不实. 经济日报-中国经济网. http://www.ce.cn/cysc/fdc/fc/201802/23/t20180223_28228033.shtml.

"信披违规"。万科事业合伙人计划从未交由股东大会审议,股东及公众无法了解具体的制度、杠杆倍数、董监高持股情况和从中获得的薪酬。这虽不违法但不合规,根据证监会2014年6月制定并发布的《关于上市公司实施员工持股计划试点的指导意见》,采取二级市场购买方式实施员工持股计划的,应该在股东大会审议通过,并且定期披露。[①]直到2018年2月的临时股东大会,万科公布了王石和郁亮从经济利润奖金制度中的分配比例,被媒体称为"迟到6年的信披"。

此外,万科选择性披露了金鹏资产管理计划,却并未主动披露德赢资管计划相关信息,若非在"宝万之争"期间被深交所问询与金鹏资管计划是否为一致行动人,或许至今市场都不知道有德赢资管计划的存在。[②]

事业合伙人计划同时牵扯到内部人控制的问题,更严重的是,德赢资管计划牵连出"万丰系",成为管理层在公司正常管理体系之外建管理体系的另一大依据。由"万丰系"实际控制的"盈安合伙"和"梅沙中心"分别管理着"金鹏"和"德赢"资管计划,其资金皆来自万科,并且最终目的都是增强对万科的控制权。但是万科既没有在两资管计划增持到5%时进行信披,又以"管理人各自自主行使投票表决权"为由否认一致行动人关系。结合"宝万之争"的控制权争夺背景,这样的做法难免让人怀疑,万科管理层是否为了控制权以权谋私,万科是否已实质成为内部人控制企业。

当然,埋头于事业合伙人计划的管理层已无暇顾及股东利益,更不用说忙于留学、长期脱岗的董事会主席王石。所以,恶意收购者"宝能系"用罢免全体董事和监事提案来提醒全体股东,借此争取股东信任和董事会席位。"老

---

① 大摩财经. 致万科管理层:信披透明不应迟到 王石没拿钱但拿了股. 转引自新浪财经. http://finance.sina.com.cn/stock/s/2018-02-26/doc-ifyrvspi2030402.shtml.
② 瞭望财富. 万科高管现场相互"打脸":金鹏德赢与万科无关系?. 转引自新浪财经. http://finance.sina.com.cn/stock/s/2018-02-25/doc-ifyrvspi1703647.shtml.

股东"华润选择退出后,董事长傅育宁表示"更核心的问题是价值观"。"新股东"深圳地铁不愿做"沉默的大股东",用迟到多年的信息披露"亡羊补牢",促使万科在公司治理上趋向透明化。

从股权激励的本质来讲,万科的经济利润奖金制度和事业合伙人计划是失败的。相比于成功的首期限制性股票激励计划和2010年股票期权计划,它们没有做到充分和透明的信息披露,没有通过股东大会的审议,没有业绩考核的具体标准,在给予管理层更大的激励额度的同时,却几乎没有任何约束性,也不受到股东的监督。这是万科管理层的"黑箱子"。[①]

从股东价值的提升来看,2010年后从经济利润奖金制度到事业合伙人计划背离了初衷。股权激励本身的目的是经理人、管理层、员工和股东一起做"大蛋糕",然后一起分享。如果只是垂涎于股东手里的蛋糕,那是零和博弈和短视行为,迟早会丢掉股东和投资者的信任。

9.5 TCL的股权激励[②]

TCL上市前的股权激励是和国有企业"国退民进"的改制结合在一起的,TCL选择的股权激励模式实际上就是股票增值权在非上市公司中的具体应用,即账面增值权模式:不动存量动增量。存量资产归属于原股东,用增量资产的一部分对经理人进行股权激励。TCL的激励模式一度成为国有企业实现

---

① 大摩财经.王石郁亮7年获益10亿?万科股东大会议案暗藏玄机.转引自网易财经.http://money.163.com/18/0222/10/DB8A32OT00258105.html.

② 资料来源:(1)杂志编辑部.股改案例之五:TCL增量资产股权激励 [J].商界·中国商业评论,2005(6);(2)邹愚,陈善哲,丘慧慧,王娜.粤国资委复制TCL模式,增量资产奖励股权制将出台.21世纪经济报道,2005-09-03;(3)百度文库.案例探讨:TCL的"增量奖股"模式.http://www.docin.com/p-99313083.html.

"国退民进"的主要股改方法,时至今日,TCL 的账面增值权模式依然适用于解决竞争领域的国有企业股权激励的问题。而且,TCL 的做法在很多非上市的民营企业中有着很广阔的应用前景,尤其是对于家族企业实施股权激励有着现实的参考意义。

上市后,为了持续地激励经理人和核心骨干,TCL 集团和各个子公司又分别多次推出股权激励计划。

9.5.1 账面增值权的方案要点

TCL 创办于 1981 年,最初只是一家生产磁带的地方国有企业,后发展为一家从事家电、信息、通信产品等研发、生产及销售的特大型国有控股企业。到 1996 年的时候,TCL 为惠州市独资企业,下属企业则有上市公司、中外合资、股份合作制等多种所有制的企业。

TCL 的改制谋划比较长远,这个计划被李东生称为"阿波罗计划"。总体思路是:首先在母公司实施股权激励,然后引进战略投资者和财务投资者,将母公司由国有独资企业变为一个股份制企业;然后合并上市的子公司,以实现集团的整体上市。在 TCL 的整个改制方案中,最关键的是如何在母公司对管理层和核心骨干员工实施股权激励。

国有企业的产权问题一直是困扰国家、地方和企业管理团队的一个敏感话题:对于非垄断行业的国有企业来讲,要实现发展必须采取股权激励的手段,但是又不能导致国有资产的流失问题。李东生"增量奖股"的方式巧妙地在这三者之间找到了一个合理的利益平衡点,使得股权激励能够得以顺利实施。

方案的要点是:1997 年,李东生与惠州市政府签订了为期 5 年的授权经营协议:核定当时 TCL 集团的净资产为 3 亿多元,每年企业净资产增长不得低于 10%;如果增长为 10%~25%,管理层可获得其中的 15%;增长为25%~40%，管理层可得其中的30%；增长为40%以上，管理层可得其中的45%。TCL集团的管理团队第一年获得的奖励为现金，此后开始以增资扩股的方式将股份支付给管理团队。若净资产增长低于10%，则对经营团队处以扣发基本工资、行政处罚、免除职务等处罚。若经营性国有资产减少的，每减少1%，则扣罚经营班子预缴保证金的10%，直到全部扣完；减值达到10%的，对经营班子进行行政处罚直至免除其职务。当年，李东生为此向政府缴纳了50万元的风险押金。

结果是，TCL集团1997年度至2001年度的净资产增长率分别为63.75%、80.43%、63.25%、56.24%、24.35%。按照相应比例李东生等人获得的奖励分别为4 238.4万元、8 732.31万元、6 662.14万元、6 533.99万元和1 431.37万元。

1999年，TCL集团开始实施员工持股计划，员工总共出资1.3亿元认购股权。1997年起的5年时间里，TCL的管理层累计获得"增量奖股"2.76亿元股东权益，加上管理层员工持股计划中认购的股份合计占总股份的23.51%；企业员工在员工持股计划中认购的股份占23.14%。由此，国有股份从100%减为53.35%，国有资本则从3.2亿元升至11.6亿元，增长了261.73%；TCL缴纳的税款从1997年的1亿多元增长至2001年的将近11亿元。

因此，TCL的"增量奖股"方式充分考虑了个人、地方、国家利益的捆绑，在管理层和员工获得股权激励的同时，实现了国有资产的保值增值。

9.5.2 八年磨一剑：TCL的实际控制人

在李东生的"阿波罗计划"中，股权激励是其中一个最重要的环节，但不是为了股权激励而搞股权激励。当股权激励解决了企业产权的归属问题，将管理层、企业和股东的利益实现完美捆绑之后,企业要获得一个更大的发展空间,就必须引入战略投资者,谋划上市。

2002年4月16日,TCL集团股份有限公司在惠州正式成立,开始为TCL集团的整体上市做准备。先后引进了加拿大南太电子、中国香港金山公司、荷兰飞利浦、日本东芝和住友等战略投资者,这些投资者总共占股份12.38%。同时为了上市前股份结构的理顺,2001年TCL开始以一个较高的溢价回购员工以员工持股计划持有的股份。

通过股权激励和引入战略投资者,使得TCL的股份多元化,改变了国有股一股独大的局面,对于完善公司治理结构,强化公司的规范运作,减少地方政府的行政干预行为创造了条件。在股改前,TCL集团董事会的15名董事与管理层高度重合,基本上就是管理委员会,这些董事都是由董事长提名、政府任命的。股改之后,董事会基本按照现代企业制度的要求构成,在13名董事会成员中,代表政府股东的有1人,代表外部战略投资者的有2人,来自TCL集团的有6人,其他4人为独立董事。管理层也不再由政府任命,而是由董事会来选择和任命。应该说,在股改之后,TCL建立了一个能够代表股东利益的真正董事会,这为管理层创造了一个有利的经管环境。

而且,外部战略投资者的引入,除了上市的需要之外,也有利于TCL的国际化运营,通过股权合作了解跨国运营的基本套路,为公司下一步的国际化运作打下良好的基础。

2004年1月30日,TCL集团正式吸收合并旗下上市子公司TCL通讯,从而在深交所实现整体上市。至此,李东生谋划的"阿波罗计划"终于达到预期目的,而这一步棋,一走就是整整8年。这次整体上市,彻底改变了国有股一股独大的格局,为企业的发展搭建了一个更大的平台。与此同时,管理层及其控制的团队和员工通过股权的变动合计占股25.24%,超过了第一大股东惠州市政府的股份,由于上市后流通股占有一定的比例,在这种多元股权架构下，管理层具有强大的影响力，只要争取少部分流通股股东，管理层及员工就成为实际控股股东，也就是 TCL 的实际控制人。

9.5.3 上市后 TCL 集团及子公司的股权激励

TCL 集团整体上市后，依然把股权激励作为价值实现和价值经营的重要手段。如图 9-12 所示，通过研究 TCL 集团及旗下上市子公司的股权激励设计，发现基本上采用的都是"股票期权 + 限制性股票"的组合激励方案，这里就以最典型的 TCL 集团为例进行分析（见表 9-4）。

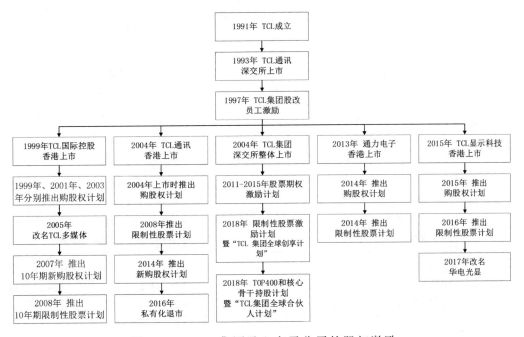

图 9-12　TCL 集团及上市子公司的股权激励

首先结合 2011 年和 2018 年 TCL 集团的发展背景，分析三次股权激励计划的目的。在 2011 年前，TCL 陷于收购汤姆逊失败的泥淖中，叠加全球金融危机的冲击，让 TCL 集团在经营上迟迟没有起色。同时，国际化征途受挫的

TCL 处于士气低迷的阶段，正需要一针强心剂。于是，TCL 推出了股票期权激励计划，用以激励和留住最核心的管理层。此后，TCL 逐步回归业绩增长的轨道，管理层也重燃国际化的雄心壮志。为此在 2018 年初，TCL 集团推出了"全球合伙人计划"和"全球创享计划"，用以激发 TCL 全体员工二次创业的激情。

表 9-4 TCL 集团上市后三次股权激励计划的对比 ①

要素	2018 年限制性股票激励计划	2018 年 TOP400 和核心骨干持股计划（第一期）	2011 年股票期权激励计划
定模式	限制性股票	限制性股票	股票期权
定对象	1 585 名 公司中层管理 / 专业人员、基层主管 / 专业人员	700 名 公司董监高 9 名，其他核心中高层 691 名	首批 154 名，预留部分 37 名 公司董事、高管，公司及控股子公司经营管理、核心技术人员
定来源	定向发行股票	公司计提的 2018 年持股计划专项激励基金从二级市场购买	定向发行股票
定数量	3 879.8 万股，占 0.29% 中层 20%，基层 80%	7 691.3 万股，占 0.57% 董监高 10%，其他 90%	1.72 亿份，占 2.03% 首批 90%，预留 10%
定时间	等待期：12 个月 第一个解锁期：12~24 个月，50% 第二个解锁期：24~36 个月，50%	锁定期 12 个月 锁定期后一次解锁	等待期：12 个月 首批：等待期后 3 年，3 个行权期分批行权 40%、30%、30% 预留：等待期后 2 年，2 个行权期分批行权 60%、40%
定价格	公布前 1 个交易日均价的 50%、公布前 20 个交易日均价的 50% 中较高者	公司授予	公布前 1 个交易日收盘价、公布前 30 个交易日平均收盘价中较高者

① 资料来源：（1）TCL 集团 . 股票期权激励计划（草案）修订稿 . 巨潮资讯网 . http://www.cninfo.com.cn/cninfo-new/disclosure/szse_main/bulletin_detail/true/60293066?announceTime=2011-12-07%2006:30；（2）TCL 集团 . 2018 年限制性股票激励计划暨"TCL 集团全球创享计划"（草案）. 巨潮资讯网 . http://www.cninfo.com.cn/cninfo-new/disclosure/szse_main/bulletin_detail/true/1204447605?announceTime=2018-03-03；（3）TCL 集团 . TOP400 和核心骨干持股计划暨"TCL 集团全球合伙人计划"（草案）. 巨潮资讯网 . http://www.cninfo.com.cn/cninfo-new/disclosure/szse_main/bulletin_detail/true/1204447601?announceTime=2018-03-03.

续表

要素	2018年限制性股票激励计划	2018年TOP400和核心骨干持股计划（第一期）	2011年股票期权激励计划
定业绩	公司：2018年、2019年公司归母净利润较2017年增长率分别不低于10%、20% 个人：等级B及以上	公司：2018年归属母公司股东的净利润较2017年增长率不低于15% 下属经营单位达成情况及个人绩效	公司：2011年、2012年和2013年营业收入和归母净利润较2010年增长12%、24%和36%；3年扣非加权平均净资产收益率均大于6% 个人：绩效考核合格

紧接着我们看TCL集团如何设计这三个激励计划的七个要素。定模式是最关键的，2011年在困境中的TCL集团最需要的是激励性，所以优选侧重激励性的股票期权。如果能从经营的低谷中绝境逢生，被激励的核心管理层有可能得到资本市场数倍的股价差额奖励。而2018年之所以选择限制性股票，是因为限制性股票侧重业绩考核和分批解锁的特性，更适合希望稳步增长的TCL。

确定模式和激励对象以后，股票来源、激励数量、行权或解锁安排以及激励价格的设计要与之相匹配。比如2018年针对高管和中基层的两份计划，在股票来源、解锁安排以及价格上就截然不同。前者是从公司计提持股计划专项激励基金，从二级市场购买股票，并且主要根据当年公司业绩考核后归属被激励高管；后者是由公司定向发行股票，在满足条件后由中基层人员按照5折的价格购买激励股份，并且分两期解锁。那么两者相比，高管比中基层的激励力度更大，解锁约束更少。

但前者TOP400和核心骨干持股计划对高管们提出了更高要求的公司业绩考核目标，在归母净利润增长率的标准上，在中基层的10%基础上提高了5%。原因很简单，大海航行靠"舵手"，破浪前行有方向。当然，"舵手"也少不了奋勇划桨、齐心协力的"水手"，所以在中基层人员的考核上，对个人的考核成为关键点。TCL为个人考核划分了A、B、C、D、E五个等级，只有B等级及以上才能满足要求。

综合来讲，TCL的三次股权激励定位清晰，设计出彩。唯一有所缺憾的是第一期TOP400和核心骨干持股计划的解锁安排设计。无偿授予和一期一年的业绩考核已经保证了强有力的短期激励，如果采用延期支付的方式，将短期激励和长期捆绑相结合，会更好地保障经营管理团队的持续作战能力。

9.5.4 评价与启示

（1）TCL改制成功的4个关键点

第一，股权激励方案考虑了各方利益的平衡，实现了政府、企业和管理层的共赢。操作方案比较切合实际，把国家利益、企业发展、管理层和核心骨干员工得利这3个目标很好地结合了起来，形成了多赢的局面。由于不涉及国有资产流失，而10%的增长承诺又能让国有资产"旱涝保收"，方案得到了利益相关者各方的认可。

事实上，存量资产的界定一直是国有企业产权改革中的雷区，不仅不好界定，而且容易引发敏感的社会公正问题。从国家和政府的层面看，着眼增量资产的分配就可以巧妙地回避这个雷区，首先是给国有企业的大老板吃一个"存量资产保值"的安心丸，而在增量资产分配上大老板又是只赚不赔的买卖；对于地方政府而言，不必承担对国有资产监管不严的责任，并且可以从发展中获取税收、业绩等一系列利益；对于团队而言，将所有人全部捆绑在发展这一个关键的核心上。相反，如果从存量资产上纠缠不清，不仅会引起利益各方面的警觉与犹豫，更有可能错失这稍纵即逝的机遇，李东生幕后所付出的努力实在不易。这一点其实体现了公司治理的核心问题：通过对参与企业的利益各方进行有效的利益平衡以达到共赢的目的。这一点对于国有企业进行股权激励是非常重要的，同样对于民营企业中由经理人推动的股权激励也是非常重要的。

TCL 的这种账面增值权的做法对于民营企业也非常适用。尤其适合这样的民营企业：创业阶段主要依靠家族成员，而为企业发展新引进了经理人，拟计划对经理人进行激励的企业。对于这种企业的大股东来讲，存量资产是大股东及其家族成员创造的，把存量资产作为股权奖励给经理人，既不愿意也不应该。但是，企业的未来发展肯定要依赖于经理人，那么，把未来的增量资产拿出一部分奖励给经理人的账面增值权的做法就是对股东、经理人和企业三方都公平和达到共赢的方案。

第二，得益于政府这个大股东的大力支持。在由经理人推动的股权激励计划中，不管是什么样性质的企业，如果没有大股东的支持，激励计划是不可能实施的。李东生的"增量奖股"的股权激励计划能得以实施，和惠州市领导的支持是分不开的。

第三，在激励方案中李东生同惠州市政府签订为期 5 年的授权经营协议，既是对政府主管部门的制约，同时也是对管理层的制约。而且在运作中 TCL 的操作非常规范，所有操作过程都符合国家的政策要求，既没有越线，也没有违规。TCL 的股权改革不仅没有钻政策的空子，为了保证"100 年有效"，李东生和他的团队宁愿吃眼前亏：按广东当时的惯例用于购买本公司股份的奖金可不缴税，但如果占这个便宜，将来的股权可能不保。于是，TCL 集团的员工奖励购股全部缴税。管理层全部以自然人的身份持股，没有匿名持股，也是安全、规范，可以得到法律保护的做法。关于这一点，在我国很多进行股权激励的公司中存在很多问题，尤其是非上市企业中，股东和经理人在股权激励中往往依靠口头约定，而不是用契约的形式对双方的行为进行约束，最后往往会产生大量的纠纷，结果是股权激励并没有达到预期结果，反而损伤了股东和经理人的利益和积极性。

第四,股权激励不是孤立的,而是与公司治理结构的完善、战略投资者的引入、上市等环节相互配合,目的是为了整合资源,提高管理效率和生产效率,创造更多的价值。在李东生的"阿波罗计划"中,股权激励是手段,而不是目的。在整个计划中,股权激励、引进战略投资者和完善公司治理结构是作为一个整体的资本之道在谋划和实施。对比正泰集团的案例,我们发现,实际上TCL和正泰非常像,最开始的股东都比较单一,正泰是100%南氏家族持有,TCL是100%国有独资,都是处于竞争非常激烈的细分行业,但是通过股权激励、并购重组和引入战略投资者等手段有效地整合了资源,释放了公司的生产力,然后通过规范公司治理结构又成功上市,为企业的发展创造了一个更大的平台。从这个角度来看,南存辉和李东生的资本之道实际上是我国家族企业、民营企业和竞争领域的国有企业成为伟大公司的进化之路。

(2) TCL上市前股权激励存在的问题

从结果上看,在授权经营的5年中,净资产增长率都是很高的,分别是63.75%、80.43%、63.25%、56.24%、24.35%。除第5年外的其余4年,TCL的管理层都获得了最高的45%的奖励。而且到TCL整体上市后,李东生和他的团队的股份超过了惠州市政府,成为实际控制人。如果是从"国退民进"的角度来看,这无可厚非。但是如果我们把TCL看成是一个民营企业,惠州市政府看作是这个民企的老板,那么这个结果就有问题了,意味着股权激励到最后,老板虽然是名义上的第一大股东,但是经理人和员工的股份却超过自己,公司的控制权也不再是自己掌握,这种丧失控制权的股权激励做法是不可取的。

出现这个问题的原因就是业绩标准选择的不合理,从最终TCL5年完成的净资产增长率来看,业绩的下限不应是10%,而至少应是20%;另外"增量奖股"一定要封顶,也就是说应该将方案中的"增长40%以上,管理层可得其中的45%"改为"增长40%以上,管理层可得40%到45%"。

事后，广东省国资委也意识到了这个问题，并于 2005 年 8 月 29 日颁布的《中共广东省委、省人民政府关于深化国有企业改革的决定》中就吸取了这个教训。和 TCL 当初的 10% 的基数相比，这个文件要求实现增量资产股权奖励的企业，其考核的主要指标之一是净资产收益率，期初考核基数为省国资委核定的企业上年度期末净资产的数额，以后每年的考核基数采取环比的方式确定。

关于如何确定科学合理的净资产收益率，省国资委的文件中引入了资本成本的概念，设定了一个由 3 部分构成的符合指标：本企业前 3 年指标实际完成平均值所占权重为 30%，全国同行业、同规模企业前 3 年平均良好标准值所占权重 40%，同期银行 5 年期贷款利率占 30% 的权重。

这个复合指标比起 TCL 简单的 10% 要科学合理得多，因为既考虑了全国同行业横向比较，也考虑了企业自身的历史比较，同时还考虑了资金使用成本。企业能否获得"增量奖股"的主指标，也是底线，只有当企业的净资产收益率高于这个指标时，管理层才能获得奖励。股权激励的触发条件可以用如下公式表示：

企业净资产收益率目标值 > 本企业前 3 年指标实际完成平均值 ×30%+ 全国同行业同规模企业前 3 年平均良好标准值 ×40%+ 同期银行 5 年期贷款利率 ×30%。

另外，为防止国有资产流失，还设置了一个限制性指标和一个否定性指标。限制性指标就是经营性收入指标，要求企业的利润是来自经营收入，而不是来自卖土地、卖房产和卖设备。

否定性指标，就是指国有资产保值增值率，也就是说期初的时候净资产为 1 000 万元，年末是 1 100 万元，那么国有资产保值增值率就是 110%。如果没有达到这个指标，将意味着没有达到保值增值的目的，奖励也会被取消。

如果当初 TCL 在"增量奖股"的时候，也是用这样的一个指标体系而不是简单的10%，虽然管理层获得的奖励会少许多，但是，从老板和股东的角度来看，将会是一个没有瑕疵的、完美的股权激励方案。

（3）上市后TCL的股权激励

TCL在资本市场的股权激励设计有两大优点：不同阶段的动态调整和要素设计的因地制宜。

TCL集团旗下上市子公司在上市初期，普遍处于高速成长的阶段，从资本市场刚募集的资金大都投向了新项目，所以长期激励性强和定向发行的股票期权模式是首选。而随着现金流压力的缓解和公司规模的扩大，更看重业绩考核的限制性股票更适合稳定发展期的TCL上市子公司。类似地，TCL集团在遭遇并购失败的困境时，用股票期权的模式既鼓舞了士气，又减少了现金支出。而在业绩出现好转的迹象后，侧重业绩激励的限制性股票能为TCL集团引领持续复苏的方向。所以股权激励的模式不是既定的，而是依据发展阶段和经营状况作出的动态调整，根据特定时期的主要矛盾选择合适的激励模式。

要素设计的因地制宜同样关键。我们看到，2018年出台的两份激励计划，同是限制性股票的模式，在每个要素的设计上都有所不同。针对高管的持股计划侧重短期激励性和集团业绩约束，针对中基层的则侧重普遍性激励、服务年限和个人考核。最具代表性的是业绩考核的定量，在归母净利润增长率的指标上，高管比中基层多出5%。在这样的设计下，可能出现的情况是，2018年归母净利润增长率处在10%~15%，导致高管们不满足股权激励计划的考核条件，而合格的中基层员工可以解锁第一期的激励股票。可以预见的是，心理上不愿意"丢面子"的集团领导层必然要努力达标，但这个过程中可能会出现短期行为。管理层为了追求短期业绩，去做损害公司长期竞争力和股东长期利益的事情，比如大幅增加销售费用、大肆扩张生产规模等。

要减少短期行为，可以对被激励管理层的服务年限作出间接的限制。延期支付是行之有效的方式，比如当2018年业绩达标后，获得限制性股票，但是要延期5年支付。于是，被激励管理层的奖励就分为两部分：一是延期5年后的对应股票；二是5年内公司股票的市场价格上升部分。同理，第二期持股计划向后滚动执行。如果这样操作，被激励的管理层会慎重考虑短期行为的机会成本，从而放弃做损害股东长期利益的事情。

9.6 广厦集团的按揭购股与反向持股计划 [①]

本案例可以作为跨行业和跨区域的集团公司进行股权激励的参考样板。大型集团公司进行股权激励必须要解决以下两个问题：

第一个问题是如何有效地激励子公司的管理层，让他们的利益和各子公司的利益长期紧密地捆绑起来。对于集团公司来说，总部是管控中心，子公司是成本中心和利润中心，所以股权激励的重点在子公司。

第二个问题是如何让子公司感受到自身与集团的利益是一体的。对于任何一个集团公司来讲，在有些时候，子公司和集团总部是存在利益矛盾的，过分强调和追逐子公司的利益，可能会损害集团总部的利益。

浙江广厦集团的股权激励就解决了以上两个问题，取得了良好的效果。具体做法如下：

首先，在股权激励上采用了虚股和实股相结合，用"按揭购股"的方式实现各子公司对高管层的激励和约束；其次，集团公司在保证对子公司控制的基础上，要求子公司的董事长反向持有集团公司或控股公司的股份，这样，就使得集团内每个公司的决策层在决策时必须同时考虑所在公司的利益和集团公司的利益。

---

① 资料来源：杂志编辑部. 浙江 A 集团：无间隙把控 [J]. 商界·中国商业评论，2005(6).

9.6.1　对子公司的管理层实施按揭购股计划

浙江广厦集团是我国综合实力百强企业之一，创始人是楼忠福，主业是建筑和房地产，以产权为纽带，下辖广厦建设、广厦房产、广厦投资、广厦旅游、广厦传媒、广厦国际六大行业集团和一家上市公司。当时实施股权激励的时候，拥有80多家子公司，员工50 000余人，集团净资产140多亿元。

广厦集团采用的是期股模式的一种变形方式，即引入信托公司进行操作，创造了一种按揭购股的股权激励计划。方案要点是：

- 激励对象。股权激励对象主要针对子公司的管理层，总体上每家公司拿出30%的股份实施股权激励，当然，对不同公司有微调。具体持股比例为：董事长15%、副董事长5%、总经理4%、常务副总经理2%、财务总监2%、其他2%，共计30%。
- 实股首付计划。上述股份中的一半由股权激励对象自行出资入股。
- 按揭购股计划。在实股完成购股首付的基础上，子公司的管理层按下列步骤与信托公司完成按揭购股计划。
  - 子公司管理层与信托公司制定一个"按揭购股"的信托计划。
  - 管理层与信托公司共同签订正式的信托合同，由信托公司利用信托计划为购买剩余股份进行融资，并通过信托公司的中介作用利用股权做贷款保证。
  - 信托公司利用融到的资金以自己的名义购买管理层未出资部分股权。
  - 管理层自己出资购买的股份根据信托合同所约定的权限由信托公司持有、管理、运用和处分；管理层按照信托计划将股权作为偿还本息的质押物，并通过信托公司将持股分红所得现金逐年偿还贷款。
  - 贷款本息归还完毕后，信托公司将股权归还给信托合同指定的受益人。管理层成为公司的真正股东，公司向有关工商管理部门申请公司股权结构的变更。

9.6.2 子公司董事长对总公司的反向持股

经常听说集团公司的老总持有下属子公司的股份，这就是所谓的正向持股。而子公司的老总持有集团公司股份的做法，则被称为"反向持股"。在实际运作中，采用反向持股的集团公司非常少。而广厦集团正是用这种反向持股的思路替代了对子公司严格的监管，将子公司的利益和集团公司的利益巧妙地捆绑起来。

反向持股不是股权激励计划，而是经理人购股计划，仅针对各子公司的董事长实施。集团公司拿出了 3% 的股份分给 80 多个子公司的董事长，由子公司董事长出资购买。这个计划是强制购股计划，是和按揭购股的股权激励计划同时实施的，子公司的董事长只要还想干这个职位，同时还想在公司实施股权激励计划，就必须掏钱购买集团公司的股份。

3% 的股份分给 80 多个子公司的董事长，每个人实际上需要出资购买大概 0.04% 的集团股份，少不少呢？肯定不少了，与子公司相比，集团公司盘子大，净资产大。子公司董事长持有集团 0.04% 的股份所带来的利益和获得子公司 15% 股权激励的利益是基本相当的。那么，对于子公司董事长来说，持有集团股份带来的利益相当于自己的左手，持有子公司股份带来的利益相当于自己的右手，没有一个人会为了追逐右手的利益而把自己左手砍掉吧？所以，当子公司做决策的时候，董事长必须同时兼顾集团和子公司双方的利益。约束了子公司的老大——董事长，再通过他约束其他管理层。

9.6.3 评价与启示

广厦集团通过"虚实结合,按揭购股"和"反向持股"的设计,将所有的利益相关者的利益都捆绑在一起,而且在给经理人利益的同时,也让其承担了部分风险,该方案设计得非常巧妙。做到了无间隙把控。

该案例有两个亮点:一是引入信托,创造了一种新的股权激励模式;二是用反向持股的设计替代了严格的监管。

信托机构的引入是广厦股权激励计划中的第一个亮点。信托公司的引入使得广厦的期股计划变成了按揭购股计划,有以下3个好处:

一种创新的股权激励计划。对于子公司的管理层来说,方案依然是期股激励计划;而对老板来说,由于转让股份的资金一次获得,实际上是一个出售股份的计划。

更严格的约束。信托的引入,使得子公司管理层在购买实股、签订信托合同之后,和老板就没有什么关系,只和信托发生关系。如果违约,自己出资购买的抵押给信托的一半股份就变成信托的了。所以这个方案对于经理人来说,"开弓没有回头箭",只能努力工作,提供良好业绩,尽快通过分红偿还贷款的本息,早日将抵押给信托的股份拿回来。

节省了管理成本。广厦集团对80多家子公司的管理层实施股权激励,每家公司七八个人,加起来就五六百人。如果公司自己来管理股权激励计划,至少需要成立一个新的部门,而信托的引入,实际上使信托成为自己的股权激励管理部门,节省了大量的管理成本。

但是,信托的引入也有缺点,就是加大了经理人的激励成本。但对于大型集团来说,可以采用替激励对象分担一些成本的做法来使得方案顺利实施。

子公司董事长的强制性反向持股又是广厦集团激励计划中的第二个亮点。

这种安排，在激励子公司管理层努力提高本公司业绩的同时，还必须考虑到集团总体利益。这就避免在控股公司架构下，所控股的公司之间，特别是业务上有竞争的子公司之间，相互恶性竞争，从而损害集团整体利益。再者，子公司的董事长持有集团公司股份，也能够较好地配合上级公司战略的实施。但需要指出的是，这种安排会增大区域集团公司管理层的控制权，需要科学设定持股比例。

总体上看，广厦集团的股权激励方案，尤其是反向持股计划的设计，值得集团公司学习和借鉴。

9.7 华为的虚拟股变革[①]

华为是中国高科技和制造业企业崛起的最佳样本，其股权激励机制在发展历程中居功至伟。从员工持股计划、虚拟受限股、饱和配股制到 TUP 计划，华为历经多次困难时期，紧抓企业核心价值观，灵活变革股权激励制度，使华为从一家交换机代理商成长为"中国智造"的最佳名片。在数次虚拟股变革中，华为始终以长期奋斗者为本，将融资和虚拟股激励相结合，不断优化股权结构，持续稳健前行。值得注意的是，华为的股权激励制度是特殊时期的特殊产物，且其适用于快速扩张期人力资本丰富、资金缺乏的高科技企业，可以学习要素设计，但不可照搬照抄。

图 9-13 所示的是华为股权激励的历程。

---

① 资料来源：(1) 安海. 华为公司股权激励制度研究 [D]. 对外经济贸易大学，2014；(2) 朱凯旋. 华为股权激励机制及其研发投资研究 [D]. 安徽财经大学，2016.

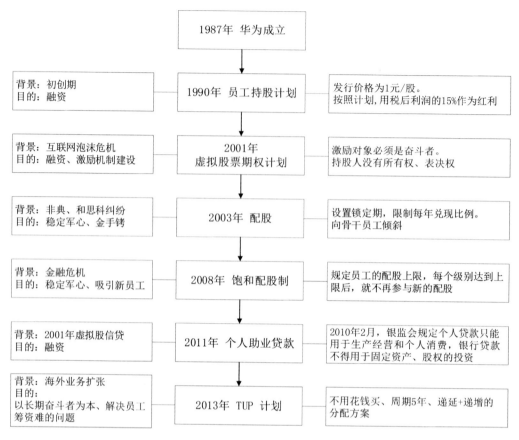

图 9-13 华为的股权激励历程

9.7.1 初创期的员工持股计划[①]

1987 年，已过不惑之年的任正非与五位合伙人共同创办华为，注册资本

[①] 资料来源：（1）安海. 华为公司股权激励制度研究 [D]. 对外经济贸易大学，2014;（2）朱凯旋. 华为股权激励机制及其研发投资研究 [D]. 安徽财经大学，2016;（3）明叔亮，胡雯，莫莉，鲁伟，董欲晓. 高回报影子股权陷困局. 财经，转引自豆瓣. https://www.douban.com/note/223410669;（4）任正非. 百度百科词条. 百度百科. https://baike.baidu.com/item/%E4%BB%BB%E6%AD%A3%E9%9D%9E/448501?fr=aladdin#reference-[7]-23495-wrap.

仅 2 万元。华为的第一桶金来自代理香港一家公司的程控交换机。

做代理并非长久之计，一方面门槛低、竞争激烈，另一方面还得依赖于生产厂家。此时，华为的主要竞争对手中兴，背靠着深圳研究所的研发资源，已经研发出了第一代数字用户交换机。时不我待，华为决心自己搞研发和生产。

搞自主研发光有胆量可不行，还要有人才和资金。中兴仅注册资本就有 200 万元，还有国资背景，要融资搞研发不在话下。但是华为一穷二白，又是"草根"创业的民营企业，根本没有银行愿意借钱。开不出高薪，又如何招到技术精英？

任正非想到了一个一举两得的好法子——员工持股。通过全员认购股票，一来通过内部股权融资解决了资金的问题，免去了找银行借不到钱的烦恼；二来员工有了股份，既有了积极性也不会轻易跳槽，尤其是侧重激励的技术人员。

任正非设计的员工持股计划是：

- 认购价格：1 元 1 股，一直延续到 2001 年。
- 认购对象：在华为上班满 1 年的员工，与各地电信、行业客户成立的合资公司员工。
- 认购额度：根据不同员工的绩效和职位等因素，确定不同的份额。
- 分红额度：每年税后利润的 15%。

1990 年，华为按照上述的设计实施员工持股计划，其别出心裁之处有三点。首先，通常的员工持股计划是按照每股净资产认购，而华为保持了 10 年 1 元 1 股的认购价格。从实施角度讲，这样的设计简单易懂，而且作为员工来讲，用 1 元买到了数倍于此的每股净资产，激励和留才的效果非常显著。第二，把合资公司员工纳入认购范围中。这一做法，不仅是扩大融资的渠道，更多是配合华为市场战略的考量。华为要打赢农村包围城市这场仗，就必须用利益捆绑住各地的电信和行业客户。第三，员工的绩效和职位不同，所能认购的份额就不同。比如核心技术人员作为华为自主研发的核心资源，员工持股计划就会侧重于对他们的激励，分配更多的认购额度。

实施员工持股计划以后，华为顺利缓解了研发资金投入的燃眉之急，同时激发了研发队伍的信心和动力。3年后，任正非孤注一掷的C&C08交换机终于研发成功，成为华为自主研发之路的重要里程碑。

员工持股计划和1元1股的认购价一直延续到2001年。解决初创期的资金饥渴后，员工持股计划成为凝聚华为战斗力的重要武器。从农村市场，到乡镇的C4网络终端，到省会城市和直辖市的骨干网络C1，这支全员持股的队伍带领华为的业绩急速飙升。业绩提升带来分红的递增，财富效应既激励着现有的员工，也吸引着一批批优秀人才加入华为。此后，农村包围城市的策略连战连捷，华为从一家小代理商发展为国家级通信企业的供应商。

表9-5　1989—2000年华为员工持股计划的实施结果[①]

时间	事件
1989年	华为产值1 200万元，利润上百万元，员工30多人
1990年	华为实施员工持股计划
1992年	任正非孤注一掷投入C&C08机的研发
1993年	C&C08交换机终于研发成功，其价格比国外同类产品低2/3。华为自主研发的交换机和设备，批量进入农村市场
1995年	华为主营业务收入达到15亿元，净利润增长至1.8亿元人民币，员工规模增长至200人
1997年	华为注册资本增加到7 005万元，增量全部来自员工股份
1998年	华为完成农村包围城市战略，将主要业务拓展到中国主要城市
2000年	华为海外市场销售额突破1亿美元

---

① 资料来源：(1) 安海. 华为公司股权激励制度研究 [D]. 对外经济贸易大学，2014；(2) 发展历程. 华为官网. http://www.huawei.com/cn/about-huawei/corporate-information/milestone.

9.7.2 互联网泡沫破灭后的虚拟股 [1]

1990年华为的员工持股计划奠定了自主研发之路，此后华为迎来黄金十年，在国内市场与中兴势均力敌，并已初步走向海外市场。

1997年，华为完成了股权结构的改制，由华为新技术公司工会和华为公司工会集中托管员工股份。这样，华为从一家员工分散持股的公司变为由两家公司工会所控制的公司。

1998年，原有的1元1股的员工持股计划已经不适合急速扩张的华为，华为决意对其调整。就在方案设计的过程中，发生了三件事：首先，美国的互联网经济泡沫破灭，对IT行业造成灾难性打击，融资再次成为华为的难题。其次，华为的海外扩张业务急需大量的资本投入。雪上加霜的是，"少帅"李一男等核心骨干陆续离开华为，严重削弱了华为的人力资本优势。此刻，华为并未建立在国内的绝对领先优势。

好消息是华为高管赴美视察期间，发现了虚拟股的新型股权激励制度，这为华为的股权激励制度改革带来了转机。

2001年，《华为技术有限公司虚拟股票期权计划暂行管理办法》如期而至，它是这样设计的：

- 激励模式：虚拟受限股。
- 激励对象及数量："奋斗者"。
- 股票价格：每股净资产，员工以年终奖、自筹、"个人助业贷款"等方式购买。

---

[1] 资料来源：(1) 朱凯旋. 华为股权激励机制及其研发投资研究 [D]. 安徽财经大学，2016；(2) 明叔亮，胡雯，莫莉，鲁伟，董欲晓. 高回报影子股权陷困局. 财经，转引自豆瓣 https://www.douban.com/note/223410669.

- 行权时间：行权期限为 4 年，每年最大可以兑现持有的 1/4。①
- 激励收益：虚拟股增值和分红。

所谓虚拟股，与实股相对应，它没有所有权和表决权，不能转让和出售，也无需工商登记。远离监管的虚拟股，给华为带来了方案设计的灵活性。华为的虚拟受限股面向的是"奋斗者"。所谓"奋斗者"，是根据员工的业绩、直接上级的评价、同事及第三者的评价多方综合的合格者。所以相比于员工持股计划的普遍激励，虚拟股受众明确，针对性更强。同时，华为将行权时间定为 4 年时间，这使得老员工无法享受到长期增值和分红，避免了老员工的懈怠思想。只有保持奋斗的激情和状态，才能持续获得相同规模的激励收益。只有短期内集团集体业绩的显著上升，"奋斗者"才能从中获得最大效益的每股净资产增值差价。

以上要素设计都契合了"奋斗"二字，这是推出虚拟股的重要目的。在华为出海扩张的关键时刻，队伍不能松散，士气不能低落，节奏不可拖沓。

除了激励华为队伍"奋斗"，利用虚拟股内部融资也是重要目的。最直接的体现是"个人助业贷款"，这是在员工自筹和年终奖之外，由华为联合多家银行发放的资金。这笔"个人助业贷款"由华为员工所贷，间接流入华为的资金周转体系，成为华为项目投资的重要资金来源。项目投资的回报部分用来发放员工工资、奖金、虚拟股增值及分红，然后由员工偿还合作银行。所以华为的虚拟股兼具内部融资和外部融资的特性。这里有一组虚拟股融资力度的数据统计："2004 年到 2012 年，华为员工以购买虚拟股的形式通过华为工会增资超过 260 亿元。反观华为公司的直接竞争对手中兴通讯，其在 A 股上市至 2012 年累计募集资金不过 24 亿元。2004 年在香港上市，融资不过 21 亿港元。"②

---

① 安海. 华为公司股权激励制度研究 [D]. 对外经济贸易大学，2014.
② 明叔亮，胡雯，莫莉，鲁伟，董欲晓. 高回报影子股权陷困局. 财经，转引自豆瓣. https://www.douban.com/note/223410669.

在 2000 年互联网的寒冬中，配合着虚拟股，华为顺道解决了历史问题。通过"辞职再回岗"的内部政策推动，华为员工所持有的原股票被逐步消化吸收转化成虚拟股，原本就不具实质意义的实体股明确变为虚拟股。华为的股权激励制度完成了虚实之间的转变。

总结说来，虚拟股的推出，解决了融资难和员工懈怠的问题，帮助华为度过了互联网泡沫危机的艰难时刻，为华为带来了迅猛发展的又一个黄金十年。

9.7.3 "非典"时期的配股

2002 年，华为海外市场销售额达到 5.52 亿美元，相比 2000 年翻了 5 倍。[1] 天有不测风云，2003 年 SARS 的暴发重创了华为的出口业务。与此同时，华为的海外扩张遇到了当地竞争对手的阻力。2003 年，思科正式起诉华为及华为美国分公司，理由是后者对该公司的产品进行仿制，侵犯其知识产权。[2] 内忧外患之下，部分员工对华为的前景感到迷茫，这使得华为的队伍人心涣散、意志消沉。

此前华为推出的虚拟股仍在每年实施，但随着时间推移，虚拟股的边际激励效应递减，更何况在这样的多事之秋，其提供的短期激励已不足以让员工们再接再厉。所以华为推出了更大规模的配股计划，该方案要点如下：

- 激励对象：全员，向核心层倾斜，骨干员工获配额度远高于一般员工。
- 激励额度：与员工已有股份总和基本相等。
- 解锁时间：3 年锁定期。

---

[1] 发展历程.华为官网网站.http://www.huawei.com/cn/about-huawei/corporate-information/milestone.
[2] 任正非.百度百科词条.百度百科.https://baike.baidu.com/item/%E4%BB%BB%E6%AD%A3%E9%9D%9E/448501?fr=aladdin.

- 行权安排：一般员工每年兑现不超过 1/4，持股多的核心员工每年兑现 1/10。

相比于每年实施的虚拟股配股，这次是一次大刀阔斧的配股计划，最直接的体现是配股总量。此外，这次配股目的非常明确，要稳住队伍，更要留住"核心员工"。华为作为人力和技术密集型企业，在与思科的一战中清晰地意识到研发员工是其"核心资产"，所以务必要加强对研发队伍的激励和约束。在配股计划中，对于核心员工，不仅获配额度更高，而且每年兑现比例约束更高，这体现出激励和约束"均衡"的思想。

此次配股仍沿用了"个人助业贷款"的模式，员工本人只需要拿出 15% 的资金，其余 85% 由公司和银行协商解决。这是基于员工现金支出压力和融资的双重考量，所以融资也是此次配股的次要目的。

从实施效果来看，我们用下面两张图（图 9-14 和图 9-15）说明情况：

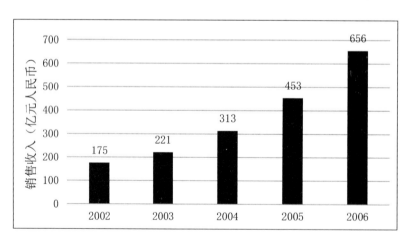

图 9-14　2002—2006 年华为销售收入 [①]

---

① 数据来源：2006 年年报. 华为官网. http://www.huawei.com/ucmf/groups/public/documents/annual_report/092586.pdf.

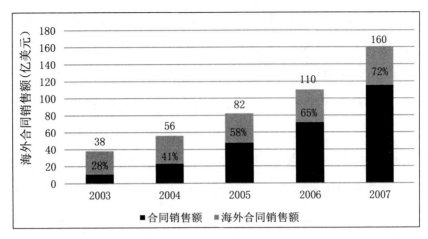

图 9-15　2003—2007 年华为合同销售额及海外合同销售额[①]

从上面两张图看出，华为的销售收入和海外合同销售额强劲增长，不仅如此，海外合同占比逐年大比例提升。这些表明华为没有在 2003 年严峻的形势下放缓脚步，反而在海外市场拥有更强的竞争优势，抢占了更多的通信市场。这样的表现，很大程度上要归功于 2003 年的配股计划。在面对出口受阻的宏观环境和思科的产业竞争时，华为用配股这针强心剂，激发了员工队伍拼搏的动力，捆绑住核心的研发队伍，加强了自主创新的优势，并交出了漂亮的业绩成绩单。

9.7.4　金融危机时的饱和配股制

全面爆发于 2007 年 8 月的美国次贷危机波及全球，使得全球金融体系遭受重创。危机进一步蔓延至实体经济，使得进出口锐减、银行惜贷、企业裁员甚至破产。在每况愈下的经济困境下，身处通信行业的华为也难以幸

---

① 数据来源：2007 年年报．华为官网．http://www.huawei.com/ucmf/groups/public/documents/annual_report/092585.pdf．

免。对于华为队伍来说，最直接的影响是信心。缺乏安全感的部分华为员工，对华为前景产生怀疑，纷纷赎回手中的虚拟股。此时的形势比五年前"非典"时期更为严峻，一方面实体经济危在旦夕，外部环境令人担忧，另一方面华为团队积极性受挫、人员结构老化。华为急需稳定军心，并吸引新员工。

为此，华为在2008年推出了饱和配股计划。其方案近似于2003年的配股计划，区别在于"饱和"两字。所谓"饱和"，即华为给员工按照岗位级别制定了持股的上限，比如14级员工持股上限是5万股，如果该员工已达上限，那么他就没有资格参加此次配股。这就导致了入职多年的老员工，由于参与了每年例行的配股计划，已达到持股上线，所以没有资格参与此次饱和配股。相反，新员工刚入职不久，或者刚晋升，成为"重点"激励对象。

增加"饱和"的要素设计，有三大用意。首先，华为需要提振入职时间短、岗位级别较低的员工的工作动力。作为享受华为虚拟股激励体系最少的一个群体，新员工在金融危机的消极宏观环境下受到的经济压力和心理负担最重，而他们恰恰是华为全球业务扩张的基石。这些员工一旦大量辞职，将直接拖延华为的全球战略。从激励效益来讲，对新员工的大量激励边际效应最高，将直接提高他们的工作积极性，从整体上提升华为的士气。

第二点，华为需要加强内部竞争。对新员工的"重点"激励，而老员工甚至没有资格参与饱和配股，这相当于向老员工施加无形的压力，传达出华为提拔年轻"奋斗者"的信号。在这样的情况下，老员工要么继续"奋斗"，要么选择退股辞职。这反而是华为调整团队人员结构、提拔年轻骨干的好机会。

第三，华为需要吸引人才。在通信行业遭遇外部金融危机大洗牌的时刻，中小企业裁员和破产，将加强行业人才的流动性。华为恰逢其时地抛出激励"新员工"的饱和配股计划，毫无疑问对其他通信企业的优秀人才充满吸引力。

综观华为的"饱和配股",仅仅微调了激励对象的门槛,就产生了"四两拨千斤"的效果。其实施结果大获成功,如图 9-16 所示:

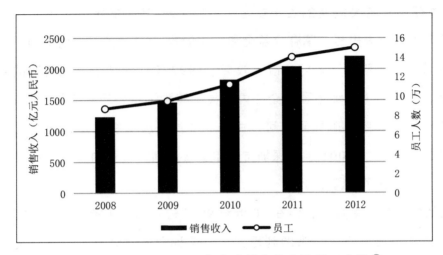

图 9-16　2008—2012 年华为销售收入及员工人数 ①

图 9-16 向我们展示了华为在金融危机中的表现,销售收入从 1 230 亿元增长到 2 201 亿元,员工人数从 8.7 万人扩充到 15 万人。此外,在员工人数大幅增长的情况下,华为的研发人员比例仍从 43% 提升至 45.6%,彰显了以技术驱动、创新驱动的立家之本,说明华为对于优秀人才的吸引力在增强,这背后自然有虚拟股和饱和配股的功劳。

9.7.5　被叫停的个人助业贷款 ②

"个人助业贷款"在华为的股权激励体系中扮演至关重要的角色,不仅是在 2001 年以后虚拟股的例行和特别配股时,而且在 20 世纪 90 年代的员工持

---

① 数据来源:2008—2012 年年报 . 华为官网 . http://www.huawei.com/cn/press-events/annual-report.
② 资料来源:明叔亮,胡雯,莫莉,鲁伟,董欲晓 . 高回报影子股权陷困局 . 财经,转引自豆瓣 . https://www.douban.com/note/223410669.

股计划中也有它的影子。

深圳作为全国改革开放的"排头兵"和"试验场",在1994年发布了《关于内部员工持股制度的若干规定(试行)》,其中规定员工个人持股资金的来源可以是个人出资、留存公益金和企业借款。① 随后的三年时间内,内部员工持股试点总体取得了较好的改革效果。1997年,深圳市又在前期试点工作基础上,发布了《深圳市国有企业内部员工持股试点暂行规定》,全面推行员工持股制度,其中明确提到,可以由公司非员工股东提供担保向银行或者资产经营公司贷款。② 2001年,深圳市颁布新《深圳市公司内部员工持股规定》,适用范围扩大到了民营企业。③

虽然华为是民营企业,但在20世纪90年代它的员工持股方案就得到了深圳体改办的批准,所以华为顺利地实施了该计划。此时员工用年终奖来支付每年分到的持股额度,如果不够,那么华为会出面为员工提供担保,用银行贷款购买股份。

华为和银行之间的合作延续到了2001年后的虚拟股计划中,此时的形式便是"个人助业贷款"。百度百科对其的定义是:个人助业贷款是银行对以个人名义申请,为临时资金周转需要和从事生产经营的个人发放的贷款。④ 于是,员工通过"个人助业贷款"获得购买虚拟股票的资金,华为通过虚拟股大量增发的形式获得大量的资金。根据《财经》记者的统计,从2004年到2011年华为工会增资扩股累计出资高达263亿元,这些股票与虚拟股平行对应,

---

① 张弘. 试析内部员工持股制度[J]. 特区理论与实践,1997(08):30-31.
② 资料来源:深圳市人民政府. 深圳市国有企业内部员工持股试点暂行规定. 中国法院网. https://www.chinacourt.org/law/detail/1997/09/id/67774.shtml.
③ 明叔亮,胡雯,莫莉,鲁伟,董欲晓. 高回报影子股权陷困局. 财经,转引自豆瓣. https://www.douban.com/note/223410669.
④ 个人助业贷款. 百度百科词条. 百度百科. https://baike.baidu.com/item/%E4%B8%AA%E4%BA%BA%E5%8A%A9%E4%B8%9A%E8%B4%B7%E6%AC%BE/6597321?fr=aladdin.

间接说明了华为通过虚拟股融资的规模之大。①

但把定位于"生产经营和短期资金周转"的个人助业贷款用于配股,这一行为相当于在打银行监管的"擦边球"。风险在于,表面上银行是对个人放贷,实际上是对大股东华为工会借款。如果华为的经营遭遇困难,那么银行承担的绝不只是一两份"个人助业贷款"的风险。

"个人助业贷款"实施10年后,监管的脚步姗姗来迟。

2010年2月,银监会发布"三个办法一个指引"②,规定个人贷款只能用于生产经营和个人消费,银行贷款不得用于固定资产、股权的投资。

2011年,据《财经》报道,国家审计署报告称,商业银行对华为员工的"个人助业贷款"用于内部配股,该行为系属违规行为,风险巨大。银监会在调查后,明令4家商业银行暂停发放华为虚拟股贷款。

2011年7月,华为控股工会财务处发布《关于2011年虚拟受限股交款具体操作的通知》,首次明确,由于国家相关政策调整,2011年各商业银行停止操作"个人助业贷款",员工认购资金需全部自筹。

3个月后,2011年10月,华为董事会秘书处又发出《关于员工提前偿还银行助业贷款及2012年配股交款相关事宜的通知》,强调"由于一些原因"银行暂停了对华为员工购买虚拟受限股贷款的支持。③

一方面,员工要提前偿还银行助业贷款;另一方面,2011年的虚拟股得自筹资金。双重资金压力之下,已经有员工开始对虚拟股打退堂鼓。"个人助业贷款"被叫停,对虚拟股计划来讲是"釜底抽薪",不仅华为借虚拟股融资

---

① 资料来源:明叔亮,胡雯,莫莉,鲁伟,董欲晓.高回报影子股权陷困局.财经,转引自豆瓣. https://www.douban.com/note/223410669.
② 指的是《个人贷款管理暂行办法》《流动资金贷款管理暂行办法》《固定资产贷款管理暂行办法》和《项目融资业务指引》。
③ 上述四段资料来源:明叔亮,胡雯,莫莉,鲁伟,董欲晓.高回报影子股权陷困局.财经,转引自豆瓣. https://www.douban.com/note/223410669.

的目的大打折扣，而且让员工承担更大的筹资负担和风险。为此，华为也给出了折中的办法，即内部借款。中低级别员工可提出申请，由工会协调内部员工之间相互借款。但不久之后，该方案被束之高阁。

2010年开启新的10年，诸多的问题等待着华为去解决。华为是否还需要用虚拟股融资？虚拟股是否还能支撑华为的股权激励体系？信贷断流之后，虚拟股是否会被替代？

9.7.6　全球扩张背景下的TUP计划

信贷断流之后，华为开始重新思考虚拟受限股计划。此时华为面临四大问题：

（1）"个人助业贷款"被叫停后，通过虚拟股融资的方式收效甚微。

（2）中低级别员工就算"砸锅卖铁"，也无力持续负担每年的配股资金，使得激励效果大打折扣。

（3）随着海外业务的扩张，如何解决外籍员工的长期激励问题。

（4）"坐车"比"拉车"的人多，如何解决"拉车的人在不拉车时的分配问题"？

权衡利弊之后，华为决定推出TUP计划，即奖励期权计划。TUP计划的方案设计有两大特点：第一，员工不需要花钱购买，是根据员工的岗位、绩效等因素每年授予；第二，TUP计划采用"递延+递增"的5年期分配方案，具体如表9-6所示。

表 9-6　TUP 计划分配方案[1]

时间	TUP 计划所得
第一年	授予期权，当年没有分红权
第二年	获取 1/3 的分红权
第三年	获取 2/3 的分红权
第四年	获取 100% 的分红权
第五年	除了获得全额分红，还对 TUP 面值增值部分进行结算。结算后清零

从分配方案中，我们可以看出分年获得阶段性的分红权属于"递延"部分，权益增值属于"递增"部分。前 4 年是递延分红权的收益，最后 1 年除了全额分红之外，还有面值的增值部分。这部分递增是集中在第 5 年兑现，采取的计算方式和虚拟股类似。

TUP 计划和虚拟受限股相比，最大的区别在于剥离了融资的功能和采用了分红递增的方式。前者是出于信贷断流后员工自筹困难的考虑，取消融资的功能设计，对华为来讲是壮士断腕，它需要寻找新的融资渠道作为替代。但从另一个角度看，随着华为慢慢进入稳定发展期，它对资金的需求已不再如之前的 20 年。而分红递增，相对于虚拟受限股的每年分红，无疑是削弱了相应的激励力度，这部分原因是员工出资购买的约束被取消，那么相应的激励作出调整，部分也包含着华为调整薪酬所得和资本所得比例的考量。

2013 年，华为内部名为《正确的价值观和干部队伍引领华为走向成功》的邮件阐述了 TUP 的实施目的：提高工资、奖金等短期激励手段的市场定位水平，增强对优秀人才获取和保留的竞争力。丰富长期激励手段（逐步在全

---

[1] 资料来源：吴建国. TUP 的背后，是华为激励模式的重大变革. 基业长青. http://www.builast.com/zhuanyewenzhang-195321-15879-item-108269.html.

公司范围内实施TUP），消除"一劳永逸、少劳多获"的弊端，使长期激励覆盖到所有华为员工，将共同奋斗、共同创造、共同分享的文化落到实处。①

从华为自己的阐述中，我们可以看到华为旗帜鲜明地提出消除"一劳永逸、少劳多获"的弊端，也就是任正非所担忧的"拉车的人在不拉车时的分配问题"。TUP计划契合了华为"以长期奋斗者为本"的价值观，在这个激励模式下，不管是哪国国籍、哪个区域的华为员工，只要能持续地"拉好车"，就能获得应有的价值。而那些"坐车"的员工只有主动回到"拉车"的位置上，才能保证自己原有的所得规模。TUP计划将激励机制从基于上级评定的"分配制"逐步转向"获取分享制"，引领了华为强劲增长的又一个5年。

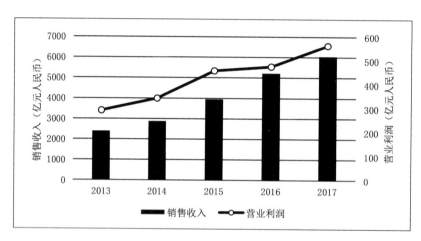

图9-17　2013—2017年华为销售收入及营业利润②

从2013年至2017年的5年间，华为的销售收入从2 390亿元增长至6 036亿元，净利润从291亿元增长至564亿元（见图9-17）。在解决"拉车"和"坐车"的问题后，华为轻装上阵，重回强势增长的轨道。在近30年

---

① 胡厚崑．正确的价值观和干部队伍引领华为走向长久成功．华为总裁办邮件．转引自CSDN博客．https://blog.csdn.net/hongfuchuilei/article/details/17409349．
② 数据来源：2013—2017年年报．华为官网．http://www.huawei.com/cn/press-events/annual-report．

的发展历程中,华为"以长期奋斗者为本",靠着阶段性的激励模式变革,为我们展现了股权激励所带来的巨大力量。

9.7.7 评价与启示

华为是中国高科技和制造业企业崛起的最佳样本,其股权激励机制居功至伟。在发展过程中,华为清楚地意识到任何股权激励的制度设计,都是利弊兼有的阶段性安排,一旦发现其开始背离华为的核心价值观和设计初衷,就需要对其改革。①

(1)华为股权激励变革的主线

在数次变革中,华为紧抓三条主线:一是"以长期奋斗者为本";二是将融资和虚拟股激励相结合;三是优化股权结构和加强控制权。

"以长期奋斗者为本"是华为的核心价值观。华为的股权激励设计遵循着企业的核心价值观,既要关注价值创造者们,也要关注"拉车的人在不拉车时的分配问题"。初创期的员工持股计划实施离职回购的政策,员工只要离开华为,不再为华为奋斗,就失去了享受分红的权利,这使得员工思考离职的机会成本,并且捆绑员工成为长期奋斗者。2000年后的虚拟股变革,直接限定了激励对象必须是"奋斗者"。并且,虚拟股在分红之外加入了权益的增值,代表着"奋斗者"创造的价值越多,获得的回报就越高。2008年之后,华为着手解决"奋斗者"如何"长期"奋斗的问题,先设置了"饱和"的配股上限,防止"坐车"的队伍过于拥挤,之后推倒重来,用5年期的TUP计划消除"一劳永逸、少劳多获"的弊端。

其次,华为将融资和虚拟股激励相结合。传统的股权激励并没有融资的功能,那是因为传统的股权激励受到《公司法》对激励股票来源等相关条款的限

---

① 资料来源:吴建国. TUP 的背后,是华为激励模式的重大变革. 基业长青. http://www.builast.com/zhuanyewenzhang-195321-15879-item-108269.html.

制,导致发行的新股或受让的老股数量有限。而与实股对应的虚拟股,没有监管成本,也可以无限增加,再配合"个人助业贷款",就形成了强大的融资能力。被叫停前,员工通过"个人助业贷款"获得虚拟股的资金,华为通过虚拟股增发的形式获得大量资金。在20世纪90年代的员工持股计划中,我们也能看到通过"虚拟股"融资的影子,详见后文关于2003年华为员工诉讼的分析。

前面的两点是华为股权激励制度设计的明线,而隐藏在其中的还有一条暗线,那就是股权结构的优化和控制权的加强。

表9-7 华为的股权结构变化表[1]

时间	股权结构变化
1987年	深圳华为技术有限公司成立,6位股东出资2万元,均分股份
1990年	华为实施员工持股计划
1997年(改制前)	华为公司员工、子公司华为新技术公司员工分别持股65.15%、34.85%
1997年(改制后)	华为新技术公司、华为新技术公司工会、华为公司工会分别持股5.05%、33.09%和61.86%
1999年	华为公司工会收购华为新技术公司及其工会的部分股权,华为公司工会、华为新技术公司工会分别持股88.15%、11.85%
2000年	新技术工会的11.85%并入华为公司工会,单独剥离任正非的1.1%,其余由华为公司工会持有
2004年	华为技术有限公司股东变更为华为投资控股(99%)和任正非(1%)
2008年	华为技术有限公司变更为法人独资,由华为投资控股100%持有。华为投资控股由华为投资控股工会委员会(98.99%)和任正非(1.01%)持有
2008年至今	此后每年增资,股权结构保持不变。

从表9-7中,我们可以看到,从最初的6位自然人均分的股权结构到最后

---

[1] 程榕.虚拟股权激励研究——以华为公司为例[J].会计师,2017(05):11-12.

由华为投资控股法人独资的演变。华为的股权结构在不断优化的过程中，通过股权转让和吸收合并，将员工持股变更为工会持股，将两家工会变更为一家，最后变更为华为投资控股公司。

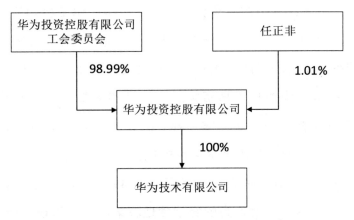

图 9-18　2018 年华为股权结构图 ①

图 9-18 为最新的华为股权结构图，从结构来看一目了然。华为投资控股的工会委员会拥有 98.99% 的股份，任正非拥有 1.01% 的股份。但这并不意味着工会委员会就是实际控制人，原因是：

- 华为是有限责任公司。《中华人民共和国公司法》第四十二条规定："股东会会议由股东按照出资比例行使表决权；但是，公司章程另有规定的除外。"所以华为完全可以在公司章程中做到"同股不同权"。②
- 工会委员会形式特殊，背后的负责人和内部运行规则我们无从得知。
- 华为的自然人股东只有任正非一个，任正非仍保有一票否决权。

---

① 资料来源：（1）华为技术有限公司 . 股东信息 . 天眼查 . https://www.tianyancha.com/company/24416401；
（2）华为投资控股有限公司 . 股东信息 . 天眼查 . https://www.tianyancha.com/company/17066311.
② 倪修智 . 任正非只有华为控股 1.01% 的股权，他是如何实现对华为的控制力的？. 知乎 . https://www.zhihu.com/question/38537113/answer/124175147.

在 2014 年英国《金融时报》的采访中,华为承认,任正非对于公司重大决策仍保有一票否决权。[①] 这说明华为在公司章程中对于表决权有特殊的规定,间接说明工会委员会不是真正的实际控制人。

从公司治理来看,华为的股东会作为权力机构,由工会和任正非两名股东组成。工会履行股东职责、行使股东权利的机构是持股员工代表会。持股员工代表会由持股员工代表组成,代表全体持股员工行使有关权利。[②] 通过查阅相关材料发现,在涉及华为控股增资扩股、分红和人事任免等问题时,其股东会议历次只有两人参加——任正非和孙亚芳,他们才是华为控股真正的两家股东的代表。[③] 另一方面,华为董事会也由持股员工代表会选举产生并经股东会表决通过。2018 年,华为持股员工代表会由 49 名代表组成,其中选举出的 17 名组成董事会,这意味着华为的经营管理决策由核心管理层所掌握。

从历史变迁来看,可以很明显看出华为的控制权在集中到以任正非为核心的管理层手中。从 6 人均分和员工分散持股,我们发现初创期的任正非根本没有在意控制权。质变发生在工会的成立和虚拟股的推出,此后员工的"实股"被收归工会,又变为虚拟股。虚拟股没有所有权和表决权,这意味着员工与控制权的"绝缘"。

(2)华为股权激励的问题

"以长期奋斗者为本"、融资和虚拟股激励相结合、优化股权结构和加强控制权,这是华为股权激励变革的三条主线。然而华为的股权激励制度设计并不是完美无缺的,但是也有两个问题:一是特殊时期的特殊产物,不具有普

---

① 迪米 马拉.华为股权结构曝光:员工持有 99% 股份 任正非有一票否决权.FT 中文网,转引自猎云网.http://www.lieyunwang.com/archives/35212.
② 股东会和持股员工代表会.公司治理.华为官网.http://www.huawei.com/cn/about-huawei/corporate-governance/the-shareholders-meeting-and-the-representatives-commission.
③ 普法堂.深度解析华为的虚拟股权及其是否可以被模仿.搜狐.http://www.sohu.com/a/144216694_624053.

适性；二是遭到了举报和诉讼。

华为的股权激励是特殊时期的特殊产物。在20世纪90年代，当时的法律制度尚未完善，但华为的员工持股计划得到了深圳市体改办的批准，且融资行为依照深圳市在1994年出台的《关于内部员工持股制度的若干规定（试行）》的相关规定。

2001年后推出的虚拟受限股更为特殊，其特别之处有3点：

- 得到了深圳体改办的批准，当时全国类似华为的虚拟股有上千家，但后来就不批了。
- 虚拟股实质上是分享制，不是股份制。
- 虚拟股的推出，有赖于天时的配合和华为的魄力。

前面两个特殊之处容易理解，第3点指的是要推出虚拟股，华为面临着非常大的阻力。如果不是当时互联网经济危机和孙亚芳为首的管理层主动"辞职再回岗"的带头示范，华为想要虚实转换并不容易。华为的虚拟股能成功，不仅靠制度设计，还依靠任正非的个人品德和影响力、华为历史上丰厚的分红和华为的飞速发展。如果不是这样，员工凭什么去相信没有工商登记、没有公证、没有所有权和表决权、没有长期增值能力，甚至没有合同的虚拟股呢？

虚拟受限股有其特殊性，更适用于快速扩张期、人力资本丰富、资金缺乏的高科技企业，同时企业内部凝聚力要强、分红要丰厚且稳定。只有这样，才能将融资和激励约束的作用有机地结合在一起。所以企业家不可照搬照学华为的股权激励模式，要将其中优秀的要素设计与企业实际情况相结合，设计最适合自己企业的股权激励模式。

华为在股权激励变革中也惹上了麻烦，遭到举报和诉讼，其背后是否有制度设计的问题？首先是举报，据知乎网友整理，华为在20世纪90年代遭到友商举报非法集资，原因就是华为的股权激励的融资行为，最后1996年朱镕基总理在华为视察时钦点支持。① 但同期,河北省大午农牧集团的创始人孙大午就没有这么幸运,因为融资难迫不得已向职工、亲朋、村民等4 600人借款,并出具统一印制的借条,被当地人民法院以"非法吸收公众存款罪"判三缓四,这一结果还是建立在社会各界的声援之下。相比于大午农牧,华为的这套虚拟股融资规模和范围要大得多,其政策风险不言而喻。想必任正非也是壮士断腕,下定决心为了华为的发展承担政策风险和舆论压力。

其次是2003年的员工诉讼,该案引起国内法律界和企业家阶层的广泛讨论。当时,两名离职的创业元老起诉华为,原因是他们离职退股时按照购买时的每股1元的价格,而不是以当时的每股净资产3.28元退股,这有违同股同权的原则;另外,华为用作增资的应付红利中也有自己的利益,他们应该享受到股权的增值。②

该案最后以两位员工败诉告终,广东高院认为,因为华为员工的股份没有进行工商登记,所以关键的证据是华为与员工之间的合同,华为工会的持股数只能做参考,原告的主张"没有契约依据和法律依据"。这说明员工与华为公司之间只是合同关系,而非股东与公司的关系。③

这起诉讼揭开了华为员工持股计划的面纱。在1997年改制之后,华为员工所持"股份"不再是法律意义上的股权,而是以合同约定的只享有分红权利的"干股"。这起诉讼也暴露了华为在股权激励制度设计上的问题:一是计划"不透明",漠视员工的知情权;二是忽视了员工退股时需要承担的财务、道德和法律风险。④

---

① gakki粉. 华为的虚拟受限股是否合规?是否可以推广?. 知乎. https://www.zhihu.com/question/27662714/answer/37605082.
② 资料来源:谢白清,董娅宇. 第一股权纠纷案原告败诉 华为员工持股谜团难解. 粤港信息日报,转引自搜狐证券. http://business.sohu.com/2003/12/16/43/article216974356.shtml.
③ 资料来源:明叔亮,胡雯,莫莉,鲁伟,董欲晓. 高回报影子股权陷困局. 财经,转引自豆瓣. https://www.douban.com/note/223410669.
④ 资料来源:康海珍. 企业私募融资法律问题研究[D]. 中国政法大学,2005.

第 10 章

股权激励七定法

10.1 定对象

10.2 定模式

10.3 定业绩

10.4 定数量

10.5 定价格

10.6 定来源

10.7 定时间

本章主要介绍如何通过七定法来设计一个股权激励方案。实践表明：无论是什么样的企业，在设计股权激励模式中最关键的步骤是7步，即定对象、定模式、定业绩、定数量、定价格、定来源和定时间。

七定法实际上就是针对企业的实际需求，考虑其行业特性和所处的发展阶段，为企业提供"量身定制"的股权激励方案，并通过7个要素来保证实施的效果。

一般来说，具体设计一个股权激励方案的逻辑是：首先，根据企业的行业特性、发展阶段、股权属性和未来的资本战略提炼出企业的需求；其次，按照"定对象→定模式→定业绩→定数量→定价格→定来源→定时间"的顺序分别确定合适的股权激励对象、确定适合企业的股权激励模式、确定股权激励的业绩标准、确定激励股份的数量和比例、确定行权价格或股份价格计算公司、确定激励股票的来源和购股资金来源、确定股权激励计划中的时间安排；最后，形成三份重要的文件：股权激励合同、股权激励实施方案和业绩考核书。其中股权激励实施方案和业绩考核书作为股权激励合同的附件，具有同等的法律效应。

企业在通过七定法具体设计方案的过程中，要始终牢记股权激励不是为了分钱，而是为了实现以下4个目的：

- 利益捆绑。将经理人、股东和公司的利益长期捆绑起来。
- 风险和收益对等。将多大的收益给经理人的同时也让其承担相应的风险。
- 激励和约束对等。将多大的激励给经理人的同时为其制定相应的约束。
- 留住人才、激励人才和吸引人才。

如图 10-1 所示就是上述七定法的逻辑机理。

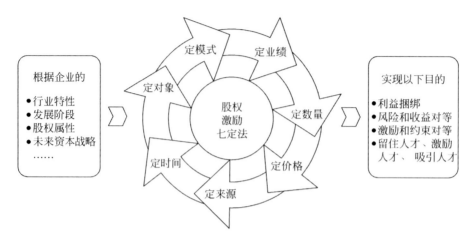

图 10-1　股权激励七定法示意图

七定法中的 7 个要素，如激励对象和激励模式的确定在前面章节中已经有过详细的讨论，本章只做概要总结；对于前面章节涉及较少的要素，本章将进行重点介绍。

10.1　定对象

关于激励对象的确定问题我们已经在 7.2 节中详细介绍了。本章需要再次强调的是，激励对象一定要考虑"金手铐""金台阶"和"金色降落伞"。在"金手铐"的选择中，可以参考我国证监会对上市公司股权激励对象的要求："董事会成员、高管人员和核心骨干员工"。

核心骨干员工的确定是比较宽泛的，一般是指可能职位只是一般管理者，甚至没有管理职位，但是他的能力、经验、资源等对企业是重要的，甚至是不可或缺的。

按照我国证监会的相关规定，对于持股 5% 以上的股东及其关联人能否成为激励对象需要股东大会做出决议；独立董事和监事会成员不得作为激励对象。

对于上市公司，证监会明确规定下列人员不得成为激励对象：（1）最近 3 年内被证券交易所公开谴责或宣布为不适当人选的；（2）最近 3 年内因重大违法违规行为被中国证监会予以行政处罚的；（3）具有《中华人民共和国公司法》规定的不得担任公司董事、监事、高级管理人员情形的。

对于非上市公司来讲，没有以上的限制，可以根据自身实际需求来确定激励对象。一般来说，非上公司的激励对象应该是"在企业中相对重要"和"更难监督"的管理人员、核心技术人员或主要的销售人员。

10.2　定模式

确定了激励对象之后，接下来就需要为他们选择适合的股权激励模式。关于如何才能确定最优的激励模式请参见第 8 章，该章内容都是介绍如何为企业选择合适的股权激励模式。

需要指出的是，没有最好的模式，只有适不适合的模式。最优模式一定是根据企业实际情况和需求创新出来的模式。

10.3　定业绩

科学合理的业绩确定是股权激励能够达到有效激励的前提。也就是说，激励经理人的主要目的，并不是简单的为经理人多发点钱，而是为了让经理人更有效地完成公司制定的工作目标或任务，为自己、老板和公司创造更大的价值。所以，有效的股权激励一定是以完成一定的业绩目标为前提的。如果没有明确的目标，股权激励就不能达到目的。

在业绩的确定过程中，有以下4个关键步骤：

- 确定业绩指标；
- 确定业绩标准；
- 确定业绩评价方法；
- 确定业绩考核基准。

10.3.1　三类基本指标的对比分析

确定具体的业绩考核指标是定业绩的第一步。股权激励的目的是为了将经理人和股东的利益长期捆绑，经理人在获得股权激励收益的同时能够使得股东财富增长和企业价值增长。因此，有效的评价指标应满足两个条件：首先，是信息量足够，能够反映经营者的努力程度和管理才能，体现为业绩付酬的股权激励思想；其次，要能真实体现出企业价值的增长和股东财富的增加，要与企业的战略目标相一致，这样才能引导企业向良性循环的方向发展。

然而，目前众多的业绩评价指标由于不能同时兼顾这两个条件而存在这样或那样的问题。这些业绩指标可以大致分为三类：会计类指标、市场类指标和非财务类指标。这三类指标各有利弊，每种指标都不完美，单独使用时都不能满足上述的两个条件。以下是这三类指标的对比分析：

（1）会计类指标

会计类指标就是财务会计指标，如净利润、销售额、经济增加值（EVA）、净资产收益率（ROE）、总资产报酬率（ROA）、资本回报率（ROI）

以及每股净收益、净收益率等。

会计类指标的优点：直观，易于操作，客观性和可理解性强，影响因素较为明确，经营者的可控程度强。当资本市场有效性较差时，会计指标比股价等市场指标更能反映企业价值的变动。

会计类指标的缺点主要表现在3个方面：首先，对于上市公司，有些会计指标受到经理人操纵，从而歪曲公司的真实经营业绩；其次，会计指标的计量是以"实现"为前提的，因此它对经营成果的反映是滞后的，且面向过去的特征使会计指标成为一种"短视指标"，容易诱发经理人急功近利的思想和短期投机行为；最后，大多数会计指标并未考虑股权投资的机会成本等因素。

（2）市场类指标

市场类指标，以股价为代表，包括市场总价值、市盈率等。以公司股票的公允价值作为评价企业价值增长的标准，市场类指标是美国上市公司股票期权计划中衡量股票期权持有人业绩最流行的一种方法。

市场类指标的优点：首先，股票市场指标是企业未来现金流的贴现值，指标值反映了市场对企业未来的预期。所以其最大的优点是面向未来，关注企业的长远发展。其次，业绩评价相对简单，由股价独立决定，易于计算和确认，不易受到经理人的人为操纵。

市场类指标的缺点：首先，受资本市场有效性影响很大，在有效性较差的资本市场中，市场指标难以真实反映企业价值的变化，有可能出现经理人努力工作，企业价值增长了，但是股价大跌的情况；其次，市场指标难以调动经理人执行特定公司战略或实现特定财务目标的积极性。

（3）非财务类指标

非财务类指标指的是不能用货币单位来量化的指标，经常使用的有市场占有率、顾客满意度、人力资本准备度和关键员工流失率等。会计类指标和市场类指标都属于财务指标，是可以量化的，反映的是经营结果，比较客观、准确；而非财务类指标描述的是事物的性质和方向，反映的是经营过程。

非财务类指标的优点：非财务类指标反映了企业经营过程的信息，促进了财务指标的实现，因此非财务指标更能反映出企业的真实情况。相对于财务指标注重"过去"的特点，非财务类指标面向的是"未来"。

非财务类指标的缺点：首先，非财务类指标的确定带有很大的主观性，难以定量化的特点使得不能单独使用非财务类指标来完成对经理人的业绩评价；其次，非财务类指标很容易受到经理人的操纵；最后，非财务类指标有时会跟财务类指标相矛盾，比如过于注重顾客满意度和员工满意度会造成成本上升，利润下降等问题。

10.3.2　确定业绩指标的原则

不同的业绩指标有着不同的优缺点，而且将导致经理人的努力方向不同。任何一种单一的指标都不可能做到科学、合理，完全有可能出现激励的扭曲，即"种瓜得豆"，比如用净利润指标考核经理人，目的是让经理人关注股东回报，但是却有可能诱发经理人砍掉研发费用和市场费用的短期行为。

因此，为了企业的健康发展，所选定的业绩指标应该诱惑经理人在多个方面做出努力和贡献：不仅要看到眼前利益，还要顾及长远；不仅要青睐市场份额，还要重视企业利润；不仅要为客户着想，还要为股东谋利；不仅要关注会计指标，还要关心股价的表现。

而经理人的这些努力和贡献很难通过一个指标集中反映出来。比如，如果用利润指标衡量经理的业绩，很可能使经理采取降低研发费用、减少培育品牌的开支等"竭泽而渔"的手段拿出一份漂亮的财务报表。如果采用市场份额为指标，最有可能发生的就是不顾企业利润水平的价格战、营销战、广告战等舍本逐末的做法。那么，如何才能确定合理的业绩指标呢？我们的思路依然是"组合"，根据企业的实际要求，组合出适合企业的业绩指标。以下是在组合确定业绩指标的过程中必须遵循的 3 个原则：

（1）利润指标和销售指标相结合，以影响企业价值关键因素指标为主

会计类指标中的利润指标代表的是企业的短期利益，而销售指标代表的是企业的长远利益，在实际应用中，应该将两者结合起来考虑。根据在不同发展阶段它们对企业价值影响的不同，赋予不同的权重。

企业价值简单地理解就是卖掉企业时可以得到的收益。在数量上，企业价值等于企业从存在到卖掉的每一期利润的贴现加总。从经济学的角度看，如果每一期利润在时间上是相互独立的，则最大化企业利润就等于最大化企业的价值；但如果各期利润相互影响，最大化每一期企业的利润就不等于最大化企业的价值。就实际来看，在企业发展的不同阶段，企业各期利润之间的关系会有所不同：在起步和发展阶段，前一期的低利润可能是后一期高利润的前提；在成熟阶段，各期的利润可能相互之间关系不大。致使各个时期影响企业价值的主要因素也不尽相同。

对以上的分析应用是，如果我们用会计指标来考核经理人，应该同时考虑反映市场份额指标和净利润增长率、净资产收益率等利润指标。但是，在企业的不同发展阶段考虑的重点不一样。

对于一个处于成长阶段的企业来说，影响企业价值最主要的因素是企业的增长，因此这个阶段发展对于企业是最重要的。如果经理能够通过市场份额迅速地扩大企业的规模，就会提高企业以后各期的利润水平，从而提高企业的价值。因此，这时选择市场份额作为激励指标就较为合理，在组合指标中市场份额的权重应较大。

对于一个处于成熟期的企业，当期利润指标是一个较合理的指标。这是因为处在成熟期的企业的每一期利润的相关性不是很大，各期利润波动也较小，因此，最大化各期利润就等于最大化企业价值。而且这个时候提高企业的成

长性已经很难,这个阶段成本管控对于企业是最重要的。此时,选择净利润增长率和净资产收益率等当期利润指标作为激励目标就较为合适,或者在组合指标中应对反映利润的指标赋予较大的权重。

(2)会计类指标和市场类指标相结合

对于非上市公司来说,财务指标只有会计指标。而对于上市公司来说,除了会计指标之外,还有市场指标,又该如何选择呢?

从理论上看,无论在哪个国家的资本市场上,会计指标还是市场指标在反映企业经营者的能力水平和努力程度上都存在一定的弊端。因此,在具体指标的选择上,为达到指标能准确反映经理人能力水平和努力程度,减少这种弊端常用的方法是将会计指标和市场指标综合起来使用。这样经理人汇报的一部分来源于市场业绩,另一部分来源于企业内部业绩,就能克服以上弊端,基本上能够反映经理人的努力程度和能力水平,并将经理人的关注点聚焦到企业长期战略上来。

将会计指标和市场指标二者结合起来同时用于业绩考核,并根据公司的目标对二者比重进行调整,可能是一个比较符合实际的方案。如公司希望鼓励研发时,就应当降低业绩考评中会计指标的比重,将更多的权重赋予股价。由于资本市场对公司的研发行为会有正面的反映,经理人的股权激励计划的价值也将会更快地上升,这样就可以诱惑经理人愿意进行研发。相反,如果公司想削减短期成本,会计指标将比股价更快、更准确地反映这种行为的现金流量效应。这样,公司就可以增加业绩考评中会计指标的比重。

将会计指标和市场指标结合起来考虑,对于中国资本市场上的上市公司具有非常现实的意义。中国资本市场的有效性比较差,如果对经理人实施股权激励时只考虑股价等市场指标,就会出现比较诡异的局面:"经理人努力工作→公司价值增长→会计指标上升→股价大跌→经理人一分钱挣不到"。这种现象已经不止在我国一家上市公司中发生过了。

那么，如何解决这个问题？只考虑会计指标行不行？会计指标对经理人是公平的，因为只要其努力了，会计指标就会上升，经理人就能得到股权激励。但这也有问题：在经理人得到股权激励的时候，股价大跌，中小股民的利益又体现在哪里？证监会不可能批准这样的方案。因此，为了兼顾经理人和中小股民的利益，在我国的上市公司实施股权激励方案，一定要综合考虑会计指标和市场指标，建议将更多的权重赋予会计指标。

（3）财务指标和非财务指标的结合

任何一家公司在实施股权激励对经理人进行业绩考核的时候，肯定会以财务指标为主，这种选择无疑是正确的。因为财务指标是客观指标，体现的是经理人的经营成果，能够反映出经理人是否如股东所期望的那样做出了努力和贡献。

但不能只用财务指标对经理人进行业绩考核，因为财务指标衡量和考核的是已经发生的、既往的业绩，而无法反映企业未来的价值，这就使得考核手段不完整和不敏感。

一个完整的考核手段应该能够抓住考核对象成绩的所有方面，一个敏感的考核手段反映了经理人可以直接影响的所有操作。因此，在业绩指标的选择中，应以财务指标为主，在此基础上选择能反映企业未来价值的非财务指标。

在具体操作中，可以使用平衡计分卡的方法。即在财务评价指标的基础上，同时考虑其他3个重要方面的绩效反映，即股东和客户纬度、内部流程纬度、学习与成长纬度的指标。这样就能把传统意义的业绩评价与企业的竞争能力、管理绩效和长远发展规律紧密地联系起来。

10.3.3　确定业绩指标的实践

表10-1描述了按照上述的原则所构建的股权激励业绩指标和评价标准的

"指标库",提供这个指标库的时候,是基于以下4个方面的考虑:

第一,这个指标库按照平衡计分卡的原理选择4个纬度来设置指标,考虑了长期绩效和短期绩效的结合,财务指标和非财务指标的结合。

第二,考虑到了非财务指标的客观化与财务指标的优化组合,其中对非财务纬度指标选择的时候,所选择的是能够被衡量的指标,做到了主观绩效评价指标客观化。

第三,实现了绝对业绩与相对业绩评价相互配合。对于一些容易受到不可控因素影响的指标,采用相对业绩评价办法与同行业比较,保证了考核的有效性。

第四,对于上市公司来讲,既选择了反映企业真实价值增长的会计指标,又选择了反映股票价值的市场指标。

表 10-1 股权激励业绩指标库[①]

	战略目标	常用指标
财务	股东价值持续增长	● 经济增加值(EVA) ● 每股盈余 ● 股票价格 ● 市盈率 ● 价格/收益比(与同行比) ● 净利润增长率(与同行比) ● 净资产收益率(与同行比) ● 总资产收益率(与同行比) ● 投资回报率(与同行比)
	资产运营	● 流动资产周转率 ● 应收账款周转率 ● 净现金流量

[①] 资料来源:(1)聂皖生.股票期权计划[M].上海:上海交通大学出版社,2007:135-136;(2)卡普兰,诺顿.组织协同[M].北京:商务印书馆,2006:265.

续表

	战略目标	常用指标
	偿债能力	● 资产负债率 ● 速动比率 ● 流动比率
股东与客户	与董事会关系	● 董事会对关系的评估
	与股东关系	● 与股东的会议次数 ● 股东满意度
	增加客户价值	● 市场占有率 ● 顾客满意度 ● 销售增长率
管理流程	制定和沟通战略	● 员工了解战略的百分比（员工调研）
	监控财务业绩	● 赢利等级的质量
	实施业绩管理流程	● 员工目标与战略链接的百分比 ● 员工激励与战略链接的百分比
	实施风险管理流程	● 流程质量（外部审计） ● 风险事件处理率
学习与成长	确保技术的支撑	● 研发投入与销售额之比（与同行比） ● 专利数量，被采用的专利数量 ● 新产品开发周期
	确保人力资本准备度	● 关键岗位的人力资本准备度 ● 关键岗位实施继任计划的百分比 ● 关键员工流失率
	发展企业文化	● 员工满意度调查 ● 员工培训投入与销售额之比（与同行比） ● 员工的收入增长率

表 10-1 是一个"指标库"，如果一个企业在股权激励的时候用这么多的指标来对经理人进行考核，就太复杂了。一般建议可以根据企业行业特性、生命周期等特点，从其中选择 4~7 个指标为宜。从指标库中选择指标的基本原

则是，哪种业绩指标在反映经理人的行动方面更富含信息量，也就是其在反映经理人行动方面的敏感度和准确度更高，就应赋予其更大的权重，而且可能需要在业绩指标的敏感度和准确度之间进行一定的权衡。在美国，采用了平衡计分卡的大公司一般会赋予财务指标60%~70%的权重；在我国，由于更加看重财务数据，建议将财务指标的权重设置为85%~90%。

以上是基于上市公司的分析，对于非上市公司的业绩指标及其评价标准的选择问题相对就要简单一些。由于非上市公司没有市场指标，所以在指标数量和具体步骤上就会简化一些。非上市公司常用的财务指标有3个，即净利润增长率、净资产收益率和销售增长率的组合，根据企业实际情况对其赋予不同的权重。其中，对于净利润增长率和净资产收益率要采用与同行类似企业可比的相对业绩评价。

如果觉得指标的组合比较麻烦，只想用一个财务指标来对经理人进行考核。那我们建议使用EVA。EVA（Economic Value Added）是由美国斯特恩·斯图尔特咨询公司（Stern & Stewart Co）于1991年提出的衡量企业业绩的指标，经济增加值是指公司经过调整的营业净利润减去其现有资产经济价值的机会成本后的余额。它是所有成本（包括债务和权益成本）被扣除后的剩余收入，是对真正"经济"利润的评价。但是，使用EVA指标有两个问题：一是对企业的财务管理水平要求较高；二是EVA不适用于金融、周期性、新成立公司、资源性等企业。

非上市公司要不要使用非财务指标呢？因为非上市公司一般规模不会太大，老板对股权激励的对象也比较了解，所以不需要用非财务指标对他们平常的表现进行考核。但是如果非上市公司岗位职责比较清晰且规范，那么也可以使用财务指标。不过一般的非上市公司管理上不是很规范，岗位职责不要说清晰和规范，有些公司甚至都没有。这种情况下，除了财务指标之外，一定要考虑非财务指标，而且还得考虑运用后面将提到的个人评价指标。

10.3.4 是否需要对个人和能力素质的评价指标

以上确定的指标考察的是经理人的工作业绩，那么是否需要对个人素质的指标进行考察呢？我们的回答是"需要"，因为对经理人个人素质的评价指标一般是通过自评、董事会评和下属评打分而得到的结果。在股权激励的业绩考核指标中如果一部分权重是个人素质指标，可以促使经理人提升自己的能力素质。

当然，这类指标不是必需的，可以省略。如果坚持要用的话，权重不宜太大，一般占总业绩指标的 10%~15% 就可以。

对经理人个人素质的评价可以根据企业的实际情况，从表 5-2CEO 候选人的九种能力评价标准中选择相应的项目进行考核。

10.3.5 确定业绩标准

在确定了具体的业绩指标之后，接下来就需要确定对经理人进行考核的业绩标准。比如股权按激励方案中要求经理人每年的净利润增长率不能低于 15%，那么净利润就是考核的业绩指标，15% 就是考核的业绩标准。

业绩标准的选择如图 10-2 所示，横轴表示的是对经理人考核的业绩指标，纵轴表示的是根据经理人的业绩完成程度给予经理人的股权激励。

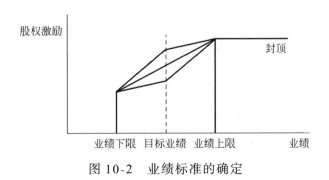

图 10-2 业绩标准的确定

第一，要确定对经理人考核的目标业绩。企业的老板都有每年给经理人定目标业绩的经验，一般的经验是让目标定得难一点，让经理人"跳一跳"才能够得着。"跳一跳"才能够得着的目标对于经理人的年终奖目标是合适的，但是对于获得股权激励的目标显得有点容易。因此，我们建议将获得股权激励的目标设计得更难一点，让经理人"跳一跳"够不着，"跳两跳"还是够不着，"跳三跳"快够着了，"跳四跳"或"跳五跳"的时候终于够着了。

第二，要确定一个业绩下限。但是目标业绩设置得太难也有问题，经理人跳半天够不着就不跳了，这样反而会挫伤经理人的积极性。因此，一定要设置业绩下限。业绩下限往往是目标业绩的85%左右，稍高于年终奖指标，在"跳两跳"的位置。当经理人完成年终奖目标，拿到年终奖之后，再向上努力，只要达到业绩下限，就可以获得股权激励了。目标业绩完成得越多，经理人得到的股权激励数量越多；或者掏钱买的部分越少，送的部分就越多。

第三，要确定一个业绩上限，也就是说要对股权激励进行封顶。股权激励要封顶有两个原因：第一个原因是为了剔除外部宏观环境的影响。企业取得好的业绩，有可能是因为经理人努力干的结果，也有可能是外部经济环境影响的结果。如果业绩的取得并不是由经理人努力而带来的，主要是由于经济环境变化带来的，这时候不对报酬封顶，就有可能对能力低下、工作不努力的经理人予以重奖，这就违背了股权激励的初衷。比如，2011年不实施业绩，猪肉价格一度超过牛肉价格，这是罕见的事情。2011年养猪的经理人的业绩肯定很好，但这肯定不是养猪经理人努力工作的结果，更多的原因是PPI、CPI指数变化的影响。如果不实施业绩封顶，那么养猪的老板肯定亏死了。

要封顶的第二个理由是为了防止透支企业未来的资源。坦率地说，任何一家企业实施股权激励之后，能留住85%的经理人，但是有15%的经理人依然会在将来选择离开。这15%的经理人被称为具有创业特质的经理人，他们最终目的还是要自己当老板，除非老板把51%的股份给他们。他们为什么现在不走呢，答案是资源、资金、人脉的积累都不够。如果股权激励不封顶，这些经理人就会拿企业练手，透支企业明天的资源来为他们获取今天的奖励。

第四，确定不同激励区间的激励性报酬的强度。根据以上原则，经理人获得激励性报酬的区间被分成两个：一个是业绩下限和目标业绩之间获得年度奖金；一个是目标业绩和业绩上限之间获得长期激励性报酬。这时需要考虑的是在这两个区间内的激励强度要不要分段？最简单的办法就是采用等比例增加的办法，如图10-2所示的中间直线，也就是确定一个固定的报酬系数，将之以业绩增加的幅度乘以确定报酬增加的幅度。也可以采用变动系数的方法，将业绩变化再进一步分成几个区间，在不同的区间拟采用不同的激励系数。图10-2中下面的折线是采用累进的系数，上面的折线采用的是累退的系数。到底选择哪种做法，视企业所处行业情况、企业发展阶段、企业未来预期而定。在实践操作中，如果企业处于成熟期，一般采用中间的直线，也就是在业绩下限和业绩上限之间设置一个固定系数，表明业绩只要在这个区间都是可以接受的；如果企业处于快速成长期，希望经理人的业绩能够更多的落到目标业绩和业绩上限的区间内，建议使用图10-2中的下面的折线，采用累进的系数；对于一些企业，可能有特殊的要求，不希望业绩增长过快，最终业绩希望在业绩下限和目标业绩之间，对于这些企业建议采用累退的系数，如图10-2中上面的折线。

10.3.6 确定业绩评价方法

在确定了业绩指标和业绩标准之后，接下来就要确定采用何种业绩评价方法。业绩评价方法总体上可以分为两大类：一种是基于历史业绩的绝对业绩评价办法；一种是基于类似企业或行业经理人业绩的相对业绩评价方法。

绝对业绩评价是比较传统的业绩标准评价方法，其确定业绩标准的方法很多,可以分为:预算、以前年度业绩(如要求净利润增长15%或净资产收益率增长10%)、董事会相机确定、固定标准(如确定10%的ROA,不随年度变化)、基于公司资本成本的业绩标准(如EVA)等。

在绝对业绩评价的方法中,我国企业最喜欢用的就是每年的业绩在往年的业绩基础上有一个增加值。这种评价方法有它的优点:使用起来比较简单、直观。比如,关于利润指标可以事先设定一个具体的数额,并按照这个具体的数额进行考核。由于有一个刚性的框框,达到与否都一目了然,因而不存在太多争议。

但是,这种方法的缺点也是很明显的:要有效地使用好绝对业绩评价方法,对信息的要求特别高。我们知道,决定经营业绩的因素很多,除了经营者的能力和努力之外,还有很多随机的影响因素。这些随机因素的存在,就可能导致经营者即使很有能力,也很努力,但仍然达不到他们希望达到的结果。或者有相反的情况,经营者虽然很不称职,但是,整个行业一段时间的形势特别好,即使最差的经营者都可以达到事先确定的绝对指标。这意味着,设定指标的人并没有掌握好影响企业业绩的所有信息,指标定低了。

显然,如果选择绝对业绩评价方法,并要保证它十分有效的话,就一定要能够在信息上具有充分性,能够区分经营者能力和努力以及其他随机因素对经营结果的各自影响。然而,这在现实生活中是做不到的。于是,在很多场合下,绝对业绩评价就不是一个唯一的好方法,它要与相对业绩评价方法配合使用。甚至,在一些情况下,相对业绩评价方法还会取代绝对业绩评价方法成为主角。

所谓"相对业绩"评价的方法,是与"绝对业绩"评价方法比照而言的,就是不看特定企业经营业绩的量,而是把特定企业经营业绩同一组参照企业的经营业绩做比较,从中判断企业经营者能力和努力的方法。可以说,它是在市场排"座次"论英雄的方法。

我们可以通过一个例子来说明两种方法的差异。比如在一所小学中，谁是学习好的学生？如果用绝对绩效来评价，我们就说每次考试语文、数学和英语三门课都在 95 分以上的叫作学习好的学生。但是，有一次题出难了，这个学校没有一个学生满足这个条件，由此判定这个学校没有学习好的学生，这种评价方式显然是有问题的。因此，对学生的评价往往采用的是相对业绩评价，即不管学生的绝对成绩是多少，而是根据学生的学习成绩排队，比如规定只有排到年级前 30 名的学生才是学习好的学生，这种评价方式显然就合理得多。

采用相对业绩评价实际上就是产品市场竞争在公司治理中的应用。一个经理人干得好不好，我们不要用今天的成绩和历史的做比较，而是让他和同行业的经理人做比较。由于同一行业的经理人在相同的市场环境中竞争，他们所面对的原材料价格是相同的，他们也遇到几乎一样的市场变动，所以，在这种情况下，考察大家表现上的差异，就可以推测经理人能力和努力的综合效果。所以，采用相对业绩的评价方法会更有效地激励经理人参与市场竞争，这也是美国很多上市公司采取相对业绩评价方法的道理所在，前文所讨论的指数型股票期权就是典型的相对业绩的评价方式。

当然，并不是所有的指标都采用相对业绩评价的方法来确定评价标准。而是应该将绝对业绩评价和相对业绩评价结合起来，一些指标采用绝对业绩评价，一些指标采用相对业绩评价。具体如何选择，需要在业绩标准的确定成本、准确度以及经理人对业绩标准的影响程度之间进行权衡。

市场指标本身就包含了同行业比较以及市场对未来预期的信息，因此不需要相对评价。需要相对评价的是会计指标和一些非财务指标，如果采用绝对评价则准确度不高，而且容易被经理人影响、操纵的指标。

如表 10-1 所示，如果我们确定的指标是价格/收益比、净利润增长率、净资产收益率、总资产收益率、投资回报率、研发投入与销售额之比、员工培训投入与销售额之比，一定要采用相对业绩评价的方法。

10.3.7　确定业绩考核基准

确定业绩的最后一步是确定考核基准。股权激励对象是高管层和核心骨干员工，其中核心骨干员工又有可能包括一部分中层经理和一部分基层员工。而业绩考核基准有个人绩效、部门绩效和公司绩效。那么，科学合理的考核基准应该如何确定呢？

根据经验，我们的建议是对不同层面的激励对象使用不同的激励基准。

如果股权激励对象是企业的高管人员，那么一般来说，只要没有特殊情况，只考虑公司绩效即可。因为高层经理从性格上来讲一般都是好斗的人，不好斗他们做不到今天的位置，而且公司也需要这些好斗的经理人带着员工去市场上拼杀。但是如果对他们的考核一旦以分管部门或其个人绩效为主，就必然存在着在他们之间比一比的问题。一个人要干好一件事总是很难，但要破坏别人、干不好的事总是很容易的。这就容易诱使这些好斗的经理人互相拆台，因此为了避免这种局面的出现，对高管人员的考核基准只能选定公司绩效。

如果股权激励对象包括一些中层经理，那么选择就比较简单，在公司绩效的前提下，重点考察部门绩效。

如果股权激励对象包括一些基层的核心员工，是不是就以个人绩效为主呢？答案是"不一定"。对于研发这种主要以团队产出为主要特征的部门，是很难考察个人绩效的，因此如果公司的核心竞争力是研发设计的，而研发设计人员也是股权激励对象，那么对他们的考核只能以企业绩效和部门绩效为主。当然，对个人销售业绩突出和有突破性的发明成果的员工，主要考察他的个人绩效。

10.4 定数量

确定股权激励计划的数量有两层含义：股权激励计划的总量和每一位激励对象所获得的股权激励数量。如是多次授予计划，还要根据公司战略和未来业绩目标确认公司留存的股权激励数量。

股权激励数量的确定在 7 个要素中是比较关键的，因为它直接涉及激励力度和控制权安排的问题。如果股权激励数量过少，经理人持股比例过少，就起不到激励的效果；但如果股权激励的数量太高，必然影响公司控制权的安排，从而影响公司后续的资本运作。因此，一个科学合理的股权激励数量决定着股权激励计划的成败。

10.4.1 利益是否能够完全一致

在讨论确定总量的原则之前，我们先回到一个最初始的问题上：股权激励的目的是什么？

公司治理强调对经理人实施股权激励的目的是为了将经理人的利益和老板的利益长期捆绑起来，那么给经理人多少比例能达到这个目的呢？我们在第 1 章指出"要使得企业家和经理人利益完全一致，除非企业家将股份的一半分给经理人，而且自己还具有甘为孺子牛的精神，但有谁会这样做企业？"

因此寄希望于对经理人实施股权激励之后，老板就可以高枕无忧的思想是错误的，因为经理人和老板的利益只能做到尽量一致。这时候老板就需要掌握一种判断方法，这种方法将告诉我们，只要对经理人实施了股权激励之后，经理人和老板之间在某些事上利益就一致了，在某些事上利益还是不一致。

为了说明这种方法，我们假设老板只有一个人，经理人也只有一个人。这时候公司需要做一个决策，如表 10-2 所示。

表 10-2　经理人持股比例与收益

决策	控制权收益/万元	货币收益/万元
项目 A	20	100
项目 B	40	50

企业中的任何一个项目都会产生两个收益，即货币收益和控制权收益。货币收益指的是由于持有公司股份而享有的利润分红和资本增值部分。控制权收益指的是由于控制这个项目的运转而带来的收益，如合理的在职消费。一般来说，老板对经理人实施股权激励之后，很多事情就会交给经理人去做，那么老板实际上只拥有货币收益，而经理人既拥有货币收益，同时又拥有控制权收益。

在表 10-2 的决策中，公司要选择一个项目来做，老板和经理人会如何选择呢？毫无疑问，老板肯定会选择项目 A，因为货币收益远远大于项目 B 的收益。

经理人的选择则是不一定，取决于其持有多少股份。比如，当他获得 20% 的股权激励时，选择项目 A 的总收益是 20 万元 +100 万元 ×20%=40 万元，选择项目 B 的总收益是 40 万元 +50 万元 ×20%=50 万元，这时候经理人肯定选择项目 B，和老板的选择是不一样的。如果老板给了经理人 40% 的股份激励，那么选择项目 A 的总收益是 20 万元 +100 万元 ×40%=60 万元，选择项目 B 的总收益是 40 万元 +50 万元 ×40%=60 万元，这时候经理人有可能选择项目 A，和老板的选择变成一致。

在上课的时候，我在介绍这种判断方法的时候，曾经有同学问过我，能不能将每次的决策都算得一清二楚。负责任地说，这肯定是没有问题的：建一个数学模型，编一个程序，然后将企业中的各种边界条件都考虑进去，肯定是可以算清楚的。但是我要提醒的是，企业不能这样管，要真这样管企业，会把企业管死的。

我们关键的是要掌握这种判断方法告诉我们在确定股权激励比例的时候要注意两个问题：首先，老板给经理人股权激励的量越多，利益越一致。其次，无论老板给经理人多大比例的股权激励，只要给了，那么在货币收益明显大于控制权收益的项目上，老板和经理人的利益是一致的；但是在控制权收益比较大的项目上，利益还是不一致，老板一定要干预决策。

10.4.2 确定总量的原则

具体来说，不同的公司在确定股权激励总量的时候都要综合考虑以下 8 个因素：

- 公司的资本战略。在考虑股权激励总量时，要先考虑公司未来股权融资、并购重组需要占据的股份数量，从而推算出股权激励总量。
- 同行业最主要竞争对手的情况。股权激励是给予经理人的市场竞争性报酬，能否留住、激励和吸引人才，关键不在于给多少，而在于和竞争对手相比，企业给够了没有？竞争对手如果给 15%，而老板只打算给 5% 试试，我们的建议是不要试了，直接多发点钱就行了，否则把人的胃口调起来更麻烦；当然，如果竞争对手一点也没给，给了 5% 的效果就会非常好。
- 人力资本依附性。公司业绩的取得与经理人人力资本的依附性是确定股权激励总量的一个关键因素，对于人力资本依附性较强、资金门槛比较低的企业，给予经理人股权激励的总量一定要大；反之，如果人力资本依附性不强、资金门槛比较高的企业，给予经理人股权激励的总量就不用太大。

- 控制权安排的考虑。对经理人实施股权激励，必然会稀释原有股东的控制权，因此，授予经理人的股权激励总量，除了从激励力度上考虑，还必须结合控制权安排考虑股东能够忍受的控制权稀释的最高限。
- 公司的资产规模。公司的资产规模越大，其总股本一般相应越大，因此授予额度占公司总股本的比例应越低。否则，其数量就会是一个"天文数字"，比如一家非上市的房地产公司如果要实施股权激励，拿出5%的股份就足够了；而对于一家软件公司，5%的股份是远远不够的。
- 公司其他的福利待遇。规模较大、处于成熟阶段的公司，工资、奖金及退休计划等福利待遇都比较好，股权激励数量就不会太大；而规模小，处于初创期或快速成长期的企业，工资、奖金及其他福利相比同行业不会太好，而且未来的发展前景也不明朗，这时授予的股权激励数量就需要多一些。
- 公司留存的激励股票（份）数量。
- 激励对象每年预期的最低和最高业绩标准。

以上8个因素是从公司角度出发制定期权授予额度的依据，其中资本战略、同行业竞争对手的情况、人力资本依附性和控制权安排是最关键的。

10.4.3 激励总量的应用实践

在具体确定股权激励总量的时候，除了考虑以上8个因素之外，对于上市公司来说，还应考虑所在国家对授予额度的限制。除美国对上市公司股权激励授予数量的上限没有限制之外，其他国家的法律法规对股权激励授予数量的下限没有规定,但大都对授予额度的上限有明确的限制。

我国香港地区《创业板上市规则》规定:"认股权计划中必须列出计划所涉及的证券总数,连同该数目当时所占已发行股本的百分比。在指定的连续10年期内,该计划与任何其他计划合计所涉及的证券总数,不得超过上市发行人(或有关附属公司)已发行的有关类别证券的10%。"

我国《上市公司股权激励管理办法(试行)》规定:"上市公司全部有效的股权激励计划所涉及的标的股票总数累计不得超过公司股本总额的10%。"

10%的额度看似不多,但考虑到一般上市公司的股本数都不会太小,因此其绝对数量都是比较可观的。一般认为,增加经理人持有公司股份的比例可以促使其更好地与股东利益保持一致。但事实上,经理人所持有的股份比例并非越多越好,因为当管理者所持公司股份达到某一份额时,他就有能力使自己不受公司的监督和控制,同时大量的管理层持股会使经营无能者免于被替换。所以,我国证监会规定的10%对于我国上市公司而言还是比较合理的。

对于非上市公司而言,不受证监会规定的限制。而且由于其总的股份数没有上市公司大,因此在授予额度上可以稍微高一些。按照美国经验和我国的实践,我们建议对于非上市公司股权激励计划的总量在5%~25%之间,不超过30%较为合理。而且需要指出的是,不要一次分完,要同时考虑"金手铐""金台阶"和"金色降落伞"3种人。

10.4.4 确定个量的原则

股权激励最终都要落实到每个经理人身上,因此必须考虑到个人获得股权数量的决定方法。关于授予个人多少激励股票数量才能达到最佳的激励效果,至今还没有一个统一明确的答案。在具体确定个人获授股权激励数量的时候,主要考虑以下 7 个因素：

- 公司业绩对激励对象的依赖程度。对于公司业绩依赖程度高、掌握着公司核心资源、决定着公司核心竞争力的人员授予数量要多一些；公司业绩依赖程度低的，授予数量相应少一些。
- 竞争企业同类人才授予数量。要使股权激励达到激励效果，应使人才得到的收益达到或超过其期望值。这一因素非常重要，为了留住和激励经理人，我们提供的长期激励性报酬必须是有市场竞争力的，所以一定要参考同行业主要竞争对手的授予数量。
- 业绩表现及工作的重要性。
- 职位。
- 在公司工作年限。
- 预期的期权收益与其他员工之间的差距。这也是确定股权激励数量时要考虑的因素，若差距太大，则将对其他员工的积极性产生较为不利的影响。这一点对于我国企业，尤其是国有企业非常重要。
- 职称和学历等。

10.4.5　确定个量的方法

在确定总量及考虑以上 7 个因素之后，就应该决定授予某位激励对象具体的股权激励数量了，主要有以下 3 种方法：

（1）直接决定法

这种方法比较直接，也是最简单和最粗糙的一种激励方法，即由股东大会或老板直接决定每个激励对象的股权激励数量。在使用这种方法中，一般都是考虑以上 7 个因素（尤其是职位、业绩、竞争对手的情况）之后，直接确定每个激励对象的获授数量。我国的非上市企业基本上都采用这种方法。

（2）未来价值法

未来价值法，即依据激励对象的年薪、年终奖和股权激励到期时的市价来计算每个激励对象应获得的股权激励数量。具体计算方法是，先假定股权激励到期时公司股票市价，该价格减去行权价后得出每个经理人所获得的每股收益，然后，用总期望收入去除每股收益，得出应授予的股权激励数量。

例如，假设某公司向经理人授予股票增值权，授予日股票市价为 10 元，预期 3 年后股票增值权到期时的市价将为 20 元，公司希望该经理人在股权激励到期日能从该计划中获得相当于其年薪（20 万元）的 80% 的收入，由此应授予该经理人（20 万元 ×80%）/（20-10）= 1.6 万股的股票增值权。

这种方法是基于这样一个假设：公司的年薪是设置合理的，能够反映出每个经理人的重要性和工作努力程度，能体现工作业绩的不同。当然，在使用这种方法的时候，也不一定和年薪挂钩，而是直接改成"希望经理人从股权激励中获得多大的收益"。比如，在上例中，如果希望 3 年后该经理人能从股票增值权中获得 10 万元的收益，那么就应该向其授予 10 万/（20-10）= 1 万股的股票增值权。

这种方法的计算原理也更多地被非上市公司用于确定股权激励的数量。

（3）现值法

现值法也叫作折现法，就是将股票的未来价值折现为当前价值，是上市公司常用的一种方法。在上市公司的股票期权计划中，每个经理人的认购数量基本上都是用现值法来确定的。首先由专家根据期权定价模型测算出期权的价值，把这个价值与经理人所被授予的"业绩股权"价值相加，然后根据所得到的值来确定经理人的期权认购数量。

国际上比较流行的现值法的定价模型是 Black-Scholse 期权定价模型和二叉树模型（Binomial Models）。由于以 Black-Scholes 模型计算的期权价值包含了内在价值和时间价值两部分价值，因此它成为最常用的期权定价模型。Black-Scholes 模型非常复杂，本书在这里不做过多的讲解。①

对于使用股票期权激励模式的上市公司，可以运用现值法来计算出每个经营者应得的股票期权数量，即用 Black-Scholse 等期权定价模型将股票未来价值折现为当前价值，然后用激励总金额去除每股价值，计算出每个经营者应得的股票期权数量。

需要注意的是，Black-Scholse 期权定价模型和二叉树模型等期权计价模型计算出来的仅是经理人股票期权对股东的经济成本，并非经理人股票期权对经理人的私人价值，两者是有很大差异的。对于后者，还需要结合经理人的风险厌恶程度、私人财富及其多元化投资程度等来调整计算。

10.4.6　确定个量的应用实践

在具体确定股权激励个量的时候，除了考虑以上 7 个因素之外，对于上市公司来说，还应考虑所在国对授予额度的限制。股权激励的个人授予额度通常没有下限的限制，但各国法律对上市公司的股权激励数量规定了上限，而且有些公司还自行规定了上限。

从法律层面来看，各国对上市公司个人获授股权激励数量都有明确的或隐含的限制。如美国的相关法律法规虽然没有对上市公司股权激励额度的上限有明文规定，但是美国的税法在税种与税率的适用方面对股票期权的授予数量存在限制。主要体现在，如果授予单个激励对象的可即刻行权的法定激励期权价值超过 10 万美元，则其超过部分不能享受法定激励期权的税收优惠待遇；如果授予的在今后一段时期行权的法定激励期权，其于第一次行权的价

---

① 对 Black-Scholes 模型的数学推导或具体计算感兴趣的读者，请参阅聂皖生所著《股票期权计划理论、方案与实务》第 2 章，上海交通大学出版社 2007 年出版。

值超过10万美元时，其超出部分不能享受法定期权的相应税收优惠待遇。

我国香港的做法是，授出可认购股份数目不得超过该公司已发行股份的10%，个人参与期权计划最多不能超过该计划所涉及证券总额的45%。

我国《上市公司股权激励管理办法》规定："非经股东大会特别决议批准，任何一名激励对象通过全部有效的股权激励计划获授的本公司股票累计不得超过公司股本总额的1%。"

从公司内部控制的角度来看，股权激励的赠予额度不用规定下限，但是为了避免对其他股东权益的侵蚀，以及影响公司控制权的安排，一般建议要有上限。如对单个人获赠的股权激励数量一般不超过整个股权激励计划总量的25%；或者规定不超过一个具体的数量，比如雅虎公司就规定每人每财经年度获赠的股票期权不得超过150万股。

对于非上市公司，在确定每个人获得的激励股票数量方面没有法律上的限制。但是基于内控和控制权安排的考虑，建议要有上限。在实践中，一般个人获赠的股权激励数量不超过股权激励总量的30%。

10.5 定价格

价格和数量是直接决定股权激励力度的两个关键要素，在具体确定过程中没有先后之分，一定要一起考虑。行权价格指的是股权激励计划中确定的激励对象在未来行权时购买股票的价格，行权价格与股票市场价格之间的差价是股权激励制度的关键所在，因此行权价格是否合理关系到整个股权激励计划的成败。

对于上市公司来说，由于市场已经有股票价格，所以确定行权价格的重点有3个：以什么时候的股票价格为行权价、要不要打折、要不要溢价。对于非上市公司来说，由于没有市场价格，因此确定行权价格的重点在于确定股份价格的计算方法。

10.5.1 上市公司行权价格的确定方法

在激励对象行权时，只有当时公司的股价高于授予的行权价，股权激励才有价值，激励对象才会行权；当公司股价低于行权价，股权激励的内在价值为零时，激励对象就会放弃行权。因而，为有效激励经理人，行权价格要定得合理。首先，不能太高，行权价过高，接近或者高于未来行权时的股票市价，就意味着经理人很难通过提高企业业绩而获得股权激励收益，就会降低了经理人努力工作的内在动力；其次，行权价也不能定得太低，过低的行权价意味着经理人不用努力就可以获得股权激励的收益，既造成股东利益损失，又使得经理人满足于现有收益，不太可能努力工作。

科学合理地确定行权价格时应考虑以下 3 个因素：

- 要对授予股票期权的人员形成激励与约束；
- 可操作性；
- 对原股东权益的影响。

各国资本市场监管部门一般都要求行权价格要根据"公平价格"来确定。所谓"公平价格"，指的是对股东和经理人都公平的价格，一般有以下几种算法：

- 授予日的最高价格和最低价格的平均值；
- 授予日的开盘价和收盘价的平均值；

- 授予日前一个月的收盘价的平均值；
- 授予日前一个月的开盘价的平均值；
- 授予日前一个月收盘价和开盘价的平均值。

在公平价格确定之后，行权价格的确定有以下 4 种：

- 等现值法，也叫作平值法。行权价格等于当前股票的公平价格。这种行权价格相对比较适合股权激励的本意，也是绝大多数上市公司采用的方法。行权价格等于当前股票公平价格的情况下，股权激励方案的内在价值是零，但是拥有时间价值。
- 现值有利法，也叫作实值法。行权价格是当前股票价格的一个折扣，这种方法的激励力度是最大的。在行权价格小于当前股票公平价格的情况下，股权激励方案的内在价值是正的，而且还拥有时间价值。但是这种方法对股东是不利的，会稀释公司原有股东的权益。而且对经理人的约束也比较小，他们只要维持现有股价，就可以在股权激励到期的时候获得股权激励的收益。一般对于陷入困境、发展潜力不大的公司会采用这种方法。
- 现值不利法，也叫作虚值法或溢价法。行权价格是当前股票公平价格的一个溢价，也就是行权价格高于当前股票的价格。这种行权价格对股东有利，而对经理人不利。这种方法用得不多，只适用于那些公司盈利状况和成长性都很好的公司。
- 可变的行权价格。以上 3 种方法确定的行权价格都是固定的，事先说好的。现在美国上市公司更倾向于设置一个可变的行权价格，主要是为了体现对股东和经理人双方的公平。行权价格变化的参数主要约定为业绩的变化和同行业股票的变化。第 8 章中介绍的指数期权、可再定价期权、业绩加速股票期权、业绩生效期权的行权价格就是可变的。

10.5.2 上市公司行权价格确定的应用实践

和确定股权激励数量一样,上市公司在确定行权价格的时候,还受所在国法律法规的限制。从各个国家的有关法律规定来看,为了防止股权激励对象侵犯股东的利益,对行权价格没有最高限制,但基本上都规定了最低的限制。

美国《税务法》规定,激励型股票期权行权价不能低于股票期权授予日公平市场价格,公平市场价格可以是股票期权赠予日最高市场价和最低市场价的平均价,也可以是股票期权赠予日前一个交易日的收盘价。《税务法》还规定,当某高级管理人员拥有该公司 10% 以上的表决权资本,而股东大会又同意他参加股票期权计划时,他的行权价格必须高于或等于期权赠予日公平市场价格的 110%,且其期权有效期为 5 年。

我国香港有关法律条款规定,股票期权的行权价格不得低于股份与紧接股权授出日前 5 个交易日的平均收市价的 80% 或股份面值(以较高者为准)。

我国《上市公司股权激励管理办法》规定:上市公司在授予激励对象股票期权时,行权价格不应低于下列价格较高者:①股权激励计划草案摘要公布前一个交易日的公司标的股票收盘价;②股权激励计划草案摘要公布前 30 个交易日内的公司标的股票平均收盘价。

在实践应用中,上市公司基本上是按照平值法或可变的行权价格来确定股权激励的行权价格,一般不会低于赠予日的公平市场价格。

10.5.3 非上市公司行权价格的确定

非上市公司在制定股权激励计划时，由于行权价格的确定没有相应的股票市场价格作为定价基础，确定难度比上市公司要大得多。

美国非上市公司通常的做法是，首先对企业价值进行专业评估，以确定企业每股的内在价值，然后以此作为股权激励行权价和出售价的基础。至于企业的内在价值，一般会使用Black-Scholse期权定价模型和二叉树模型来计算。

我国的一些非上市公司在实施股票期权计划、股票奖励计划或股票持有计划时，行权价与出售价的确定一般采用每股净资产值为主要甚至是唯一的依据。按照每股净资产原则的定价方式虽然简单易行，但是其客观性、准确性与公正性存在着一些问题。

对于非上市企业行权价的确定，我们推荐使用以下4种方法：

（1）资产价值评估定价法

首先对公司的每项资产进行评估，得出各项资产的公允市场价值，然后将各类资产的价值加总，得出公司的总资产价值，再减去各类负债的公允市场价值总和，就得到公司股权的公允市场价值。而设定公司总股本，则用公允市场价格除以公司总股本，就得到股权激励授予时的公平价格。相对应的有以下3种计价方案：

- 净资产定价法。这是最简单的方法，首先算出公司的净资产，然后设定公司的总股本，用净资产除以总股本就得到公司的股份价格。比如，公司净资产为1 000万元，设定总股本为1 000万股，那么公司的股份价格是每股1元钱。这种方法比较简单，但是相对粗糙了一些。由于简单直观、易于理解，因此净资产定价法是我国非上市公司中运用得较多的一种方式。

- 综合考虑销售收入、净利润与净资产定价。在确定公司总价值的时候，考虑销售收入、净利润和净资产三个因素，分别对它们赋予不同的权重，计算出公司的总价值，然后设定公司总股本，用总资产除以总股本就得到公司的股份价格。

- 根据有形资产与无形资产定价。在确定公司总价值的时候，考虑有形资产与无形资产两个因素，分别对它们赋予不同的权重，计算出公司的总价值，然后设定公司总股本，用总资产除以总股本就得到公司的股份价格。在这种方法中，无形资产的估值是关键。

这三种方法中最常用的是净资产定价法，因为其最直接、最简单，容易理解。建议在公司规模小、业务简单时使用。

（2）净现金流量折现法

净现金流量折现法是资本投资和资本预算的基本模型，被看作是企业估值定价在理论上最有成效的模型，又称获利还原法，是把公司整个寿命周期内的现金流量以货币的时间价值为贴现率，据此计算出公司净现值，并按一定的折扣率折算以此来确定公司的股份价格。

使用这种方法要注意两点：一是要科学合理地预测企业未来存续期各年度的现金流量；二是要找到一个对各方都合理的公允折现率。折现率的大小取决于取得的未来现金流量的风险，风险越大，要求的折现率就越高；风险越小，要求的折现率就越低。

这种方法是一种比较合理的方法，但确定过程相对麻烦一些，现金流的预估和折现率的选取需要专业的财务知识和对行业前景的准确预判。建议具有上市计划的公司可以采用该种方法。

(3)市盈率定价法(模拟股票上市定价法)[①]

这种方法是模拟公司上市时的定价方法,它是市盈率与预测的每股收益相乘,结果就是该公司的股份价格,公式具体表述为:

$$股份价格 = 每股收益 \times 市盈率$$

直接用上述公式来确定非上市公司股份价格时,先计算公司的总收益,设置总股本,得出每股收益,市盈率可参考同类公司上市时的市盈率。

非上市公司在使用市盈率定价法的时候,也可以使用我国公司上市的股票定价公式:

$$P = R \times \frac{V}{S_1 + S_2\left(12 - \frac{T}{12}\right)}$$

其中,P——发行价格;

R——经审核的当年预期利润;

S_1——公司公开发行股票前的总股数;

S_2——公开发行股票数;

T——股票发行月份;

V——市盈率。

在使用上述公式时,首先,预测当年的预期利润,这可以根据公司上一年度的损益表、本年度已发生的损益情况进行预测;其次,选择合理的市盈率,可参考同类公司上市的市盈率,可选一个比同行业上市公司市盈率略低的数值;然后,公司的总股本可看作是公开发行股票前的总股数,同时把股权激励计划的激励股份数量看作是公开发行股数,将实施股权激励的年月视为股票发行年月;最后,确定出公司价值和股权激励的行权价格。

[①] 本方法参考和引用了:蔡启明,钱炎. 股票期权理论与实务[M]. 上海:立信会计出版社,2004:201-202.

该方法适用于规模较大，具有可以作为参照公司的同行业上市公司。

（4）市场评估定价法

这种方法实际上是相对业绩评价在股份定价过程中的应用，主要思想是在定价过程中，一定要找几家同行业具有可比性的上市公司进行比较，从而算出本公司的股份价格。相对其他几种方法来说，这种方法更加客观和准确，具体的做法有两种：

第一种做法是，首先确定几家规模、发展阶段大致差不多的上市公司作为参照公司；其次再根据参照公司的净利润、净资产或现金流量等作为估价指标，算出这些指标与参照公司价值的比例；然后算出这几家公司的平均比率，再根据本公司的相同估价指标推断出公司的价值；最后设置总股本，用总价值除以总股本就得到公司的股份价格。

第二种做法是组合定价法，一般是指将资产价值评估定价法、净现金流量折现定价法和市场评估定价法组合起来确定股权激励的股价，这种组合方法可能更加符合企业的实际情况。

【案例10.1】虚拟股票的价格确定

我们曾经为浙江的一家非上市公司设计虚拟股份计划，采用的定价方式就是一个组合方式，第一年的虚拟股份价格是按净资产定价的，而每年的股价变化公式约定的是市场评估定价的方法。具体方案为：

第一年的虚拟股份价格是按净资产定价，即每股1元钱。

公司股票价格的计算方式为：重点考虑销售收入增长率、净利润增长率和净资产收益率的变化，3个因素所占的比重分别是10%、50%和40%，另外，还要考虑同行业目标公司相同指标的变化。

按照这种方式，假定第二年公司的销售收入增长了30%、利润增加了20%，净资产收益率增加了10%，那么公司的虚拟股价格也将会增加：30%×10%+20%×50%

+10%×40%=17%。

初步计算出公司的虚拟股价上升17%,但是这不是最终结果,还要用同行业的数据对这个结果进行修正。

受市场影响的股价变化公式设定为:

受市场影响的股价变化 = a× 公司销售额增长率 ×10%+b× 公司净利润增长率 ×50% + c× 公司净资产收益率 ×40%,

其中:

a = 同行业销售额增长率调整系数 =(同行业销售额增长率 - 公司销售额增长率)÷ 公司销售额增长率;

b = 同行业净利润增长率调整系数 =(同行业净利润增长率 - 公司净利润增长率)÷ 公司净利润增长率;

c = 同行业净资产收益增长率调整系数 =(同行业净资产收益增长率 - 公司净资产收益增长率)÷ 公司净资产收益增长率。

如果当年同行业公司的销售额增加了40%、利润平均增加了30%,净资产收益率平均增加了15%,那么公司受市场影响的股价变化为:

1/3×30%×10%+1/2×20%×50%+1/2×10%×40%=8%

将公司的股价变化减去受市场影响的股价变化,即17%中减去8%,就得到最终的股价增值9%,那么第二年的股价就等于每股1.09元。

在实践中,一般不单独使用市场评估定价法,更多的是采用上述案例中这种组合方式。尤其是和资产评估定价法结合起来,可以用同行业上市公司的业绩变化来修正资产评估定价法的缺点,使得测算出的股价更接近企业的真实价值。

10.6 定来源

定来源指的是确定激励股票（股份）的来源和购股资金来源问题。激励股票来源的设计直接影响原有股东的权益、控制权、公司现金流压力等；而行权资金来源的设计也直接影响经理人是否能够行得起权的关键。因此，激励股票（股份）来源与购股资金来源的设计是否合理直接关系股权激励计划的成效。

10.6.1 上市公司激励股票来源的确定

在美国，实施股权激励的公司最常用的股票来源有以下 3 种：

- 库存股。也就是公司在发行新股时预留一部分，作为经理人股权激励计划的股票来源。
- 回购股份。公司从二级市场回购的、并暂时冻结在留存账户的股票。
- 向激励对象定向增发。

2006 年以前，我国上市公司在实施股权激励计划时的一个重要障碍就是激励股票来源不好解决。旧《公司法》禁止公司回购本公司股票并库存，而且我国《公司法》采用的是资本法定制而不是美国所采用的资本授权制，这就不允许公司在发行新股时预留股份而库存，从而阻断了上市公司实施股权激励的股票来源，使得股票来源成为我国上市公司股权激励中最大的难点之一。

2006 年随着我国一系列法律法规的相继出台，为上市公司的股权激励初步扫清了障碍。证监会在《上市公司股权激励管理办法》中规定：企业可以通过以下方式解决标的股票来源：①向激励对象发行股份（定向增发）；②回购本公司股份；③法律、行政法规允许的其他方式。同时新的《证券法》和《公司法》也相应做出调整，允许上市公司回购本公司的股票奖励给员工且无需注销。

在我国上市公司股权激励的实践中，符合法律法规的股票来源方式有以下5种：

（1）回购股票

回购股票指的是公司直接从股票二级市场购回股权激励所需数量的股票，将回购的股票放入库存股票账户，根据股权激励计划的需要，库存股票将在未来某个时间再次出售转让给激励对象。回购股票是美国上市公司股权激励计划中最常用的一种股票来源安排。

而在我国，2006年开始实施的《公司法》虽然允许将回购股票作为股权激励计划中正常的股票来源渠道，但是有时间限制。新《公司法》第143条将公司不得收购本公司股份的例外情况增列了"将股份奖励给本公司职工除外"一项，并规定在此用途下，公司收购的本公司股份不得超过本公司已发行股份总额的5%，且所收购的股份应当在1年内转让给职工。这样的时间限制使得股权激励计划的等待期安排不能按照企业的实际需求来灵活安排，但不管怎么说，这已经是制度安排上比较大的进步了，通过股票回购方式解决股票来源的问题有了法律依据。只是在法律的限制下，对股权激励的授予时间安排不能仅从理论上考虑3~5年的等待期（一次授予，分次行权）是最合适的，而可能采用多次授予的方式，等待期短一些，每次授予的数量少一些。

（2）定向增发

定向增发，即向证监会申请一定数量的定向发行的额度，以满足激励对象将来行权的需要。具体操作程序是可以不通过发审委的审批，直接向证监会申请获得批准后，召开股东大会审议，同时按照交易所规则进行及时公告。

在实际操作中，一些上市公司考虑到未来企业的发展，采取一次审核分批发行，或者采取预留的方式。如七匹狼公司2010年3月公布实施的股权激励方案，授予的股票期权所涉及标的股票总数为370万股，占总股本的1.31%，其中预留30万股给预留激励对象，占此次期权计划总数的8.11%。定向增发是上市公司解决激励股票来源的一个重要途径，但这种方法也有着明显的局限性，主要表现为在行权期间，公司需要不断地办理注册资本变更登记。

根据我国工商登记制度规定，当公司总股本发生变动时，公司所在地的工商局需要根据会计师事务所出具的验资报告对本公司的股本结构进行变更。要求资金到位后30天就申请注册资本变更登记并公告备案。由于激励对象是多个人，而且行权时间是一个时间段，因此这个时间段内只要有激励对象行权，那么在行权期间每个月内公司都需要请会计师事务所出具验资报告，并去工商局进行注册资本的变更登记。

解决这个问题有两个办法：第一个办法是在激励合同中约定激励对象只能在规定的一个具体时间或者一个较短的时间段，如某两周内行权。但是，这种规定无疑牺牲了激励对象自由行权的权利。

第二个办法是首先向工商部门申请豁免30日内办理注册资本变更的义务，然后在股权激励合同中约定：由于激励对象持有股权激励计划行权引起公司股份变动的，公司应当根据有关法律法规的规定，于当年工商年检期间，向工商行政管理部门申请办理注册资本变更登记。

（3）大股东转让

股东转让是一种比较常见的方式，尤其是在大股东具有绝对控制权的公司，在不影响大股东控股地位的前提下，大股东会向激励对象承诺一个股票额度，供激励对象在将来行权。

这种方式存在的主要问题是，股票来源的持续性没有保障。美国上市公司股权激励计划的股票来源主要是库存股和回购股份两种渠道，这两种渠道都是以上市公司为主体来实施，而大股东转让是以大股东为主体来实施其承诺的激励，这对激励对象就存在风险问题。

当大股东作为激励股票来源的提供者时，如果大股东破产或者由于自身财务状况紧张而转让部分股份或者将全部股份抛售，那么上市公司的股权激励计划的股票来源就失去了依托，而股权激励的持续期一般为5~10年，在这样长的时间内上述事项发生的概率还是相当大的。为了规避这种风险的出现，我国证监会在《股权激励有关事项备忘录2号》中规定："股东不得直接向激励对象赠予（或转让）股份。股东拟提供股份的，应当先将股份赠予（或转让）上市公司，并视为上市公司以零价格（或特定价格）向这部分股东定向回购股份。然后，按照经证监会备案无异议的股权激励计划，由上市公司将股份授予激励对象。"

以前这种股票来源方式多用于国有企业的股权激励，但2006年9月我国颁布实施的《国有控股上市公司（境内）实施股权激励试行办法》中规定："不得由单一国家股股东支付或擅自无偿量化国有股权。"

（4）以他方名义回购

以他方名义回购，即委托信托公司、股票经纪公司等第三方从二级市场回购一定的股票供股权激励对象将来行权。在2006年之前，这种方式是合法合规的，因此被广泛地用作解决上市公司激励股票的来源问题。2006年之后，由于法律已经放开了对股票回购和定向增发的限制，因此采用这种股票来源方式的目的更多的是利用信托方式来规范股权激励操作问题。当然，也有一些公司以其他方名义回购股票是为了规避公司法要求1年内转让给激励对象的时间限制。

委托信托公司购买股票的做法有诸多好处，是值得提倡和推广的。第9章已经通过万科和广厦的案例描述了委托信托回购股票的操作要求及其优缺点，在这里我们将对这种方法进行简明扼要的介绍，委托信托回购股票的操作步骤如下：

- 公司赠予经理人股权激励计划并签订股权激励合同。
- 公司预将一笔资金委托信托机构于当年购入公司股票。资金来源可以是公司的公益金、税后利润提成，也可以是预提资金。如果是预提资金，在财务年度结束后，要根据当年年度报告及经审计财务报告的基础上确定公司是否达到业绩标准，以此确定该年度激励计划的有效性以及激励基金数额并根据预提和实际的差异追加买入股票或部分出售股票。
- 信托机构从转让方获得股票并持有。股票的转让方可以来自不同的渠道，比如大股东转让、二级市场购买等，一般上市公司采用得最多的是从二级市场直接购买股票。
- 激励对象等待期满可以行权，从信托公司处获得股票或者增值收入。
- 股权激励计划有效期结束，如果激励对象没有行权或达不到行权标准，信托机构将股票出售，将资金返还公司。

相比其他激励股票的来源渠道，委托信托公司购买股票的方法具有以下几个优点：

- 制度成本低。该方法避开了《公司法》对上市公司回购本公司股票需要在1年内转让的时间限制，提供了一个持续稳定的股票来源渠道。这种方法不需要监管部门的审批，只需要股东大会批准方案，并报证监会和证券交易所备案即可。
- 具有可持续性和稳定性。只要上市公司能够存续，而且具有稳定的盈利能力，那么选择信誉良好的信托机构，委拖其通过二级市场购买到它所需要的股票数量。这样就能够保证激励股票的数量，使得股票来源具有可持续性和稳定性。

- 能够保证激励对象行权的自由。由于信托公司的股票账户具有"蓄水池"一样的作用，可以将公司从各种渠道获得的股票保存起来，随时为激励对象的行权提供所需要的股票。

当然，这种方法也存在一定的缺点。最大的缺点就是执行方案的财务成本和激励成本都较高。首先，公司需要将一大笔资金委托给信托机构，由其购买股票，无论这种资金的来源是公益金或税后利润，还是预提激励基金，财务成本都比较高；其次，信托机构的佣金、服务费较高，而且交易过程中还需要支付交易的手续费、印花税等，必然会增加股权激励的成本。

（5）组合方式

单独选择以上的任何一种激励股票来源方式，都各自有其优缺点。一个理想的激励股票来源，应该具有可行性、经济性和持续性的特点。可行性指的是激励股票的来源符合现有的法律法规的要求，执行和操作的难度低。经济性是指在同等情况下，企业付出的成本越低越好。持续性是指激励性股票来源必须是长期而稳定的，受外部因素的干扰较少。

在实践中，组合方式的具体操作步骤如下：

- 巧妙预留库存股。我国《公司法》不允许有库存股，但可以将公司预留变为大股东预留。在公司上市第一次公开发行股票时，大股东多认购一些股份，比如，大股东本来打算持有上市公司35%的股份，但为了上市后的股权激励，大股东认购了43%的股份，其中多出的8%的股份就用于股权激励计划。

- 定向增发。同样的道理,公司在每次增发新股时,由大股东多认购一些股份,这些多出的股份将来用于股权激励。
- 委托薪酬委员会管理。大股东与薪酬委员会签署委托书,由薪酬委员会对这些用于激励的股票进行管理。
- 以他方名义回购。公司委托信托机构从二级市场购买股票用于股权激励。
- 行权安排。当激励对象行权时,以信托机构购买的股票直接过户到激励对象的个人账户。由大股东赠予(或转让)的股票,首先由大股东将股票赠予(或转让)给公司,由公司将股票赠予(或转让)给激励对象。

这种组合方式的方法符合了可行性、经济性和持续性的要求。尤其是巧妙预留库存股和定向增发由大股东多认购的设计,直接降低了获得激励股票的财务成本,避免了行权时频繁变更注册资本的麻烦。

10.6.2 非上市公司激励股份来源的确定

对于非上市公司,股份来源没有上市公司的诸多限制,操作起来比较简单,只要原有股东同意,符合《公司法》的要求就可以。这是非上市公司实施股权激励的一个很重要优势。非上市公司激励股票的来源渠道主要有以下4个:

- 由原有股东转让。如果股东单一,就是大股东直接转让;如果是多个股东,则所有股东等比例转让。
- 公司在募集资本时预留。公司在成立之初,有多个股东,但一开始就考虑到未来要实施股权激励,可以预留一部分,预留股份由大股东或董事会指定一个股东先行代持。

- 增资扩股时按比例预留一部分股份。预留股份由大股东或董事会指定一个股东先行代持。
- 转增股本时按比例预留一部分股份。预留股份由大股东或董事会指定一个股东先行代持。

10.6.3 购股资金来源的确定

购股资金指的是当激励对象行权时,如果需要出钱行权,这钱从哪里来?这个问题对于上市公司来说很重要,因为上市公司的经理人得到的股权激励数量比较大,其行权所需要的资金也是比较多,光靠自己家的储蓄远远不够,必须在股权激励方案设计中考虑这个因素。

在美国的上市公司中,这个问题不是问题,因为当激励对象行权时,公司可以为其提供贷款资助或提供贷款担保,而且资本市场上存在为上市公司管理层提供过渡性的股权融资的投资公司和信托公司,有着诸多便利的金融安排。

但是,行权资金的来源却是令我国上市公司高管感到为难的地方。《上市公司股权激励管理办法》第十条明确规定:"上市公司不得为激励对象依股权激励计划获取有关权益提供贷款以及其他任何形式的财务资助,包括为其贷款提供担保。"而且我国商业银行的相关规定也明确不得向个人提供贷款用于股权投资。

另一方面,我国上市公司的股权激励对象在行权时不但要准备行权资金,还要准备缴纳个人所得税的资金。财政部和国家税务总局在2005年7月1日颁布实施的《关于个人股票期权所得征收个人所得税问题的通知》中明确规定："员工行权时，其从企业取得股票的实际购买价（行权价）低于购买日公平市场价（指该股票当日的收盘价，下同）的差额，是因员工在企业的表现和业绩情况而取得的与任职、受雇有关的所得，应按'工资、薪金所得'适用的规定计算缴纳个人所得税。行权日所在期间的工资薪金所得，应按下列公式计算，工资薪金应纳税所得额：股票期权形式的工资薪金应纳税所得额＝（行权股票的每股市场价－员工取得该股票期权支付的每股行权价）×股票数量。"而个人所得税法明确规定，工资、薪金所得，适用超额累进税率，税率为5%~45%。

这样，股权激励对象在行权时，既要准备行权资金，同时又要准备缴纳相应的税负，资金压力就会很大。

正因为上述原因，在我国上市公司和非上市公司中，常采用解决购股资金来源的办法有以下几种：

（1）激励对象自筹资金

不管是上市公司还是非上市公司，在购股资金的来源中一定要有自筹部分。也就是说，经理人一定要从家里的储蓄中拿出一部分钱来行权，因为这是为了体现股权激励中的"风险与收益对等原则"和"激励与约束对等原则"。

（2）大股东或公司贷款

这种方法适用于非上市公司，不能用于上市公司。证监会不允许上市公司对激励对象贷款或借款，但是非上市公司不受此限制。因此在实践中经常采用这种方式。如果是以借款方式的，那么利率是同时期银行的定期存款利率；如果是贷款方式的，那么利率是同时期银行的贷款利率。

（3）将年终奖的一部分作为行权资金

这是非上市公司常采用的一种办法，业绩达标后，扣取年终奖的一部分行权。

（4）提前各种激励基金

公司在等待期过程中，设置业绩指标，提取激励基金，分配给激励对象用以股权激励的行权。这种方式会增加公司现金流的压力，而且许多上市公司是将激励基金作为经营成本列支，涉及税收政策支持的问题。

（5）多种激励模式配合

将干股、虚拟股票和股票增值权等利润分享型的股权激励模式与其他激励模式相配合，解决激励对象的行权资金问题。

比如，向在公司实施干股、虚拟股票和股票增值权等利益分享类的股权激励，实施几年后，当激励对象从这些计划中获得收益之后，再推出股票期权、限制性股票等需要行权资金的激励模式。

（6）行权方式的设计

从行权方式的变化也可以解决激励对象购股资金来源问题。即可以在方案设计中，将现金行权改为无现金行权或部分现金行权的方式。

如果是按照非现金行权的方式，经理人行权时，由指定的券商出售部分股票获得收益来支付行权所需的费用（购买股票的价款和欠付公司的预付税款），并将余下股票存入激励对象的个人账户。

如果是按照部分现金行权的方式，经理人行权时，由指定的券商出售激励合同中约定好的一定数量的股票，获得的收益用以购买剩余股票，不足部分由激励对象自行补足。

（7）通过信托方式垫资

通过引入信托机构解决激励对象购股资金来源问题有以下3种方式：

- 激励对象与信托公司签订贷款融资协议，由信托垫资行权，获得的奖励股票抵押给信托，用分红偿还本息，偿还完毕后信托将股票过户给激励对象。

- 公司将资金委托给信托机构,信托机构与激励对象签订贷款融资协议,将资金贷给激励对象用于行权。当激励对象偿还本息后,在扣除相关费用和报酬后,信托机构将资金返还给公司。

- 公司将资金委托给信托机构,并指定该资金专门用于购买公司股票,公司是委托人,公司和激励对象是共同受益人。在激励对象等待期内,信托机构是公司的股东,行使股东权利,并享有股东收益。等待期结束之后,如激励对象行权,信托机构将股票过户给激励对象;如没有达到行权条件,信托机构出售股票,在扣除相关费用和报酬后将资金返还给公司。

10.7 定时间

股权激励方案对时间的确定包含两个方面:一是选择一个合适的股权激励授予时机;二是合理地安排授予时间表。

10.7.1 授予时机的确定

公司实施股权激励,是为了对经理人进行长期激励,因此就需要科学选择合适的授予时机,以便充分发挥股权激励在约束和激励两方面的最大效果。在选择具体的授予时机,可以从公司和激励对象两个角度综合考虑。

(1)基于公司角度的考虑

从公司的角度考虑,第一个问题就是上市前做股权激励,还是上市后做股权激励?答案是各有利弊,上市后做股权激励比较方便,实施起来方便、套现也方便;上市前做股权激励,在设计和实施上相对难一些,但激励效果最好，因为有原始股的激励效应存在。

第二个问题是连续定期授予、还是一次性授予？对于上市公司来说，如果选择的是股票期权这种严格与公司股票价格挂钩的激励模式，为了规避股票价格波动对激励效果的影响，建议采用连续定期授予的方式。上市公司如果采用不是与股票价格严格挂钩的激励模式，或者是非上市公司实施股权激励，建议采用"一次授予，分次行权"的方式。

股权激励的目的不是为了分钱，而是为了对经理人进行激励和约束，促进公司战略实现，创造更大的价值。因此，实施股权激励计划时，一定要结合以下的一些时机：

- 在股权融资的时候。当企业的资本战略中有明确的股权融资需求，无论是引入战略投资者、财务投资者，还是谋求IPO上市。这时都需要配合实施股权激励，因为现在任何一个投行在决定是否对一家企业进行投资的时候，都会将管理团队是否持股作为一个重要的决定因素。

- 在并购重组的时候。在资本市场上进行并购，如果是自己的公司并购了其他公司之后，重组过程中为了消除新进股东和创业元老之间的矛盾，股权激励是一种有效的方法。

- 商业模式有重大调整。在公司商业模式有重大创新的时候，股权激励是留住人才、激励人才和吸引人才最有效的一种手段。

- 新的战略计划推出。当新的3~5年的战略计划推出之后，为了激励经理人为公司未来战略目标的实现而努力工作，必须将他们的利益和公司未来的利益捆绑起来，这时股权激励是最有效的方式。

- 其他情况。如果没有以上情况发生，但是公司还是想实施股权激励，那么至少也得在公司业绩有较大的提升，或者公司取得重要的技术成果之时方能采用。

（2）基于激励对象角度的考虑

从激励对象的角度考虑，一般在以下5个时点授予股权激励计划：

- 受聘；
- 升职；
- 每年一次的业绩评定之后；
- 每年新的业绩指标下达之时；
- 取得重大技术成果之时。

实践中，在经理人受聘和升职时股权激励授予数量较多，而每年一次的业绩评定后或每年新的业绩指标下达之时授予的股权激励数量较少。"取得重大成果之时"指的是当技术研发、设计骨干取得重要突破和创新时，对其授予一定数量的股权激励计划。

10.7.2　授予时间表的安排

公司的股权激励计划必须要列明经理人获得股权激励的时间表。一般情况下，股权激励不能在授予后马上执行，需要在等待期结束之后才能行权。这个时间安排称为授予时间表，经理人要按照授予时间表进行行权。股权激励授予时间表有几个关键概念：有效期、等待期、行权期、窗口期、禁售期、授权日、可行权日，下面将对它们的含义及其确定方法做一简单介绍。如图10-3所示是最简单的股权激励授予时间表。

图 10-3 股权激励时间表

（1）授权日

授权日又称授予日，即公司向激励对象授予股权激励的日期。

对上市公司来说，授予日必须是交易日。对非上市公司来说，授权日没有法律限制，公司可以根据自己的实际情况而确定。但是对上市公司来说，是有限制的，主要是防止激励对象通过控制信息披露而操纵股价，因此规定了重大交易事件和重大事项发生前后的一段时间内以及年报和中报披露前的一段时间内禁止授予股权激励。

我国香港创业板的规定是："在上市公司任何可能会影响股价的敏感事件做出决定和公布之前不得授予股权激励，特别是在初次公布年度报告和中期报告前一个月内不得授予股权激励，直至该报告公布后方可实施。另外在向创业板提交上市申请前六个月内不得授予股权激励。"

我国《上市公司股权激励管理办法》第二十六条规定："上市公司在下列期间内不得向激励对象授予股票期权：①定期报告公布前 30 日；②重大交易或重大事项决定过程中至该事项公告后 2 个交易日；③其他可能影响股价的重大事件发生之日起至公告后 2 个交易日。"

（2）可行权日

可行权日指的是激励对象可以开始行权的日期，对于上市公司来说，必须是交易日。

（3）失效日

失效日指的是过了这一天，如果激励对象还没有行权，那么股权激励计划就作废，不能再行权。

（4）有效期

股权激励的有效期也叫作股权激励的执行期限，是指从授予日起到股权激励失效之日止的整个时间跨度。在授予股权激励计划时，股权激励合同中必须明确计划的有效期限。股权激励必须在这个期限内执行，超过这个期限，股权激励计划就作废。

从股东的角度来看，有效期越长越好，因为有效期长，对经理人的捆绑时间就越长。股权激励的价值与有效期成正相关关系，有效期越长，股权激励的时间价值越高，经理人的失败成本也就越大，对经理人的约束性也就越强。但是从经理人的角度来看，有效期越长，其未来不可预测性越大，未来收益贴现到当期的现值就越小，对经理人的激励就越小。所以行权有效期和期权期必须在股东和经理人之间寻求一个平衡点。那么，多长期限的有效期最好呢？

从实践中看，一个经理人，经验、能力、人脉、资源等各方面处于巅峰时期，容易自己出去自立门户成立一家同行业竞争公司，或者是跳槽到主要竞争对手那里和自己公司对着干的年龄段大概是35~45岁。实际上股权激励只要把经理人在这个年龄段锁定，45岁之后你赶他他都不走了，因为他的失败成本会越来越大。因此，我们看到美国上市公司的股票期权计划的有效期大都在5~10年，偏向于10年左右。

在我国，由于经理人和美国的经理人相比较，普遍家庭财富的积累尚未完成，因此建议捆绑10年分两次进行，一次股权激励的有效期设为5年左右。

在具体方案的设计过程中，股权激励的有效期还应遵守相应法律法规的要求。

从各国法律的规定来看，对非上市公司股权激励的有效期没有要求，但是对上市公司的有效期一般都有最长期限的规定。美国和我国香港地区的股票期权都规定最长的有效期不得超过 10 年。如果超过期限还要继续履行，需要再次得到股东大会的批准。

我国《上市公司股权激励管理办法》规定：上市公司股权激励的有效期最长不得超过 10 年。

（5）等待期

如图 10-3 所示，股权激励从授权日到最早可行权日的这段时间叫作等待期。股权激励计划在授予之后，激励对象并不能马上行权，而是必须等到可行权日，进而在有效期内选择是否行权。

为什么行使期权之前有一个等待期呢？这种做法是为了能对授予对象长期捆绑，防止经理人获取投机性的利润。如果激励对象离开公司，所有尚处于等待期的股权激励通常将作废，这样做就加大了经理人的失败成本，有利于留住人才，并且激励其更加努力地工作，以便在将来获得潜在的收益。

在等待期的具体设计上，和股权激励的行权方式是有关系的。根据行权方式的不同，可以分为以下 4 种类型的等待期：

- 一次性等待期。如果股权激励计划是"一次授予，一次行权"，那么等待期就是一次性，即经理人在约定的时间内达到所约定的业绩目标，就可以一次性地将获得的股权激励计划行权。这种等待期的激励效果比较显著，用于特别希望在既定时间内改善业绩的公司。
- 业绩等待期。激励对象只有在有效期内完成了特定的业绩目标，才可以行权。与一次性等待期不一样的是时间不是固定好的，而是视业绩完成情况而定。这种等待期一般是在公司的业绩和发展前景遇到困难时使用。
- 直线等待期。如果公司的股权激励采用的是"一次授予，分次匀速行权"的方式，那么等待期就是直线型等待期。比如，在一个股权激励计划中，一次性授予经理人 100 万股的限制性股票，有效期为 5 年，第 3 年可以行权 33.3 万股，第 4 年可以行权 33.3 万股，第 5 年可以行权 33.4 万股。在这个计划中，等待期分别是 33.3 万股 2 年、33.3 万股 4 年、33.5 万股 5 年。

- 阶梯形等待期。在上述例子中，其他条件不变。但是采用加速或减速行权的方式，也就是在第 3 年、4 年、5 年分别按照 20 万股、30 万股、50 万股或 50 万股、30 万股、20 万股的方式行权。这种等待期便是阶梯形等待期。

由于"一次授予，多次行权"的方式能够加大经理人的失败成本，因此直线等待期和阶梯形等待期用得比较多。特别是股权激励专家一般建议采用"一次授予，多次加速行权"的方式，因此实践中的更多等待期是阶梯形等待期。

在确定等待期的时候，还要考虑相关法律法规的要求。我国《上市公司股权激励管理办法》规定，授权日与首次可以行权日之间的间隔不得少于 1 年。也就是说，我国上市公司股权激励计划的最短等待期是 1 年。

一般来说，对于 10 年有效期的股权激励计划，建议最短等待期为 3~5 年；对于 5 年有效期的股权激励计划，建议等待期为 1~2 年。而且都建议采用阶梯形等待期加速行权的方式。这一点对我国上市和非上市企业都是适用的。

（6）行权期

如图 10-3 所示，等待期结束后，就进入行权期。可行权日到失效日之间都是行权期，激励对象可以根据公司价值的变化以及股价的波动选择一个对自己有利的时机行权，但必须在失效日之前完成行权。

（7）窗口期

窗口期的设置主要是针对上市公司的，对于非上市公司的股权激励计划不需要设置窗口期。

理论上，只要进入行权期，激励对象都可以行权。但是，对于上市公司来说，激励对象有可能通过控制信息披露来操纵股价，为自己牟取私利。因此，各国证券监管部门纷纷设置了窗口期，激励对象只能在窗口期内行权。

因此，对于上市公司的股权激励对象来说，当经过等待期，进入行权期之后，公司授予了一个可以在任意交易日行权的权力，但是法律法规又在行权期内设置了窗口期，激励对象只能在窗口期内行权。

在美国，窗口期只针对公司董事局主席和高管层，其他激励对象不受限制。美国《证券交易法》规定的窗口期是："从每季度收入和利润等指标公布后的第三个工作日开始直至该季度第三个月的第10天为止。"

在我国，《上市公司股权激励管理办法》第二十七条规定的窗口期是："激励对象应当在上市公司定期报告公布后第2个交易日，至下一次定期报告公布前10个交易日内行权，但不得在下列期间内行权：①重大交易或重大事项决定过程中至该事项公告后2个交易日；②其他可能影响股价的重大事件发生之日起至公告后2个交易日。"

（8）禁售期

禁售期指的是经理人行权之后，强制规定其必须持股一段时间才能出售，这段时间叫作禁售期。在美国或中国香港上市的公司一般需要设置禁售期，主要是为了防止激励对象利用公司内部信息谋取私利，侵害股东的利益。禁售期一般不会设置太长，大概是6个月到2年之间。比如，在纳斯达克上市的百度和盛大的禁售期都是6个月，在我国香港上市的阿里巴巴的禁售期是2年。

在我国内地上市的公司，不需要特别在方案中对激励对象设置禁售期，因为《公司法》已经设置了。《公司法》第142条已经规定对董事和高管人员设置了禁售期，而且国资委对国有企业股权激励对象的禁售期要求严于《公司法》。①

上市公司如果需要对《公司法》没有限定的其他激励对象，如中层管理者和核心骨干设置禁售期，可以参照《公司法》的相关规定。

在我国，非上市公司是需要设置禁售期的，具体确定要视激励模式而定，目的是为了实现对经理人利益的长期捆绑。比较简单的做法是：强制激励对象持有股票1年之后，再按照《公司法》对上市公司的规定，每年可以转让25%的股份。如果允许激励对象一次转让，建议禁售期设置为2~3年。

---

① 详见7.5.2的第6个讨论问题"一定要有退出机制"。

参考文献

[1] Claessens, Stijin, Simeon Djankov and Larry H.P.lang, 1999, Expropriation of Minority Shareholders: Evidence from East Asia, Policy Research Working Paper 2008, World Bank, Financial Sector Practice Department, Washington D.C.

[2] Claessens, Stijin, Simeon Djankov and Larry H.P.lang, 1999, Who Controls East Asian Corporations? Policy Research Working Paper 2054, World Bank, Financial Sector Practice Department, Washington D.C.

[3] Faccio, Mara, Larry Lang, 2002, The Ultimate Ownership of Western European Corporations, Journal of Financial Economics 65, 365-395.

[4] Faccio, Mara, Larry Lang and Leslie Young, 2007, Debt and Expropriation. Working Paper, Chinese University of Hong Kong.

[5] La Porta, R., Lopez-de-Silance, F., Shleifer, A., and Vishny, R. 1997. Legal Determinants of External Finance. Journal of Finance, 52: 1131-1150.

[6] La Porta,R., Lopez-de-Silance, F., Shleifer, A., and Vishny, R. 1998. Law and Finance. Journal of Politial Economy, 106: 1113-1155.

[7] La Porta, R., F.Lopez-De-Silanes, A. Shleifer and R.W.Vishny. 1999. Corporate Ownership Around the Word. The Journal of Finance, 54: 471-517.

[8] La Porta,R., Lopez-de-Silance, F., Shleifer, A., and Vishny, R. 2000. Investor Protection and Corporate Governance. Journal of Financial Ecomonicas, 58: 3-28.

[9] La Porta,R., Lopez-de-Silance, F., Shleifer, A., and Vishny, R. 2002. Investor Protection and Corporate Valuation. Journal of Finance, 57: 1147-1170.

[10] La Porta,R., Lopez-de-Silance, Andrei Schleifer & Robert Vishny (1996): law & Finance. NBER Working Paper Series, Cambridge, USA.

[11] La Porta,R., Lopez-de-Silance, Andrei Schleifer & Robert Vishny (1997): Legal Determinants of External Finance. NBER Working Paper Series, Cambridge, USA.

[12] La Porta,R., Lopez-de-Silance, Andrei Schleifer & Robert Vishny (1999): Investor Protection; Origin, Consequence & Reform. NBER Working Paper Series, Cambridge, USA.

[13] La Porta,R., Lopez-de-Silance, F., Shleifer, A., and Vishny, R. 2002. Investor Protection & Corporate Valuation. Journal of Finance Economics, 58(2000) 3-27, USA.

[14] 马永斌. 公司治理与股权激励[M]. 北京：清华大学出版社,2010.

[15] 马永斌. 生态网：大学、政府和企业的创新模式 [M]. 北京：清华大学出版社, 2010.

[16] 北京市法学会经济法研究会. 公司治理结构的理论与实践 [M]. 北京：机械工业出版社, 2004.

[17] 陈工孟, 支晓强, 周清杰. 公司治理概论 [M]. 北京：清华大学出版社, 2003.

[18] 陈文. 股权激励与公司治理法律实务 [M]. 北京：法律出版社, 2005.

[19] 蔡启明, 钱焱. 股票期权理论与实务 [M]. 上海：立信会计出版社, 2004.

[20] 段亚林. 股权激励制度、模式和实务操作 [M]. 北京：经济管理出版社, 2003.

[21] 邓菊秋. 独立董事制度研究 [M]. 成都：西南财经大学出版社, 2004.

[22] 费方域. 什么是公司治理 [J]. 上海经济研究, 1996（5）：36-39.

[23] 方晓霞. 中国企业融资：制度变迁与行为分析 [M]. 北京：北京大学出版社, 1999：92.

[24] 郭福春. 股权激励机制研究 [M]. 杭州：浙江大学出版社, 2004.

[25] 耿志民. 中国机构投资者研究 [M]. 北京：中国人民大学出版社, 2002.

[26] 国务院法制办公室. 中华人民共和国证券法注解与配套 [M]. 北京：中国法制出版社, 2008.

[27] 黄速建. 中国民营企业治理演进问题研究 [M]. 北京：经济管理出版社, 2008.

[28] 胡迟. 利益相关者激励——理论·方法·案例 [M]. 北京：经济管理出版社, 2003.

[29] 卡普兰, 诺顿. 组织协同 [M]. 北京：商务印书馆, 2006.

[30] 郎咸平. 操纵 [M]. 北京：东方出版社, 2004.

[31] 郎咸平.公司治理[M].北京：社会科学文献出版社,2004.

[32] 郎咸平.郎咸平说：公司的秘密[M].北京：东方出版社,2008.

[33] 罗伯特·西蒙斯.控制[M].北京：机械工业出版社,2004.

[34] 李建伟.公司制度、公司治理与公司管理——法律在公司管理中的地位与作用[M].北京：人民法院出版社,2005.

[35] 李建伟.独立董事制度研究——从法学与管理学的双重角度[M].北京：中国人民大学出版社,2004.

[36] 李亚.民营企业公司治理[M].北京：机械工业出版社,2006.

[37] 李亚.民营企业公司治理实务与案例[M].北京：中国发展出版社,2009.

[38] 李维安.现代公司治理研究——资本结构、公司治理和国有企业股份制改造[M].北京：中国人民大学出版社，2002.

[39] 李维安,武立东.公司治理教程[M].上海：上海人民出版社,2002.

[40] 李维安.公司治理学[M].北京：高等教育出版社,2005.

[41] 李维安.公司治理评价与指数研究[M].北京：高等教育出版社,2005.

[42] 李亚.民营企业产权融合[M].北京：机械工业出版社,2006.

[43] 李向阳.美日德企业资本结构的比较[J].世界经济,1995（2）.

[44] 毛世平.金字塔控制结构的影响因素及其经济后果[M].北京：经济科学出版社,2008.

[45] 梁能.公司治理结构：中国的实践与美国的经验[M].北京：中国人民大学出版社,2000.

[46] 马忠.金字塔结构下终极所有权与控制权研究[M].大连：东北财经大学出版社,2007.

[47] [美]国家员工所有权中心.股票期权计划的现实操作[M].3版.张志强,译.上海：上海远东出版社,2005.

[48] [美]巴泽尔.产权的经济分析[M].费方域,等,译.上海:上海人民出版社,1997.

[49] [美]大卫·纳德勒.建构更佳的董事会[M].梁晶,等,译.北京:中国时代经济出版社,2007.

[50] [美]拉姆·查然.高效的董事会[M].曹植,译.北京:中信出版社,2007.

[51] [美]拉姆·查然.顶级董事会运作[M].武利中,译.北京:中国人民大学出版社,2003.

[52] [美]罗伯特·豪克斯,尼尔·米诺.高管商学院:公司治理[M].李维安,译.北京:中国劳动社会保障出版社,2004.

[53] 公司治理《哈佛商业评论》精粹译丛[M].孙经纬.北京:中国人民大学出版社,2004.

[54] [美]杰弗里·N.戈登,马克·J.罗.公司治理:趋同与存续[M].赵玲,刘凯,译.北京:北京大学出版社,2006.

[55] [美]麦卡沃伊,米尔斯坦.公司治理的循环性危机[M].赵玲,译.北京:北京大学出版社,2006.

[56] [美]蒙克斯,米诺.公司治理[M].李维安,译.北京:中国劳动社会保障出版社,2004.

[57] 聂皖生.股票期权计划[M].上海:上海交通大学出版社,2007.

[58] 宁向东.公司治理理论[M].北京:中国发展出版社,2005.

[59] [葡]路易斯·科雷拉·达·席尔瓦,[卢]马克·格尔根,[比]吕克·伦内布格.股利政策与公司治理[M].罗培新,译.北京:北京大学出版社,2008.

[60] 青木昌彦,钱颖一.转轨经济中的公司治理结构——内部人控制和银行的作用[M].北京:中国经济出版社,1995.

[61] 孙永祥.公司治理结构：理论与实证研究［M］.上海：上海人民出版社,2002.

[62] 孙经纬,高晓辉.公司治理［M］.北京：中国人民大学出版社,2004.

[63] 田志龙.经营者监督与激励：公司治理的理论与实践［M］.北京：中国发展出版社,1999.

[64] 谭劲松.独立董事与公司治理：基于我国上市公司的研究［M］.北京：中国财政经济出版社,2003.

[65] 蒋学跃,向静.我国交叉持股的法律规制路径选择与制度设计[J].证券市场导报,2009（3）.

[66] 冯禹丁.国美案的五个追问[J].商务周刊,2010（19）.

[67] 伊西科.国美刀光剑影50天[J].商务周刊,2010（19）.

[68] 吴敬琏.现代公司与企业改革［M］.天津：天津人民出版社,1994.

[69] 吴冬梅.公司治理概论［M］.北京：首都经济贸易大学出版社,2006.

[70] 王天习.公司治理与独立董事研究［M］.北京：中国法制出版社,2005.

[71] 王培荣.经营管理层收购与经营者持股［M］.北京：中国经济出版社,2005.

[72] 王辉.企业利益相关者治理研究——从资本结构到资源结构［M］.北京：高等教育出版社,2005.

[73] 谢作渺.最优薪酬结构安排与股权激励［M］.北京：清华大学出版社,2007.

[74] 谢德仁.经理人激励与股票期权［M］.北京：中国人民大学出版社,2004.

[75] 杨欢亮,王来武.中国员工持股制度研究［M］.北京：北京大学出版社,2005.

[76] ［英］丹恩.公司集团的治理［M］.黄庭煜,译.北京：北京大学出版

社,2008.

[77] 颜延. 认股权分配——企业改制的模式创新 [M]. 北京：中信出版社,2004.

[78] 亚当·斯密. 国富论 [M]. 下卷. 北京：商务印书馆,1981.

[79] 张昌彩. 中国融资方式研究 [M]. 北京：中国财政经济出版社. 1999.

[80] 张忠野. 公司治理的法理学研究 [M]. 北京：北京大学出版社,2006.

[81] 张维迎. 所有权、治理结构及委托—代理关系——兼评崔之元和周其仁的一些观点 [J], 经济研究，1996（9）.

[82] 张维迎. 产权、激励与公司治理 [M]. 北京：经济科学出版社,2005.

[83] 张天阳. 基于股权结构的中国民营上市公司治理研究 [M]. 广州：暨南大学出版社,2008.

[84] 张余华. 家族企业发展进程及治理模式研究 [M]. 武汉：华中科技大学出版社,2006.

[85] 仲继银. 董事会与公司治理公司治理 [M]. 北京：中国发展出版社,2009.

[86] 朱羿锟. 公司控制权配置论：制度与效率分析 [M]. 北京：经济管理出版社,2001.

[87] 朱宝宪. 公司并购与重组 [M]. 北京：清华大学出版社,2006.

附录：来自读者的真实评价

本书出版以来，引起了强烈的反响，好评如潮，以下是来自本书第1版购买者（摘自亚马逊、当当、京东和豆瓣上的）的真实评价。

作者功力很深。正如冯友兰说自己和金岳霖的区别，老金有本事把简单的问题复杂化，冯氏则擅长将复杂的问题简单化。此书用通俗易懂的语言，把公司治理、股权结构等非常专业的领域，用"防黑"等生活语言表达，非常易于接受。同时厚厚一本著作，信息量极大，细细读之必将受益匪浅。

——维摩居士

我觉得本书有以下几个特点，希望能给需要购买此书的读者提供帮助：（1）通俗易懂：首先，作者的思路清晰，其次叙述得也很具体、通俗；最后，书中的案例与理论相结合，能让人很容易产生感性的认识，便于理解。（2）有实用性，能够根据书中的观点，做出具体的安排。（3）很贴合中国实际国情。可见作者对国内的公司治理问题有很深的研究。

——周凯明

作者对公司治理是真正有自己的理解，能够从股东角度、管理者角度看清楚很多隐患，防止问题的发生。看得出，作者在这一领域有着多年的经验和深入的思考。强烈推荐。

——boyi

之前读硕士的时候没有选这门课，现在买来看，真是深入浅出。有志于研究这个的，买这本书肯定对。

——pengjunquan

马永斌教授作为清华土生土长的教授，继承了清华人的逻辑思维和思辨能力，本书的内容对公司治理方面的逻辑框架勾勒得非常清晰，从开始阅读就会跟着作者的思绪思考，根本停不下来。

——亚马逊客户

通俗易懂，阅读顺畅自然，没有很多专业背景的都可以轻松地一口气读完。

——亚马逊客户

很多问题一针见血，而且给出了解决的思路，实践性很强。

——yerdua

对于老板来讲很实战的一本书。

——游了游

这本是在图书馆借了，觉得很好，再买的。看了很有收获。对公司建立毫无概念的人来说，能学到基本的知识。

——boybo

马老师的书真的起到答疑解惑的作用。

——呆呆的熊猫

内容简单、明了、易懂，可以知道公司治理的基本要求，包括股权激励的要点。

——psboy

书看了四章，内容是作者多年心得，很实用，对理解《公司法》有很大的帮助，事例也很丰富，难得的好书！

——chenf

毕竟是专业授课老师写出来的，经验还是很值得借鉴的，尤其是股权激励部分，很值得学习，赞一个！

——lawma

听过马永斌老师的课，再看这本书，内容很好，实用。还可收藏当工具书用。

——当当用户

不错，讲得很实用！通俗易懂地将法律法规和理论解释明白，是公司中高层、创业者的好参考。

——京东用户 s***9

书到家就开始看,确切地说,在找些答案或者根据,实用。

——宝嘉康帝

取人之长,补己之短,公司治理蕴含大学问。

——心直口快有话直说

作者很形象地把公司治理说成是三个黑与被黑的关系。全书中有不少生动的案例,能发人深省。作者应该是常年奋战在公司治理的第一线,全书内容通俗易懂,紧贴读者需求,实战性比较强,很少大篇幅的空洞理论。本书比较偏重上市公司的治理,可能是因为我国公司治理尚未得到充分认识,只是上市公司在这方面做得较好吧……对有一定基础但希望进一步系统了解公司治理很有帮助,值得购买。

——逆刃刀

这本书买了1年多了,反复看了不下3遍。作者能把枯燥的理论通俗化,还是下过一番功夫的。总体讲,在国内相对其他学者而言,在公司治理这个领域,本书已是上乘之作。本书的前半部分讲得不错,但在讲股权激励时,对比着看其他咨询公司的实操案例,就反映出作者在这方面可操作性(细节)上还是有待加强。毕竟股权激励已经牵涉资本运作、市值管理了。期待作者的《资本之道》早日问世,那时两本合在一起看就相当完整了。

——懒散人

这是我看过的最好的书之一,深入浅出,高深的理论通过浅显的描述表达得非常清晰,作者是真正的专家。看完一遍,内容大部分都记住了,对我这个外行来说实在不容易,何况现在记忆力也下降了。

——gengshengbin

将管理学、经济学、法学的多学科知识融会贯通,形成一本大道至简的好书。作者形象地把公司治理说成是三个黑与被黑的关系。全书案例生动,引人入胜,发人深思!全书没有多少空洞理论叙述,既有中国实践的精彩案例,也紧扣国际公司治理的最新趋势,确实说出了公司治理之道。

值得律师、企业管理层一读再读的好书!

——长安客

初级股权架构以及股权激励方面不可多得的一本好书!通俗易懂,内容丰富,不空洞,举例翔实。建议购买!

——Linux_WGW

很好的一本书。买回来读了一遍,确实不错,很有实战经验。

——肖斌

清华马永斌老师的《公司治理之道》,好书!好书!好书!作者通过对股东间、股东和经理人间、实际控制人和利益相关者间三种"互黑"风险的解析,让寻常人站在股东角度理解问题,进而了解股东大会、董事会、信息披露、外部审计、控制权市场、股权激励6道"防黑"防线,通俗、易懂,接地气!获益匪浅!

——airzd

写得很实在。公司治理的核心就是股东间、股东经理人间黑与防黑的较量。制度设计核心是约束人性。

——Leo____L

经管文法书籍最大的问题在于艰涩，不好好说话，当然这是为了严谨。这本书的好处在于是大白话，易于理解。公司治理说白了就是企业家、股东、高管的利益关系，怎么让职业经理人好好干活，怎么让大小股东和平相处，怎么让企业家精神最大发扬。这个问题并没有一定之规，运用之妙存乎一心，也就有持续创新的空间。

——土豆

接触的第一本公司治理类书籍，收益良多。这本书是写给企业家看的，语言通俗易懂，看完能很好地理解公司治理的方方面面。

——蜜蜂超人

兼具法律与企业治理实务，花了两个月看完，激发了对公司类法律实务的兴趣，学习了！

——最爱芦苇

百战归来再读书，就得读这类书，说得头头是道！

——玻璃缸里的河马

后　记

本书写作初衷是将西方的公司治理理论按照自己的理解尽量用通俗的语言表达出来，写一本企业创始人能够看懂的公司治理方面的书。书中的内容基本上都是我这些年在公司治理实践中的体会，不求理论创新，只关注公司治理在我国企业的真正落地。

本书从酝酿到最终完稿期间，发生了很多事情，差点放弃写作计划。现在回过头来看，该书之所以能够面世，一路上得到了许多人的帮助、激励、关爱和支持，对此我一直心存感激，并在此表达我真心的谢意。

首先我要感谢的是我的妻子丁惠玲女士，这些年来，她一直默默在身后支持着我，为了让我有更多的时间和精力投入本书的写作中，她承担了家中的大小事务，让我没有后顾之忧。而且在我面临较大压力的时候，正是妻子的鼓励与支持，我才能咬牙一路坚持下来。

其次要感谢的是我的儿子马博韬小友，和儿子的交流陪伴时光是最好的放松方式，总能让我很快释放压力，能再次全力投入新的一轮写作中。

清华经管学院的姜彦福教授对我在公司治理方面的研究给过许多重要的指导和建议，先生与我亦师亦友，是我在公司治理研究方面的导师，这份恩情让我无限感激。

衷心感谢康飞宇教授、严继昌教授、王孙禺教授从不同层面给予我的鼓励、指导和帮助。

感谢我所任教的 EMBA 项目和金融投资 EDP 项目的领导和老师,正是你们提供的平台,使得我有机会将公司治理的研究成果与企业家分享,促进公司治理在我国企业的真正落地。感谢我的企业家朋友们,本书的一些案例来源于课堂内外与他们的交流和咨询实践而得,并且他们对本书面世的期盼也成为我完稿的动力。

本书第 1 版出版于 2013 年 5 月。出版之后,书中的诸多内容成为近几年资本市场的热点:随着发行制度的改革,高效的治理结构、独立的董事会和透明的信息披露成为上市公司自发的追求;资本市场爆发了俏江南控制权之争、长园集团股权之争以及宝万之争,使得股权结构设计、公司章程、出资人协议等控制权安排与争夺的工具受到拟上市公司和上市公司的高度关注。

幸不辱命,本书为诸多企业提供了解决以上问题的思路和方法。成为诸多拟上市公司在股改 IPO 上市过程中的工具书,成为上市公司完善公司治理结构、进行控制权安排的教科书,成为非上市公司股权激励的参考书。

近几年来,股权激励成为中国企业最关注的公司治理手段。股权激励呈现井喷之势,非上市公司将股权激励当作激励的最终武器,拟上市公司将股权激励当成股改的标配,上市公司将股权激励作为市值管理的一种重要手段。股权激励成为贯穿企业全生命周期满足多种需求的一种有效工具,但是在上一版第 9 章中所选择的经典案例不能体现这一特点,偏重分析的是上市前的股权激励。

为弥补这个遗憾,本版从全生命周期的角度重新梳理了慧聪、联想、正泰、TCL 的股权激励,补足了它们上市后结合市值管理所做的股权激励;万科的案例中补充了资本市场争议较大的事业合伙人制度;考虑到蒙牛的案例

后　记

更多属于投融资交易结构的设计，本版对其进行了舍去，但是本版新收录了所有非上市公司都非常关注的华为的激励方案。

在上一版的后记中，我曾预告将自己对公司治理、股权激励、并购重组、投融资、商业模式的研究、实践和理解整合起来，写一本新书《资本之道》。这个计划有所微调，由于这些内容非常多，一本书难以囊括所有知识点；而且在2014年，我调到了深圳研究生院从事公司金融和公司并购的教学和研究工作，建立了自己的研究团队，积累了很多中国企业的案例。所以现在的计划是出版"资本之道系列丛书"，本书是丛书的第1本，第2本《市值管理与资本实践》已于2018年3月出版，《公司控制权安排与争夺》《公司并购重组与整合》和《公司估值》将会陆续和大家见面。

丛书将秉承写作本书的初衷，以通俗的语言诠释公司金融、公司并购、公司治理和公司估值的深奥问题，写一套企业创始人能看懂的书。

读者对本书如有任何疑问或想对公司金融相关问题进行探讨，请搜索微信公众号"马永斌资本频道"联系我们！

马永斌
2018年4月16日于深圳西丽大学城